PRAXISEUROPARECHT

Prof. Dr. Roland Bieber
Universität Lausanne
Prof. Dr. Francesco Maiani
Universität Lausanne

Europäisches Verkehrsrecht

Die Rechtspraxis sämtlicher Verkehrsträger

Nomos
facultas
Helbing Lichtenhahn Verlag

Die Deutsche Nationalbibliothek verzeichnet diese Publikation in der Deutschen Nationalbibliografie; detaillierte bibliografische Daten sind im Internet über http://dnb.d-nb.de abrufbar.

ISBN 978-3-8487-2116-0 (Nomos Verlagsgesellschaft, Baden-Baden)
ISBN 978-3-7089-1275-2 (facultas Verlag, Wien)
ISBN 978-3-7190-3681-2 (Helbing Lichtenhahn Verlag, Basel)

1. Auflage 2015

Vorwort

Mobilität als Hilfe zur Kommunikation zwischen Menschen ist ein Charakteristikum sozialen Lebens. Die Möglichkeit der Beförderung von Personen und Gütern gehört zu den Grundbedürfnissen der Menschen. Sie bildet eine wesentliche Voraussetzung moderner Wirtschaftstätigkeit und ist selbst ein bedeutender Wirtschaftsfaktor. Doch lässt die dramatische Intensivierung der Transporte in den Industrieländern auch die mit der Mobilität verknüpften Nachteile, insbesondere die Schäden für Umwelt und Klima immer deutlicher hervortreten. Eine dem Verkehr gewidmete Politik steht fortwährend vor der Aufgabe, Nutzen und Schäden der motorisierten Mobilität gegeneinander abzuwägen.

Obwohl Mobilität tendenziell über Grenzen hinausreicht, bildete der Staat traditionell ihren rechtlichen Bezugsrahmen. Dies hatte zur Folge, dass sich über lange Zeiträume hinweg unterschiedliche Prioritäten herausbildeten und verfestigten. Das im Jahre 1958 begonnene Projekt einer *gemeinsamen* Verkehrspolitik von inzwischen 28 Staaten im Rahmen der Europäischen Union war daher kühn und brauchte entsprechend lange Zeit, um konkrete Gestalt anzunehmen. Erst seit Mitte der achtziger Jahre des vorigen Jahrhunderts hat eine intensive europäische Gesetzgebungstätigkeit eingesetzt, die sich auf alle Verkehrsträger erstreckt.

Sie war zunächst vor allem auf die Liberalisierung der Transportdienstleistung gerichtet. Doch zunehmend wird deutlich, dass auch die anderen Facetten des Verkehrs ein gemeinsames Handeln im Rahmen der Europäischen Union erfordern. So widmet die neuere Gesetzgebung ihre Aufmerksamkeit der Sicherheit des Verkehrs, dem Umweltschutz und dem Schutz der Interessen der Verkehrsnutzer. Im Ergebnis ist inzwischen ein umfassendes europäisches Regelungssystem für den Verkehr entstanden. Neben dem Binnenmarkt und der Umweltpolitik gehört der Verkehrssektor zu den Bereichen mit der umfangreichsten europäischen Normsetzung. Entsprechend zahlreich sind Urteile des Europäischen Gerichtshofs zur Auslegung der dieses Gebiet bestimmenden Normen.

Das vorliegende Werk enthält eine Analyse der Entfaltung des Verkehrsrechts der Europäischen Union und eine systematische Darstellung der für die einzelnen Verkehrsträger geltenden Regelungen. Besonderer Wert wurde auf eine detaillierte Auswertung der aktuellen Gesetzgebung und Rechtsprechung gelegt.

Das Buch ist aus dem von uns verfassten Werk „Droit européen des transports“ hervorgegangen. Dabei erfuhr die Vorlage eine grundlegende Überarbeitung, Aktualisierung und Ergänzung.

Das Werk wird gemeinsam von uns verantwortet. Wir widmen es der Erinnerung an *Karola Mertz-Bieber*. Sie hatte an der Vorbereitung dieses Buches wesentlichen Anteil.

Bonn und Lausanne, Januar 2015

Roland Bieber *Francesco Maiani*

Inhaltsübersicht

Inhaltsverzeichnis

Abkürzungen

aA	anderer Ansicht
aaO	am angegebenen Ort
ABl.	Amtsblatt der Europäischen Union
Abs.	Absatz
AdR	Ausschuss der Regionen
ADN	Europäisches Abkommen über die internationale Beförderung gefährlicher Güter auf Binnenwasserstraßen
ADR	Europäisches Abkommen über die internationale Beförderung gefährlicher Güter auf der Straße
aE	am Ende
AETR	Europäisches Übereinkommen über die Arbeit der im internationalen Straßenverkehr beschäftigten Fahrzeugbesatzungen
AEUV	Vertrag über die Arbeitsweise der Europäischen Union
aF	alte Fassung
AFDI	Annuaire Français de Droit International
AKP	Staaten Afrikas, der Karibik und des Pazifiks (Mitgliedstaaten des Cotonou-Abkommens)
aM	anderer Meinung
Anm.	Anmerkung
AOC	Luftverkehrsbetreiberzeugnis
Art.	Artikel
ASOR	Übereinkommen über die Personenbeförderung im grenzüberschreitenden Gelegenheitsverkehr mit Kraftomnibussen
ATM	Air Transport Management
Aufl.	Auflage
Bd.	Band
Beil.	Beilage
B.	Beschluss
BGBl.	Bundesgesetzblatt
BNE	Bruttonationaleinkommen (gemäß der Definition in der VO Nr. 1287/2003)
BRZ	Bruttoraumzahl (= Schiffsmaß)
Buchst.	Buchstabe
Bull.EU	Bulletin der Europäischen Union
CDE	Cahiers de droit européen
CEMT	Europäische Verkehrsministerkonferenz
CEN	Europäisches Komitee für Normung
CIV	COTIF – Übereinkommen zum Personenverkehr
CMLR	Common Market Law Review
CMR	Übereinkommen über den Beförderungsvertrag im internationalen Straßengüterverkehr

COSS	Ausschuss für die Sicherheit im Seeverkehr und die Vermeidung von Umweltverschmutzung durch Schiffe
COTIF	Übereinkommen über den internationalen Eisenbahnverkehr
CSI	Gemeinsame Sicherheitsindikatoren
CSM	Gemeinsame Sicherheitsmethoden
CST	Gemeinsame Sicherheitsziele
CVR	Übereinkommen über den Beförderungsvertrag im internationalen Straßen-, Personen- und Gepäckverkehr
DAWI	Dienste von allgemeinem wirtschaftlichen Interesse
ders.	derselbe
dies.	dieselbe(n)
Dok. KOM/COM	Dokument der Kommission, Serie Dokumente
DVO	Durchführungsverordnung
E	Entscheidung
EAA	Agentur der Europäischen Union für Luftfahrt
EAG	Europäische Atomgemeinschaft
EAGV	Vertrag zur Gründung der Europäischen Atomgemeinschaft
EASA	Europäische Agentur für Flugsicherheit
ECAA	Erweiterter gemeinsamer Europäischer Luftverkehrsraum
ECE	Wirtschaftskommission der Vereinten Nationen für Europa
ECLI	European Case Law Identifier
ECSA	European Community Shipowners' Association
EEA	Einheitliche Europäische Akte
EFTA	Europäische Freihandelszone
EG	Europäische Gemeinschaft(en)
EGKS	Europäische Gemeinschaft für Kohle und Stahl
EGKSV	Vertrag über die Errichtung der Europäischen Gemeinschaft für Kohle und Stahl
EGV	Vertrag über die Europäische Gemeinschaft
EIB	Europäische Investitionsbank
ELFAA	European Low Fares Airline Association
ELR	European Law Review
EMRK	Europäische Menschenrechts-Konvention
endg.	endgültig
EP	Europäisches Parlament
ER	Europäischer Rat
Erl.	Erläuterungen
ERTMS	Europäisches Eisenbahnverkehrsleitsystem
ESA	Europäische Weltraumorganisation
ETCS	Europäisches Zugsicherungs-/Zugsteuerungssystem
ETSI	Europäisches Institut für Telekommunikationsnormen
EU	Europäische Union
EuG	Europäisches Gericht

EuGH	Gerichtshof der Europäischen Union
EuR	Europarecht
EUROCONTROL	Europäische Organisation für die Luftsicherheit
EUROS	Europäisches Schiffsregister (Projekt)
EUV	Vertrag über die Europäische Union
EuZW	Europäische Zeitschrift für Wirtschaftsrecht
EWG	Europäische Wirtschaftsgemeinschaft
EWGV	Vertrag zur Gründung der Europäischen Wirtschaftsgemeinschaft
EWR	Europäischer Wirtschaftsraum
EZB	Europäische Zentralbank
f.	folgende
ff.	fortfolgende
FS	Festschrift
FST	Federation of Transport Workers' Unions in the European Union
FusV	Fusionsvertrag
GA	Generalanwalt
GALILEO	Europäisches globales Satellitennavigations- und Zeitgebungssystem
GATT	Allgemeines Zoll- und Handelsabkommen
GB	Jährlicher Gesamtbericht der Europäischen Kommission
G/H/N	Grabitz/Hilf/Nettesheim (Hrsg.), Das Recht der Europäischen Union, Kommentar
GO	Geschäftsordnung
G/S	v.d. Groeben/Schwarze (Hrsg.), EU/EG-Vertrag Kommentar
GVO	Gruppenfreistellungsverordnung
GVP	Gemeinsame Verkehrspolitik
Hg.	Herausgeber
h.M.	herrschende Meinung
IATA	International Air Transport Association
ICAO	Internationale Zivilluftfahrt – Organisation
idF	in der Fassung
idS	in dem Sinn
ILO	Internationale Arbeitsorganisation
IMO	Internationale Seeschifffahrtsorganisation
ISM – Code	Internationaler Code für Maßnahmen zur Organisation eines sicheren Schiffsbetriebs zur Verhütung der Meeresverschmutzung
ISO	Internationale Organisation für Normung
ISPS – Code	Internationaler Code für die Gefahrenabwehr auf Schiffen und in Hafenanlagen
ITF	Weltverkehrsforum

iVm	in Verbindung mit
IWF	Internationaler Währungsfonds
JAA	Joint aviation authorities
JAR	Joint aviation requirements systems
Jb	Jahrbuch
JO	Journal Officiel de la Republique Française
Kap.	Kapitel
KOM	Kommissionsdokument(e)
lit.	litera/Buchstabe
MAE	Ministres des affaires étrangères
MARPOL	Internationales Übereinkommen zur Verhütung der Verschmutzung der Meere durch Schiffe
Mio.	Millionen
MOE	Mittel- und Osteuropa
Mrd.	Milliarde(n)
MS	Mitgliedstaat(en)
mwN	mit weiteren Nachweisen
MwSt	Mehrwertsteuer
NAIADES	Europäisches Aktions- und Entwicklungsprogramm für die europäische Binnenschifffahrt
NPI	Revue de la navigation, ports et industries
OECD	Organisation für wirtschaftliche Zusammenarbeit und Entwicklung
OTIF	Internationale Organisation für den Eisenbahnverkehr
PRM	Personen mit Behinderungen oder reduzierter Mobilität
RheinSchPersV	Verordnung über das Schiffspersonal auf dem Rhein
RID	Ordnung für die internationale Eisenbahnbeförderung gefährlicher Güter
RIS	Binnenschifffahrts-Informationsdienst
RIW/AWD	Recht der Internationalen Wirtschaft/Außenwirtschaftsdienst
RL	Richtlinie
RMC	Revue du Marché Commun
RMCUE	Revue du Marché commun et de l'Union Européenne
Rn	Randnummer
RNR	Revue de la Navigation du Rhin
RUO	Rheinschifffahrts-Untersuchungsordnung
Rs.	Rechtssache(n)
Rspr	Rechtsprechung
RTDE	Revue trimestrielle de droit européen

s.	siehe
SAR	Übereinkommen über den Such- und Rettungsdienst auf See
SEETO	South East Europe Transport Observatory
SEK	Dokumente des Sekretariats der Kommission
SES	Einheitlicher Europäischer Luftraum
SESAR	Single European Sky ATM Research Programme
Slg	Sammlung (d. Rspr des EuGH / EuG)
sog.	sogenannte(n)/(r)
SOLAS	Internationales Übereinkommen zum Schutz des menschlichen Lebens auf See
SR	Systematische Sammlung des Schweizerischen Bundesrechts
STCW	Übereinkommen über Normen für die Ausbildung, die Erteilung von Befähigungszeugnissen und den Wachdienst von Seeleuten
st. Rspr	ständige Rechtsprechung
str.	streitig
SZR	Sonderziehungsrecht des Weltwährungsfonds
TEN – V	Transeuropäische Netze – Verkehr
TREN	Generaldirektion Verkehr und Energie der EU-Kommission
TSI	Technische Spezifikationen für Interoperabilität
u.a.	unter andere(m)/(n); und andere
UN	Vereinte Nationen
UNCTAD	Welthandelskonferenz
Urt.	Urteil
uU	unter Umständen
UVP	Umweltverträglichkeitsprüfung
VA	Vertrag von Amsterdam
verb.	verbunden(e)
vgl	Vergleiche
Vorbem.	Vorbemerkung
WKE – VN	Wirtschaftskommission Europa der Vereinten Nationen
WSA	Wirtschafts- und Sozialausschuss
WTO	Welthandelsorganisation
YEL	Yearbook of European Law
ZaöRV	Zeitschrift für ausländisches öffentliches Recht und Völkerrecht
zB	zum Beispiel
Ziff.	Ziffer
ZKR	Zentralkommission für die Rheinschifffahrt
z.T.	zum Teil
z.Zt.	zur Zeit

Allgemeiner Teil

Kapitel I
Einführung

A. Mobilität: ein menschliches Grundbedürfnis

Mobilität gehört zu den Grundbedürfnissen des Menschen. 1

Mobilität sichert Überleben und ermöglicht den Zugang zu den Ressourcen, die zur Befriedigung der physischen Bedürfnisse des Menschen notwendig sind. Durch die Mobilität erhält der Mensch die Möglichkeit, seine Lebensbedingungen zu verbessern und sein Wissen zu erweitern. Sie stellt seit jeher ein wichtiges Mittel zur Ausübung von Macht dar.

Die ältesten Schriften und Kunstwerke belegen, dass die „natürliche" Mobilität des Menschen schon früh durch technische Hilfsmittel gefördert wurde. Das Schiff war lange Zeit so wichtig , dass es in vielen Zivilisationen das Leben symbolisierte.[1]

Die vielfachen Aspekte der Mobilität werden in der Geschichte symbolisiert durch Gestalten wie *Noah*, *Odysseus*, *Hannibal* und große Entdecker wie *Christoph Kolumbus*. Darüber hinaus bedeutet die Mobilität eine unerschöpfliche Quelle für künstlerische und technische Inspiration, wie sie zB in dem Mythos des *Ikarus* und in den Werken des Malers *William Turner*,[2] des Komponisten *Arthur Honegger*[3] oder des Schriftstellers *Jules Verne*[4] zum Ausdruck kommen.

Die Mobilität an sich oder die Mobilität, die mit Hilfe eines Transportunternehmers oder Spediteurs erzielt wird, entfaltet sich in den unterschiedlichsten Bereichen: Technik, Geographie, Wirtschaft, die Verteilung der Ressourcen und die soziale Organisation der Völker können als Beispiele dienen. Die strategische Bedeutung des Verkehrswesens und dessen Infrastruktur auf die Möglichkeit, ein Land zu kontrollieren oder zu verteidigen, wird anschaulich am Beispiel der Straßen der Römer und der Häfen Venedigs. Das Verkehrswesen ist im Übrigen ein erstrangiger Wirtschaftsfaktor. Heute macht die Verkehrsindustrie etwa 10 % des BNE der Industriestaaten aus. 2

B. Der Verkehr als Gegenstand rechtlicher Regelung

Bereits zur Zeit der Griechen wurde das Verkehrswesen durch Rechtsregeln geordnet. Diese waren hauptsächlich dazu bestimmt, für so ungewisse Unternehmungen wie die Beförderung von Menschen oder Gütern ein Minimum an Verlässlichkeit und Vorhersehbarkeit zu schaffen. Auch sollten sie die Bedingungen für Transporte zu wirtschaftlichen oder militärischen Zwecken ausgestalten. Das Instrument des internationalen Abkommens lässt sich ebenfalls auf die Griechen zurückführen. So versuchte der Staatsmann *Perikles* im 5. Jahrhundert vor Christus (vergeblich), eine internationale Konferenz einzuberufen, um die Seeräuberei im östlichen Mittelmeer zu bekämpfen. 3

1 *Quaritsch*, Das Schiff als Gleichnis, in Ipsen/Necker (Hrsg.), *Recht über See – Festschrift für Rolf Stödter*, Hamburg 1979, 251–286.
2 *William Turner*, *Rain, Steam and Speed*, 1844, The National Gallery, London.
3 *Arthur Honegger*, *Pacific 231*, 1923.
4 *Jules Verne*, Reise zum Mittelpunkt der Erde, 1864.

4 Die Mehrzahl der speziell auf nationale und internationale Transporte bezogenen Regeln, das *Verkehrsrecht*, lässt sich zwei Kategorien zuordnen. Zum einen handelt es sich um Regeln, die die Beziehungen zwischen Transporteuren und Absendern/Passagieren betreffen (*Privat- oder Handelsrecht*), zum anderen sind dies die Normen, die dazu bestimmt sind, die Verkehrstätigkeit zu lenken oder zu erleichtern, oder die Mobilität als solche zu fördern bzw zu kanalisieren (*öffentliches Verkehrsrecht*). Nach einer anderen Klassifikation kann zwischen den Regeln des nationalen Verkehrsrechts und jenen Bestimmungen unterschieden werden, die zwischen mehreren Staaten oder im Rahmen internationaler Organisationen vereinbart wurden. Letztere bilden das *internationale Verkehrsrecht.*

Im Übrigen sind für das Verkehrswesen auch zahlreiche Regeln von allgemeiner oder spezieller Zielsetzung anwendbar, zB aus den Bereichen des Umwelt – oder Verbraucherschutzes.

Eine Besonderheit des Verkehrsrechts besteht weiterhin darin, dass die meisten Normen nur auf eine bestimmte Kategorie von Verkehrsträgern anwendbar sind (zB Luft-, Straßen- oder Eisenbahnverkehr). Allgemein auf „den Verkehr“ anwendbare Regeln bilden eine Ausnahme.

Dieser Umstand erklärt sich daraus, dass jede Verkehrsart in einem jeweils speziellen wirtschaftlichen, technischen und historischen Umfeld angesiedelt ist. Das schließt allerdings übergreifende konzeptionelle Modelle nicht aus (zB Schutz der Rechte von beförderten Personen).

5 Die normative Gestaltung des Verkehrswesens liegt traditionell bei den Staaten (*Rn 7 ff.*). In der Praxis endet Mobilität jedoch nicht an Staatsgrenzen. Dies gilt insbesondere für Europa, wo die Verbindungen zwischen den Staaten besonders eng sind. Als Konsequenz hat sich insoweit ein besonders enges Netz bilateraler und multilateraler internationaler Normen entwickelt.

Auf europäischer Ebene befassen sich mehrere internationale Organisationen mit Fragen des Verkehrs. 17 europäische Staaten gründeten 1953 die *Europäische Konferenz der Verkehrsminister* (CEMT). Diese wurde im Jahre 2006 geographisch erweitert und zum *Weltverkehrsforum* umgewandelt, das 54 Staaten umfasst und in den Rahmen der OECD eingegliedert ist. Diese Organisation hat die Aufgabe, die bestmögliche Nutzung und die rationelle Entwicklung des internationalen Verkehrs zu fördern. Sie soll unter anderem in folgenden Bereichen tätig werden: Verkehrsinfrastruktur, Signalwesen, Straßensicherheit, Sozialvorschriften für die im Verkehrssektor tätigen Personen. Daneben bestehen spezialisierte Organisationen, wie die *Europäische Konferenz für Zivilluftfahrt* (CEAC), die *Europäische Organisation für die Luftsicherheit* (EUROCONTROL), und die älteste der internationalen Organisationen, die *Zentralkommission für die Rheinschifffahrt.*

6 Die traditionelle internationale Zusammenarbeit, die sich insbesondere auf den Abschluss von Abkommen und auf die Abstimmung innerhalb von Regierungsorganisationen bezieht, garantiert den Regierungen ein Höchstmaß an Einfluss und Kontrolle auf die Rechtsentwicklung. Es geschieht in der Tat nichts ohne ihre Zustimmung, da die „klassischen“ Abkommen für die Staaten ohne die Zustimmung ihrer zuständigen

Instanzen nicht bindend sind. Die zahlreichen auf den Verkehr bezogenen internationalen Abkommen deuten daher keineswegs auf eine größere Bereitschaft der Staaten hin, Einschränkungen ihrer Souveränität in diesem Bereich hinzunehmen. Sie belegen vielmehr das Interesse an hoheitlichen Eingriffen inden Verkehrssektor, die gegebenenfalls auch bi- oder multilateral mit anderen Staaten vorgenommen werden. Diese Ausgangslage verdeutlicht die Originalität – aber auch die Problematik – der Einfügung von Bestimmungen in die Römischen Verträge, die 1957 zwischen sechs westeuropäischen Staaten abgeschlossen wurden, wonach auf überstaatlicher Ebene verbindliche Regeln mit dem Ziel einer *gemeinsamen Verkehrspolitik* eingeführt werden sollten.[5]

C. Der Verkehr und die europäische Integration

1. Die traditionelle Rolle des Staates im Verkehrswesen

Die Einführung einer echten *gemeinsamen* Politik stieß im Bereich des Verkehrs auf mehrere systemimmanente Hindernisse. Diese konnten nur langsam und in einem mühsamen Prozess überwunden werden. Für den Staat, insbesondere für den modernen Staat, bedeutet die Kontrolle über das Verkehrssystem ein hervorragendes Mittel der wirtschafts- und sozialpolitischen Gestaltung. Der Verkehr beeinflusst unmittelbar den inneren und äußeren Handel, stellt eine wesentliche Variable für die Wettbewerbsfähigkeit der Industrie dar und ist Voraussetzung für die wirtschaftliche und territoriale Kohäsion. 7

Daher üben die europäischen Staaten seit langem Einfluss auf das Verkehrsangebot aus, um wirtschafts- und sozialpolitische Ziele zu erreichen. Ein Beispiel für derartige Maßnahmen bilden Verpflichtungen die den Transporteuren „im öffentlichen Interesse" auferlegt werden (zB Beförderungspflichten oder Tarifgestaltung). Ein zweites Beispiel ist die Verpflichtung zur Festsetzung von Beförderungstarifen, die je nach Ursprung oder Zielland einer Ware differenzieren. Das stellt eine Schutzmaßnahme oder eine Beihilfe dar, die wie Einfuhrzölle oder Exportsubventionen wirkt.

Die Absicht der Staaten, das Verkehrsangebot zu kontrollieren, zeigte sich besonders deutlich in den Bereichen Eisenbahn und Luftfahrt, in denen die Verkehrstätigkeit zeitweilig Staatsmonopolen vorbehalten war.

Ein weiteres Beispiel für den staatlichen Einfluss auf die Beförderungstätigkeit bilden Entwicklung und Kontrolle der Infrastrukturen im Bereich des Verkehrs. Bereits der Umfang der für den Bau der großen Verbindungen erforderlichen Investitionen erfordert im Allgemeinen eine staatliche Unterstützung. Doch erfolgen staatliche Interventionen in die Infrastruktur auch aus übergeordneten Erwägungen, zB der Raumplanung und der regionalen Entwicklung. 8

Als drittes Beispiel für die enge Verknüpfung zwischen Verkehr und anderen sensiblen Sektoren der Wirtschaft erwähnen wir die staatliche Industriepolitik. In der Tat kann man Kraftfahrzeug-, Schifffahrts- oder Luftfahrtindustrie nicht losgelöst von der nationalen Verkehrspolitik betrachten.

5 Zum Hintergrund und den großen Linien des Rechts der Europäischen Union s. *Bieber/Epiney/Haag*, Die Europäische Union, 11. Aufl. 2014.

Daher gibt es zahlreiche direkte Eingriffe in die Verkehrswirtschaft, die von Interessen ausgehen, die dem Bereich Verkehr eigentlich fremd sind. Andererseits sind zahlreiche staatliche Interventionen aus der Absicht zu erklären, dem Verkehrswesen inhärente potenzielle Störungen des Marktes auszugleichen.

9 Zu dieser Kategorie gehören zB Maßnahmen, die einen ruinösen Wettbewerb zwischen Spediteuren in Straßenverkehr und Binnenschifffahrt vermeiden sollen. Die mangelnde Elastizität zwischen Nachfrage und Angebot, in Verbindung mit einer sehr kleinteiligen gewerblichen Struktur (zahlreiche Kleinbetriebe) bringt die Gefahr mit sich, dass bei Nachlassen der Nachfrage die Preise fallen und der Transport unrentabel wird. Um derartige Krisen zu vermeiden, intervenierten viele europäische Staaten und kontrollierten mehr oder weniger streng die auf dem Markt angebotenen Kapazitäten und/oder die Preise oder überwachten sogar die Aufteilung der Frachten unter Spediteuren.

10 Ein weiteres Beispiel bilden Interventionen, die dazu bestimmt sind, den Wettbewerb zwischen verschiedenen Transportarten zu steuern oder eine optimale Aufteilung des Verkehrsaufkommens zu erreichen. Diese Maßnahmen zur „Koordinierung des Verkehrs" können die verschiedensten Formen annehmen (Planung der Infrastruktur, Besteuerung der verschiedenen Verkehrsarten, Beschränkung der Kapazitäten für bestimmte Verkehrsarten auf einzelnen Strecken). In wirtschaftlicher Hinsicht liegt die traditionelle Rechtfertigung dieser Eingriffe in den strukturellen Unterschieden zwischen den Unternehmen, die in den verschiedenen Verkehrssektoren tätig sind (zB die „monolithischen" Eisenbahn-Gesellschaften einerseits und die kleinen Betriebe für den Straßenverkehr und die Binnenschifffahrt andererseits). Diese Unterschiede können zu erheblichen Verzerrungen im intermodalen Wettbewerb führen.

Zu den Hindernissen einer staatenübergreifenden Verkehrspolitik gehörten auch strategisch bedingte Vorbehalte gegenüber der Tätigkeit von ausländischen Verkehrsunternehmen im Inland.

11 In der Anfangsphase der Europäischen Gemeinschaft waren unter den ursprünglichen sechs Mitgliedstaaten die Transporte innerhalb eines Staates den in dem jeweiligen Staat ansässigen Unternehmen vorbehalten (Verbot der *Kabotage*). Für den internationalen Verkehr galten je nach Verkehrsart mehr oder weniger strenge Einschränkungen. So waren zum Beispiel internationale Straßentransporte genehmigungspflichtig. Außerdem galten für den Frachtbereich mengenmäßige Beschränkungen (*Kontingente*). Andererseits war die internationale Binnenschifffahrt auf dem Rhein – dem wichtigsten europäischen Wasserweg – keinerlei Einschränkung unterworfen und für die anderen Wasserwege galten weitgehend liberale Regelungen.

Die Abschottung der nationalen Verkehrssysteme gegenüber ausländischen Unternehmen bildet die äußere Dimension des bereits erwähnten Bemühens der Staaten, die Kontrolle über das nationale Transportwesen zu behalten und damit insbesondere die Kapazitäten und die Koordinierung der verschiedenen Verkehrsträger zu steuern. Auch kommt darin eine Neigung zum Ausdruck, den Forderungen der interessierten Wirtschaftszweige nach Schutz vor ausländischer Konkurrenz nachzugeben. Der

Staat seinerseits wollte auf diese Weise einen so wichtigen wirtschaftlichen Sektor vor ausländischer Konkurrenz – vielfach als „unlauter" eingestuft – schützen.

Zwar waren diese verschiedenen Interventionsformen in der Gesetzgebung sämtlicher EU-Gründerstaaten gebräuchlich, doch bestanden bei Gründung der Gemeinschaft erhebliche Unterschiede zwischen der Verkehrspolitik der einzelnen Staaten. Dies betraf sowohl deren allgemeine Orientierung als auch die praktische Gestaltung.[6] 12

2. Zur Notwendigkeit einer gemeinsame Verkehrspolitik in den Römischen Verträgen

Nutzen und Notwendigkeit einer gemeinsamen Verkehrspolitik im Rahmen des durch die Römischen Verträge eingeleiteten Integrationsprozesses bedürfen keiner ausführlichen Begründung. 13

Zu den ursprünglichen und wesentlichen Zielen des Vertrags gehört „durch gemeinsames Handeln den wirtschaftlichen und sozialen Fortschritt ihrer Staaten zu sichern, indem sie die Europa trennenden Schranken beseitigen" (EG-Vertrag, Präambel, Abs. 2).[7] Zu diesem Zweck sieht nunmehr Art. 3 des Vertrags über die Europäische Union (Fassung „Lissabon" v. 13. Dezember 2007) die Errichtung eines Binnenmarktes vor, dessen Ziel die Verwirklichung der Freizügigkeit für Personen (Arbeitnehmer und Selbstständige), für Waren, Dienstleistungen und Kapital zwischen den Mitgliedstaaten ist (Art. 26 II AEUV). Ohne ein Beförderungssystem bleibt die Freizügigkeit von Personen und Waren jedoch nur Theorie. Denn die tatsächliche Möglichkeit zum Gebrauch der „Grundfreiheiten" setzt die Möglichkeit von Mobilität, also ein Transportsystem voraus, das die verschiedenen Gebiete des Binnenmarktes miteinander verbindet. Unter ökonomischen Aspekten wird die Effizienz dieses Marktes wesentlich durch die Effizienz des Verkehrssystems bedingt. Dazu gehört neben einem rechtlichen Rahmen, der die Abwicklung von Transporten innerhalb des Binnenmarktes ohne Hindernisse ermöglicht, auch eine entsprechende Infrastruktur für die verschiedenen Verkehrsträger.

Die einfache Addition der zuvor von den einzelnen Staaten geführten Politik hätte diese Bedingungen nicht erfüllen können. Überdies enthielten die zum Zeitpunkt der Abfassung der Römischen Verträge gültigen staatlichen Rechtsordnungen zahlreiche Hindernisse für grenzüberschreitende innergemeinschaftliche Transporte. Darüber hinaus war die Verkehrs-Infrastruktur der sechs Gründerstaaten bis dahin ausschließlich nach nationalen Kriterien gestaltet worden. Ein zusammenhängendes innergemeinschaftliches Netz fehlte. Für die Schaffung eines wirksamen und zusammenhängenden Transportsystems auf der Ebene der Union war daher *eine gemeinsame* Verkehrspolitik erforderlich, die zumindest eine Koordinierung, besser noch eine Verschmelzung der nationalen Verkehrspolitiken ermöglichte. 14

6 Zu den historischen Grundlagen vgl *Ipsen*, Europäisches Gemeinschaftsrecht, 1971, 858–888; *Mückenhausen*, Grundzüge der gemeinsamen Verkehrspolitik, in: Frohnmeyer/Mückenhausen, Nr. 1; *Dousset*, in: Comm. MEGRET, 1. Aufl., Band 3, 1971, 261–326 (277 ff); *Bellieni*, in *Quadri, Monaco, Trabucchi*, Trattato istitutivo della CEE – Commentario, 1965, 541 ff.

7 Wörtlich übernommen in Erwägungsgrund 2 der Präambel des Vertrags über die Arbeitsweise der Europäischen Union (AEUV) v. 13. Dezember 2007.

15 Auch die Entwicklung der Wirtschaftsabläufe und Produktionsprozesse beeinflussten die Forderung nach einer gemeinsamen Verkehrspolitik innerhalb der Union. Denn die fortschreitende und immer stärker grenzübergreifende Spezialisierung der wirtschaftlichen Tätigkeit, sowie der Übergang von einer Wirtschaft des „Lagerns" zu einer Wirtschaft des „Fließens" („just-in-time-Produktion") verstärkten den Einfluss des Verkehrssystems auf die Wirtschaft insgesamt. Andererseits stellte die spektakuläre Entwicklung des Transportwesens in den letzten Jahrzehnten eine Herausforderung für Politik und Gesetzgebung dar, die von den einzelnen Staaten allein nicht hätten gemeistert werden können.

3. Strukturelle Hindernisse einer Fusion nationaler Politiken zu einer Gemeinsamen Verkehrspolitik

16 Die Verwirklichung einer Gemeinsamen Verkehrspolitik war für das im Vertrag von Rom festgelegte Ziel einer wirtschaftlichen und sozialen Integration nützlich und sogar unerlässlich. Gleichzeitig war und bleibt sie aus verschiedenen Gründen problematisch:

17 So bestanden und bestehen zwischen den Mitgliedstaaten zu vielen Aspekten der Verkehrspolitik erhebliche Interessengegensätze. Einer dieser Unterschiede, der die Entwicklung der Verkehrspolitik über Jahrzehnte hinweg beeinflusste, erwuchs aus der Position jener Staaten – darunter insbesondere die Niederlande –, die eine schnelle Liberalisierung des gemeinschaftlichen Straßentransports befürworteten und auf der anderen Seite denjenigen, die eine vorherige Harmonisierung der „Wettbewerbsbedingungen" forderten. Hintergrund der letztgenannten Position war die Absicht, eine direkte Konkurrenz zwischen heimischen Transportunternehmen und Unternehmen aus anderen Staaten, bei denen geringere Lohnkosten und Steuern anfielen, zu vermeiden. Ein weiteres, für die gegensätzlichen Interessen kennzeichnendes Beispiel bilden die Positionen Österreichs einerseits und Deutschlands und Italiens andererseits in Bezug auf den Nord-Süd-Verkehr für den Schwerlastverkehr. Österreich als Transitland setzt sich seit langem für die Einführung von strengen Beschränkungen dieser Verkehrsart ein. Italien und Deutschland, deren Außenhandel weitgehend vom Verkehr über die Alpen abhängt, wollen im Gegensatz dazu diesen Verkehr ohne Einschränkungen ermöglichen.

18 Diese auf die wirtschaftliche oder geographische Lage der Mitgliedstaaten zurückzuführenden konkreten Interessenunterschiede werden verstärkt durch die politisch-strategisch bedingte Zurückhaltung der staatlichen Regierungen, ihren „strategischen" Einfluss auf das Verkehrswesen aufzugeben. Auch bestehen zwischen ihnen unterschiedliche Ansichten über die angemessene Aufgabe des Staates im Bereich der Verkehrswirtschaft. Hinzu kommen schließlich die bereits erwähnten protektionistischen Neigungen in diesem Bereich (*Rn 11*). All diese Faktoren erschwerten den Weg zur Definition der gemeinsamen Verkehrspolitik. Die schließlich im Jahre 1957 für die betreffende Passage im EWG-Vertrag gefundene Formulierung illustriert das Spannungsverhältnis zwischen den auf Bewahrung staatlicher Einflussmöglichkeiten drängenden Kräften und der Notwendigkeit, im Rahmen der Errichtung des Binnenmarktes eine gemeinsame Verkehrspolitik zu betreiben. Im Vertrag wird zwar auf die

Notwendigkeit einer gemeinsamen Verkehrspolitik verwiesen, jedoch fehlen – wegen der mangelnden Einigung zwischen den Vertragsparteien – nähere Festlegungen zu ihrer Ausrichtung und zu den Grundsätzen ihrer Ausgestaltung. Ein Vergleich mit den Vertragsbestimmungen über die Gemeinsame Landwirtschaftspolitik (Art. 38–44 AEUV) lässt diese „unfertige" Vertragsformulierung noch deutlicher hervortreten. Als Folge erwies sich die Verwirklichung einer gemeinsamen Verkehrspolitik besonders mühsam und langwierig.

Zu den speziellen Rahmenbedingungen der gemeinsamen Verkehrspolitik gehören 19
auch die Besonderheiten des See- und Luftverkehrs (*Kap. VIII, IX*). Schon vor Inkrafttreten des Vertrags von Rom prägte die internationale Dimension dieser Verkehrsarten die in den Mitgliedstaaten geltenden Regeln. So beteiligten sich zum Beispiel die meisten der Seeschifffahrts-Unternehmen an Abmachungen, die den Wettbewerb auf einigen Linien beschränkten (Schifffahrtskonferenzen). Diese auf internationaler Ebene übliche und in den Mitgliedstaaten akzeptierte Praxis[8] war im Grundsatz nicht mit den Wettbewerbsvorschriften des EWG-Vertrags vereinbar. Für den Luftverkehr – der hauptsächlich von staatlichen Unternehmen durchgeführt wurde – existierte bereits ein zweifaches internationales Regelwerk. Es bestand zum einen aus einer Vielzahl bilateraler Abkommen und zum anderen aus einer strukturierten weltweiten Zusammenarbeit der Staaten im Rahmen des Übereinkommens von Chicago von 1944. Diese Eigenheiten führten dazu, dass die Autoren des EWGV diese beiden Verkehrsarten von der automatischen Anwendung des dem Verkehr gewidmeten Titels VI des Vertrages ausnahmen (Art. 100 II AEUV).

4. Die Entwicklung der gemeinsamen Verkehrspolitik als eine fortwährende Herausforderung

Seit Inkrafttreten des Vertrags von Rom verloren einige der anfänglichen Probleme 20
ihre Bedeutung, andere konnten überwunden werden. Dafür sind neue Schwierigkeiten entstanden. So veränderten sich die Parameter der Politik fortwährend: Betraf die Suche nach einer *gemeinsamen* Politik zunächst nur sechs Staaten, musste sie mit jeder Erweiterung zusätzliche Besonderheiten und zuletzt insgesamt 28 Mitgliedstaaten berücksichtigen.

Sichtbar wird diese Entwicklung an der Entfaltung einer gemeinsamen Politik für die Seeschifffahrt. Die EU-Gründerstaaten hatten daran zunächst nur ein geringes Interesse. Durch den Beitritt von Staaten mit einer bedeutenden Handelsmarine (Großbritannien 1973; Griechenland 1981, Malta, Cypern 2003) gewannen die Vorteile eines gemeinsamen Vorgehens im Rahmen der Union nach innen und nach außen allgemeine Akzeptanz.

Die politischen, ökonomischen, sozialen und technischen Bedingungen des Verkehrs wandelten sich ebenfalls. Zu erwähnen ist die Bedeutung der Modernisierung der Infrastrukturen, die nach der Erweiterung von 2004 in Angriff genommen wurde, um den Austausch zwischen alten und neuen Mitgliedstaaten zu verbessern.

8 Dazu bereits *Bieber*, Schifffahrtskonferenzen und Kartellgesetzgebung in Westeuropa und Nordamerika, Außenwirtschaftsdienst (1971), 27–31.

Auch führte das Anwachsen des Verkehrs und seiner Nebenwirkungen (Verstopfung der Verbindungswege, Umweltverschmutzung, immer schnellere Erschöpfung der natürlichen Energiequellen, Unfälle) zur Notwendigkeit einer verstärkten Suche nach einem Gleichgewicht zwischen den Zwängen der Verkehrsförderung einerseits und der Erhöhung der Verkehrssicherheit, des Umweltschutzes, der Energiepolitik usw. andererseits.

Unter diesen Umständen bleiben die Formulierung einer gemeinsamen Politik und die Einigung auf gemeinsame Regeln, Prioritäten und Schwerpunkte im Rahmen der Union immer neue Herausforderungen, für die es keine Beispiele gibt.

21 Die Bedingungen zur Einführung einer echten gemeinsamen Verkehrspolitik waren über einen langen Zeitraum hinweg nur schwer zu finden – und bleiben es in gewisser Weise auch heute noch.

Gleichwohl wurden, besonders seit den achtziger Jahren des letzten Jahrhunderts, bedeutende Fortschritte erzielt. Die Suche nach angemessenen Mitteln zur Gewährleistung der Mobilität innerhalb des Binnenmarktes und über dessen Grenzen hinaus, zur Steuerung der Expansion der Verkehrswirtschaft, der Begrenzung der wachsenden Umweltverschmutzung und der technologischen Entwicklung begünstigt die Bereitschaft zu einer Verkehrspolitik im Rahmen der Union.

Auch wenn man inzwischen von einer tatsächlich existierenden „gemeinsamen Verkehrspolitik" sprechen kann, bleiben in zahlreichen Bereichen noch wesentliche Aufgaben bestehen: Entwicklung der Infrastrukturen, eine wirksame Regulierung des Marktes, Umweltschutz usw. Es bleibt abzuwarten, ob die Europäische Union der 28 Mitgliedstaaten auf der Grundlage der geltenden Vertragsbestimmungen in der Lage sein wird, die Herausforderung zu meistern und den Aufbau eines Verkehrssystems zu wirtschaftlich optimalen und sozial verträglichen Bedingungen zu erzielen, um eine nachhaltige Mobilität von Personen und Waren zu gewährleisten.

Kapitel II
Der materiellrechtliche Rahmen der gemeinsamen Verkehrspolitik

A. Einführung

Ursprünglich betrafen die supranationalen Eingriffe in den Verkehrsbereich vor allem dessen „Hilfsfunktion“ im Hinblick auf andere Wirtschaftssektoren, insbesondere die Kohle- und Stahlindustrie. So ermächtigte der Vertrag über die Gründung der Europäischen Gemeinschaft für Kohle und Stahl (EGKSV),[1] der Vorläufer des EWG-Vertrages,[2] die EGKS lediglich dazu, 1

„Maßnahmen oder Praktiken“ (zu untersagen) „die eine Diskriminierung zwischen Erzeugern oder Käufern oder Verbrauchern herbeiführen, insbesondere hinsichtlich (...) der Beförderungstarife ...“ (Art. 4, Buchst. b EGKS -Vertrag).

Andererseits behielt Art. 70 EGKS-Vertrag den Mitgliedstaaten ausdrücklich die Zuständigkeit vor, die Verkehrspolitik zu bestimmen und durchzuführen:

„Vorbehaltlich der Bestimmungen dieses Artikels sowie der anderen Vertragsbestimmungen bleibt die Verkehrspolitik, insbesondere die Aufstellung oder Änderung von Frachten und Beförderungsbedingungen jeder Art sowie die Änderung der Frachten zur Sicherung des finanziellen Gleichgewichts der Transportunternehmen, den gesetzlichen Vorschriften und Durchführungsbestimmungen eines jeden Mitgliedstaats unterworfen; das gleiche gilt für Maßnahmen der Koordinierung oder des Wettbewerbs zwischen den verschiedenen Transportarten oder verschiedenen Leitungswegen“.

Besondere Beachtung fanden die diskriminierenden Tarife in dem zur Vorbereitung des EWGV verfassten „Bericht Spaak“.[3] Sie sollten durch entsprechende Bestimmungen unterbunden werden. Auch sollte die Erhebung von Steuern und Abgaben der Transportunternehmen beim Grenzübergang geregelt werden. Darüber hinaus erwähnte der Bericht eine „gemeinsame Verkehrspolitik“. Nach dem Bericht ist eine derartige Politik erforderlich, um die verfügbaren Ressourcen bestmöglich zu nutzen und um die Anwendung der allgemeinen Wettbewerbsvorschriften auf diesen Bereich zu koordinieren. Der Bericht erwog also die Möglichkeit unmittelbarer Eingriffe der EWG in den Verkehrsbereich. Dieser wurde nunmehr als eigenständiger Wirtschaftssektor und nicht mehr nur in seiner Hilfsfunktion wahrgenommen. 2

Nach dem Bericht sollte eine gemeinsame Verkehrspolitik *zwei unterschiedlichen Zielen* dienen: Zum einen sollte sie zur Errichtung des „allgemeinen“ Gemeinsamen Marktes zB dadurch beitragen, dass sie Diskriminierungen beseitigt, die darauf beru-

---

1 Vertrag v. 18. April 1951, BGBl. 1952 II S. 448. Dieser Vertrag war für eine Dauer von 50 Jahren abgeschlossen worden. Nach Ende dieses Zeitraums im Jahre 2002 lief er aus.

2 Abgekürzt „EWGV“. Dieser Vertrag trat am 1. Januar 1958 in Kraft. Der Vertrag über die Europäische Union vom 7. Februar 1992 änderte den Titel durch die Streichung des Bezugs auf die „Wirtschaft“ der Gemeinschaft. Danach lautete sein offizieller Titel „Vertrag zur Gründung der Europäischen Gemeinschaft“ (EGV). Durch den Vertrag von Lissabon wurde der EGV in die Europäische Union überführt (vgl Art. 1 III EUV). Sein fortdauernder Inhalt befindet sich seither in dem Vertrag über die Arbeitsweise der Europäischen Union (AEUV).

3 Bericht der Delegationsleiter an die Außenminister vom 21. April 1956 (MAE 120/56), Bruxelles 1956, 71–74.

hen, dass für die gleichen Verkehrsverbindungen und die gleichen Güter je nach Herkunfts- oder Bestimmungsland unterschiedliche Tarifsätze angewandt werden. Zum anderen sollte daraus ein echter Gemeinsamer Markt für Transportdienstleistungen erwachsen. Zu diesem Zweck sollten staatliche Eingriffe, die den Wettbewerb zwischen den verschiedenen Anbietern aus verschiedenen Ländern und den unterschiedlichen Verkehrsträgern behindern, beseitigt oder zumindest koordiniert werden.

3 Der E(W)G-Vertrag folgte insoweit der Orientierung des „Spaak-Berichts". Nach Art. 3 lit. f umfasst die Tätigkeit der Gemeinschaft

> „eine gemeinsame Politik auf dem Gebiet des Verkehrs".

Zu diesem Zweck sah der dritte Teil des Vertrags einen Titel V („Der Verkehr") mit 11 Artikeln vor. Diese bezeichnen Gesetzgebungszuständigkeiten, legen Orientierungen für das Handeln der Organe fest und enthalten Verbote, die an die Mitgliedstaaten gerichtet sind. Der Vertrag von Maastricht (1992) fügte einen Titel XV („Transeuropäische Netze" Artikel 154–156) in den Vertrag ein.[4] Diese Bestimmungen beziehen sich auch auf den Verkehr.

Der Vertrag von Lissabon hat dieses Schema übernommen. Seither bezeichnet der Vertrag über die Arbeitsweise der Europäischen Union in Art. 4 II lit. g) und h) „Verkehr" und „transeuropäische Netze" als Bereiche „geteilter Zuständigkeit".[5] Die dem Verkehr gewidmeten Bestimmungen befinden sich nunmehr im dritten Teil dieses Vertrages („Die internen Politiken und Maßnahmen der Union") in Titel VI („Der Verkehr", Art. 90–100). Titel XVI (Art. 170, 171) des Vertrags gilt den transeuropäischen Netzen.

B. Die allgemeinen Bestimmungen des Vertrags über die Arbeitsweise der Europäischen Union und der Verkehr

1. Das Prinzip der Anwendbarkeit der allgemeinen Bestimmungen des Vertrags auf das Gebiet des Verkehrs

4 Die Existenz eines eigenen Titels für den Verkehr warf zunächst Fragen zum Zusammenhang zwischen diesem Titel und den anderen Bestimmungen des Vertrags auf.

Artikel 58 I AEUV entzieht die Dienstleistungen auf dem Gebiet des Verkehrs ausdrücklich den allgemeinen Regeln von Art. 56–62 AEUV über den freien Dienstleistungsverkehr und verweist insoweit auf den besonderen Titel VI AEUV. Daraus schloss ein Teil der Literatur auf ein Verhältnis der Spezialität dieses Titels zu allen anderen Vertragsbestimmungen, insbesondere im Bezug auf die Wettbewerbsvorschriften und die Bestimmungen über die Freizügigkeit der Arbeitnehmer usw.[6] Diese Auslegung hätte zur Folge gehabt, dass der Verkehr der Anwendung der anderen Bestimmungen des AEUV so lange entzogen geblieben wäre, wie der Gesetzgeber der Union keine entsprechenden Maßnahmen auf der Grundlage der speziellen verkehrsrechtlichen Ermächtigungen beschlossen hätte.

---

4 Durch Art. 12 des Vertrags von Amsterdam (1997) wurden die Artikel des EGV neu nummeriert.
5 Dazu *Kap. III.*
6 So zB *Wohlfarth/Everling/Glaesner/Sprung*, Die Europäische Wirtschaftsgemeinschaft – Kommentar zum Vertrag, Art. 74 Rn 4: „Die Anwendung der anderen Kapitel des Vertrags auf den Verkehr, insbesondere (...) Wettbewerbsregeln (...) scheidet aus".

Da jedoch in den anderen Vertragsbereichen eine dem Art. 58, I entsprechende Vorschrift fehlt, liegt der Schluss näher, dass Art. 58 I AEUV eine Ausnahmevorschrift bildet und daher – *a contrario* – die Bestimmungen des AEUV außerhalb der speziellen Bestimmungen des Dienstleistungsverkehrs uneingeschränkt Anwendung finden.[7]

Eine weitere Unklarheit ergab sich daraus, dass der Vertrag unterschiedliche Regelungen für den Landverkehr einerseits (Art. 100 I) und den See- und Luftverkehr andererseits (Art. 100 II) vorsieht und damit zunächst zweifelhaft war, ob Aussagen zur Stellung des Landverkehrs im allgemeinen Vertragsgefüge auch für diese beiden Sektoren gelten.

Der EuGH beantwortete diese Fragen in zwei Urteilen. Das eine betrifft die Freizügigkeit der Arbeitnehmer im Seeverkehr, das andere die Anwendbarkeit der Wettbewerbsregeln auf den Luftverkehr. Durch diese Entscheidungen klärte er einerseits die Beziehung von Titel VI zu den anderen Bestimmungen des EGV, andererseits die Frage, ob die Verfahren gemäß Artikel 80 II EGV (= Art. 100 II AEUV) über den Erlass von Vorschriften für die Seeschifffahrt und Luftfahrt für diese beiden Verkehrsarten im Vergleich zu den allgemeinen Bestimmungen des Vertrages gemäß Art. 80 I EGV (= Art. 100 I AEUV) eine unterschiedliche Behandlung zur Folge hätten.[8] 5

In der ersten Rechtssache hatte die Kommission gegen Frankreich geklagt.[9] Die französische Regierung vertrat dabei den Standpunkt, dass die allgemeinen Bestimmungen des Vertrages auf den Verkehr keine Anwendung fänden. Insoweit würden nur die Bestimmungen von Titel VI gelten. Dies gelte erst recht für die Seeschifffahrt, da diese wegen Art. 100 II selbst einer Anwendung der Bestimmungen des Titels VI entzogen sei.

Der EuGH wies diese Sichtweise mithilfe einer systematischen Auslegung zurück. Nach seiner Auffassung werden die Grundregeln des Vertrags zur Errichtung des Binnenmarktes durch den Titel „Verkehr" nicht außer Kraft gesetzt. Dieser Titel bezwecke im Gegenteil deren „Umsetzung und Vervollständigung".[10]

See- und Luftverkehr bleiben danach wie alle anderen Verkehrsträger den allgemeinen Regeln des Vertrages unterworfen.[11] Daher sind die Mitgliedstaaten zB auch im Bereich des Seeverkehrs verpflichtet, die Bestimmungen über die Freizügigkeit der Personen einzuhalten.

Die zweite Rechtssache betraf die Tragweite des vorgenannten Urteils.[12] Die französische Regierung vertrat darin die Meinung, der EuGH hätte nur über die Anwendbarkeit der Bestimmungen über die Grundfreiheiten auf den Verkehr entschieden. Dage- 6

7 So zB bereits *Rodière*, Transports, in: *Ganshof van der Meersch* (Hrsg.), Les Novelles, Droit des Communautés Européennes, Rn 1921 ff (1927, 1928).
8 Vorsichtig *für* eine Unterstellung unter die allgemeinen Vertragsregeln *Rodière* (*Anm.* 7), Rn 1929–1931.
9 EuGH, Rs. 167/73 (Kommission/Frankreich), Slg 1974, 359. S. a. Schlussanträge GA *Reischl*, 374 ff.
10 EuGH, Rs. 167/73 (Kommission/Frankreich), Slg. 1974, 359, Rn 25: „Die Vorschriften über die gemeinsame Verkehrspolitik dienen nicht dazu, diese Grundsatzbestimmungen außer Kraft zu setzen, sondern gerade dazu, ihnen Wirksamkeit zu verleihen und sie durch gemeinsame Aktionen auszufüllen".
11 A.a.O., Rn 31 und 32.
12 EuGH, verb. Rs. 209 – 213/84 (Asjes), Slg 1986, 1425. S. a. Schlussanträge GA *Lenz*, 1427 ff.

gen fänden die Bestimmungen des Vertrages über den Wettbewerb keine Anwendung auf den Luftverkehr.[13]

Der Gerichtshof, der in einem Urteil von 1978 bereits die Anwendbarkeit der allgemeinen Wettbewerbsregeln auf den Landverkehr[14] bekräftigt hatte, lehnte die vorgeschlagene minimalistische Auslegung seiner früheren Rechtsprechung ab und erklärte auch die vertraglichen Wettbewerbsvorschriften auf den Luftverkehr für anwendbar. Er begründete dies insbesondere mit dem Fehlen einer Vertragsbestimmung, die zB die Anwendbarkeit der Wettbewerbsbestimmungen nach dem Vorbild des Art. 42 AEUV (Landwirtschaft) unter den Vorbehalt einer besonderen gesetzlichen Regelung gestellt hätte.[15]

7 Seit diesen Entscheidungen des EuGH und seit der verstärkten Gesetzgebungstätigkeit der Union in diesem Bereich ist die Einordnung des Verkehrs in die Systematik des Vertrages geklärt.

Die allgemeinen Bestimmungen des AEUV und die auf diesen Grundlagen erlassenen Rechtsakte gelten danach grundsätzlich auch für das Gebiet „Verkehr", soweit keine ausdrücklichen vertraglichen Ausnahmen bezeichnet wurden (zB Art. 58 AEUV). Daraus folgt, dass die auf die allgemeinen Vertragsbestimmungen gestützte Gesetzgebung ebenfalls auf den Verkehr Anwendung findet, sofern keine ausdrücklichen Ausnahmen vorgesehen sind.

Titel VI seinerseits soll dazu dienen den allgemeinen Bestimmungen des Vertrages „Wirksamkeit zu verleihen", sie „auszufüllen" oder in Einzelfällen punktuelle Abweichung vorzusehen (zB Art. 93 AEUV). Sie bilden Grundlage für die eigentliche *gemeinsame Verkehrspolitik*. Die einzige Funktion von Art. 100 AEUV besteht darin, den materiellen Anwendungsbereich der Bestimmungen von Titel VI festzulegen. Für die Anwendbarkeit der anderen Vertragsbestimmungen auf den Verkehr ist er dagegen ohne Bedeutung.

Vor der näheren Darstellung der ausdrücklich dem Verkehr gewidmeten Bestimmungen des Vertrages wird hier zunächst ein Überblick derjenigen allgemeinen Regeln vorangestellt, die für das hier behandelte Thema von Bedeutung sind.

2. Die allgemeinen Bestimmungen des AEUV mit besonderer Bedeutung für das Gebiet des Verkehrs

a) Die Freizügigkeit der Arbeitnehmer

8 Gemäß Art. 45 II; 49 II; 57 II AEUV sind Diskriminierungen aus Gründen der Staatsangehörigkeit zwischen den Bürgern der Union untersagt. Dieses Verbot gilt auch für Gesellschaften, die nach den Rechtsvorschriften eines Mitgliedstaats gegründet wurden und die ihren satzungsmäßigen Sitz, ihre Hauptverwaltung oder ihre Hauptniederlassung innerhalb der Union haben (Art. 54 AEUV).

13 EuGH, verb. Rs. 209 – 213/84 (Asjes), Slg 1986, 1425, Rn 34.
14 EuGH, Rs. 156/77 (Kommission/Belgien), Slg 1978, 1881, Rn 6, 10, 11.
15 EuGH, verb. Rs. 209 – 213/84 (Asjes), Slg. 1986, 1425, Rn 42–45.

Das Verbot bezieht sich nicht nur auf unmittelbare sondern auch auf jede Form der versteckten Diskriminierung.[16] Der Gerichtshof gab darüber hinaus eine allgemeine Orientierung zum Verbot von Behinderungen einer Ausübung der im Vertrag garantierten Freiheiten. Danach müssen

> „nationale Maßnahmen, die die Ausübung der durch den Vertrag garantierten grundlegenden Freiheiten behindern oder weniger attraktiv machen können, vier Voraussetzungen erfüllen (....): Sie müssen in nichtdiskriminierender Weise angewandt werden, sie müssen aus zwingenden Gründen des Allgemeininteresses gerechtfertigt sein, sie müssen geeignet sein, die Verwirklichung des mit ihnen verfolgten Zieles zu gewährleisten, und sie dürfen nicht über das hinausgehen, was zur Erreichung dieses Zieles erforderlich ist“.[17]

Das Verbot richtet sich an die Mitgliedstaaten, umfasst darüber hinaus auch diskriminierende Maßnahmen privater Arbeitgeber.[18] Der Vertrag enthält eine Ausnahme zugunsten der Beschäftigung in der öffentlichen Verwaltung (Art. 46 IV AEUV) und gestattet den Mitgliedstaaten Beschränkungen der Freizügigkeit aus Gründen der öffentlichen Ordnung, Sicherheit und Gesundheit (Art. 45 III; 52 I AEUV).

Die Anwendung der Bestimmungen über die Freizügigkeit der Arbeitnehmer auf den Verkehr wurde vom EuGH ausdrücklich für den Seeverkehr bekräftigt.[19] Andererseits bestätigte der EuGH, dass diese Bestimmungen in den Fällen nicht anwendbar sind, wenn eine Verkehrstätigkeit als „öffentliche Verwaltung“ im Sinne von Art. 45 IV AEUV zu qualifizieren ist.[20]

Zur Erleichterung der Ausübung der Niederlassungsfreiheit im Bereich des Verkehrs hat der Gesetzgeber der Union Richtlinien zur Harmonisierung der Bedingungen für den Zugang zum Beruf des Transporteurs im Straßenverkehr,[21] der Binnenschifffahrt,[22] der Eisenbahnbeförderung[23] und dem Lufttransport[24] angenommen. Dagegen wurde keine Regelung zur Ausübung des Berufs des Seebeförderers beschlossen. Allerdings ist der Beruf des Reeders durch mehrere Rechtsakte der Union näher geregelt.[25]

b) Die Wettbewerbsbestimmungen

Zur Gewährleistung eines freien und unverfälschten Wettbewerbs innerhalb des Binnenmarktes enthält der AEUV in Art. 101–109 „Wettbewerbsregeln“. Diese bestehen im Wesentlichen aus Kartellverboten (Art. 101 AEUV), dem Verbot des Missbrauchs einer marktbeherrschenden Stellung im Binnenmarkt (Art. 102 AEUV) sowie dem Verbot von staatlichen Beihilfen, die den Wettbewerb zu verfälschen drohen 9

16 EuGH, Rs. 157/72 (Sotgiu), Slg 1974, 152.
17 EuGH, Rs. C-55/94 (Gebhard), Slg 1995, I-4165, Rn 37.
18 EuGH, Rs. C-281/98 (Angonese), Slg 2000, I-4161.
19 EuGH, Rs. 167/73 (Kommission/Frankreich), Slg 1974, 359, s. *Rn 6* und *Kap. IX, Rn 57*.
20 EuGH, Rs. C-405/01 (Colegio de Oficiales de la Marina Mercante Española), Slg 2003, I-10391, Rn 44 – 50, s. *Kap. IX, Rn 57*.
21 *Kap. V, Rn 2 ff.*
22 *Kap. VI, Rn 10 ff.*
23 *Kap. VII, Rn 5 ff.*
24 *Kap. IX, Rn 18 ff.*
25 *Kap VIII, Rn 13 ff.*

(Art. 107–109 AEUV). Der Gesetzgeber der Union hat diese Verbote durch eine Regelung zur vorherigen Kontrolle von Unternehmensfusionen ergänzt.[26]

Der EuGH hat die Anwendbarkeit dieser Bestimmungen auf den Landverkehr[27] und den Luftverkehr bestätigt.[28] Auf der Grundlage der in Art. 103 II lit. c) AEUV enthaltenen Ermächtigung hat der Gesetzgeber bereichsspezifische Bestimmungen erlassen.[29]

c) Steuerliche Maßnahmen

10 Eine spezielle Zuständigkeit der Union im steuerlichen Bereich besteht lediglich hinsichtlich der indirekten Steuern. Gemäß Art. 113 AEUV können insoweit Bestimmungen zur Harmonisierung des staatlichen Rechts beschlossen werden. Die Harmonisierung direkter Steuern erfolgt dagegen im Rahmen und in den Grenzen der allgemeinen Befugnis zur Angleichung von Vorschriften, „die sich unmittelbar auf die Errichtung oder das Funktionieren des Binnenmarkts auswirken" (Art. 115 AEUV).

Von besonderer Bedeutung für den Bereich Verkehr sind zum einen die „allgemeine" indirekte Besteuerung durch die Umsatzsteuer[30] und zum anderen die spezifischen Verkehrssteuern (Steuern auf Fahrzeuge, Abgaben für die Nutzung der Infrastruktur, Treibstoffbesteuerung).[31]

d) Rechtsangleichung

11 Die Angleichung von Regelungen der Mitgliedstaaten, die sich unmittelbar auf die Errichtung oder das Funktionieren des Binnenmarktes *auswirken*, ist in Art. 115 AEUV geregelt. Sie erfordert einstimmige Beschlussfassung im Rat. Soweit Maßnahmen zur Rechtsangleichung die Errichtung und das Funktionieren des Binnenmarktes *zum Gegenstand* haben, können diese dagegen in einem erleichterten Verfahren beschlossen werden. Die Beschlussfassung erfolgt insoweit nach dem ordentlichen Gesetzgebungsverfahren im Wege der Mitentscheidung von Parlament und Rat (Art. 294 AEUV: qualifizierte Mehrheit des Rates).

Im Bereich Verkehr wurden zahlreiche Akte nach dem letztgenannten Verfahren angenommen, insbesondere solche im Bereich technischer Vorschriften für Fahrzeuge.[32]

e) Verbraucherschutz

12 Die Union leistet gemäß Art. 169 AEUV einen Beitrag zum Schutz und zur Förderung der Interessen der Verbraucher. Im Verkehrsbereich sind als „Verbraucher" vor allem die Nutzer der verschiedenen Verkehrsmittel – Passagiere – zu verstehen.

---

26 VO Nr. 139/2004, ABl. L 24/2004, 1.
27 EuGH, Rs.156/77 (Kommission/Belgien), Slg 1978, 1881, Rn 10.
28 EuGH, verb. Rs. 209 – 213/84 (Asjes), Slg 1986, 1425, s. *Rn 7.*
29 S. *Kap. VII, Rn 52, 53; VIII, Rn 34–37; IX, Rn 60–72.*
30 S. *Kap. V, Rn 86, 87; Kap. VI, Rn 58; Kap. VII, Rn 81; Kap. VIII, Rn 57; Kap. IX, Rn 89.*
31 S. *Kap.V, Rn 91 ff; Kap. VI, Rn 60 ff; Kap. VII, Rn 43 ff und 80; Kap. VIII, Rn 57; Kap. IX, Rn 90; Kap. X, Rn 7.*
32 Z. B. VO Nr. 168/2013 über die Genehmigung und Marktüberwachung von zwei- oder dreirädrigen und vierrädrigen Fahrzeugen, ABl. L 60/2013, 52.

Zur Erreichung dieses Vertragsziels sieht der AEUV zwei Mechanismen vor:

- Im Rahmen der Querschnittsklausel des Art. 12 AEUV wird der Gesetzgeber dazu verpflichtet, den Erfordernissen des Verbraucherschutzes bei der Festlegung und Durchführung der anderen Politiken und Maßnahmen Rechnung zu tragen (dazu *Rn 30*).
- Im zweiten Fall (Art. 169 II AEUV) leistet die Union durch den Erlass spezifischer Maßnahmen einen unmittelbaren Beitrag zur Erreichung des Schutzes der Verbraucher. Ein Beispiel derartiger Maßnahmen zugunsten der Verbraucher im Verkehrsbereich bildet die Regelung für Ausgleichs- und Unterstützungsleistungen zugunsten von Fluggästen im Fall der Nichtbeförderung und bei Annullierung oder großer Verspätung von Flügen.[33]

Die Eigenarten des Verkehrs strahlen auch auf die prozessualen Aspekte des Verbraucherschutzes aus: Eine besondere Interessenabwägung zwischen dem Schutz der Verbraucher und den Interessen der Transporteure bei Luft- und Seebeförderungen erfolgte in der VO Nr. 1215/2012 „über die gerichtliche Zuständigkeit und die Anerkennung und Vollstreckung von Entscheidungen in Zivil- und Handelssachen".[34] Die VO erlaubt in Art. 15 VI und 16 Gerichtsstandsvereinbarungen bei Versicherungsverträgen über Risiken an Schiffen und Flugzeugen sowie an damit beförderten Gütern. Darin kann von den in der VO festgelegten Gerichtsständen abgewichen werden. Allerdings sind von dieser Vertragsfreiheit Schäden der Passagiere und/oder des Reisegepäcks ausgenommen. Insoweit gelangt die den Verbrauchern günstigere allgemeine Zuständigkeit für Versicherungssachen (Art. 10 ff) zur Anwendung.[35] 13

f) Industriepolitik

Die Union kann gemäß Art. 173 AEUV spezifische Maßnahmen beschließen, um damit Aktionen der Mitgliedstaaten zu unterstützen, die eine Anpassung an strukturelle Veränderungen erleichtern sollen. 14

In dieser Hinsicht hat die Union Leitlinien für staatliche Beihilfen zB für Seeverkehr definiert.[36]

g) Wirtschaftlicher und Sozialer Zusammenhalt

Die Union verfolgt das Ziel, die Unterschiede im Entwicklungsstand der verschiedenen Regionen zu verringern und eine harmonische Entwicklung der Union als Ganzes zu fördern (Art. 174 AEUV). Sie kann zu diesem Zweck die Tätigkeit der Mitgliedstaaten durch Beihilfen unterstützen, die durch Strukturfonds der Union finanziert werden. Darüber hinaus ermöglicht Art. 175 AEUV die Annahme von spezifischen Maßnahmen zur Unterstützung von Aktionen der Mitgliedstaaten. Diese Maßnahmen können insbesondere Beiträge zu Infrastruktur-Projekten im Bereich Verkehr umfassen.[37] 15

---

33 VO Nr. 261/2004, ABl. L 46/2004, 1. S. *Kap. IX, Rn 94*. Diese VO wurde allein auf der Grundlage von Art. 80 EGV (= Art. 100 AEUV) erlassen.
34 ABl. L 351/2012, 1.
35 Dazu EuGH, Rs. C – 204/08 (Rehder), Slg 2009, I – 6073.
36 S. *Kap. VIII, Rn 41, 42*.
37 S. *Kap. XI, Rn 28*.

h) Sozialpolitik

16 Art. 153 AEUV sieht im sozialen Bereich unter anderem Maßnahmen der Union zum Schutz der Gesundheit, der Sicherheit, der Arbeitsbedingungen und der sozialen Sicherheit der Arbeitnehmer vor.

Die zahlreichen, von der Union mit dieser Zielsetzung erlassenen Maßnahmen gelten normalerweise auch für den Verkehrsbereich.[38] Sie werden durch weitere auf der Grundlage von Art. 91 AEUV erlassene sektorielle Maßnahmen vervollständigt.

i) Forschung und Technologie

17 Gemäß Art. 179 AEUV verfolgt die Union das Ziel, ihre wissenschaftlichen und technologischen Grundlagen zu stärken. In diesem Sinne erstellt sie Forschungsprogramme und unterstützt deren Umsetzung. Auch fördert sie die Zusammenarbeit zwischen den Unternehmen, den Forschungszentren und den Hochschulen.

Die Tätigkeit der Union erstreckt sich auch auf den Verkehr. Das Rahmenprogramm (2014–2020) sieht unter anderem die Unterstützung von Forschungen zum Thema „intelligenter, umweltfreundlicher und integrierter Verkehr" vor.[39]

j) Umwelt

18 Bei der Festlegung und Durchführung der Unionspolitiken müssen nach Art. 11 AEUV die Erfordernisse des Umweltschutzes einbezogen werden. Der Gesetzgeber der Union muss daher vor dem Erlass von Maßnahmen im Bereich des Verkehrs die möglichen Auswirkungen dieser Maßnahmen auf die Umwelt berücksichtigen und muss gegensätzliche Interessen gegeneinander abwägen und das Ergebnis der Abwägung entsprechend begründen.

k) Statistik

19 Die Gestaltung der gemeinsamen Verkehrspolitik setzt eine Kenntnis des Umfangs der von den einzelnen Verkehrsträgern in den Mitgliedstaaten erbrachten Beförderungsleistungen voraus. Diese Daten müssen vergleichbar, zuverlässig und aufeinander abgestimmt sein und sie müssen in fortlaufend aktualisiert werden. Zur Erreichung dieses Ziels wurden in Rechtsakten der Union den Mitgliedstaaten für die einzelnen Verkehrsträger die Verpflichtung zur regelmäßigen Datenübermittlung auferlegt. Gleichzeitig wurden in diesen Rechtsakten Methoden und Definitionen bestimmt, die eine Vergleichbarkeit der Daten gewährleisten sollen.[40] Die Daten werden vom Statistischen Amt der Union gesammelt und der Öffentlichkeit zur Verfügung gestellt.[41] Die betreffenden Rechtsakte wurden auf der Grundlage von Art. 338 AEUV erlassen.

---

38 S. *Kap. IV, Rn 11 ff; Kap. V, Rn 104–117; Kap. VI, Rn 62–64; Kap. VII, Rn 82, 83; Kap. VIII, Rn 58–60; Kap. IX, Rn 91.*

39 VO Nr. 1291/2013, ABl. L 347/2013, 104, Anhang I, Teil III, lit. d). Dazu *Kap. XI, Rn 16.*

40 *Güterkraftverkehr*: VO Nr. 70/2012, ABl. L 32/2012, 1, zuletzt geändert durch VO Nr. 517/2013, ABl. L 158/2013, 1, 39. *Eisenbahnverkehr*: VO Nr. 91/2003, ABl. L 14/2003, 1, zuletzt geändert durch VO 219/2009, ABl. L 87/2009, 109. *Güterverkehr auf Binnenwasserstraßen*: VO Nr. 1365/2006, ABl. L 264/2006, 1, zuletzt geändert durch VO Nr. 1304/2007, ABl. L 290/2007, 14. *Luftverkehr*: VO Nr. 437/2003, ABl. L 66/2003, 1, zuletzt geändert durch VO Nr. 517/2013, ABl. L 158/2013, 1, 37. *Seeverkehr*: RL 2009/42, ABl. L 141/2009, 29, zuletzt geändert durch Beschl. 2012/186, ABl. L 101, 5.

41 *Kommission* (Hrsg.), EU transport in figures, statistical pocketbook 2014, Luxembourg 2014.

C. Die Maßnahmen gemäß Titel VI des dritten Teils des AEUV

1. Allgemeines

Wie bereits erwähnt findet Titel VI des AEUV über den Verkehr ausschließlich auf die in Art. 100 I aufgeführten Beförderungen (Eisenbahn-, Straßen- und Binnenschiffsverkehr sowie gegebenenfalls gemäß Art. 100 II auf Seeschifffahrt- und Luftfahrt) Anwendung. Daraus folgt, dass die Beförderungen mithilfe anderer Mittel (zB Raumfahrt, Gas- oder Ölleitungen, Seilbahnen) nicht Gegenstand der gemeinsamen Verkehrspolitik sind. Doch werden auch letztere von anderen Vertragsbestimmungen erfasst, zB für „Transeuropäische Netze“ (Art. 170–172 AEUV), Forschung (Art. 179 ff AEUV) oder Wettbewerb (Art. 101 ff AEUV). 20

Die Bestimmungen von Titel VI können vereinfachend in zwei Kategorien eingeteilt werden. Ausgenommen von dieser Einteilung sind Artikel 98 bis 100: 21

- Bestimmungen von *allgemeiner Tragweite*, die die Transporttätigkeit als solche und nicht lediglich ihren Aspekt als Kostenfaktor für Güter betreffen. Diese bilden die eigentliche Grundlage der gemeinsamen Verkehrspolitik (Art. 90–94; s. *Rn 23–32*).
- Bestimmungen, die *nur die Beförderung von Gütern im Landverkehr* betreffen und die dazu bestimmt sind, die Hindernisse zu beseitigen, die aus dieser Verkehrsart für den allgemeinen Binnenmarkt erwachsen können (Art. 95–97; s. *Rn 33–35*).

2. Gegenstand und Ziel der gemeinsamen Verkehrspolitik nach der Systematik des Vertrags

a) Allgemeines

Art. 90 AEUV lautet: „Auf dem in diesem Titel geregelten Sachgebiet werden die Ziele der Verträge im Rahmen einer gemeinsamen Verkehrspolitik verfolgt“. Die **Zielsetzung** der gemeinsamen Verkehrspolitik bleibt durch diese Verweisung auf die allgemeinen Ziele des Vertrages merkwürdig unbestimmt. Ähnliches gilt für den **Gegenstand** des Handelns der Union. Dieser wird einerseits in Art. 91 I, lit. a) – c) AEUV in Teilelementen präzise umrissen, doch wird andererseits darüber hinaus gehend durch lit. d) ein ungewöhnlich weiter, unbestimmter Tätigkeitsbereich eröffnet (Erlass aller „sonstigen zweckdienlichen Vorschriften“).[42] 22

Zum Zeitpunkt der Vertragsunterzeichnung hatten sich die sehr unterschiedlichen Standpunkte der Mitgliedstaaten einander noch nicht genügend angenähert. Um die Unterzeichnung des Vertrages nicht verschieben zu müssen, überließ man daher den Organen der Gemeinschaft die Aufgabe, den Inhalt der gemeinsamen Verkehrspolitik später näher zu definieren.[43]

---

42 Instruktiv ist insoweit ein Vergleich der Vorschriften von Titel VI mit den Bestimmungen über die Gemeinsame Agrar- und Fischereipolitik (Titel III, Art. 38–44 AEUV).

43 Sehr anschaulich beschreibt *Walter Hallstein*, der damalige Leiter der deutschen Delegation und spätere Kommissionspräsident, die Verhandlungen zum Thema Verkehr: „Mit einer geradezu religiösen Inbrunst war um dogmatische Positionen (ist der Verkehr eine Wirtschaftstätigkeit oder ein öffentlicher Dienst?) gerungen worden“. *Hallstein*, Der unvollendete Bundesstaat, 180.

Diese Feststellung gilt zum Teil noch in der Gegenwart. Titel VI verschafft den Institutionen weiterhin einen ungewöhnlich großen Ermessensspielraum. Gleichwohl ist es dank der Rechtsprechung des EuGH und der Präzisierung im Rahmen seither erfolgter Vertragsänderungen leichter möglich, einen genaueren Rahmen für die Verwirklichung einer gemeinsamen Verkehrspolitik durch den europäischen Gesetzgeber zu ermitteln.

b) Die Verwirklichung des Binnenmarkts für Verkehr

23 Gemäß Art. 58 I AEUV gelten für „den freien Dienstleistungsverkehr auf dem Gebiet des Verkehrs (...) die Bestimmungen des Titels über den Verkehr". Es wurde bereits darauf hingewiesen, dass als Folge dieser Bestimmung die Anwendung der Art. 56–62 AEUV auf Verkehrsdienstleistungen ausgeschlossen ist. Die Autoren des Vertrags waren der Meinung, dass die Einführung des Prinzips der Freizügigkeit in diesem Bereich zu besonderen Schwierigkeiten führen könnte: zB wegen potenzieller Wettbewerbsverzerrungen, die aus unterschiedlichen Lohnkosten und steuerlichen Unterschieden für die in den verschiedenen Mitgliedstaaten angesiedelten Transporteure resultieren.

Gleichwohl gebietet Art. 58 die Verwirklichung der Freizügigkeit für Dienstleistungen auch im Bereich des Verkehrs.[44] Die Besonderheit der für den Verkehr geltenden Regelung beruht auf dem Umstand, dass im Unterschied zu den Dienstleistungen, die der allgemeinen Regelung der Art. 56–62 AEUV unterworfen sind, die Liberalisierung im Bereich des Verkehrs mithilfe einer schrittweisen Gesetzgebung der Union im Rahmen von Kap. VI zu verwirklichen ist.

Die Entsprechung zu Art. 58 AEUV bildet daher Art. 91 I lit. a) und b) AEUV, wonach der Gesetzgeber der Union Folgendes veranlasst:

„a) für den internationalen Verkehr aus oder nach dem Hoheitsgebiet eines Mitgliedstaats oder für den Durchgangsverkehr durch das Hoheitsgebiet eines oder mehrerer Mitgliedstaaten gemeinsame Regeln auf (zu)stellen;

b) für die Zulassung von Verkehrsunternehmern zum Verkehr innerhalb eines Mitgliedstaats, in dem sie nicht ansässig sind, die Bedingungen fest (zu)legen;"

Die Verwirklichung der Dienstleistungsfreiheit im Bereich des Verkehrs bildet daher ein notwendiges Ziel, das insbesondere durch den Erlass der in Art. 91 I lit. a) und b) bezeichneten „Regeln" und „Bedingungen" vom Gesetzgeber der Union erreicht werden muss.[45] Allerdings genügt die Verwirklichung der Dienstleistungsfreiheit im Bereich des Verkehrs für sich allein genommen noch nicht, um dem vertraglichen Auftrag zur Verwirklichung einer echten „Gemeinsamen Verkehrspolitik" zu genügen (s. *Rn 24 ff*).

Das aus den Art. 58 und 91 I lit. a) und b) bestehende System wird im Übrigen durch Art. 92 AEUV vervollständigt. Dieser verbietet den Mitgliedstaaten, „die verschiedenen, am 1. Januar 1958 oder, im Falle später beigetretener Staaten, zum Zeitpunkt ihres Beitritts auf diesem Gebiet geltenden Vorschriften in ihren unmittelbaren oder

44 EuGH, Rs. 13/83 (EP / Rat), Slg 1985, 1513, Rn 62.
45 EuGH, Rs. 13/83, aaO Rn 62, 64.

mittelbaren Auswirkungen auf die Verkehrsunternehmer anderer Mitgliedstaaten im Vergleich zu den inländischen Verkehrsunternehmern nicht ungünstiger (zu) gestalten ..." Es handelt sich hierbei um eine besondere Stillhalteverpflichtung die vermeiden soll, dass die stufenweise Verwirklichung der Freizügigkeit von Dienstleistungen die bestehenden Unterschiede zwischen den verschiedenen nationalen Verkehrsmärkten noch vertieft. Diese Bestimmung wurde schon frühzeitig durch ein Verfahren vervollständigt, das die vorherige Konsultation vor der Verabschiedung neuer nationaler Regelungen vorsah.[46] Sie ist noch für jene Bereiche von Bedeutung, für die bisher keine Bestimmungen durch die Union beschlossen wurden, zB für die Einführung einer PKW-Maut.[47]

Ausgehend von dem Prinzip der Anwendbarkeit der allgemeinen Vertragsbestimmungen auf den Verkehr (*Rn 4–8*) wird der Binnenmarkt in diesem Bereich insbesondere auf folgende Weise verwirklicht:[48] 24

- durch die Anwendung der Bestimmungen des Vertrags über die Freizügigkeit von Personen und über den Wettbewerb;
- durch die Verwirklichung der Freizügigkeit von Verkehrsdienstleistungen mithilfe von Gesetzgebungsmaßnahmen der Union im Rahmen des Ziels einer gemeinsamen Verkehrspolitik (Art. 58 und 91 AEUV);
- durch die Angleichung des nationalen Rechts, soweit diese erforderlich ist, um Wettbewerbsverzerrungen und Hindernisse bei der Wahrnehmung der Grundfreiheiten zu beseitigen, um auf diese Weise ein gutes Funktionieren des Binnenmarktes zu ermöglichen.

Das zuletzt genannte Element gehört zum Begriff des Binnenmarkts (vgl Art. 26 AEUV und Protokoll Nr. 27 „Über den Binnenmarkt und den Wettbewerb"),[49] zählt jedoch nicht zu den notwendigen Elementen der Gemeinsamen Verkehrspolitik im Sinne von Art. 91 I lit. a) und b). Es bildet jedoch jedenfalls politisch, wenn nicht juristisch eine notwendige Folge der Liberalisierung der Verkehrstätigkeit.

Die zur Verwirklichung der gemeinsamen Verkehrspolitik beschlossenen Maßnahmen müssen im Prinzip dem „Grundsatz einer offenen Marktwirtschaft mit freiem Wettbewerb" verpflichtet sein (Art. 119 I AEUV iVm Art. 90 AEUV). Allerdings verpflichtet Art. 91 I AEUV die Gesetzgebungsorgane auch zu einer „Berücksichtigung der Besonderheiten des Verkehrs". Zur näheren Bestimmung der Kategorie „Besonderheiten" beziehen sich die Kommission und die herrschende Lehre[50] ganz allgemein auf wirtschaftliche und soziale Faktoren, die herkömmlicher weise staatliche Inter- 25

46 Entscheidung des Rates über die Einführung eines Verfahrens zur vorherigen Prüfung und Beratung künftiger Rechts- und Verwaltungsvorschriften der Mitgliedstaaten auf dem Gebiet des Verkehrs, ABl. 1962, 720, geändert durch die Entscheidung Nr. 73/402, ABl. L 347/1973, 48.

47 S. zB EuGH, Rs. C-195/90 (Kommission/Deutschland), Slg 1992, I-3141.

48 EuGH, Rs. 167/73 (Kommission/Frankreich), Slg 1974, 359, Rn 17 ff.

49 Dem EUV und dem AEUV beigefügt, ABl. C 83/2010, 309.

50 Über die Tragweite oder Bedeutung des Begriffs „Besonderheit des Verkehrs" herrscht keine Einigkeit (s. *Stabenow*, The Common Market for Transport in the European Economic Community, CMLR (1963), 391–405, (392–393). Die bei der Beschreibung der staatlichen Maßnahmen im Bereich Verkehr bereits erwähnten Faktoren (Sonderrolle des Verkehrs in der Gesellschaft, Besonderheit der Angebotsstruktur usw., oben *Kap. I, Rn 7–11*) werden in der Literatur genannt (s. insbesondere *Bellieni*, in: Quadri/Monaco/Trabucchi, Bd. 1, 538–591, (540 ff); *Dousset*, in: Commentaire J. Mégret Bd. 3, 261–326, (280 ff, §§ 7, 8).

ventionen gebieten, mit deren Hilfe entweder typische Fehlentwicklungen im Verkehrsbereich verhindert werden sollen (zB Vermeidung des Risikos eines *ruinösen Wettbewerbs* zwischen den Verkehrsunternehmen) oder die bestmögliche Aufteilung zwischen den Verkehrsarten gewährleistet werden soll (*Koordinierung des Verkehrs*). Interventionen mit entsprechender Zielsetzung dienen weiterhin der Gewährleistung eines größtmöglichen Verkehrsangebots für die potenziellen Nutzer (*öffentliche Dienste*).[51]

Der AEUV präzisiert einige dieser „Besonderheiten". Er erklärt Beihilfen, „die den Erfordernissen der Koordinierung des Verkehrs oder der Abgeltung bestimmter, mit dem Begriff des öffentlichen Dienstes zusammenhängender Leistungen entsprechen" für vereinbar mit dem Vertrag (Art. 93 AEUV).[52] Außerdem verpflichtet er in Art. 14 die Union, dafür zu sorgen, dass die „*Dienste von allgemeinem wirtschaftlichen Interesse*" ihren Aufgaben nachkommen können. Im Übrigen stellt die Berücksichtigung der besonderen Umstände eine Verpflichtung des Gesetzgebers dar (Art. 91 AEUV), der auch „*der wirtschaftlichen Lage der Verkehrsunternehmer*" auf dem Gebiet der Beförderungs-Entgelte und -Bedingungen Rechnung tragen muss (Art. 94 AEUV).

Zusammenfassend muss das Handeln der Union im Bereich Verkehrs auf die Ziele und Prinzipien des Binnenmarktes, dh auf die „Liberalisierung der Wirtschaftsbeziehungen und die Herstellung einer Wettbewerbswirtschaft" gerichtet sein.[53] Der Vertrag überlässt es jedoch den Institutionen, inwieweit und in welchem Maße der freie Wettbewerb auf dem Verkehrssektor zu verwirklichen ist. Denn sie verfügen über die Möglichkeit, hoheitliche Interventionen in die Wirtschaftsabläufe (in der Formulierung des EuGH: „Verpflichtungen und Zwangsmaßnahmen für die Verkehrsunternehmen") zuzulassen.[54]

c) Die sonstigen Bestandteile der Gemeinsamen Verkehrspolitik

26 Die speziellen *Zuständigkeiten* der Union auf dem Gebiet des Verkehrs und die von ihr in diesem Rahmen zu verfolgenden *Ziele* wurden noch nicht im Einzelnen dargestellt.

27 Zum ersten Aspekt ist zu betonen, dass die Maßnahmen gemäß Art. 91 I lit. a) und b) ein „notwendiges Minimum" der gemeinsamen Verkehrspolitik darstellen, jedoch nicht deren einzigen Gegenstand bilden.

So verpflichtet Art. 91 I lit. c) AEUV die Institutionen zum Erlass von „Maßnahmen zur Verbesserung der Verkehrssicherheit".[55]

Weiterhin ermächtigt Art. 91 I lit. d) AEUV die Institutionen „*alle sonstigen zweckdienlichen Vorschriften*" zu erlassen, um die Ziele des Vertrags im Bereich der Gemeinsamen Verkehrspolitik zu erreichen. Diese „Offenheit" der Gemeinsamen Ver-

---

51 Vgl *Kap. I, Rn 7* und *Kap. IV, Rn 4, 7, 8, 13 f.*

52 Zur Verbindung zwischen dieser Bestimmung und den Art. 107 und 108 AEUV, s. EuGH Rs. 156/77 (Kommission/Belgien), Slg 1978, 1881.

53 EuGH, Rs. 12/82 (Trinon), Slg 1982, 4089, Rn 7.

54 AaO.

55 Lit. c) wurde erst 1992 eingefügt. Jedoch bestätigte dieser Zusatz nur eine bereits bestehende Zuständigkeit (vgl EuGH, Rs. 97/78 (Schumalla), Slg 1978, 2311).

kehrspolitik wurde durch den Gerichtshof bestätigt, der wiederholt Versuche zurück wies, die Zuständigkeiten der Union in diesem Bereich einzuengen.[56]

Nach hier vertretener Ansicht ermächtigt der weit gefasste Art. 91 I lit. d) den Gesetzgeber der Union zB zum Erlass von Maßnahmen im Bereich der zivilrechtlichen Haftung von Fahrzeughaltern oder im Bereich des Verkehrshandelsrechts.[57] Der Gesetzgeber hat zwar Bestimmungen in diesen Bereichen erlassen, doch stützte er sich anstelle von Art. 91 AEUV auf die Bestimmungen zur justiziellen Zusammenarbeit in Zivilsachen insbesondere auf Art. 81 AEUV.[58]

Zum zweiten Aspekt ist daran zu erinnern, dass Art. 90 AEUV die Ziele einer ge- 28
meinsamen Verkehrspolitik durch eine Verweisung auf die gesamten Ziele des Vertrages definiert. Diese Ziele reichen über den Rahmen der wirtschaftlichen Integration und die Errichtung des Binnenmarktes hinaus.

Zu diesen Zielen gehört u.a. die bereits erwähnte Verbesserung der Verkehrssicherheit. Hervorzuheben ist weiterhin die soziale Dimension des Handelns der Union. So erteilt Art. 162 AEUV den Institutionen insbesondere die Aufgabe, die Lebensbedingungen für die Arbeitnehmer zu verbessern.

d) Die horizontalen Bestimmungen des Vertrags und die Gemeinsame Verkehrspolitik

Im Übrigen müssen die Institutionen der Union bei der Verwirklichung der Gemein- 29
samen Verkehrspolitik auch die Vertragsbestimmungen beachten, die eine „transversale" Wirkung entfalten.

Zu diesen Bestimmungen gehört an erster Stelle Art. 11 AEUV. Danach müssen „die Erfordernisse des Umweltschutzes (....) bei der Festlegung und Durchführung der Unionspolitiken und -maßnahmen insbesondere zur Förderung einer nachhaltigen Entwicklung einbezogen werden". Diese „horizontale" Bestimmung ist von besonderer Bedeutung für den Verkehr, da es zwischen der Förderung des Verkehrs und dem Schutz der Umwelt zu erheblichen Konflikten kommen kann. Unter den möglichen Schäden, die aus einer Intensivierung des Verkehrs und dem Ausbau der Infrastrukturen für die Umwelt erwachsen können sind vor allem die Verschmutzung der Luft, des Wassers und der Böden, Lärm, der Verbrauch nicht erneuerbarer Energien sowie die Zerstörung von Flora und Fauna zu erwähnen.

Im Verhältnis zur Entwicklung des Verkehrs verschafft Art. 11 AEUV dem Umweltschutz allerdings keinen Vorrang. Der Gesetzgeber ist vielmehr verpflichtet, die in Art. 11 aufgeführten Werte in seine Erwägungen mit aufzunehmen und zu prüfen, ob sie mit Maßnahmen auf dem Gebiet des Verkehrs in Einklang gebracht werden können. Die dabei jeweils auf dem Spiel stehenden Interessen müssen gegeneinander ab-

56 S. zB EuGH, Rs. 97/78 (Schumalla), Slg 1978, 2311; Rs. C-344/04 (IATA, ELFAA), Slg 2006, I-403, Rn 80; Rs. C-248/95 und C-249/95 (SAM Schifffahrt und Stapf), Slg 1997, I-4475, Rn 23; Rs. C-27/00 und C-122/00 (Omega Air u.a.), Slg 2002, I-2569, Rn 63. Bereits 1960 betonte *Müller*, dass „die EWG auf dem Gebiete des Verkehrswesens eine praktisch umfassende Ordnungskompetenz besitzt" (*ders.*, Die Kompetenzen der EWG auf dem Rhein, Strom und See (1960), 252–255 (252).

57 S. auch VO Nr. 785/2004 über Versicherungsanforderungen an Luftfahrtunternehmen und Luftfahrzeugbetreiber, ABl. L 138/2004, 1.

58 S. zB Beschlüsse Nr. 2002/762 und 2002/971, ABl. L 256/2002, 7 und L 337/2002, 55 über den Beitritt zu zwei internationalen Übereinkommen über zivile Haftung auf See. Zum Inhalt s. *Kap. VIII, Rn 53*.

gewogen werden. Dafür wird dem Gesetzgeber ein großer Ermessensspielraum eingeräumt. Art. 11 verpflichtet also die Institutionen zu einer bestimmten Verfahrensweise, nicht aber zu einem bestimmten Ergebnis. Die Begründungspflicht gemäß Art. 296 AEUV gebietet, dass der Gesetzgeber die Gründe seiner Abwägung deutlich macht, so dass der EuGH und die Einzelnen nachprüfen können, ob eine derartige Prüfung tatsächlich stattgefunden hat und die Entscheidung nicht willkürlich gefallen ist. Andererseits darf der Gerichtshof seine eigene Bewertung nicht an die Stelle derjenigen des Gesetzgebers setzen.

In gleichem Sinne gebieten weitere horizontale Klauseln die Berücksichtigung bestimmter Interessen und Ziele bei der Definition und der Umsetzung der Gemeinsamen Verkehrspolitik. Die Union muss danach

- zu einem hohen Beschäftigungsniveau, zu angemessenem sozialen Schutz, der Bekämpfung der sozialen Ausgrenzung sowie zu einem hohen Niveau der allgemeinen und beruflichen Bildung und des Gesundheitsschutzes beitragen (Art. 9 AEUV),
- den Erfordernissen des Verbraucherschutzes Rechnung tragen (Art. 12 AEUV),
- die notwendigen Voraussetzungen für die Wettbewerbsfähigkeit der Industrie der Union gewährleisten (Art. 173 AEUV) und
- die Politik zur Stärkung ihres wirtschaftlichen und sozialen Zusammenhalts entwickeln und weiterführen (Art. 174 AEUV).

Schließlich muss die Kommission gemäß Art. 27 AEUV bei der Formulierung ihrer Vorschläge zur Verwirklichung des Binnenmarkts den unterschiedlichen wirtschaftlichen Entwicklungsstand innerhalb der Union berücksichtigen.

e) Die Pflicht zur Einführung einer gemeinsamen Verkehrspolitik

30 Wegen der besonderen Struktur der Verträge erfordert die Darstellung der Zuständigkeiten der Union im Bereich des Verkehrs und der dabei zu beachtenden Prinzipien und Ziele noch eine weitere Klarstellung: Der Vertrag enthält einzelne unbedingte *Verpflichtungen* zur Gesetzgebung und andererseits Handlungsermächtigungen die lediglich eine *nach Ermessen auszuübende Befugnis* der zuständigen Organe bezeichnen.

Im Regelfall können beide Kategorien anhand des jeweiligen Wortlauts der Ermächtigungsnorm unterschieden werden, in der eine Möglichkeit oder eine Verpflichtung bezeichnet wird. Insbesondere dann, wenn der Vertrag ausdrücklich eine Frist für die Annahme der jeweiligen Maßnahmen vorsieht (zB Art. 314 AEUV) bildet deren Unterlassung eine Vertragsverletzung, die vom EuGH gemäß Art. 265 AEUV festgestellt werden kann.

Auf dem Gebiet des Verkehrs war zunächst eine solche Frist für die Verwirklichung der Dienstleistungsfreiheit vorgesehen. Nach dem ursprünglichen Wortlaut von Art. 91 sollten die in Abs. I, lit. a) und b) vorgesehenen Maßnahmen vor „Ablauf der Übergangsfrist", dh vor Ende des Jahres 1969, getroffen werden. Dies war jedoch nicht geschehen. Das Europäische Parlament hatte daher 1983 gegen den Rat eine Untätigkeitsklage erhoben. Der EuGH entschied daraufhin, dass es der Rat vertragswidrig unterlassen hätte, über die von der Kommission zur Umsetzung von Art. 91 I, lit. a) und b) vorgelegten legislativen Vorschläge zu befinden.[59] Das Fehlen von Beschlüssen über sonstige Vorschläge der Kommission, die nicht speziell der Verwirklichung der in lit. a) und b) genannten Gesetzgebungsaufträge dienen sollten, hielt der EuGH dagegen nicht für vertragswidrig.

Im Vertrag von Amsterdam wurde der Hinweis auf den Übergangszeitraum gestrichen. Trotz dieser Änderung bleibt die Verpflichtung des EU-Gesetzgebers bestehen, die in Art. 91 I, lit. a) und b) vorgesehenen Maßnahmen zu beschließen.

Aus der Wortwahl in Art. 91 I AEUV (werden „aufstellen", „festlegen", „erlassen"), lässt sich ableiten, dass der Erlass sämtlicher in Abs. I bezeichneten Maßnahmen verpflichtend geboten ist. Gleichwohl belässt die weit gefasste Beschreibung der gemäß lit. c) und d) zu verabschiedenden Maßnahmen dem Gesetzgeber einen erheblichen Ermessensspielraum im Hinblick auf Inhalt und Zeitpunkt der Annahme. Diese Maßnahmen müssen allerdings innerhalb einer „angemessenen Frist" getroffen werden. Die Gesetzgebung zur Durchführung von Art. 91 AEUV ist daher *„ständig weiterzuführen, damit eine gemeinsame Verkehrspolitik schrittweise verwirklicht werden kann"*.[60]

f) Die zur Errichtung des „allgemeinen" Binnenmarktes dienenden Bestimmungen von Titel VI

Art. 95–97 AEUV sollen die Neutralität staatlicher Gesetzgebung im Bezug auf die grenzüberschreitende Beförderung von Gütern gewährleisten und Hindernisse abbauen, die aus spezifischen Modalitäten der Verkehrswirtschaft für den freien Warenverkehr erwachsen können. 31

Art. 95 verbietet „Diskriminierungen, die darin bestehen, dass ein Verkehrsunternehmer in denselben Verkehrsverbindungen für die gleichen Güter je nach ihrem Herkunfts- oder Bestimmungsland unterschiedliche Frachten und Beförderungsbedingungen anwendet".[61] Dem Rat obliegt die Aufgabe, eine Regelung zur Durchführung dieser Bestimmung zu treffen, und der Kommission, die Einhaltung der vom Rat getroffenen Maßnahmen zu überprüfen (Art. 95 III, IV). 32

Art. 95 AEUV überträgt das allgemeine Prinzip der Nicht-Diskriminierung (Art. 18 AEUV) auf die Beförderung von Gütern. In funktionaler Hinsicht wird dadurch das Verbot von Zöllen und Abgaben gleicher Wirkung vervollständigt.

Die Reichweite des Verbots wurde durch die VO Nr. 11 v. 27. Juni 1960 präzisiert (insbes. Art. 2, 4 und 12).[62] Der Kommission werden darin die in Art. 95 IV AEUV vorgesehenen Untersuchungs- und Sanktionsbefugnisse (einschließlich finanzieller Sanktionen, Art. 18) zugewiesen.

59 EuGH, Rs.13/83 (EP/Rat), Slg 1985, 1513.
60 AaO, Rn 53.
61 Dazu näher *Erdmenger*, in: G/S, Anm. zu Art. 75 EGV (= Art. 95 AEUV).
62 VO Nr. 11, ABl. 1960, Nr. 52, 1121, letzte Änderung durch VO Nr. 569/2008, ABl. L 161/2008, 1.

33 Art. 96 AEUV verbietet von einem Mitgliedstaat auferlegte Frachten und Beförderungsbedingungen innerhalb der Union,[63] „die in irgendeiner Weise der Unterstützung oder dem Schutz eines oder mehrerer bestimmter Unternehmen oder Industrien dienen ...".[64] Ausgenommen von diesem Verbot sind gemäß Art. 96, III AEUV die sog. „Wettbewerbstarife".[65] Die Bestimmung gilt einer besonderen Kategorie staatlicher Beihilfen und bildet insofern ein *lex specialis* im Verhältnis zur allgemeinen Vorschrift des Art. 107 AEUV.[66]

Die nach Art. 96, I verbotenen Tarife können von der Kommission genehmigt werden. Sie verfügt in diesem Rahmen über einen „weiten Entscheidungsspielraum nicht nur hinsichtlich der zu genehmigenden Tarife, sondern auch hinsichtlich der Modalitäten der zu erteilenden Genehmigung".[67] Die Kommission ist bei ihrer Bewertung einerseits verpflichtet, u.a. die Bedürfnisse der unterentwickelten Gebiete zu berücksichtigen, doch andererseits auch die Auswirkungen dieser Frachten und Beförderungsbedingungen auf den Wettbewerb zwischen den Verkehrsarten mit in ihre Entscheidung einzubeziehen.

Die verpflichtende Auferlegung von Tarifen ist äußerst selten geworden. Dies gilt auch für Eisenbahntarife, die inzwischen vom Recht der Union ausdrücklich dem freien Wettbewerb unterstellt wurden (s. *Kap. VII, Rn 51*). Art. 96 AEUV ist daher weitgehend – aber nicht völlig[68] – bedeutungslos geworden.

34 Schließlich dürfen nach Art. 97 I AEUV „die Abgaben oder Gebühren, die ein Verkehrsunternehmer neben den Frachten beim Grenzübergang in Rechnung stellt, (...) unter Berücksichtigung der hierdurch tatsächlich verursachten Kosten eine angemessene Höhe nicht übersteigen." Bei diesen Kosten handelt es sich im Wesentlichen um Verwaltungskosten (zB für Kontrollen), die den Beförderern auferlegt, jedoch von diesen auf die Verbraucher abgewälzt werden.

Die Mitgliedstaaten ihrerseits müssen sich gemäß Art. 97 II AEUV bemühen, diese Grenzübergangskosten schrittweise zu verringern. Die Kommission überwacht die Einhaltung von Art. 97, wobei sie zur Durchführung dieses Artikels Empfehlungen an die Mitgliedstaaten richten kann (Art. 97 III AEUV).

Diese Bestimmung verfolgt ein ähnliches Ziel wie Art. 28 AEUV, der die Erhebung von „Ein- und Ausfuhrzölle(n) und Abgaben gleicher Wirkung" verbietet, um dadurch den Einfluss des Grenzübertritts zwischen den Mitgliedstaaten auf den Preis von Waren zu neutralisieren. Die Maßnahmen zur Errichtung eines Raumes „ohne

63 Aus der Verwendung des Begriffs „Fracht" in der deutschen Fassung des Vertrags lässt sich entnehmen, dass sich das Verbot auf den Gütertransport zu Lande bezieht.

64 Zu den Begriffen „Schutz" bzw „Unterstützung" s. zB die Entscheidungen der Kommission v. 16. Februar 1962, ABl. 1962/1229 und 91/523, ABl. 1991, L 283/20. Der Begriff „Industrien" bezieht sich allgemein auf wirtschaftliche Tätigkeit und schließt auch landwirtschaftliche Tätigkeiten ein. S. dazu die vorgenannte Entscheidung der Kommission v. 16. Februar 1962 sowie indirekt EuGH, Rs. 1/69 (Italien/Kommission), Slg 1969, 277, Rn 12 ff.

65 Zu diesem Begriff EuGH, verb. Rs. 24 und 34/58 (Chambre syndicale de la sidérurgie), Slg 1960, 573 (599) sowie Schlussanträge GA *Roemer*, S. 631.

66 Dazu näher *Erdmenger*, aaO (*Anm. 61*), Art. 76 (= Art. 96 AEUV), Rn 4.

67 EuGH, Rs. 1/69 (Italien/Kommission), Slg 1969, 277, Rn 4.

68 S. dazu den Klagevortrag der Kommission in der Rs. C-346/10 (Kommission/Griechenland), ABl. C 346/2010, 31. Die Streichung der Bestimmung wird u.a. von *L. Grard* empfohlen: in: Pingel (Hrsg.), Commentaire article par article des Traités CE et UE, 2. Aufl., 2010, 677 § 3.

Binnengrenzen“ (Art. 26 II AEUV) und insbesondere die Transit-Regelungen, die einen Grenzübertritt für Gütertransporte ohne Formalitäten ermöglichen, vermindern die Bedeutung von Art. 97 ganz erheblich.[69] Überdies wurden die Kontrollen im grenzüberschreitenden Straßen- und Binnenschifffahrtsverkehr durch die VO Nr. 1100/2008 und 3912/92 aufgehoben.[70] Danach finden Kontrollen „nicht als Grenzkontrollen, sondern nur im Rahmen der im gesamten Gebiet eines Mitgliedstaats ohne Diskriminierung durchgeführten üblichen Kontrollen statt“.[71]

Im Eisenbahnverkehr entfalten Grenzen zwar weiterhin spürbare Wirkungen, doch handelt es sich dabei vor allem um technisch bedingte Folgen unterschiedlicher Betriebssysteme. Die dadurch verursachten Kosten (zB Lokomotivwechsel oder Wechsel des Begleitpersonals), werden nicht vom Wirkungsbereich des Art. 97 AEUV erfasst. Ihre Verminderung erfolgt im Rahmen der gemeinsamen Eisenbahnpolitik (s. *Kap. VII*).

D. Die Bestimmungen des Vertrags zur Verkehrsinfrastruktur

Jegliche Art der Beförderung hängt von zwei Voraussetzungen ab: der Verfügbarkeit eines *Fahrzeugs* einerseits und einer *Infrastruktur* zur Fortbewegung dieses Fahrzeugs andererseits. Das gilt nicht nur für den Straßen- und den Eisenbahnverkehr, sondern auch für Luftfahrt, See- und Binnenschifffahrt, die abhängig sind von Flughäfen, Häfen, Schifffahrtswegen, Steuer- und Sicherheitssystemen. Eine „Gemeinsame Verkehrspolitik“ muss nicht nur den ungehinderten *Zugang* zu den Infrastrukturen gewährleisten (zB Zeitnischen auf Flughäfen), sondern auch die Koordinierung der *Entwicklungsprogramme* von Infrastrukturen mit grenzübergreifender Bedeutung, die Verbindung und das Ineinandergreifen nationaler Netze und die Normierung von Ausrüstung und Material ermöglichen. Allerdings gehörte die Bereitstellung der Infrastruktur ursprünglich nicht zu den Aufgaben der EWG. Unter dem Vorbehalt des nicht-diskriminierenden Zugangs befand sich die Infrastruktur im alleinigen Zuständigkeitsbereich der Mitgliedstaaten. 35

Der Vertrag von Maastricht übertrug der Union eine begrenzte Zuständigkeit für den Erlass ergänzender Maßnahmen zum Auf- und Ausbau transeuropäischer Netze. Zu diesem Zweck kann die Union Vorhaben von gemeinsamem Interesse ausweisen, Prioritäten festlegen und allgemeine Leitlinien aufstellen (Art. 171 I AEUV). Sie kann ebenfalls Maßnahmen zur Sicherstellung der Interoperabilität der Netze (zB Harmonisierung technischer Normen) ergreifen und schließlich Vorhaben von gemeinsamem Interesse fördern.[72]

---

69 Dazu näher *Erdmenger*, in: G/S, Anm. 1 zu Art. 77 EGV (= Art. 97 AEUV).
70 ABl. L 304/2008, 63 und L 395/1992, 6.
71 VO Nr. 1100/2008, Art. 3.
72 Dazu *Kap. XI*.

Kapitel III
Der institutionelle und verfahrensrechtliche Rahmen der Gemeinsamen Verkehrspolitik

A. Einführung

Die Union verfügt über ein institutionelles System, das ihr im Rahmen ihrer Zuständigkeiten gegenüber den Mitgliedstaaten und nach außen ein autonomes Handeln ermöglicht. Sie übt diese Zuständigkeiten insbesondere durch den Erlass verbindlicher Rechtsakte aus, die zum Teil mit unmittelbarer Geltung gegenüber den einzelnen Rechtssubjekten in den Mitgliedstaaten ausgestattet sind. Entsprechend führt die Übertragung von Zuständigkeiten auf die Union zu einer – zumindest potenziellen – Beschränkung der entsprechenden Zuständigkeiten der einzelnen Mitgliedstaaten. 1

Zur Wirkung der Verträge und der auf ihrer Grundlage erlassenen Rechtsakte mit unmittelbarer Geltung führte der EuGH aus:

„Darüber hinaus haben nach dem Grundsatz des Vorrangs des Gemeinschaftsrechts die Vertragsbestimmungen und die unmittelbar geltenden Rechtsakte der Gemeinschaftsorgane in ihrem Verhältnis zum internen Recht der Mitgliedstaaten nicht nur zur Folge ... dass ein wirksames Zustandekommen neuer staatlicher Gesetzgebungsakte insoweit verhindert wird, als diese mit Gemeinschaftsnormen unvereinbar wären.“[1]

Wegen ihrer Originalität wird nachfolgend ein kurzer Überblick über die Institutionen und Verfahren der Union gegeben, soweit diese für die Gestaltung und Ausführung der gemeinsamen Verkehrspolitik von Bedeutung sind.[2]

B. Die Aufteilung der Zuständigkeiten zwischen der Union und den Mitgliedstaaten auf dem Gebiet des Verkehrs

1. Die Art der Zuständigkeiten

Wenn der Union Zuständigkeiten in einem bestimmten Bereich übertragen werden, so hindert dies die Mitgliedstaaten nicht von vornherein daran, einzeln oder gemeinsam mit anderen Mitgliedstaaten auf dem gleichen Gebiet tätig zu werden. Das gilt insbesondere auch für den Verkehrssektor. So bezeichnet Art. 4 II lit. g) und h) AEUV den „Verkehr“ und die „transeuropäischen Netze“ als Bereiche, in denen die Union eine mit den Mitgliedstaaten „geteilte“ Zuständigkeit besitzt. In Art. 2 II AEUV wird eine derartige geteilte Zuständigkeit wie folgt definiert: 2

„Übertragen die Verträge der Union für einen bestimmten Bereich eine mit den Mitgliedstaaten geteilte Zuständigkeit, so können die Union und die Mitgliedstaaten in diesem Bereich gesetzgeberisch tätig werden und verbindliche Rechtsakte erlassen. *Die Mitgliedstaaten nehmen ihre Zuständigkeit wahr, sofern und soweit die Union ihre Zuständigkeit nicht ausgeübt hat.* Die Mitgliedstaaten nehmen ihre Zuständig-

1 EuGH, Rs. 106/77 (Simmenthal), Slg 1978, 629, Rn 17 („Prinzip des Vorrangs des Unionsrechts“).
2 Dazu näher *Bieber/Epiney/Haag*, Die Europäische Union, §§ 3, 4, 7.

keit erneut wahr, sofern und soweit die Union entschieden hat, ihre Zuständigkeit nicht mehr auszuüben."[3]

Diese Regelung konsolidiert eine gefestigte Rechtsprechung des Gerichtshofs, wonach die Annahme von Rechtsnormen zur Verwirklichung einer vertraglich vorgesehenen gemeinsamen Politik durch die Union die Mitgliedstaaten an der einzelnen oder gemeinsamen Verabschiedung solcher Maßnahmen hindert die geeignet sind, die Wirksamkeit der gemeinsamen Regeln zu beeinträchtigen.[4]

Daraus folgt aber auch, dass die von den Mitgliedstaaten ergriffenen Maßnahmen solange wirksam sind und die Annahme weiterer staatlicher Maßnahmen zulässig ist, als und soweit der Gesetzgeber der Union seine Zuständigkeiten nicht ausgeübt hat. Auf diese Weise wurde beim Inkrafttreten der Verträge von Rom am 1. Januar 1958 und insbesondere der Vertragsbestimmungen über die „gemeinsame Verkehrspolitik" ein rechtliches Vakuum vermieden. Tatsächlich verlieren die Mitgliedstaaten ihre eigenen Zuständigkeiten erst schrittweise entsprechend der Gesetzgebungstätigkeit der Union.

3 Obwohl sich das Recht der Union ständig weiter entwickelt und der entsprechende Freiraum für die Mitgliedstaaten in gleichem Maße schrumpft, wird staatliches Verkehrsrecht auch weiterhin neben dem Recht der Union existieren. Das hat mehrere Ursachen:

Zunächst erfordert der Begriff „geteilte Zuständigkeit" eine Differenzierung. So führt zwar die Wahrnehmung der Gesetzgebungszuständigkeit zur Verwirklichung der Verkehrspolitik im engeren Sinne, dh dem in Art. 90 AEUV genannten Bereich, zu einem entsprechenden Zuständigkeitsverlust für die Mitgliedstaaten, doch gilt dies nicht in gleicher Weise für eine Tätigkeit der Union im Bereich der Transeuropäischen Netze. Gemäß Art. 170 AEUV leistet die Union einen *„Beitrag"* zu deren Auf- und Ausbau. Die vorrangige Zuständigkeit liegt also weiterhin bei den Mitgliedstaaten, der Union kommt lediglich eine ergänzende Funktion zu. Sie ist insoweit nicht dazu bestimmt, an die Stelle des staatlichen Handelns zu treten.

4 Selbst auf dem Bereich der Verkehrspolitik im engeren Sinne muss das nationale Verkehrsrecht in mehrfacher Hinsicht das Recht der Union ergänzen. Aufgrund einiger Besonderheiten der im europäischen Recht einsetzbaren Instrumente führt eine Gesetzgebung durch die Union nicht notwendigerweise zu einem vollständigen Verlust jeglicher Handlungsmöglichkeit der staatlichen Gesetzgeber in dem betreffenden Bereich. Es ist sogar möglich, dass aus dem europäischen Recht neue Handlungspflichten für die staatlichen Gesetzgeber erwachsen.

Dies gilt in besonderem Maße, wenn die Union das Instrument der *Richtlinie* verwendet. Diese überlässt nach der vertraglichen Definition den innerstaatlichen Stellen die Wahl der Form und der Mittel, um das von ihr definierte (verbindliche) Ergebnis zu erzielen (Art. 288 III AEUV). Insbesondere bei der Annahme von Richtlinien, die gemäß Art. 91, 114 und 115 AEUV eine *Angleichung der jeweiligen staatlichen Gesetzgebungen* bezwecken, beschränkt sich der Gesetzgeber der Union darauf, gemeinsa-

3 Hervorhebung durch die Autoren.
4 Vgl EuGH, Rs. 22/70 (Kommission/Rat = „AETR"), Slg 1971, 263, Rn 17–22.

me Regeln festzulegen und überlässt den Mitgliedstaaten einen mehr oder weniger großen Spielraum, um diese in staatliches Recht zu umzusetzen. Ein Beispiel dieses Zusammenwirkens von europäischer und staatlicher Gesetzgebung bildet die Richtlinie über den Führerschein.[5] Doch auch eine *Verordnung*, der Rechtsakt der Union von allgemeiner und unmittelbarer Geltung in den Mitgliedstaaten (Art. 288 II AEUV), *kann* dem nationalen Gesetzgeber Raum für eigenes Handeln dadurch belassen, wenn sie – was in der Praxis oft geschieht – ausdrücklich den Erlass nationaler Maßnahmen zu ihrer Durchführung oder Ergänzung vorsieht.

Aus dem Vorangehenden ergibt sich, dass eine Darstellung des Europäischen Verkehrsrechts das gesamte auf den Verkehr bezogene Regelungssystem nicht erschöpfend darstellen kann. 5

Das Recht der Union legt lediglich einen *sachlich begrenzten gemeinsamen rechtlichen Rahmen* für die Mitgliedstaaten fest. Innerhalb dieses Rahmens können nationale Eigenheiten fortdauern, weil

- die der Union übertragene Zuständigkeit zur Rechtsetzung nicht den gesamten in Frage stehenden Bereich erfasst oder weil
- der Gesetzgeber der Union seine vorhandene Zuständigkeit nicht oder nicht vollständig ausgenutzt hat oder
- er nur Richtlinien beschlossen hat, die in staatliches Recht umgesetzt werden müssen.

Die sich aus dieser Vielfalt von Rechtsquellen ergebende mangelnde Transparenz des Regelungssystems wird noch dadurch verstärkt, dass die nationalen Gesetzgeber nicht immer eindeutig angeben, ob ein innerstaatlicher Rechtsakt im Rahmen originär staatlicher Zuständigkeiten erlassen wurde oder ob sein Ursprung im Europäischen Recht liegt.[6]

2. Die besondere Problematik der externen Zuständigkeiten der Union auf dem Gebiet des Verkehrs

Selbst in der Union von 28 Mitgliedstaaten wirkt die europäische Gesetzgebung in vielen Fällen über die Grenzen der EU hinaus, oder muss, um ihre Wirkung voll entfalten zu können, das Völkerrecht oder ausländisches Recht berücksichtigen. Das gilt zwar ganz generell, doch wegen der intensiven transnationalen Verflechtungen in besonderem Maß für den Verkehr. Als Folge kommt der Tragweite und der Natur der externen Zuständigkeiten der Union auf diesem Gebiet besonders große Bedeutung zu und führt bis in die Gegenwart zu zahlreichen Kontroversen, die vom EuGH zu entscheiden waren. 6

Insbesondere fünf Fragen erfordern in diesem Zusammenhang eine Klärung: Zunächst muss die *Zuständigkeit* der Union zum Abschluss internationaler Abkommen 7

5 RL 2006/126, ABl. L 403/2006, 18, letzte Änderung durch RL 2012/36, ABl. L 321/2012, 54, dazu *Kap. V, Rn 67 ff.*

6 Zur Problematik der Beziehung zwischen der Zuständigkeit von Bundesstaat und seinen Mitgliedern im Bereich des Verkehrs in den USA s. *Linde*, Transportation and State laws under the United States Constitution: The Evolution of Judicial Doctrine, in: *Sandalow/Stein* (Hrsg.), Courts and Free Markets, Perspectives from the United States and Europe, Oxford 1982, Bd. I, 139–173.

mit dritten Staaten und/oder Internationalen Organisationen ermittelt werden. Weiterhin ist festzustellen, ob diese Zuständigkeit „ausschließlich" oder „geteilt" ist, welches also die *Natur* dieser Zuständigkeit ist. Dann sind die *Wirkungen* eines von der Union geschlossenen Abkommens innerhalb der Rechtsordnung der Union zu ermitteln. Zu fragen ist auch, wer für die *Durchführung* eines völkerrechtlichen Vertrages zuständig ist, der zwar eine Materie betrifft, für die die Union zuständig ist, der jedoch nicht von ihr geschlossen wurde. Schließlich bedarf einer Klärung, in welchem Verhältnis *vertragliche Verpflichtungen der Mitgliedstaaten* gegenüber Drittstaaten und Internationalen Organisationen zu Verpflichtungen stehen, die aus ihrer Mitgliedschaft in der Union erwachsen.

8 Dazu ist zunächst festzustellen, dass der AEUV der Union weder eine allgemeine Außen-Zuständigkeit für sämtliche im Vertrag aufgeführten Bereiche, noch eine spezielle externe Zuständigkeit auf dem Gebiet des Verkehrs zuweist. Allerdings setzt Art. 207 V AEUV ersichtlich die Existenz einer Zuständigkeit der Union für den Abschluss von Abkommen auf dem Gebiet des Verkehrs voraus.[7] Weiterhin legt Art. 216 I AEUV Grundsätze für die Ermittlung der Reichweite der Außenzuständigkeit der Union fest, die auch für den Verkehrsbereich gelten. Danach kann

„die Union (...) mit einem oder mehreren Drittländern oder einer oder mehreren internationalen Organisationen eine Übereinkunft schließen, wenn dies in den Verträgen vorgesehen ist oder wenn der Abschluss einer Übereinkunft im Rahmen der Politik der Union entweder zur Verwirklichung eines der in den Verträgen festgesetzten Ziele erforderlich oder in einem verbindlichen Rechtsakt der Union vorgesehen ist oder aber gemeinsame Vorschriften beeinträchtigen oder deren Anwendungsbereich ändern könnte".

9 Der rechtliche Rahmen der externen Zuständigkeiten der Union auf dem Gebiet des Verkehrs wurde zunächst durch die Rechtsprechung des EuGH präzisiert und entwickelt. Bedeutsam sind insbesondere das Urteil „AETR",[8] das Gutachten zu dem „Übereinkommen über die Errichtung eines europäischen Stilllegungsfonds für die Binnenschifffahrt",[9] das Gutachten zur WTO,[10] sowie die Urteile „open sky"[11] und das Urteil zum Abkommen über die Binnenschifffahrt zwischen dem Großherzogtum Luxemburg und der Republik Tschechien.[12]

10 In der Rechtssache „AETR" stellte der EuGH fest, dass das Fehlen einer Bestimmung, die die Union ausdrücklich zum Abschluss internationaler Abkommen ermächtigt, die Existenz einer derartigen Zuständigkeit nicht von vornherein aus-

7 Art. 207 V AEUV: „Für die Aushandlung und der Abschluss von internationalen Abkommen im Bereich des Verkehrs gelten der Dritte Teil Titel VI sowie Artikel 218".
8 EuGH, Rs. 22/70 (Kommission/Rat = „AETR"), Slg 1971, 263, Rn 18.
9 EuGH, Gutachten 1/76 (Stilllegungsfonds für die Binnenschifffahrt), Slg 1977, 741.
10 EuGH, Gutachten 1/94 (WTO), Slg 1994, I-5267.
11 EuGH, Rs. C-466/98 (Kommission/Vereinigtes Königreich); C-467/98 (Kommission/Dänemark); C-468/98, (Kommission/Schweden); C-469/98 (Kommission/Finnland); C-471/98 (Kommission/Belgien); C-472/98 (Kommission/Luxemburg); C-475/98 (Kommission/Österreich); C-476/98 (Kommission/Deutschland), Slg 2002, I-9427 ff, s. *Kap IX, Rn 99 ff.*
12 EuGH, Rs. C-266/03 (Kommission/Luxemburg), Slg 2005, I – 4805.

schließt: „Sie kann auch aus anderen Vertragsbestimmungen und aus in ihrem Rahmen ergangenen Rechtsakten der Gemeinschaftsorgane fließen".[13]

Der Erwerb externer Zuständigkeiten durch *Handlungen des abgeleiteten Rechts* erklärt sich aus dem Umstand, dass entsprechend der nur schrittweisen Verwirklichung der vertraglichen Ziele die Union auch nur schrittweise zur Übernahme und Durchführung internationaler Verpflichtungen befähigt wird.[14] Hinsichtlich der anderen *Bestimmungen des Vertrages* bestätigte der Gerichtshof damals, dass die Zuweisung einer internen Zuständigkeit an die Union diese ermächtigt, auch die zur Erreichung des betreffenden Ziels erforderlichen Abkommen zu schließen. Dies gilt auch dann, wenn dafür im Vertragstext keine ausdrückliche Ermächtigung erteilt wurde und sogar wenn noch keine „internen" Maßnahmen in diesem Bereich angenommen wurden.[15] Die jüngere Rechtsprechung hat allerdings diese Möglichkeit auf die Fälle begrenzt, bei denen die interne Zuständigkeit sinnvoll nur parallel mit der externen Zuständigkeit ausgeübt werden kann".[16]

Art. 216 I (und ihm insoweit entsprechend Art. 3 II) AEUV konsolidieren im Wesentlichen die einschlägige Rechtsprechung des EuGH, doch ist die zuletzt genannte Variante („gemeinsame Vorschriften beeinträchtigen ...") missverständlich formuliert und kann zu Verwirrung führen. Bei textgetreuer Auslegung gelangt man zu dem absurden Ergebnis, dass eine Zuständigkeit der Union zum Vertragsschluss dann entsteht, wenn der Abschluss zu einer Beeinträchtigung des gemeinsamen Rechts führen würde. Eine durch die Vorarbeiten genährte Auslegung geht dahin, darin eine Ermächtigung zur Änderung internen Rechts nach Abschluss eines Abkommens zu sehen.[17] Der Satzteil enthielte dann keine gesonderte Zuständigkeitszuweisung sondern setzte diese voraus und beträfe lediglich eine *Modalität der Ausübung* einer Zuständigkeit 11

Gemeint dürfte jedoch sein, dass die Union auch dann handlungsbefugt ist, wenn ein *Handeln der Mitgliedstaaten* zu einer Beeinträchtigung oder Änderung des gemeinsamen Rechts führen würde. Insofern würde sich die Formulierung aus einem Redaktionsversehen erklären, das aus einer unvollständigen Übernahme der entsprechenden Formulierung des EuGH erwuchs.[18] Fügt man vor „gemeinsame Vorschriften" in den Satzteil die Worte „wenn Abkommen der Mitgliedstaaten" ein, dann entsteht ein in sich stimmiger Satz.[19]

Hinsichtlich der *Natur der Zuständigkeit*, also der Frage, ob diese exklusiv oder konkurrierend ist, sei daran erinnert, dass die Existenz einer (ausdrücklichen oder impliziten) Zuständigkeit der Union für sich genommen eine Handlungsbefugnis der Mit- 12

13 EuGH, Rs. 22/70 (Kommission/Rat = „AETR"), Slg 1971, 263, Rn 18.

14 Rs. 22/70, aaO.

15 EuGH, Gutachten 1/76 (Stilllegungsfonds für die Binnenschifffahrt), Slg 1977, 741.

16 EuGH, Rs. C-475/98 (Kommission/Österreich), Slg 2002, I-9519, Rn 67 und 68. Als Beispiel für eine derartige Situation, s. EuGH, Gutachten 1/76 (Stilllegungsfonds für die Binnenschifffahrt), Slg 1977, 741.

17 In diesem Sinne *Fischer*, Der Europäische Verfassungsvertrag, Baden-Baden 2005, 432.

18 Vgl EuGH, Gutachten 2/91 (ILO), Slg 1993, I-1061, Rn 9.

19 In diesem Sinne EuGH Gutachten 1/2013 v. 14. Oktober 2014, Rn 71 und Rs. C-66/13 (Green Network), Urt. v. 26. November 2014 (ECLI:EU:C:2014:2399), Rn 29. So auch *Obwexer*, Die Vertragsschlusskompetenzen und die vertragsschlussbefugten Organe der Europäischen Union, EuR, Beiheft 2/2012, 49–73 (59 f.); *Vöneky/Beylage-Haarmann*, in: G/H/N, Art. 216 AEUV, Rn 15.

gliedstaaten nicht von vornherein ausschließt. Dies ist nur dann der Fall, wenn die Zuständigkeit der Union tatsächlich als exklusiv qualifiziert werden kann. Dies gilt zum einen für die in Art. 3 I AEUV bezeichneten Materien und zum anderen in den Fällen, in denen gesetzgeberisches Handeln der Union oder sonstige spezielle Umstände eine exklusive Zuständigkeit der Union auslösen. Nur dort, wo die Union ihre Zuständigkeiten ausübt, gewinnt sie *exklusive Zuständigkeiten* im externen Bereich. Der EuGH formulierte diese Voraussetzung wie folgt:

„Ob die Zuständigkeit der Gemeinschaft ausschließlich ist, bestimmt sich nicht nur nach dem EWG-Vertrag, sondern auch danach, in welchem Umfang die Gemeinschaftsorgane zur Durchführung des EWG-Vertrags Maßnahmen getroffen haben; aufgrund solcher Maßnahmen können die Mitgliedstaaten Zuständigkeiten verlieren, die sie zuvor übergangsweise ausüben konnten"..... „Außerhalb des Rahmens der Gemeinschaftsorgane (können die Mitgliedstaaten) keine Verpflichtungen eingehen, welche Gemeinschaftsrechtsnormen, die zur Verwirklichung der Ziele des EWG-Vertrags ergangen sind, beeinträchtigen oder in ihrer Tragweite ändern können".[20]

Der letzte Satz muss hervorgehoben werden: erst wenn die Regeln der Union *beeinträchtigt* werden, verlieren die Mitgliedstaaten ihre Zuständigkeit, internationale Abkommen abzuschließen.[21] Eine solche Auswirkung hängt von Art und Tragweite der von der Union angenommenen Normen, nicht dagegen davon ab, ob die Union ein Gebiet vollständig geregelt hat.[22]

13 Der EuGH legt strenge Maßstäbe an den Nachweis einer durch Gesetzgebung entstandenen Exklusivität an.[23] So genügt die Annahme legislativer Maßnahmen in einem bestimmten Bereich für sich allein noch nicht, um eine derartige Wirkung zu erzielen. Dazu muss die Union erst eine *vollständige Harmonisierung* auf diesem Gebiet erreichen. Zum Beispiel lehnte der Gerichtshof die Existenz einer exklusiven Zuständigkeit für den Abschluss von Abkommen mit Drittstaaten über den Zugang zum Personen- und Warenverkehr in der Schifffahrt ab, obwohl diese Materie durch die Verordnung Nr. 3921/91 über die Zugangsbedingungen für nicht in der EU wohnhafte Unternehmer zum Personen- und Güterschiffsverkehr in den Mitgliedstaaten („Kabotage") geregelt wurde.[24] Diese Verordnung deckt die Frage des Zugangs von Angehörigen der Mitgliedstaaten zur Binnen-Kabotage innerhalb der Union vollständig ab. Daraus hätte der Schluss gezogen werden können, dass die Union die exklusive Zuständigkeit besitzt, Abkommen zur Regelung des Zugangs von Angehörigen aus Drittstaaten zu dieser Art des Verkehrs zu treffen.[25] Der Gerichtshof entschied je-

20 EuGH Gutachten 2/91 (ILO), Slg 1993, I-1061.
21 EuGH, Rs. C-475/98 (Kommission/Österreich), Slg 2002, I-9427, Rn 96–99.
22 Z. B. überlässt die Annahme von Mindestvorschriften durch die Union den Mitgliedstaaten die Zuständigkeit, ihrerseits weiter gehende Maßnahmen oder Abkommen mit derartigen Bestimmungen zu beschließen. S. EuGH, Gutachten 2/91 (ILO), Slg 1993, I-1061, Rn 18. S. a. EuGH, Gutachten 1/03 (Lugano-Übereinkommen), Slg. 2006, I-1145, Rn 123 ff. und Rs. C-114/12 (Kommission/Rat), Urt. v. 4. September 2014 (ECLI:EU:C:2014:2151), Rn 87 ff.
23 S. zB EuGH, Rs. C-467/98 (Kommission/Dänemark), Slg 2002, I-9519, Rn 90–98; Rs. C-266/03 (Kommission/Luxemburg), Slg 2005, I-4805, Rn 40–52.
24 ABl. 1991 L 373/1. Dazu *Kap. VI Rn 19–21*.
25 In diesem Sinne: Stellungnahme der Kommission in der Rs. C-266/03 (Kommission/Luxemburg), (*Anm. 23*) Rn 27.

doch, dass die Harmonisierung nicht vollständig sei, da die Regelung diese Frage nicht ausdrücklich behandelt.

Diese Logik lässt sich zumindest in Frage stellen. Die von der ursprünglich in der Rechtsprechung beabsichtigte Symmetrie zwischen interner Gesetzgebung und externer Zuständigkeit, gehört zu der Symmetrie *ratione materiae* und nicht zur *ratione personae*. Die eigentliche Rechtfertigung für den Abschluss eines externen Abkommens besteht in der Einbeziehung der Bürger des Drittstaates in eine Regelung auf Ebene der Union, wodurch sie der individuellen Regelung seitens der Mitgliedstaaten entzogen werden. In diesem speziellen Fall wollte der Gerichtshof offenbar die Folgen seiner Argumentation vermeiden. Er verneinte zwar die exklusive Zuständigkeit der Union, stellte aber ein Fehlverhalten des beklagten Staates fest, dem er eine mangelnde Erfüllung zur Pflicht der loyalen Zusammenarbeit (Art. 4 III AEUV) vorwarf, denn Verhandlung, Abschluss, Ratifizierung und Inkrafttreten des betreffenden bilateralen Abkommens über Kabotage in der Binnenschifffahrt mit einem Drittstaat seien ohne die Zusammenarbeit oder Abstimmung mit der Kommission erfolgt.[26]

Zwar haben sich die externen Zuständigkeiten der Union erheblich erweitert, doch 14 reichen diese vielfach noch immer nicht aus, um die von einem geplanten Abkommen erfasste Materie ohne Rückgriff auf die verbliebenen Zuständigkeiten der Mitgliedstaaten zu regeln. In derartigen Fällen hat sich die Praxis der *gemischten Abkommen* etabliert. Derartige Abkommen werden gemeinsam von der Union und allen Mitgliedstaaten geschlossen.[27] Obwohl in den Verträgen nicht ausdrücklich vorgesehen hat der EuGH die Zulässigkeit eines derartigen Vorgehens bestätigt.[28]

Grundsätzlich ist also die Union zur Aushandlung und zum Abschluss internationaler 15 Abkommen im Bereich des Verkehrs ermächtigt. Diese Zuständigkeit ist exklusiv soweit die Union in dem betreffenden Bereich bereits Gesetzgebungsakte beschlossen hat und wenn der Abschluss von Abkommen durch die Mitgliedstaaten die Wirkung dieser Gesetzgebung beeinträchtigen könnte. Ausnahmsweise kann eine exklusive Zuständigkeit auch bei Fehlen einer solchen internen Gesetzgebung dann entstehen, wenn der Abschluss eines Abkommens zur Erreichung eines Ziels der Verträge erforderlich ist und dieses Ergebnis durch autonome Maßnahmen nicht erreicht werden kann.

Ein von der Union geschlossenes Abkommen bildet einen „integralen Bestandteil" der Rechtsordnung der Union.[29] Es bindet die Institutionen (Art. 216 II AEUV) und hat unter der Voraussetzung Vorrang vor den Handlungen des abgeleiteten Rechts, dass Art und Struktur des Abkommens dem nicht entgegenstehen und es inhaltlich unbedingt und hinreichend genau ist.[30]

26 EuGH, Rs. C-266/03, Kommission/Luxemburg, Slg 2005, I-4805, Rn 66. Zum Verhältnis zwischen Art. 10 EGV und der Zuständigkeit in den Außenbeziehungen der EU, s. *Epiney*, Zur Tragweite des Art. 10 EGV im Bereich der Außenbeziehungen, in: Bröhmer/Bieber/Calliess u.a. (Hrsg.), Festschrift für Georg Ress, 2005, 441–459.

27 S. zB Abkommen über den Seeverkehr zwischen der Europäischen Gemeinschaft und ihren Mitgliedstaaten einerseits und der Volksrepublik China andererseits, ABl. L 46/2008, 25, dazu *Kap. VIII Rn 67*.

28 EuGH, Gutachten 1/78 (Naturkautschuk-Übereinkommen), Slg 1979, 2871.

29 EuGH, Rs. C-308/06 (Intertanko), Slg 2008, I-4057, Rn 53. Dazu *Kap. VIII Rn 70*.

30 EuGH, Rs. C-308/06 (Intertanko), Slg 2008, I-4057, Rn 45; Rs. C-344/04 (IATA und ELFAA), Slg 2006, I-403, Rn 39.

16 Die Union ist Subjekt des Völkerrechts und damit an das Völkerrecht gebunden. Die Zuständigkeiten der Union und die Auslegung von Normen des Unionsrechts bestimmen sich daher unter Berücksichtigung der einschlägigen völkerrechtlichen Regeln.

17 Von besonderer Bedeutung für den Bereich des Verkehrs sind die Beziehungen der Union zu den zahlreichen internationalen Organisationen, die in diesem Bereich tätig sind.

Gemäß der Rechtsprechung des EuGH erstreckt sich die Zuständigkeit der Union zum Abschluss internationaler Abkommen in einem bestimmten Bereich auch auf die Fähigkeit, Mitglied von auf diesem Gebiet tätigen internationalen Organisationen zu werden.[31] So trat die Union zum Beispiel auf der Grundlage von Art. 100 II AEUV der Europäischen Organisation für Flugsicherung bei.[32]

Unabhängig von Umfang und Art der externen Zuständigkeiten der Union auf dem Gebiet des Verkehrs, sieht Art. 220 AEUV vor, dass die Kommission „jede zweckdienlichen Zusammenarbeit mit den Organen der Vereinten Nationen und ihren Sonderorganisationen" und „soweit zweckdienlich, Beziehungen zu anderen internationalen Organisationen" unterhält.[33] So schloss die Kommission zB mit der Zentralkommission für die Rheinschifffahrt mehrere Kooperationsvereinbarungen.[34] Auch besitzt die Union Beobachterstatus bei der Wirtschaftskommission für Europa der Vereinten Nationen (ECE-UN) und bei dem Weltverkehrsforum (ITF).

Gehören die Mitgliedstaaten einer internationalen Organisation an, bei der die Union keinen Mitgliedstatus sondern lediglich die Stellung eines Beobachters besitzt und hat die Union Regeln zur Übernahme eines im Rahmen der Organisation geschlossenen Abkommens in ihre interne Rechtsordnung angenommen, so verfügt sie über eine exklusive Zuständigkeit. Als Folge davon sind die Mitgliedstaaten zwar zuständig, das betreffende Abkommen im Rahmen der Organisation anzuwenden, doch müssen sie dabei „im Interesse der Gemeinschaft gemeinsam handeln".[35]

Ein autonomes Handeln einzelner Mitgliedstaaten im Rahmen dieser Organisation in dem betreffenden Bereich verstößt dagegen gegen die aus dem EUV und dem AEUV erwachsenen Pflichten.

18 Zur Lösung möglicher Konflikte zwischen einer vertraglichen Verpflichtung, die ein Mitgliedstaat vor seinem Beitritt zur Union eingegangen ist, und den Verpflichtungen aus EUV und AEUV enthält Art. 351 AEUV nähere Bestimmungen. Gemäß Abs. I sind die Mitgliedstaaten befugt, das Recht der Union unangewandt zu lassen, soweit dies erforderlich ist, um Rechte von Drittstaaten zu beachten.[36] Gleichzeitig gebietet Abs. II, dass der betreffende Mitgliedstaat „alle geeigneten Mittel" anwendet, um in-

31 EuGH, Gutachten 1/76 (Stillegungsfonds Binnenschifffahrt), Slg 1977, 741, Rn 5.

32 S. Beschluss Nr. 2004/636, ABl. L 304/2004, 209.

33 Dazu ausführlich *Erdmenger*, in: G/S, Vorbemerkung zu Art. 70–80 EG, Rn 39 ff; s.a. *Macleod/Hendry/Hyett*, The external relations of the European Communities, 1996, 263–265.

34 S. *Kap. VI Rn 9* und *67 ff.*

35 EuGH, Rs. C-45/07 (Kommission/Griechenland), Slg 2009, I-701, Rn 31. Dazu *Kap. VIII Rn 46, 70* (betreffend die IMO).

36 Zu den Voraussetzungen und Grenzen EuGH Rs. C-158/91 (Levy), Slg 1993, I-4287 und Rs. C-216/01 (Budijoviky Budvar), Slg 2003, I-13617, Rn 172 f. S.a. Schlussanträge GA *Lagrange*, Rs. 10/61 (Kommission/Italien), Slg 1962, 3, Abschnitt III Abs. 5 sowie Art. 30 § 4 der Wiener Vertragsrechtskonvention.

nerhalb angemessener Frist die festgestellte Unvereinbarkeit zu beheben.[37] Im Verkehrsbereich stellt sich dieses Problem unter anderen im Bezug auf die Rheinschifffahrtsakte.[38]

3. Allgemeine Grundsätze für die Ausübung von Zuständigkeiten der Union

Ergänzend zu den in *Kap. II* (*Rn 27*) dargestellten Querschnittsklauseln müssen die Institutionen bei der Ausübung ihrer vertraglichen Zuständigkeiten im Bereich des Verkehrs bestimmte allgemeine Grundsätze beachten. 19

Zunächst muss jeder Akt der Union die im Rahmen der Union garantierten *Grundrechte* (Art. 6 III EUV und Charta der Grundrechte der Europäischen Union)[39] respektieren.[40] 20

Weiterhin muss der Gesetzgeber der Union gemäß Art. 5 III EUV das *Prinzip der Subsidiarität* wahren. Nach der vertraglichen Definition dieses Prinzips wird die Union „nur tätig, sofern und soweit die Ziele der in Betracht gezogenen Maßnahmen von den Mitgliedstaaten (...) ausreichend verwirklicht werden können, sondern vielmehr wegen ihres Umfangs oder ihrer Wirkungen auf Unionsebene besser zu verwirklichen sind". 21

Schließlich gebietet Art. 5 IV EUV die Wahrung des *Prinzips der Verhältnismäßigkeit*, wonach die Tätigkeit der Union „nicht über das für die Erreichung der Ziele der Verträge erforderliche Maß hinaus" geht. Der EuGH hat diese Anforderung dahin gehend präzisiert, dass die aus einem Rechtsakt der Union erwachsenden Verpflichtungen geeignet sein müssen, das gewünschte Ziel zu erreichen und die Grenzen des dazu Erforderlichen nicht überschreiten.[41] Wegen einer Verletzung des Grundsatzes der Verhältnismäßigkeit rechtswidrig sind Maßnahmen der Union dann, wenn sie zur Erreichung des verfolgten Ziels „offensichtlich ungeeignet" sind.[42] 22

C. Das institutionelle System der Europäischen Union

Definition und Ausführung der Politiken der Union sind den in Art. 13 EUV bezeichneten Institutionen der Union übertragen. Die wesentlichen Akteure bilden das *Europäische Parlament,* der *Rat* und die *Europäische Kommission.* 23

Die Aufgabe der Kommission besteht im Wesentlichen darin, die Verfahren der Gesetzgebung vorzubereiten und einzuleiten. Zur Vorbereitung unterbreitet die Kommission u.a. Memoranden, Mitteilungen sowie Grün- und Weißbücher.[43] Die förmliche Gesetzgebungsinitiative übt die Kommission gemäß Art. 294 II AEUV aus. Darüber hinaus wacht die Kommission über die Anwendung der Bestimmungen des

37 Dazu insbesondere EuGH Rs. C-84/98 (Kommission/Portugal), Slg 2000, I-5215 Nr. 50 ff.
38 Dazu *Kap. VI Rn 5, 7–9.*
39 ABl. C-326/2012, 391.
40 EuGH, verb. Rs. C-293/12 und C-594/12 (Digital Rights Ireland und Kärntner Landesregierung u.a.), Urt. v. 8. April 2014 (ECLI:EU:C:2014:238), Rn 23 ff.
41 EuGH, verb. Rs. C-293/12 und C-594/12 (oben *Anm. 40*), Rn 46 mwN.
42 EuGH, Rs. C-344/04 (IATA, ELFAA), Slg 2006, I-403, Rn 80. S.a. Rs. C-248/95 und C-249/95 (SAM Schifffahrt und Stapf), Slg 1997, I-4475, Rn 23; Rs. C-27/00 und C-122/00 (Omega Air u.a.), Slg 2002, I-2569, Rn 63.
43 Beispiele in *Kap. IV Anm. 3.*

Vertrags und des daraus abgeleiteten Rechts (Art. 17 I EUV). Sie kann in dieser Eigenschaft insbesondere Vertragsverletzungsverfahren gegen Mitgliedstaaten einleiten (Art. 258 AEUV).[44]

Rat und Parlament sind die wesentlichen *Gesetzgebungsorgane* der Union. Auf dem Gebiet des Verkehrs entscheiden sie im Regelfall nach dem „ordentlichen Gesetzgebungsverfahren" gemäß Art. 294 AEUV. In der Anfangsphase der Verträge entschied der Rat allein, das Europäische Parlament wurde nur angehört. Abgesehen von ihren legislativen Befugnissen üben Parlament und Rat unabhängig voneinander *Kontrollbefugnisse* aus.[45]

24 Die Kommission arbeitet als Kollegium und fasst ihre Beschlüsse mit der Mehrheit ihrer Mitglieder (Art. 250 AEUV). Der Bereich Verkehr fällt unter die Verantwortung eines Mitglieds der Kommission innerhalb der Generaldirektion „Transport und Energie" (TREN). Die Beschlussfassung im Rat erfolgt in der Regel mit qualifizierter Mehrheit seiner Mitglieder (Art. 16 III EUV) in seiner Zusammensetzung aus Verkehrs-, Telekommunikations- und Energieministern.[46] Das Europäische Parlament beschließt mit der Mehrheit der abgegebenen Stimmen (Art. 231 AEUV). Seine Entscheidungen im Bereich Verkehr werden durch einen Fachausschuss, dem „Ausschuss für Verkehr und Tourismus" vorbereitet.[47]

25 Nach dem Vorbild von Hilfseinrichtungen in anderen Tätigkeitsbereichen der Union wurden auf der Grundlage der verkehrspolitischen Handlungsbefugnisse (Art. 91 I und Art. 100 AEUV) für mehrere Verkehrsbereiche *Agenturen* eingerichtet.[48] Ihre Aufgabe besteht im Regelfall in der Unterstützung der Kommission und der Mitgliedstaaten sowie der Koordinierung von deren Zusammenarbeit. Errichtet wurden: Die *Agentur für Flugsicherheit*,[49] die *Europäische Eisenbahnagentur*[50] sowie die *Agentur für die Sicherheit des Seeverkehrs*.[51] Mit engeren Aufgaben zur Verwaltung von Mitteln für die im Rahmen des Forschungsprogramms „Connecting Europe" auszuführenden Projekte ist die *Exekutivagentur für Innovation und Netze* betraut.[52] Letztere wurde von der Kommission auf der Grundlage ihrer Ermächtigung zur Errichtung derartiger Exekutivagenturen gebildet.[53]

44 Beispiele: Klagen gegen sieben Mitgliedstaaten in den „open sky"-Verfahren, s.o. *Anm. 14*.

45 Die Untätigkeitsklage des EP gegen den Rat wegen unzureichender verkehrspolitischer Maßnahmen bildet ein besonders instruktives Beispiel für die Kontrollrechte des Europäischen Parlaments (EuGH, Rs. C-13/83 (EP/Rat), Slg 1985, 1513).

46 GO Rat, ABl. L 325/2009, 35, Art. 2 und Anhang I.

47 GO EP, ABl. L 116/2011, 1, Anhang VII.

48 Dazu eingehend *Görisch*, Demokratische Verwaltung durch Unionsagenturen, Tübingen 2009 und *Fischer-Appelt*, Agenturen der Europäischen Gemeinschaft, Berlin 1999. Speziell zu den verkehrsrechtlichen Agenturen *Fehling*, Europäische Verkehrsagenturen als Instrumente der Sicherheitsgewährleistung und Marktliberalisierung insbesondere im Eisenbahnwesen, EuR, Beiheft 2 (2005), 41–76.

49 VO Nr. 216/2008, ABl. L 79/2008, 1, zuletzt geändert durch VO Nr. 6/2013, ABl. L 4/2013, 34. Dazu *Kap. IX Rn 77*.

50 VO Nr. 881/2004, ABl. L 164/2004, 1, zuletzt geändert durch VO Nr. 1335/2008, ABl. L 354/2008, 51. Dazu *Kap. VII Rn 56*.

51 VO Nr. 1406/2002, ABl. L 208/2002, 1, zuletzt geändert durch VO Nr. 100/2013, ABl. L 39/2013, 30. Dazu *Kap. VIII Rn 57*.

52 Beschluss Nr. 2013/801, ABl. L 352/2013, 65. Dazu *Kap. XI Rn 17*.

53 VO Nr. 58/2003, ABl. L 11/2003, 1.

Weitere Organe sind mit beratender Funktion an dem Entscheidungsverfahren der Union beteiligt. Die beiden wichtigsten beratenden Organe sind der *Europäische Wirtschafts- und Sozialausschuss* (Art. 301–304 AEUV) und der *Ausschuss der Regionen* (Art. 305–307 AEUV). Für Verkehrsfragen wird außerdem gemäß Art. 99 AEUV bei der Kommission ein *Beratender Ausschuss* gebildet. Dieser besteht aus von den Mitgliedstaaten ernannten Sachverständigen. Da sich eine einzige Gruppe von Sachverständigen nicht mit Themen aus sämtlichen Verkehrsbereichen befassen kann, hat dieser Ausschuss seit 1980 nicht mehr getagt.[54] Stattdessen beruft die Kommission nationale Sachverständige für den jeweiligen Bereich ein.[55] Art. 99 AEUV hat demzufolge keine praktische Bedeutung mehr. 26

D. Die Handlungsformen der Union

Gemäß Art. 91 AEUV werden für die Umsetzung der Verkehrspolitik „gemeinsame Regeln" aufgestellt, sowie „Maßnahmen" und zweckdienliche „Vorschriften" erlassen. Bei den Transeuropäischen Netzen verwendet der AEUV in Art. 171 die Begriffe „Leitlinien", „Aktion" und „Beitrag". Die Angleichung der Rechts- und Verwaltungsvorschriften der Mitgliedstaaten im Hinblick auf die Errichtung und ein gutes Funktionieren des Binnenmarktes erfolgt laut Art. 114 AEUV ebenfalls mithilfe von „Maßnahmen". 27

Der AEUV enthält keine Definitionen der juristischen Tragweite dieser allgemeinen Begriffe. Demzufolge kann der Gesetzgeber unter den im Vertrag angebotenen geeigneten juristischen Formen frei wählen. Art. 288 AEUV zählt die „typischen" der rechtsverbindlichen Vorschriften auf: *Verordnung, Richtlinie, Beschluss*. Hinzu kommen die internationalen *Abkommen* (Art. 216) sowie mögliche „atypische" Akte.

Die Verwirklichung der Ziele des Vertrags im Bereich Verkehr erfolgt im Wesentlichen durch Akte der Gesetzgebung. In der Praxis sind die meisten der derartigen Rechtsakte Richtlinien und Verordnungen. Seltener bedient sich der Gesetzgeber der Handlungsform des Beschlusses.

Die Union verfolgt ihre Ziele auf dem Gebiet des Verkehrs ebenfalls durch finanzielle Beiträge für einzelne Projekte oder Aktivitäten. Die Bedingungen dieser Finanzierungen werden häufig in Form von Verordnungen festgelegt.

Schließlich äußern die Institutionen der Union ihre politischen Positionen und Orientierungen auch in Handlungsformen ohne Rechtswirkung. Zusätzlich zu den „Grün- oder Weißbüchern" der Kommission[56] sind insoweit die „Schlussfolgerungen" des Europäischen Rates[57] und die „Entschließungen" des Rates und des Europäischen Parlaments zu erwähnen.

54 Vgl *Boeing/Kotthaus/Maxian Rusche*, in: G/H/N, Art. 99 AEUV, Rn 2.
55 Z.B. den Beratenden Ausschuss „Europäisches Energie- und Verkehrsforum", ABl. L 195/2001, 58.
56 Dazu *Rn 23* und *Kap. IV Rn 1*, *Anm. 3*.
57 Z.B. Schlussfolgerungen des Europäischen Rates v. 15./16. Juni 2001, Ziff. 29 (zur zukünftigen Verkehrspolitik der Union).

E. Die Entscheidungsverfahren

28 Drei Bestimmungen bezeichnen die zur Erreichung der gemeinsamen Verkehrspolitik anzuwendenden Verfahren: Art. 91 I; Art. 95 III und 100 II AEUV. Die Maßnahmen im Bereich der Transeuropäischen Netze werden nach dem in Art. 172 AEUV vorgesehenen Verfahren verabschiedet. Maßnahmen zur Rechtsangleichung in den Mitgliedstaaten ergehen gemäß dem Verfahren des Art. 114 I AEUV.

29 Mit Ausnahme der Art. 95 III AEUV stimmen diese Bestimmungen insofern überein, als sie alle auf das Verfahren der ordentlichen Gesetzgebung des Art. 294 AEUV verweisen. Im Rahmen dieses Verfahrens entscheiden Europäisches Parlament und Rat gemeinsam über die Annahme von Rechtsakten der Union. Die Kommission verfügt über das alleinige Initiativrecht (Art. 294 II AEUV). Außer in dem Fall einer Einigung zwischen Europäischem Parlament und Rat bereits in erster Lesung, sieht das Verfahren im Allgemeinen zwei Lesungen des Parlaments und des Rates vor. Diese ermöglichen dem Parlament und dem Rat die Einbringung von Änderungsvorschlägen und eine Annäherung der Positionen der beiden Organe. Je nach Position des Europäischen Parlaments und des Rates zu den Änderungswünschen des jeweils anderen Organs sieht das Verfahren mindestens drei und höchstens acht Abschnitte vor. Diese können auch die Befassung eines *Vermittlungsausschusses* einschließen (Art. 294 X AEUV). Das Verfahren endet mit der Annahme eines von beiden Organen gebilligten Textes oder mit der Ablehnung des Vorschlags (Art. 294 VII, VIII, XII, XIII AEUV).

Die bisher genannten Vorschriften stimmen vom Verfahren her im Wesentlichen überein, unterscheiden sich aber bei dem „ergänzenden" Element, der Verpflichtung zur Anhörung. Die Artikel 91 I und 172 AEUV gebieten eine obligatorische Anhörung des Europäischen Wirtschafts- und Sozialausschusses und des Ausschusses der Regionen. Das in Art. 114 I AEUV vorgesehene Verfahren schreibt demgegenüber nur die Anhörung des Wirtschafts- und Sozialausschusses vor. Dabei wird jedoch eine fakultative Anhörung des Ausschusses der Regionen nicht ausgeschlossen.[58]

30 Art. 95 III AEUV bezeichnet ein von dem ordentlichen Gesetzgebungsverfahren abweichendes Verfahren. Dieses Verfahren ist nur anwendbar bei der Annahme und Änderung von Vorschriften zur Beseitigung von Diskriminierungen bei Frachten und Beförderungsbedingungen.[59] Danach entscheidet der Rat mit qualifizierter Mehrheit auf Vorschlag der Kommission und nach Anhörung des Europäischen Parlaments sowie des Europäischen Wirtschafts- und Sozialausschusses.

31 Die Rechtsakte im Bereich der Seeschifffahrt und Luftfahrt werden gemäß Art. 100 II AEUV nach dem Verfahren der ordentlichen Gesetzgebung (*Rn 29*) angenommen.

F. Die Wahl der Rechtsgrundlage von Rechtsakten der Union

32 Gemäß Art. 5 II AEUV wird die „Union nur innerhalb der Grenzen der Zuständigkeiten tätig, die die Mitgliedstaaten ihr in den Verträgen zur Verwirklichung der darin niedergelegten Ziele übertragen haben". Demzufolge muss sich jede Maßnahme

58 Zu dem vor Inkrafttreten des Vertrags von Lissabon anwendbaren Verfahren s. EuGH Rs. C-65/90 (EP/Rat), Slg 1992, I-4593.

59 S. *Kap. II Rn 17.*

im Verkehrsbereich auf eine Bestimmung des Vertrags, die „Rechtsgrundlage" zurückführen lassen. Die Wahl der richtigen Rechtsgrundlage ist umso wichtiger, als je nach der gewählten Vertragsbestimmung unterschiedliche Verfahren zu befolgen sein können.

Für Verkehrsfragen sind Artikel 91, I für den Landverkehr und Art. 100 II für die Seeschifffahrt und die Luftfahrt heranzuziehen. Die Artikel 95 III und IV; 96 II und 97 AEUV sehen die Annahme von Maßnahmen der Union in besonderen Fällen vor. Nach dem Prinzip der Spezialität schließt deren Anwendung einen Rückgriff auf Art. 91 I AEUV aus.

Es kann vorkommen, dass eine geplante Maßnahme – rechtlich oder tatsächlich – 33
gleichzeitig mehrere Bereiche betrifft. Drei Varianten sind dabei zu unterscheiden:

Eine Maßnahme betrifft

- gleichzeitig den Landverkehr, die Seeschiffsfahrt und die Luftfahrt;
- gleichzeitig den Verkehr und andere im Vertrag vorgesehenen Bereiche (zB Steuern, Forschung, Umweltschutz usw.);
- Verkehrsinfrastrukturen, jedoch nicht ausschließlich die Infrastrukturen des Transeuropäischen Verkehrsnetzes.

Wenn der gleiche Akt auf verschiedene Bereiche Anwendung findet, entsteht das 34
Problem der Wahl der Rechtsgrundlage und damit die Frage nach dem einzuhaltenden Verfahren der Beschlussfassung. Die zutreffende(n) Rechtsgrundlage(n) müssen dann nach den vom EuGH aufgestellten Kriterien ausgewählt werden.[60]

Danach muss sich die Rechtsgrundlage auf objektive Elemente stützen. Dazu gehören insbesondere Ziel und Inhalt des geplanten Akts. Zeigt sich bei Prüfung des Akts, dass dieser gleichzeitig mehrere Ziele verfolgt, von denen eines sich als vorherrschend oder wichtiger herausstellt, während das andere zweitrangig ist, dann muss sich der Akt auf eine einzige, also die vorherrschende Rechtsgrundlage stützen. Nur wenn sich herausstellt, dass ein Rechtsakt ausnahmsweise gleichzeitig mehrere Ziele verfolgt, die unentwirrbar miteinander verbunden sind, ohne dass der eine zweitrangig oder weniger direkt als der andere wirken würde, muss dieser Rechtsakt auf die entsprechenden verschiedenen Rechtsgrundlagen gestützt werden.

Der Gerichtshof musste zB über die Übereinstimmung eines Abkommens mit dem Vertrag entscheiden, das gleichzeitig den Straßenverkehr und die Angleichung in der Steuergesetzgebung betraf und das auf der Grundlage der Artikel 91 und 113 AEUV geschlossen worden war. Der EuGH entschied in diesem Fall, dass der Verweis auf eine doppelte Rechtsgrundlage nicht gerechtfertigt sei, da die steuerlichen Aspekte des Abkommens im Verhältnis zum Hauptziel – das die Verkehrspolitik betraf – als zweitrangig einzustufen waren. Art. 91 AEUV hätte demnach als einzige Rechtsgrundlage herangezogen werden müssen.[61]

---

60 Beispiele: EuGH Rs. C-377/12 (Kommission/Rat), Urt. v. 11. Juni 2014 (ECLI:EU:C:2014:1903), Rn 34 ff; Rs. C-130/10 (EP/Rat), Slg 2012, I-472, Rn 42–45; Rs. C-211/01 (Kommission/Rat), Slg 2003, I-8013, Rn 38–40.

61 EuGH, Rs. C-211/01 (s.o. *Anm. 60*), Rn 48, 50.

Bereits 1978 hatte der Gerichtshof die Rechtmäßigkeit einer Verordnung bestätigt, die gleichzeitig sozialpolitische Ziele verfolgte und der Sicherheit im Straßenverkehr dienen sollte und die allein auf der Grundlage von Art. 91 AEUV (ex Art. 75 EGV) angenommen worden war.[62] Entsprechend erklärte der EuGH eine RL für rechtswidrig, die den grenzüberschreitenden Datenaustausch über Verkehrsdelikte regeln sollte und auf Art. 87 II AEUV (polizeiliche Zusammenarbeit) anstatt auf Art. 91 AEUV gestützt worden war,[63] obwohl mit der RL im Wesentlichen das Ziel der Stärkung der Verkehrssicherheit verfolgt wurde.[64]

Andererseits ist ein Partnerschafts- und Kooperationsabkommen mit einem Drittstaat nur auf der Grundlage von Art. 209 AEUV (Entwicklungszusammenarbeit) und nicht zusätzlich auf der Grundlage von Art. 91 AEUV abzuschließen, wenn neben der allgemeinen Entwicklungszusammenarbeit nur allgemeine verkehrsrechtliche Bezüge, nicht aber spezielle verkehrsrechtliche Verpflichtungen der Parteien enthalten sind.[65]

35 Im Lichte dieser Grundsätze können für die in *Rn 33* bezeichneten Varianten die zutreffenden Rechtsgrundlagen ermittelt werden:

Im *ersten Fall* müssen die Rechtsakte, die ein Ziel im Bereich der Seeschifffahrt oder Luftfahrt der Union verfolgen, auf Art. 100 II AEUV gestützt werden. Der Verweis in dieser Bestimmung auf Art. 91 bezieht sich nur auf das anzuwendende Verfahren. Im Gegensatz dazu müssen Maßnahmen, die gleichzeitig Land- und Schiffsverkehr betreffen, auf Art. 91 I und 100 II AEUV gestützt werden.[66]

Im *zweiten Fall* kann die Ungewissheit, die aus dem Umstand mehrerer möglicher, jedoch widersprüchlicher Rechtsgrundlagen rührt, (zB Art. 91 AEUV und Art. 113 AEUV) nur im Einzelfall anhand der vom EuGH entwickelten Maßstäbe gelöst werden. Von den Fällen einer potenziellen kumulativen Anwendung mehrerer Rechtsgrundlagen sind allerdings jene nur scheinbar ähnlichen Situationen zu unterscheiden, in denen gleichzeitig eine materielle Rechtsgrundlage und eine Querschnittsklausel anwendbar sind. Querschnittsklauseln sind für sich genommen grundsätzlich nicht als Rechtsgrundlage geeignet. Daher muss sich zum Beispiel eine Maßnahme zur Verringerung der schädlichen Auswirkung des Verkehrs auf die Umwelt je nach Fallgestaltung allein auf Art. 91 I oder auf Artikel 100 II AEUV stützen,[67] da Art. 11 AEUV keine „konkurrierende“ Rechtsgrundlage bildet.[68]

Bei der *dritten Gruppe* von Fällen geht es um Maßnahmen, die hauptsächlich die Transeuropäischen Netze betreffen. In Anwendung des „Prinzips der Spezialität“ müssen diese grundsätzlich ausschließlich auf Art. 172 AEUV gestützt werden, sofern sie nicht gleichzeitig Ziele der gemeinsamen Verkehrspolitik *und* der transeuropäi-

---

62 EuGH, Rs. 97/78 (Schumalla), Slg 1978, 2311, Rn 4–6.

63 RL 2011/82, ABl. L 288/2011, 1.

64 EuGH, Rs. C-43/12 (Kommission/EP, Rat), Urt. v. 6. Mai 2014 (ECLI:EU:C:2014:298), Rn 36. S. bereits EuGH, Rs. C-184/02 und C-223/02 (Spanien, Finnland/EP, Rat), Slg 2004, I-497, Rn 30.

65 EuGH, Rs. C-377/12 (Kommission/Rat), Urt. v. 11. Juni 2014 (ECLI:EU:2014:1903), Rn 54 ff, 59.

66 Beispiel: VO Nr. 1692/2006, ABl. L 328/2006, 1, zuletzt geändert durch VO Nr. 923/2009, ABl. L 266/2009, 1 („Marco-Polo II“-Programm), dazu *Kap. X Rn 14*.

67 Beispiel: RL 89/629 (Begrenzung der Schallemissionen von Flugzeugen), ABl. L 363/1989, 27. Rechtsgrundlage ist Art. 100 II AEUV (ursprünglich Art. 84 EGV).

68 S. *Kap. II Rn 13*.

schen Netze verfolgen.[69] Dagegen müssen die Rahmenprogramme, die mit dem Ziel angenommen werden, die wissenschaftlichen und technologischen Grundlagen der Industrie der Union zu stärken (Art. 179 AEUV), auf Art. 182 AEUV (Forschung und technologische Entwicklung) gestützt werden. Dies gilt auch dann, wenn diese Programme unter anderem auch die Forschung im Bereich der Verkehrsmittel und Verkehrsinfrastruktur fördern.[70] Insoweit lässt sich allerdings ein gewisses Schwanken des Gesetzgebers der Union beobachten. So wurden die ersten Rechtsakte zum Aufbau eines satellitengestützten Navigationssystems, auf der Grundlage von Art. 91 I AEUV (ex 75 EGV), 100 II AEUV (ex 84 EGV) und 186 AEUV (ex 130 EGV) angenommen. Man ging davon aus, dass sie gleichzeitig dem Ziel der Verkehrs- und der Forschungspolitik dienten.[71] Die späteren Entscheidungen zum Aufbau des Satellitennavigationssystems GALILEO wurden dagegen allein auf die Bestimmungen im Bereich Forschung,[72] auf Art. 352 AEUV[73] oder in jüngerer Zeit auf Art. 172 AEUV (Transeuropäische Netze)[74] gestützt.

69 Beispiel: VO Nr. 1315/2013, ABl. L 348/2013, 1 (Leitlinien für den Aufbau eines transeuropäischen Verkehrsnetzes, dazu *Kap. XI, Rn 15 ff*). Rechtsgrundlagen sind Art. 91 und 172 AEUV.

70 Vgl VO Nr. 1291/2013, ABl. L 347/2013, 104 (Rahmenprogramm Forschung und Innovation 2014–2020, Anhang I, Teil III, Ziff. 4.

71 Vgl Entscheidung Nr. 98/434, ABl. L 194/1998, 15.

72 VO Nr. 876/2002, ABl. L 138/2002, 1.

73 VO Nr. 1321/2004 (Betrieb Galileo), ABl. L 246/2004, 1, aufgehoben durch VO Nr. 912/2010, ABl. L 276/2010, 11.

74 S. VO Nr. 1285/2013, ABl. L 347/2013, 1.

Kapitel IV
Die großen Orientierungen der gemeinsamen Verkehrspolitik

A. Einführung

„Die europäische Verkehrspolitik ist darauf ausgerichtet, ein nachhaltiges Verkehrssystem zu schaffen, das den wirtschaftlichen, sozialen und ökologischen Bedürfnissen der Bürger gerecht wird und einer Gesellschaft ohne Ausgrenzung in einem vollständig integrierten und wettbewerbsfähigen Europa förderlich ist“.[1] 1

Diese Zielsetzung vereint die wesentlichen im AEUV (insbesondere den Art. 10, 11, 12, 14, 26 und 174, s. *Kap. II*) aufgestellten Ziele und Maßstäbe. Sie bilanziert gleichzeitig die von der Kommission seit 1961 in einer langen Reihe von Mitteilungen aufgestellten und vom Europäischem Parlament nachdrücklich unterstützten[2] Orientierungen.[3]

Auch wenn die von der Kommission formulierten Globalziele über lange Zeit hinweg weitgehend unverändert blieben, haben sich die Schwerpunkte und die Prioritäten markant geändert. In der Rückschau lässt sich die Entwicklung der Gemeinsamen Verkehrspolitik als eine Abfolge von mehreren Phasen begreifen.[4]

Die Gliederung der Gemeinsamen Verkehrspolitik in Phasen hat den Vorteil, die Entwicklung der Prioritäten zu verdeutlichen.

Die Bedeutung dieses Schemas darf aber nicht überschätzt werden. So sind die einzelnen Abschnitte nicht scharf voneinander abgrenzbar. Jede spätere Phase knüpfte an die vorherige an und entwickelte und vervollständigte dabei die zuvor bereits angesprochenen Themen. Auch darf man nicht annehmen, dass die Aktionsprogramme stets ausgeführt worden wären. Vielfach erfolgte die Ausführung verspätet und/oder unvollständig.

Während der *ersten Phase* (1958–1972) ging es vor allem darum, mithilfe der Gemeinsamen Verkehrspolitik einen „gemeinsamen Markt für Verkehr“ zu errichten, der an den Grundsätzen des freien Wettbewerbs ausgerichtet ist.[5] 2

---

1 Mitteilung der Kommission „Eine nachhaltige Zukunft für den Verkehr“, KOM(2009) 279 v. 17. Juni 2009, Rn 38.

2 S. insbesondere die wegweisenden Entschließungen v. 25. September 1974, ABl. C 127/1974, 24 und v. 9. März 1982, ABl. C 87/1982, 42.

3 Die wichtigsten Mitteilungen sind in zeitlicher Reihenfolge: Denkschrift, KOM(1961) 50 v. 10. April 1961; Aktionsprogramm, KOM(1962) 88 v. 23. Mai 1962; Mitteilung „über die Entwicklung der gemeinsamen Verkehrspolitik“ KOM(73) 1725 v. 24. Oktober 1973 = Bull. EG Beil. Nr. 16/1973; Mitteilung „Fortschritte auf dem Wege zu einer gemeinsamen Verkehrspolitik – Binnenverkehr“ v. 11. Februar 1983, ABl. C 154/1983, 1; Mitteilung „Die künftige Entwicklung der Gemeinsamen Verkehrspolitik – Globalkonzept einer Gemeinschaftsstrategie für eine auf Dauer tragbare Mobilität“, KOM(92) 494 v. 2. Dezember 1992; Weißbuch „Die Europäische Verkehrspolitik bis 2010: Weichenstellungen für die Zukunft“, KOM(2001) 370 v. 12. September 2001; Weißbuch „Fahrplan zu einem einheitlichen europäischen Verkehrsraum – Hin zu einem wettbewerbsorientierten und ressourcenschonenden Verkehrssystem“, KOM(2011) 144 v. 28. März 2011.

4 S. dazu insbesondere *Erdmenger*, in G/S, Art. 70, Rn 9 ff. S. a. Mitteilung der Kommission „Fortschritte auf dem Wege zu einer gemeinsamen Verkehrspolitik – Binnenverkehr“ v. 11. Februar 1983, ABl. C 154/1983, 1. Der Rat hatte bereits im Jahre 1965 festgelegt „die gemeinsame Organisation des Verkehrsmarktes wird in Stufen herbeigeführt“, Beschluss v. 22. Juni 1965, Dok. Rat Nr. 828/65.

5 Vgl Denkschrift 1961 und Aktionsprogramm von 1962.

In der *zweiten Phase* (1973–1984) bemühten sich die Institutionen um die Schaffung eines „gemeinsamen Verkehrssystems".[6] Diese Formulierung stand für eine Erweiterung der Perspektive des gemeinsamen Handelns. Diese betraf sowohl den Gegenstand als auch die Ziele. In gegenständlicher Hinsicht fanden die Koordinierung der Investitionen für Infrastrukturvorhaben sowie der See- und Luftverkehr verstärkte Berücksichtigung. Eine Erweiterung der Ziele zeigte sich vor allem an der Einbeziehung der Verkehrssicherheit, des Umweltschutzes sowie der wirtschaftlichen und sozialen Kohäsion.

Diese zunächst vor allem theoretische Entfaltung der gemeinsamen Verkehrspolitik diente zwar der konzeptionellen Klärung, bewirkte jedoch nicht die erhofften praktischen Ergebnisse. Noch 1983 qualifizierte die Kommission die Fortschritte bei der Verwirklichung der gemeinsamen Verkehrspolitik als „enttäuschend langsam".[7]

Nur wenig später konstatierte der EuGH in seinem Urteil v. 22. Mai 1985 „dass es ein in sich zusammenhängendes Regelwerk, das als gemeinsame Verkehrspolitik im Sinne der Artikel (90 und 91 AEUV) bezeichnet werden könnte, noch nicht gibt".[8] Zwar hielt er diesen Umstand für sich genommen nicht bereits für eine vertragswidrige Untätigkeit im Sinne von Art. 265 AEUV, doch stellte er fest, dass „die aufgrund von Artikel (91 AEUV) in Angriff genommenen Arbeiten ständig weiterzuführen sind, damit eine gemeinsame Verkehrspolitik schrittweise verwirklicht werden kann".[9] Er führte aus, dass der Gesetzgeber der Union verpflichtet ist „alle notwendigen Entscheidungen zu treffen, um eine solche Politik schrittweise zu verwirklichen."[10]

Mit diesen Feststellungen gab der EuGH den Anstoß zu einer gesetzgeberischen Aktivität ohne Beispiel. Diese markiert die *dritte Phase* (1985–1992) der gemeinsamen Verkehrspolitik. Sie ist gekennzeichnet von den Bemühungen um eine Vertiefung und Verwirklichung der wirtschaftlichen Integration. Förderlich war dabei das günstige Umfeld des allgemeinen Aufbruchs zur Verwirklichung des „Binnenmarkts".[11]

Die *vierte Phase* begann im Jahr 1992 und dauert bis in die Gegenwart. Sie ist geprägt von der Herausforderung, eine „nachhaltige Mobilität" zu gewährleisten.[12] Das wesentliche Ziel bleibt die Schaffung eines einheitlichen europäischen Verkehrsraums, in dem das gute Funktionieren des Binnenmarktes, der territoriale Zusammenhalt, die Mobilität der Bürger und die Wettbewerbsfähigkeit der europäischen Industrie gewährleistet sind. In den planerischen Dokumenten der Institutionen treten außerdem immer stärker Überlegungen in den Vordergrund, die eine Reduzierung

6 S. Mitteilung der Kommission v. 1973 (s. *Anm.* 2).

7 Mitteilung der Kommission „Fortschritte auf dem Wege zu einer gemeinsamen Verkehrspolitik", ABl. C 154/1983, 1, Ziff. 3.6.

8 EuGH, Rs. 13/83 (Europäisches Parlament/Rat), Slg 1985, 1513, Rn 46.

9 EuGH, Rs. 13/83, aaO, Rn 53.

10 EuGH, Rs. 13/83, aaO, Rn 50.

11 S. Weißbuch der Kommission „Vollendung des Binnenmarktes" KOM(85) 310 v. 14. Juni 1985, insbes. Ziff. 108–112. Dazu *Bieber/Dehousse/Pinder/Weiler* (Hrsg.), 1992: One European Market?, 1988. S.a. Mitteilung der Kommission „Die künftige Entwicklung der gemeinsamen Verkehrspolitik – Globalkonzept einer Gemeinschaftsstrategie für eine auf Dauer tragbare Mobilität", KOM(92) 494 v. 2. Dezember 1992, Ziff. 4–6.

12 S. Weißbücher 1992, 2001 und 2011 (*Anm.* 2).

der Abhängigkeit vom Erdöl, den Kampf gegen Klimaveränderung und eine Verminderung sonstiger nachteiliger Folgen des Verkehrs betreffen.[13]

Der Rechtszustand des Jahres 2014 ergibt sich aus der Schichtung dieser vier „Phasen“. So traten zu den beherrschenden Themen der ersten Phase, der Integration und Liberalisierung der Verkehrswirtschaft der sechs Mitgliedstaaten, im Laufe der Entwicklung der Verträge andere Schwerpunkte, zB in den Jahren seit 1990 das Prinzip der „nachhaltigen Mobilität“, das allerdings bisher nicht vollständig verwirklicht wurde. 3

Nachfolgend werden die Grundlinien des europäischen Verkehrsrechts und der europäischen Verkehrspolitik nach Themenbereichen dargestellt. Abschnitt B behandelt die Integration und Liberalisierung der Verkehrswirtschaft der Mitgliedstaaten seit Beginn der Verträge. Die Abschnitte C, D und E gelten den Themen, die entsprechend der Entwicklung der Verkehrswirtschaft, der Verträge und der politischen Sensibilität an Bedeutung gewonnen haben: die sozialen Aspekte des Verkehrs, die nachhaltige Mobilität und der Schutz der Verbraucher, dh der Verkehrsnutzer. Die praktisch wichtige Verfügbarkeit von Daten zur Verkehrsentwicklung wird in Abschnitt F dargestellt. Der abschließende Abschnitt G betrifft die Außendimension der europäischen Verkehrspolitik.

B. Die Bedeutung der Integration

1. Der einheitliche europäische Verkehrsraum

Mithilfe der gemeinsamen Verkehrspolitik soll ein *einheitlicher europäischer Verkehrsraum* entstehen. Dieser soll die Mobilität von Personen und Gütern in der Union unter optimalen Bedingungen gewährleisten. Dabei geht es darum, die Grundsätze der Verträge in einem Wirtschaftssektor von besonders großer Bedeutung zu verwirklichen. In erster Linie sollen also der freie Verkehr von Personen und Gütern im Binnenmarkt und der territoriale Zusammenhalt erleichtert werden.[14] Die Integration der Verkehrssysteme umfasst neben der Organisation des Marktes die Koordinierung der Investitionen und der Infrastrukturvorhaben. 4

2. Die Organisation des Verkehrsmarktes anhand der Prinzipien des Binnenmarktes

a) Die liberale Ausrichtung der gemeinsamen Verkehrspolitik

Die gemeinsame Verkehrspolitik beruht seit ihren Anfängen auf zwei sich ergänzenden Prämissen: Zum einen auf der Möglichkeit und Wünschbarkeit einer Organisation des Marktes auf der Grundlage eines freien, unverfälschten und verstärkten Wettbewerbs in der Annahme, dass dadurch die wirtschaftliche und soziale Effizienz dieses Bereichs eine Stärkung erfährt.[15] Zum anderen auf der Verpflichtung, einen *Ver-* 5

13 S. insbesondere Weißbuch „Fahrplan zu einem einheitlichen europäischen Verkehrsraum – Hin zu einem wettbewerbsorientierten und ressourcenschonenden Verkehrssystem“, KOM(2011) 144 v. 28. März 2011.

14 Vgl Weißbuch „Fahrplan zu einem einheitlichen europäischen Verkehrsraum“, KOM(2011) 144 v. 28. März 2011, Rn 1, 36 ff.

15 Vgl Denkschrift der Kommission von 1961 (s. *Anm.* 2), Nr. 27, 73, 74; Mitteilung der Kommission von 1983 (s. *Anm.* 2), Nr. 2.2 und 5.1.4; Weißbuch der Kommission von 2011 (s. *Anm.* 2), Nr. 4, 19, 34.

kehrsbinnenmarkt zu schaffen, um dadurch die aus den Verträgen resultierenden Verpflichtungen zu erfüllen.[16]

Entsprechend dem Binnenmarktkonzept muss die gemeinsame Verkehrspolitik die im AEUV bezeichneten „vier Freiheiten" gewährleisten. Dazu gehört insbesondere die Beseitigungen von Hindernissen der Dienstleistungsfreiheit auf dem Gebiet des Verkehrs (Art. 91 AEUV). Sie muss weiterhin durch Angleichung des staatlichen Rechts Wettbewerbsverzerrungen beseitigen, die aus der Anwendung unterschiedlicher Regeln auf die verschiedenen Verkehrsarten oder auf Unternehmen resultieren, die in anderen Mitgliedstaaten angesiedelt sind. Schließlich muss sie für die Anwendung der vertraglichen Wettbewerbsbestimmungen auf den Verkehrssektor sorgen um zu vermeiden, dass staatliche Beihilfen oder wettbewerbswidrige Verhaltensweisen das gute Funktionieren das Binnenmarktes beeinträchtigen.

Die liberale Ausrichtung der gemeinsamen Verkehrspolitik wird durch vier Grundsätze ergänzt:[17]

6
- Gleichheit der Behandlung zwischen Verkehrsunternehmen und zwischen den verschiedenen Verkehrsträgern einerseits und zwischen Nutzern andererseits, um den Unternehmen gleiche „Ausgangsbedingungen" zu bieten, damit der Wettbewerb seine nützliche Wirkung entfalten kann;
- finanzielle Unabhängigkeit der Verkehrsunternehmen von den Staaten;
- Handlungsfreiheit für Beförderer, insbesondere in Bezug auf Marktzugang, Angebot und Preise;
- Freiheit der Benutzer bei der Wahl des Verkehrsmittels. Zu diesem Prinzip gehört insbesondere auch die Ablehnung jeglicher „Zwangskoordinierung" des Verkehrs und die Liberalisierung des Werkverkehrs.

7 Art. 91 AEUV gebietet die Berücksichtigung der „Besonderheiten des Verkehrs" (*Kap. II Rn 22*). Dieser in der Gegenwart kaum noch erörterte Begriff bedeutet, dass die Anwendung der Regeln des Binnenmarktes sowie die Umsetzung der vier Prinzipien der Gemeinsamen Verkehrspolitik von Maßnahmen – falls nötig durch *Ausnahmeregelungen* – zur Sicherung der Stabilität des Verkehrsmarktes, des Leistungsangebots und der „Koordinierung des Verkehrs" begleitet werden muss (s.o. *Kap. I Rn 7 ff*). Diese Maßnahmen dürfen allerdings den freien Wettbewerb nicht über das unbedingt notwendige Maß hinaus behindern oder einschränken. Daher wurden zB direkte und dauerhafte Eingriffe in die Gestaltung der Kapazitäten und Preise zur Verhinderung eines „ruinösen Wettbewerbs" in den Bereichen des Landverkehrs und der Binnenschifffahrt durch Maßnahmen zur Strukturverbesserung oder durch außergewöhnliche Mechanismen zur Behebung von Krisen ersetzt.[18] Ebenso müssen staatliche Maßnahmen zur „Koordinierung des Verkehrs" (Art. 93 AEUV) die freie Wahl der Nutzer respektieren, dürfen nur zur Verhinderung von Wettbewerbsverzerrungen zwischen den Verkehrsträgern eingesetzt werden und müssen abgeschafft werden, so-

16 Denkschrift von 1961 (s. *Anm.* 2), Nr. 27 und S. 21–33. Diese Auslegung war zunächst umstritten, hat aber inzwischen durch den EuGH Bestätigung erfahren (*Kap. II Rn 20 ff*).
17 Vollständig dargestellt in der Denkschrift der Kommission von 1961 (*s. Anm.* 2), Nr. 88 ff.
18 Dazu *Kap. V Rn 37* und *Kap. VI Rn 31* ff.

bald diese verzerrenden Faktoren durch den Gesetzgeber der Union beseitigt wurden (*Rn 19*).

b) Die Handlungsfelder zur Verwirklichung des Verkehrsbinnenmarktes

Die für die Errichtung eines Binnenmarktes für Verkehr notwendigen Aktivitäten der Union lassen sich – materiell gesehen – in sechs Bereiche[19] gliedern: 8

- Gewährleistung des freien Marktzugangs, insbesondere die Verwirklichung der Niederlassungsfreiheit und der Dienstleistungsfreiheit im Verkehrswesen und die Verhinderung jeglicher auf Staatsangehörigkeit oder Niederlassungsort gegründeten Diskriminierung;
- Maßnahmen, die eine freie Preisbildung durch die Beteiligten ermöglichen;
- Regelungen zur Harmonisierung der nationalen Gesetzgebung, soweit diese geeignet ist, den freien Dienstleistungsverkehr zu behindern oder den freien Wettbewerb zu beeinträchtigen. Dies betrifft vor allem technische Vorschriften, steuerliche und soziale Bestimmungen, staatliche Eingriffe in den Verkehr, mit denen gemeinwirtschaftliche Verpflichtungen auferlegt werden sowie Regelungen des Verbraucherschutzes;
- Maßnahmen zur Verbesserung und Angleichung der Betriebsbedingungen der unterschiedlichen Verkehrsarten, um dadurch gewisse strukturelle Fehlleitungen in der Verkehrswirtschaft zu beheben und schrittweise die direkten staatlichen Interventionen in die Kapazitäten und in die Preisgestaltung abzubauen. Derartige „strukturelle" Maßnahmen waren erforderlich, insbesondere bei den drei Verkehrsarten zu Lande. Einerseits galt es, dadurch den Betrieb der Eisenbahnen und der kommerziellen Unternehmen einander anzunähern und andererseits die Zersplitterung des Straßen- und Binnenschiffsverkehrs zu verringern und dabei gleichzeitig die Qualität zu verbessern;
- Anwendung der Wettbewerbsbestimmungen des Vertrags auf den Verkehr (u.a. Regeln über Beihilfen, Absprachen und beherrschende Stellungen);
- Beobachtung des Marktes und Untersuchung der Transportkosten, um den europäischen und staatlichen Behörden geeignete Informationen bereitzustellen.

Im Rahmen dieses allgemeinen Aufgabenzuweisung hat sich die Tätigkeit der Union je nach Verkehrsart auf unterschiedliche Weise entfaltet. Welche Priorität einzelnen Tätigkeiten eingeräumt wurde bemaß sich nach dem Entwicklungsstand des Binnenmarktes. Im Allgemeinen konzentrierte sich die Union zunächst auf die Marktöffnung, danach auf die Angleichung der steuerlichen und sozialen Vorschriften und auf die Anwendung der Wettbewerbsregeln.[20] 9

3. Territorialer Zusammenhalt, Binnenmarkt und transeuropäische Netze

Auch für den territorialen Zusammenhalt der Union ist die Integration des Verkehrs von größter Bedeutung. Dabei geht es insbesondere darum, für die am Rande der Union gelegenen Gebiete und Staaten den Zugang zum Binnenmarkt zu gewährleis- 10

19 So bereits Aktionsprogramm von 1962 (*s. Anm.* 2).
20 S. Weißbuch 1992 (*s. Anm.* 2), Ziff. 6, 55 ff und 69 sowie Weißbuch 2001 (*s. Anm.* 2), S. 25, 26, 28–33.

ten. In diesem Sinne sollen die Maßnahmen zur Organisation der Verkehrsmärkte den freien Transit, den von Behinderungen freien Verkehr und die Verfügbarkeit von Transportmöglichkeiten zu angemessenen Preisen ermöglichen. Aus Art. 170 AEUV folgt, dass die Schaffung eine effizienten Infrastruktur zu den vordringlichen Maßnahmen dieser Politik gehört.

Diese Priorität der Union erlangt noch zusätzliche Bedeutung unter den Gesichtspunkten der Notwendigkeit nachhaltiger Mobilität (*Rn 15 ff*) und um den Osten und den Westen des Kontinents zu verbinden. Allerdings wird die Schaffung eines vollständig integrierten transeuropäischen Verkehrsnetzes durch das Fehlen der erforderlichen finanziellen Mittel erheblich erschwert.[21]

C. Die soziale Dimension der Gemeinsamen Verkehrspolitik

11 Die gemeinsame Verkehrspolitik weist auch eine soziale Dimension auf, die eng mit ihrer wirtschaftlichen Dimension verbunden ist.

12 Seit ihren Anfängen gilt auch für sie das ursprünglich in Art. 117 EGV, jetzt in Art. 151 AEUV formulierte Ziel der „... Verbesserung der Lebens- und Arbeitsbedingungen, um dadurch auf dem Wege des Fortschritts ihre Angleichung zu ermöglichen ...".

Generell gilt die Sozialpolitik der Union auch für die Arbeitnehmer/innen im Bereich Verkehr. Spezifische Maßnahmen für Berufstätigkeiten im Verkehr wurden zur *Arbeitsdauer, Lenkzeit* und *Berufsausbildung* getroffen. Das Ziel der Verbesserung der Arbeitsbedingungen für die Arbeitnehmer in diesem Bereich geht Hand in Hand mit der Beseitigung intermodaler und internationaler Wettbewerbsverzerrungen. Auf beide beziehen sich jeweils dieselben Harmonisierungsmaßnahmen.[22] Eine Weiterentwicklung dieses Besitzstands mit Folgen für die Sozialpartner wird angestrebt. Ursächlich dafür sind das Bemühen um eine Stärkung des sozialen Friedens und um eine Hebung der Attraktivität einer Berufstätigkeit im Verkehrsbereich, da sich insoweit ein Mangel an qualifizierten Arbeitskräften abzeichnet.[23]

13 Das zweite große Thema der sozialen Dimension der gemeinsamen Verkehrspolitik besteht in dem Erfordernis, die Regeln für den Binnenmarkt mit den Anforderungen in Einklang zu bringen, die aus gemeinwirtschaftlichen Gründen in den Mitgliedstaaten erwachsen.

Das Recht der Union erkennt eine Zuständigkeit der Mitgliedstaaten zur Bereitstellung, Durchführung und Organisation von „Diensten von allgemeinem wirtschaftlichen Interesse" (DAWI) an (Art. 14 AEUV, Protokoll Nr. 26). Dazu gehören auch Verkehrsdienste. Es ist grundsätzlich Angelegenheit der Mitgliedstaaten, Art und Umfang dieser Dienste festzulegen und diese an Unternehmen zu übertragen. [24] Allerdings kann die Funktionsweise eines DAWI mit den Regeln des Binnenmarktes in

21 Weißbuch 2011 (*s. Anm.* 2), Nr. 30 ff.

22 S. zB VO Nr. 561/2006, ABl. L 102/2006, 1, letzte Änderung durch VO Nr. 1073/2009, ABl. L 300/2009, 88, Art. 1.

23 Weißbuch 2011 (*s. Rn* 2), Nr. 37.

24 Vgl Weißbuch der Kommission über die Dienste von allgemeinem wirtschaftlichen Interesse, KOM(2004) 374, Nr. 2.3.

Konflikt geraten, insbesondere mit den „vier Freiheiten" und den Wettbewerbsregeln. Das gilt zB bei der Beauftragung eines Unternehmens mit der Erbringung derartiger Dienste, wenn ihm gleichzeitig besondere oder Exklusivrechte eingeräumt werden, die eine Ausübung der anderen europäischen Unternehmen zustehenden Freiheiten behindern könnten.[25] Dieselbe Problematik entsteht, wenn mit der Beauftragung zur Erbringung derartiger Dienste finanzielle Vorteile verbunden werden, die *a priori* mit dem Beihilfeverbot des Art. 107 AEUV kollidieren könnten.[26]

Normalerweise enthält der Vertrag Ausnahmeregeln zur Lösung derartiger Konflikte. Ein solcher Ansatz wird insbesondere in Art. 106 II AEUV deutlich, wonach für die mit Dienstleistungen von allgemeinem wirtschaftlichen Interesse betrauten Unternehmen „die Vorschriften der Verträge" gelten, jedoch nur „soweit die Anwendung dieser Vorschriften nicht die Erfüllung der ihnen übertragenen besonderen Aufgabe rechtlich oder tatsächlich verhindert".[27] Art. 14 AEUV geht darüber hinaus und verpflichtet die Union und die Mitgliedstaaten dazu, dafür zu sorgen, dass die Grundsätze und Bedingungen für das Funktionieren dieser Dienste so gestaltet sind, dass diese ihren Aufgaben nachkommen können (s. dazu auch Protokoll Nr. 26 und Art. 36 der Charta der Grundrechte).

So fügt zB die Gesetzgebung der Union den Regeln für den liberalisierten Markt in Bereichen, die traditionell als gemeinwirtschaftlich angesehen werden (Post, Fernmeldewesen, Energie) neue Konzepte, zB den *Universaldienst*, hinzu.[28]

Im Bereich Verkehr gelten für diese Problematik allerdings einige Besonderheiten. 14

Zunächst verringert die Unanwendbarkeit der Bestimmungen über den freien Dienstleistungsverkehr (Art. 58 AEUV) das Risiko eines direkten und unmittelbaren Konflikts zwischen den Vertragsregeln und der Gewährung von besonderen und exklusiven Rechten für die mit den „DAWI" beauftragten Unternehmen. Der Ausgleich zwischen freier und gemeinwirtschaftlicher Dienstleistung wird also dem europäischen Gesetzgeber überlassen. Dieser hat bei der Festlegung der Regeln über den Marktzugang für den Personenverkehr im Liniendienst, also jener Beförderungskategorie die dem Konzept der gemeinwirtschaftlichen Dienstleistung am nächsten steht, entweder bestimmte Segmente von der Öffnung des Marktes ausgenommen[29] oder für die liberalisierten Bereiche besondere Schutzmaßnahmen vorgesehen.[30]

Weiterhin lässt der Vertrag ausdrücklich Beihilfen zu, „die den Erfordernissen ... der Abgeltung bestimmter, mit dem Begriff des öffentlichen Dienstes zusammenhängen-

25 Beispiel: Das traditionelle Monopol der staatlichen Eisenbahnen, das einen Marktzugang für ausländische Eisenbahnunternehmen verhinderte. Zu dem potentiellen Konflikt zwischen der Gewährung besonderer oder ausschließlicher Rechte an bestimmte Unternehmen und dem Recht der Union s. EuGH, Rs. 203/88 (Frankreich/Kommission), Slg 1991, I-1223, Rn 22.

26 S. *Kap. V Rn 51 ff; VIII Rn 41 ff; IX Rn 70 ff.*

27 S. dazu Beschluss Nr. 2012/21 über die Anwendung dieser Vorschrift, ABl. L 73/2012, 3; VO Nr. 360/2012 („de minimis"), ABl. L 114/2012, 8 sowie Mitteilung der Kommission, „Rahmen der Europäischen Union für staatliche Beihilfen in Form von Ausgleichsleistungen für die Erbringung öffentlicher Dienstleistungen", ABl. C 8/2012, 15. Diese Maßnahmen sind allerdings nur zum Teil auf den Verkehrsbereich anwendbar.

28 Vgl Mitteilung der Kommission „Ein Qualitätsrahmen für Dienstleistungen von allgemeinem Interesse in Europa", KOM(2011) 900 v. 20. Dezember 2011.

29 Dies gilt insbesondere für den regionalen oder lokalen Linienverkehr, dazu *Kap. V Rn 28* und *Kap. VII Rn 15.*

30 Beispiele in *Kap. V Rn 28* und in *Kap. VII Rn 24.*

der Leistungen entsprechen" (Art. 93 AEUV). Die für die Umsetzung dieser Bestimmung ergriffenen Maßnahmen ermöglichen es den Mitgliedstaaten, die für den öffentlichen Verkehr notwendigen Dienstleistungen anzubieten und zu finanzieren. Gleichzeitig bildet der Vertrag einen Rahmen konkreter Bedingungen für derartige Interventionen, damit soweit wie möglich die Handlungsfreiheit der Verkehrsunternehmen gewahrt und die Gleichheit bei der Behandlung der unterschiedlichen Verkehrsunternehmen und -arten gesichert bleiben.[31]

D. Gemeinsame Verkehrspolitik und „nachhaltige Mobilität"

15 Die volkswirtschaftliche und gesellschaftliche Bedeutung des Verkehrs steht außer Frage. Das gilt auch für seine Funktion für den Binnenmarkt und für den Zusammenhalt der Union. Doch gleichzeitig sind die daraus erwachsenden sozialen Kosten und die Folgen für die Umwelt unübersehbar. Diese Konsequenzen des Verkehrs und das Bemühen um ihre Eindämmung erlangten immer stärker die Aufmerksamkeit der europäischen Institutionen.[32] Inzwischen stehen sie an der Spitze der verkehrspolitischen Prioritäten bis zum Horizont des Jahres 2050.[33]

Der Verkehr beruht nahezu ausschließlich auf dem Einsatz fossiler Energie. Er verbraucht mehr Erdöl als jede andere Aktivität in der Union und trägt ganz wesentlich zum Ausstoß der den Treibhaus-Effekt bewirkenden Gase bei. Die Verminderung der Verwendung fossiler Energieträger gehört daher zu den mit Vorrang anzustrebenden Zielen. Dies gilt sowohl, um die energiepolitische Abhängigkeit zu reduzieren als auch im Hinblick auf den Kampf gegen den Klimawandel.[34]

Auch die lokalen Folgen des Verkehrs sind erheblich: Luftverschmutzung, Lärm, Verstopfungen, Unfälle, Landschaftsschäden. Dies gilt im besonderen Maß für Städte und für Bergregionen.[35] Wegen der Steigerung des Verkehrs und des andauernden Ungleichgewichts zwischen den Verkehrsträgern verschärfen sich diese Probleme weiter. Tatsächlich dominiert innerhalb der Union der Straßentransport sowohl für Güter als auch für Personen (einschließlich des Privatverkehrs), obwohl diese Beförderungsart bei weitem den höchsten Erdölverbrauch bewirkt, die größte Luftverschmutzung verursacht und die größte Zahl von Unfällen mit sich bringt.[36]

16 Um die Nachhaltigkeit und die Sicherheit des Verkehrs zu fördern, hat sich die Union anspruchsvolle langfristige Ziele gesetzt. Sie umfassen die „Optimierung" jedes Verkehrssystems (zB einen Übergang zur Verwendung sicherer und nicht verschmutzender Kraftfahrzeuge in den Städten), eine Verlagerung des Straßenverkehrs hin zu Verkehrstechniken mit größerer Nachhaltigkeit wie die Eisenbahn (jedenfalls auf mittlere Entfernungen) und die Förderung des multimodalen Verkehrs, das einzige Mittel, um

---

31 Dazu insbes. *Kap. V Rn 54 ff.*

32 S. insbes. die Mitteilung von 1973 (*s. Anm.* 2) sowie die Weißbücher 1992 und 2001 (*s. Anm.* 2). S. a. Art. 11 und 91 I lit. c) AEUV, die durch den Vertrag von Maastricht in das Primärrecht eingefügt wurden (dazu *Kap. II Rn 25, 27*).

33 Weißbuch 2011 (*s. Anm.* 2).

34 Weißbuch 2011 (*s. Anm.* 2), Ziff. 5–7.

35 Mitteilung 2009 (*s. Anm.* 1), Ziff. 26 und 33; Weißbuch 2011 (*s. Anm.* 2), Ziff. 7, 13, 30.

36 S. *Kommission* (Hrsg.), EU transport in figures, statistical pocketbook 2014, Luxembourg 2014, S. 19 (Anteile der Verkehrsträger) sowie die Tabellen 2.71, 2.7.5und 2.7.6 (Anzahl der tödlichen Unfälle pro Verkehrsträger) und Tabellen 3.1.5 und 3.2 (Energieverbrauch und Emissionen mit Treibhaus-Effekt).

eine optimale Nutzung der Infrastrukturen zu erzielen und eine Neuverteilung zwischen den verschiedenen Verkehrssystemen zu erreichen.[37] Diese Querschnittsziele der gemeinsamen Verkehrspolitik erfordern eine Neuorientierung der Regeln des Binnenmarktes und den Erlass spezifischer Maßnahmen.[38]

Das Weißbuch der Kommission von 2011 hebt die Bedeutung der *Innovation* hervor. 17
Dies hat insofern Bedeutung, als die Union zunehmend technische Standards zB für die Konstruktion von Fahrzeugen oder den Geräuschpegel auf Flugplätzen mit immer strengeren Anforderungen an Umweltschutz und Sicherheit festlegt. Diese gesetzgeberische Tätigkeit wird ergänzt durch Maßnahmen zur Forschungsförderung. Diese gelten insbesondere der Entwicklung und dem Einsatz neuer Technologien – zB für saubere Antriebe, die Substitution von Treibstoffen, „intelligente“ Fahrzeuge, Informationssysteme zur Erleichterung der modalen Integration usw.[39]

Ein Schlüsselelement für die Strategie der nachhaltigen Mobilität bildet schließlich die Weiterentwicklung der Infrastrukturen. Zu den Prioritäten gehören insoweit die Vervollständigung und der Ausbau des Eisenbahnnetzes, die Schaffung multimodaler Verknüpfungen und der Einsatz der erwähnten neuen Technologien.[40]

Im Rahmen der Steuerungsmaßnahmen zur Beeinflussung des Marktes und des Ver- 18
kehrsgeschehens werden die Erfordernisse der Verkehrssicherheit und des Umweltschutzes auf verschiedenen Ebenen berücksichtigt, zB bei den beruflichen Qualifikationen und den Sozialregelungen. Auch wird die Vollendung des Binnenmarktes im Eisenbahnverkehr als ein Instrument angesehen, um diesem sicheren und umweltgerechten Verkehrsmittel größere Wettbewerbsfähigkeit gegenüber den konkurrierenden Transportsystemen zu verschaffen.[41] Andererseits wird die Option einer gesteuerten Einschränkung bestimmter Verkehrsarten bisher nicht erwogen. Eine Verminderung der schädlichen Nebenfolgen des Verkehrs durch Mobilitätsbeschränkungen wird ausdrücklich abgelehnt.[42]

Im übrigen werden von den Mitgliedstaaten veranlasste Verkehrsbeschränkungen 19
strengen Bedingungen unterworfen, soweit sie die Freizügigkeit einschränken.[43] Zur Förderung des Gleichgewichts zwischen den Verkehrsträgern setzt die Union auf die Mechanismen des Marktes, dh auf die Wirkung von Anreizen, welche geeignet sind, die Wahl des Verkehrsträgers auf die Erfordernisse der Nachhaltigkeit hin zu orientieren.[44] Nach den Vorstellungen der Kommission sollte das wesentliche Instrument dafür die Internalisierung der externen Kosten des Verkehrs sein und vor allem über das Steuersystem erfolgen, insbesondere durch Anwendung des Verursacherprin-

37 Weißbuch 2011 (*s. Anm.* 2), S. 10f.
38 Eine Gesamtschau der Probleme und erforderlichen Maßnahmen enthält die Mitteilung der Kommission „Ökologisierung des Verkehrs“, KOM(2008) 433 v. 8. Juli 2008.
39 Weißbuch 2011 (*s.o. Anm.* 2), Ziff. 43; Mitteilung der Kommission „Forschung und Innovation für die künftige Mobilität Europas – Entwicklung einer europäischen Strategie für Verkehrstechnologie“, KOM(2012) 501 v. 13. September 2012.
40 Weißbuch 2011 (*s. Anm.* 2), S. 10 und Ziff. 50–57.
41 Weißbuch 2011 (*s. Anm.* 2), Ziff. 26 und 36.
42 Weißbuch 2011 (*s.o. Anm.* 2), Ziff. 18.
43 EuGH, Rs. C-28/09 (Kommission/Österreich), Slg 2011, I-13525. Dazu *Enchelmaier*, Alpine transport restrictions reconsidered: Commission v. Austria, CMLR (2013), 183–202.
44 Weißbuch 2011 (*s. Anm.* 2), Ziff. 16 und 59.

zips.[45] So müssten die Kosten des Klimawandels durch eine Besteuerung der Energie internalisiert werden. Alternativ könnte ein System des Handels mit Emissionsquoten geschaffen werden.

Die Kostentragung für die Nutzung der Infrastruktur sollte das Instrument bilden, um lokale Folgen wie zB Luftverschmutzung, Lärm und Überlastung der Verkehrswege zu internalisieren. Auf mittlere Frist sollte eine vollständige und verpflichtende Internalisierung unter Anwendung vergleichbarer Methoden und entsprechend den Eigenarten jedes Verkehrssystems erreicht werden.[46] Über seine Anreizwirkung hinaus sollte die spezielle Besteuerung des Verkehrs auch zur Finanzierung des transeuropäischen Verkehrsnetzes und zur Förderung des nachhaltigen Verkehrs beitragen.[47]

20 Bis 2014 wurden diese Ziele nur zu einem geringen Maße erreicht. Das geltende Recht, zB die Richtlinie „Eurovignette", ist nach wie vor von dem Ziel geprägt, den Verkehr zu erleichtern und tragen nicht durch eine Kostenwahrheit oder andere Mittel zu einer rationellen Verkehrsnutzung bei.[48]

E. Schutz und Durchsetzung der Rechte der Nutzer von Verkehrsdienstleistungen

21 Zu den strategischen Konzepten der GVP gehört schließlich, den Nutzern von Verkehrsdienstleistungen besondere Aufmerksamkeit zu widmen.[49] Es handelt sich dabei um ein Querschnittskonzept, das in zahlreichen Maßnahmen der gemeinsamen Verkehrspolitik zum Ausdruck kommt (zB zur Verbesserung der Verkehrssicherheit, zur Förderung qualitativ hochwertiger Beförderungsleistungen für die Allgemeinheit usw.).

Hinzu kommt als spezifische Dimension die Schaffung eines Minimums gemeinsamer Rechte für Passagiere.[50] Diese umfassen:[51]

- Diskriminierungsfreier Zugang zu Verkehrsdiensten;
- Recht auf Mobilität: Zugang und unentgeltliche Hilfeleistungen für Personen mit Behinderungen oder eingeschränkter Mobilität (PRM);
- Recht auf Information vor dem Kauf und während der einzelnen Reiseabschnitte, insbesondere bei Verkehrsproblemen;
- Rücktrittsrecht (Erstattung des vollen Fahrscheinpreises) bei Änderung der planmäßigen Reise;
- Recht auf Erfüllung des Beförderungsvertrags bei Verkehrsproblemen (anderweitige Beförderung oder Umbuchung);

45 Weißbuch 2011 (s. *Anm* 2), Ziff. 58 ff. S.a. Mitteilung der Kommission „Strategie zur Internalisierung externer Kosten", KOM(2008) 435 v. 8. Juli 2008.

46 Weißbuch 2011 (s. *Anm.* 2), 33.

47 Weißbuch 2011 (s. *Anm.* 2), Ziff. 56 und S. 33; Mitteilung „Strategie zur Internalisierung externer Kosten (s. *Anm.* 45), 9.

48 Dazu *Kap. V Rn 91 ff*; s. auch *Kelbel*, Droit européen de l'environnement et politique des transports: le principe du pollueur – payeur à la croisée des chemins, RDUE (2011), 59–79 (75).

49 Vgl Weißbuch 2001 (*s. Anm.* 2), 70 ff.

50 Umfassend zu diesem Thema: Mitteilung der Kommission „Eine europäische Perspektive für Reisende: Mitteilung über die Rechte der Benutzer aller Verkehrsträger", KOM(2011) 898 v. 19. Dezember 2011.

51 Mitteilung KOM(2011) 898, Abschnitt II.

- Recht auf Unterstützungsleistungen bei großen Verspätungen der Abreise oder von Anschlüssen;
- Recht auf Ausgleichsleistungen unter bestimmten Umständen;
- Haftung der Beförderungsunternehmen für Reisende und deren Gepäck;
- Recht auf ein zügig funktionierendes, zugängliches System zur Bearbeitung von Beschwerden;
- Recht auf die uneingeschränkte und wirksame Durchsetzung der EU-Vorschriften.

Die Zuerkennung dieser Rechte auf der Ebene der Union bildet eine folgerichtige Anwendung der Grundprinzipien des Vertrages: Art. 12 AEUV gebietet den Schutz der Verbraucher. Die Bekämpfung von Diskriminierungen einschließlich jener, die aus einer Behinderung erwachsen, folgt aus den Art. 10, 18, 19 AEUV sowie den Art. 21 und 26 der Grundrechte-Charta. Gleiches gilt für die Beseitigung von Wettbewerbsverzerrungen zwischen den Verkehrsträgern und zwischen den Beförderern sowie für die Unterstützung des öffentlichen Personenverkehrs. Eine Vorreiterrolle kam insoweit dem Flugverkehr zu.[52] Seit 2000 folgten entsprechende Regeln für die Nutzer anderer Verkehrsträger. Die Kommission ist bestrebt, eine größere Übereinstimmung zwischen den verschiedenen Regelungsgruppen herbeizuführen. Diese Bestrebung reicht auch in den internationalen Bereich. Die Schaffung eines kohärenten und in sich stimmigen und alle Verkehrsträger umfassenden Systems der Nutzerrechte soll die *Intermodalität* fördern (dazu *Kap. X*). 22

F. Die externe Dimension der gemeinsamen Verkehrspolitik

Die große Bedeutung der internationalen Zusammenarbeit für den reibungslosen Verkehr wurde bereits einleitend in *Kap. I Rn 5* erwähnt.[53] Ein Beleg dafür ist die großen Zahl bilateraler und multilateraler Abkommen in diesem Bereich. Sie zielen darauf ab, den grenzüberschreitenden Verkehr zu erleichtern und den freien Transit zu gewährleisten.[54] Weitere Gegenstände internationaler Abkommen bilden die Zulassung im Ausland ansässiger Beförderer zu Inlandstransporten oder die nähere Ausgestaltung derartiger Transporte,[55] um zB deren Sicherheit zu gewährleisten.[56] Zahlreiche weltweite oder regionale Organisationen sind im übrigen damit befasst, internationale Standards zu erarbeiten und die Zusammenarbeit zu fördern.[57] 23

Die Gemeinsame Verkehrspolitik ist daher mit dem – materiellen und institutionellen – Verkehrsvölkerrecht besonders eng verflochten. 24

Zum Zeitpunkt des Aufbaus der Europäischen Wirtschaftsgemeinschaft bestanden auf dem Gebiet des Verkehrs zahlreiche bilaterale oder multilaterale Abkommen der

52 Dazu näher *Kap. IX Rn 95 ff.*
53 Weißbuch 2001: „Das Regelungssystem für den Verkehr muss seinem Wesen nach international sein" (100).
54 Dies geschieht zB durch die Festlegung eines besonderen Status für internationale Wasserwege. Ein frühes Beispiel bildet die Mannheimer Akte v. 17. Oktober 1868 zur Rheinschifffahrt (dazu *Kap. VI Rn 4 ff*).
55 S. *Riphagen*, The Transport Legislation of the European Communities, its Relationship to International Treaties and its Effect in Member States, CMLR (1965), 291–325 (296 f).
56 Beispiele: Die ADR und AETR-Abkommen (dazu *Kap. V Rn 83 f, 105*).
57 Beispiele: *Internationale Zivilluftfahrt -Organisation* (ICAO); *Internationale Schifffahrtsorganisation* (IMO); *Internationales Transportforum* (ITF); *Wirtschaftskommission der UN für Europa* (ECE-UNO).

Mitgliedstaaten. Dieser Grundstock internationaler Regeln hat sich in der Folgezeit noch erheblich erweitert. Zusammen mit dem internen Recht der Mitgliedstaaten bildet er das Bezugssystem für die gemeinsame Verkehrspolitik. Dies gilt insbesondere für Regelungen im Bereich der Luft-, See- und Binnenschifffahrt.

Gleichzeitig erfordert eine effiziente Verfolgung der Ziele der Gemeinsamen Verkehrspolitik parallel zu ihrer Durchsetzung im Inneren der Union auch eine externe Absicherung und Einbettung in ihren internationalen Kontext. So können wegen der geographischen Tragweite eines Problems vertragliche Vereinbarungen mit einem Drittstaat notwendig sein, um einem darauf bezogenen Lösungsansatz der Union volle Wirkung zu verschaffen.[58] Gleiches gilt, wenn für in der Union ansässige Beförderer eine nicht-diskriminierende Behandlung durch Drittstaaten gesichert werden soll, um Wettbewerbsverzerrungen im Binnenmarkt zu vermeiden. Auch verfügt die Union bei Verhandlungen mit Drittstaaten über eine größeres Gewicht als einzeln agierende Mitgliedstaaten.

25 Die Ausübung der externen Zuständigkeiten der Union stößt jedoch auf viele Hindernisse. Zunächst setzen die Mitgliedstaaten seit jeher der Übernahme durch die Union der von ihnen zuvor – einzeln oder gemeinsam mit anderen – ausgeübten Zuständigkeiten einen gewissen Widerstand entgegen. Dieser Widerstand wird durch eine reichhaltige Rechtsprechung des EuGH dokumentiert. Er bildet bis in die Gegenwart ein Hemmnis für die Entwicklung der Außendimension der gemeinsamen Verkehrspolitik. Als zusätzliches formelles Hindernis erweist sich der Umstand, dass der Beitritt zu zahlreichen internationalen Verträgen und Organisationen nur Staaten möglich ist.[59]

Das Europäische Parlament stellte 2003 bereits fest, „dass große Widersprüche zwischen der Ausübung der vertraglichen Befugnisse im Verkehrsbereich innerhalb und außerhalb der Europäischen Union bestehen“.[60]

26 Die externe Dimension der gemeinsamen Verkehrspolitik zielt vor allem auf eine Öffnung der Märkte dritter Staaten und auf die Verbreitung der in der Union entwickelten transportrechtlichen Standards. Durch die Verknüpfung einer Annäherung des Rechts mit einer Liberalisierung des Marktzugangs sollen für die in der Union ansässigen Beförderer faire Wettbewerbsbedingungen geschaffen werden. Auch soll die Sicherheit der Transporte gewährleistet sowie der Umweltschutz und die Wettbewerbsfähigkeit der europäischen Industrie gefördert werden.[61]

Diese Ziele werden mit unterschiedlicher Intensität und mit unterschiedlichen Mitteln verfolgt, je nachdem mit welchem Drittstaat oder mit welcher Region außerhalb der Union Beziehungen angestrebt werden.

27 In den Beziehungen zu ihren unmittelbaren Nachbarn bemüht sich die Union um eine Ausdehnung der gemeinsamen Verkehrspolitik hinsichtlich eines hohen Maßes an

58 Beispiel: Europäischer Stilllegungsfonds für die Binnenschifffahrt. Dazu EuGH, Gutachten 1/76, Slg 1977, 741.

59 Dazu *Kap. III Rn 6 ff.*

60 Entschließung des EP zu den Außenbeziehungen der EU im Verkehrsbereich v. 11. März 2003 (ABl., C 61 E/2004, 106, Buchst. A).

61 Weißbuch 2011 (*s. Anm.* 2), Ziff. 8, 65 ff.

Übereinstimmung der gesetzlichen Regelungen und der Interoperabilität der Infrastrukturen.[62] Zu diesem Zweck wurden verschiedene Kooperationsformen entwickelt.

Besonders enge Beziehungen bestehen zu den Staaten des Europäischen Wirtschaftsraums. Norwegen, Liechtenstein und Island verpflichteten sich im Rahmen des EWR-Vertrages[63] in zahlreichen Gebieten – darunter dem Verkehr – zur Übernahme des Besitzstands der Union. Im Gegenzug wurden sie vollständig in den Binnenmarkt einbezogen. Die Schweiz hat das EWR Abkommen zwar nicht ratifiziert, doch übernahm auch sie wesentliche Teile des Besitzstands der Union durch die Abkommen v. 21. Juni 1999 über den Luftverkehr sowie über den Schienen- und Straßenverkehr.[64]

Auch die wiederholten Erweiterungen der Union bewirken eine Ausdehnung des gemeinsamen Besitzstandes auf die Umgebung der Union. Die Beziehungen zu Staaten mit Kandidatenstatus für einen Beitritt und zu potenziellen Kandidaten beruhen auf dem Grundsatz der schrittweisen Übernahme des Besitzstandes, einschließlich der im Verkehrssektor geltenden Regelungen.[65] Für die sektorielle Zusammenarbeit mit den Staaten des westlichen Balkans wird die Bildung einer *Verkehrsgemeinschaft* geplant, die eine Beteiligung dieser Staaten an der gemeinsamen Verkehrspolitik vorsieht.[66]

Auch die Nachbarschaftspolitik gegenüber den Staaten Nordafrikas und Osteuropas, die über keine Beitrittsperspektive verfügen, umfasst die Bereiche „Verkehr und Infrastruktur". Art und Dichte der darin verabredeten Zusammenarbeit variieren zwischen den einzelnen Abkommen.

In ihren verkehrspolitischen Beziehungen zu außereuropäischen Ländern konzentriert sich die Tätigkeit der Union naturgemäß überwiegend auf den See- und Luftverkehr. Bedeutende Abkommen wurden mit China und mit den Vereinigten Staaten abgeschlossen.[67] Auch in Abkommen, die der Entwicklungszusammenarbeit dienen, wird vielfach eine Zusammenarbeit in Verkehrsfragen vereinbart.[68] 28

Schließlich gehört auch die Mitwirkung in den einschlägigen internationalen Organisationen (ICAO, IMO, ITF, ECE-UNO) zu den bedeutenden Aspekten der Außendimension der gemeinsamen Verkehrspolitik. Das Ziel der Union besteht insoweit ebenfalls darin, den verkehrspolitischen Grundsätzen und Standards der Union welt- 29

62 Weißbuch 2011 (s. *Anm. 2*), Ziff. 6. S.a. Mitteilungen der Kommission „Ausdehnung der wichtigsten transeuropäischen Verkehrsachsen auf die Nachbarländer – Leitlinien für den Verkehr in Europa und den Nachbarregionen", KOM(2007) 32 v. 31. Januar 2007 sowie „Die EU und ihre Nachbarregionen: Ein neues Konzept für die Zusammenarbeit im Verkehrsbereich", KOM(2011) 415 v. 7. Juli 2011. S.a. Schlussfolgerungen des Rates v. 6. Oktober 2011 über die Zusammenarbeit im Bereich des Verkehrs mit den Nachbarregionen, Ratsdok. Nr. 14712/11, Ziff. 4. Vgl auch den speziell den Beziehungen zu den Nachbarstaaten der EU gewidmeten Art. 8 EUV.

63 ABl. L 1/1994, 3.

64 ABl. L 114/2002, 73, 91. Die Abkommen werden näher dargestellt in: *Kap. V Rn 124*; *Kap. VII Rn 88*; *Kap. IX Rn 102* und *Kap. XI Rn 32 f.*

65 Beispiel: Assoziations- und Stabilisierungsabkommen mit Montenegro, ABl. L 108/2010, 3, Art. 61 und Protokoll Nr. 4. S.a. Entscheidung Nr. 2008/157 zur Beitrittspartnerschaft mit der Türkei, ABl. L 51/2008, 4, 12, 16.

66 Ein entsprechender Text liegt noch nicht vor.

67 Dazu *Kap. VIII Rn 67* und *Kap. IX Rn 106*.

68 Beispiel: Rahmenabkommen über Partnerschaft und Zusammenarbeit zwischen der EU und den Philippinen (Art. 38). Dazu EuGH, Rs. C-377/12 (Kommission/Rat), Urt. v. 11. Juni 2014, s. *Kap. III Rn 34*.

weite oder zumindest europaweite Wirkung zu verschaffen. Gerade für See- und Luftverkehr hat diese Zielsetzung erhebliche Bedeutung, da für diese Transportarten ein globaler Wettbewerb herrscht und die gemeinsame Verkehrspolitik von den internationalen Standards beeinflusst wird.[69]

Nur in wenigen Fällen ist die Union Mitglied einer dieser Organisationen.[70] An Beschlüssen in anderen Organisationen kann sie daher nur mittelbar durch die Mitgliedstaaten mitwirken.[71] Im Jahre 2001 hatte die Kommission Verhandlungen über die Aufnahme der Union in die ICAO, die IMO sowie in vier weitere Organisationen vorgeschlagen.[72] Der Rat hat jedoch das dafür erforderliche Verhandlungsmandat (Art. 216 II AEUV) bisher nicht erteilt. Die Weigerung der Mitgliedstaaten, diese institutionelle Anomalie zu beseitigen offenbart das zweideutige Verhalten der Mitgliedstaaten gegenüber einem deutlichen Auftreten der Union als solcher auf internationaler Ebene. Trotz ständiger Weiterentwicklung wird die Klärung und Konsolidierung der externen Dimension der Union davon beeinträchtigt. Die Kommission stellte dazu im Jahre 2002 fest:

„die Mitgliedstaaten (müssen) in Bereichen, bei denen sie sich darauf geeinigt haben, dass die Verabschiedung gemeinsamer Vorschriften innerhalb der Gemeinschaft sinnvoll ist, die Konsequenzen ziehen und im Rahmen der Gemeinschaftsorgane tätig werden, wenn entsprechende Angelegenheiten mit Drittländern zu erörtern sind".[73]

---

69 Zur Kontroverse um die Einbeziehung des Luftverkehrs in den Emissionshandel s. *Kap. IX Rn 87*.

70 Beispiel: Mitgliedschaft (seit 2013) in der *Zwischenstaatlichen Organisation für den internationalen Eisenbahnverkehr* (OTIF), BRat v. 16. Juni 2011, ABl. L 51/2013, 1.

71 Zu den dabei zu beachtenden Grundsätzen s. *Kap. III Rn 17*.

72 Weißbuch 2001 (s. *Rn 2*), 108.

73 Mitteilung der Kommission „über die Konsequenzen der Urteile des Gerichtshofs vom 5. November 2002 für die europäische Luftverkehrspolitik", KOM(2002) 649 v. 19. November 2002, Ziff. 33.

Besonderer Teil

Kapitel V
Straßenverkehr

A. Einführung

1 Der Straßenverkehr wächst seit mehr als fünfzig Jahren. Inzwischen dominiert diese Verkehrsart bei weitem bei den Beförderungen im Inneren der Union. Dies gilt sowohl für die Güter- als auch für die Personentransporte (einschließlich des privaten Verkehrs).[1]

Der Straßenverkehr bildet eine notwendige Voraussetzung für den Güteraustausch innerhalb des Binnenmarktes. Allerdings war er bei Errichtung der Gemeinschaft durch staatliche Regelungen determiniert, die mit den Prinzipien des Vertrags nicht vereinbar und den Bedürfnissen des Binnenmarktes nicht angemessen waren. So erforderten grenzüberschreitende Gütertransporte regelmäßig Genehmigungen, die im Rahmen bilateral ausgehandelter Kontingente erteilt wurden. Güterbeförderungen zwischen inländischen Destinationen durch ausländische Transporteure (Kabotage) waren generell untersagt.[2]

Sehr früh begann die Union mit der Umstrukturierung der Regeln zur Organisation der Märkte. Mit Beginn der sechziger Jahre beschloss sie Maßnahmen, um die bestehenden mengenmäßigen Beschränkungen bei internationalen Transporten schrittweise abzubauen. Ziel war die Errichtung eines neuen Regimes für den Marktzugang, das sich auf qualitative und nicht diskriminierende Kriterien stützte. Parallel dazu verabschiedete sie Maßnahmen zur Harmonisierung der technischen, steuerlichen und sozialen Bestimmungen des staatlichen Rechts.

Inzwischen sind Dienstleistungen in diesem Sektor weitgehend liberalisiert. Lediglich bei Kabotage-Transporten bestehen noch einzelne Beschränkungen. Das Hauptziel der Gesetzgebung in diesem Bereich gilt nunmehr der Harmonisierung staatlicher Vorschriften, um Verzerrungen im internationalen und intermodalen Wettbewerb zu beseitigen. Weitere Prioritäten bilden die Verbesserung der Verkehrssicherheit im Straßenverkehr und der Schutz von Arbeitnehmern, der Umwelt und der Verbraucher.

Eine Besonderheit des Straßenverkehrs besteht in dem hohen Anteil privater Fahrten am Verkehrsaufkommen. Die Aktivität der Union bezieht sich jedoch ganz überwiegend auf die kommerzielle Beförderung von Personen und Gütern. Allerdings erstrecken sich einige Regeln auf den Straßenverkehr insgesamt und damit auch auf private Transporte. So definiert das Recht der Union zB die Voraussetzungen für die Erlangung von Führerscheinen und die technischen Vorschriften für den Bau von Personenwagen. An diesen Maßnahmen zeigt sich das bereits erwähnte nunmehr vorrangige Ziel der Union, die Sicherheit des Verkehrs auf der Straße zu verbessern und die durch den Verkehr hervorgerufenen Umweltbelastungen zu reduzieren. Gleichzeitig

1 *Kommission* (Hrsg.), EU transport in figures, statistical pocketbook 2014, Luxembourg 2014, Tabellen 2.2.3 und 2.3.3.

2 S. dazu Denkschrift der Kommission über die zukünftige Orientierung der gemeinsamen Verkehrspolitik, KOM(1961) 50 v. 10. April 1961 Anh. I, Ziff. 75 ff.

dienen die betreffenden Rechtsakte dem Funktionieren des Binnenmarktes und der Freizügigkeit der Personen.

B. Zugang zum Beruf des Kraftverkehrsunternehmers

1. Allgemeines

2 Für Unternehmen, die ihre Tätigkeit im Binnenmarkt ausüben, legen die Regelungen über den Zugang zum Beruf des Personen- und Güterkraftverkehrsunternehmers einen Mindeststandard fest. Sie dienen der Strukturverbesserung, sollen Verzerrungen des Wettbewerbs verhindern und sollen das gegenseitige Vertrauen zwischen den Mitgliedstaaten als einer notwendigen Voraussetzung der Dienstleistungsfreiheit stärken. Sie werden ergänzt durch ein System der gegenseitigen Anerkennung[3] mit dem Ziel, den Verkehrsunternehmern der Union die Niederlassungsfreiheit zu erleichtern.

3 Die Einzelheiten werden durch die VO Nr. 1071/2009 bestimmt.[4] Diese gilt für alle in der Union niedergelassenen Unternehmen, die den Beruf des Kraftfahrzeugunternehmers ausüben oder dessen Ausübung beabsichtigen. Die VO gilt jedoch nicht für Unternehmen, die den Beruf eines Güterkraftverkehrsunternehmers mit Fahrzeugen ausüben, deren zulässige Gesamtmasse höchstens 3,5 Tonnen beträgt, wobei die Mitgliedstaaten die genannten Schwellen herabsetzen können (Art. 1 IV lit. a).

Als Beruf des „Personenkraftverkehrsunternehmers" gilt die Tätigkeit jedes Unternehmens, das eine der Öffentlichkeit oder bestimmten Benutzergruppen angebotene Personenbeförderung gegen Vergütung durch die beförderte Person oder durch den Veranstalter der Beförderung ausführt, und zwar mit Kraftfahrzeugen, welche nach ihrer Bauart und ihrer Ausstattung geeignet und dazu bestimmt sind, mehr als neun Personen – einschließlich Fahrer – zu befördern (Art. 2 Ziff. 2).[5]

2. Die Zugangsbedingungen zum Beruf und die Kontrolle ihrer Einhaltung

4 Wer den Beruf des Kraftverkehrsunternehmers ausüben will, muss gemäß Art. 3 I VO Nr. 1071/2009, vier Bedingungen erfüllen. Er muss

- über eine tatsächliche und dauerhafte Niederlassung in einem Mitgliedstaat verfügen,
- zuverlässig sein,
- angemessene finanzielle Leistungsfähigkeit besitzen,
- fachlich geeignet sein.

Daneben können die Mitgliedstaaten zusätzliche Anforderungen beschließen, sofern diese verhältnismäßig und nicht diskriminierend sind. Zur Anerkennung von Nachweisen über die Zuverlässigkeit und die finanzielle Leistungsfähigkeit, die in einem

3 Dazu allgemein *Epiney*, in Bieber/Epiney/Haag, Die Europäische Union, 2014, § 10.

4 ABl. L 300/2009, 51. Zuvor war die Materie durch Richtlinien geregelt worden, doch stellte der EU-Gesetzgeber eine „sehr uneinheitliche" Anwendung dieser RL fest. Er griff zu der Form einer VO, um eine „einheitlichere und wirksamere Anwendung zu gewährleisten" (Erwägungsgründe Nr. 2–4 der VO). Zur Vorgängernorm (RL 96/26) s. *Jung*, in: Frohnmeyer/Mückenhausen, Nr. 9.

5 Art. 1 IV sieht vor, dass die VO in Ausnahmefällen fakultativ angewandt werden kann. Ausnahmen sind insbesondere für Unternehmen zulässig, die in den besonders fernen Randgebieten der Union (vgl Art. 349 AEUV) tätig sind oder die Transporte ausführen, die nur geringe Auswirkung auf den Binnenmarkt haben (VO Nr. 1071/2009, Art. 1 III, IV).

anderen Mitgliedstaat ausgestellt wurden, durch den Mitgliedstaat der beabsichtigten Niederlassung, enthält die VO in Art. 19 und 20 präzise Verpflichtungen.

Die Merkmale der *„tatsächlichen und dauerhaften Niederlassung“* in einem Mitgliedstaat werden in Art. 5 näher bezeichnet (u.a. Zulassung der für die Tätigkeit benutzten Fahrzeuge in diesem Staat). Sie dienen vor allem dazu, den für die Überwachung der Unternehmen zuständigen Staat zu bestimmen.[6] Ein Unternehmen muss mindestens eine natürliche Person benennen, die die Voraussetzungen der Zuverlässigkeit und der fachlichen Eignung besitzt (Art. 4 I). Diese als „Verkehrsleiter“ bezeichnete Person muss die Verkehrstätigkeit des Unternehmens tatsächlich und dauerhaft leiten, muss in einer echten Rechtsbeziehung zu dem Unternehmen stehen (zB als Angestellter, Direktor oder Eigentümer) und muss seinen ständigen Aufenthalt in der Union haben. Ausnahmen sind unter den in Art. 4 II genannten Voraussetzungen möglich.

Die Kriterien, nach denen sich die *Zuverlässigkeit* bestimmt, werden grundsätzlich von den Mitgliedstaaten festgelegt. Allerdings bezeichnet die VO Nr. 1071/2009 in Art. 6 einen gemeinsamen Mindeststandard. So darf der Antragsteller nicht wegen schwerwiegender Verstöße gegen bestimmte Vorschriften des staatlichen Rechts bestraft worden sein (u.a. Entgelt – und Arbeitsbedingungen der Branche, Straßenverkehr, Menschen – oder Drogenhandel). Auch schwerwiegende Verstöße gegen Regeln des Rechts der Union im Bereich des Verkehrs (u.a. Lenk – und Ruhezeiten der Fahrer, höchstzulässiges Gewicht der Fahrzeuge, Führerscheine, s. *Rn 105 ff*) schließen die geforderte Zuverlässigkeit aus.

Die *finanzielle Leistungsfähigkeit* ist gegeben, wenn die zur ordnungsgemäßen Inbetriebnahme und Führung des Unternehmens erforderlichen finanziellen Mittel verfügbar sind. Gemäß Art. 7 müssen dafür jährlich ein Eigenkapital und Rücklagen für das erste eingesetzte Fahrzeug von mindestens 9000 Euro und für jedes weitere Fahrzeug von mindestens 5000 Euro nachgewiesen werden.

Als Nachweis der *fachlichen Eignung* muss der Verkehrsleiter in dem Mitgliedstaat seines gewöhnlichen Aufenthalts eine schriftliche Prüfung abgelegt haben. Diese wird von einer nationalen Behörde oder Stelle nach den in der VO (Anhang I) festgelegten Kriterien abgenommen. Das Zeugnis für die bestandene Prüfung wird nach dem in Anhang II und III der VO bezeichneten Modell ausgestellt (Art. 8 I, VIII).

Die Mitgliedstaaten können Inhaber bestimmter Diplome, die gesondert bezeichnet werden, von der Prüfung der darin attestierten Themen befreien (Art. 8 VII).

5 Die zuständigen Behörden des Staates der Niederlassung prüfen die von Unternehmen eingereichten Anträge auf Zulassung zum Beruf, erteilen oder entziehen die Zulassung und führen die erforderlichen Kontrollen durch (Art. 10 I).

Die Unternehmen müssen die in Art. 3 der VO bezeichneten Anforderungen *dauerhaft* erfüllen. Bei Unternehmen, die als Unternehmen mit erhöhtem Risiko eingestuft wurden, müssen die Mitgliedstaaten gezielte Kontrollen durchführen (Art. 12 I). Außerdem kann die Kommission in begründeten Fällen die Durchführung von Einzel-

6 Erwägungsgrund Nr. 7 der VO Nr. 1071/2009.

kontrollen verlangen (Art. 12 III). Erfüllt ein Betrieb die Anforderungen des Art. 3 nicht oder nicht mehr, dann hat die Behörde des zuständigen Mitgliedstaates die Zulassung zum Beruf des Kraftverkehrsunternehmers auszusetzen oder zu entziehen (Art. 13 III).[7]

Die Behörden des Staates der Niederlassung leiten insbesondere dann ein Prüfungsverfahren ein, wenn gegen einen Verkehrsleiter oder gegen das Verkehrsunternehmen ein Urteil wegen einer schwerwiegenden Straftat iSv Art. 6 I lit. b) verhängt wurde. Unter Berücksichtigung des Verhältnismäßigkeitsgrundsatzes kann die Behörde die Zuverlässigkeit aberkennen (Art. 6 II, lit. a) UA 4) und als Folge die Zulassung zum Beruf des Kraftfahrzeugunternehmens entziehen (Art. 13). In derartigen Fällen erklärt die zuständige Behörde den Verkehrsleiter für ungeeignet, die Verkehrstätigkeit eines Unternehmens zu leiten. Damit ist die ursprüngliche Bescheinigung der fachlichen Eignung in keinem Mitgliedstaat mehr gültig (Art. 14).

6 Die effiziente Anwendung dieses Regelungssystems macht es erforderlich, dass der Staat der Niederlassung eines Unternehmens von Verstößen Kenntnis erlangt, die ein Unternehmen in anderen Mitgliedstaaten begangen hat. Auch müssen bestimmte Informationen, zB die Feststellung der fehlenden fachlichen Eignung (Art. 14), den Behörden aller Mitgliedstaaten zugänglich sein. Daher sehen die Art. 16–18 und 24 neben der Einrichtung nationaler elektronischer Register der Kraftfahrzeugunternehmen die Schaffung eines unionsweiten *Registerverbunds* vor und bezeichnen die Modalitäten des Datenaustauschs zwischen den Behörden der Mitgliedstaaten.[8]

3. Die gegenseitige Anerkennung von Dokumenten und Bescheinigungen

7 Die VO Nr. 1071/2009 begründet ein System der gegenseitigen Anerkennung der Diplome, Prüfungszeugnisse und sonstigen Befähigungsnachweise für den Zugang zum Beruf des Kraftverkehrsunternehmers. Für jede der geforderten Zulassungsbedingungen zum Beruf bezeichnet die VO die Dokumente, deren Vorlage von den Behörden eines Staates, in dem sich der Unternehmer niederlassen will (im Weiteren als „Niederlassungsstaat" bezeichnet), fordern können.

8 Gemäß Art. 19 der VO erkennen die Staaten als ausreichenden Nachweis für die *Zuverlässigkeit* die Vorlage eines Strafregisterauszugs (oder eines gleichwertigen Dokuments) an, das von einer hierfür zuständigen Behörde des Staates ausgestellt wurde, in dem der Antragsteller seinen gewöhnlichen Wohnsitz hatte. Das entspricht der Definition von Art. 6 II, wonach Zuverlässigkeit mit Nicht-Verurteilung gleichgesetzt wird. Wird ein zusätzlicher Nachweis der Zuverlässigkeit vom Niederlassungsstaat gefordert, der durch diese Dokumente nicht erbracht werden kann, so müssen die Behörden dieses Staates Bescheinigungen als gleichwertig anerkennen, die von einer hierfür zuständigen Justiz- oder Verwaltungsbehörde des gewöhnlichen Wohnsitzes des Kraftverkehrsunternehmers ausgestellt wurden und in der die Erfüllung dieser

---

7 Zuvor kann die Behörde dem Unternehmen eine Frist zur Behebung des vorschriftswidrigen Zustands einräumen (VO Nr. 1071/2009, Art. 13 I).

8 VO Nr. 1213/2010 zur Festlegung gemeinsamer Regeln für die Vernetzung der einzelstaatlichen elektronischen Register der Kraftverkehrsunternehmen, ABl. L 335/2010, 21 und Kommission Nr. 2009/992, ABl. L 339/2009, 36.

Anforderung bestätigt wird. Wird eine derartige Bescheinigung nicht erteilt, so muss auch eine eidesstattliche Erklärung oder eine förmliche Erklärung anerkannt werden, die der Verkehrsleiter vor einer Behörde oder einem Notar des Mitgliedstaates seines gewöhnlichen Wohnsitzes abgegeben hat (Art. 19 II, III).

Art. 7 bezeichnet die entsprechenden Anforderungen an den Nachweis der *finanziellen Leistungsfähigkeit*. Anstelle der in Art. 7 I genannten Nachweise kann der Staat der Niederlassung abweichende Nachweise fordern oder gelten lassen (u.a. Bankbürgschaften (Art. 7 II)). Sofern ein Staat von den eigenen Angehörigen die Erfüllung weitergehender Voraussetzungen fordert, muss er von Angehörigen anderer Mitgliedstaaten als Nachweis der Erfüllung dieser Voraussetzungen Bescheinigungen anerkennen, die von den Behörden des Wohnsitzstaates ausgestellt wurden (Art. 20). 9

Als ausreichenden Nachweis der *fachlichen Eignung* erkennen die Mitgliedstaaten als ausreichenden Nachweis die von einem anderen Mitgliedstaat gemäß den Anhängen II und III der VO ausgestellten Bescheinigungen an. 10

C. Straßenbeförderung von Gütern und Personen und Dienstleistungsfreiheit

1. Allgemeines

Die Dienstleistungsfreiheit des Güter- und Personenkraftverkehrs hätte am Ende der vertraglichen Übergangszeit (1969) erreicht werden sollen. Diese Frist wurde jedoch bei Weitem nicht eingehalten.[9] Erst zwischen 1992 und 1998 wurde ein aus vier Verordnungen bestehendes System der Zulassung zum internationalen Verkehr und zur Kabotage für die in den Mitgliedstaaten niedergelassenen Verkehrsunternehmer geschaffen.[10] Diese Regeln stützten sich ausschließlich auf qualitative Kriterien und untersagten jegliche mengenmäßigen Beschränkungen sowie Diskriminierungen aufgrund von Staatsangehörigkeit oder Ort der Niederlassung. 11

Im Jahre 2009 wurden diese Texte überarbeitet und in zwei Verordnungen zusammengefasst. Der Güterkraftverkehr wird nunmehr durch die VO 1072/2009[11] geregelt, für die Personenbeförderung ist die VO 1073/2009[12] maßgeblich.

2. Die Gemeinschaftslizenz

Als zentrale Voraussetzung des Zugangs zum Markt für internationale Transporte und für Kabotage-Beförderungen beider Beförderungsarten bestimmen beide Verordnungen den Besitz einer „*Gemeinschaftslizenz*". 12

---

9 Noch im Jahre 1991 entschied der EuGH, dass die Mitgliedstaaten mangels einer gesetzlichen Regelung auf der Ebene der EU berechtigt wären, Binnentransporte den Beförderern vorzubehalten, die in dem betreffenden Staat niedergelassen sind: EuGH, Rs. C-17/90 (Pinaud Wieger), Slg 1991, I-5253, Rn 14.

10 VO Nr. 684/92, ABl. L 74/1992, 1; VO Nr. 881/92, ABl. L 95/1992, 1; VO Nr. 3118/1993, ABl. L 279/1993, 1; VO Nr. 12/98, ABl. L 4/1998, 10.

11 VO Nr. 1072/2009 über gemeinsame Regeln für den Zugang zum Markt des grenzüberschreitenden Güterkraftverkehrs, ABl. L 300/2009, 72, letzte Änderung durch VO Nr. 517/2013, ABl. L 158/2013, 1, 31. Zu den Vorgängernormen (VO Nr. 881/92 und VO Nr. 3118/93) *Maiworm*, in: Frohnmeyer/Mückenhausen, Nr. 11, 12.

12 VO Nr. 1073/2009 über gemeinsame Regeln für den Zugang zum grenzüberschreitenden Personenkraftverkehrsmarkt, ABl. L 300/2009, 88, letzte Änderung durch VO Nr. 517/2013, ABl. L 158/2013, 1, 32. Zu den Vorgängernormen (VO Nr. 684/92 und VO Nr. 12/98): *Ipsen*, in: Frohnmeyer/Mückenhausen, Nr. 16, 17.

Dabei handelt es sich um ein einheitliches Dokument, das auf den Namen des Verkehrsunternehmers ausgestellt und nicht übertragbar ist. Es wird von den zuständigen Behörden des Staates an Unternehmen ausgestellt, die in dem Staat niedergelassen sind und die nach den Rechtsvorschriften dieses Staates die Berechtigung zur Güter- oder/und Personenbeförderung besitzen und die im Recht der Union aufgestellten Voraussetzungen für den Zugang zum Beruf erfüllen.[13] Die VO Nr. 1073 fordert überdies die Erfüllung der unionsrechtlichen Vorschriften für Fahrer und Fahrzeuge (Art. 3 I, lit.c).

Die Lizenz wird für maximal zehn Jahre ausgestellt. Sie kann verlängert werden (VO Nr. 1072/2009, Art. 4 II; VO Nr. 1073/2009, Art. 4 IV).

Die Behörden des Staates der Niederlassung sind verpflichtet, bei Einreichung eines Antrags auf Erteilung oder Verlängerung einer Lizenz das Vorliegen der Voraussetzungen für ihre Erteilung oder Verlängerung zu prüfen. Liegen die Voraussetzungen nicht oder nicht mehr vor, so verweigern sie die Ausstellung oder Verlängerung oder entziehen die Lizenz. Die Lizenz wird auch dann entzogen, wenn der Inhaber zu für die Ausstellung erheblichen Fragen unrichtige Angaben gemacht hat (Art. 7, VO Nr. 1072/2009; Art. 21, VO Nr. 1073/2009).

13 Das Original der Gemeinschaftslizenz muss vom Verkehrsunternehmer aufbewahrt werden.

Zusätzlich zum Original stellt die zuständige Behörde dem Lizenzinhaber eine der Zahl seiner Fahrzeuge entsprechende Anzahl beglaubigter Abschriften aus. Eine beglaubigte Kopie der Gemeinschaftslizenz muss sich an Bord jedes Fahrzeuges des Unternehmers befinden und auf Verlangen jederzeit den Kontrollberechtigten vorgewiesen werden.[14]

14 Ist der Fahrer eines Fahrzeuges im Güterkraftverkehr Angehöriger eines Drittstaates,[15] muss neben der Lizenz auch eine *Fahrerbescheinigung* mitgeführt werden. Diese dient dem Nachweis dafür, dass der Angestellte im Einklang mit den im Staat der Niederlassung des Verkehrsunternehmens geltenden Bestimmungen beschäftigt wird.[16]

3. Der Zugang zum grenzüberschreitenden Güterkraftverkehrsmarkt

15 Der Besitz einer Gemeinschaftslizenz berechtigt – gegebenenfalls in Verbindung mit einer Fahrerbescheinigung - das in einem Mitgliedstaat zugelassene Güterkraftverkehrsunternehmen[17] zur Erbringung *grenzüberschreitender* (Art. 3, VO Nr. 1072/2009) und *nationaler* Transporte (*Kabotage*, Art. 8, VO Nr. 1072/2009)

13 VO Nr. 1072/2009, Art. 4; VO Nr. 1073/2009, Art. 3.

14 Art. 4 III, VI, VO Nr. 1072/2009; Art. 4 II, III, VO Nr. 1073/2009.

15 Ausgenommen sind langfristig Aufenthaltsberechtigte iS der RL 2003/109 (ABl. L 16/2004, 44). Weitere Ausnahmen sind in internationalen Abkommen der EU enthalten, zB im Abkommen EU/Schweiz über den Güter- und Personenverkehr auf Schiene und Straße (*Rn 123*), Anhang I, Abschnitt 2.

16 Von wenigen Ausnahmen abgesehen (zB maximale Geltungsdauer von fünf Jahren und strengere Kontrollen) wird die Fahrerbescheinigung unter den gleichen Bedingungen wie die Lizenz erteilt (vgl VO Nr. 1072/2009, Art. 5, 6 II, 7 und 12).

17 Die VO Nr. 1072/2009 gilt nur für Unternehmen, die in der Union niedergelassen sind. Verkehrsrechte von Unternehmen aus Drittstaaten bestimmen sich anhand von bilateralen Abkommen (dazu *Rn 121 ff*).

für Rechnung Dritter innerhalb des gesamten Gebiets der Union. Voraussetzung hierfür ist, dass die dafür eingesetzten Fahrzeuge in einem Mitgliedstaat zugelassen sind.[18]

Als grenzüberschreitender Verkehr im Sinne dieser Verordnung gelten Fahrten zwi- 16
schen Mitgliedstaaten, zwischen Mitgliedstaaten und Drittstaaten und Fahrten zwischen Drittstaaten, bei denen das Territorium der Union durchquert wird, sowie damit zusammenhängende Leerfahrten (VO 1072/2009, Art. 2 II).

Bei Fahrten mit Ausgangspunkt in einem Mitgliedstaat und Bestimmungsort in einem Drittstaat (und umgekehrt) gilt die Verordnung nur dann auf dem Gebiet des Auf- oder Ablade-Mitgliedstaates, wenn ein entsprechendes Abkommen zwischen der Union und dem Drittstaat geschlossen wurde. Fehlt ein solches Abkommen, so gelangen gegebenenfalls bestehende bilaterale Abkommen zwischen dem betreffenden Mitgliedstaat und dem Drittstaat zur Anwendung (Art. 1 II, III).

Gemäß Artikel 8 II der VO Nr. 1072/2009 kann jeder Unternehmer des gewerblichen 17
Güterkraftverkehrs, der Inhaber einer Gemeinschaftslizenz ist (gegebenenfalls in Verbindung mit einer Fahrerbescheinigung), *Kabotagebeförderungen* durchführen. Doch reicht die Liberalisierung dieser Beförderungsart weniger weit als jene für grenzüberschreitende Transporte. Sie ist in quantitativer und zeitlicher Hinsicht beschränkt. Zunächst darf Kabotage nur im Zusammenhang mit einem grenzüberschreitenden Transport ausgeführt werden. Weiterhin ist die Anzahl der Beförderungen mit demselben Fahrzeug auf drei beschränkt, die innerhalb von sieben Tagen nach der letzten Entladung des grenzüberschreitenden Transport erfolgen müssen.[19]

Einzelne Kategorien grenzüberschreitender Beförderungen und der Kabotage sind 18
von den Regelungen über die Gemeinschaftslizenz und von sonstigen Genehmigungspflichten befreit (VO Nr. 1072/2009, Art. 1 V und 8 V, VI). Zu diesen „Sondertransporten“ gehören u.a. Beförderungen von Postsendungen im Rahmen des Universaldienstes, „Kleintransporte“ (Beförderung mit Kraftfahrzeugen, deren zulässige Gesamtmasse 3,5 t nicht übersteigen) sowie die Beförderung von Gütern im Werkverkehr gemäß der Definition in Art. 1 V lit. d) der VO Nr. 1072/2009 durch ein Unternehmen, für das Beförderungen nur eine Hilfstätigkeit im Rahmen der gesamten Tätigkeit des Unternehmens darstellen.[20]

4. Zugang zum Markt der Personenbeförderung

a) Überblick

Die Bedingungen für den Zugang zum Markt der Personenbeförderung auf der Stra- 19
ße im grenzüberschreitenden Verkehr und für Kabotage sind in der Verordnung

18 Art. 2 I VO Nr. 1072/2009. Die Verwendung von Mietfahrzeugen ohne Chauffeur wird durch die RL 2006/1 geregelt (ABl. L 33/2006, 82).

19 Nach der zuvor geltenden VO Nr. 3118/93 (s. *Anm. 10*) bestanden keine derartigen Einschränkungen. Der „Rückschritt“ in der VO Nr. 1072/2009 wird durch den Umstand erklärt, dass die „zeitweilige“ Art der Kabotagebeförderung schwer kontrollierbar war und dass die Harmonisierung des Kraftverkehrsmarktes noch nicht abgeschlossen sei (Erwägungsgründe 15 und 4–6 der VO Nr. 1072/2009).

20 Für Kabotagebeförderungen unterscheidet Art. 8 V, VI der VO zwischen den in Art. 1 V, lit.) a–c) einerseits und den in Art. 1 V, lit. d) und e) andererseits bezeichneten Transporten. Für erstere ist Kabotage gestattet, wenn der Verkehrsunternehmer im Niederlassungsstaat gewerblichen Güterkraftverkehr ausüben darf. Die zweite Kategorie von Beförderungen ist keinerlei Beschränkungen unterworfen.

Nr. 1073/2009 festgelegt.[21] Diese Verordnung gilt für Beförderungen mit Kraftomnibussen:

- durch in einem Mitgliedstaat niedergelassenen Unternehmen,
- mit Fahrzeugen, die in einem Mitgliedstaat zugelassen und dazu bestimmt sind, mehr als neun Personen – einschließlich des Fahrers – zu befördern sowie für
- Leerfahrten im Zusammenhang mit diesem Verkehr (Art. 1).

Die Beförderung mit Taxis wird von diesen Bestimmungen nicht erfasst.[22] Bei Beförderungen aus einem Mitgliedstaat nach einem Drittland und umgekehrt, gilt diese Verordnung nur unter den Bedingungen des Art. 1 II und III (*Rn 25*).

20 Ebenso wie für den Gütertransport bildet der Besitz einer *Gemeinschaftslizenz* die wesentliche Voraussetzung für die Zulassung zur grenzüberschreitenden oder in Kabotage durchgeführten gewerblichen Personenbeförderung (vgl VO Nr. 1073/2009, Art. 3, 4, 14). Der Zugang zum Markt wird durch die VO unterschiedlichen Voraussetzungen unterworfen, je nachdem, ob es sich um Linienverkehr, um Sonderformen des Linienverkehrs oder um Gelegenheitsverkehr handelt.

- *Linienverkehr* ist „die regelmäßige Beförderung von Fahrgästen auf einer bestimmten Verkehrsstrecke, wobei Fahrgäste an vorher festgelegten Haltestellen aufgenommen oder abgesetzt werden können". (Art. 2, Ziff. 1).
- Als *Sonderformen des Linienverkehrs* gelten „Dienste im Linienverkehr unabhängig davon, wer Veranstalter der Fahrten ist zur Beförderung bestimmter Gruppen von Fahrgästen unter Ausschluss anderer Fahrgäste" (Art. 2 Ziff. 3). Gemäß Art. 5 II fallen darunter insbesondere die Beförderung von
- Arbeitnehmern zwischen Wohnort und Arbeitsstätte,
- Schülern und Studenten zwischen Wohnort und Lehranstalt.

  Der Gerichtshof präzisierte den Begriff „bestimmte Gruppe von Fahrgästen" als sich allgemein auf Fahrgäste beziehend „die den gleichen Status haben" und nicht auf eine „vorab gebildete Gruppe von Fahrgästen".[23]
- Die Gruppe des *Gelegenheitsverkehrs* bildet eine Auffangkategorie. Dabei handelt es sich um einen Verkehrsdienst, der „nicht der Begriffsbestimmung des Linienverkehrs, einschließlich der Sonderformen des Linienverkehrs, entspricht und dessen Hauptmerkmal die Beförderung vorab gebildeter Fahrgastgruppen auf Initiative eines Auftraggebers oder des Verkehrsunternehmers selbst ist" (Art. 2 Ziff. 4). Diese Fahrten „verlieren die Eigenschaft des Gelegenheitsverkehrs auch dann nicht, wenn sie mit einer gewissen Häufigkeit ausgeführt werden" (Art. 5 III UA 2). Daher sind zB die Fahrten auf einer bestimmten Verkehrsverbindung, bei denen Fahrgäste an vorher festgelegten Haltestellen aufgenommen oder abgesetzt werden, nicht als Linienverkehr zu werten, wenn sie nicht allen Personen offen

21 S. *Rn 16*.
22 Vgl Antwort der Kommission auf die schriftl. Anfrage Nr. P-9070/2010, ABl. C 249E/2011, 81. Zum Sonderfall der Verkehrsdienstleistungsfreiheit im Verhältnis EU/Schweiz *Bieber*, Zur Vereinbarkeit von Einschränkungen der Dienstleistungsfreiheit für EU – Taxifahrer mit dem Freizügigkeitsabkommen EU/CH (Fall Zürich – Kloten), Jahrbuch zum Straßenverkehrsrecht 2013, 435–443.
23 EuGH, Rs. C-47/97 (Clarke & Sons), Slg 1998, I-2147, Rn 21, 22.

stehen oder wenn sie für Fahrgäste reserviert sind, die im Sinne der Entscheidung des EuGH „den gleichen Status haben".[24]

Beförderungen im Werkverkehr erfordern keine Lizenz sondern unterliegen einer Bescheinigungsregelung (Art. 5 V).

b) Die nicht genehmigungspflichtigen Verkehrsdienste

Zur Durchführung von Gelegenheitsverkehr muss der Verkehrsunternehmer Inhaber 21
einer Gemeinschaftslizenz sein und ein *Fahrtenblatt* mit sich führen (Art. 12 I). Bei Sonderformen des Linienverkehrs dient der Vertrag zwischen dem Veranstalter und dem Verkehrsunternehmer als Kontrollpapier (Art. 12 VI).

Das Fahrtenblatt muss jeweils vor Antritt einer Fahrt ausgefüllt werden. Es enthält 22
Informationen über die Art des Verkehrsdienstes, die Hauptstreckenführung, den (die) betroffenen Beförderungsunternehmen sowie – im Fall der Kabotage – den Zeitpunkt von Beginn und Ende des Verkehrsdienstes (Art. 12 I–III und 17).[25]

Bei den Sonderformen des Linienverkehrs muss der Verkehrsunternehmer nur den 23
Vertrag vorweisen (Art. 5 II; 12 VI und 17 IV). Eine beglaubigte Abschrift oder der Originalvertrag müssen sich an Bord des Fahrzeugs befinden. Für Kabotagebeförderungen ist ein Fahrtenblatt in Form einer monatlichen Aufstellung auszufüllen (Art. 17 IV).

c) Der genehmigungspflichtige Verkehr

aa) Überblick

Verkehrsunternehmer mit einer Gemeinschaftslizenz bedürfen für den grenzüber- 24
schreitenden Linienverkehr von Personen einer *Genehmigung* (Art. 5 I).

Gleiches gilt für Sonderformen des Linienverkehrs, für die keine Vertragsbeziehung zwischen Veranstalter und Verkehrsunternehmer besteht (Art. 5 II). Kabotage-Linienverkehr ist nur im Rahmen eines grenzüberschreitenden Linienverkehrs zugelassen. Ausnahmen gelten für Stadtgebiete und Ballungsräume. Jedoch darf Kabotage auch dann nicht unabhängig von einem grenzüberschreitenden Verkehrsdienst durchgeführt werden (Art. 15).[26]

Die Genehmigung wird von der zuständigen Behörde des Mitgliedstaats erteilt, in 25
dessen Hoheitsgebiet sich der Ausgangsort befindet. Das geschieht mit Einverständnis der Behörden aller Mitgliedstaaten, in deren Hoheitsgebiet Fahrgäste aufgenommen oder abgesetzt werden. Die Behörden der Mitgliedstaaten, deren Hoheitsgebiet durchfahren wird, können der Genehmigungsbehörde innerhalb von zwei Monaten ihre Bemerkungen mitteilen (Art. 6 I und 8 I, II).

Kommt kein Einvernehmen zustande, so kann die Kommission innerhalb von zwei Monaten ab dem Zeitpunkt der Einreichung des Genehmigungsantrags befasst wer-

24 S. Entscheidung der Kommission v. 25. Januar 1999, Atlas Reizen BV (ABl. L 33/1999, 21), Erwägungsgründe 2, 8–11 und 15.

25 Die zuständigen Behörden der Mitgliedstaaten geben an die Beförderer *Fahrtenblatthefte* aus. Deren Gestaltung und die Einzelheiten ihrer Verwendung werden von der Kommission festgelegt (Art. 12 IV, V und Art. 17 III).

26 EuGH, Rs. C-338/09 (Yellow Cab), Slg 2010, I-13927, Rn 28–32. Dies gilt unbeschadet der Anwendbarkeit der Vertragsbestimmungen über die Niederlassungsfreiheit (aaO, Rn 33 ff).

den. Die Kommission trifft binnen vier Monaten nach Anhörung der beteiligten Mitgliedstaaten eine Entscheidung über eine Verkehrsgenehmigung, die 30 Tage nach ihrer Bekanntgabe in Kraft tritt. Diese Entscheidung bleibt bis zur Einigung der beteiligten Mitgliedstaaten in Kraft (Art. 8 VII–IX).

bb) Die Begründung der Ablehnung eines Antrags auf Genehmigung

26 In Art. 8 IV werden die Gründe für die Ablehnung von Genehmigungsanträgen abschließend aufgezählt.

27 Die ersten beiden Gründe beziehen sich auf das Verhalten und die technische Leistungsfähigkeit der Antragsteller. Die Genehmigung wird verweigert, wenn die Unternehmen nicht über die erforderlichen Fahrzeuge verfügen, oder grobe Verstöße gegen Rechtsvorschriften über Beförderungen im Straßenverkehr begangen haben (Art. 8 IV 4, lit. a und b). Anträge auf Erneuerung einer bereits erteilten Genehmigung können außerdem abgelehnt werden, wenn der Antragsteller die mit der Genehmigung verknüpften Bedingungen nicht eingehalten hat (lit. c).

28 Weiterhin kann ein Antrag abgelehnt werden, wenn nachgewiesen wird, dass der betreffende Verkehrsdienst das Bestehen von bereits genehmigten Liniendiensten gefährden würde. So kann ein beteiligter Staat zB die Genehmigung ablehnen, wenn er aufgrund einer eingehenden Analyse nach nicht diskriminierenden Kriterien entscheidet, dass der beantragte Verkehrsdienst auf den betreffenden direkten Teilstrecken *ernsthaft die Funktionsfähigkeit* eines vergleichbaren Dienstes beeinträchtigen würde. Dabei muss dieser vergleichbare Dienst im Rahmen von öffentlichen Dienstleistungsaufträgen mit gemeinwirtschaftlichen Verpflichtungen betraut worden sein, die im Einklang mit dem Recht der Union stehen (lit. d) (*Rn 54 ff*).

Allerdings darf ein Mitgliedstaat die Ablehnung eines Antrags nicht allein damit begründen, dass ein Verkehrsunternehmen niedrigere Preise als ein anderes anbietet, oder dass andere Kraftverkehrsunternehmen die betreffende Verbindung bereits bedienen. (Art. 8 IV, Abs. 3).

Eine bereits erteilte Genehmigung kann ausgesetzt oder entzogen werden, wenn die ernsthafte Beeinträchtigung der Funktionsfähigkeit eines vergleichbaren Dienstes aus außergewöhnlichen Gründen auftritt, die zum Zeitpunkt der Erteilung der Genehmigung nicht absehbar waren. Weiterhin erfordert die Aussetzung bzw Entziehung eine *Zustimmung der EU-Kommission.*

29 Der letzte Verweigerungsgrund (Art. 8 IV lit. e) dient der Verhinderung einer „versteckten" Kabotage. Wie bereits erwähnt (*Rn 24*) ist die Kabotage im Linienverkehr *nur im Rahmen grenzüberschreitender Verkehrsdienste* zugelassen. Entsprechend kann ein Mitgliedstaat die Genehmigung zur Durchführung von Linienverkehr verweigern, wenn er aufgrund einer eingehenden Analyse zu dem Ergebnis gelangt, dass der Hauptzweck des geplanten Verkehrsdienstes nicht in der grenzüberschreitenden Beförderung von Fahrgästen besteht.

cc) Art der Genehmigung

30 Die Genehmigung wird wie die Gemeinschaftslizenz auf den Namen des Verkehrsunternehmens ausgestellt und ist nicht übertragbar. Eine Ausnahme von der unzulässi-

gen Übertragbarkeit bildet die Beauftragung eines „Unterauftragnehmers". Diese erfordert eine gesonderte Zustimmung der zuständigen Behörde (Art. 6 I).

Bei Linienverkehr ist das Verkehrsunternehmen – außer im Fall höherer Gewalt – gehalten, einen Dienst anzubieten, der den Regeln der Pünktlichkeit, Regelmäßigkeit und der Beförderungskapazität sowie den Bedingungen entspricht, die in der Genehmigung festgelegt wurden. Es ist darüber hinaus verpflichtet, den Fahrgästen die Angaben zu Streckenführung, Haltestellen, Fahrplan, Fahrpreisen und die sonstigen Beförderungsbedingungen leicht zugänglich anzuzeigen (Art. 11 II). Änderungen der Betriebsbedingungen müssen im Allgemeinen nach demselben Verfahren wie die Betriebsgenehmigung genehmigt werden. Ein vereinfachtes Verfahren ist allerdings bei geringfügigen Änderungen vorgesehen, wie Anpassung des Einsatzes der Verkehrsdienste, der Fahrpläne und der Fahrpreise (Art. 9).

Die maximale Gültigkeitsdauer einer Genehmigung beträgt fünf Jahre. Die Verlänge- 31
rung erfolgt nach demselben Verfahren wie die Erteilung einer Genehmigung (Art. 9 I).

Will ein Betreiber den Betrieb auf einer Linie vor Ablauf der Genehmigung einstellen, muss der Inhaber der Genehmigung der ausstellenden Behörde eine entsprechende Mitteilung mit Begründung zukommen lassen. Er hat außerdem die Benutzer einen Monat im Voraus über die Einstellung des Verkehrsdienstes zu informieren. Die Genehmigung erlischt drei Monate nach Erhalt der Mitteilung. Diese Frist verkürzt sich auf einen Monat, wenn kein Verkehrsbedarf mehr besteht (Art. 10). Davon unberührt bleiben Verpflichtungen, die im öffentlichen Interesse gemäß der VO Nr. 1370/2007 auferlegt wurden (*Rn 54 ff*).

d) Der Werkverkehr

Der internationale Personenverkehr als Werkverkehr im Sinne der Definition von 32
Art. 2, Ziff. 5 ist von den Bestimmungen der Gemeinschaftslizenz und allen anderen Genehmigungsverfahren ausgenommen (Art. 3 II). Er bedarf einer Bescheinigung, die dem von der Kommission erstellten Muster entspricht und von der zuständigen Behörde des Mitgliedstaates ausgestellt wird, in dem das verwendete Fahrzeug zugelassen ist (Art. 5 V).

Die Bescheinigung erhalten die Personen, die (Art. 3 II): 33

- im Niederlassungsstaat die Genehmigung für die Personenbeförderung mit Kraftomnibussen erhalten hat;
- die Rechtsvorschriften über die Sicherheit im Straßenverkehr für Fahrer und Fahrzeuge erfüllt.

5. Das anwendbare staatliche Recht und die Verteilung der Kontrollzuständigkeiten zwischen den Mitgliedstaaten

Bei grenzüberschreitenden Beförderungen und bei Kabotagetransporten führen Ver- 34
kehrsunternehmer ihre Tätigkeit auf dem Gebiet von Mitgliedstaaten aus, in denen sie nicht niedergelassen sind. Der internationale Aspekt dieser Tätigkeit erfordert eine Klärung des anzuwendenden Rechts und der Aufteilung der Sanktionsbefugnisse zwischen den Mitgliedstaaten. Der Gesetzgeber der Union hat diese Fragen für den

grenzüberschreitenden Verkehr und für die Kabotage jeweils unterschiedlich beantwortet.

35 Bei *grenzüberschreitenden Transporten* gilt das Recht des Staates in dem sich das Fahrzeug jeweils befindet.[27] Vorbehalten bleibt die Anwendbarkeit des allgemeinen oder speziellen Rechts der Union. Zu den allgemeinen Normen zählt zB das Diskriminierungsverbot.[28] Zu den speziell für den Verkehrsbereich geltenden Normen gehören u.a. Regelungen zu Lenk- und Ruhezeiten der Fahrer (*Rn 105 ff*).

Bei *Kabotagebeförderungen* legen die Art. 9 der VO Nr. 1072/2009 bzw 16 der VO Nr. 1073/2009 folgende Bereiche fest, in denen das Recht des Aufnahmestaats zur Anwendung gelangt, wobei auch insoweit zusätzlich der Vorbehalt der Anwendung des Rechts der Union gilt[29]:

- Bedingungen des Beförderungsvertrags;
- Fahrzeuggewichte und -abmessungen;
- Vorschriften für die Beförderung bestimmter Personengruppen (Schulkinder, Kinder, Körperbehinderte, Art. 16 I lit. c) VO Nr. 1073/2009);
- Vorschriften für die Beförderung bestimmter Kategorien von Gütern (u.a. gefährliche Güter, verderbliche Lebensmittel, lebende Tiere, Art. 9 I lit. c) VO Nr. 1072/2009);
- Lenk- und Ruhezeiten;
- Mehrwertsteuer auf die Beförderungsdienstleistungen.[30]

Der EuGH entschied, dass diese Aufzählung abschließenden Charakter hat.[31] Gleichwohl erscheint es erforderlich, die Anwendung bestimmter Vorschriften des Aufnahmestaates zuzulassen, die nicht in Art. 16 erwähnt werden. Dies gilt zB für Verkehrsregelungen. Eine gegenteilige Auslegung würde zu untragbaren Ergebnissen führen. Auch hat der EuGH in dem Urteil in der Rs. *Hoves* die Anwendbarkeit der strittigen staatlichen Vorschrift nicht allein unter Berufung auf den Wortlaut von Art. 9 der VO Nr. 1072/2009 abgelehnt. Er betonte gleichzeitig, dass ihre Anwendung die Negation des Prinzips der freien Dienstleistung im Bereich der Straßentransport – Kabotage sei und daher dem Ziel der VO widerspreche.[32]

Daher sind Art. 9, VO Nr. 1072/2009 und 16, VO Nr. 1073/2009 in dem Sinne zu verstehen, dass sie die Anwendung von solchen nicht ausdrücklich bezeichneten nationalen Regelungen nicht ausschließen, die eine Erschwerung der Zulassung von

27 Dies wird bestätigt durch die „Allgemeinen Vorschriften" über die Verwendung der Lizenz in Anhang II b der VO Nr. 1072/2009 und 1073/2009 („Der Lizenzinhaber hat im Hoheitsgebiet eines jeden Mitgliedstaats die im jeweiligen Staat geltenden Rechts- und Verwaltungsvorschriften, insbesondere für Beförderungen und für den Straßenverkehr, zu beachten", Anhang II b, Ziff. 8).

28 S. EuGH, Rs. 13/83 (Europäisches Parlament/Rat), Slg 1985, 1513, Rn 64.

29 Der Gesetzgeber der Union hat für diese Bereiche Regeln zur Harmonisierung des staatlichen Rechts erlassen. Ausgenommen davon sind bisher Fahrpreise und Beförderungsbedingungen.

30 Bei regelmäßiger Personenbeförderung gelten weiterhin – unter dem Vorbehalt der Anwendung von Rechtsvorschriften der Union – die Rechts- und Verwaltungsvorschriften des Aufnahmemitgliedstaates über die Erteilung der Genehmigungen, die Ausschreibungsverfahren, die zu bedienenden Verbindungen, die Regelmäßigkeit, Beständigkeit und Häufigkeit des Verkehrs sowie über die Streckenführung (VO Nr. 1073/2009, Art. 16 II).

31 EuGH, Rs. C-115/00 (Hoves), Slg 2002, I-6077, Rn 54.

32 AaO, Rn 55 und 56.

Transporteuren zu nationalen Transporten nicht bezwecken oder bewirken. Insoweit stehen derartige Regeln im Einklang mit den Zielen der VO Nr. 1072 und 1073/2009, die darin bestehen, die Dienstleistungsfreiheit im Bereich Straßenkabotage innerhalb der Mitgliedstaaten zu erleichtern.

Die Behörden des Aufnahmemitgliedstaates sind grundsätzlich befugt, Verstöße zu ahnden, die von einem in einem anderen Staat zugelassenen Unternehmen anlässlich der Durchführung von grenzüberschreitendem Verkehr begangen wurden und die sich gegen Bestimmungen des staatlichen Rechts oder des Rechts der Union richten.[33] 36

Für diese Befugnis zur Bestrafung von Zuwiderhandlungen besteht jedoch eine allgemeine Beschränkung: Nur die zuständigen Behörden des Mitgliedstaats, in dem der Transportunternehmer niedergelassen ist, sind befugt, die Genehmigungen für den Zugang zum Beruf und zum Markt auszusetzen oder zurückzuziehen.[34] Wird ein schwerwiegender Verstoß in einem Aufnahmemitgliedstaat begangen, so darf dieser Staat gegenüber dem Inhaber einer Lizenz zB kein Verbot der Durchführung von Transporten auf seinem Territorium aussprechen oder den Zugang zu dieser Aktivität behindern. Stattdessen muss er den Staat der Niederlassung über den Verstoß unterrichten. Er kann gegebenenfalls die zuständigen Behörden des Niederlassungsstaates um die Verhängung von Verwaltungssanktionen ersuchen.[35] Die einzige Ausnahme von dem vorgenannten Grundsatz besteht bei Verstößen im Rahmen von Kabotagebeförderungen. In diesen Fällen ist der Aufnahmestaat zur Verhängung von Sanktionen befugt, die bis zum zeitweiligen Verbot der Kabotage auf dem Gebiet dieses Staates reichen können.[36]

Ein allgemeiner Informationsaustausch über Verkehrsdelikte war in der (vom EuGH aufgehobenen) RL 2011/82 vorgesehen (*Rn 84, 110, 131*).[37]

D. Maßnahmen bei Krisen oder Störungen auf dem Kraftverkehrsmarkt

Vor der Verwirklichung der Dienstleistungsfreiheit im Straßenverkehr war es den Be- 37
hörden eines Mitgliedstaates möglich, durch Festlegung der Anzahl der Zulassungen direkt auf die am Markt angebotene Kapazität Einfluss zu nehmen. Es war ihnen daher zumindest theoretisch möglich, Überangebote zu vermeiden, die zu einem ruinösen Wettbewerb zwischen den Verkehrsunternehmern hätten führen können. Die Abschaffung mengenmäßiger Beschränkungen wurde für den Gütertransport von der Schaffung neuer Mechanismen begleitet, mit deren Hilfe die Entstehung derartiger Krisen vermieden werden sollte.

So enthält die VO Nr. 3916/90 eine Ermächtigung der Kommission zum Erlass von 38
Kapazitätbeschränkungen in Krisensituationen und legt die dafür einzuhaltenden Verfahren fest.[38] Sie gilt für den Markt des „gewerblichen Güterkraftverkehrs zwi-

33 VO Nr. 1072/2009, Art. 13; VO Nr. 1073/2009, Art. 23.
34 VO Nr. 1072/2009, Art. 12; VO Nr. 1073/2009, Art. 22.
35 VO Nr. 1072/2009, Art. 13 I; VO Nr. 1073/2009, Art. 23 I.
36 VO Nr. 1072/2009, Art. 13 II; VO Nr. 1073/2009, Art. 23 II.
37 ABl. L 288/2011, 1. Dazu EuGH, Rs. C-43/12 (Kommission/EP, Rat), Urt. v. 6. Mai 2014 (ECLI:EU:C:2014:298).
38 VO Nr. 3916/90, ABl. L 375/1990, 10.

schen den Mitgliedstaaten". Dieser Anwendungsbereich ist enger gefasst als die Definition des „grenzüberschreitenden Verkehrs" in Art. 2, VO Nr. 1072/2009 (*Rn 16*).

Als „Krise" gilt danach „das Auftreten ... von *diesem Markt eigenen* Problemen, die geeignet sind, zu einem möglicherweise *anhaltenden deutlichen Angebotsüberhang* zu führen, der das finanzielle Gleichgewicht und das Überleben *zahlreicher Unternehmen* im Güterkraftverkehr *ernstlich gefährden* könnte".[39] Die Feststellung des Bestehens einer Krise im Sinne dieser Vorschrift setzt weiterhin voraus, dass „die kurz- und mittelfristigen Prognosen für den betreffenden Markt keine deutliche und dauerhafte Besserung erwarten lassen".

39 Es ist Aufgabe der Kommission, aus eigener Initiative oder auf Antrag eines Mitgliedstaates, die erforderlichen Angaben über die Entwicklung des Marktes zu erfassen und gegebenenfalls Störungen festzustellen (Art. 3).[40] Stellt die Kommission eine Marktstörung fest, so „kann sie durch Beschluss Maßnahmen ergreifen, um eine weitere Zunahme des Kapazitätsangebots auf dem betreffenden Markt dadurch zu verhindern, dass der Zuwachs der Tätigkeit bestehender Verkehrsunternehmen eingeschränkt und der Marktzugang für neue Verkehrsunternehmen beschränkt wird" (Art. 4 IV 4). Diese Maßnahmen dürfen höchstens 6 Monate in Kraft bleiben und können höchstens einmal um sechs Monate verlängert werden. Hält die Kommission weiter gehende oder länger andauernde Maßnahmen für erforderlich, so muss sie de Rat mit einem entsprechenden Vorschlag befassen (Art. 4 IV).

Die Feststellung einer Störung des Marktes erfordert die Bewertung einer komplexen wirtschaftlichen Lage. Diese ist einer nur eingeschränkten gerichtlichen Überprüfung zugänglich.[41] Im Übrigen unterstellt die Verordnung die Maßnahmen der Kommission einer Kontrolle durch den Rat: Gemäß Art. 4 VI können Mitgliedstaaten binnen dreißig Tagen nach Erlass durch die Kommission den Rat befassen. Dieser kann einen anders lautenden Beschluss treffen.

40 Einen ähnlichen Mechanismus errichtet Art. 10 der VO Nr. 1072/2009 für ernste Marktstörungen im Güterkraftverkehr innerhalb eines bestimmten geografischen Gebiets, die auf Kabotage zurückzuführen ist oder durch sie verschärft wird.

Die Definition der „ernsten Marktstörung" stimmt im Wesentlichen mit jener der VO Nr. 3916/90 überein, ist allerdings insofern weniger restriktiv als die Feststellung einer Störung erfolgen kann, ohne dass eine Feststellung darüber erforderlich ist, ob mittel- und kurzfristige Prognosen für den betreffenden Markt eine deutliche und dauerhafte Besserung erwarten lassen.

Ist ein Mitgliedstaat der Auffassung, es liege eine „Störung" vor, die auf Kabotage zurückzuführen ist oder durch sie verschärft wird, kann er die Kommission befassen, die binnen eines Monats einen Beschluss treffen muss. Die Kommission ist befugt,

39 Hervorhebung durch die Verfasser.

40 Zu diesem Zweck beobachtet die Kommission in Zusammenarbeit mit den Mitgliedstaaten kontinuierlich den Markt. Die Mitgliedstaaten können die Kommission dazu auffordern, entsprechende Nachforschungen anzustellen. Auch können sie bei der Kommission beantragen, einen Beschluss über das Bestehen einer Krise zu treffen. Über einen derartigen Antrag muss binnen 30 Tagen nach Eingang des Antrags entschieden werden (Art. 4 IV). Die Kommission wird von einem beratenden Ausschuss unterstützt, der sich aus Vertretern der Mitgliedstaaten zusammensetzt (VO Nr. 3916/90, Art. 5).

41 Beispiel: EuGH Rs. 98/78 (Racke), Slg 1979, 69, Rn 5.

Schutzmaßnahmen zu ergreifen, die bis zum zeitweiligen Ausschluss des betreffenden geographischen Gebiets vom Anwendungsbereich der VO 1072/2009 reichen können.

Beschließt die Kommission derartige Schutzmaßnahmen, müssen die betroffenen Mitgliedstaaten gegenüber den in ihrem Hoheitsgebiet ansässigen Verkehrsunternehmern entsprechende Maßnahmen ergreifen. Diese werden spätestens ab demselben Zeitpunkt wirksam.

Im Übrigen (Geltungsdauer der Schutzmaßnahmen, Entscheidungsbefugnisse des Rates), entsprechen die Bestimmungen des Art. 10, VO Nr. 1072/2009 jenen der Verordnung Nr. 3916/90.

E. Die Preisbildung

Lange Zeit wurde die Preisgestaltung im Güterkraftverkehr von Interventionen der 41 öffentlichen Hand geprägt. Zur Begründung diente das Erfordernis der Vermeidung eines ruinösen Wettbewerbs zwischen den Unternehmen. Parallel zum allmählichen Abbau der mengenmäßigen Beschränkungen beim Zugang zum Markt und der Umstrukturierung des Sektors, hat die Union die Preisbildung stufenweise liberalisiert. Allerdings blieb die Liberalisierung auf den grenzüberschreitenden Güterkraftverkehr beschränkt.

Das derzeit gültige Regelungssystem wurde durch die VO Nr. 4058/89 geschaffen.[42] 42 Diese führte ein *Margentarifsystem* im Güterkraftverkehr zwischen den Mitgliedstaaten ein. Zwar wurde die Informationspflicht gemäss Art. 3 I „im Hinblick auf die endgültige Einführung eines Marktbeobachtungssystems" eingeführt, doch enthält die VO selbst dieses „endgültige" System. Danach können „Die Entgelte für Beförderungen (im Güterkraftverkehr zwischen den Mitgliedstaaten) ... in freier Preisbildung zwischen den Vertragspartnern vereinbart" werden (Art. 2).

Zum Zweck der Marktbeobachtung auf dem Gebiet des Güterverkehrs, sind die Verkehrsunternehmen, die Spediteure und die Frachtvermittler verpflichtet, den zuständigen Behörden ihres Mitgliedstaats auf Verlangen Angaben über die im grenzüberschreitenden Güterkraftverkehr praktizierten Beförderungsentgelte zu erteilen. Die Behörden sind ihrerseits verpflichtet, auf Verlangen diese Angaben der Kommission weiterzuleiten (Art. 3).

Die Preisbildung im innerstaatlichen Güterkraftverkehr wird hingegen vom staatli- 43 chen Recht bestimmt, das auch für die Kabotage Anwendung findet (s.o. *Rn 35*).[43]

Im Übrigen sind bei der Gestaltung der Preise und Tarife im Straßenverkehr die Be- 44 stimmungen der VO Nr. 11 über die Beseitigung von Diskriminierungen auf dem Gebiet der Frachten und Beförderungsbedingungen (*Kap. II Rn 30*) sowie allgemein das Wettbewerbsrecht der Union[44] zu beachten.

42 VO Nr. 4058/89, ABl. L 390/1989, 1.
43 Dazu EuGH, Rs. C-96/94 (Spediporto), Slg 1995, I-2883 und Rs. C-38/97 (Autotrasporti Librandi), Slg 1998, I-5955.
44 EuGH, verb. Rs. C-184/13 – 187/13, C-194/13, C-195/13, C-208/13 (API u.a.), Urt. v. 4. September 2014 (ECLI:EU:C:2014:2147).

F. Die Anwendung der Wettbewerbsregeln im Straßengüterkraftverkehr

1. Überblick

45 In Kapitel II wurde bereits darauf hingewiesen, dass die Wettbewerbsbestimmungen der Art. 101–109 AEUV auch im Verkehrsbereich Anwendung finden.[45] Zwar sind dabei die „Besonderheiten des Verkehrs" zu berücksichtigen (Art. 91, I und 93 AEUV), doch tendiert die Praxis der Institutionen zu einer häufigeren Anwendung der allgemein gültigen Vorschriften auf den Verkehr.

Das nachfolgend näher dargestellte Normengefüge und die institutionelle Praxis für diesen Bereich sind weitgehend gleichartig für die drei Verkehrsträger des Binnenverkehrs anwendbar.

2. Kartellbestimmungen

46 Art. 101 und 102 AEUV verbieten wettbewerbseinschränkende Vereinbarungen zwischen Unternehmen sowie den Missbrauch einer beherrschenden Stellung, soweit diese geeignet oder dazu bestimmt sind, den Handel zwischen den Mitgliedstaaten zu beeinträchtigen. Die Durchführung dieser Verbote richtet sich nach der VO Nr. 1/2003.[46]

47 Für Kartelle im Landverkehr gilt zusätzlich zu diesen Vertragsbestimmungen eine besondere Bestimmung des abgeleiteten Rechts. Sie ist in der VO Nr. 169/2009 enthalten.[47] Darin werden die zuvor geltende VO Nr. 1017/68 und die dazu ergangenen nachfolgenden Änderungen kodifiziert.[48]

48 Die Verordnung gilt für Vereinbarungen, Beschlüsse und aufeinander abgestimmte Verhaltensweisen (Kartelle) im Eisenbahn-, Straßen- und Binnenschiffsverkehr, die unter anderem folgende verkehrswirtschaftliche Aktivitäten betreffen: Festsetzung von Beförderungsentgelten und -bedingungen, Beschränkung oder Überwachung des Angebots von Verkehrsleistungen, die Aufteilung der Verkehrsmärkte, die Anwendung technischer Verbesserungen, die technische Zusammenarbeit. Sie gilt auch für die Tätigkeit des Verkehrshilfsgewerbes. Für die Anwendbarkeit der VO kommt es weder darauf an, ob das Kartell unmittelbar Verkehrsdienstleistungen zum Gegenstand hat, noch ob die Teilnehmer Unternehmen des Eisenbahn-, Straßen- oder Binnenschifffahrtsverkehrs sind.[49] Für die Anwendbarkeit der VO kommt es allein darauf an, ob das Kartell die in Art. 1 bezeichneten Zwecke verfolgt oder die entsprechenden Wirkungen hat.[50]

---

45 Dazu *Kap. II Rn 4–7* und 9. Da die Regelung der Fusionskontrolle durch die VO 139/2004 (ABl. L 24/2004, 1) keine Besonderheiten für den Landverkehr enthält, wird sie hier nicht näher dargestellt. S. dazu *Haag*, in: Bieber/Epiney/Haag, Die Europäische Union, 2014, § 12, Rn 40–46 und allgemein *Schröter / Jakob/Klotz/Mederer* (Hrsg.), Kommentar zum Europäischen Wettbewerbsrecht, 2. Aufl., Baden-Baden 2014.

46 VO Nr. 1/2003, ABl. L 1/2003, 1. Letzte Änderung durch VO Nr. 487/2009, ABl. L 148/2009, 1.

47 VO Nr. 169/2009, ABl. L 61/2009, 1.

48 VO Nr. 1067/68, ABl. L 175/1968, 1. Dazu *Trostmann*, in: Frohnmeyer/Mückenhausen, Nr. 2. Näheres zu den Besonderheiten dieser Kodifizierung im Vorschlag der Kommission KOM(2006) 722 v. 27. November 2006.

49 EuGH, Rs. C-264/95P (Kommission/UIC), Slg 1997, I-1287, Rn 41 ff; EuG, Rs. T-86/95 (Compagnie Générale Maritime), Slg 2002, II-1011, Rn 260, 276.

50 EuGH, Rs. C-264/95P (s.o. *Anm. 49*), Rn 42.

Die VO enthält in Art. 2 eine Legalausnahme von dem Verbot des Art. 101 I AEUV zugunsten von Vereinbarungen, Beschlüssen oder abgestimmten Vereinbarungen, die ausschließlich[51] die Anwendung technischer Verbesserungen oder die technische Zusammenarbeit betreffen. Die Ausnahmen sind in einer Liste (lit. a) – g)) abschließend aufgezählt. Zu den ausgenommenen Verhaltensweisen gehören u.a. die einheitliche Verwendung von Normen und Typen für Material für Betriebsmittel für den Verkehr, Fahrzeuge und feste Einrichtungen, die Abstimmung der Fahrpläne für aufeinander folgende Strecken, die Aufstellung einheitlicher Regeln für die Struktur der Beförderungstarife. 49

Die Rechtsnatur dieser „gesetzlichen Ausnahme“ ist unklar. Bei Annahme der Vorgängernorm (VO Nr. 1017/68) beabsichtigte der Rat offenbar, die genannten Vereinbarungen als Ganzes von dem Verbot der wettbewerbsbeschränkenden Vereinbarungen auszunehmen.[52] In der Folge hatte der EuGH jedoch die unmittelbare Anwendbarkeit des Art. 101 AEUV auf den Verkehrssektor bestätigt (vgl *Kap. II Rn 6*). Auch erscheint es nicht zulässig, dass der Rat, gestützt auf Art. 103 II, lit. c) AEUV, ganze Wirtschaftsbereiche von der Anwendung der Kartellbestimmungen ausnimmt.[53] In der Literatur zum Wettbewerbsrecht wird die Bestimmung nicht als Ausnahme von Art. 101 AEUV sondern dahin gehend interpretiert, dass sie lediglich Kartelle bezeichnet, auf die das Verbot des Art. 101 nicht angewandt wird. Es würde sich also um eine Art Negativattest für eine bestimmte Kategorie handeln.[54]

Das Gericht legt Art. 2 der VO 169/2009 restriktiv aus und verneint seine Anwendung auf Vereinbarungen mit deutlich wettbewerbsbeschränkender Wirkung.[55]

Art. 3 der VO Nr. 169/2009 begründet eine Gruppenfreistellung von unbegrenzter Dauer für Vereinbarungen kleiner und mittlerer Unternehmen (Gesamtladekapazität aller Beteiligten unter 10.000 t bei Beförderungen im Straßenverkehr und 500.000 t bei Beförderungen im Binnenschiffsverkehr). Dadurch soll eine Verbesserung der „mitunter allzu stark aufgesplitterten“ gewerblichen Struktur gefördert werden.[56] 50

Art. 3 II VO Nr. 169/2009 enthält einen üblichen[57] Vorbehalt für den Fall, dass die von der Freistellung erfassten Tätigkeiten Wirkungen entfalten, die mit den in Art. 101 III AEUV bezeichneten Voraussetzungen unvereinbar sind. In derartigen Fällen können die beteiligten Unternehmen verpflichtet werden, diese Wirkungen abzustellen.

51 In der französischen Fassung der VO fehlt das Wort „ausschließlich“, doch stimmen die übrigen Sprachfassungen wie auch die Vorgänger VO Nr. 1017/68 mit dem deutschen Text überein. Daher handelt es sich offensichtlich um einen Übersetzungsfehler im französischen Text (s.a. Ziff. 7 der Erwägungsgründe, die in allen Versionen übereinstimmt).

52 Vgl Ziff. 7 der Erwägungsgründe von VO Nr. 169/2009, die wörtlich Erwägungsgrund 8 aus der VO Nr. 1017/68 übernimmt.

53 S. zB Schlussanträge GA *Darmon*, Rs. 45/85 (Verband der Sachversicherer), Slg 1987, 405, Rn 9 aE.

54 So *Ortiz Blanco/Van Houtte*, EC Competition Law in the Transport Sector, 1997, 70–75; *Van Bael/Bellis*, Competition Law of the European Community, 5. Aufl., 2010, 1380.

55 S. insbesondere EuG Rs. T-229/94 (Deutsche Bahn), Slg 1997, II-1689, Rn 34–40 (zur wortgleichen Vorgängernorm).

56 Erwägungsgründe Ziff. 8 der VO Nr. 169/2009.

57 Vgl Art. 29, VO Nr. 1/2003 (s. *Anm.* 47).

3. Beihilfenkontrolle

a) Anwendung der allgemeinen Vertragsvorschriften auf den Verkehr

51 Unter dem Vorbehalt vertraglicher Ausnahmen erklärt Art. 107 I AEUV Beihilfen, die den Handel zwischen den Mitgliedstaaten beeinträchtigen für unvereinbar mit dem Binnenmarkt. Dabei handelt es sich um „staatliche oder aus staatlichen Mitteln gewährte Beihilfen gleich welcher Art, die durch Begünstigung bestimmter Unternehmen oder Produktionszweige den Wettbewerb verfälschen oder zu verfälschen drohen“.[58]

Derselbe Artikel bezeichnet in Abs. II drei Kategorien von Ausnahmen von der vertraglich angeordneten Unvereinbarkeit. Absatz III sieht weiterhin die Möglichkeit vor, bestimmte Kategorien von Beihilfen zu genehmigen. Es handelt sich dabei vor allem um Beihilfen, die im gemeinsamen öffentlichen Interesse liegen. Es obliegt der Kommission, die Einhaltung des Verbots zu überwachen und gegebenenfalls Beihilfen zu genehmigen. Dazu bestimmt Art. 108 AEUV, dass die Kommission fortlaufend die staatlichen Beihilferegelungen überprüft. Er verpflichtet weiterhin die Mitgliedstaaten, vor der beabsichtigten Einführung neuer oder der Umgestaltung bestehender Beihilfen die Kommission zu informieren, damit die Kommission deren Vereinbarkeit mit dem Vertrag prüfen kann.[59]

Art. 107 I AEUV gilt auch für den Verkehrssektor,[60] doch sind nach Art. 93 AEUV Beihilfen zulässig, mit denen von Verkehrsunternehmen erbrachte Leistungen des öffentlichen Dienstes abgegolten werden.[61]

52 Bei der Wahrnehmung ihrer Beihilfeaufsicht verfügt die Kommission über einen erheblichen Ermessensspielraum. Dies gilt insbesondere für die Bewertung geplanter Beihilfen nach Art. 107 III AEUV.[62] Im Bereich des Verkehrs hat sie daher nicht nur die Querschnittsziele des Vertrages zu berücksichtigen (zB Umweltschutz)[63] sondern muss auch die spezifischen Ziele der gemeinsamen Verkehrspolitik in die Bewertung einbeziehen (zB die Förderung alternativer Transportmöglichkeiten zum Straßenverkehr oder die Unterstützung sicherer und weniger umweltschädlicher Verkehrsmittel).

Aufgrund von Ermächtigungen durch den Rat gemäß Art. 109 AEUV hat die Kommission für bestimmte Arten von Beihilfen Gruppenfreistellungen angeordnet.[64] Weiterhin hat sie aus eigener Initiative Mitteilungen zu den Kriterien ihrer Entscheidungspraxis sowie „Leitlinien“ veröffentlicht.[65]

---

58 Dazu näher *Haag*, in: Bieber/Epiney/Haag, Die Europäische Union, 2014, § 13 („Staatliche Beihilfen“).

59 Die Einzelheiten des Beihilfe-Prüfungsverfahrens enthält die VO Nr. 659/1999, ABl. L 83/1999, 1 idF der VO Nr. 734/2013, ABl. L 204/2013, 15.

60 EuGH, Rs. 156/77 (Kommission/Belgien), Slg 1978, 1881, Rn 9–13.

61 S. dazu VO Nr. 1370/2007, ABl. L 315/2007, 1.

62 EuGH, Rs.C-372/97 (Italien/Kommission), Slg 2004, I-3679, Rn 83.

63 Vgl die „Leitlinien der Gemeinschaft für staatliche Umweltschutzbeihilfen“, ABl. C 82/2008, 1.

64 VO Nr. 994/98, ABl. L 142/1998, 1 idF der VO Nr. 733/2013, ABl. L 204/2013, 11. Die Ermächtigung wurde u.a. genutzt zum Erlass der VO Nr. 800/2008, ABl. L 214/2008, 3 idF der VO Nr. 1224/2013, ABl. L 320/2013, 22 (= allgemeine Gruppenfreistellungsverordnung) sowie der VO Nr. 1407/2013, ABl. L 352/2013, 1 (= De-minimis-Beihilfen).

65 Beispiel: Leitlinien für staatliche Umweltschutzbeihilfen, s.o. *Anm. 63*. Zur Rechtsnatur *Haag*, in: Bieber/Epiney/Haag, Die Europäische Union, 2014, § 6 Rn 39 f.

Einzelne dieser Bestimmungen enthalten Sonderregeln für den Verkehr. So legt die VO Nr. 1407/2013 („de minimis") geringere Grenzbeträge für den Straßengüterverkehr fest und schließt Beihilfen für den Erwerb von Fahrzeugen gänzlich vom Anwendungsbereich der VO aus. Dies wird mit Überkapazitäten und mit verkehrspolitischen Erwägungen begründet.[66]

Entsprechend schließt die VO Nr. 800/2008 Investitionsbeihilfen für die Anschaffung von neuen Transportfahrzeugen im gewerblichen Straßengüterverkehr aus.[67] Beihilfen zu Anschaffungen von Fahrzeugen des Werkverkehrs sind dagegen dann vereinbar mit Art. 107 AEUV, wenn die betreffenden Unternehmen dadurch in die Lage versetzt werden, über Umweltnormen der Union hinauszugehen (Art. 19).

Die in Art. 107 II und III AEUV vorgesehenen Ausnahmen vom Beihilfeverbot werden in Art. 93 AEUV für den Verkehrsbereich um eine weitere Ausnahme ergänzt. Danach sind Beihilfen mit den Verträgen vereinbar, „die den Erfordernissen der Koordinierung des Verkehrs" (dazu *Rn 62 ff*) „oder der Abgeltung bestimmter, mit dem Begriff des öffentlichen Dienstes zusammenhängender Leistungen entsprechen" (dazu *Rn 54 ff*). 53

b) Beihilfen zur Abgeltung bestimmter, mit dem Begriff des öffentlichen Dienstes zusammenhängender Leistungen

aa) Die Verordnung Nr. 1370/2007

In Ausführung von Art. 93 AEUV erging die VO Nr. 1370/2007 „über öffentliche Personenverkehrsdienste auf Schiene und Straße".[68] Die VO gilt für den innerstaatlichen und grenzüberschreitenden Personenverkehr (Art. 1 II). Sie legt die Modalitäten fest, nach denen Betreibern eines öffentlichen Dienstes Ausgleichsleistungen für die ihnen durch die Erfüllung gemeinwirtschaftlicher Verpflichtungen verursachten Kosten und/oder ausschließliche Rechte gewährt werden dürfen (Art. 1 I). Als „gemeinwirtschaftliche Verpflichtung" bezeichnet Art. 2 lit. e) „eine von der zuständigen Behörde festgelegte oder bestimmte Anforderung im Hinblick auf die Sicherstellung von im allgemeinen Interesse liegenden öffentlichen Personenverkehrsdiensten, die der Betreiber unter Berücksichtigung seines eigenen wirtschaftlichen Interesses nicht oder nicht im gleichen Umfang oder nicht zu den gleichen Bedingungen ohne Gegenleistung übernommen hätte". 54

Art. 3 VO Nr. 1370/2007 bestimmt, dass die Gewährung ausschließlicher Rechte und/oder von Ausgleichsleistungen[69] grundsätzlich[70] im Rahmen eines *öffentlichen Dienstleistungsauftrags* erfolgen muss. Der Begriff des öffentlichen Dienstleistungsauftrags wird in Art. 2, lit. i) der VO weit gefasst. Er kann die Form eines Gesetzes, 55

66 VO Nr. 1407/2013 (s. *Anm. 64*), Erwägungsgründe Ziff. 5 und Art. 3 II, III und 4 II, VI.

67 VO Nr. 800/2013 (s. *Anm. 64*), Erwägungsgründe Ziff. 35 und Art. 2, Ziff. 10.

68 VO Nr. 1370/2007, ABl. L 315/2007, 1. S. dazu die von der Kommission veröffentlichten Auslegungskriterien, ABl. C 92/2014, 1. Zur Vorgängernorm *Küpper*, Erläuterungen zu VO Nr. 1191/69, in: Frohnmeyer/Mückenhausen, Nr. 3. S.a. EuGH, Rs. C-412/96 (Oy), Slg 1998, I-5141 und verb. Rs. C-516 – 518 /12 (CTP), Urt. v. 3. April 2014.

69 Die Begriffe „ausschließliches Recht" und „Ausgleichsleistung" werden in Art. 2, lit. f) und g) der VO Nr. 1370/2007 definiert.

70 Ausnahme: Die Festlegung von *Höchsttarifen* für alle oder bestimmte Gruppen von Fahrgästen kann auch im Rahmen allgemeiner Vorschriften erfolgen und kann gesondert abgegolten werden (Art. 3 II, III VO Nr. 1370/2007).

eine Verwaltungsakts oder eines Vertrages annehmen, sofern darin eine Übereinkunft zwischen einer zuständigen Behörde und einem Betreiber bekundet wird.

56 Die Vergabe öffentlicher Dienstleistungsaufträge muss nach den Vorschriften der VO Nr. 1370/2007, insbesondere des Art. 5, erfolgen.[71] Im Regelfall sind danach Dienstleistungsaufträge im Rahmen eines wettbewerblichen Vergabeverfahrens zu erteilen. Dieses Verfahren muss allen Betreibern offen stehen, fair sein und den Grundsätzen der Transparenz und der Nichtdiskriminierung genügen (Art. 5 III). Die zuständigen Behörden müssen jährlich Berichte über die gemeinwirtschaftlichen Verpflichtungen, die ausgewählten Betreiber sowie die Ausgleichleistungen veröffentlichen (Art. 7).

Die *direkte Vergabe* derartiger Dienstleistungsaufträge ohne Einhaltung des Vergabeverfahrens bleibt gleichwohl in folgenden Konstellationen und unter folgenden Bedingungen möglich:

- Örtliche Behörden können beschließen, selbst Personenverkehrsdienste zu erbringen oder an Einheiten zu vergeben, die zwar rechtlich getrennt sind, über die sie aber Kontrolle ausüben. In derartigen Fällen muss die Dienstleistung grundsätzlich auf den Zuständigkeitsbereich der betreffenden Behörde begrenzt bleiben (Art. 5 II);
- wenn der betreffende Auftrag einen in der VO bezeichnet Jahresdurchschnittswert oder eine jährliche Personenverkehrsleistung nicht erreicht (Art. 5 IV);
- als Notmaßnahme bei drohender Unterbrechung eines Verkehrsdienstes (Art. 5 V);
- im Bereich der Eisenbahnbeförderung (Art. 5 VI, dazu *Kap. VII Rn 52*).

Das in Art. 5 vorgesehene Regime des Wettbewerbs um die Vergabe öffentlicher Dienstleistungsaufträge ist schrittweise einzuführen. Dazu enthält Art. 8 eine Übergangsregelung, die am 3. Dezember 2019 endet.

57 Der obligatorische Mindestinhalt öffentlicher Dienstleistungsaufträge und deren maximale Laufzeit werden in Art. 4 der VO Nr. 1370/2007 festgelegt. Vorgeschrieben sind unter anderem eine Definition der gemeinwirtschaftlichen Verpflichtungen sowie deren geografischer Geltungsbereich, die Bezeichnung der Kriterien für die Berechnung der Ausgleichsleistung, Art und Umfang der gegebenenfalls gewährten Ausschließlichkeit. Übermäßige Ausgleichsleistungen sind zu vermeiden. Für Fälle der direkten Auftragsvergabe bezeichnen Art. 4 I, lit. b, ii) und Art. 6 I im Einzelnen, wie die Ausgleichsleistung zu berechnen ist. Diese Grundsätze sind auch zu beachten, wenn die Verpflichtungen im Rahmen allgemeiner Vorschriften auferlegt werden (vgl Art. 3 III).

58 Ausgleichsleistungen, die von den Mitgliedstaaten gemäß der VO Nr. 1370/2007 erbracht werden, sind kraft Gesetzes mit dem Vertrag vereinbar und daher von der Notifizierungspflicht an die Kommission (Art. 108 III AEUV) befreit (Art. 9 I). Die Kommission kann allerdings von den Mitgliedstaaten die Herausgabe aller Informationen

---

71 Vorbehaltlich der in den VO Nr. 2014/24 und 2014/25 festgelegten Verfahren (ABl. L 94/2014, 65, 243,„sofern diese auf den betreffenden Markt anwendbar sind (VO Nr. 1370/2007, Art. 5 I und 8 I).

verlangen, die sie für erforderlich hält, um festzustellen, ob Ausgleichsleistungen mit der VO vereinbar sind (Art. 6 II).

bb) Staatliche Leistungen, die unmittelbar unter die vertraglichen Regelungen fallen

Nur sofern Ausgleichszahlungen für die Erbringung öffentlicher Verkehrsdienstleistungen nicht in den Anwendungsbereich der VO Nr. 1370/2007 fallen, sind sie im Lichte der Vertragsbestimmungen zu beurteilen.[72] 59

In derartigen Fällen muss zunächst ermittelt werden, ob die Leistung eine Beihilfe im Sinne von Art. 107 I AEUV bildet. Die Kommission hat Mindestschwellen festgelegt, bei deren Unterschreitung eine öffentliche Finanzierung nicht als Beihilfe zu qualifizieren ist.[73] 60

Weiterhin gelten aufgrund des Urteils in der Rs. *Altmark* Subventionen, die zum Ausgleich für die Erfüllung gemeinwirtschaftlicher Verpflichtungen geleistet werden, unter folgenden Bedingungen nicht als Beihilfen im Sinne des AEUV:[74]

- Das Unternehmen muss mit der Ausführung klar umrissener Verpflichtungen beauftragt werden;
- die Kriterien zur Berechnung der Ausgleichsleistung müssen vor der Beauftragung in objektiver und transparenter Weise festgelegt worden sein;
- die Ausgleichsleistung überschreitet nicht die zur Erfüllung der gemeinwirtschaftlichen Verpflichtung erforderlichen Ausgaben. Dabei sind die aus dieser Tätigkeit resultierenden Einnahmen ebenso zu berücksichtigen wie eine angemessene Gewinnspanne;
- die Höhe der Ausgleichsleistung wird anhand einer Analyse der von einem durchschnittlichen Unternehmen zu erbringenden Ausgaben ermittelt. Dabei ist von einer ordnungsgemäßen Führung und einer angemessenen Ausstattung des Unternehmens auszugehen. Nach Auffassung des Gerichtshofs kann diese Bedingung als erfüllt angesehen werden, wenn das mit der Dienstleistung zu betrauende Unternehmen im Rahmen eines Ausschreibungsverfahrens ausgesucht wurde, das die Auswahl eines Kandidaten gewährleistet, der die Dienstleistung zu den geringsten Kosten für die Allgemeinheit erfüllen kann.

Liegt eine Beihilfe im Sinne von Art. 107 I AEUV vor, kann die Kommission im Rahmen des Verfahrens nach Art. 108 AEUV den Art. 93 AEUV unmittelbar anwenden.[75] Dagegen ist eine Anwendung von Art. 106 II AEUV (Unternehmen, die mit Dienstleistungen von allgemeinem wirtschaftlichen Interesse betraut sind) und den dazu ergangenen Ausführungsbestimmungen ausgeschlossen. Art. 93 bildet insoweit 61

---

72 Vgl EuGH, Rs. C-280/00 (Altmark), Slg 2003, I-7747, Rn 37, 66.

73 S. VO Nr. 360/2012, ABl. L 114/2012, 8, Erwägungsgrund Nr. 4. Diese VO findet keine Anwendung auf den Straßengüterverkehr (vgl Art. 1 I lit. g).

74 EuGH, Rs. C-280/00 (Altmark), s. *Anm.* 72, Rn 83–94. Ausführlich sind diese Bedingungen erläutert in der Mitteilung der Kommission „Über die Anwendung der Beihilfevorschriften der Europäischen Union auf Ausgleichsleistungen für die Erbringung von Dienstleistungen von allgemeinem wirtschaftlichem Interesse", ABl. C 8/2012, 4, Ziff. 42 ff.

75 Seit ihrer Änderung im Jahre 2013 umfasst die VO Nr. 994/98 (s. *Anm.* 64) eine Ermächtigung der Kommission, Gruppenfreistellungen für Maßnahmen im Verkehrsbereich zugunsten von Einwohnern entlegener Gebiete zu beschließen (Art. 1 I, a) xii).

eine vorrangig anwendbare *Spezialnorm*.[76] Dies schließt allerdings nicht aus, dass die Kommission sich an den entsprechenden Kriterien orientiert. Der Gesetzgeber hat sie dazu ausdrücklich aufgefordert.[77]

c) Beihilfen zur Koordinierung des Verkehrs

62 Art. 9 II der VO Nr. 1370/2007 gestattet Beihilfen, „die den Erfordernissen der Koordinierung des Verkehrs" entsprechen. Als (nicht abschließende) Beispiele nennt die VO Beihilfen für die Benutzung der von Verkehrsunternehmen benutzten Infrastruktur, wenn dafür Kosten zu entrichten sind, diese aber nicht von allen konkurrierenden Verkehrsträgern getragen werden müssen und Beihilfen für die Erforschung wirtschaftlicherer Verkehrssysteme und -technologien. Darüber hinaus kann die Kommission, unmittelbar auf Art. 93 AEUV gestützt, weitere Gruppen von Beihilfen genehmigen.[78]

63 „Koordinierung des Verkehrs" im Sinne von Art. 93 AEUV ist eine staatliche Maßnahme, die zur Steuerung der Entwicklung des Verkehrssektors bestimmt ist. Nach Auffassung der Kommission dürfen derartige Interventionen in einem offenen Markt nur insoweit genehmigt werden, als sie wegen eines Marktversagens (zB aus externen Gründen) gerechtfertigt sind. Auch müssen die fraglichen Beihilfen im gemeinsamen Interesse liegen, also den Zielen der gemeinsamen Verkehrspolitik entsprechen (zB Förderung des kombinierten Verkehrs). Sie müssen weiterhin im Hinblick auf den erstrebten Zweck erforderlich und verhältnismäßig sein und sie dürfen schließlich zu keiner außergewöhnlichen Verzerrung des Wettbewerbs führen.[79]

64 Diese zur Orientierung der unmittelbaren Anwendung von Art. 93 AEUV bestimmten Grundsätze sollten auch für die Bewertung von Beihilfen anhand von Art. 9 der VO Nr. 1370/2007 maßgebend sein.

Soweit darin Beihilfen zum Ausgleich für Wettbewerbsverzerrungen genannt sind, die aus einer nur für einen Teil der Wettbewerber geltenden Pflicht zur Tragung der Kosten für die Nutzung der Infrastruktur erwachsen, enthält die Vorschrift eine zeitliche Bedingung. Sie gilt nur „bis zum Inkrafttreten gemeinsamer Vorschriften über die Zuordnung der Infrastrukturkosten", also nur solange, wie Korrekturen durch die Mitgliedstaaten gerechtfertigt sind, um inter- und intramodale Wettbewerbsverzerrungen auszugleichen, die von einer unterschiedlichen Anlastung der Infrastrukturkosten verursacht sind. Das derzeit geltende Recht der Union ist insoweit unvollständig und verhindert die Entstehung derartiger Verzerrungen nicht (dazu *Rn 91*; sowie *Kap. VI Rn 60*; *Kap. VII Rn 35 ff*). Die auf der Grundlage dieser Ermächtigung ge-

---

76 Vgl Beschluss Nr. 2012/21 der Kommission über die Anwendung von Artikel 106 II AEUV auf staatliche Beihilfen in Form von Ausgleichsleistungen zugunsten bestimmter Unternehmen, die mit der Erbringung von Dienstleistungen von allgemeinem wirtschaftlichem Interesse betraut sind, ABl. L 7/2012, 3, Ziff. 23. S.a. VO Nr. 1370/2007 (s. *Anm. 68*), Erwägungsgründe Ziff. 3.

77 Vgl VO Nr. 1370/2007, Erwägungsgründe, Ziff. 34 ff, insbesondere Ziff. 36.

78 Vgl VO Nr. 1370/2007, Erwägungsgründe, Ziff. 37. Im Gegensatz dazu beschränkte die Vorgängernorm, VO Nr. 1107/70 den Anwendungsbereich von Art. 93 AEUV auf die ausdrücklich geregelten Sachverhalte. Es wäre daher konsequent, Art. 9 der VO Nr. 1370/2007 aufzuheben. Diesem Vorschlag der Kommission (vgl KOM(2012)730 v. 5. Dezember 2012) ist der Rat allerdings bisher nicht gefolgt.

79 Vgl Gemeinschaftliche Leitlinien für staatliche Beihilfen an Eisenbahnunternehmen, ABl. C 184/2008, 13, Ziff. 88–97. Diese Erwägungen gelten für sämtliche Landtransportarten, vgl Ziff. 87.

nehmigten Beihilfen werden in den meisten Fällen zugunsten des kombinierten Verkehrs,[80] des Eisenbahn-[81] und Binnenschiffsverkehrs geleistet.

Die nach Art. 9 II, lit. b) der VO 1370/2007 zulässigen Beihilfen zur Forschung und Entwicklung dürfen nicht für die kommerzielle Nutzung der betreffenden Verkehrssysteme oder -technologien gewährt werden.[82]

Sowohl für Beihilfen zur Koordinierung des Verkehrs, die auf der Grundlage von Art. 93 AEUV genehmigt werden sollen als auch für jene, deren Genehmigung gemäß Art. 9 II der VO Nr. 1370/2007 angestrebt wird, gilt die Verpflichtung zur vorherigen Notifizierung gemäß Art. 108 III AEUV. 65

G. Maßnahmen in den Bereichen Technik, Sicherheit, Umweltschutz

1. Überblick

Die Gesetzgebung der Union enthält Bedingungen zum Führen von Kraftfahrzeugen und legt Normen für Bau, Wartung und Betrieb dieser Fahrzeuge fest. Diese Maßnahmen dienen den einzelnen oder verbundenen Zielen, die Verkehrssicherheit zu verbessern, die nachteiligen Folgen des Verkehrs für die Umwelt zu vermindern, den freien Personenverkehr zu fördern oder/und einen vollständig integrierten Binnenmarkt für Straßenfahrzeuge zu errichten. 66

2. Vorschriften zum Führen von Kraftfahrzeugen

a) Der Führerschein

Die Richtlinie Nr. 2006/122[83] harmonisiert die Bedingungen für die Ausstellung von Führerscheinen und regelt ihre gegenseitige Anerkennung zwischen den Mitgliedstaaten. Mit ihr werden gleichzeitig zwei der eingangs erwähnten Ziele verfolgt. Zum einen soll damit die Sicherheit des Straßenverkehrs gefördert werden, zum anderen dient sie der Freizügigkeit der Personen (Erwägungsgründe Ziff. 2). 67

Die RL bestimmt vier Mindesterfordernisse für die Ausstellung eines Führerscheins. Nach Konsultation der Kommission können die Mitgliedstaaten zusätzliche Anforderungen beschließen (Art. 7 IV). 68

- Art. 4 legt ein *Mindestalter* fest. Dieses ist nach Fahrzeugkategorien gestaffelt: Zum Beispiel beträgt das Mindestalter für Personenkraftwagen (im Regelfall Klasse B) 18 Jahre, für Fahrzeuge der Klasse C (Kraftwagen mit Gesamtmasse von mehr als 3,5 t) beträgt es 21 Jahre, für Fahrzeuge der Klasse D (geeignet zur Beförderung von mehr als 8 Personen) 24 Jahre. In den von Art. 4 VI bezeichneten Grenzen können die Mitgliedstaaten diese Altersgrenzen senken oder anheben.[84]

---

80 Zur Definition des Begriffs „kombinierter Verkehr" s. *Kap. X Rn 5*.

81 S. Gemeinschaftliche Leitlinien (*Anm. 79*), Ziff. 100 ff. S. a. Art. 34, RL 2012/34 (ABl. L 343/2012, 32). Darin wird zusätzlich zu den Kosten der Infrastruktur ein Ausgleich externer Kosten genehmigt.

82 Zu den Einzelheiten s. Gemeinschaftliche Leitlinien (*Anm. 79*), Ziff. 113 ff S.a. Gemeinschaftsrahmen für staatliche Beihilfen für Forschung, Entwicklung und Innovation, ABl. C 323/2006, 1.

83 RL 2006/126, ABl. L 403/2006, 18, zuletzt geändert durch RL 2014/85, ABl. L 194/2014, 10. Zur Vorgängernorm (RL 91/439) *Thann*, in: Frohnmeyer/Mückenhausen, Nr. 93.

84 Hat der Inhaber eines Führerscheins das in der RL festgelegte Mindestalter noch nicht erreicht, steht es den Mitgliedstaaten frei, diesen Führerschein anzuerkennen (Art. 4 VI).

- Art. 6 stellt den Grundsatz der *Progressivität* auf. Danach dürfen Führerscheine der Klassen C und D (Lastwagen und Autobusse) nur für Personen ausgestellt werden, die bereits Personenkraftwagen führen dürfen, also einen Führerschein der Klasse B besitzen.
- Die Ausstellung eines Führerscheins wird weiterhin vom Bestehen einer *Prüfung* abhängig gemacht, in der Fähigkeiten, Verhaltensweisen, Kenntnisse sowie medizinische Voraussetzungen erfüllt werden müssen.[85] In Art. 7 I, lit. a) – d) sowie in den Anhängen II und III der Richtlinie werden Gegenstand und Umstände dieser verschiedenen Kontrollen im Einzelnen festgelegt.[86]
- Schließlich darf ein Führerschein nur an Bewerber ausgestellt werden, die in dem ausstellenden Mitgliedstaat ihren „*ordentlichen Wohnsitz*" haben oder nachweisen können, dass sie während eines Mindestzeitraums von sechs Monaten dort studiert haben (Art. 7 I, lit. e).[87]

69 Art. 7 V der RL 2006/126 postuliert das *Prinzip der Singularität* des Führerscheins.[88] Danach kann jede Person nur Inhaber eines einzigen Führerscheins sein. Ein Mitgliedstaat ist zur Ablehnung eines entsprechenden Antrags verpflichtet, wenn erwiesen ist, dass der Bewerber bereits einen Führerschein besitzt. Dies gilt auch, wenn ein Führerschein in einem anderen Mitgliedstaat eingeschränkt, ausgesetzt oder entzogen wurde (Art. 11 IV).[89]

Die Richtlinie harmonisiert die rechtlichen Voraussetzungen für den Führerschein nicht vollständig. Insbesondere die Dauer der Gültigkeit des Führerscheins, die Häufigkeit der ärztlichen Kontrollen und die steuerliche Regelung sind dem Recht des Mitgliedstaates unterworfen, in dem der Inhaber seinen ordentlichen Wohnsitz hat. Die Richtlinie betrifft auch nicht die Umstände und die Bedingungen für einen Führerscheinentzug, sondern beschränkt sich darauf, den Staat des ordentlichen Wohnsitzes zu Entzug, Aussetzung und Aufhebung einer Fahrerlaubnis zu ermächtigen, unabhängig davon, welcher Mitgliedstaat den Führerschein ausgestellt hat.

70 Mit dem Ziel einer Verminderung der zahlreichen noch im Umlauf befindlichen Führerscheinmuster unternimmt die RL eine Vereinheitlichung durch die Festlegung eines gemeinsamen Modells. Führerscheine, die nach diesem Modell ausgestellt wurden, werden ohne Weiteres in allen Mitgliedstaaten anerkannt (Art. 1, 2 RL 2006/126).[90]

Wenn der Inhaber eines Führerscheins seinen ordentlichen Wohnsitz in einen anderen Mitgliedstaat verlegt, dann untersteht er den an seinem neuen Wohnsitz geltenden Vorschriften über Einschränkung, Aussetzung, Entzug oder Aufhebung der Fahrerlaubnis (Art. 11 II). Für die Vorschriften über die Gültigkeitsdauer von Führerscheinen gilt dies erst nach Ablauf von zwei Jahren (Art. 2 II; 7 III).

---

85 Dazu EuGH, Rs. C-356/12 (Glatzel), Urt. v. 22. Mai 2014 (ECLI:EU:C:2014:350).
86 Fahrprüfer müssen gemäß Art. 10 Mindestanforderungen genügen. Diese sind in Anhang IV festgelegt.
87 Zum Begriff des „ordentlichen Wohnsitzes" vgl die Definition in Art. 12 der RL.
88 Zu den Wirkungsgrenzen dieses Prinzips: EuGH, Rs. C-321/07 (Schwarz), Slg 2009, I-1113.
89 Zur zeitlichen Bedingtheit der betreffenden Maßnahme: EuGH, Rs. C-419/10 (Hofmann), Urt. v. 26. April 2012 (ECLI:EU:C:2012:240), Rn 73 ff.
90 S.a. Beschluss der Kommission „Über Äquivalenzen zwischen Führerscheinklassen", ABl. L 19/2013, 1.

In diesem Zusammenhang kann der Aufnahmestaat das Verhalten eines Führerscheininhabers sanktionieren, das nach Erwerb des Führerscheins aufgetreten ist (zB Verstöße im Straßenverkehr).[91] Er kann dagegen nicht nachträglich die Berechtigung zur Führung von Kraftfahrzeugen in Frage stellen.

Insbesondere kann der Aufnahmestaat die Anerkennung eines Führerscheins nicht mit der Begründung verweigern, der Inhaber erfülle nicht die im Aufnahmestaat geltenden, möglicherweise strengeren, Bedingungen für dessen Erwerb.[92] Auch ist ihm eine Prüfung verwehrt, ob der Inhaber zum Zeitpunkt des Erwerbs seines Führerscheins die von der RL aufgestellten Bedingungen erfüllte. Dafür ist allein der ausstellende Staat zuständig. Nur dieser darf die Führerschein aufheben oder entziehen, wenn sich nachträglich herausstellt, dass die Bedingungen nicht erfüllt waren (Art. 7 V aE).[93]

Die Rechtsprechung erlaubt aus Gründen der Straßenverkehrssicherheit und des Kampfes gegen „Führerscheintourismus“ eine einzige Ausnahme von diesem Grundsatz: Der Aufnahmestaat kann die Anerkennung eines Führerscheins dann verweigern, wenn sich aus den Eintragungen im Führerschein oder aus unbestreitbaren Informationen von Seiten des ausstellenden Staates ergibt, dass der Führerschein unter Missachtung des Wohnsitzerfordernisses ausgestellt wurde.[94] 71

Im Übrigen bestimmt Art. 11 IV der RL 2006/126 ausdrücklich, dass die Anerkennung eines Führerscheins zu verweigern ist, wenn der Führerschein eines Bewerbers in einem anderen Staat eingeschränkt, ausgesetzt oder entzogen wurde. Diese Ausnahme ist eng auszulegen. Sie ist nur anwendbar, wenn der Führerschein zu einem Zeitpunkt ausgestellt wurde, als die betreffende Sanktion noch andauerte.[95]

Unter diesen Umständen erfordert die genaue Anwendung der RL 2006/126 einen wirksamen Informationsaustausch zwischen den Mitgliedstaaten (zB zur Beachtung von Art. 7 V). Art. 15 verpflichtet die Mitgliedstaaten zur gegenseitigen Unterstützung bei der Durchführung der Richtlinie, insbesondere zum Austausch von Informationen.[96] Zu diesem Zweck wird ein „EU-Führerscheinnetz“ errichtet. 72

b) Grundqualifikation und Weiterbildung der Berufsfahrer

Zur Förderung der Verkehrssicherheit auf den Straßen und eines angemessenen Verkehrsverhaltens sieht die Richtlinie 2003/59 ein besonderes System der Qualifizierung für Berufskraftfahrer vor.[97] 73

---

91 EuGH, Rs. C-329/06 und C.343/06 (Wiedemann und Funk), Slg 2008, I-4635, Rn 58. S. a. Rs. C-334/09 (Scheffler), Slg 2010, I-12379.

92 EuGH, Rs. C-419/10 (Hofmann), Rn 84, mit der dort zitierten Rechtsprechung (s. *Anm. 89*).

93 EuGH Rs. C-476/01 (Kapper), Slg 2004, I-5205, Rn 47 f. Der EuGH hebt hervor, das der Aufnahmestaat bei Zweifeln an der Ordnungsmäßigkeit des Führerscheins die Möglichkeit hat, sich an den ausstellenden Staat zu wenden oder gegebenenfalls den EuGH mit einem Vorabentscheidungsersuchen gemäß Art. 259 AEUV zu befassen.

94 EuGH, Rs. C-329/06 und C-343/06 (Wiedemann und Funk) (s. *Anm. 91*), Rn 72; Rs. C-467/10 (Akyüz), Urt. v. 1. März 2012 (ECLI:EU:C:2012:112), Rn 61 f.

95 EuGH, Rs. C-476/01 (Kapper) (s. *Anm. 93*), Rn 72 ff; Rs. 419/10 (Hofmann) (s. *Anm. 89*), Rn 52–91. S. a. Rs. C-225/07 (Möginger), Slg 2008, I-103 und Rs. C-260/13 (Aykul), noch nicht entschieden.

96 Zu den Grenzen dieser Verpflichtung: EuGH, Rs. C-419/10 (Hofmann), Rn 82 (s. *Anm. 89*).

97 ABl. L 226/2003, 4, letzte Änderung durch RL 2013/22, ABl. L 158/2013, 356.

74 Die Richtlinie gilt für Bürger der Mitgliedstaaten sowie für Bürger aus Drittstaaten, die in einem Unternehmen arbeiten, das in einem Mitgliedstaat zugelassen ist, die mit Lastkraftwagen oder Autobussen auf öffentlichen Straßen Beförderungen durchführen (nachfolgend „Fahrer").[98]

75 Die Richtlinie verpflichtet die Fahrer zu einer *Grundqualifikation* und zu einer *Weiterbildung* (Art. 3 und 10).[99]

Die Grundqualifikation kann auf zweierlei Weise von den Mitgliedstaaten organisiert werden. Ein Modell sieht den obligatorischen Besuch von theoretischen und praktischen Lehrgängen (280 Std.) mit abschließender theoretischer Prüfung vor. Das zweite System umfasst nur eine theoretische und praktische Prüfung. Die Richtlinie sieht weiterhin eine beschleunigte Grundqualifikation mit theoretischem und praktischem Unterricht vor (140 Std.), an den sich eine theoretische Prüfung anschließt. Der Gegenstand der Prüfungen sowie des Unterrichts wird im Anhang I der Richtlinie im Einzelnen festgelegt.[100]

76 Bei bestandener Prüfung erhält der Fahrer einen Befähigungsnachweis. Das Mindestalter für dessen Erwerb wird nach Art. 5 durch zwei Faktoren bestimmt: der Fahrzeugklasse (vgl Art. 4, RL 2006/126) und dem Typ des Befähigungsnachweises, aus dem entweder die vollständige („Nachweis 1") oder die beschleunigte Grundqualifikation („Nachweis 2") hervorgeht.

Übersichtstabelle (Art. 5)

	Qualifikation 1	Qualifikation 2
Fahrzeuge der Kategorie C1 und C1E	18 Jahre	18 Jahre
Fahrzeuge der Kategorie C und CE	18 Jahre	21 Jahre
Fahrzeuge der Kategorien D1 und D1E, Fahrzeuge der Kategorien D und DE, für die Personenbeförderung im Linienverkehr im Umkreis von bis zu 50 km	21 Jahre[101]	21 Jahre
Fahrzeuge der Kategorie D und DE	21 Jahre[102]	23 Jahre

98 Art. 2 der RL sieht Ausnahmen von der Anwendung der RL für bestimmte Gruppen von Fahrern vor, zB von Fahrzeugen, die für die nichtgewerbliche Beförderung von Personen oder Gütern zu privaten Zwecken eingesetzt werden.

99 Zum Schutz erworbener Rechte befreit die RL in Art. 4 von dem Erfordernis der Grundqualifikation, wenn ein Omnibus-Führerschein vor dem 10. September 2008 oder ein Lastkraftwagen-Führerschein vor dem 10. September 2009 erworben wurde. Die Verpflichtung zur Weiterbildung gilt auch für diesen Personenkreis.

100 Die Mitgliedstaaten können Kraftfahrer, die die Bescheinigung über die fachliche Eignung gemäß der VO Nr. 1071/2009 (s. *Rn 4*) erworben haben, von den in Art. 3 vorgesehenen Prüfungen befreien (Art. 3 III RL 2003/59).

101 Die Mitgliedstaaten können das Führen von Fahrzeugen dieser Kategorie auf ihrem Territorium ab dem Alter von 18 Jahren gestatten, wenn die Fahrer die Qualifikation 1 erworben haben (Art. 5 III lit. a (i) Abs. 2).

102 Die Mitgliedstaaten können das Führen von Fahrzeugen dieser Kategorie auf ihrem Territorium ab dem Alter von 20 Jahren gestatten (18 wenn keine Personen befördert werden), wenn die Fahrer die Qualifikation 1 erworben haben (Art. 5 III lit. a (ii) Abs. 2).

Fünf Jahre nach Erhalt des Befähigungsnachweises, der ihre Grundqualifikation bestätigt,[103] und danach alle fünf Jahre, müssen sich die Fahrer einer Fortbildung von 35 Stunden bei einer zugelassenen Ausbildungsstätte unterziehen. Nach Beendigung der jeweiligen Fortbildung erhält der Fahrer einen fünf Jahre gültigen Befähigungsnachweis.

3. Die Harmonisierung der technischen Vorschriften für Kraftfahrzeuge

Die auf die Angleichung der technischen Vorschriften bezogene Rechtsetzung der 77
Union lässt sich in vier Gruppen zusammenfassen:

- Konstruktions- und Bauvorschriften für Fahrzeuge (*Rn 78*);
- Vorschriften über die Kontrolle des technische Zustands von Fahrzeugen (*Rn 79*);
- Vorschriften über Sicherheitsausrüstungen von Fahrzeugen (*Rn 80*);
- Masse und Gewichte von Nutzfahrzeugen (*Rn 81*).

Mit den Zielen der Verwirklichung des Binnenmarktes für den Handel mit Kraftfahr- 78
zeugen, der Förderung eines hohen Niveaus der Verkehrssicherheit und des Umweltschutzes hat die Union die Vorschriften über den *Bau* von Kraftfahrzeugen harmonisiert. Diese Zielsetzungen stehen in engem Zusammenhang mit den in größerem geographischen Rahmen, der *Wirtschaftskommission der Vereinten Nationen für Europa (ECE)*, unternommenen entsprechenden Maßnahmen.[104]

Das von der Union insoweit geschaffene Regelungssystem begründet ein unionsweites Zulassungsverfahren, das an die Stelle der einzelnen staatlichen Zulassungsverfahren tritt. Es beruht auf einer vollständigen Harmonisierung der entsprechenden technischen Vorschriften. Das grundlegende Rechtsinstrument bildet die Richtlinie 2007/46 (Rahmenrichtlinie).[105] Sie legt die Voraussetzungen und Verfahren für die Zulassung von vierrädrigen Fahrzeugen[106] fest und bestimmt die Pflichten der Mitgliedstaaten und der Hersteller. Zahlreiche „Einzelrichtlinien" bzw „Einzelverordnungen" sowie Einzelregelungen der Wirtschaftskommission für Europa der Vereinten Nationen bezeichnen die technischen Anforderungen, denen Fahrzeuge und Fahrzeugteile genügen müssen.[107]

Die Mitgliedstaaten sind verpflichtet, Bestätigungen über die Einhaltung der technischen Anforderungen und sonstigen Vorschriften über den Bau von Fahrzeugen nur

---

103 Die Mitgliedstaaten können diesen Zeitraum verkürzen oder verlängern. Die Frist darf jedoch nicht kürzer als drei und nicht länger als sieben Jahre sein (Art. 8, II, 2). Die vom Erwerb der Grundqualifikation befreiten Fahrer (s. *Anm. 100*) müssen ihre erste Weiterbildung zu einem Termin absolvieren, der von den Mitgliedstaaten gemäß Art. 8 II lit. b) zu bestimmen ist.

104 Die Union ist – neben den Mitgliedstaaten – insbesondere Mitglied des Übereinkommens der Wirtschaftskommission für Europa der Vereinten Nationen über die Annahme einheitlicher technischer Vorschriften für Radfahrzeuge, ABl. L 346/1997, 81. Bis zum Jahr 2014 sind diesem Abkommen 48 Staaten beigetreten.

105 ABl. L 263/2007, 1, letzte Änderung durch VO Nr. 1171/2014, ABl. L 315/2014, 3. Überblick und Erläuterung der (zT überholten) Einzelbestimmungen bei *Tervooren*, Harmonisierung kraftfahrzeugtechnischer Vorschriften, in: Frohnmeyer/Mückenhausen, Nr. 91.

106 Die RL gilt nicht für land- und forstwirtschaftliche Fahrzeuge (dazu VO Nr. 167/2013, ABl. L 60/2013, 1) und nicht für zwei- und dreirädrige Fahrzeuge (dazu VO Nr. 168//2013, ABl. L 60/2013, 52). Zum Anwendungsbereich im Einzelnen und zu den Ausnahmen s. RL 2007/46, Art. 2, II–IV.

107 Beispiel: VO Nr. 661/2009 über die Typgenehmigung von Kraftfahrzeugen hinsichtlich ihrer allgemeinen Sicherheit (Rechtsgrundlage: Art. 114 AEUV), ABl. L 200/2009, 1, letzte Änderung durch VO Nr. 523/2012, ABl. L 160/2012, 8.

zu erteilen, wenn die Anforderungen der RL erfüllt sind. Sie sind weiterhin verpflichtet, die Zulassung, den Verkauf oder die Inbetriebnahme von Fahrzeugen und Bauteilen nur zu genehmigen, wenn diese den Anforderungen der RL entsprechen (Art. 4 II, III).

Wenn Fahrzeuge den Anforderungen der RL genügen, dürfen die Mitgliedstaaten (vorbehaltlich der Schutzklausel des Art. 29) deren Zulassung, Verkauf, Inbetriebnahme oder Teilnahme am Straßenverkehr nicht untersagen, beschränken oder behindern (Art. 4 III). [108]

79 Mit dem vorrangigen Ziel des *Umweltschutzes* wurden in den Verordnungen Nr. 443/2009,[109] 595/2009[110] und 510/2011[111] *Emissionsnormen* für verschiedene Fahrzeugkategorien festgelegt.[112] Fahrzeugen, die diesen Normen nicht entsprechen ist von den Mitgliedstaaten die EG-Typengenehmigung zu versagen. Rechtsgrundlage ist bei den Verordnungen Nr. 443/2009 und 510/2011 jeweils die umweltrechtliche Ermächtigung des Art. 192 AEUV (bzw der Vorgängernorm, Art. 175 EGV). Dagegen wurde die VO Nr. 595/2009 auf die Ermächtigung zur Rechtsangleichung (Art. 114 AEUV) gestützt.

80 Eng verknüpft mit den Vorschriften über Bau und Zulassung von Fahrzeugen sind die Bestimmungen *über die technische Überwachung der Kraftfahrzeuge*. Die Richtlinie 2009/40[113] schreibt vor, dass in jedem Mitgliedstaat die dort zugelassenen Fahrzeuge einer regelmäßigen technischen Kontrolle unterworfen werden müssen. Die RL legt dafür obligatorische „Prüfpunkte“ fest. Diese bilden einen Mindeststandard. Die Mitgliedstaaten können strengere Kontrollanforderungen und kürzere Kontrollabstände festlegen (Art. 5). Die RL verpflichtet die Mitgliedstaaten zur Anerkennung der in einem anderen Mitgliedstaat erteilten Nachweise über die vorschriftsmäßige Kontrolle (Art. 3 II).[114]

Besondere Regeln gelten für die technische Kontrolle von Nutzfahrzeugen. Hierzu sieht die Richtlinie 200/30[115] *technische Unterwegskontrollen*, dh die unangekündigte Kontrolle durch die Behörden – oder unter ihrer Überwachung – auf öffentlichen

108 Um die Freizügigkeit von bereits in einem Mitgliedstaat zugelassenen Fahrzeugen in der Union zu gewährleisten, sieht die RL 1999/37 (Art. 3, 4) die Ausstellung einer einheitlichen Zulassungsbescheinigung und deren gegenseitige Anerkennung vor (ABl. L 138/1999, 57, letzte Änderung durch RL 2014/46, ABl. L 127/2014, 129). Bei der erneuten Anmeldung in einem weiteren Mitgliedstaat muss dieser die allgemeinen Grundsätze des Vertrages über die Freiheit des Warenverkehrs beachten. Vgl EuGH, Rs. C-443/10 (Bonnarde), Slg 2011, I-9327; Rs. C-150/11 (Kommission/Belgien), Urt. v. 6. September 2012 (ECLI:EU:C:2012:539) und Rs. C-639/11 (Kommission/Polen), Urt. v. 20. März 2014 (ECLI:EU:C:2014:173). S. a. den VO-Vorschlag der Kommission über die vereinfachte Verbringung von Kraftfahrzeugen innerhalb des Binnenmarkts, Dok. KOM(2012) 164 v. 4. April 2012.

109 ABl. L 140/2009, 1 (neue PKW), zuletzt geändert durch VO Nr. 2015/6, ABl. L 3/2015, 1.

110 ABl. L 188/2009, 1 (schwere Nutzfahrzeuge), zuletzt geändert durch VO Nr. 133/2014, ABl. L 47/2014, 1.

111 ABl. L 145/2001, 1 (leichte Nutzfahrzeuge), zuletzt geändert durch VO Nr. 253/2014, ABl. L 84/2014, 38.

112 Zu der zuvor bestehenden Rechtslage *Berry*, Evolution of European Union Legislation regarding Motor Vehicle Emissions (vehicle technology and fuel standards), in: Frohnmeyer/Mückenhausen, Nr. 76.

113 ABl. L 141/2009, 12, letzte Änderung durch RL 2010/40, ABl. L 173/2010, 47. Diese RL wird mit Wirkung vom 20. Mai 2018 aufgehoben und durch die RL 2014/45 ersetzt (ABl. L 127/2014, 51). Die hier dargestellten wesentlichen Elemente der RL bleiben bestehen.

114 Dazu EuGH, Rs. C-451/99 (Cura Anlagen), Slg 2002, I-3193, Rn 60 ff; Rs. C-150/11 (Kommission/Belgien) (s. *Anm. 108*), Rn 46 ff.

115 ABl. L 203/2000, 1. Diese RL wird mit Wirkung vom 20. Mai 2018 aufgehoben und durch die RL 2014/47 ersetzt (ABl. L 127/2014, 134). Die hier dargestellten wesentlichen Elemente der RL bleiben bestehen.

Straßen vor. Diese Kontrollen müssen „ausreichen", um die Sicherheit auf den Straßen und die Umwelt zu verbessern und haben ohne Diskriminierung aufgrund der Staatsangehörigkeit des Fahrers oder des Zulassungsstaates zu erfolgen.

Eine dritte Gruppe von Vorschriften betrifft den Einbau und die Benutzung von *Sicherheitsvorrichtungen* in den Fahrzeugen, wie Sicherheitsgurte[116] und Geschwindigkeitsbegrenzer.[117] 81

Schließlich erließ die Union Regelungen zur Festlegung der höchstzulässigen *Gewichte und Abmessungen* für Straßenfahrzeuge. Maßgeblich ist insoweit die Richtlinie 96/53.[118] Sie betrifft Nutzkraftfahrzeuge mit einem Höchstgewicht von mindestens 3,5 Tonnen und Fahrzeuge für den Personenverkehr mit mehr als acht Sitzplätzen (ohne den Fahrersitz).[119] 82

In ihrem Anhang I definiert die Richtlinie die höchstzulässigen *Abmessungen* (Länge, Breite, Höhe) und *Gewichte* (höchstzulässige Gewichte, höchstzulässige Achslast) und die Fahrzeugklassen. Die Mitgliedstaaten dürfen in ihrem Gebiet den Einsatz von Fahrzeugen im grenzüberschreitenden Verkehr, die in einem der Mitgliedstaaten zugelassen oder in Betrieb genommen sind, nicht aus Gründen, die die Gewichte und Abmessungen betreffen, verweigern oder verbieten (Art. 3 I).

Beschränkt auf die *Abmessungen* der Fahrzeuge gilt diese Regelung auch im innerstaatlichen Verkehr. Die Mitgliedstaaten können insoweit also den Verkehr von Fahrzeugen verbieten, die zwar den Vorschriften der Richtlinie entsprechen, nicht jedoch die nationalen Vorschriften über die Gewichte erfüllen.

Die Freizügigkeit auf dem Gebiet der Union für Nutzfahrzeuge, die der Richtlinie entsprechen, ist daher gesichert, wenn auch nur unvollständig im Hinblick auf den innerstaatlichen Verkehr. Im Übrigen sind die Mitgliedstaaten befugt, auf bestimmten Straßen, Brücken, Tunneln und in sonstiger für den Schwerverkehr ungeeigneter Infrastruktur Begrenzungen des Gewichts und/oder der Abmessungen der Fahrzeuge festzulegen (Art. 7).

Die Richtlinie bezweckt nicht nur die Ausübung der Dienstleistungsfreiheit im Straßenverkehr, sondern verfolgt auch das Ziel, die Bedingungen für fairen Wettbewerb zu schaffen. Wie bereits erwähnt, kann jeder in der Union ansässige Verkehrsunternehmer bei der Durchführung von Kabotage Fahrzeuge einsetzen, die den Bestimmungen des Aufnahmestaates in Hinblick auf Gewichte und denen des Anhangs I der Richtlinie über Abmessungen entsprechen. Sollten jedoch die in dem Staat niedergelassenen Konkurrenten – aufgrund von weniger strengen Vorschriften – Fahrzeuge mit höheren Abmessungen einsetzen können, entstünde ein nicht gerechtfertigter Wettbewerbsvorteil. Deshalb verpflichtet die Richtlinie die Mitgliedstaaten dazu, für den Verkehr auf ihrem Gebiet ausschließlich Fahrzeuge zuzulassen, die den in der

116 RL 91/671, ABl. L 373/1991, 26, letzte Änderung durch RL 2003/20, ABl. L 115/2003, 63.

117 RL 92/6, ABl. L 57/1992, 27, letzte Änderung durch RL 2002/85, ABl. L 327/2002, 8. Dazu *Päffgen*, in: Frohnmeyer/Mückenhausen, Nr. 92.

118 RL 96/53, ABl. L 235/1996, 59, letzte Änderung durch RL 2002/7, ABl. L 67/2002, 47. Dazu *Missen*, in: Frohnmeyer/Mückenhausen, Nr. 10.

119 Diese Zahlen ergeben sich aus Anhang II der RL 70/156, ABl. L 42/1970, 1, auf den Art. 1 der RL 96/53 verweist.

RL festgelegten höchstzulässigen Grenzen entsprechen – mit Ausnahme der Vorschriften über die maximale Höhe (Art. 4).[120]

4. Gefahrguttransporte auf der Straße

83 Für die Beförderung gefährlicher Gütern im Straßenverkehr gelten besondere Regeln, deren wesentliche Elemente in dem „Europäischen Übereinkommen über die internationale Beförderung gefährlicher Güter auf der Straße"(ADR) vom 30. September 1957 enthalten sind. Es war unter Federführung der Wirtschaftskommission der Vereinten Nationen für Europa ausgearbeitet worden und trat am 29. Januar 1968 in Kraft.[121]

Dieses Übereinkommen bezieht sich ausschließlich auf den grenzüberschreitenden Verkehr von gefährlichen Gütern gemäß der Definition in Teil 2 seines Anhangs A. Die grenzüberschreitende Beförderung auf der Straße von bestimmten Kategorien gefährlicher Güter ist verboten. Bei anderen ist die Beförderung unter der Voraussetzung erlaubt, dass die in den Anhängen A (bezüglich Verpackung und Etikettierung der Güter) sowie B (Bau, Ausrüstung und Teilnahme am Verkehr der Fahrzeuge) erfüllt werden.

Die Vertragsparteien behalten das Recht, aus anderen Gründen als denen der Straßensicherheit, die Beförderungen gewisser Güter zu untersagen, auch wenn nach dem ADR eine Beförderung zulässig wäre. Außerdem können sie auf bi- und multilateraler Ebene weniger strenge Regelungen vereinbaren.

Um eine gleichmäßige Anwendung des ADR auf dem Gebiet der Union zu gewährleisten, „überträgt" die Richtlinie 2008/68[122] dessen Bestimmungen in das Recht der Union. Sie erweitert darüber hinaus den Anwendungsbereich des ADR auf die Beförderungen innerhalb der Mitgliedstaaten (Art. 1 I) und sie sieht einheitliche Bestimmungen für die nach dem ADR möglichen Ausnahmen vor (Art. 6).

Die Bestimmungen der Richtlinie werden durch weitere Maßnahmen ergänzt, unter anderem durch die RL Nr. 95/50 über einheitliche Verfahren für die Kontrolle von Gefahrguttransporten auf der Straße.[123]

5. Datenaustausch bei Verstössen gegen Straßenverkehrsvorschriften

84 Einen grenzüberschreitenden *Informationsaustausch über Verkehrsdelikte* begründete die RL 2011/82.[124] Sie sollte dazu beitragen, allen Straßenverkehrsteilnehmern in der Union ein hohes Schutzniveau zu gewährleisten (Art. 1). In Art. 2 werden die betreffenden Delikte abschließend aufgezählt (u.a. Geschwindigkeitsübertretungen, rechtswidrige Benutzung eines Mobiltelefons beim Fahren). Obwohl die RL vorran-

120 Art. 4 III, IV sowie V und VII der RL 96/53 sehen jedoch eine Reihe von Ausnahmen von diesem Verbot vor, u.a. für Sondertransporte, Spezialfahrzeuge und für Omnibusse, die vor dem 17. September 1997 in Betrieb genommen oder zugelassen wurden (die letztere Ausnahme ist bis zum 31. Dezember 2020 befristet).

121 BGBl. 1969 II S. 1489, letzte Änderung am 31. Oktober 2006, BGBl. I S. 2407. Bis zum Jahre 2014 sind dem Abkommen 48 Staaten beigetreten.

122 RL 2008/68, ABl. L 260/2008, 13, letzte Änderung durch Durchf. B Nr. 2013/218, ABl. L 130/2013, 26. Zur Vorgängernorm (RL 94/55) *Törkel/Rein*, in: Frohnmeyer/Mückenhausen, Nr. 116.

123 ABl. L 249/1995, 35, letzte Änderung durch RL 2008/54, ABl. L 162/2008, 11.

124 ABl. L 288/2011, 1.

gig der Sicherheit des Straßenverkehrs dienen soll, wurde sie nicht auf der Grundlage von Art. 91 I lit. c) AEUV erlassen sondern auf Art. 87 II AEUV (polizeiliche Zusammenarbeit) gestützt. Wegen der Verwendung dieser unzutreffenden Rechtsgrundlage hat der EuGH die RL aufgehoben.[125]

Er hat allerdings angesichts der Bedeutung, die der Verfolgung der in der RL 2011/82 genannten Ziele bei der Verbesserung der Straßenverkehrssicherheit zukommt, die Wirkungen der Richtlinie aufrechterhalten, bis innerhalb einer angemessenen Frist eine neue, auf die geeignete Rechtsgrundlage, nämlich Art. 91 I lit. c AEUV, gestützte Richtlinie in Kraft tritt.[126]

H. Steuerliche Regelungen

1. Überblick

Die Tätigkeit der Union im Bereich der Besteuerung von Transporten diente insbe- 85
sondere dazu, das reibungslose Funktionieren des Binnenmarktes zu gewährleisten und Verfälschungen der Wettbewerbsbedingungen zu beseitigen. Diese Zielsetzungen lagen bereits der Entscheidung des Rates Nr. 65/271 „über die Harmonisierung bestimmter Vorschriften, die den Wettbewerb im Eisenbahn-, Straßen- und Binnenschiffsverkehr beeinflussen" zugrunde.[127] Zu diesem Zweck sollten steuerliche Hemmnisse beseitigt werden, die der Freizügigkeit im Dienstleistungsbereich entgegenstehen (steuerliche Grenzen; steuerliche Benachteiligung; Doppelbesteuerung). Außerdem sollten jene steuerlichen Unterschiede abgebaut werden, die geeignet sind, den Wettbewerb auf internationaler Ebene und zwischen den Verkehrsträgern erheblich zu verfälschen.

Zu diesem Zweck hat die Union Maßnahmen ergriffen, um die *steuerliche Neutralität* bei der Besteuerung des Umsatzes und der Sonderbesteuerung im Bereich Verkehr zu sichern (Fahrzeugsteuer, Steuern (Maut) für die Benutzung der Infrastrukturen, Treibstoffsteuer).

Steuerliche Anreize bilden weiterhin ein bedeutendes Instrument zur Förderung der „nachhaltigen Mobilität". Denn sie eignen sich in besonderem Maße zur Förderung einer angemessenen und wirtschaftlich wirksamen Zurechnung der durch den Verkehr verursachten Kosten einschließlich der sogenannten „externen" Kosten.

2. Umsatzsteuern

Artikel 4 der Entscheidung Nr. 65/271 sah vor, dass bei Einführung des gemeinsa- 86
men Umsatzsteuersystems in den Mitgliedstaaten (1. Januar 1972) dieses System unter anderem an die Stelle der in den einzelnen Staaten für die terrestrischen Transporte von Gütern erhobenen spezifischen Steuern treten sollte.[128]

---

125 EuGH, Rs. C-43/12 (Kommission/EP, Rat), Urt. v. 6. Mai 2014 (ECLI:EU:C:2014:298). Dazu *Kap. III Rn 34*.

126 EuGH, Rs. C-43/12, (s. *Anm. 125*), Rn 54–56.

127 ABl. 88/1965, 1500.

128 Durch diese Bestimmung werden Steuern auf die Beförderung von Gütern nur insoweit untersagt, als sie kommerzielle Transaktionen betreffen, deren Besteuerungsgrundlage das Beförderungsentgelt bildet. S. EuGH, Rs. 9/70 (Grad), Slg 1970, 825, Rn 11–16, 19 f.

Entsprechend unterliegt die Beförderung von Gütern – und auch von Personen – im Straßenverkehr als Dienstleistung der gemeinsamen Regelung über die Mehrwertsteuer gemäß der Richtlinie 2006/112.[129] Dies gilt auch, wenn die Dienstleistung von einer Einrichtung des öffentlichen Rechts erbracht wird (Art. 13 I, Abs. 3 und Anhang I, Ziff. 3, 5). Sonstige auf den Umsatz bezogene Steuern sind damit untersagt (vgl Art. 401).

87 Die Richtlinie definiert auf einheitliche Weise die Bemessungsgrundlage für die Besteuerung. Diese umfasst den gesamten Wert der Gegenleistung des Dienstleistungserbringers (Art. 73). Weiterhin wird ein harmonisierter Mindestsatz der Mehrwertsteuer festgelegt. Er beträgt bis zum 31. Dezember 2015 15 % der Bemessungsgrundlage (Art. 96 f). Grundsätzlich sind die Mitgliedstaaten verpflichtet, einen einzigen Besteuerungssatz für sämtliche Güter und Dienstleistungen vorzusehen. Sie können jedoch für einzelne Kategorien von Gütern oder Dienstleistungen einen oder zwei *ermäßigte Steuersätze* festlegen, die nicht unter 5 % liegen dürfen (Art. 99 I). Ermäßigte Steuersätze dürfen u.a. auf die Beförderung von Personen und deren mitgeführtes Gepäck angewandt werden (Art. 98 II und Anhang III, Ziff. 5). Unter den besonderen in Art. 371 ff bezeichneten Voraussetzungen dürfen einzelne Mitgliedstaaten ausnahmsweise auch vollständige Befreiungen der Umsätze aus Beförderungen beibehalten.[130]

3. Besondere Besteuerung der Straßentransporte

a) Allgemeines

88 Mit der besonderen Besteuerung der Straßentransporte durch Steuern auf Fahrzeuge, Kraftstoffe und Infrastrukturnutzung werden drei Ziele verfolgt. Zunächst soll die Beseitigung steuerlicher Hemmnisse den freien Verkehr von Gütern und Personen erleichtern und damit zum Funktionieren des „allgemeinen" Binnenmarktes beitragen. Gleichzeitig soll der spezielle Markt für Beförderungs-Dienstleistungen durch den Abbau von steuerlichen Hemmnissen und von Wettbewerbsverzerrungen gestärkt werden.[131]

Weiterhin soll durch eine möglichst vollständige Anlastung der Kosten und die Re-Investition der Erträge in Infrastrukturmaßnahmen eine ausreichende Finanzierung der Infrastruktur gesichert werden. Das dritte Ziel besteht darin, die nachhaltige Mobilität mit marktwirtschaftlichen Instrumenten zu erreichen (zB *Kostenwahrheit* für die Straßennutzung). Das dafür entscheidende Instrument besteht in der möglichst vollständigen Einbeziehung der „externen Kosten", die durch kommerzielle und private Transporte verursacht werden.

---

129 ABl. L 347/2006, 1, letzte Änderung durch RL 2013/43, ABl. L 201/2013, 4.

130 Allgemein zur Harmonisierung des Steuerrechts in der EU *Haag*, in: Bieber/Epiney/Haag, Die Europäische Union, 2014, § 19.

131 So bereits Art. 1 und 2 der Entscheidung Nr. 65/271 (s. *Anm. 127*), wonach „die Doppelbesteuerungen von Kraftfahrzeugen beseitigt (werden sollen), die sich aus deren Verwendung für Beförderungen in einem anderen Mitgliedstaat als demjenigen ergeben, in dem sie zugelassen sind" und die „Berechnungsgrundlagen für die Kraftfahrzeugsteuer (im Güterverkehr) und für die Besteuerung der Binnenschiffe" vereinheitlicht werden. S. Bericht der Kommission über das Europäische Bürgerrecht, Dok. KOM(2010) 603 v. 27. Oktober 2010, Ziff. 2.1.4.

Regelungen über die Besteuerung der Fahrzeuge und zur Festlegung von Abgaben für die Nutzung der Verkehrswege enthält die Richtlinie 1999/62 über die Erhebung von Gebühren für die Benutzung bestimmter Verkehrswege durch schwere Nutzfahrzeuge (Richtlinie „Eurovignette").[132] Sie betrifft nur Kraftfahrzeuge, die ausschließlich für den Güterkraftverkehr bestimmt sind und deren zulässiges Gesamtgewicht mehr als 3,5 t beträgt (Art. 2, lit. d), (s. *Rn 91 ff*).[133]

Die Richtlinie 2003/96 über die Besteuerung von Energieerzeugnissen und elektrischem Strom[134] legt *Mindeststeuersätze für Kraftstoffe* fest (Art. 7). Sie enthält weiterhin Regelungen über die Staffelung von Steuersätzen zugunsten des öffentlichen Personennahverkehrs (Art. 5), (s. *Rn 99 ff*).

b) Kraftfahrzeugs- und Immatrikulationssteuern

Die „Wegekosten-RL" harmonisiert die in Art. 3 abschließend aufgezählten jährlich 89
erhobenen Kraftfahrzeugssteuern.[135]

Zunächst untersagt die Richtlinie Doppelbesteuerungen. Steuern für Fahrzeuge, die in einem Mitgliedstaat zugelassen sind, werden nur von dem Mitgliedstaat der Zulassung erhoben (Art. 5). Weiterhin legt sie die *Mindestsätze* in Euro/Jahr fest. Diese variieren je nach Gewicht, Anzahl der Achsen und Art des Federungssystems der Achsen der Kraftfahrzeuge, also je nach der Intensität der Schäden, die die Fahrzeuge auf den Straßen anrichten könnten (Anhang I der Richtlinie). Mit Ausnahme der in Artikel 6 II und III bezeichneten Fälle dürfen die Mitgliedstaaten keine ermäßigten Sätze oder Befreiungen zulassen, die unter dem Betrag des jeweiligen Mindestsatzes liegen.

Die Richtlinie hindert die Mitgliedstaaten nicht an der Erhebung spezifischer Steuern 90
oder Abgaben, zB für die Registrierung von Fahrzeugen oder von Parkgebühren (Art. 9 I). Ebenfalls zulässig ist in städtischen Gebieten die Erhebung von Gebühren, die dazu bestimmt sind, die Staubildung zu reduzieren oder Luftverschmutzung zu bekämpfen (Art. 9 Ia).

Voraussetzung der Zulässigkeit derartiger Gebühren ist jeweils die Beachtung des Diskriminierungsverbots und der sonstigen Bestimmungen des Rechts der Union. Letztere umfassen zB die Freistellung von Zulassungsgebühren des Aufnahmestaates für Fahrzeuge im Kabotagebetrieb (vgl Art. 9 VO Nr. 1072/2009)[136].[137] Ebenfalls verstießen Forderungen nach Registrierung eines Kraftfahrzeugs, das nicht vorwie-

---

132 ABl. L 187/1999, 42, zuletzt geändert durch RL 2013/22, ABl. L 158/2013, 356. Dazu *Mückenhausen*, in: Frohnmeyer/Mückenhausen, Nr. 14.

133 Ausgenommen sind die in Art. 1 II und III bezeichneten Fahrzeuge. Ein RL Vorschlag zur allgemeinen Besteuerung von Kraftfahrzeugen liegt dem Rat seit 2005 vor, Dok. KOM(2005) 261 v. 5. Juli 2005.

134 ABl. L 283/2003, 51, zuletzt geändert durch RL 2004/75, ABl. L 157/2004, 100.

135 Will ein Staat die in Art. 3, I genannte Steuer durch eine andere, gleichartige Steuer ersetzen, so muss er die Kommission unterrichten, damit diese „die erforderlichen Änderungen vornimmt" (Art. 3 II).

136 S. *Rn 11*, *Anm. 15*.

137 EuGH, Rs. C-115/00 (Hoves), Slg 2002, I-6077.

gend innerhalb eines Mitgliedstaats genutzt wird[138] oder die Auferlegung unverhältnismäßiger oder diskriminierender Abgaben gegen das Recht auf Freizügigkeit.

c) Straßenbenutzungsgebühren

91 Die Wegekostenrichtlinie 1999/62 definiert die *Bedingungen* zur Erhebung von *Maut- und Benutzungsgebühren* für die Nutzung des transeuropäischen Straßennetzes und der Autobahnen[139] (vgl *Kap. XI Rn 15 ff*) durch schwere Kraftfahrzeuge. Sie enthält jedoch keine Verpflichtung zur Einführung derartiger Gebühren.

Als *Mautgebühr* wird eine Zahlung definiert, die für *eine Fahrt* eines Fahrzeugs auf einer bestimmten Strecke erhoben wird (Art. 2 lit. b)).

Benutzungsgebühr ist eine Zahlung, die zur Benutzung der Verkehrswege *während eines bestimmten Zeitraums* berechtigt (Art. 2 lit. c)).

92 Die RL legt vier Grundprinzipien fest, die bei der Einführung derartiger Gebühren beachtet werden müssen:

Zunächst dürfen Gebühren weder unmittelbar noch mittelbar diskriminierend wirken. Dieses Verbot gilt gleichermaßen für Diskriminierungen nach Staatsangehörigkeit oder Staat der Niederlassung des Verkehrsunternehmers, des Staates der Zulassung des Fahrzeugs oder des Ausgangs – oder Zielpunkts der Fahrt (Art. 7 III). Weiterhin dürfen die Mitgliedstaaten zwar zwischen der Erhebung von Maut – oder Benutzungsgebühren wählen, doch dürfen für die Benutzung desselben Straßenabschnitts durch dieselbe Fahrzeugklasse beide Besteuerungsformen nicht kumulativ eingesetzt werden. Eine Ausnahme von dem zuletzt genannten Verbot bildet die Möglichkeit, für die Benutzung von Brücken, Tunneln und Gebirgspässen neben allgemeinen Benutzungsgebühren auch Mautgebühren zu erheben (Art. 7 II).

Drittens muss die Höhe von Benutzungsgebühren im Verhältnis zu der Dauer der Benutzung der betreffenden Verkehrswege stehen und muss nach Tag, Woche, Monat oder Jahr gestaffelt sein (Art. 7 a).

Schließlich werden die Maut- und Benutzungsgebühren so eingeführt und erhoben, und ihre Zahlung wird so kontrolliert, dass dies den Verkehrsfluss möglichst wenig beeinträchtigt. Auch darf die Erhebung der Gebühren keine Zwangskontrollen an den Binnengrenzen erfordern und muss, zumindest an den größeren Zahlstellen 24 Stunden täglich möglich sein. Soweit wie möglich sollen die Mitgliedstaaten zur Erhebung elektronische Systeme einsetzen (Art. 7 j I, IV).[140] Gelegentliche Nutzer des betreffenden Straßennetzes dürfen durch die Art der zur Erhebung eingesetzten Syste-

---

138 Beispiele aus der Rspr: EuGH, Rs. C-365/02 (Lindfors), Slg 2004, I-7183; Rs. C-464/02 (Kommission/Dänemark), Slg 2005, I-7929; Rs. C-151/04 und C-152/04 (Nadin, Nadin-Lux), Slg 2005, I-11203; Rs. C-578/10 (Van Putten), Urt. v. 26. April 2012 (ECLI:EU:C:2012:246). Zu Art. 110 AEUV s. EuGH, Rs. C-402/09 (Tatu), Slg 2011, I-2711. Die Kommission schlägt vor, generell den Staat des gewöhnlichen Wohnsitzes als allein zuständig für die Erhebung von Zulassungsgebühren zu bestimmen, s. Dok. KOM(2012) 164 v. 4. April 2012, Art. 3.

139 Zur Zulässigkeit von Abgaben im innerstädtischen Verkehr s. *Rn 90*.

140 Zu diesem Zweck sieht die RL 2004/52 über die Interoperabilität elektronischer Mautsysteme in der Union (ABl. L 166/2004, 124, zuletzt geändert durch VO Nr. 219/2009, ABl. L 87/2009, 109) die Förderung der Interoperabilität der staatlichen Systeme und die Einführung eines *europäischen elektronischen Mautdienstes* vor. Dieser soll es allen Kunden ermöglichen die jeweilige Maut mithilfe eines einzigen Geräts zu entrichten.

me nicht ungerechtfertigt benachteiligt werden. Dies betrifft insbesondere die obligatorische Verwendung von Bordgeräten für die Erhebung der Gebühren (Art. 7j II).

Die Richtlinie 1999/62 legt schließlich die Regeln für die Berechnung der Maut- und Benutzungsgebühren fest. 93

Für die *Benutzungsgebühr* werden in Anhang II Höchstsätze festgelegt, die je nach Emissionen und Anzahl der Achsen des Kraftfahrzeugs schwanken und im Verhältnis zur Dauer der Benutzung des betreffenden Verkehrswegs stehen müssen. Hierzu fordert die Richtlinie von den Mitgliedstaaten, dass sie den Verkehrsunternehmern die Wahl zwischen Tages-, Wochen-, Monats- oder Jahresvignetten lassen. Die RL legt außerdem fest, in welchem Verhältnis die Höhe dieser verschiedenen Vignetten zueinander stehen muss (zB Tagestarif nicht höher als 2 % des Jahrestarifs). Einem Mitgliedstaat steht es frei, für die auf seinem Hoheitsgebiet zugelassenen Fahrzeuge, ausschließlich Jahresgebühren zu erheben (Art. 7a I).

Zur Berechnung der *Mautgebühren* bezeichnet die RL in Anhang III verschiedene „Eckpunkte" zur Berechnung eines Höchstsatzes durch die Mitgliedstaaten. Diesen verbleibt dabei ein erheblicher Spielraum.[141] Zunächst können Mautgebühren eine „Infrastrukturgebühr" beinhalten, die innerhalb von in Anhang III bezeichneten Grenzen eine Anlastung der Baukosten und der Kosten für Betrieb, Instandhaltung und Ausbau des betreffenden Verkehrswegenetzes ermöglicht (Art. 7b). Die gewogenen durchschnittlichen Gebühren müssen sich an den tatsächlichen Kosten orientieren und sich auf das Netz oder den Teil des Netzes beziehen, auf dem die Gebühren erhoben werden. Damit legt die Richtlinie „eine Obergrenze fest (…), über die die Mautsätze nicht hinausgehen sollen und die eben durch die Kosten der Infrastruktur gebildet wird".[142] 94

Die Mitgliedstaaten dürfen also die für einen Teil der Autobahn erhobenen Mautgebühren nicht erhöhen, wenn dessen Kosten bereits gedeckt wurden und eine Kostensteigerung nicht vorgesehen ist.[143] Ausnahmen sind lediglich für Verkehrswege in Bergregionen unter den Voraussetzungen des Art. 7f zulässig. Außerdem haben die Staaten die Gebühr anhand der Emissionen von Fahrzeugen zu differenzieren (Art. 7g).

Weiterhin kann die Mautgebühr eine „Gebühr für externe Kosten" umfassen (Art. 2 lit. b), bb)). Damit findet das Verursacherprinzip Eingang in die Gebührenberechnung für die Straßenbenutzung. Diese Gebühr kann sich an den Kosten der verkehrsbedingten Luftverschmutzung und der verkehrsbedingten Lärmbelastung orientieren, muss aber im Rahmen bestimmter, in Anhang III b) bezeichneter Höchstgrenzen bleiben. Die Einzelheiten der Berechnung legen Art. 7c und Anhang III fest. 95

Artikel 8 ermöglicht es zwei oder mehreren Mitgliedstaaten für ihre Hoheitsgebiete bei der Einführung eines gemeinsamen Systems der Benutzungsgebühren („Regionale Eurovignetten") zusammenarbeiten. 96

---

141 Die entsprechenden Bestimmungen der RL entfalten daher keine unmittelbare Wirkung, vgl EuGH, Rs. C-152/02 (Rieser), Slg 2004, I-1477, Rn 40.

142 EuGH, Rs. C-205/98 (Kommission/Österreich), Schlussanträge GA *Saggio*, Slg 2000, I-7367, Rn 60.

143 EuGH, Rs. C-205/98 (s. *Anm. 142*), Rn 135, 136.

Gemäß Art. 7 I sind die Mitgliedstaaten befugt, auf Straßen, die nicht von dem in der RL bezeichneten Straßennetz erfasst sind (*Rn 91*), Maut- und/oder Benutzungsgebühren für den Schwerverkehr zu erheben. Dadurch darf allerdings der internationale Verkehr nicht diskriminiert werden und es dürfen keine Verzerrungen des Wettbewerbs zwischen Unternehmen entstehen.

97 Da diese Grundsätze unmittelbar dem Vertrag zu entnehmen sind, gelten sie auch für andere als die in der RL bezeichneten Fahrzeuge, insbesondere für Straßenbenutzungsgebühren, die bei der Benutzung durch Privatfahrzeuge erhoben werden. Im Übrigen sind bei der Neueinführung von Straßenbenutzungsgebühren in einzelnen Staaten auch die Schranken des Art. 92 AEUV zu beachten (dazu *Kap. II Rn 23*).[144]

d) Energiebesteuerung

98 Die Besteuerung von Treibstoffen hat Auswirkungen sowohl auf die Verkehrspolitik als auch für die Energie- und Umweltpolitik. Für Verkehrsunternehmen, insbesondere im Bereich des Straßenverkehrs bildet sie einen wesentlichen Kostenfaktor. Die Harmonisierung dieser Abgaben trägt wesentlich zum reibungslosen Funktionieren des Binnenmarkts bei.[145]

Für den Schutz der Umwelt ist die Besteuerung der Treibstoffe insbesondere deswegen von Bedeutung, weil sie den Gebrauch weniger schadstoffhaltiger Treibstoffe fördern und Verhaltensweisen unterstützen kann die zur Verhinderung des Klimawandels beitragen.[146]

99 Die Richtlinie Nr. 2003/96[147] regelt die Besteuerung von „Energieerzeugnissen", die in Art. 2 I aufgezählt werden. Dazu gehören insbesondere die aus Erdöl raffinierten Erzeugnisse (u.a. Benzin), feste Kohlenstoffe, Erdgas, bestimmte Alkoholarten, pflanzliche Öle. Die RL gilt weiterhin für Elektrizität und für sonstige Treibstoffe auf Kohlenwasserstoffbasis, Treibstoffzusätze,[148] nicht dagegen für Torf. Die RL unterscheidet zwischen der Besteuerung von Kraftstoffen, Heizstoffen und Elektrizität.

Die Mitgliedstaaten müssen auf die betreffenden Erzeugnisse indirekte Steuern mit Ausnahme der Mehrwertsteuer erheben, die mindestens in gleicher Höhe wie in Anhang I festgesetzt liegen.[149]

100 Die Mitgliedstaaten sind im Prinzip gehalten, einen einzigen Steuersatz pro Erzeugnis anzuwenden (s. Erwägungsgründe Ziff. 15). Art. 5 und 7 sehen jedoch Ausnahmeregelungen vor.

In den von Art. 5 vorgesehenen Fällen, zu denen auch die Verwendung von Energie- und Stromerzeugnissen für den öffentlichen Personennahverkehr gehören, können die

---

144 Vgl Mitteilung der Kommission „über die Erhebung nationaler Straßenbenutzungsgebühren auf leichte Privatfahrzeuge" v. 14. Mai 2012, KOM(2012) 199. S. *Korte/Gurreck*, Die europarechtliche Zulässigkeit der sog. PKW-Maut, EuR 2014, 420–440.

145 Vgl Dok. KOM(2002) 410 v. 24. Juli 2002, Ziff. 2 und 42.

146 Vgl Dok. KOM(2011) 169 v. 13. April 2011, S. 2.

147 ABl. L 283/2003, 51, letzte Änderung durch RL 2004/75, ABl. L 157/2004, 100.

148 EuGH, Rs. C-517/07 (Afton), Slg 2008, I-10427.

149 Seit dem 1. Januar 2013 sollen gemäß Art. 7 I der RL neue Mindeststeuerbeträge für Gasöl gelten. S. dazu Vorschlag der Kommission KOM(2011) 169 v. 13. April 2011. Bis Ende 2014 wurde jedoch keine entsprechende Änderung der RL 2003/96 verabschiedet.

Mitgliedstaaten gestaffelte Steuersätze anwenden, wenn folgende Bedingungen eingehalten werden:

- Die in dieser Richtlinie vorgesehenen Mindeststeuerbeträge werden nicht unterschritten;
- sie sind mit dem Unionsrecht, zB dem Prinzip der Nicht-Diskriminierung oder dem Verbot von staatlichen Beihilfen vereinbar;
- diese Ausnahmen werden unter Aufsicht der Steuerbehörden angewandt, um Missbrauch und Betrug zu verhindern.[150]

Nach Art. 7 II ist es den Mitgliedstaaten gestattet, Gasöl, das als Kraftstoff verwendet wird, unterschiedlich zu besteuern, je nachdem ob es gewerblich oder nicht gewerblich genutzt wird [151] und vorausgesetzt dass

- die im Unionsrecht festgesetzten Mindeststeuerbeträge eingehalten werden und
- der Steuersatz für gewerbliches Gasöl, das als Kraftstoff verwendet wird, nicht unter den in dem betreffenden Mitgliedstaat am 1. Januar 2003 geltenden nationalen Steuerbetrag abgesenkt wird.[152]

Die Richtlinie sieht weiterhin für besondere, in Art. 15 aufgezählte Fälle die Möglich- 101
keit vor, dass die Mitgliedstaaten unbeschadet anderer Vorschriften des Rechts der Union unter Steueraufsicht Steuerbefreiungen oder Steuerermäßigungen gewähren (können oder müssen), wobei der Steuersatz unter dem in der RL festgelegten Mindestsatz liegen kann.

Für den Straßenverkehr sind in diesem Zusammenhang insbesondere zwei Fälle hervorzuheben. Art. 15 ermöglicht Steuerbefreiungen und -ermäßigungen bei der Besteuerung von Erdgas und Flüssiggas, die als Kraftstoff verwendet werden. Art. 16 auf Erzeugnisse, die ganz oder teilweise aus Biomasse bestehen (vgl Art. 16 I).[153] Diese Bevorzugung endet, wenn das Recht der Union den Mitgliedstaaten auferlegt, einen gewissen Teil des Kraftstoffmarktes den Biomassen vorzubehalten (Art. 16 VI).[154]

Schließlich kann der Rat gemäß Art. 19 auf Vorschlag der Kommission einstimmig 102
einen Mitgliedstaat ermächtigen, „aufgrund besonderer politischer Erwägungen“ weitere zeitlich befristete Befreiungen oder Ermäßigungen einzuführen.

150 Zum Begriff der „Steueraufsicht“ und die daraus erwachsenden Verpflichtungen vgl EuGH, Rs. C-185/00 (Kommission/Finnland), Slg 2003, I-14189, Rn 97–100.

151 Als gewerbliche Nutzung gilt die Güterbeförderung für Rechnung Dritter mit ausschließlich zur Güterbeförderung bestimmten Fahrzeugen, die ein zulässiges Gesamtgewicht von mindestens 7,5 t besitzen. Personenbeförderung gilt dann als gewerblich, wenn sie mit Kraftfahrzeugen ausgeübt wird, die mehr als acht Sitze zuzüglich des Fahrers aufweisen.

152 Art. 7 IV gestattet die Anwendung eines ermäßigten Satzes auf Dieselöl, wenn Mitgliedstaaten ein System von Straßenbenutzungsabgaben für Kraftfahrzeuge einführen, die ausschließlich zur Güterbeförderung bestimmt sind. Allerdings muss dann die Gesamtsteuerlast weitgehend gleich bleiben und es müssen weitere Voraussetzungen erfüllt werden.

153 Die entsprechende Steuerbefreiung oder -ermäßigung muss dem Anteil der in dem betreffenden Erzeugnis enthaltenen Biomasse entsprechen. Auch müssen die Befreiungen/Ermäßigungen an die Entwicklung der Rohstoffpreise angepasst werden, um eine Überkompensation der durch die Erzeugung der Biomasse anfallenden Mehrkosten zu vermeiden.

154 S. dazu RL 2009/28, ABl. L 140/2009, 16.

103 Einzelheiten zur Entstehung des Steueranspruchs, zu Erstattungen und Steuerbefreiungen sind in der RL 2008/118 „über das allgemeine Verbrauchssteuersystem“ enthalten.[155] Sie beziehen sich u.a. auf den Verbrauch von und Handel mit Energieerzeugnissen und elektrischem Strom (Art. 1 I, lit. a)).

Zur *Verhinderung der Doppelbesteuerung* des in den Behältern von Nutzfahrzeugen enthaltenen Kraftstoffs bestimmt Art. 24 der RL 2003/96 (*Rn 99*): „In den steuerrechtlich freien Verkehr eines Mitgliedstaats überführte Energieerzeugnisse, die in den Hauptbehältern von Nutzfahrzeugen enthalten und als Kraftstoff für diese Fahrzeuge bestimmt sind bzw in Spezialcontainern mitgeführt werden (...), sind in den anderen Mitgliedstaaten von der Verbrauchsteuer befreit.“[156]

I. Sozial- und arbeitsrechtliche Bestimmungen

1. Überblick

104 Ergänzend zu den allgemein anwendbaren, also auch für die Straßenbeförderung geltenden Sozialvorschriften[157] hat die Union spezifische Maßnahmen im Bereich der Lenk- und Arbeitszeiten angenommen. Dies geschah mit dem Ziel, die Lebens- und Arbeitsbedingungen der in diesem Sektor tätigen Arbeitnehmer zu verbessern, eine Ursache für Verzerrungen im internationalen und intermodalen Wettbewerb zu beseitigen und die Sicherheit auf der Straße zu verstärken.[158]

2. Fahr- und Ruhezeiten

a) Materiellrechtliche Regelungen

105 Den zentralen Rechtsakt der auf den Straßenverkehr bezogenen sozialrechtlichen Regelungen bildet die Verordnung Nr. 561/2006.[159] Diese legt einheitliche Regeln für Lenk- und Ruhezeiten fest. Sie gilt – mit zwei Ausnahmen – für sämtliche gewerblichen Güter- und Personenbeförderungen *innerhalb der Union* mit Kraftfahrzeugen über 3,5 t Gesamtgewicht bzw mit Fahrzeugen, die zur Beförderung von mehr als neun Personen (einschließlich des Fahrers) bestimmt sind (Art. 2 I).

Die VO ist auch anwendbar auf Transporte *zwischen der Union und den EFTA-Staaten.*[160]

Ausgenommen sind gemäß Art. 3 zum einen bestimmte Kategorien von Fahrzeugen (u.a. Spezialfahrzeuge, Fahrzeuge mit maximal zulässiger Geschwindigkeit von 40 km/h).[161] *Ausgenommen* sind weiterhin Beförderungen im grenzüberschreitenden

155 ABl. L 9/2009, 12, zuletzt geändert durch Beitrittsakte 2012, ABl. L 112/2012, 21, 51.

156 Zu Problemen bei der Anwendung dieser Bestimmung s. KOM(2011) 169 v. 13. April 2011, 12.

157 Beispiel: RL 98/59 über Massenentlassungen, ABl. L 225/1998, 16. Nähere Darstellung des EU-Sozialrechts bei *Epiney*, in: Bieber/Epiney/Haag, Die Europäische Union, 2014, S. 499 ff mwN.

158 Vgl EuGH, verb. Rs. C-184/02 und C-223/02 (Spanien, Finnland/EP und Rat), Slg 2004, I-7789, Rn 24–41; Rs. C-210/10 (Urban), Urt. v. 9. Februar 2012 (ECLI:EU:C:2012:64), Rn 25.

159 ABl. L 102/ 2006, S. 1. Letzte Änderung durch VO Nr. 165/2014, ABl. L 60/2014, S. 1. Zur Vorgängernorm (VO Nr. 3820/85) *Rang*, in: Frohnmeyer/Mückenhausen, Nr. 71.

160 Die VO ist auf die Schweiz anwendbar gemäß Anhang I des Abkommens v. 21. Juni 1999 über den Güter- und Personenverkehr auf Schiene und Straße (s. *Rn 124*). Für Norwegen, Island und Liechtenstein gilt die VO gemäß Anhang 13 zu dem Abkommen über den Europäischen Wirtschaftsraum (s. *Kap. IV Rn 27*).

161 Als Ausnahme ist Art. 3 eng auszulegen, vgl EuGH, Rs. C-116/91 (British Gas), Slg 1992, I-4071, Rn 12. Für nicht von der VO erfasste Beförderungen haben die Mitgliedstaaten die Pflicht bzw das Recht zur autonomen Gewährleistung angemessener Lenk- und Ruhezeiten. Entsprechende Pflichten bezeichnet Art. 15

Straßenverkehr, die über die Grenzen der Union bzw der EFTA-Staaten hinaus erfolgen. Für diese gilt gemäß Art. 2 III anstelle der Verordnung das *Europäische Übereinkommen über die Arbeit des im internationalen Straßenverkehr beschäftigten Fahrpersonals* (*AETR*).[162] Das AETR-Abkommen war 1970 im Rahmen der VN – Wirtschaftskommission für Europa abgeschlossen worden. Es umfasst 51 Vertragsparteien, darunter alle 28 Mitgliedstaaten der Union.

Nach der zurzeit gültigen Rechtslage kann die Union dem AETR-Abkommen nicht beitreten, da dieses nur Staaten offen steht. Gleichwohl ist die Union aufgrund der von ihr seit 1969 zu diesem Bereich beschlossenen Rechtsakte ausschließlich für die Regelung der entsprechenden Materie zuständig.[163] Das AETR gehört zum Recht der Union.[164] Entsprechend ist der EuGH zu seiner Auslegung befugt. Die Mitgliedstaaten handeln daher für die Union und in ihrem Interesse, soweit es um Ratifizierung, Anwendung und Neuverhandlung des Abkommens geht.[165]

Zur Förderung möglichst homogener Wettbewerbsbedingungen im weiteren europäischen Raum bemüht sich die Union um weitgehende Parallelität von AETR und ihrer eigenen Rechtsetzung (vgl Erwägungsgründe 8–11 und Art. 2 III VO Nr. 561/2006).

Die Art. 6 bis 9 der VO Nr. 561/2006 legen die *Höchstdauer von Lenkzeiten* sowie 106
Mindestruhezeiten fest. Die entsprechenden Begriffe werden in Art. 4 definiert. Die Tageslenkzeitendürfen neun Stunden,[166] die wöchentliche Lenkzeit darf 56 Stunden und die Gesamtlenkzeiten innerhalb eines Zeitraums von zwei aufeinander folgenden Wochen darf 90 Stunden nicht überschreiten (Art. 6).[167] Nach einer Lenkzeit von 4 1/2 Stunden ist gemäß Art. 7 [168] eine *Unterbrechung* von mindestens 45 Minuten einzulegen. Innerhalb eines Zeitraums von 24 Stunden, ab einer Ruhezeit von mindestens neun aufeinander folgenden Stunden, muss der Fahrer eine tägliche Ruhezeit von mindestens elf aufeinander folgenden Stunden einhalten – bzw zwei Ruhezeiten von insgesamt 12 Stunden, darunter eine von mindestens neun aufeinander folgende Stunden. Im Laufe einer Woche, auf jeden Fall nach sechs aufeinander folgenden Tageslenkzeiten, erhöht sich die Ruhezeit auf 45 Stunden (Art. 4 lit. f) – i) und Art. 8).

Die vorgenannten Grundzüge der Lenk- und Ruhezeiten werden in den Art. 6–9 erheblich nuanciert. So bestehen zahlreiche Möglichkeiten, die Ruhezeiten gegen einen

der VO für die Personenbeförderung im lokalen Linienverkehr (Art. 3 lit. a)). Zu den Rechten der MS s. EuGH, Rs. C-335/94 (Mrozek), Slg 1996, I-1573, Rn 20.

162 BGBl. II S. 889, zuletzt geändert durch Gesetz v. 18. August 1997, BGBl. II S. 1550. Das Abkommen findet jeweils auf die gesamte Fahrstrecke bzw auf den auf dem Territorium der Vertragsparteien gelegenen Fahrtabschnitt Anwendung. Vgl Art. 2, III der VO und Art. 2, I des Abkommens.

163 EuGH, Rs. 22/70 (Kommission/Rat = „AETR"), Slg 1971, 263, Rn 30–32.

164 EuGH, Rs. C-439/01 (Cipra), Slg 2003, I-745, Rn 23 f. unter Hinweis auf die Erwägungsgründe der VO Nr. 2829/77, mit der das Abkommen für die Gemeinschaft in Kraft gesetzt wurde. ABl. L 334/1977, 11.

165 EuGH, Rs. 22/70, s. *Anm. 163, Rn 90*; VO Nr. 561/2006, Erwägungsgründe, Ziff. 10, 11.

166 Als „Lenkzeit" iSv Art. 4 lit. j) gilt lediglich die am Lenkrad bei einer Beförderungstätigkeit iSd VO verbrachte Zeit. Aus Art. 6 folgt daher keine absolute Schranke der beruflichen Fahrtätigkeit. Dagegen gilt jede Fahrtätigkeit als „Arbeitszeit" iSd VO Nr. 382/85 (s. *Rn 109*) sowie der RL 2003/88 und 2002/15 (s. *Rn 113*). Dazu EuGH, Rs. C-297/99 (Skill Coaches), Slg 2001, I-573, Rn 29–34.

167 Zur Definition der Begriffe „Lenkzeit", „Tageslenkzeit", „Wochenlenkzeit" sowie der sonstigen Begriffe zu den Lenk- und Ruhezeiten vgl Art. 4 VO Nr. 561/2006.

168 Dazu EuGH, Rs. C-116/92 (Charlton), Slg 1993, I-6755, Rn 14 ff.

entsprechenden Ausgleich zu verschieben oder zu verkürzen. Das sich daraus ergebende System ist zwar flexibel aber auch recht kompliziert.

107 Die Bestimmungen zu den Lenk- und Ruhezeiten sind in einer Verordnung enthalten. Diese hat definitionsgemäß allgemeine und unmittelbare Geltung. Sie verpflichtet daher unmittelbar sowohl die Unternehmer als auch die Fahrzeugbesatzungen.[169]

Unternehmer tragen insoweit allerdings eine besondere Verantwortung. Art. 10 I verbietet bestimmte Arten der Entlohnung (u.a. nach der zurückgelegten Strecke oder Menge der beförderten Güter oder bestimmte Prämien), „falls diese Zahlungen geeignet sind, die Sicherheit im Straßenverkehr zu gefährden und/oder zu Verstößen gegen diese Verordnung zu ermutigen".[170]

108 Die Mitgliedstaaten können für ausschließliche innerstaatliche Transporte längere Ruhezeiten und/oder kürzere Höchstlenkzeiten einführen (Art. 11). Auch können sie unter den Voraussetzungen der Art. 13 und 14 für Transporte individuelle Abweichungen von den Art. 5–9 zulassen, sofern dabei die Ziele der VO sowie bestimmte Verfahrensvorschriften beachtet werden. Dadurch sollen die gemeinsamen Interessen gewahrt bleiben:

- Für Transporte mit bestimmten, in Art. 13 I aufgeführten Fahrzeugen (zB Behördenfahrzeugen, land- und forstwirtschaftliche Zugmaschinen usw.). Insoweit besteht eine *Pflicht zur Information der Kommission*, die ihrerseits die übrigen Mitgliedstaaten zu unterrichten hat (Art. 13 II);
- für Transporte innerhalb von besonders dünn besiedelten und vorher räumlich definierten Gebieten eines Mitgliedstaates. Für diese Ausnahmen ist eine *Genehmigung der Kommission* erforderlich;
- für Transporte, die unter außergewöhnlichen Umständen durchgeführt werden (Art. 14 I). Auch für diese Ausnahme bedarf es einer *vorherigen Genehmigung durch die Kommission.*[171]

Auch Fahrer können ausnahmsweise von den durch die VO auferlegten Pflichten abweichen, um einen geeigneten Halteplatz zu erreichen, wenn dies erforderlich ist um Sicherheit der Fahrgäste, des Fahrzeugs oder seiner Ladung zu gewährleisten (Art. 12). Das gilt jedoch nur, wenn die Sicherheit im Straßenverkehr nicht gefährdet ist und es sich um nicht vorhersehbare Umstände handelt.[172]

b) Das Kontrollgerät für Lenkzeiten

109 Damit die zuständigen Behörden in die Lage versetzt werden, die Einhaltung der Bestimmungen über Lenkzeiten, Unterbrechungen und Ruhezeiten zu überprüfen, wur-

169 EuGH, Rs. C-69/74 (Cagnon), Slg 1975, 171, Rn 10; Rs. C-210/10 (Urban), (s. *Anm. 158*), Rn 32 ff.

170 Dieser Wortlaut scheint gegenüber der durch ihn ersetzten Vorgängernorm (Art. 10 der VO Nr. 3820/85) eine Beweislastumkehr vorzunehmen und daher weniger strikt als diese zu sein. Letztere untersagte die betreffenden Zahlungsformen, es sei denn es würde nachgewiesen, dass die negativen Wirkungen nicht zu befürchten seien (s. dazu EuGH, Rs. C-93/05 (Teemu Hakala), Slg 2006, I-87). Da jedoch nach Absicht des Gesetzgebers die durch die zuvor geltende Regelung erzielten Fortschritte „gewahrt und ausgebaut werden" sollten (VO Nr. 561/2006, Erwägungsgründe, Ziff. 1) dürfte Art. 10 I wie die Vorgängernorm auszulegen sein.

171 Diese Ausnahmen sind eng auszulegen, vgl EuGH, Rs. C-554/09 (Seeger), Slg 2011, I-7131; Rs. C-222/12 (Karuse SA), Urt. v. 3. März 2014 (ECLI:EU:C:2014:142), Rn 28 mwN.

172 EuGH, Rs. C-235/94 (Bird), Slg 1995, I-3933, Rn 12–14.

de durch die VO Nr. 3821/85[173] ein Kontrollgerät („*Tachygraph*“) eingeführt. Das Gerät zeichnet vollautomatisch alle Angaben über Wegstrecke und Arbeitszeiten auf. Sein Einbau und seine Benutzung sind obligatorisch für Fahrzeuge vorgeschrieben, die der Personen- und Güterbeförderung im Straßenverkehr dienen und die in einem Mitgliedstaat zugelassen sind. Ausnahmen von der Einbaupflicht bestehen entsprechend den Ausnahmen die für die Anwendung der Lenk- und Ruhezeitenregelung in der VO Nr. 561/2006 vorgesehen sind (s. *Rn 105, 108*).

Die Verordnung enthält Vorschriften über Bauart und Zulassung des Tachygraphen, sowie die Regeln für den Einbau dieser Geräte in den Fahrzeugen.[174] In der VO werden ebenfalls die Verpflichtungen der Verkehrsunternehmer definiert, den Fahrern Fahrzeuge zu übergeben, die mit einem Tachygraphen ausgerüstet sind und die Verpflichtungen der Fahrer, den Tachygraphen gemäß der Verordnung einzusetzen. Die Arbeitgeber und die Fahrer müssen darauf achten, dass das Gerät richtig arbeitet und gegebenenfalls umgehend für eine Reparatur sorgen. Die Fälschung oder Zerstörung der Schaublätter oder der im Tachygraphen gespeicherten Angaben sind ebenso verboten wie jegliche Manipulation des Geräts.

c) Überwachung und Sanktionen

Die Mitgliedstaaten haben über die Einhaltung der Regeln in den Verordnungen 110
Nr. 561/2006 und Nr. 3821/1985 zu wachen. Sie erlassen nach Anhörung der Kommission die dazu erforderlichen Rechts- und Verwaltungsvorschriften unter anderem in Bezug die Organisation, das Verfahren und die Mittel für die Überwachung sowie die Sanktionen von Verstößen (VO Nr. 561/2006: Art. 18, 19 I; VO Nr. 3821/1985: Art. 19). Verschiedene Bestimmungen ergänzen und beschränken gleichzeitig diese Zuständigkeit, um auf diese Weise wirksame und gleichmäßige Kontrollen in der gesamten Union zu gewährleisten.[175]

Die VO Nr. 561/2006 bezeichnet das für die Kontrollen und Sanktionen erforderli- 111
che Minimum an Maßnahmen (zB Entziehung der Fahrerlaubnis, Stilllegung von Fahrzeugen, Art. 21). Sie berücksichtigt dabei die Besonderheiten, die aus den vielfach transnationalen Transportaktivitäten erwachsen. Die Mitgliedstaaten sind verpflichtet, auf ihrem Territorium festgestellte Verstöße gegen die VO auch dann zu verfolgen, wenn diese in einem anderen Mitgliedstaat begangen wurden (Art. 19 II). Dabei ist das Verbot der Doppelbestrafung zu beachten (Art. 19 I; 20 I). Im Übrigen verpflichtet die VO die Staaten zu regelmäßigem Informationsaustausch über Verstöße und allgemein zur gegenseitigen Unterstützung bei der Anwendung der VO und der Überwachung ihrer Einhaltung (Art. 22).[176]

173 ABl. L 370/1985, S. 8. Zuletzt geändert durch VO Nr. 1161/2014, ABl. L 311/2014, 19. Dazu *Rang*, in: Frohnmeyer/Mückenhausen, Nr. 72. Ab dem 2. März 2016 wird die VO Nr. 3821/85 durch die VO Nr. 165/2014, ABl. L 60/2014, S. 1, ersetzt.

174 Zur Aktualisierung der technischen Anforderungen vgl Dok. KOM(2011) 454 v. 19. Juli 2011.

175 Zur Praxis vgl den Bericht der Kommission, Dok. KOM(2009) 416, v. 3. August 2009, Ziff. 4.2 und die Entschließung des EP v. 18. Mai 2010, ABl. C 161E/2011, 58.

176 Zur Mitteilung von Verstößen an den Staat der Niederlassung des Unternehmens zum Zweck der Auferlegung geeigneter Maßnahmen s. *Rn 5, 36*.

Um eine harmonisierte Anwendung sicherzustellen „klärt die Kommission die Bestimmungen dieser Verordnung“ (Art. 25 I) und beschließt „Leitlinien“ zu Art. 21.[177]

Die Maßnahmen der Mitgliedstaaten müssen weiterhin den allgemeinen Grundsätzen der Gleichwertigkeit, der Wirksamkeit, der Verhältnismäßigkeit und der Nicht-Diskriminierung[178] sowie den Bestimmungen der RL 2006/22 über Mindestbedingungen der Kontrollsysteme entsprechen.[179] Die Richtlinie fordert von den Mitgliedstaaten die Durchführung von Kontrollen auf der Straße und in den Unternehmen. Sie schreibt dafür eine Mindestanzahl pro Jahr vor und legt Mindeststandards und Modalitäten der Kontrollen fest. Zur Stärkung der Zusammenarbeit zwischen den Mitgliedstaaten sind zweimal pro Jahr aufeinander abgestimmte Kontrollen (Art. 6) und ein gegenseitiger Informationsaustausch (Art. 8) vorgeschrieben.

3. Die Regelung der Arbeitszeit der mobilen Arbeitnehmer im Straßenverkehr

112 Die Bestimmungen der VO Nr. 561/2006 begrenzen nur die *Lenkzeiten*, noch dazu nur die bei bestimmten Transporten am Lenkrad verbrachten Zeiten.[180] Die Richtlinien 2003/88[181] und 2002/15[182] vervollständigen die Verordnung durch Mindestvorschriften über den weiter gehenden Begriff der *Arbeitszeit*. Die Tragweite der Verordnung Nr. 561/2006 wird jedoch durch die Richtlinien nicht beeinträchtigt, sie hat im Konfliktfall Vorrang.[183]

113 Die Richtlinie 2003/88 gilt als Grundlage für die Arbeitszeitgestaltung innerhalb der Union.[184] Im Prinzip findet sie in allen Wirtschaftsbereichen Anwendung, also auch im Verkehrswesen. Allerdings gelten nur einige dieser Bestimmungen auch für mobile Arbeitnehmer (Art. 20 I), dh für „... Arbeitnehmer, der als Mitglied des fahrenden oder fliegenden Personals im Dienst eines Unternehmens beschäftigt ist, das Personen oder Güter im Straßen- oder Luftverkehr oder in der Binnenschifffahrt befördert“ (Art. 2 Ziff. 7).

Für diese Kategorie von Arbeitnehmern legt die Richtlinie zunächst eine Wochenarbeitszeit fest. Sie wird durch Gesetze, sonstige Regelungen oder Tarifverträge auf durchschnittlich 48 Stunden innerhalb von höchstens sieben Tagen begrenzt (Art. 6).[185] Dieser Durchschnittswert wird anhand eine Bezugszeitraums von höchstens vier Monaten berechnet (Art. 16 lit. b)).[186]

---

177 Diese Leitlinien sollen vor allem eine gemeinsame Haltung bei der Bewertung der Schwere eines Verstoßes und der angemessenen Sanktion ermöglichen. Dazu bestehen allerdings erhebliche Unterschiede zwischen den Staaten, vgl Dok. KOM(2009) 225. S. allerdings Anhang III der RL 2006/22, ABl. L 102/2006, 35. S.a. EuGH, Rs. C-210/10 (Urban), (s. *Anm. 158*), *Rn 32 ff.*

178 Dazu EuGH, Rs. C-326/88 (Hansen), Slg 1990, I-2911, Rn 17; C-29/95 (Pastoors), Slg 1997, I-285, Rn 14 ff; C-210/10 (Urban) (s. *Anm. 158*), Rn 19 ff.

179 ABl. L 102/2006, S. 35, zuletzt geändert durch RL 2009/5, ABl. L 29/2009, 45.

180 S. *Anm. 166*.

181 ABl. L 299/2003, 9.

182 ABl. L 80/2002, 35 (berichtigt: ABl. L 57/2007, 28).

183 S. RL 2003/88 (*Anm. 181*), Art. 14 sowie RL 2002/15 (*Anm. 182*), Art. 2 IV.

184 Dazu *Benecke*, in: G/H/N, Art. 153 AEUV, Rn 34–40.

185 Gemäß Art. 22 der RL 2003/88 ist es den Mitgliedstaaten gestattet, Art. 6 nicht anzuwenden, sofern sie die allgemeinen Grundsätze der Sicherheit und des Gesundheitsschutzes der Arbeitnehmer einhalten und dafür näher bezeichnete Maßnahmen treffen.

186 Die Mitgliedstaaten können von den in Art. 16 genannten Bezugszeiträumen unter den in Art. 17 I–III genannten Voraussetzungen abweichen. Das Gleiche gilt für die Parteien von Tarifverträgen unter den Vor-

Die Richtlinie verpflichtet außerdem die Mitgliedstaaten, den Arbeitnehmern mindestens vier Wochen bezahlten Urlaub pro Jahr zu garantieren und untersagt es, den bezahlten Urlaub durch eine Vergütung zu ersetzen, sofern nicht gleichzeitig das Arbeitsverhältnis beendet wird (Art. 7).

Schließlich schreiben die Artikel 9–13 vor, wie schädliche Auswirkungen gewisser Arbeiten (Nachtarbeit, Schichtarbeit, Arbeiten in bestimmtem Rhythmus oder monotone Arbeiten) auf den menschlichen Organismus vermieden werden können.

Die RL 2002/15 vervollständigt die RL 2003/88 insoweit als sie speziell auf die „Regelung der Arbeitszeit von Personen, die Fahrtätigkeiten im Bereich des Straßentransports ausüben" bezogen ist. Ihr Anwendungsbereich erfasst ausschließlich das von einem Verkehrsunternehmen mit Sitz in einem Mitgliedstaat beschäftigte oder selbstständig tätige[187] Fahrpersonal, das Straßenverkehrstätigkeiten im Sinne der VO Nr. 561/2006 oder des Übereinkommens AETR nachgeht.[188] Wegen ihrer sektoriellen Spezialität hat die RL 2002/15 Vorrang vor der RL 2002/88 (Art. 2 III, IV). 114

Die Richtlinie definiert die Arbeit der Fahrer als „die Zeit, die der Tätigkeit des Straßenverkehrs gewidmet wird", insbesondere für das Fahren, Auf- und Abladen, Hilfe für die Passagiere, Wartung des Fahrzeugs. Sie enthält drei Mindestvorschriften: 115

Die *Wochenarbeitszeit* wird durchschnittlich auf höchstens 48 Stunden pro Woche festgelegt. Der Durchschnitt ist anhand eines Bezugszeitraums von vier Monaten zu berechnen, die Wochenarbeitszeit darf 60 Stunden nicht überschreiten.[189]

Bei *Nachtarbeit* ist eine maximale tägliche Arbeitsdauer von zehn Stunden innerhalb eines Zeitraums von 24 Stunden vorgesehen. Dazu kommt ein angemessener Ausgleich für diese Art von Arbeit. Abweichungen von diesen beiden Vorschriften sind möglich. Diese können durch einen Tarifvertrag erfolgen oder, sofern dies nicht möglich ist, über rechtliche, bzw verwaltungsrechtliche Bestimmungen, unter der Bedingung, dass die Sozialpartner bei der Beschlussfassung mit einbezogen wurden.

Die dritte Mindestvorschrift betrifft die *Ruhepausen*. Die mobilen Arbeitnehmer dürfen – vorbehaltlich der Verordnung Nr. 561/2006 – in keinem Fall länger als sechs Stunden hintereinander ohne Unterbrechung arbeiten. Die Pausen können in Einheiten von mindestens 15 Minuten aufgeteilt werden. Beläuft sich die Gesamtarbeitszeit jedoch auf sechs bis neun Stunden, müssen die Pausen mindestens 30 Minuten, bei einer Arbeitszeit von über neun Stunden mindestens 45 Minuten dauern.

Es ist Aufgabe der Mitgliedstaaten, die mobilen Arbeitnehmer über die nationalen Vorschriften zur Umsetzung der Richtlinien in Kenntnis zu setzen, und dafür zu sorgen, dass die Arbeitszeiten der mobilen Arbeitnehmer von den Arbeitgebern aufge- 116

aussetzungen des Art. 18. Dabei dürfen allerdings die in Art. 19 bezeichneten Höchstgrenzen nicht überschritten werden.

187 Die seit 2009 anwendbare Einbeziehung der selbständigen Kraftfahrer war lebhaft umstritten. Ihre Rechtmäßigkeit wurde vom EuGH bestätigt. Vgl verb. Rs. C-184/02 und C-223/02 (Spanien, Finnland/EP und Rat), Slg 2004, I-7789. Ein Vorschlag der Kommission, Selbstständige erneut vom Anwendungsbereich der RL auszunehmen (Dok. KOM(2008) 650), wurde nach Einwänden des EP im Jahre 2011 zurückgezogen.

188 Die RL gilt also nicht für sämtliche „mobilen Arbeitnehmer" iSd RL 2003/88, vgl RL 2002/15, Art. 2 II.

189 S.a. Art. 6 II der VO Nr. 561/2006.

zeichnet werden. Sie müssen Verstöße gegen die Richtlinie durch entsprechende Sanktionen ahnden.

J. Passagierrechte

117 Bis zum Jahre 2013 wurden die Rechte von Autobus-Passagieren auf internationaler oder europäischer Ebene nur durch vereinzelte Bestimmungen des Rechts der Union[190] sowie durch ein Abkommen geschützt, das im Rahmen der Wirtschaftskommission für Europa abgeschlossen worden war, jedoch nur von wenigen Mitgliedstaaten ratifiziert wurde.[191] (Zu Abkommen über Rechte von Vertragspartnern im Güterverkehr s. *Rn 127*).

118 Diese Lücke wurde mit Wirkung vom 1. März 2013 durch die VO Nr. 181/2011 geschlossen.[192] Unter Anpassung an die Besonderheiten des Straßentransports orientiert sie sich an anderen verbraucherschützenden Bestimmungen des Rechts der Union (s. *Kap. IV Rn 21*):

- Art. 4 regelt das *Verbot der Diskriminierung* aufgrund der Staatsangehörigkeit oder des Ortes der Niederlassung des Beförderers oder des Fahrscheinverkäufers für die Beziehungen zwischen Beförderer und Fahrgast;
- Kap. II bezeichnet *Mindeststandards für Entschädigung und Hilfeleistung bei Unfällen.* Unabhängig von einer Haftung des Beförderers gehört dazu unter anderem bei Unfällen, soweit erforderlich, die Unterbringung, Verpflegung, Kleidung, Beförderung und Bereitstellung erster Hilfe (Art. 8).
- Kap. III betrifft die *Rechte von Behinderten und von Personen mit eingeschränkter Mobilität.* Art. 9 verbietet dem Beförderer, diesem Personenkreis allein aus Gründen der Behinderung die Beförderung zu verweigern und verpflichtet ihn, Fahrscheine ohne Aufpreis anzubieten. Eng umschriebene Ausnahmen von dieser Verpflichtung bezeichnet Art. 10. Vorgesehen sind weiterhin besondere Hilfeleistungen (sowie deren Voraussetzungen und Ausnahmen) und besondere Entschädigungsregeln bei Verlust von Mobilitätshilfen, Art. 11–14, 17, 18).
- Kap. IV regelt die *Fahrgastrechte bei Annulierung oder Verspätung.* Dazu gehören bei einer Verspätung von mehr als 120 Minuten insbesondere wahlweise frühest mögliche Weiterreise zum Zielort oder Erstattung des Fahrpreises und kostenlose Rückfahrt. Bietet der Beförderer diese Auswahl nicht an, so hat der Fahrgast zusätzlich zum Anspruch auf Erstattung des Fahrpreises Anspruch auf eine Entschädigung in Höhe von 50 % dieses Preises. Weiterhin bestehen Informationsrechte und Ansprüche auf Hilfeleistung. Letztere können auch Hotelübernachtung einschließen.

---

190 Z.B. Informationsrechte der Passagiere im Linienverkehr (s. *Rn 30*) sowie die allgemeinen verbraucherschützenden Bestimmungen, zB RL 2011/83 über die Rechte der Verbraucher, ABl. L 304/2011, 64. Diese RL ist gemäß Art. 3 III, lit. k) nur in wenigen Elementen auf Beförderungen anwendbar (zB im Hinblick auf elektronisch geschlossene Fernabsatzverträge, Art. 8 II).

191 Übereinkommen über den Beförderungsvertrag im internationalen Straßenpersonen- und -gepäckverkehr (CVR) der Wirtschaftskommission der Vereinten Nationen für Europa vom 1. März 1973.

192 ABl. L 55/2011, 1.

- Die Kap. V und VI bezeichnen *Informations – und Beschwerderechte* der Fahrgäste. Dazu gehört auch die Information über die in der VO begründeten Rechte (Art. 25). Die Rechte der Fahrgäste, nach nationalem Recht Forderungen gerichtlich geltend zu machen bleiben unberührt (Erwägungsgründe, Ziff. 21).

Die VO findet auf Beförderungen im Linienverkehr Anwendung, bei denen Abfahrts- 119
oder Ankunftsort auf dem Territorium eines Mitgliedstaates liegt und deren planmäßige Wegstrecke mindestens 250 km beträgt (Art. 2). Bei kürzeren Wegstrecken sind nur einzelne Bestimmungen der VO anwendbar. Für den Gelegenheitsverkehr gelten ebenfalls nur einige der Bestimmungen (Art. 2, III). Für einen Zeitraum von maximal acht Jahren nach ihrem Geltungsbeginn (dh bis 2021) können die Mitgliedstaaten inländische Linienverkehrsdienste von einigen Bestimmungen der VO ausnehmen (nicht abdingbar sind u.a. die Regeln über nichtdiskriminierende Fahrpreise und über die Beförderung von Behinderten).

Die in der VO festgelegten Verpflichtungen dürfen durch vertragliche Regeln nicht 120
ausgeschlossen oder eingeschränkt werden (Art. 6). Sie gelten für Beförderer, Reisevermittler, Reiseveranstalter und Busbahnhofbetreiber sowie die von diesen beauftragten Personen.

Die Mitgliedstaaten sind verpflichtet, Sanktionen festzulegen, die bei Verstößen gegen die VO zu verhängen sind (Art. 31).

K. Die Außenbeziehungen der Union auf dem Gebiet des Straßenverkehrs

Die engen kulturellen und wirtschaftlichen Beziehungen zwischen den Mitgliedstaa- 121
ten der Europäischen Union und ihren Nachbarstaaten erfordern eine weitestgehend unbehinderte Beförderung von Reisenden und Gütern. Wegen ihrer dominierenden Rolle unter den Verkehrsträgern des Binnenverkehrs kommt der Beförderung im Straßenverkehr in diesem Zusammenhang besondere Bedeutung zu.

Die Union strebt in diesem Bereich einen erweiterten Binnenmarkt an, der einen größeren „europäischen Raum" umfasst, in dem von benachbarten Partnerstaaten die sozialen, umweltbezogenen und Sicherheitsstandards übernommen werden (s. *Kap. IV Rn 26, 27*). An diesem Vorhaben orientiert sich ihre Mitwirkung an spezialisierten paneuropäischen Organisationen. Die Mitwirkung erfolgt entweder unmittelbar im Rahmen einer Mitgliedschaft der Union oder mittelbar mithilfe der Mitgliedstaaten. Zu diesen Organisationen gehören insbesondere das *Weltverkehrsforum* (ITF), das 2007 aus der *Europäischen Verkehrsministerkonferenz* hervorgegangen ist, sowie die *Wirtschaftskommission der Vereinten Nationen.* Auch verfolgt die Union ihre Ziele im Rahmen von bi- und multilateralen Abkommen mit den sie umgebenden Staaten, insbesondere im Rahmen ihrer Nachbarschaftspolitik und der Beitrittsvorbereitung.[193]

Island, Liechtenstein und Norwegen sind vollständig in den Straßenverkehrs -Binnen- 122
markt integriert. Die Grundlage dafür bildet das Abkommen über den *Europäischen Wirtschaftsraum* (EWR)(s. *Kap. IV, Rn 27*).

193 Dazu Mitteilung der Kommission „Die EU und ihre Nachbarregionen: Ein neues Konzept für die Zusammenarbeit im Verkehrsbereich", Dok. KOM(2011) 415 v. 7. Juli 2011.

123 Nach der Ablehnung des EWR-Vertrages durch die Schweiz besteht mit diesem Staat eine bilateral vereinbarte Rechtslage, die der besonderen Rolle der Schweiz im Bezug auf den europäischen Straßen-(und Schienen-, dazu *Kap. VII Rn* 88)verkehr Rechnung trägt. Sie beruht auf dem Vertrag v. 21. Juni 1999 über den Güter- und Personenverkehr auf Schiene und Straße.[194]

Das Abkommen begründet für die in den Vertragsparteien ansässigen Unternehmen Zugang zum jeweiligen Güter- und Personenverkehrsmarkt und fordert die Anerkennung des schweizerischen Rechts als gleichwertig mit dem in Anhang I aufgeführten Recht der Union (Art. 52 VI). Das Abkommen liberalisiert die internationalen Güter- und Personentransporte auf der Straße entsprechend internen Regelungen der Union (s. *Rn 9–22*).[195] Gemäß Art. 5 ff gelten gleiche Regeln wie in der Union für den Zugang zum Beruf (s. *Rn 2 ff*), Sozialvorschriften (Lenkzeiten und Ausbildung: s. *Rn 105 ff*) und technische Normen, insbesondere Masse und Gewichte von Fahrzeugen (s. *Rn 79 ff*). Allerdings übernimmt das Abkommen das in der EU für diesen Bereich geltende Recht nicht vollständig und es wird nur in größeren Zeitabständen entsprechend aktualisiert.[196] So ist zB keine Übernahme der Richtlinien über die Arbeitszeit des Fahrpersonals (s. *Rn 113 ff*) vorgesehen. Auch bezieht sich das Abkommen (Anhang 3) noch im Jahre 2014 auf die EU-Regelung über die Lizenz und den Zugang zum gewerblichen Güterkraftverkehr, die vor Annahme der Verordnungen Nr. 1071/2009 und 1073/2009 (s. *Rn 11 ff*) galt.

Die Liberalisierung des Straßentransports durch dieses Abkommen ist eng mit dem Alpen – Transit des Schwerlastverkehrs verknüpft. Entsprechend der Forderung der Union schafft das Abkommen die Voraussetzungen für einen Transit, der frei ist von rechtlichen oder technischen Hindernissen. Dazu garantiert Art. 10 grundsätzlich die freie Durchfahrt für Gütertransporte und Leerfahrten, sieht Art. 7 eine Anpassung der in der Schweiz geltenden Normen über höchstzulässige Gewichte an das Recht der EU vor (RL 96/53) und bekräftigt Art. 32 die Grundsätze „der freien Wahl des Verkehrsträgers" und „der Nichteinführung einseitiger mengenmäßiger Beschränkungen". Andererseits bestätigt das Abkommen das in der Schweiz geltende Nachtfahrverbot. Daneben bestätigen die Art. 30 ff die Absicht beider Seiten, „soweit erforderlich" eine abgestimmte Politik auf dem Gebiet des Güter- und Personenverkehrs zu entwickeln. Diese Politik „soll ein effizientes Verkehrssystem mit den Anforderungen des Umweltschutzes in Einklang zu bringen". Dadurch soll unter anderem der Schweiz ermöglicht werden, den Anforderungen von Art. 84 ihrer Bundesverfassung zu entsprechen und den Güterverkehr im Alpentransit von der Straße auf die Schiene zu verlagern.[197] Mit dem gleichen Ziel erlaubt das Abkommen die Einführung eines genau umrissenen Systems von Straßennutzungsgebühren für Fahrzeuge mit einem

194 ABl. L 114/2002, 91. S. dazu insbesondere die Beiträge von *Friedli, Schneuwly, Ambühl* und *Epiney/Sollberger*, in: Felder/Kaddous (Hrsg.), Bilaterale Abkommen Schweiz/EU (Erste Analysen), 2001, 481–545.

195 Im Gütertransport wird den Schweizer Transporteuren überdies das Recht zur „großen Kabotage" eingeräumt. Sie sind danach befugt, internationale Transporte zwischen den Mitgliedstaaten der EU auszuführen (Art. 3 I und 12).

196 Letzte Neufassung von Anhang 1 des Abkommens durch Beschluss des Gemischten Landverkehrsausschusses v. 6. Dezember 2013, ABl. L 352/2013, 79.

197 Das dazu erlassene Bundesgesetz über die Verlagerung des Güterverkehrs beziffert als Ziel ein Maximum von 650.000 Fahrten des Straßenschwerlastverkehrs im Alpentransit.

höchstzulässigen Gesamtgewicht von 12 t oder mehr (Art. 37 ff). Es ist der Schweiz auch nicht verwehrt, in die Straßenbenutzung in nicht diskriminierender Weise einzugreifen, um den Verkehrsfluss an die vorhandenen Kapazitäten von Tunneln, Autobahnen und Parkplätzen anzupassen.

Dieses System entspricht der von der Schweiz zum Zeitpunkt des Vertragsschlusses verfolgten Politik der Verkehrsverlagerung auf die Schiene. Die damit unter dem Aspekt der nachhaltigen Mobilität angestrebten Ziele scheinen jedoch nicht erreichbar. Eine Änderung des Abkommens mit dem Ziel der Einführung eines Handels mit Transitrechten wird erwogen.[198]

Mit den aktuellen und potenziellen Beitrittskandidaten des westlichen Balkans wur- 124
den 2008 Verhandlungen über die Errichtung einer „Europäischen Verkehrsgemeinschaft" geplant. Darin sollte ebenfalls eine Angleichung des Rechts dieser Staaten an den „Besitzstand" der Union angestrebt werden.[199] Das Projekt stagniert jedoch.

Zu erwähnen ist schließlich die Beteiligung der Union an drei multilateralen Abkom- 125
men. Zwei betreffen die Personenbeförderung im grenzüberschreitenden Gelegenheitsverkehr mit Kraftomnibussen: Das *ASOR Abkommen* vom 26. Mai 1982[200] war unter der Ägide der damaligen Europäischen Verkehrsministerkonferenz (jetzt: ITF) abgeschlossen worden. Es sollte diese Art der Beförderung zwischen den Vertragspartnern liberalisieren. Wegen seiner begrenzten geographischen Reichweite hat das Abkommen nur noch geringe praktische Bedeutung.[201] Umfassender und gewichtiger ist das *Interbus-Abkommen* vom 30. Juni 2001.[202] Neben einer Liberalisierung des grenzüberschreitenden Gelegenheitsverkehrs mit Omnibussen soll es eine Angleichung an die in der Union geltenden Standards herbeiführen. Dieses Abkommen steht den 54 am Weltverkehrsforum (ITF) beteiligten Staaten sowie Andorra, Monaco und San Marino offen. Es wurde bisher von der Union sowie sieben weiteren Staaten Ost- und Südosteuropas unterzeichnet.

Es ist geplant, seinen Anwendungsbereich auf den Linienbusverkehr auszudehnen.[203]

Die Mitwirkung an der Wirtschaftskommission für Europa der VN gibt der Union die Möglichkeit, über ihre Grenzen hinaus für eine Verbreitung ihrer Standards zu sorgen.

---

198 Dazu näher *Epiney/Heuck/Kern*, Unionsrechtliche Vorgaben für die Beschränkungen des alpenquerenden Straßengütertransports, Zürich 2013, sowie *Epiney*, Zur Vereinbarkeit der Einführung einer Alpentransitbörse mit den Vorgaben des EU-Rechts, Freiburger Schriften zum Europarecht Nr. 15, 2013.

199 Stellungnahme des EWSA zu „Verkehrspolitik in den Westbalkanländern" v. 16. Juli 2009, ABl. C 354/2010, 50. S.a. Mitteilung der Kommission „Die EU und ihre Nachbarregionen: Ein neues Konzept für die Zusammenarbeit im Verkehrsbereich", Dok. KOM(2011) 415 v. 7. Juli 2011.

200 Übereinkommen über die Personenbeförderung im grenzüberschreitenden Gelegenheitsverkehr mit Kraftomnibussen (ASOR), ABl. L 230/1982, 38.

201 Als außerhalb der Union stehende Staaten sind nur Norwegen, die Schweiz und die Türkei beteiligt. Nur für den Verkehr zwischen diesen Staaten ist das Abkommen von Bedeutung.

202 Übereinkommen über die Personenbeförderung im grenzüberschreitenden Gelegenheitsverkehr mit Omnibussen (Interbus-Übereinkommen), ABl. L 321/2002, 13.

203 S. Mitteilung der Kommission „Die EU und ihre Nachbarregionen: Ein neues Konzept für die Zusammenarbeit im Verkehrsbereich", Dok. KOM(2011) 415 v. 7. Juli 2011.

Die Union ist weiterhin Vertragspartei der *Alpenkonvention*[204] und des in deren Rahmen abgeschlossenen *Verkehrsprotokolls*.[205] Mit dem Protokoll soll ein Rechtsrahmen geschaffen werden, der eine umweltverträgliche Mobilität und den Umweltschutz für alle Verkehrsträger in der Alpenregion gewährleistet.

126 Im Übrigen wird der Straßenverkehr zwischen den Mitgliedstaaten der Union und Drittstaaten durch bilaterale oder multilaterale Abkommen bestimmt. So gilt in diesen Beziehungen zB ein multilateral ausgehandeltes Kontingent von Lizenzen, die im Rahmen der früheren Europäischen Verkehrsministerkonferenz (jetzt ITF) vereinbart worden waren.[206]

Im Rahmen der Wirtschaftskommission für Europa der VN wurde das Übereinkommen über den *Beförderungsvertrag im internationalen Straßengüterverkehr* (CMR), v. 19. Mai 1956 idF des Protokolls v. 5. Juli 1978 ausgehandelt. Es gilt „für jeden Vertrag über die entgeltliche Beförderung von Gütern auf der Straße mittels Fahrzeugen, wenn der Ort der Übernahme des Gutes und der für die Ablieferung vorgesehene Ort ... in zwei verschiedenen Staaten liegen, von denen mindestens einer ein Vertragsstaat ist[,] ... ohne Rücksicht auf den Wohnsitz und die Staatsangehörigkeit der Parteien“ (Art. 1).

Dem CMR sind über 50 Staaten, darunter alle Mitgliedstaaten der Union, beigetreten. Das CMR gehört nicht zum Recht der Union. Gleichwohl ist es bei der Auslegung des Unionsrechts zu beachten.[207]

L. Bilanz und Ausblick

127 Im Lichte des Art. 26 AEUV lässt sich feststellen, dass der Binnenmarkt für Straßentransporte inzwischen verwirklicht wurde: die Grenzkontrollen zwischen den Mitgliedstaaten wurden beseitigt (s. *Kap. II Rn 34*), die Regelungen über den Zugang zum Markt ermöglichen weitgehend die Dienstleistungsfreiheit. Allerdings bestehen noch immer Beschränkungen bei der Kabotage, bei einigen Dienstleistungen und bei der Niederlassung. Die technische Harmonisierung ist zwar in Einzelheiten noch zu erweitern,[208] ermöglicht aber nach dem bereits erreichten Stand den Fahrzeugen die freie Durchführung grenzüberschreitender Beförderungen. Doch verdeutlichen die Fortschritte der Liberalisierung gleichzeitig, dass der rechtliche Rahmen bei weitem nicht ausreicht, um einen unverfälschten Wettbewerb innerhalb des Binnenmarktes zu gewährleisten. So sieht der Gesetzgeber von der Liberalisierung der Kabotage ab „solange die Harmonisierung des Kraftverkehrsmarktes noch nicht abgeschlossen ist“.[209]

---

204 Beschluss 96/191, ABl. L 61/1996, 1. Parteien der Konvention sind neben der Union Deutschland, Frankreich, Italien, Liechtenstein, Monaco, Österreich, die Schweiz und Slowenien.

205 Beschluss 2007/799, ABl. L 323/2007, 13. Das Protokoll ist im Anhang zu diesem Beschluss abgedruckt.

206 Übersicht in: http://internationaltransportforum.org/IntOrg/quota/index.html, zuletzt besucht am 21. Juni 2014.

207 EuGH, Rs. C-533/08 (TNT), Slg 2010, 4107.

208 So können die MS von Nutzfahrzeugen im Kabotageverkehr die Einhaltung staatlich vorgeschriebener Masse und Gewichte verlangen, s. *Rn 81*.

209 VO Nr. 1072/2009, ABl. L 300/2009, 72, Erwägungsgründe, Ziff. 5, 6.

Weitere Maßnahmen sind insbesondere zur *Harmonisierung der Verkehrssteuern* erforderlich. Das geltende Recht lässt erhebliche Unterschiede fortdauern, die zu einer massiven Verzerrung des internationalen Wettbewerbs führen.[210] Weiterhin entspricht die Tarifregelung der „Eurovignette“ nur sehr begrenzt dem Grundsatz des Verursacherprinzips, wonach dem Nutzer die echten Kosten des Straßenverkehrs auferlegt werden sollten. Dadurch wird zum einen der intermodale Wettbewerb verzerrt, zum anderen zeigt sich daran auch den Rückstand der Union bei der Verwirklichung einer nachhaltigen Verkehrspolitik. Selbst nach der Überarbeitung der Gebührenregelung für den Schwerlastverkehr im Jahre 2011 erfolgt keine vollständige Umlage der vom Schwerverkehr verursachten externen Kosten. Die RL bezweckt lediglich deren Begrenzung und die Festlegung eines Rahmens für ihre Erhebung. 128

Die Kommission ist sich der Unzulänglichkeiten des geltenden rechtlichen Rahmens bewusst. Sie plant daher die konsequente Weiterentwicklung der steuerlichen Regelungen. So ist eine stärkere Energiebesteuerung geplant, um dadurch die Unabhängigkeit der Energieversorgung und den Umweltschutz zu stärken.[211] Weiterhin soll im Rahmen eines schrittweisen Ausbaus der Gebührenregelung für den Schwerlastverkehr die vollständige Anlastung der externen Kosten verpflichtend geboten werden.[212]

Bei den Sozialbestimmungen zeigte die Erfahrung mit der Anwendung der früheren Regelungen zu den Lenkzeiten und dem Kontrollgerät zahlreiche Schwächen. Auch führten die erheblichen Unterschiede in der Anwendung dieser Bestimmungen durch die Behörden der einzelnen Staaten *de facto* zu neuen Wettbewerbsverzerrungen.[213] Diese Mängel sollten durch RL 2006/22 behoben werden.[214] Eine weitere Modernisierung der sozialrechtlichen Maßnahmen ist durch die Ersetzung der VO Nr. 3821/85 über das Kontrollgerät im Straßenverkehr und die Änderung der VO Nr. 561/2006 erfolgt.[215] 129

Die Verbesserung der Sicherheit auf der Straße stellt die dritte Priorität der zukünftigen Straßentransportpolitik dar. Zahlreiche in diesem Kapitel beschriebene Maßnahmen, zB technische Anforderungen, soziale Regelungen, Berufsbildungsregeln dienen diesem Ziel. Angesichts der Tatsache, dass der Straßenverkehr noch immer die gefährlichste Beförderungsart bildet hatte die Kommission vorgeschlagen, die Bemühungen sämtlicher Beteiligten zu bündeln, um die Anzahl der Verkehrstoten auf den Straßen zwischen 2001 und 2010 zu halbieren.[216] Dieses Ziel wurde zwar nicht voll- 130

210 S. Stellungnahme des EWSA „Auswirkungen der Unterschiede bei den Verkehrssteuern und -abgaben zwischen den EU-Mitgliedstaaten auf die Wettbewerbsfähigkeit des Kraftverkehrs" v. 19. Oktober 2000, ABl. C 260/2001, 24. S. a. den inzwischen zurückgezogenen Vorschlag der Kommission zur Besteuerung von Dieselöl, Dok. KOM(2007) 52 v. 13. März 2007.

211 Vorschläge der Kommission für eine Energiesteuerrichtlinie und zur Änderung der RL 2003/96, Dok. KOM(2011) 168 und Dok. KOM(2011) 169 v. 13. April 2011.

212 S. Weißbuch der Kommission „Fahrplan zu einem einheitlichen europäischen Verkehrsraum – Hin zu einem wettbewerbsorientierten und ressourcenschonenden Verkehrssystem“, Dok. KOM(2011) 144 v. 28. März 2011, 33.

213 S. zB 21. Bericht der Kommission über die Anwendung der Sozialvorschriften im Straßenverkehr, Dok. KOM(2004) 360 v. 30. April 2004.

214 RL 2006/22, ABl. L 102/2006, 35, Erwägungsgründe, Ziff. 2, 3.

215 S. *Anm. 160 und 175.*

216 Weißbuch der Kommission: „Die Europäische Verkehrspolitik bis 2010: Weichenstellungen für die Zukunft“, Dok. KOM(2001) 370 v. 12. September 2001.

ständig erreicht, doch konnte ein signifikanter Rückgang der Zahl der Toten und Verletzte verzeichnet werden. Daher hat die Kommission vorgeschlagen dieses Programm auf den Zeitraum 2010–2020 zu verlängern.[217] In diesem Zusammenhang steht auch die Annahme der RL 2011/82 über den grenzüberschreitenden Austausch von Informationen über Verkehrsdelikte,[218] die eine wirksamere Ahndung von Verstößen ermöglichen soll, die von Nicht-Gebietsansässigen begangen wurden. In Art. 11 dieser RL wird die Prüfung weiterer Maßnahmen, wie zB die Möglichkeit der Harmonisierung der Straßenverkehrsvorschriften, angekündigt. Die RL ist zwar aus Verfahrensgründen durch den EuGH aufgehoben worden, doch wurde ihre provisorische Fortgeltung bis zum Erlass eines entsprechenden neuen Rechtsakts angeordnet (dazu *Rn 84*). Es steht daher zu erwarten, dass dieser eingeschlagene Weg fortgeführt wird.

131 Abschließend ist auf einen besonders bedeutsamen Aspekt hinzuweisen. Art. 11 AEUV erfordert eine Abwägung zwischen den Erfordernissen der Verkehrsentwicklung und des Umweltschutzes. Seit Jahrzehnten wurde die Umwelt durch das unkontrollierte Wachstum des Straßenverkehrs stark in Mitleidenschaft gezogen. Die Union hat zwar mit Maßnahmen auf verschiedenen Ebenen versucht, die Auswirkungen des Straßenverkehrs auf die Umwelt zu begrenzen oder zu verringern – zB durch Einführung strenger technischer Vorschriften, durch die Förderung umweltfreundlicherer Fahrzeuge und Ersatzkraftstoffe –, doch konnte bis in die Gegenwart keine entsprechende angemessene Lösung gefunden werden. Erste Schritte zur Verwirklichung einer umfassenden und koordinierten Strategie werden sichtbar in der RL 2014/94 „über den Aufbau der Infrastruktur für alternative Kraftstoffe".[219] Zur Verwirklichung einer echten und nachhaltigen Mobilität sind weitere Fortschritte notwendig.

---

217 Mitteilung der Kommission „Ein europäischer Raum der Straßenverkehrssicherheit: Leitlinien für die Politik im Bereich der Straßenverkehrssicherheit 2011–2020", Dok. KOM(2010) 389 v. 20. Juli 2010. S. a. Schlussfolgerungen des Europäischen Rates v. 2. Dezember 2010 über die Sicherheit des Straßenverkehrs, Dok. Nr. 15187/10 und Entschließung des Europäischen Parlaments v. 27. September 2011 zur europäischen Straßenverkehrssicherheit 2011–2020, ABl. C 56 E/ 2013, 54.

218 ABl. L 288/2011, 1.

219 ABl. L 307/2014, 1.

Kapitel VI
Binnenschifffahrt

A. Einführung

1. Die Besonderheiten der Binnenschifffahrt

Die Binnenschifffahrt hält im Bereich des *grenzüberschreitenden Gütertransports* je nach geographischer Lage weiterhin einen gewichtigen Anteil im Verkehrsmarkt der Union. Gegenüber den Straßen- und Eisenbahnbeförderungen beträgt ihr Marktanteil im europäischen Durchschnitt ca. 6 %.[1] Allerdings bestehen insoweit erhebliche nationale Unterschiede. So erreichte die Menge der im Jahre 2008 im Wege des Binnenschifffahrtstransports beförderten Güter nur in vierzehn Mitgliedstaaten 1 Mio. Tonnen oder mehr.[2] Dabei belief sich der Anteil am jeweiligen Gesamtvolumen der nationalen Gütertransporte zwischen 40 % in den Niederlanden und 0,1 % im Vereinigten Königreich.[3] 1

Dieses Ungleichgewicht ist auf die räumliche Verteilung der schiffbaren Flüsse in Europa zurückzuführen.[4] Der Rhein, als der wichtigste befahrbare Fluss der Union, absorbiert allein die Hauptmasse der Binnenschifffahrtstransporte. Von Bedeutung sind weiterhin die Donau, der Ost-West-Korridor, der Deutschland mit Polen und der Tschechischen Republik verbindet sowie der Nord-Süd-Korridor, der die Niederlande, Belgien und Frankreich verbindet. Diese vier „Korridore“ sind untereinander verknüpft und bilden ein Netz zwischen den dreizehn Staaten der EU-Binnenschifffahrt[5] sowie vier Drittstaaten (Moldawien, Schweiz, Serbien, Ukraine).

Für die *Beförderung von Passagieren* hat die Binnenschifffahrt eine praktische Bedeutung dagegen noch nur bei Kreuzfahrten und einigen lokale Verbindungen.

Die Union hat sich zum Ziel gesetzt, die Bedeutung der Binnenschifffahrt im Verhältnis zu den anderen Verkehrsträgern zu verstärken. Dazu gehört insbesondere ihre Einbindung in die multimodale Logistikkette. Der Grund für die beabsichtigte Förderung eines Verkehrsträgers liegt in der relativen Nachhaltigkeit dieser Transportart. Sie wird ergänzt durch ihre Sicherheit und die noch unausgeschöpften Kapazitäten.[6] Im Jahre 2006 hat die Kommission dazu ein umfassendes Aktionsprogramm vorge- 2

1 *Kommission* (Hrsg.), EU transport in figures, statistical pocketbook 2014, Luxembourg 2014, Tabelle 2.2.3.

2 S. dazu Bericht der Kommission über die Anwendung der VO Nr. 1365/2006, Dok. KOM(2010) 64 v. 1. März 2010, Ziff. 1.1. Die betreffenden Staaten sind Belgien, Bulgarien, Deutschland, Frankreich, Kroatien, Luxemburg, die Niederlande, Österreich, Polen, Rumänien, Slowakei, Tschechien, Ungarn, Vereinigtes Königreich.

3 S. Mitteilung der Kommission über die Förderung der Binnenschifffahrt „NAIADES“ – Integriertes europäisches Aktionsprogramm für die Binnenschifffahrt, Dok. KOM(2006) 6 v. 17. Januar 2006, S. 3.

4 Ein vollständiges Inventar der europäischen Binnenwasserstraßen enthält das von der Wirtschaftskommission der VN für Europa herausgegebene „Blue Book“ (Inventory of main Standards and parameters of the E-waterway network), 2. Aufl., New York/Geneva 2012. Zur räumlichen Abgrenzung zwischen Binnenschifffahrt in der EU und Schiffahrt in Meeresgewässern s. EuGH, Rs. C-391/05 (Jan de Nul NV), Slg 2007, I-1793.

5 D.h. die in *Anm.* 2 genannten Staaten mit Ausnahme des Vereinigten Königreichs.

6 S. Weißbücher der Kommission „Die Europäische Verkehrspolitik bis 2010: Weichenstellungen für die Zukunft“, Dok. KOM(2001) 370 v. 12. September 2001, S. 49 sowie „Fahrplan zu einem einheitlichen europäischen Verkehrsraum – Hin zu einem wettbewerbsorientierten und ressourcenschonenden Verkehrssystem“, Dok. KOM(2011) 144, v. 28. März 2011, Ziff. 2.5, Nr. 3.

legt, das im Jahre 2013 aktualisiert wurde.[7] Es soll die Bemühungen der öffentlichen und privaten Akteure auf internationaler, europäischer und nationaler Ebene zusammenführen und fünf strategische Ziele verfolgen: Verstärkung der Marktstellung der Binnenschifffahrt auch auf neuen Märkten wie zB der Containerbeförderung, Modernisierung der Flotten, Förderung der Berufsbildung, um damit dem Mangel an ausgebildeten Arbeitskräften entgegenzuwirken, Verbesserung des Erscheinungsbilds der Binnenschifffahrt, Verbesserung der Infrastruktur durch Beseitigung von Engpässen und durch verbesserte Verknüpfung mit anderen Verkehrsträgern.

3 Das Aktionsprogramm umfasst eine breite Palette von Maßnahmen, von denen allerdings nur einige vollständig im Zuständigkeitsbereich der Union liegen. Daher wird der Koordinierung mit anderen Akteuren breiter Raum eingeräumt. Das Erfordernis der Koordinierung wird noch durch den Umstand verstärkt, dass die Union selbst bei der Ausübung der ihr übertragenen Zuständigkeiten ein besonders komplexes rechtliches und institutionelles Umfeld beachten muss.

2. Die institutionellen Besonderheiten der Binnenschifffahrt

4 Die Binnenschifffahrt in der Union wird von mehreren sich überschneidenden Normenkategorien und Institutionen bestimmt. So hat die Wirtschaftskommission der Vereinten Nationen (nachfolgend „WK – VN“) zahlreiche Rechtsakte verabschiedet, mit deren Hilfe eine Vereinheitlichung des Flussschifffahrtsrechts und eine Standardisierung der technischen, sicherheitsbezogenen Normen und eine Verbesserung der Fluss-Infrastruktur erreicht werden soll. Daneben gelten für die wesentlichen europäischen schiffbaren Flüsse besondere internationale Regelungen, insbesondere die *Mannheimer Schifffahrtsakte* für den Rhein vom 17. Oktober 1868, in ihrer am 20. November 1963 revidierten Form (nachfolgend „Mannheimer Akte“)[8] und das Statut für die Donau, das in dem Belgrader „*Übereinkommen über die Regelung der Schifffahrt auf der Donau*“ vom 18. August 1948 festgelegt wurde.[9]

5 Die *Mannheimer Akte* und die *Konvention von Belgrad* wurden vor dem Inkrafttreten des Vertrags von Rom bzw vor dem Beitritt des betreffenden Staates zur Union von verschiedenen Mitglieds- und Drittstaaten unterzeichnet.[10] Das Verhältnis zwischen dem Recht der Union und derartigen Verträgen (nachfolgend „frühere Verträge“) wird in Art. 351 AEUV geregelt. Danach dürfen die Mitgliedstaaten das Recht der Union unbeachtet lassen, wenn und soweit dies erforderlich ist, um vertragliche Verpflichtungen aus derartigen früheren Verträgen mit Drittstaaten zu erfüllen.[11] Als Vertragsparteien der Mannheimer Akte und der Konvention von Belgrad dürfen die betroffenen Mitgliedstaaten daher (aus der Perspektive des EUV/AEUV) und müssen

---

7 Mitteilung NAIADES, Dok. KOM(2006) 6 v. 17. Januar 2006 (s. *Anm. 3*) und Mitteilung „Mehr Qualität in der Binnenschifffahrt – NAIADES II“, Dok. KOM(2013) 623 v. 10. September 2013.

8 IdF v. 11. März 1969, BGBl. II S. 597.

9 Übereinkommen über die Regelung der Schifffahrt auf der Donau (nachfolgend: *Konvention von Belgrad*), http://www.danubecommission.org/uploads/doc/convention-de.pdf. Zuletzt besucht am 30. Juni 2014.

10 Parteien der Mannheimer Akte sind: Deutschland, Belgien, Frankreich, Niederlande und die Schweiz. Parteien der Konvention von Belgrad sind: Deutschland, Österreich, Bulgarien, Kroatien, Ungarn, Moldawien, Rumänien, Russland, Serbien, Slowakei und die Ukraine.

11 Dazu EuGH, Rs. C-158/91 (Lévy), Slg 1993, I-4287 und Rs. C-216/01 (Budijoviky Budvar), Slg 2003, I-13617, Rn 172, 173. S.a. Art. 30 IV der Wiener Vertragsrechtskonvention und EuGH, Rs. 10/61 (Kommission/Italien), Schlussanträge GA *Lagrange*, Slg 1962, 3, Abschnitt III, Abs. 5.

sie – aus der Perspektive dieser Abkommen – Normen des EU-Rechts nicht anwenden, die dem Statut der beiden Flüsse entgegenstehen. Dies gilt allerdings nur, wenn die Rechte von Vertragsparteien beider Konventionen betroffen sind, die nicht der EU angehören.[12]

Die Konvention von Belgrad begründet für Schiffe aller Staaten im grenzüberschreitenden Verkehr die allgemeine Schifffahrtsfreiheit sowie Gleichbehandlung, insbesondere bei Hafengebühren und Verkehrsabgaben. Weiterhin errichtet sie die *Donaukommission*. Diese verfügt über weitgehende Zuständigkeiten insbesondere bei der Planung und Finanzierung hydrogeologischer Arbeiten, ist aber nicht für die Festlegung von verpflichtenden Regeln für die Schifffahrt zuständig.[13] Als Folge gilt ein bruchstückhaftes Regelungssystem für die Donauschifffahrt. Doch wird gleichzeitig die Bestimmung des Verhältnisses zwischen dem Recht der Union und den Regeln der Belgrad Konvention erleichtert. Unter dem Vorbehalt von Schifffahrtsrechten dritter Staaten, hindert die Konvention nicht die Anwendung des Rechts der Union auf den Abschnitten der Donau, die innerhalb des Territoriums von Mitgliedstaaten der Union liegen.[14] 6

Komplizierter gestaltet sich das Verhältnis des Rechts der Union zur *Rheinschifffahrtsakte*. 7

Die *Mannheimer Akte* errichtet für die Schifffahrt auf dem Rhein ein eigenständiges Regelungssystem, das auf folgenden Grundsätzen beruht:

- Freiheit der Schifffahrt und Ausschluss von Behinderungen technischer, fiskalischer, zollrechtlicher oder administrativer Natur;
- Gleichbehandlung der Schiffe aller Nationen;
- Einheit des Marktes. Danach werden Beförderungen auf dem Rhein nach einheitlichen Regeln ausgeführt, die gemeinsam zwischen den Vertragspartnern ausgehandelt werden. Dies gilt insbesondere für die in der Akte bezeichneten schifffahrtspolizeilichen und technischen Fragen.[15]

Der *Anwendungsbereich* der Akte erstreckt sich auf den Rhein von Basel bis zu seiner Mündung in die Nordsee einschließlich seiner Mündungsflüsse Leck und Waal.

Durchführung der Akte, Kontrolle der Anwendung und Streitschlichtung liegen bei der *Zentralkommission für die Rheinschifffahrt* (ZKR). Diese setzt sich aus Vertretern aller Vertragspartner zusammen und verfügt über weitgehende Zuständigkeiten. So kann sie Regelungen beschließen, die für alle Vertragsparteien verbindlich sind, sofern sie einstimmig angenommen wurden. Als ständige diplomatische Konferenz

---

12 Dagegen ist die Berufung auf ein früheres Abkommen in den Beziehungen zwischen EU -Mitgliedstaaten nicht zulässig, vgl EuGH, Rs. 10/61 (Kommission/Italien), Slg. 1962, 1. Allerdings ist die Unterscheidung der Beziehungen zwischen den Mitgliedstaaten untereinander einerseits und zwischen Mitgliedstaaten und Drittstaaten andererseits im Bezug auf die Mannheimer Akte kaum praktikabel. Dazu *Rn 8*.

13 Zum Statut der Donau s. *Zeilinger*, Danube River, in: Wolfrum (Hrsg.), The Max Planck Encyclopedia of Public International Law, Vol. II, 2012, 1012–1017.

14 IdS das Arbeitsdokument der Kommission SEC(2008) 23 v. 2008, Ziff. 5.1.2.

15 S. Protokoll Nr. 10 zur Mannheimer Akte betreffend Auslegungsgrundsätze und Erläuterungen des Sekretariats der ZKR v. 10. Februar 2003 (http://www.ccr-zkr.org/files/fondjurtextes/Resolution2003-II-10_de.pdf). Zuletzt besucht am 1. Juli 2014.

kann die ZKR auch ergänzende Protokolle zur Mannheimer Akte beschließen, die anschließend von den Vertragspartnern zu ratifizieren sind.

8 Gestützt auf die Rechtsprechung des EuGH zum GATT vertrat die Kommission zunächst die Auffassung, die Mitgliedstaaten dürften sich untereinander nicht auf Art. 351 AEUV berufen, um Verpflichtungen aus der Akte Vorrang vor Verpflichtungen aus den EU-Verträgen einzuräumen. Dies gelte nur hinsichtlich der Beziehungen zur Schweiz.[16] Diese These verkennt jedoch die Unteilbarkeit des Rhein-Regimes.[17] Die Lehre vertritt überwiegend die Meinung, dass die mit der Mannheimer Akte materiell inkompatiblen Bestimmungen des Rechts der Union auf die Rheinschifffahrt nicht anwendbar sind. Das gilt auch für die Bereiche, die durch die Mannheimer Akte ausschließlich der einstimmigen Regelung durch die Vertragspartner vorbehalten wurden.[18]

Von der Union ohne die Zustimmung aller Vertragsparteien der Mannheimer Akte geplante oder verabschiedete Rechtsakte verursachten regelmäßig Kontroversen über ihre Vereinbarkeit mit der Akte.[19] Daraus erwuchs eine rechtliche Ungewissheit hinsichtlich der Anwendbarkeit zahlreicher Rechtsakte der Union auf die Rheinschifffahrt.[20] Auch scheiterten daran einzelne Rechtsetzungsvorhaben, obwohl sie sowohl von der EU-Kommission als auch von der Rheinschifffahrtskommission für erforderlich gehalten wurden.[21]

9 Zur Überwindung dieser Probleme vereinbarten die Institutionen der Union und die ZKR eine enge Zusammenarbeit.[22] Diese ermöglichte ein pragmatisches Vorgehen, ohne damit die Lösung der rechtlichen Grundsatzfragen zu präjudizieren. So wurde es möglich, Regeln zu verabschieden, die unstrittig auf die Gesamtheit der Binnenschifffahrtswege der Union und auf deren Binnenschifffahrtswirtschaft Anwendung finden. Zum Teil übernahm die Union Rechtsakte der ZKR und dehnte damit deren Anwendbarkeit auf alle ihre Schifffahrtswege aus. Andererseits übernahm das ZKR

16 S. Memorandum der Kommission über die Anwendbarkeit des EWG-Vertrages auf die Rheinschifffahrt, RNR (1964), 461–465 und 499–502; EuGH, Rs. 10/61 (Kommission/Italien), Slg 1962, 3.

17 So bereits *Riphagen*, The Transport Legislation of the European Communities, its Relationship to International Treaties and its Effects in Member States, CMLR 1965, 291–325 (320).

18 So insbesondere *Müller*, Die Geltung der verkehrsrechtlichen Verordnungen der EWG in der Rheinschifffahrt, Strom und See, 1963, 119–121 (120). Nuanciert *Erdmenger*, in: G/S, Vorbemerkung zu Art. 70–80 EGV (= Art. 90–100 AEUV), Rn 41–43.

19 Vgl EP-Bericht *Seefeld* über den Stand der Entwicklung der Gemeinsamen Verkehrspolitik (EP Dok. 512/78). S. a. *Müller* (*Anm. 18*), 120 f; *Meissner*, Das Recht der EWG im Verhältnis zur Rheinschifffahrtsakte von Mannheim, 1973, 47–52; zur politischen Dimension dieses Problems s. Mitteilung der Kommission an den Rat, veröffentlicht in RNR 1966, 450–458 und *Müller*, Les principes fondamentaux de la politique suisse dans le domaine de la navigation fluviale, NPI 1979, 464–467.

20 So wurde die VO Nr. 11 (Betr. Beseitigung von Diskriminierungen auf dem Gebiet der Frachten und Beförderungsbedingungen, ABl. 1960, 1121) erst nach der Androhung eines Vertragsverletzungsverfahrens von den betroffenen Staaten auf die Rheinschifffahrt angewandt, vgl Gesamtbericht der Kommission (1970), 245.

21 Vgl *Bour*, Les relations entre la Communauté Economique Européenne et la Commission Centrale pour la navigation du Rhin, in: Ziegler/Burckhardt (Hrsg.), Internationales Recht auf See und Binnengewässern – FS für Walter Müller, Zürich 1993, 61–74. S.a. *Rn 31 ff.*

22 Zur Schaffung dauerhafter Verbindungen zwischen der Kommission und der ZKR wurden mehrere Kooperationsvereinbarungen geschlossen. Zuletzt „Verwaltungsvereinbarung über einen Rahmen für die Zusammenarbeit zwischen dem Sekretariat der Zentralkommission für die Rheinschifffahrt und der Generaldirektion Mobilität und Verkehr der Europäischen Kommission“ v. 22. Mai 2013, http://www.ccr-zkr.org/files/conventions/Administrative_Arrangement_CCNR_CE_de.pdf, zuletzt besucht am 1. Juli 2014. S. dazu auch Mitteilung der Kommission „NAIADES II“, Dok. KOM(2013) 623 v. 10. September 2013, Ziff. 5.

die wesentlichen Elemente einzelner Maßnahmen der Union. In weiteren Fällen wurde die Methode der gegenseitigen Anerkennung angewandt.

Dieses Vorgehen birgt allerdings zahlreiche Nachteile. So erschwert es in erheblichem Maße die Entscheidungsverfahren und es hat die rechtlichen Hindernisse zwischen der Schifffahrt auf dem Rhein einerseits und auf den übrigen Wasserstraßen in der Union andererseits nicht beseitigt.[23] Dennoch wurden auf diese Weise bedeutende Fortschritte bei der Schaffung des Binnenmarktes für Flussschifffahrt erzielt.

B. Zugang zum Beruf des Unternehmers im Binnenschiffsgüterverkehr

Zur Förderung der Niederlassungs- und Dienstleistungsfreiheit und zur Gesundung des Marktes verabschiedete die Union die Richtlinie 87/540, in der die Mindestvoraussetzungen für den Zugang zum Beruf des Unternehmers im innerstaatlichen und grenzüberschreitenden Binnenschiffsgüterverkehr festgelegt werden.[24] Die RL regelt außerdem die gegenseitige Anerkennung der Diplome, Prüfungszeugnisse und sonstigen Befähigungsnachweise für diesen Beruf.[25] Diese Richtlinie stützt sich auf die Erfahrungen mit den zum Zeitpunkt ihrer Annahme für Beförderungen im Straßengüter- und Personenverkehr geltenden Normen (Erwägungsgrund 4). Allerdings erreicht sie nicht das Ausmaß der von ihren Vorbildern im Bereich des Straßenverkehrs verwirklichten Harmonisierung und bei weitem auch nicht jene der Richtlinie 1071/2009 (s. *Kap. V Rn 2 ff*). 10

Der in der Richtlinie 87/540 verwandte Begriff „Beruf" ist sehr weit gefasst. Er bezeichnet „die Tätigkeit natürlicher Personen oder Unternehmen, die – *sei es auch nur gelegentlich* – mit Binnenschiffen im gewerblichen Verkehr Güter befördern". Jeder, der für Dritte innerhalb eines Mitgliedstaates Güter befördern will, muss demzufolge die Bedingungen der Richtlinie erfüllen. Von der Anwendung der Richtlinie ausgenommen sind Beförderungen mit Schiffen, *deren Ladefähigkeit bei höchstzulässigem Tiefgang 200 metrische Tonnen nicht überschreitet (*Art. 2). Darüber hinaus können die Mitgliedstaaten nach Anhörung der Kommission, die Unternehmer von der Anwendung der Richtlinie befreien, die ausschließlich Beförderungen auf Wasserstraßen innerhalb ihres Hoheitsgebiets durchführen, welche keine Verbindung mit dem Binnenwasserstraßennetz eines anderen Mitgliedstaats haben (Art. 3 III). 11

Nach der Richtlinie bildet die *fachliche Eignung* die einzige materielle Voraussetzung für den Zugang zur Tätigkeit im Binnenschifffahrtgüterverkehr. Die Mitgliedstaaten können zusätzliche Bedingungen schaffen, insbesondere in Bezug auf die Zuverlässigkeit und die finanzielle Leistungsfähigkeit des Verkehrsunternehmers (Erwägungsgrund 5). 12

Das Erfordernis der fachlichen Eignung muss von jeder physischen Person erfüllt werden, die den Beruf auszuüben wünscht. Handelt es sich um ein Unternehmen im Sinne der Definition des Art. 1, II der Richtlinie, so gilt diese Anforderung für min-

23 Arbeitsdokument der Kommission SEC(2008) 23, Ziff. 2.3 und 5.3.1.
24 Dazu *Wambach*, in: Frohnmeyer/Mückenhausen, Nr. 26.
25 RL 87/540, ABl. L 322/1987, 20, insb. Präambel, Erwägungsgründe 2 und 3.

destens eine der Personen, die den Beförderungsbetrieb tatsächlich und ständig leiten (Art. 3 I).

Die fachliche Eignung gilt als erfüllt, wenn die Kenntnisse nachgewiesen werden, die im Anhang der Richtlinie aufgeführt sind. Diese Kenntnisse können entweder durch den Besuch von Lehrgängen oder durch praktische Erfahrungen oder durch eine Kombination beider erworben werden. Wenn die von dem jeweiligen Mitgliedstaat dafür bestellte Behörde oder Stelle feststellt, dass die betreffende Person die erforderlichen Fachkenntnisse besitzt, stellt sie ihr eine entsprechende Bescheinigung aus (Art. 3 II).

Die Inhaber bestimmter Diplome können von den Mitgliedstaaten vom Nachweis ihrer Kenntnisse ausgenommen werden, sofern diese Diplome die im Anhang der Richtlinie aufgeführten Sachgebiete umschließen (Art. 3 II). Weiterhin befreit Art. 5 natürliche Personen, die nachweisen, dass sie den Beruf des Unternehmers im innerstaatlichen oder grenzüberschreitenden Binnenschiffsgüterverkehr vor dem 1. Juli 1990 in einem Mitgliedstaat rechtmäßig ausgeübt haben, von dem Nachweis der fachlichen Eignung zur Erlangung der in Artikel 3 II bezeichneten Bescheinigung.

13 Gemäß Art. 6 II muss einer Person oder einem Unternehmen die Zulassung zur Berufsausübung entzogen werden, wenn sie die Bedingungen der fachlichen Eignung nicht mehr erfüllen. Jedoch können die Mitgliedstaaten gemäß Art. 4 befristete Abweichungen von dieser Bestimmung zulassen. Das gilt zB für Fälle, in denen bei Tod oder Geschäftsunfähigkeit des Inhabers der Zulassung die Führung des Unternehmens fortgesetzt werden muss.

14 Die Einzelheiten der gegenseitigen Anerkennung der für den Zugang zum Beruf notwendigen Dokumente werden in den Art. 7–9 näher bezeichnet.

Die in einem Mitgliedstaat ausgestellten Nachweise der fachlichen Eignung werden von den Mitgliedstaaten gegenseitig anerkannt (Art. 7). Sollte der Aufnahmestaat von der Möglichkeit Gebrauch machen, Bedingungen in Hinblick auf die fachliche oder finanzielle Zuverlässigkeit zu stellen, kann der entsprechende Nachweis gemäß Art. 8 oder 9 der Richtlinie erbracht werden.

C. Die Dienstleistungsfreiheit für Beförderungen in der Binnenschifffahrt

1. Überblick

15 Neben dem Kriterium der fachlichen Eignung wird die gewerbliche Beförderungstätigkeit in der Binnenschifffahrt weiteren Bedingungen unterworfen. Diese betreffen die Nationalität des Beförderers und die Flagge des Schiffes einerseits und die Einhaltung bestimmter technischer Vorschriften und der beruflichen Qualifikation der Schiffsmannschaft andererseits. Für jeden dieser Punkte gibt es sowohl Regelungen nach der Mannheimer Akte als auch Bestimmungen des Rechts der Union. Die aus diesem Nebeneinander resultierenden Probleme konnten zum Teil in Zusammenarbeit zwischen Union und ZKR gelöst werden.

Nachfolgend werden zunächst die mit der Flagge des Schiffes zusammenhängenden Fragen erörtert. Die anderen Aspekte werden in dem den technischen und Sicherheitsvorschriften gewidmeten Abschnitt (*Rn 37 ff*) dargestellt.

2. Das Regelungssystem für die Rheinschifffahrt

Gemäß Art. 1 der Mannheimer Akte ist die Rheinschifffahrt „den Fahrzeugen aller Nationen zum Transport von Waren und Personen gestattet". 16

Seit einer Änderung durch das Zusatzprotokoll Nr. 2 (in Kraft seit dem 1. Februar 1985)[26] ist das Recht, Personen und Waren auf dem Rhein zu befördern, den Schiffen vorbehalten, die zur „Rheinschifffahrt gehören" (Art. 4). Weiterhin sind diese Schiffe in jeder Hinsicht wie staatliche Schiffe zu behandeln. Nicht zur Rheinschifffahrt gehörende Schiffe dürfen Beförderungen auf dem Rhein nur unter den Bedingungen ausführen, die von der ZKR festgelegt werden.[27] Diesen Schiffen sind auch Fahrten erlaubt, die zwischen einem konventionellen Rheinhafen und einem außerhalb des Anwendungsbereichs der Akte liegenden Hafen erfolgen. Die Bedingungen dafür werden vorher durch Vereinbarung der betroffenen Staaten nach Anhörung der ZKR festgelegt. Das bedeutet, dass der geltende Art. 1 der Akte den nicht zur Rheinschifffahrt gehörenden Schiffen nur den Transit erlaubt, ohne ihnen den Zugang zum Rheinschifffahrtsmarkt zu eröffnen.[28]

Ein Schiff gehört gemäß Art. 2 und 3 der Akte dann zur Rheinschifffahrt, wenn es zur Führung der Flagge eines der Vertragsstaaten berechtigt ist und sich hierüber durch eine von der zuständigen Behörde ausgestellte Urkunde auszuweisen vermag. Das Zusatzprotokoll Nr. 2 führt hierzu näher aus, dass diese Urkunde nur für die Schiffe ausgestellt wird, die eine „direkte Beziehung" zu einem der Vertragsstaaten besitzen. Die Kriterien dieser direkten Beziehungen werden in dem Protokoll einheitlich festgelegt. Das Zusatzprotokoll sieht außerdem vor, dass die Rechte der Rheinschifffahrt allen Schiffen zustehen, die berechtigt sind, die Flagge eines Mitgliedstaates der Union zu führen. 17

Diese Bestimmungen wurden durch eine Regelung der ZKR vom 30. November 1984 näher ausgeführt. Darin werden für die Signatarstaaten der Mannheimer Akte und für die Mitgliedstaaten der Union (nachfolgend „Vertragsstaaten") einheitliche Kriterien festgelegt, nach denen die Zugehörigkeit zur Rheinschifffahrt bescheinigt wird. Die Mitgliedstaaten der Union waren an der Ausarbeitung dieser Regelung beteiligt (dazu *Rn 25*). Durch VO Nr. 2919/85 hat die Union diese Regelung mit unmittelbarer Wirkung in ihren Mitgliedstaaten übernommen.[29] 18

Die Zuständigkeit für die Ausstellung der Bescheinigung liegt ausschließlich bei den Behörden des Staates in dem das Schiff eingetragen ist, oder – bei Fehlen eines entsprechenden Registers – in dem der Wohnort des Schiffseigners oder die Niederlassung seines Unternehmens liegen (Art. 2).

Gemäß Art. 3 der Regelung des ZKR wird die Bescheinigung nur dann erteilt, wenn der Schiffseigner

---

26 http://www.ccr-zkr.org/files/conventions/ProtAdd2_de.pdf, zuletzt besucht am 1. Juli 2014.

27 Bisher hat die ZRK keine allgemeine Regelung über die Zulassung dieser Kategorie von Schiffen erlassen.

28 Das Protokoll Nr. 2 war abgeschlossen worden, um Forderungen der Unternehmen der Rheinschifffahrt Rechnung zu tragen, die anlässlich der Eröffnung des Rhein/Main/Donau Kanals erhoben wurden. Diese galten der Sorge vor einer möglichen Konkurrenz durch die Donauschifffahrt.

29 VO Nr. 2919/85, ABl. L 280/1985, 4. Die von der ZKR beschlossene Regelung ist im Anhang der VO wiedergegeben.

- als natürliche Person die Staatsangehörigkeit eines Vertragsstaates besitzt und seinen Wohnsitz oder dauernden Aufenthalt in einem Vertragsstaat hat, oder
- als juristische Person des öffentlichen Rechts nach dem Recht eines Vertragsstaates errichtet worden ist und den Sitz in diesem Vertragsstaat hat, oder
- als juristische Person oder Gesellschaft des privaten Rechts
  - nach dem Recht eines Vertragsstaates errichtet worden ist;
  - den Sitz und den Mittelpunkt der geschäftlichen Tätigkeit sowie den Ort, von dem aus der Betrieb des Schiffes geleitet wird, in diesem Vertragsstaat hat und von Personen geführt oder geleitet wird, deren Mehrheit Staatsangehörige von Vertragsstaaten sind und die ihren Wohnsitz oder dauernden Aufenthalt und im Falle juristischer Personen ihren Sitz in einem Vertragsstaat haben.

Wenn der Betreiber des Schiffes nicht gleichzeitig sein Eigner ist, muss ersterer ebenfalls die Erfordernisse der Staatsangehörigkeit und des Wohnsitzes erfüllen, um die Bescheinigung für das von ihm genutzte Schiff zu erhalten (Art. 5).

19 Die Bescheinigung, deren Form und Inhalt durch Art. 2 III und Art. 7 I der VO definiert werden, muss an Bord mitgeführt und auf Verlangen der Kontrollbehörde vorgezeigt werden.

3. Die Gesetzgebung der Union

20 Auf den vorgenannten Grundlagen ist die Dienstleistungsfreiheit in der Binnenschifffahrt *auf dem Rhein* zugunsten der Angehörigen der „Vertragsstaaten" (Schweiz und die Mitgliedstaaten der EU) verwirklicht, die in einem dieser Staaten ansässig sind. Für *sämtliche anderen Binnengewässer* der Union wird die Dienstleistungsfreiheit im Binnenschiffsgüter- und -personenverkehr durch die VO Nr. 3921/91 und 1356/96[30] über Kabotage bzw internationale Transporte gewährleistet.

21 Nach diesen beiden Verordnungen sind in einem Mitgliedstaat ansässige Verkehrsunternehmen, die die Bedingungen zum Binnenschiffsgüter- und -personenverkehr erfüllen, befugt, Transporte auf Binnengewässern innerhalb, zwischen oder im Transit von Mitgliedstaaten auszuführen. Zu diesem Zweck müssen Schiffe eingesetzt werden, deren Eigentümer

- natürliche Personen sind, die die Staatsangehörigkeit eines Mitgliedstaates besitzen und in einem Mitgliedstaat ansässig sind, oder
- juristische Personen mit Firmensitz in einem der Mitgliedstaaten sind und mehrheitlich Staatsangehörigen der Mitgliedstaaten gehören.[31]

Als Nachweis dafür muss eine Bescheinigung vorgelegt werden, die von dem Mitgliedstaat in dem das Schiff registriert oder in dem der Eigentümer niedergelassen ist,

30 VO Nr. 3921/91, ABl. L 373/1991, 1 sowie VO 1356/96, ABl. L 175/196, 7. Dazu *Nonn*, in: Frohnmeyer/Mückenhausen, Nr. 27, 28.

31 Für den Marktzugang für internationale Transporte verlangt Art. 2, 3. Spiegelstr. der VO Nr. 1356/96 zusätzlich, dass für diese Beförderungen Binnenschiffe eingesetzt werden, die in einem Mitgliedstaat eingetragen sind oder für die in dem Fall, dass keine Eintragung erfolgt ist, eine Bescheinigung über die Zugehörigkeit zur Flotte eines Mitgliedstaates vorgelegt wird.

ausgestellt wurde. Die Bescheinigung der Zugehörigkeit zur Rheinschifffahrt kann die vorgenannte Bescheinigung ersetzen.

Aus Art. 351 AEUV folgt unmittelbar, dass Rechte für Verkehrsunternehmer aus Drittstaaten, die aus früheren Abkommen resultieren, von den VO Nr. 3921/91 und Nr. 1356/96 nicht berührt werden. Dieser Grundsatz wird in Art. 6 der VO Nr. 3921/91 bzw Art. 3 der VO Nr. 1356/96 bekräftigt.[32] 22

4. Das Verhältnis zwischen dem Regelungssystem der Rheinschifffahrt und dem Recht der Union

Die VO Nr. 3921/91 und Nr. 1356/96 enthalten keine speziellen Bestimmungen über ihren territorialen Anwendungsbereich. Daher gelten sie grundsätzlich im gesamten Gebiet der Union, also für sämtliche ihrer Binnenwasserstraßen, einschließlich des Rheins. Auf dem ersten Blick scheint damit zwischen den auf dem Rhein geltenden Regeln über den Marktzugang und dem von den EU-Verordnungen geschaffenen System ein potenzieller Konflikt zu bestehen. So sind die Voraussetzungen für den Marktzugang nach dem EU-Recht weniger streng als nach dem Protokoll Nr. 2 der Mannheimer Akte und der Regelung der ZKR.[33] 23

Das übliche, von Art. 351 AEUV bestimmte Zusammenspiel des Rechts der Union mit dem Recht der Rheinschifffahrt scheint diesen Fall nicht zu erfassen. Denn das Rhein-Regime über den Marktzugang gründet sich vollständig auf das Zusatzprotokoll Nr. 2, das *nach* Inkrafttreten des EWGV abgeschlossen wurde. Dazu stellte der EuGH fest: „Im Übrigen gilt (Art. 351 AEUV) zwar für die Rechte und Pflichten aus den Abkommen, die von den Mitgliedstaaten vor Inkrafttreten des Vertrages geschlossen wurden, nicht aber für die Änderungen, die die Mitgliedstaaten an solchen Abkommen vornehmen, indem sie nach Inkrafttreten des Vertrages neue Verpflichtungen eingehen".[34] Es ist aber zu bezweifeln, dass die Union die Zugangsbedingungen zum Markt der Rheinschifffahrt einseitig mithilfe der VO Nr. 3921/91 und 1356/96 zugunsten der in den Mitgliedstaaten ansässigen Unternehmen erleichtern konnte. 24

Die Union ist formell weder Vertragspartei des Protokolls Nr. 2 noch seiner Durchführungsregelung. Doch kann die Union unter bestimmten Voraussetzungen an ein von allen oder einigen ihrer Mitgliedstaaten geschlossenes Abkommen gebunden sein.[35] Das ist insbesondere dann der Fall, wenn der Gegenstand eines solchen Abkommens zwar in die Zuständigkeit der Union fällt, sie dieses aber nicht unmittelbar 25

32 Die VO Nr. 1356/96 erwähnt ausdrücklich die Rechte, die aus der Mannheimer Akte und aus dem Belgrader Übereinkommen resultieren. In der VO Nr. 3921/91 wird dagegen das Belgrader Übereinkommen nicht erwähnt. Dieser Unterschied erklärt sich aus dem Umstand, dass zum Zeitpunkt ihrer Verabschiedung kein EU-Mitgliedstaat dem Belgrader Übereinkommen beigetreten war. Überdies sieht das Belgrader Übereinkommen keinen Zugang zur Kabotage vor.

33 So verfügt ein in einem Mitgliedstaat niedergelassenes Unternehmen, das dort zur Durchführung von Binnenschifffahrtstransporten befugt ist, über das Recht des Marktzugangs, auch wenn es mehrheitlich im Eigentum von Drittstaatsangehörigen steht, sofern das für die Transporte benutzte Schiff die in Art. 2 der VO Nr. 3921/91 aufgestellten Bedingungen erfüllt. Dagegen könnte es nicht die gemäß Art. 5 der ZKR erforderliche Bescheinigung der Zugehörigkeit zur Rheinschifffahrt erhalten.

34 EuGH, Rs. C-476/98 (Kommission/Deutschland), Slg 2002, I-9855, Rn 69.

35 EuGH, verb. Rs. 21–24/72 (International Fruit), Slg 1972, 1219, Rn 10–18; Rs. C–439/01 (Cipra), Slg 2003, I-745, Rn 23.

aushandeln, abschließen und ratifizieren kann und sie daher ihre Zuständigkeit mithilfe der Mitgliedstaaten ausüben, die gemeinsam in ihrem Interesse handeln.[36]

Die erste der beiden Voraussetzungen ist jedenfalls erfüllt. Die Regelung des Zugangs zum Binnenschifffahrtsmarkt, fiel bereits zum Zeitpunkt der Annahme des Protokolls Nr. 2 in die Zuständigkeit der Union. Doch konnte die Union keine einseitigen Regelungen über die Schifffahrtsfreiheit auf dem Rhein beschließen und auch nicht selbst an den Arbeiten zur Änderung der Mannheimer Akte mitwirken, da sie nicht Vertragspartei war. Auch die zweite Voraussetzung, das Handeln der Mitgliedstaaten im Interesse und damit für die Union, scheint erfüllt. So hat der Rat am 19. Dezember 1978 formell den Abschluss des Protokolls Nr. 2 durch die betroffenen Mitgliedstaaten gebilligt.[37] Weiterhin beschloss er im Jahr 1984 auf Vorschlag der Kommission eine gemeinsame Aktion der betroffenen Mitgliedstaaten zur Annahme der Durchführungsregelung innerhalb der ZKR.[38]

26 Unter diesen Umständen kann man davon ausgehen, dass die Union zwar nicht allgemein an die Mannheimer Akte,[39] wohl aber an das Protokoll Nr. 2 und an dessen Durchführungsregelung gebunden ist.[40] Letztere wurde im Übrigen mithilfe der VO Nr. 2919/85 in das Recht der Union übernommen. In Anwendung des Grundsatzes der Auslegung des abgeleiteten Rechts der Union in Übereinstimmung mit den die Union verpflichtenden Verträgen[41] sind die Art. 6 und 3 der VO Nr. 3921/91 bzw 1356/96 daher in dem Sinne zu verstehen, dass diese Verordnungen nur insoweit anwendbar sind, als das durch die VO Nr. 2919/85 übernommene Rheinschifffahrtsregime nichts Abweichendes bestimmt.

5. Das auf internationale Binnenschifffahrtstransporte und Kabotage anwendbare staatliche Recht

27 Die VO Nr. 1356/96 enthält keine Regelungen über das auf internationale Transporte auf dem Gebiet der Mitgliedstaaten anwendbare Recht. Daher bleiben diese Transporte dem staatlichen Recht unterworfen, sofern nicht spezielle Bestimmungen oder allgemeine Grundsätze des Rechts der Union – wie zB das Diskriminierungsverbot – vorrangig zu beachten sind.

28 Für die Erbringung von Dienstleistungen im Rahmen von Kabotagebeförderungen sieht Art. 3 der VO Nr. 3921/91 die Anwendbarkeit der Rechts- und Verwaltungsvorschriften des Aufnahmemitgliedstaats in folgenden Bereichen vor:

- Preise und Bedingungen des Beförderungsvertrages sowie Fracht- und Betriebsmodalitäten (s. *Rn 35 ff*);
- technischen Vorschriften für Schiffe, wobei für die im Kabotagebetrieb eingesetzten Schiffe dieselben technischen Vorschriften gelten wie für die im grenzüberschreitenden Güterverkehr zum Betrieb zugelassenen Schiffe (s. *Rn 38 ff*);

36 EuGH, Gutachten 2/91 (ILO), Slg 1993, I-1061, Rn 5.
37 Bull. EG 11/1978, Ziff. 2.1.93 und 12/1978, Ziff. 2.1.135.
38 Bull. EG1/1983, Ziff. 2.1.101 und 11/1984, Ziff. 2.1.134.
39 S. a. EuGH, Rs. 812/79 (Burgoa), Slg 1980, 2787, Rn 9.
40 S. 5. Erwägungsgrund der VO Nr. 2919/85 (s. *Anm.* 29). Im Gegensatz zu der hier vertretenen Auffassung steht die Antwort der Kommission auf die schriftl. Anfrage Nr. 3042/86, ABl. C 23/1987, 15.
41 EuGH, Rs. C-61/94 (Kommission/Deutschland), Slg 1996, I-3989, Rn 52.

- schifffahrtspolizeiliche- und Verkehrsvorschriften;
- Steuer- und Ruhezeiten (s. *Rn 62 ff*);
- Mehrwertsteuer auf die Beförderungsleistungen (s. *Rn 58*).

Diese Vorschriften werden gemäß Art. 3 II auf gebietsfremde Verkehrsunternehmer unter denselben Bedingungen angewandt, wie sie ein Staat seinen eigenen Staatsangehörigen auferlegt, damit jede Diskriminierung aufgrund der Staatsangehörigkeit oder des Niederlassungsorts tatsächlich ausgeschlossen wird.

Art. 3 der VO Nr. 3921/91 sieht also eine entsprechende Lösung wie bei Kabotagebe- 29
förderung auf der Straße vor (s. *Kap. V Rn 35*).

D. Maßnahmen zur Steuerung der Flottenkapazität

Ein internationales System zur Steuerung der Kapazität der Binnenschifffahrtsflotte 30
wurde erstmals für die Rheinschifffahrt geplant.[42] Auch die ersten Memoranden der Kommission zur Binnenschifffahrtsbeförderung wiesen auf die Notwendigkeit hin, ein System zur Kapazitätsbeschränkung zu errichten.[43] Trotz weitgehend übereinstimmender Analyse des Problems und seiner möglichen Lösung scheiterten die ersten Bemühungen an der Frage, welche Organisation, die EWG oder die ZKR, für die Verabschiedung entsprechender Regelungen zuständig sei.[44] Das schließlich 1976 vereinbarte „Übereinkommen über die Errichtung eines Europäischen zur Stilllegungsfonds für die Binnenschifffahrt" erlitt das gleiche Schicksal, als der um ein (verbindliches) Gutachten ersuchte EuGH die institutionellen Bestimmungen des Übereinkommens [45] als gegen den Vertrag von Rom verstoßend erklärte.

In der Zwischenzeit war jedoch eine strukturelle Überkapazität der gesamten Binnen- 31
schifffahrt, insbesondere auf dem Rhein, entstanden.[46] Unter deren Eindruck gelang schließlich im Jahre 1989 eine koordinierte Reaktion von Union und ZKR: Die Union verabschiedete die VO Nr. 1101/89 über die Strukturbereinigung in der Binnenschifffahrt.[47] Parallel dazu beschlossen die Mitgliedstaaten der Mannheimer Akte das Zusatzprotokoll Nr. 4 zur Mannheimer Akte,[48] in der die ZKR beauftragt wurde, die Maßnahmen der Union in eine „Rheinregelung" zu übertragen. Auf diese Weise wurde die Schweiz an deren Ausarbeitung beteiligt und gleichzeitig die Anwendbarkeit auf den Rhein außer Frage gestellt.

Die VO Nr. 1101/89 sah eine Verringerung des strukturellen Schiffsraumüberhangs durch die Zahlung von Abwrackprämien vor. Diese wurden aus einem „Reservefonds" gezahlt, der zum Teil von den Unternehmen zu finanzieren war. Außerdem wurden im Rahmen der Regel „Alt für Neu" Bedingungen für die Inbetriebnahme

42 1952 berief die ZRK die erste Wirtschaftskonferenz der Rheinschifffahrt ein mit dem Auftrag, u.a. die geeigneten Maßnahmen zu prüfen, um das Gleichgewicht zwischen Angebot und Nachfrage bei mangelndem Angebot an Frachtraum zu erzielen. Vgl RNR 1952, S. 154–156; 281; 553/554 und 625/626.

43 Mitteilung der Kommission (s. *Anm. 7*), Ziff. 2 ff.

44 Mitteilung der Kommission (s. *Anm. 7*), Ziff. 7, 10, 12 ff und 21 ff; Bericht der Arbeitsgruppe der ZKR, RNR 1969, S. 147, insbesondere Ziff. VI und VII.

45 EuGH, Gutachten 1/76 (Stillegungsfonds für die Binnenschifffahrt), Slg 1977, 741.

46 Vgl die in NPI 1986 veröffentlichte Chronik, 617.

47 ABl. L 116/1989, 25, letzte Änderung durch VO Nr. 742/98, ABl. L 103/1998, 3.

48 http://www.ccr-zkr.org/files/conventions/ProtAdd4_de.pdf. Zuletzt besucht am 1. Juli 2014.

neuen Laderaums festgesetzt, wonach die abgewrackte Schiffsraumtonnage der Tonnage des in Betrieb zu nehmenden Schiffs entsprechen musste, oder ein „Sonderbeitrag“ für den Abwrackfonds zu zahlen war. Diese Maßnahmen führten zwischen 1990 und 1998 zu einer erheblichen Verminderung der Ladungskapazität und zu einer Modernisierung der Flotten.

Im Jahre 1999 wurde die VO 1101/89 aufgehoben und durch die seither gültige VO Nr. 718/1999 ersetzt.[49] Die neue VO sieht seit dem Jahre 2003 keine ständige Intervention der Union zur Steuerung der Kapazitäten mehr vor. Bestehen blieben jedoch finanzielle Steuerungsmöglichkeiten und Regelungen, um bei eventuellen Krisen auf dem Markt einzugreifen oder die Entwicklung der Güterbinnenschifffahrt anzuregen. Bei einer „schweren Marktstörung“[50] kann die Kommission die „Alt für Neu“-Regelung wieder in Kraft setzen und um Strukturbereinigungsmaßnahmen ergänzen.[51] Dazu zählt u.a. die Zahlung von Abwrackprämien (vgl Art. 6, VO Nr. 718/1999 und Art. 7, RL 96/75 (s. *Rn 35*).

32 Gemäß Art. 3 der VO Nr. 718/1999 errichtet jeder beteiligte Mitgliedstaat einen „Binnenschifffahrtfonds“.[52] Aus diesem Fonds werden die gegebenenfalls erforderlichen Maßnahmen zur Strukturbereinigung und auch berufspolitische Aktionen finanziert.

So können auf Antrag der Binnenschifffahrtsverbände die in Art. 8 der VO näher bezeichneten Projekte unterstützt werden. Dazu gehören nach einer Ergänzung der VO im Jahre 2014 durch die VO Nr. 546/2014[53] u.a. die Förderung des Zusammenschlusses von Partikulieren zu Schifffahrtsverbänden sowie soziale (berufliche Qualifikation und Umschulung) und technische Aktionen (Anpassung der Schiffe im Hinblick auf gesteigerte Umweltfreundlichkeit).

33 Die VO Nr. 718/1999 gilt für Binnenschiffe, die zwischen zwei oder mehreren Punkten Güterbeförderungen auf Binnenwasserstraßen der Mitgliedstaaten durchführen und in einem Mitgliedstaat eingetragen sind oder in Ermangelung einer Eintragung von einem in einem Mitgliedstaat ansässigen Unternehmen betrieben werden. Ausgenommen sind Schiffe, die ausschließlich inländische Binnenwasserstraßen befahren, welche mit den übrigen Binnenwasserstraßen der Gemeinschaft nicht verbunden sind. Ebenfalls ausgeschlossen sind Schiffe, die ausschließlich der Lagerung von Waren dienen, sowie Schiffe, die wegen ihrer Abmessungen die von ihnen befahrenen inländischen Binnenwasserstraßen nicht verlassen können und keinen Zugang zu den übrigen Wasserstraßen der Union haben. Ausgenommen sind weiterhin Schiffe, die aus-

49 ABl. L 90/1999, 1.

50 Die „schwere Marktstörung“ ist aus den in Art. 7 III der RL 96/75 bezeichneten Parametern zu ermitteln (vgl Art. 6, VO Nr. 718/1999). Sie entspricht der „Krise“ auf dem Güterkraftverkehrsmarkt iSv Art. 2 der VO 3916/90. Allerdings kann der Rat bei der Anwendung der VO Nr. 718/1999 – anders als bei der VO Nr. 3916/90 – keine von der Kommission abweichenden Beschlüsse treffen. Dazu *Kap. V Rn 38*.

51 Vgl Art. 6. Zu den Einzelheiten der Durchführung vgl VO Nr. 181/2008, ABl. L 56/2008, 8. Zum Anwendungsbereich dieser VO und ihrer Vorgängernorm EuG, Rs. T-131/07 (Mohr/Kommission), Slg 2010, II-190; Rs. T-82/01 (VOF Josanne u.a./Kommission), Slg 2003, II-2013; Rs. T-63/98 (Transpo Maastricht, Marco Ooms/Kommission), Slg 2000, II-135.

52 Als „beteiligt“ gilt jeder Staat, dessen Wasserstraßen mit denen eines anderen Mitgliedstaates verbunden sind und dessen Flotte eine Kapazität von mehr als 100.000 t aufweist (Art. 3 I VO Nr. 718/1999).

53 ABl. L 163/2014, 15.

schließlich auf der Donau und deren Nebenflüssen bis Kelheim (dh auf der Donau bis zur Mündung des Rhein-Main-Donaukanals) fahren, ohne diese zu verlassen.[54] Weitere Ausnahmen bezeichnet Art. 2 II lit. d) bis i) der VO.[55]

Es ist zweifelhaft, ob die in *Rn 31* genannten Maßnahmen, die von der Kommission bei schweren Marktstörungen ergriffen werden dürfen, auf die Rheinschifffahrt Anwendung finden. Aus Art. 1 des Zusatzprotokolls Nr. 4 ergibt sich, dass die Vertragsparteien der Mannheimer Akte die Auffassung vertraten, dass die in der VO Nr. 1101/89 vorgesehenen Maßnahmen, dem Prinzip der freien Schifffahrt grundsätzlich widersprechen. Als die Geltungsdauer des Protokolls Nr. 4 im Jahre 1999 endete, beschlossen die Parteien der Mannheimer Akte das Protokoll Nr. 5, das eine Verlängerung der Regel „Alt für Neu" bis zum Jahre 2003 bewirkte.[56] Am 29. April 2003 endete die Verlängerung. Seither gibt es keine Bestimmung der Mannheimer Akte oder mit ihr verbundener Akte, die die Anwendung der durch Art. 6 der VO Nr. 718/99 ermöglichten Maßnahmen der Kommission auf die Rheinschifffahrt erlaubt. 34

E. Preis- und Frachtregime

Für die Binnenschifffahrt auf dem Rhein gilt Vertragsfreiheit bereits seit 1831 als grundlegendes Prinzip.[57] 35

Bei den anderen Binnenschifffahrtsstraßen in Westeuropa galten jedoch lange Zeit andere Regeln. In Deutschland waren die nationalen Transporte dem Regime der *Festfrachten* unterworfen, der einen Mindestsatz für Frachten vorgab. In den Niederlanden, Frankreich und Belgien stand der innerstaatliche und zum Teil auch der grenzüberschreitende Binnenschiffsgüterverkehr auf der Nord-Süd Achse unter dem System der „*Rotationsbefrachtung*".[58]

Es handelte sich dabei um Krisenmaßnahmen, die während der Depression 1929 oder nach dem Zweiten Weltkrieg getroffen wurden. Sie sollten verhindern, dass die Frachtraten bei entstehender Überkapazität auf dem Markt abstürzen. Das Rotations-Befrachtungssystem sollte überdies jedem Unternehmen, insbesondere den Partikulieren, einen angemessenen Anteil am Frachtaufkommen sichern. Ihre Aufhebung und Ersetzung durch ein einheitliches und liberales Frachtensystem auf den Binnengewässern der Union wurde von der Kommission seit 1962 angestrebt.[59] Doch erst im

54 Zwar wird die Donauschifffahrt nicht von der Kapazitätsbeschränkung erfasst, doch kann sie Mittel aus dem Binnenschifffahrtsfonds erhalten. S. Antwort der Kommission auf die schriftl. Anfrage Nr. P-1424/2003, ABl. C 280E/2003, 142.

55 Da es sich bei Art. 2 II um eine Ausnahmebestimmung handelt, ist dieser einschränkend auszulegen, vgl EuG, Rs. T-82/01 (VOF Josanne u.a./Kommission), Slg 2003, II-2013, Rn 33.

56 http://www.ccr-zkr.org/files/conventions/ProtAdd5.pdf., zuletzt besucht am 1. Juli 2014.

57 Vgl Anlage 16 B zur Schlussakte des Wiener Kongresses von 1815 und die im Anschluss daran beschlossene „Mainzer Akte" v. 31. März 1831. Diese erfuhr Konkretisierung und Weiterentwicklung durch die Mannheimer Akte von 1868.

58 In Art. 1 lit. a) der RL 96/75 wird als „Rotations-Befrachtungssystem" ein System definiert, „bei dem die Transportaufträge der Kunden an einer Frachtbörse zu im voraus festgesetzten Preisen und nach bekanntgegebenen Bedingungen vergeben werden, und zwar in der Reihenfolge, in der die Schiffe nach dem Löschen verfügbar werden".

59 Vgl Aktionsprogramm zur Gemeinsamen Verkehrspolitik, Dok. KOM(1962) 88, Ziff.87, 88; s.a. Stellungnahme der Kommission Nr. 76/257, ABl. L 52/1976, 31.

Rahmen der Maßnahmen zur Strukturbereinigung in der Binnenschifffahrt konnten sie schließlich abgeschafft werden.

36 Art. 2 der Richtlinie 96/75[60] bestimmt nunmehr: „Im innerstaatlichen und grenzüberschreitenden Binnenschiffsgüterverkehr in der (Union) werden die Verträge zwischen den betroffenen Parteien frei geschlossen und die Frachtraten frei ausgehandelt". Der Grundsatz der Vertragsfreiheit findet demzufolge auf sämtlichen Binnenschifffahrtswegen der Union Anwendung. Die einzige Einschränkung dieser Freiheit folgt aus den Bestimmungen der VO Nr. 11, wonach Diskriminierungen bei den Frachtraten untersagt sind (s. *Kap. II Rn 32*).[61]

F. Die Anwendung der Wettbewerbsregeln in der Binnenschifffahrt

37 Die auf terrestrische Beförderungen anwendbaren Wettbewerbsregeln wurden in *Kap. V Rn 45 ff* behandelt. Sie gelten grundsätzlich auch für die Binnenschifffahrt.[62] Allerdings ist die dort erwähnte VO Nr. 1370/2007 über öffentliche Personenverkehrsdienste[63] auf die Binnenschifffahrt nur fakultativ anwendbar (Art. 1 II).Danach sind für die Organisation öffentlicher Personenverkehrsdienste auf Binnenschifffahrtswegen die allgemeinen Grundsätze des Vertrags anwendbar, sofern die Mitgliedstaaten nicht beschließen, diese VO auf die Binnenschifffahrt anzuwenden. Auch bezüglich der Beihilfen gilt insoweit eine Besonderheit, als neben der allgemeinen verkehrsrechtlichen Ausnahme des Art. 93 AEUV die Mitgliedstaaten durch die VO Nr. 718/1999 (*Rn 31*) ausdrücklich ermächtigt werden, zur Förderung der Umstrukturierung dieses Wirtschaftssektors die in *Rn 31* und *Rn 32* beschriebenen finanziellen Unterstützungen zu leisten. Die VO sieht besondere Mechanismen vor, die verhindern sollen, dass diese Maßnahmen den Wettbewerb verfälschen oder zu verfälschen drohen.[64]

In dem Aktionsprogramm NAIADES hat die Kommission die Veröffentlichung besonderer Leitlinien über die Beihilfen für die Binnenschifffahrt angekündigt.[65] Diese Absicht wurde bis 2014 jedoch nicht verwirklicht.

G. Technische Regelungen, Sicherheitsbestimmungen, Umweltschutz

1. Schiffszertifikate

a) Überblick

38 In der Binnenschifffahrt dienen technische Vorschriften vor allem der Gewährleistung der Verkehrssicherheit und dem Schutz der Umwelt. Die Angleichung des insoweit bestehenden staatlichen Rechts soll mögliche Hemmnisse für die grenzüberschreitenden Beförderungen beseitigen. Für die Güterbinnenschifffahrt auf dem Rhein überträgt die Mannheimer Akte der ZKR die ausschließliche Zuständigkeit, technische Vorschriften für diesen Transportsektor festzusetzen. Das erschwert die unmittelbare

---

60 ABl. L 304/1996,12, zuletzt geändert durch VO Nr. 1882/2003, ABl. L 284/2003, 1. S. dazu *Wambach*, in: Frohnmeyer/Mückenhausen, Nr. 29.
61 Zur Anwendbarkeit der VO Nr. 11 auf die Rheinschifffahrt s. *Anm. 20*.
62 EuGH, Rs. C-153/93 (Delta Schifffahrts- und Speditionsgesellschaft), Slg 1994, I-2517.
63 ABl. L 315/2007, 1. Zur Vorgängernorm (VO Nr. 1191/69) *Küpper*, in: Frohnmeyer/Mückenhausen, Nr. 3.
64 Vgl VO Nr. 718/1999, Erwägungsgründe, Ziff. 8.
65 S. Mitteilung der Kommission Dok. KOM(2006) 6, 6 (*Anm. 2*).

Anwendung des insoweit geltenden Rechts der Union. Das Risiko einer Zersplitterung des in der Binnenschifffahrt anwendbaren Rechts konnte auch insoweit durch die enge Zusammenarbeit von ZKR und den Organen der Union vermieden werden: Die ZKR und die Union verabschiedeten identische technische Vorschriften und sorgten für eine wechselseitige Anerkennung. Außerdem beschlossen sie eine dauerhafte Zusammenarbeit im Rahmen einer gemeinsamen Arbeitsgruppe.

Die von der ZKR erlassenen technischen Vorschriften bilden auch ein Modell für andere Organisationen, insbesondere für die Donaukommission und für die Wirtschaftskommission der Vereinten Nationen für Europa.[66] Zwar fehlt den Entschließungen dieser Institutionen eine verbindliche Wirkung, doch tragen sie zu einer europaweiten Harmonisierung und zur gegenseitigen Anerkennung von Schiffsattesten bei.

b) Die Rheinschifffahrt: das Schiffsattest

Für die Fahrt auf dem Rhein müssen Schiffe die von der ZKR auf der Grundlage von 39
Art. 22 der Mannheimer Akte festgelegten technischen Vorschriften erfüllen. Diese Vorschriften sind in Teil II der *Rheinschiffsuntersuchungsordnung* („RUO") enthalten.[67] Sie gelten für alle Schiffe mit Ausnahme der in Art. 1.02 RUO bezeichneten Kategorien (ausgenommen sind zB Schiffe unter 20 m Länge). Die Übereinstimmung eines Schiffes mit diesen Vorschriften wird durch ein „Schiffsattest" bescheinigt. Dieses wird von den zuständigen Behörden der an der Mannheimer Akte beteiligten Staaten nach vorheriger Prüfung vor Ort ausgestellt.

Art. 23 II der Mannheimer Akte in seiner durch das Protokoll Nr. 7 im Jahre 2004 40
geänderten Fassung überträgt der ZKR die Befugnis, andere Schiffsatteste anzuerkennen, wenn sie nach Kriterien und Verfahren ausgestellt wurden, die den von der ZKR auf der Grundlage der Konvention ausgestellten Attesten entsprechen und die eine tatsächliche Einhaltung dieser Kriterien gewährleisten. Die Union hat in Gestalt der RL 2006/87 (dazu *Rn 41*) Maßnahmen beschlossen, die eine vollständige Anerkennung von Attesten bewirken, die auf ihrer Grundlage nach dem 30. Dezember 2008 erteilt wurden.[68]

c) Die Gesetzgebung der Union

Das zentrale Instrument zur Festlegung technischer Vorschriften für die Binnenschiff- 41
fahrt der Union bildet die Richtlinie 2006/87.[69] Ihr Geltungsbereich und die jeweiligen technischen Anforderungen wurden in Entsprechung zur Regelung der ZKR be-

---

66 Vgl Recommendations on harmonized Europe – wide technical requirements for inland navigation vessels, Entschließung Nr. 61 (rev.) der VN-Wirtschaftskommission für Europa, Dok. ECE/Trans/Sc.3/172/Rev. 1, New York/Geneva 2011. Darin werden die Vorschriften als „in line with EU regulation" bezeichnet.

67 Ausgabe 2014: http://www.ccr-zkr.org/files/documents/reglementRV/rv 1a_042014.pdf., zuletzt besucht am 1. Juli 2014.

68 Vgl Beschluss der ZKR, Protokoll Nr. 21 (http://www.ccr-zkr.org/files/introductionRVBR/Resolution2007-I I-21_de.pdf), zuletzt besucht am 1. Juli 2014.

69 ABl. L 389/2006, 1. Letzte Änderung durch RL 2013/49, ABl. L 272/2013, 41. Soweit Schiffe nicht von dieser RL erfasst sind, gilt für sie die RL 76/135 (ABl. L 21/1976, 10). Die Kommission hat die Ersetzung der RL 2006/87 vorgeschlagen: Dok. KOM(2013) 622 v. 10. September 2013.

stimmt.[70] Art. 20 ermächtigt die Kommission, die erforderlichen Anpassungen vorzunehmen, um u.a. den Arbeiten der ZKR Rechnung zu tragen.

42 Die Richtlinie fordert das Mitführen von Schiffszeugnissen, aus denen die Übereinstimmung des Fahrzeugs mit bestimmten technischen Anforderungen hervorgeht. Sie sieht drei Arten derartiger Zeugnisse vor: Die in der RL näher definierten „*Gemeinschaftszeugnisse für Binnenschiffe*“ und „*zusätzlichen Gemeinschaftszeugnisse für Binnenschiffe*“ sowie das nach den Bestimmungen von Art. 22 der Rheinschiffahrtsakte ausgestellte „*Schiffsattest*“. Die beiden Gemeinschaftszeugnisse werden gemäß den technischen Spezifikationen im Anhang der RL von den Behörden der Mitgliedstaaten erteilt (Art. 4 III; 8, 9). Zur Festlegung des Geltungsbereichs der jeweiligen Zeugnisse nimmt die RL in Art. 1 und Anhang I eine Klassifizierung der Wasserstraßen vor:

- Die „Zone R“ umfasst den Geltungsbereich der Mannheimer Akte. (erforderliches Attest gemäß Art. 3 I lit. a): *Schiffsattest* oder *Gemeinschaftszeugnis*);
- Zonen 1, 2 und 3 (Wasserstraßen gemäß Anhang I, Kap. 1 und 2 der RL): (erforderliches Attest: *Gemeinschaftszeugnis für Binnenschiffe* oder *Schiffsattest*). Wenn die Mitgliedstaaten von der Möglichkeit Gebrauch machen, zusätzliche technische Anforderungen festzulegen, sind diese gesondert zu bestätigen (Art. 3 I lit. b) und Art. 5 I–IV der RL). Inhaber eines Schiffsattests benötigen in diesem Fall ein *zusätzliches Gemeinschaftszeugnis* (Art. 4 II).
- Für Schiffe, die ausschließlich auf als „Zone 4“ klassifizierten Wasserstraßen verkehren, gelten erleichterte technische Anforderungen (Art. 5 VI, VII).[71]

43 Bis zum Abschluss von Abkommen zwischen der Union und Drittstaaten über die gegenseitige Anerkennung von Schiffsattesten, behalten die Mitgliedstaaten die Zuständigkeit für ihr jeweiliges Territorium die Schiffsatteste eines Drittstaates anzuerkennen (Art. 18).

44 Für Schiffe des Gütertransports mit einer Tragfähigkeit von 20 oder mehr Tonnen, die wegen ihrer Länge (kürzer als 20 m) und ihres Volumens (Produkt aus Länge, Breite und Tiefgang weniger als 100 m3) nicht in den Anwendungsbereich der RL 2006/87 fallen, regelt die RL 2009/100 die gegenseitige Anerkennung von Schiffsattesten.[72] Es ist Aufgabe der Mitgliedstaaten, die notwendigen Verfahren zur Erteilung der Schiffsatteste festzulegen, die in einer Sprache der Union abgefasst sein und mindestens die im Anhang der Richtlinie aufgeführten Angaben enthalten müssen.

Die auf diese Weise ausgestellten Schiffsatteste werden gegenseitig von den Mitgliedstaaten anerkannt, wobei die Erfüllung folgender Voraussetzungen gefordert werden können:

70 Vgl Erwägungsgründe, Ziff. 2 sowie Art. 2 der RL.
71 Nach Art. 7 der RL 2006/87 können die Mitgliedstaaten bestimmte Fahrzeuge von dem Anwendungsbereich der RL ausnehmen.
72 ABl. L 259/ 2009, 8.

- Die Schiffe müssen ein Schiffsattest für den Rhein besitzen;
- auf den *Seeschifffahrtswegen*, wie sie in der Liste der Kommission[73] zu diesem Zweck aufgeführt wurden, müssen die Schiffe den zusätzlichen Bedingungen entsprechen, wie sie von den nationalen Schiffen gefordert werden.

2. Umweltschutz

Die Schadstoffemissionen von Schiffsmotoren sind beachtlich. Die RL 97/68 und 2006/87[74] legen zwar Grenzwerte fest, doch sind diese niedriger als bei anderen Verkehrsträgern. So werden selbst im Straßenverkehr erheblich bessere Werte erreicht (dazu *Kap. V Rn 79*). In dem Programm NAIADES II kündigt die Kommission die Vorlage von Vorschlägen zur Festlegung von strengeren Emissionswerten an. Der Einsatz von Flüssiggas (LNG) für den Schiffsbetrieb soll durch eine Verpflichtung der Mitgliedstaaten gefördert werden, in Binnenhäfen entsprechende Tankstellen bereitzustellen.[75] 45

3. Regelungen über die Qualifikation und Zusammensetzung der Schiffsbesatzung

a) Überblick

Für das Befahren von Binnengewässern der Union ist die Erfüllung von Bedingungen hinsichtlich der Qualifikation und der Ausbildung der Schiffsbesatzung erforderlich. Die Berechtigung zur Führung eines Schiffes wird durch ein *Schifferpatent* nachgewiesen. Ebenso wie bei den Schiffszeugnissen üben die Union und die ZKR ihre jeweiligen Zuständigkeiten insoweit parallel aus. Daneben verabschiedet die Wirtschaftskommission VN-Europa nach eigenen Standards Empfehlungen mit gesamteuropäischer Reichweite.[76] Die Mannheimer Akte überträgt der ZKR eine ausschließliche Zuständigkeit. Als Folge davon sind die entsprechende Rechtsetzung der Union und die darauf gestützten Patente auf dem Rhein grundsätzlich nicht gültig. Die daraus resultierenden Hindernisse für die Freizügigkeit von Schiffsbesatzungen konnten noch immer nicht beseitigt werden.[77] 46

b) Das Rheinschifferpatent

Die in die Mannheimer Akte aufgenommene Vereinbarung von 1922 über die Rheinschifferpatente bestimmt in ihrem Art. 1, dass nur der Inhaber des von der zuständigen Behörde eines der Vertragsstaaten ausgestellten *Rheinschifferpatents* zur Führung eines Schiffes auf dem Rhein befugt ist. Die von der ZKR dazu erlassenen Ausführungsregelungen sind in der „Verordnung über das Schiffspersonal auf dem Rhein" („RheinSchPersV") enthalten.[78] 47

---

73 Entscheidung Nr. 77/527, ABl. L 209/1977, 29, letzte Änderung durch VO Nr. 1792/2006, ABl. L 362/2006, 1.

74 RL 97/68, ABl. L 59/1998, zuletzt geändert durch RL 2012/46, ABl. L 353/2012, 80. RL 2006/87, ABl. L / 2006, ABl. L 389/2006, 1, zuletzt geändert durch RL 2013/49, ABl. L 272/2013, 41.

75 RL 2014/94, ABl. L 307/2014, 1, Art. 6 II.

76 Entschließung Nr. 31/rev., ECE/TRANS/SC.3/184.

77 S. Arbeitsdokument der Kommission SEC(2008) 23, Ziff. 2.3.

78 Letzte Fassung v. 1. Dezember 2013, zugänglich unter: www.ccr-zrk.org/files/documents/reglementSTF/stf1_122013_de.pdf, zuletzt aufgesucht am 10. Juni 2014.

48 Die RheinSchPersV unterscheidet in Kap. 6.04 zwischen mehreren Kategorien von Patenten, die das Führen einer oder mehrerer Arten von Schiffen auf dem gesamten oder auf einem Teil des Rheins ermöglichen. Danach gibt es das *Große Patent* (alle Schiffe), das *Kleine Patent* (Schiffe unter 35 m Länge und Fahrzeuge mit maximal 12 Fahrgästen), das *Sportpatent* (Sportfahrzeuge unter 25 m Länge) und schließlich das *Behördenpatent* (für Behördenschiffe und Feuerlöschboote). Gesondert davon wird für die Radarfahrt das *Radarpatent* erteilt.

Zum Führen bestimmter Schiffstypen und/oder dem Befahren bestimmter Abschnitte des Rheins (zB zwischen Basel und Iffezheim, vgl Art. 6.02, Ziff. 3) genügt ein gemäß Art. 1 der EU-Richtlinie 96/50 ausgestelltes Schifferpatent. In allen sonstigen Fällen der Rheinschifffahrt muss der Schiffsführer obligatorisch ein Rheinschifferpatent oder ein als gleichwertig anerkanntes Schiffsführerzeugnis besitzen. Anhang D 5 der Verordnung bezeichnet im Einzelnen die als gleichwertig anerkannten Schiffsführerzeugnisse der Mitgliedstaaten. Die ZKR entscheidet gemäß Art. 23 der Mannheimer Akte über die Gleichwertigkeit anderer Patente. Im Rahmen des Rechts der Union aufgrund der RL 96/50 erteilte Schiffsführerzeugnisse werden nicht automatisch als dem großen Patent gleichwertig anerkannt (Kap. 3.02). Allerdings berechtigt das auf der Grundlage der RL 96/50 ausgestellte Schiffsführerzeugnis zur Tätigkeit als Steuermann der Rheinschifffahrt (Kap. 3.02, Ziff. 6 lit.b)).

49 Die RheinSchiffsPersV bestimmt im Wesentlichen fünf Kriterien für die Erlangung eines Patents: Alter, körperliche und berufliche Eignung, berufliche Erfahrung und guter Leumund. Die zuständigen Behörden der Vertragsstaaten organisieren die Prüfungen zum Erhalt der Patente gemäß den Bestimmungen der Verordnung sowie den von der ZRK erlassenen Durchführungsbestimmungen. Sie stellen die Patente nach einem Muster aus, das im Anhang der Verordnung aufgeführt ist.

50 Kapitel 3 der RheinSchPersV, ergänzt um Kap. 5 hinsichtlich der Fahrgastschiffe, legt die notwendige Anzahl und die erforderlichen Befähigungen für die Mitglieder der Schiffsbesatzung fest. Diese sind unterschiedlich je nach Art des Schiffes, seiner technischen Ausstattung und der Art seiner Nutzung.

Die außer dem Schiffsführer an Bord tätigen Besatzungsmitglieder müssen bestimmte Anforderungen hinsichtlich des Alters, der physischen Tauglichkeit, der praktischen Erfahrung oder der erfolgreichen Ausbildung erfüllen.

c) Die Gesetzgebung der Union

51 Die Gesetzgebung der Union im Bereich der Schiffspatente hat sich in zwei Schritten entwickelt: Zunächst wurde ein System der gegenseitigen Anerkennung errichtet. Danach wurden die einzelstaatlichen Regelungen zur Erlangung eines Schifferpatentes harmonisiert. Die wesentliche Rechtsgrundlage bildet die Richtlinie Nr. 96/50.[79] Die allgemeine Richtlinie 91/672 über die gegenseitige Anerkennung der einzelstaatlichen Schifferpatente bleibt insoweit nur von marginaler Bedeutung.[80]

79 ABl. L 235/1996, 31, letzte Änderung durch VO Nr. 1137/2008, ABl. L 311/2008, 1, 42.
80 ABl. L 373/1991, 29, letzte Änderung durch VO Nr. 1137/2008, s.o. *Anm.* 79.

Die RL 96/50 gilt für Schiffsführer von Binnenschiffen für den Güter- und Personenverkehr mit Ausnahme von Schiffen für den Güterverkehr von weniger als 20 m Länge und von Schiffen für den Personenverkehr, die außer der Besatzung höchstens 12 Personen befördern (Art. 3).[81] Ein Mitgliedstaat kann für Schiffsführer, die ausschließlich auf nicht mit dem Binnenwasserstraßennetz eines anderen Mitgliedstaats verbundenen nationalen Wasserstraßen fahren, die Anwendung der RL aussetzen und stattdessen einzelstaatliche Schifferpatente erteilen. Zuvor hat er die Kommission anzuhören (Art. 3, II). 52

Für den Erwerb eines Patents müssen *vier Bedingungen* erfüllt werden. *Erstens* muss der Bewerber mindestens 21 Jahre alt sein. Die Mitgliedstaaten können jedoch weiterhin einem Bewerber ab dem Alter von 18 Jahren ein Patent erteilen, doch kann die Anerkennung eines derartigen Patents von den anderen Mitgliedstaaten davon abhängig gemacht werden, dass die dort geltenden Mindestaltersanforderungen erfüllt sind (Art. 5). *Zweitens* ist vom Bewerbern die körperliche und geistige Tauglichkeit durch ein ärztliches Zeugnis nachzuweisen (Art. 6). Ab dem Alter von 65 Jahren ist der Tauglichkeitsnachweis jährlich zu erneuern. *Drittens* muss der Bewerber eine mindestens vierjährige Berufserfahrung als Mitglied einer Decksmannschaft an Bord eines Binnenschiffes nachweisen. Die Mindestberufserfahrung kann um höchstens drei Jahre verkürzt werden, wenn der Bewerber eine Berufserfahrung auf See als Mitglied einer Decksmannschaft nachweisen kann oder wenn der Bewerber Inhaber eines von der zuständigen Behörde anerkannten Zeugnisses über eine Berufsausbildung auf dem Gebiet der Binnenschifffahrt ist, die eine praktische Ausbildung im Führen von Schiffen umfasst. Die Mindestberufserfahrung kann um höchstens drei Jahre verkürzt werden, wenn der Bewerber eine praktische Prüfung über das Führen eines Schiffes ablegt; das Patent gilt dann nur für Schiffe mit ähnlichen Navigationsmerkmalen wie denen des Schiffes, auf dem die praktische Prüfung abgelegt wurde (Art. 7).

Schließlich muss der Bewerber eine Prüfung über seine beruflichen Kenntnisse ablegen. Die Richtlinie legt im Anhang die auf jeden Fall zu prüfenden Themen fest (Art. 8).

Die Richtlinie sieht in Art. 1 III zwei Klassen von Schifferpatenten vor. Das Patent der Klasse A gilt für alle Wasserstraßen der Mitgliedstaaten mit Ausnahme des Rheins. Das Patent der Klasse B gilt für alle Wasserstraßen der Mitgliedstaaten, mit Ausnahme der Seeschifffahrtsstraßen gemäß Anhang II der Richtlinie 91/672/EWG und des Rheins. Die Mindestvoraussetzungen zum Erhalt eines Schifferpatents der beiden Klassen sind dieselben und unterscheiden sich nur in den Themen der Prüfungen über die beruflichen Kenntnisse. 53

Für die Zulassung zum Führen eines Fahrgastschiffes muss entweder der Schiffsführer oder ein anderes Besatzungsmitglied im Besitz einer von der zuständigen Behörde ausgestellten Sonderbescheinigung sein, mit der der Nachweis für die erfolgreich abgelegte Prüfung über die Berufskenntnisse in den in Kapitel C des Anhangs II aufgeführten Fachgebieten erbracht wird (Art. 10).

81 Zu der RL 96/50 *Kowalik*, in: Frohnmeyer/Mückenhausen, Nr. 99.

54 Weiterhin können die Mitgliedstaaten verlangen, dass der Schiffsführer auf bestimmten Wasserstraßen zusätzliche Anforderungen über die Kenntnis örtlicher Verhältnisse erfüllt. Außerdem kann ein Mitgliedstaat von dem Führer eines Fahrgastschiffes in bestimmten beschränkten Verkehrsräumen umfassendere Berufskenntnisse über die spezifischen Bestimmungen in Bezug auf die Sicherheit der Fahrgäste fordern. Bevor derartige zusätzliche Maßnahmen eingeführt werden, hat der betreffende Mitgliedstaat die Kommission anzuhören.

55 Gemäß Art. 1 V der RL 96/50 gilt das Rheinschifferpatent für sämtliche Gewässer der Union. Auf der anderen Seite genießen die nach der Richtlinie erteilten Patente auf dem Rhein keinen entsprechenden Status, berechtigen aber zur Tätigkeit des Steuermanns. Auch ist die ZKR ermächtigt, die Gleichwertigkeit mit dem Rheinschifffahrtspatent anzuerkennen (s. *Rn 47*). Im Rahmen ihres Arbeitsprogramms NAIADES II[82] beabsichtigt die Kommission unter anderem, einen Vorschlag zur Änderung der RL vorzulegen, um deren Bestimmungen an jene der ZKR anzugleichen. Auch sollen Vorschläge zur Harmonisierung der Vorschriften über die Zusammensetzung der Schiffsbesatzung unterbreitet werden. Schließlich fördert die Kommission den Informationsaustausch über gemeinsame Standards zur Berufsbildung.

4. Die Beförderung gefährlicher Güter auf Binnengewässern

56 Die Beförderung gefährliche Güter auf den europäischen Wasserstraßen unterliegt besonderen technischen Regeln. Diese wurden auf paneuropäischer Ebene in dem sog. *ADN-Abkommen* vereinheitlicht. Dieses übernimmt Regelungen, die zuvor von der ZKR erarbeitet worden waren.[83]

57 Das Abkommen gilt für sämtliche internationalen Transporte auf den Wasserwegen der beteiligten Vertragsparteien.[84] Es verbietet die Beförderung gewisser „gefährlicher Güter" und definiert für die anderen gefährlichen Güter (zB „explosive Stoffe und Gegenstände") die spezifischen technischen Bedingungen. Sie betreffen insbesondere die Konstruktion der Schiffe, die Qualifizierung des Personals (insbesondere der Mannschaft und der „Sicherheitsberater"), sowie die Verpackung und den Versand gefährlicher Güter.

58 Gemäß der Entschließung der ZKR v. 3. Dezember 2009 gilt das Abkommen seit Januar 2011 für Transporte auf dem Rhein.[85] Die RL 2008/68[86] übernimmt diese Bestimmungen in das Recht der Union. Dadurch entsteht für Gefahrguttransporte in der Binnenschifffahrt die gleiche Rechtslage wie für den Straßentransport aufgrund des ADR (s. *Kap. V Rn 83 f*).

82 Mitteilung NAIADES II, Dok. KOM(2013) 623 v. 10. September 2013, Ziff. 3.

83 Europäisches Übereinkommen über die internationale Beförderung von gefährlichen Gütern auf Binnenwasserstraßen (ADN) v. 26. Mai 2000. Das Abkommen wurde im Rahmen der VN-Wirtschaftskommission für Europa abgeschlossen. Es trat am 29. Februar 2008 in Kraft.Text: http://www.unece.org/fileadmin/DAM/trans/danger/publi/adn/agreement_text.pdf., zuletzt besucht am 1. Juli 2014.

84 Am 1. Juli 2014 gibt es 18 Vertragsparteien, darunter alle in *Anm.* 2 bezeichneten Staaten (ausgenommen Belgien und das Vereinigte Königreich) und alle Drittstaaten, die der Mannheimer Akte und der Konvention von Belgrad beigetreten sind.

85 Beschluss 2009 – II, S. 98 (= Protokoll Nr. 20). Text: http://www.ccr-zkr.org/files/documents/resolutions/ccr2009_IId.pdf., zuletzt besucht am 1. Juli 2014.

86 ABl. L 260/2008, 13, letzte Änderung durch RL 2012/45, ABl. L 332/2012, 18.

H. Steuerliche, soziale und arbeitsrechtliche Regelungen

1. Steuerliche Regelungen

a) Die Mehrwertsteuer

Die Dienstleistungen bei Beförderungen auf Binnengewässern sind der Mehrwertsteuer gemäß Richtlinie 2006/112 unterworfen (s. *Kap. V Rn 86*). 59

b) Die Besteuerung von Binnenschiffen

Die Vereinheitlichung der Berechnungsgrundlagen für die Besteuerung der zum Gütertransport bestimmten Binnenschiffe ist zwar bereits in Art. 2 der Entscheidung Nr. 65/271 [87] vorgesehen. Doch wurde dazu bisher keine konkrete Maßnahme ergriffen. 60

Die Doppelbesteuerung wurde dagegen durch Art. 3 der VO Nr. 3921/91 insoweit teilweise beseitigt, als dem Aufnahmemitgliedstaat mittelbar untersagt ist, bei Kabotage Anmeldegebühren oder Beförderungsabgaben zu erheben.[88]

c) Abgaben für die Beschiffung der Binnengewässer

Die Binnenschifffahrt bleibt die einzige terrestrische Beförderungsart für die keine gemeinsamen Regeln zur Berechnung der Infrastrukturkosten bestehen. Das erklärt sich insbesondere daraus, dass Art. 3 der Mannheimer Akte Abgaben verbietet, die sich „lediglich auf die Tatsache der Beschiffung" gründen. Bevor daher ein gemeinsames Mautsystem für sämtliche Wasserstraßen der Union errichtet werden kann, müsste Art. 3 geändert werden, wofür eine Zustimmung der Schweiz erforderlich ist.[89] 61

Das Weißbuch der Kommission von 2011 kündigt für 2016 eine Prüfung dieser Frage an.[90]

d) Die Besteuerung von Kraftstoff

Die Besteuerung von Kraftstoffen wird durch die Richtlinie Nr. 2003/96 geregelt, die in *Kap. V Rn 98* ff ausführlicher behandelt wurde. Art. 15 lit. f) der Richtlinie ermächtigt die Mitgliedstaaten, im Rahmen ihres Steuersystems teilweise oder vollständige Befreiungen vorzusehen oder Verringerungen der steuerlichen Mindestsätze vorzunehmen, wenn die gelieferten Energieerzeugnisse als Kraft- oder Brennstoff für die Binnenschifffahrt dienen. 62

2. Sozial- und arbeitsrechtliche Bestimmungen

Die Harmonisierung der sozialen Bestimmungen, insbesondere der Arbeitszeitregelungen, ist unter mindestens drei Aspekten von beträchtlicher Bedeutung für die Binnenschifffahrt: Schutz der Arbeitnehmer, Sicherheit der Transporte und Beseitigung von Verzerrungen im internationalen Wettbewerb. Da in der Binnenschifffahrt ein 63

87 ABl. 1965, 1500.
88 Diese Auslegung folgt aus der Rechtsprechung des EuGH in der Rs. C-115/00 (Hoves), Slg 2002, I-6077, Rn 55, 71. S. *Kap. V Rn 35, 90.*
89 Die Schweiz steht derartigen Vorhaben traditionell kritisch gegenüber. Dazu *Müller*, Les principes fondamentaux de la politique suisse (s. *Anm. 19*).
90 Weißbuch, Dok. KOM(2011) 144 v. 28. März 2011, 33.

Mangel an Arbeitskräften herrscht, soll eine Verbesserung der Arbeitsbedingungen auch die Attraktivität des Berufs erhöhen.[91]

64 Zurzeit ist die Rechtslage jedoch zersplittert und unvollständig. Für die Rheinschifffahrt hat die ZKR Arbeits- und Lenkzeiten festgelegt. Kap. 3, Abschnitt 2 der RPN bestimmt je nach Betriebsart die Höchstzahl an Arbeitsstunden pro Tag sowie die Mindestdauer der obligatorischen Ruhezeiten für die Besatzung.

Für die übrigen Schifffahrtsstraßen der Union bestehen keine entsprechenden Regelungen.

Zwar findet der allgemeine sozialrechtliche Besitzstand der Union auch auf die Binnenschifffahrt Anwendung. Auch enthält die RL 2003/88 Regelungen zur Arbeitszeit, die die Binnenschiffer in ihrer Eigenschaft als „mobile Arbeitnehmer" betreffen. Doch bestehen weiterhin Lücken (zB bezüglich der täglichen und wöchentlichen Ruhezeiten), die noch nicht durch Regelungen geschlossen werden konnten, die den Besonderheiten der Binnenschifffahrt Rechnung tragen.[92]

65 Eine Vereinbarung der Sozialpartner vom 15. Februar 2012 enthält eine europäische Vereinbarung über einige Fragen der Arbeitszeit im Binnenschifffahrtstransport. Sie legt Mindestvorschriften fest, die speziell auf diesen Wirtschaftszweig zugeschnitten sind. Sie betreffen die tägliche, wöchentliche und jährliche Arbeitszeit mit Sonderregeln für Nachtarbeit und für die Arbeit auf Kreuzfahrtschiffen; Pausen- und Ruhezeiten; bezahlten Urlaub; Sicherheit und Gesundheit der Arbeitnehmer. In Gestalt einer RL des Rates erlangte diese Vereinbarung gemäß Art. 155 AEUV verbindlichen Rechtsstatus.[93] Sie wurde damit zu einer „speziellen Vorschrift" im Sinne von Art. 14 der RL 2003/88.

I. Passagierrechte

66 Entsprechend dem Ziel, einen gemeinsamen Grundstock von Passagierrechten für alle Verkehrsarten zu schaffen (s. *Kap. IV Rn 21 f*) hat die Union die VO Nr. 1177/2010 verabschiedet. Sie ist auf Schiffspassagiere im Seeverkehr *und in der Binnenschifffahrt* anwendbar. Die VO wird in *Kap. VIII Rn 43* näher dargestellt.

J. Die Außenbeziehungen der Union auf dem Gebiet der Binnenschifffahrt

67 Für die Union sind vor allem vertragliche Vereinbarungen über die Binnenschifffahrt mit Nachbarstaaten von Bedeutung, deren Schifffahrtsstraßen mit den Wasserstraßen der Union, insbesondere dem Rhein und der Donau, verbunden sind. Doch hat sie bisher noch keinen Vertrag abgeschlossen, der speziell diese Fragen zum Gegenstand hat.[94] Der Schiffsverkehr zwischen den Mitgliedstaaten und Drittstaaten wird demzu-

91 S. Mitteilung der Kommission „NAIADES II", Dok. KOM(2013), 623 v. 10. September 2013, Ziff. 3.

92 Bereits 1975 hat die Kommission den Vorschlag einer VO „Zur Harmonisierung bestimmter Sozialvorschriften im Binnenschiffsgüterverkehr" vorgelegt (ABl. C 259/1975, 2) und 1979 geändert (ABl. C 206/1979, 3).

93 RL 2014/112, ABl. L 367/2014, 86.

94 Im Jahre 1992 war die Aufnahme von Verhandlungen zum Abschluss eines multilateralen Übereinkommens über die Binnenschifffahrt zwischen der Union und verschiedenen Staaten Ost- und Südosteuropas geplant (s. das Verhandlungsmandat des Rates v. 7. Dezember 1992, Doc. 10828/92 Trans 178 Relex 72). Das Projekt wurde jedoch nicht weiterverfolgt.

folge bis heute durch bilaterale oder multilaterale Abkommen der Mitgliedstaaten geregelt.[95]

Die Tätigkeit der Union gegenüber den betreffenden Staaten entfaltet sich daher vor allem im Rahmen ihrer Nachbarschaftspolitik und den Abkommen zur Beitrittsvorbereitung.[96] Sie bezieht sich insoweit vor allem auf die Unterstützung des Ausbaus der Infrastruktur und auf die Verbreitung von Sicherheitsstandards. Der Abschluss eines Abkommens über eine *Verkehrsgemeinschaft* mit den Staaten des westlichen Balkans, der seit 2008 geplant ist, gehört zu diesen Vorhaben. [97]

Das zentrale Problem für die Herstellung eines einheitlichen Marktes und eines ein- 68
heitlichen Regelungssystems das für den gesamten europäischen Raum gilt, bildet freilich die Reform des organisatorischen Rahmens der europäischen Binnenschifffahrt. Die derzeitige Struktur, gebildet aus einer Vielzahl von Akteuren mit zum Teil überschneidenden Zuständigkeiten (EU, Schifffahrtskommissionen, Wirtschaftskommission VN-Europa, s. *Rn 4 ff*) ist eine Quelle der rechtlichen Zersplitterung und der Vergeudung begrenzter administrativer und politischer Ressourcen.[98] Angesichts eines vereinigten Binnenmarktes, der sich nahezu vollständig auf Rhein und Donau erstreckt, lässt sich nach Ansicht der EU-Kommission die Existenz getrennter Institutionen und getrennten Rechts für die verschiedenen Flüsse nicht länger rechtfertigen.[99]

Allerdings umfasst auch nach dem Beitritt Kroatiens und in der Perspektive eines serbischen Beitritts die Union nicht das gesamte europäische Schifffahrtsnetz. Betroffene Drittstaaten, insbesondere die Schweiz, akzeptieren nicht, dass die bestehenden Schifffahrtskommissionen durch die Union marginalisiert werden oder gar in ihr aufgehen.[100] Dieses Hindernis wird verstärkt durch den Wunsch, die Erfahrungen und das technische Wissen dieser Gremien zu erhalten. Daher gehören deren Auflösung oder auch nur eine Verkleinerung nicht zu den Optionen der Überlegungen zur Restrukturierung des institutionellen Rahmens der Binnenschifffahrt. Auch ein weiteres

95 Der EuGH hat bestätigt, dass die Union bisher über keine ausschließliche Zuständigkeit für den Abschluss von Abkommen über den Zugang zum Markt für Binnenschifffahrttransporte verfügt. Rs. C-266/03 (Kommission/Luxembourg), Slg 2005, I-4805; Rs. C-433/03 (Kommission/Deutschland), Slg 2005, I-6985. Sofern ein Abkommen der Union mit Drittstaaten die Schifffahrt auf dem Rhein betreffen würde, entstünden wegen der Zuständigkeiten der ZKR (vgl insbesondere Protokoll Nr. 2 zur Änderung von Art. 4 der Mannheimer Akte) heikle Rechtsprobleme.

96 S. dazu Mitteilung der Kommission „Die EU und ihre Nachbarregionen: Ein neues Konzept für die Zusammenarbeit im Verkehrsbereich", Dok. KOM(2011) 415 v. 7. Juli 2011, 8. Die von der Union geschlossenen Assoziierungsabkommen enthalten regelmäßig entsprechende programmatische Bestimmungen zur Schifffahrt. Beispiele: Partnerschaftsabkommen Moldawien, Art. 39, ABl. L 181/1998, 3; Stabilisierungs- und Assoziierungsabkommen Montenegro, Art. 61, VI, ABl L 108/2010, 3. Speziell zum Donauraum s. „Strategie der Europäischen Union für den Donauraum", Dok. KOM(2010) 715 v. 8. Dezember 2010, Ziff. 3.1. S. a. die am 7. Juni 2012 in Luxembourg abgegebene Erklärung der Donau-Anrainerstaaten (Ausnahmen: Serbien, Ukraine) zum effizienten Unterhalt der Infrastruktur von Donau und ihren schiffbaren Nebenflüssen.

97 Vgl die Stellungnahme des EWSA, Die Verkehrspolitik in der Region des westlichen Balkans (ABl. C 354/2010), 8, Ziff. 4.2 sowie Mitteilung der Kommission, „Die Union und ihre Nachbarregionen" (s. *Anm.* 96).

98 S. dazu den im Rahmen der ZKR erstellten Bericht der EFIN-Gruppe („European Framework for Inland Navigation") v. Oktober 2004: „Neuer Institutioneller Rahmen für die Europäische Binnenschifffahrt". Text: http://www.ccr-zkr.org/files/documents/rapports/r_efin_d.pdf., zuletzt besucht am 1. Juli 2014.

99 Weißbuch „Die Europäische Verkehrspolitik bis 2010: Weichenstellungen für die Zukunft", Dok. KOM(2001) 370 v. 12. September 2001, 108. S. a. Arbeitsdokument der Kommission SEC(2008) 23, 13 f.

100 Bericht des Schweizer Bundesrates über die Schweizer Schifffahrtspolitik, SR 2009 6935, Ziff. 3.1.7. S. a. Bericht der EFIN-Gruppe (s. *Anm.* 98), Ziff. 72.

Modell, die Schaffung einer überwölbenden Struktur, einer paneuropäischen Schifffahrtsorganisation, mit der Aufgabe, die Tätigkeit der bestehenden Organisationen zu koordinieren, scheint nicht länger verfolgt zu werden.[101]

69 Mangels anderer praktikabler Lösungen werden derzeit zwischen der Union, den Flusskommissionen und der WKE-VN vor allem die Zusammenarbeit verstärkt und die Aufgabenverteilung verbessert.[102] Auch ein Beitritt der Union zu den Flusskommissionen wird seit 2001 erwogen.[103] Dieses Vorgehen vermindert zwar nicht die Vielzahl der Institutionen und Rechtsordnungen. Sie würde jedoch die jeweiligen Tätigkeitsbereiche deutlicher abgrenzen und eine bessere Vertretung der Interessen der Union in den Flusskommissionen ermöglichen.

Angesichts der rechtlichen Fragmentierung der Donauschifffahrt (vgl *Rn 6*) bemüht sich die Union vor allem um einen Beitritt zur Konvention von Belgrad und im Zusammenhang damit um die Übertragung von Rechtsetzungsbefugnissen an die Donaukommission. Die dafür erforderlichen Arbeiten zur Revision der Konvention von Belgrad wurden jedoch noch nicht abgeschlossen.[104]

Ein Beitritt der Union zur ZKR, der bereits 1978 erwogen wurde, scheint jedoch nicht länger verfolgt zu werden.[105]

K. Bilanz und Ausblick

70 Die Union hat eine bedeutende Rolle bei der Modernisierung der Binnenschifffahrtsflotten gespielt. Durch Liberalisierung, Harmonisierung und Deregulierung hat sie dazu beigetragen, dass ein freier und weitgehend einheitlicher Markt entstanden ist. Insbesondere die Politik des „Alt für Neu“ führte zu einem sozial verträglichen Abbau der erheblichen Überkapazitäten und trug zu einer Modernisierung der Flotte bei.[106]

71 Die europäischen Institutionen bemühen sich seit 2001 verstärkt um die Förderung der Binnenschifffahrt, um damit ein Transportsystem zu entwickeln, das eine nachhaltige Mobilität ermöglicht. Denn diese ist mit ihrem relativ niedrigen Energieverbrauch und ihrer relativ geringen Verschmutzung das wirtschaftlichste Verkehrsmittel. Entsprechende Absichtserklärungen des Europäischen Rates aus dem Jahre 2001[107] wurden 2011 bekräftigt.[108] Eine wirksame Strategie zur Förderung der Binnenschifffahrt erfordert erhebliche Investitionen in die Infrastruktur. Damit müssten

101 Diese Option wird insbesondere in dem Bericht der EFIN-Gruppe (s. *Anm. 98*) diskutiert (53 ff). Zu den Gegenargumenten s. Arbeitsdokument der Kommission SEC(2008) 23, S. 27. Dort wird auch die Idee einer Agentur der Union für die Binnenschifffahrt verworfen.

102 Arbeitsdokument SEC(2008) 23, Ziff. 6.6. S.a. die „Erklärung von Basel“ der Minister der Mitgliedstaaten der Mannheimer Akte v. 16. Mai 2006. Zur Aufgabenteilung der europäischen Organisationen s. Mitteilung „NAIADES II“, Dok. KOM(2013) 623, Ziff. 4, 5; Bericht der EFIN-Gruppe, Ziff. 71.

103 Weißbuch 2001 (s. *Anm. 99*), S. 108. Dazu kritisch: Bericht der EFIN-Gruppe, Ziff. 62–68.

104 S. dazu den Vorschlag der Kommission für einen Beschluss des Rates über die Unterzeichnung des Protokolls zur Änderung des Übereinkommens über die Regelung der Schifffahrt auf der Donau, Dok. KOM(2008) 700 v. 6. November 2008.

105 Das Protokoll zur Unterzeichnung des Zusatzprotokolls Nr. 2 zur Mannheimer Akte (unterzeichnet 1978) erwähnte bereits die Möglichkeit eines Beitritts der EWG zum Rheinstatut, vgl *Bour*, Anm. 21, 69.

106 Bericht der EFIN-Gruppe (*Anm. 98*), Ziff. 69.

107 Europäischer Rat (Göteborg) v. 15./16. Juni 2001, Schlussfolgerungen des Vorsitzes, Ziff. 29.

108 Weißbuch 2011 (s. *Anm. 90*), Ziff. 27. Mitteilung „NAIADES II“, Dok. KOM(2013) 623, Ziff. 1.

vor allem Lücken und Engpässe im europäischen Netz der Wasserwege beseitigt werden. (s.u. *Kap. XI*). Außerdem muss die Telematik für die Binnenschifffahrt[109] entwickelt und die Beförderung auf Binnengewässern in die Logistik des intermodalen Verkehrs eingegliedert werden.[110]

Die Organisation des Binnenschifffahrtsmarktes erfuhr im Zuge der Errichtung des Binnenmarktes erhebliche Verbesserungen. Innerhalb der Union wurden die Öffnung und Liberalisierung des Marktes nahezu vollständig erreicht. Der einzige offene Problembereich bezieht sich auf die unterschiedlichen Regelungen für den Zugang zum Markt der Rheinschifffahrt und zu dem Markt der anderen Wasserstraßen der Union. Die Vereinheitlichung der technischen Vorschriften konnte durch die Anpassung der Unionsregelungen an die für den Rhein gültigen Bestimmungen und durch die Errichtung eines vollständigen Systems der gegenseitigen Anerkennung von Zeugnissen erreicht werden. Weitere Arbeiten sind allerdings für die vollständige Anerkennung der Patente erforderlich. Maßnahmen zur Förderung und Harmonisierung der Berufsbildung könnten dazu beitragen und gleichzeitig dem Mangel an qualifizierten Arbeitskräften entgegenwirken.[111] 72

Die größten Lücken des Binnenschifffahrtsrechts der Union bestehen bei der Harmonisierung der steuerlichen und sozialen Vorschriften. Aus diesen Gründen bestehen zum einen keine gleichwertigen Wettbewerbsbedingungen innerhalb des Binnenmarktes. Zum anderen kann die Liberalisierung zu einer Verschlechterung der Arbeits- und Lebensbedingungen in diesem Bereich führen.[112] 73

Verbesserungen hinsichtlich der sozialen Vorschriften sind von der Umsetzung der Vereinbarung zwischen den Sozialpartnern v. 15. Februar 2012 durch die RL 2014/112 zu erwarten (s. *Rn 65*).

Im steuerlichen Bereich bestätigte die Kommission ihre Absicht, für die drei Arten des Landverkehrs ein gemeinsames System für die Anlastung der Wegekosten zu erarbeiten. Allerdings gab sie nicht an, wie das Verbot zu umgehen sei, auf dem Rhein eine Maut zu erheben.[113]

Zur Verbesserung der Umweltbilanz der Binnenschifffahrt sind insbesondere Maßnahmen zur Erforschung alternativer Kraftstoffe und höhere technische Anforderung an die Motoren geplant.[114]

Die Europäische Union müsste bei ihren zukünftigen Bemühungen um den Wiederaufschwung der europäischen Binnenschifffahrt auf jeden Fall berücksichtigen, dass deren geographischer Rahmen – auch nach der Erweiterung um Kroatien und gegebenenfalls Serbien – über das Gebiet der Mitgliedstaaten hinausgeht. Voraussetzung für einen Erfolg ist daher die konsequente Zusammenarbeit im Rahmen der paneuropäischen Strategie zur Öffnung und Integration des Binnenschifffahrtsmarktes im 74

109 Vgl RL 2005/44 über harmonisierte Binnenschifffahrts-Informationsdienste (RIS), ABl. L 255/2005, 52, letzte Änderung durch VO Nr. 219/2009, ABl. L 87/2009, 109, 150.
110 S. insbesondere den Bericht der EFIN-Gruppe (s. *Anm. 98*), Ziff. 13–20; Weißbuch der Kommission von 2011 (s. *Anm. 90*), 11, Ziff. 7, S. 31, Ziff. 35; Mitteilung „NAIADES II“ (s.o. *Anm. 91*), Ziff. 3.
111 Mitteilung NAIADES II (s. *Anm. 91*), Ziff. 3.
112 Vgl Bericht EFIN (s. *Anm. 98*), Ziff. 40.
113 S. Weißbuch von 2011 (*Anm. 90*), 33; Mitteilung „NAIADES II“ (s. *Anm. 91*), Ziff. 3.
114 Mitteilung „NAIADES II“ (s. *Anm. 91*), Ziff. 1.

Sinne der Erklärung der Ministerkonferenz von Rotterdam vom 6. September 2001.[115]

115 Die Erklärung von Rotterdam ist abgedruckt als Anhang zum Bericht der EFIN-Gruppe (s. Anm. 98).

Kapitel VII
Eisenbahnverkehr

A. Einführung

Am Beginn der europäischen Integration war der Eisenbahnverkehr in den sechs Gründerstaaten der Europäischen Union durch eine monopolistische Struktur und eine daraus folgende Abschottung der nationalen Märkte gegenüber jeglichem Wettbewerb gekennzeichnet. Eine Ausnahme davon bildete lediglich der intermodale Wettbewerb. Die einzelnen Staaten kontrollierten die nationalen Eisenbahngesellschaften und richteten deren Tätigkeit am allgemeinen staatlichen Interesse aus.[1] 1

Unter diesen Umständen wurde die Verwirklichung eines Binnenmarktes in diesem Bereich zunächst nicht in Betracht gezogen. Die Tätigkeit der EWG beschränkte sich zunächst auf Maßnahmen zur Förderung der Rationalisierung, zur Verringerung der staatlichen Einflüsse, zur finanziellen Sanierung und zur Stärkung der Unabhängigkeit der Eisenbahnunternehmen.[2]

Doch erfuhren die nationalen Eisenbahnunternehmen in den siebziger und achtziger Jahren des vorigen Jahrhunderts an Stelle des erhofften Aufschwungs einen unaufhörlichen Rückgang ihrer Marktanteile, eine Verschlechterung ihrer finanziellen Lage und demzufolge eine wachsende Abhängigkeit von der öffentlichen Hand. Die Befürchtung, die Eisenbahn würde im Wettbewerb weiter an Position verlieren, wurde mitunter auch als Argument gegen eine weitere Liberalisierung des Straßenverkehrs eingesetzt. Auf diese Weise wuchs das „Problem Eisenbahn" zu einem Hindernis bei der Entwicklung der gemeinsamen Verkehrspolitik insgesamt.[3]

Am Ende der achtziger Jahre zeichnete sich der Übergang zu einer neuen Phase der Eisenbahnpolitik der Union ab. Sie wird seither von wesentlich anspruchsvolleren Zielen bestimmt. Die Aufwertung der Eisenbahn steht nunmehr an der Spitze der Prioritäten einer gemeinsamen Verkehrspolitik, die von dem Prinzip der nachhaltigen Mobilität geprägt wird. Denn die Eisenbahn ist ein Verkehrsmittel, das weniger Energie verbraucht, umweltfreundlicher und sicherer ist als ihre direkten Konkurrenten (Straße und Flugzeug).[4] Die Union will die Konkurrenzfähigkeit der Eisenbahn durch die schrittweise Mobilisierung marktwirtschaftlicher Kräfte stärken. Damit wurde nicht länger auf eine Optimierung der staatlichen Monopole gesetzt sondern im Ge- 2

1 S. Denkschrift der Kommission zur gemeinsamen Verkehrspolitik, Dok. KOM(1961) 50, Ziff. 16, 21 sowie Anhang 1, Ziff. 26, 53.

2 S. insbesondere das Aktionsprogramm der Kommission zur Gemeinsamen Verkehrspolitik, Dok. KOM(1962) 88, Ziff. 17 und 204–210. S.a. Entscheidung Nr. 65/271, ABl. 1965, Nr. 88/1500, Art. 5–8 sowie Mitteilung der Kommission über die Entwicklung der Gemeinsamen Verkehrspolitik, KOM(73) 1725 v. 24. Oktober 1973 = Bull. EG, Beil. 16/1973, Ziff. 6.

3 Vgl Mitteilung der Kommission „Zu einer Gemeinsamen Verkehrspolitik – Landverkehr", ABl. C 154/1983, 1, Ziff.3.2.

4 S. *Kap. IV Rn 15 ff.* Hinsichtlich der quantitativen Ziele s. Weißbuch der Kommission „Die europäische Verkehrspolitik am Horizont 2010", Dok. KOM(2001) 370, S. 12 und 27 ff; Weißbuch „Fahrplan zu einem einheitlichen europäischen Verkehrsraum – Hin zu einem wettbewerbsorientierten und ressourcenschonenden Verkehrssystem", Dok. KOM(2011) 144 v. 28. März 2011, S. 10.

genteil ihre Entflechtung angestrebt, um einen technisch und wirtschaftlich integrierten „Einheitlichen Europäischen Eisenbahnraum" zu schaffen.[5]

Zwei Faktoren begünstigten diese Neuausrichtung: Zum einen ermöglichte die technische Entwicklung die Nutzung der Infrastruktur durch mehrere Verkehrsunternehmen. Sie erlaubt eine Trennung der Betreibung der Infrastruktur, eines natürlichen Monopols, von jener der Erbringung von Eisenbahnverkehrsdiensten. Zum anderen bildet die Liberalisierung des Eisenbahnverkehrs einen Teil des umfassenderen Konzepts der Öffnung der Dienstleistungen von öffentlichem Interesse für eine Konkurrenz (insbesondere die Netzindustrien Energie, Telekommunikation, Post und Eisenbahn).

3 Die Verknüpfung der Eisenbahnnetze ist allerdings eine langfristige Aufgabe, die grundlegende Reformen und erhebliche Investitionen erfordert. Sie erfordert insbesondere eine Öffnung des Schienennetzes – das in der Vergangenheit hauptsächlich den traditionellen Betreibern vorbehalten war – für eine Vielzahl von Betreibern. Außerdem müssen die Funktionen, die bisher bei den traditionellen Betreibern konzentriert waren, auf mehrere öffentliche und private Betreiber aufgeteilt werden. Auch erfordert die Technik der Eisenbahnsysteme in den Mitgliedstaaten eine Vereinheitlichung.

Die Verwirklichung einer derart umfangreichen Neuordnung des Eisenbahnsektors erfolgte in Etappen und ist noch nicht abgeschlossen. Zwischen 1991 und 1996 nahm der europäische Gesetzgeber eine erste Reihe von Maßnahmen an, darunter die grundlegende Richtlinie 91/440 „über die Entwicklung der Eisenbahnunternehmen der Gemeinschaft".[6] Drei nachfolgende „Eisenbahnpakete" erweiterten und ergänzten diesen Text in den Jahren 2001, 2004 und 2007. Auf diese Weise entstanden die Rechtsgrundlagen des *Europäischen Eisenbahnraums*. Diese wurden noch „geklärt und modernisiert" durch die Überarbeitung der wichtigsten Richtlinien in den Jahren 2008 und 2012.

Im Jahre 2012 wurde die RL 91/440 ersetzt. Die grundlegenden Bestimmungen über den Eisenbahn-Binnenmarkt sind nunmehr in der Richtlinie 2012/34 „Zur Schaffung eines einheitlichen europäischen Eisenbahnraums" enthalten (dazu im einzelnen *Rn 4 ff* und *Rn 21 ff*). Diese RL muss bis zum 16. Juni 2015 in staatliches Recht umgesetzt werden. Eine weitere Gruppe von Richtlinien soll die technische Vereinheitlichung des europäischen Eisenbahnraums bewirken und die Sicherheit der Eisenbahn verstärken (dazu *Rn 54 ff.*). Dieses Normengebäude wird vervollständigt durch steuerliche, soziale und arbeitsrechtliche Mindestregeln sowie Vorschriften über den Verbraucherschutz (*Rn 81 ff.* und *84 ff.*). Die Bestimmungen gelten grundsätzlich für alle Mitgliedstaaten, doch sind Cypern und Malta mangels eines eigenen Eisenbahnsys-

5 S. insbesondere die Mitteilungen über die gemeinsame Eisenbahnpolitik, Dok. KOM(1989) 564 v. 25. Januar 1990 und „Schaffung eines europäischen integrierten Eisenbahnraums", Dok. KOM(2002) 18 v. 23. Januar 2002 sowie „Entwicklung eines einheitlichen europäischen Eisenbahnraums" Dok. KOM(2010) 474 v. 17. September 2010.

6 ABl. L 237/1991, aufgehoben durch RL 2012/34 (s. *Rn 4*). Zur RL 91/440 s. *Holst*, Erläuterungen, in: Frohnmeyer/Mückenhausen, Nr. 21.

tems auf ihrem Territorium von der Anwendung dieser Bestimmungen ganz oder teilweise befreit.

Parallel zur Rechtsetzung erging in den Jahren 2012–2014 eine umfangreiche Rechtsprechung des EuGH, in der die eisenbahnrechtliche Orientierung der Union und die damit verbundenen Verpflichtungen der Mitgliedstaaten Präzisierung erfuhren.

Die Kommission berichtet regelmäßig umfassend über die Entwicklung des Schienenverkehrsmarktes (dh der Beförderungsleistungen und der Infrastruktur).[7] Ein *„viertes Eisenbahnpaket“* mit weiteren Legislativvorschlägen wurde von der Kommission im Jahre 2013 vorgelegt (s. *Rn 91*).

B. Die Rechtsstellung von Eisenbahnunternehmen und von Betreibern der Infrastruktur

1. Allgemeines

In der Vergangenheit wurden die Tätigkeiten der Erbringung von Verkehrsleistungen 4
mit der Eisenbahn und der Betrieb der Eisenbahninfrastrukturen in jedem Mitgliedstaat in einem einzigen vertikal integrierten Unternehmen gebündelt. Mit dem Ziel der Einfügung des Eisenbahnsystems in einen Wettbewerbsmarkt definiert die Richtlinie 2012/34 in den Art. 4–7 die Grundlagen für eine Trennung zwischen der Erbringung der Verkehrsdienste und dem Betrieb der Eisenbahninfrastruktur sowie für eine Begrenzung des Einflusses der jeweiligen Mitgliedstaaten auf die Betreiber. Dazu werden insbesondere eine Trennung der Rechnungsführung und eine begrenzte institutionelle Autonomie vorgeschrieben.[8] Art. Art. 7–10 sowie Art. 16–25 legen getrennt die Bedingungen für die jeweilige Tätigkeit fest.

2. Die Rechtsstellung der Eisenbahnunternehmen

a) Der Zugang zur Tätigkeit der Eisenbahnbeförderung

Nach Art. 10 I erhalten Eisenbahnunternehmen für alle Arten von *Schienengüterver-* 5
kehrsdiensten zu angemessenen, nichtdiskriminierenden und transparenten Bedingungen das Recht auf Zugang zur Eisenbahninfrastruktur in allen Mitgliedstaaten. Als „Eisenbahnunternehmen“ bezeichnet Art. 3 Ziff. 1 öffentlich-rechtliche oder private Unternehmen, deren Haupttätigkeit im Erbringen von Eisenbahnverkehrsdiensten besteht. Ergänzend dazu bestimmt Art. 1, dass sich die RL auf Unternehmen bezieht, „die ihren Sitz in einem Mitgliedstaat haben oder haben werden“. Es werden also sowohl die traditionellen Betreiber als auch neue Marktteilnehmer erfasst.

7 Vgl 4. Bericht über die Überwachung der Entwicklung des Schienenverkehrsmarktes, Dok. KOM(2014) 353 v. 13. Juni 2014.

8 Die in Art. 2 II–IV bezeichneten Betreiber sind zT vom Anwendungsbereich des Kap. 2 der RL ausgenommen oder können von der Anwendung von Kap. III und IV ausgenommen werden. Diese Ausnahmen betreffen Beförderungsunternehmen und Infrastrukturbetreiber, die nur örtlich oder regional begrenzte Dienste anbieten oder die nur auf Fahrwegen tätig sind, die in Privateigentum stehen. Von der Anwendung der RL weitgehend ausgenommen sind gemäß Art. 2 IX Erbringer von Beförderungsleistungen im Pendelverkehr zur Beförderung von Kraftfahrzeugen durch unterseeische Tunnel.

Maßgebliches Kriterium für die Art der Tätigkeit des Unternehmens ist die *Traktionsleistung* (Art. 2 I). Das Unternehmen muss also über Zugmaterial (Lokomotiven) und über das zu deren Betrieb befähigte Personal verfügen.[9]

Um den Zugang zum Markt für neue Unternehmen zu erleichtern, präzisierten Kommission und Rat in einer gemeinsamen Erklärung zum Protokoll des Rates anlässlich der Annahme der (inzwischen aufgehobenen) RL 91/440, dass der Begriff „Traktion" nicht notwendigerweise das Eigentum des Zugmaterials erfordert und auch nicht die Verwendung von eigenem Personal voraussetzt.[10]

6 Zur Erbringung von Eisenbahnverkehrsleistungen muss ein Unternehmen über eine nach den Bestimmungen der RL erteilte *Genehmigung* verfügen (Art. 14 IV). Diese wird auf Antrag jedem Eisenbahnunternehmen vom Staat seiner Niederlassung erteilt (Art. 17 III),[11] sofern vor Aufnahme der Tätigkeit *vier Voraussetzungen* erfüllt sind (Art. 18): Die ersten drei Bedingungen sind Zuverlässigkeit, finanzielle Leistungsfähigkeit, fachliche Eignung sowie die Deckung der zivilrechtlichen Haftung. Im Unterschied zum Straßenverkehr (s. *Kap. V Rn 2 ff*), wird es den Mitgliedstaaten beim Eisenbahnverkehr weitgehend überlassen, wie die Erfüllung der vier Voraussetzungen zu erfolgen hat. Art. 19–22 der RL beschränken sich auf die Regelung der Grundprinzipien des Genehmigungssystems.

So legt die RL für die Verfahren zur Erteilung von Genehmigungen Mindestnormen für Transparenz, Gleichbehandlung und zweckmässige Verwaltung fest. Jeder Mitgliedstaat muss für die Erteilung von Genehmigungen eine Behörde benennen, die selbst keinerlei Dienstleistung im Eisenbahnverkehr erbringt und die Unabhängigkeit von den Schienenverkehrsdienstleistern genießt (Art. 16). Weiterhin sind die Genehmigungsverfahren zu veröffentlichen und dürfen nicht länger als drei Monate dauern (Art. 25 I, II). Ablehnungen sind zu begründen und müssen einer richterlichen Überprüfung unterliegen (Art. 25 III).

7 Die Genehmigungen bestätigen die Befähigung zur Erbringung von Eisenbahnverkehrsdiensten und gelten für das gesamte Gebiet der Union (Art. 23 I). Für sich genommen berechtigt die Genehmigung allerdings noch nicht zum Zugang zur Eisenbahninfrastruktur (Art. 17 IV; s. *Rn 21, 63* und *71*). Genehmigungen werden einem Unternehmen grundsätzlich für sämtliche Eisenbahnverkehrsleistungen erteilt, können aber auch auf bestimmte Arten von Verkehrsdiensten beschränkt werden (Art. 3 Ziff. 14). Wenn ein Unternehmen die vier Bedingungen nicht mehr erfüllt, kann die Genehmigungsbehörde unter den in Art. 24 bezeichneten Voraussetzungen die Genehmigung aussetzen, widerrufen oder ändern. Hat die Genehmigungsbehörde eines Mitgliedstaats ernsthafte Zweifel daran, dass ein Eisenbahnunternehmen, dem die Behörde eines anderen Mitgliedstaats eine Genehmigung erteilt hat, die Anforderun-

---

9 S. *Burmeister*, Der Wettbewerb der Eisenbahnen im europäischen Binnenmarkt, 2001, 67 f.

10 Da es sich insoweit um die Erläuterung eines Begriffs handelt, der wörtlich in die RL 2012/34 übernommen wurde, kann sie auch zur Auslegung dieser neuen RL herangezogen werden. Vgl EuGH, Rs. C-368/96 (Generics), Slg 1998, I-7967, Rn 26, 27. Abweichend EuG, verb. Rs. T-374/94, T-375/94 und T-388/94 (ENS), Slg 1998, II-3146, Rn 183.

11 Aus der deutschen (und italienischen) Fassung ergibt sich eindeutig, dass ein Anspruch auf Erteilung der Genehmigung besteht. Die französische Fassung ist insoweit undeutlich.

gen der Richtlinie erfüllt, so teilt sie dies der Behörde des anderen Mitgliedstaats unverzüglich mit.

b) Die Unabhängigkeit der Eisenbahnunternehmen

Zur Stärkung der Wettbewerbsfähigkeit verpflichtet die RL 2012/34 die Mitgliedstaaten, den Eisenbahnunternehmen den Status eines *unabhängigen Betreibers* zu verleihen, der sich eigenwirtschaftlich nach den Erfordernissen des Marktes verhalten kann. Im Einklang mit Art. 345 AEUV wird jedoch eine Privatisierung der Eisenbahnunternehmen nicht vorgeschrieben. Tatsächlich erfasst die Definition des Begriffs „Eisenbahnunternehmen" in Art. 3 Ziff. 1 ausdrücklich sowohl „öffentlich-rechtliche" als auch „private" Unternehmen, setzt also keine bestimmte Rechtsform voraus.[12] 8

Art. 4 der RL verpflichtet die Mitgliedstaaten dazu, dafür zu sorgen, dass diejenigen Eisenbahnunternehmen, die direkt oder indirekt in ihrem Eigentum stehen oder von ihnen kontrolliert werden, „in Bezug auf die Geschäftsführung, die Verwaltung und die interne Kontrolle der Verwaltungs-, Wirtschafts- und Rechnungsführungsfragen eine unabhängige Stellung haben, aufgrund deren sie *insbesondere* über ein Vermögen, einen Haushaltsplan und eine Rechnungsführung verfügen, *die von Vermögen, Haushaltsplan und Rechnungsführung des Staates getrennt sind"*. 9

Der Wortlaut der Bestimmung und die Verwendung des Begriffs *„insbesondere"* zeigen, dass die Unabhängigkeit weiter gehen soll als nur eine Trennung der Rechnungsführung und eine Ausgliederung des Vermögens. So dürfte zB den Mitgliedstaaten verwehrt sein, sich die Ernennung der Leitungsorgane vorzubehalten.[13] Einzelne Autoren vertreten die Ansicht, dass Art. 4 dazu verpflichtet, den Eisenbahnunternehmen eine eigene Rechtspersönlichkeit zu übertragen.[14] In jedem Fall verfügen die Mitgliedstaaten bei öffentlichen Unternehmen in ihrer Eigenschaft als Eigentümer/Mehrheitsaktionär weiterhin über die Möglichkeit eines unmittelbaren Einflusses auf die Führung des Unternehmens.

Dieser Aspekt wurde offenbar bei der Abfassung von Art. 5 der Richtlinie berücksichtigt. Er gilt unabhängig von den Eigentumsverhältnissen für sämtliche Eisenbahnunternehmen und regelt die kommerzielle Freiheit und die Geschäftsprinzipien, nach denen Eisenbahnunternehmen zu führen sind. Die Mitgliedstaaten werden danach verpflichtet, dafür zu sorgen, „dass die Eisenbahnunternehmen ihre Tätigkeit dem Markt anpassen und ihre Geschäfte unter der Verantwortlichkeit ihrer leitenden Organe (...) führen können" (Art. 5 I). Die Eisenbahnunternehmen müssen außerdem „unabhängig von ihrer Eigentumsstruktur nach den Grundsätzen geführt werden, die für Wirtschaftsunternehmen gelten" (Art. 5 I, 2). 10

---

12 EuGH, Rs. C-557/10 (Kommission/Portugal), Urt. v. 25. Oktober 2012 (ECLI:EU:C:2012:662).

13 Anders die früher geltende Entscheidung Nr. 75/327 (ABl. L 152/1975, S. 3). Diese forderte lediglich eine „ausreichende Eigenständigkeit" (Art. 2 I) und erlaubte daher einen entsprechend größeren staatlichen Einfluss.

14 So *Idot*, L'ouverture des transports ferroviaires à la concurrence, CDE 1995, S. 263–319. Gegenteiliger Ansicht *Holst*, Erläuterung zur RL 91/440, in: Frohnmeyer/Mückenhausen, Nr. 12. In der Praxis wurde die RL im Sinne der erstgenannten Meinung umgesetzt, vgl Mitteilung der Kommission Dok. KOM(98) 202, Ziff. 5.

Art. 5 II führt weiterhin aus, dass die Eisenbahnunternehmen ihre „Geschäftsplanung, einschließlich der Investitions- und Finanzierungspläne“ festlegen. Dabei müssen sie für ein finanzielles Gleichgewicht des Unternehmens sorgen und geeignete Mittel vorsehen, um dieses und die sonstigen Geschäftsziele zu erreichen. Einerseits sind die Eisenbahnunternehmen also nach dem Planungsprinzip zu führen, andererseits müssen sie ihr Tätigkeitsprogramm ohne Einwirken des Staates – zumindest in seiner Eigenschaft als öffentliche Hand – festlegen.

Artikel 5 III enthält eine – nicht abschließende – Aufzählung der „Freiheiten“ der Eisenbahnunternehmen. Dazu gehören u.a. die Kontrolle der Bereitstellung und des Vertriebs der Leistungen und die Festsetzung der Tarife, die Festlegung der internen Organisation und Entscheidungen über Personal, Vermögensgegenstände und Anschaffungen. Bei der Wahrnehmung dieser Freiheiten sind die vom jeweiligen Staat festgelegten „gesamtpolitischen Leitlinien und unter Berücksichtigung der nationalen – gegebenenfalls mehrjährigen – Pläne oder Verträge, einschließlich der Investitions- und Finanzpläne“ zu beachten.

Der EuGH hat die Bedeutung dieser Formulierung dahin gehend ausgelegt, dass ein Mitgliedstaat zwar die gesamtpolitischen Leitlinien bestimmen, doch keinen Einfluss auf die einzelnen Entscheidungen der Unternehmen über die Veräußerung oder den Erwerb von Vermögensgegenständen ausüben darf (s.a. Art. 5 IV).[15]

Der Unterschied zwischen der in Art. 5 III einleitend verwandte Formulierung („*Unter Bezugnahme* auf die (...) Leitlinien..“) und jener der entsprechenden Bestimmung der Vorgängernorm (RL 91/440,[16] Art. 5: „*Im Rahmen...*“) legt die Auslegung nahe, dass die Leitlinien für die Unternehmen nach der neuen Rechtslage nicht länger verbindlich sind.

11 Das Recht zur Bestimmung von Quantität, Qualität und Preis der von ihnen angebotenen Leistungen steht gemäß Art. 5, III unter dem Vorbehalt von staatlichen Eingriffen auf der Grundlage der VO Nr. 1370/2007 über Ausgleichszahlungen für gemeinwirtschaftliche Verpflichtungen (dazu *Kap. V Rn 54 ff*).[17]

12 Die Art. 4 und 5 schaffen die Voraussetzungen für eine finanzielle Unabhängigkeit der Eisenbahnunternehmen. Diese sollen in eine Stellung versetzt werden, die jener gleicht, in der sich andere private Beförderungsunternehmen befinden. In Verbindung mit dem Beihilfeverbot der Art. 107 ff AEUV bedeutet dies, dass sich die Eisenbahnunternehmen im Prinzip ihre finanziellen Mittel selbst beschaffen müssen. Dies gilt jedoch insoweit nur mit Einschränkungen, als gerade für den Eisenbahnsektor zahlreiche Ausnahmemöglichkeiten vom Beihilfeverbot bestehen (s. *Rn 52 ff*).

3. Rechtsstellung der Infrastrukturbetreiber

a) Definition

13 Gemäß Art. 3 Ziff. 2 ist Infrastrukturbetreiber „jede Stelle oder jedes Unternehmen, die bzw das insbesondere für die Einrichtung, die Verwaltung und die Unterhaltung

---

15 EuGH, Rs. C-557/10 (Kommission/Portugal), Urt. v. 25. Oktober 2012 (ECLI:EU:C:2012:662), Rn 38 ff.
16 ABl. L 237/1991, 25. Hervorhebung in den beiden Zitaten vom Verfasser.
17 VO Nr. 1370/2007 über öffentliche Personenverkehrsdienste auf Schiene und Straße, ABl. L 315/2007, 1.

der Fahrwege der Eisenbahn ... zuständig ist".[18] Andere Aufgaben können, müssen aber nicht vom Betreiber übernommen werden. Art. 3 erwähnt u.a. die Zugsteuerung/Zugsicherung und Signalgebung. Ergänzend zu nennen sind die Bereitstellung der Infrastrukturkapazitäten und andere damit zusammenhängende Dienste (s. *Rn 25 ff*).

Dagegen obliegen Ausbau und Entwicklung der Infrastruktur im Wesentlichen den Mitgliedstaaten, die dabei die „allgemeinen Erfordernisse der Union" zu wahren haben. Zu diesen Erfordernissen gehört auch die Notwendigkeit einer Zusammenarbeit mit benachbarten Drittländern (Art. 8 I; Erwägungsgründe, Ziff. 10 und 37; s.a. *Kap. XI*).

14 Aus Art. 3 folgt, dass die Infrastrukturbetreiber mit ihrer Aufgabe „betraut" werden. Die Mitgliedstaaten verfügen insoweit über ein weites Ermessen. So können ein einziger Betreiber für das gesamte Netz eines Landes oder mehrere Betreiber für das Netz oder einen Teil davon bestimmt werden. Auch können mit Funktionen eines Infrastrukturbetreibers „Stellen" (staatliche Organe, unabhängige Verwaltungsbehörden) oder auch private oder öffentliche Unternehmen betraut werden.

Im Unterschied zur Tätigkeit der Eisenbahn*beförderung* können die Mitgliedstaaten die Tätigkeit des *Betreibens* einer Infrastruktur an ein „gesetzliches Monopol"[19] vergeben, was der Eigenschaft eines „natürlichen Monopols" für diese Tätigkeit entspricht.[20]

b) Die Unabhängigkeit des Infrastrukturbetreibers

15 Ziel der Bestimmungen zum Status und zur Tätigkeit eines Infrastrukturbetreibers ist die Entwicklung einer wirtschaftlich effizienten Infrastruktur und die Schaffung diskriminierungsfreier und gerechter Zugangsmöglichkeiten. Hierzu erhalten die Betreiber die erforderliche Autonomie, so dass sie bei ihren Entscheidungen auf die Bedürfnisse der Benutzer und des Marktes eingehen können. Da das Betreiben von Eisenbahninfrastruktur monopolistische Züge enthält und Aufgaben im öffentlichen Interesse berücksichtigen muss, überträgt die RL den Mitgliedstaaten besondere Eingriffsrechte.

16 In institutioneller und finanzieller Hinsicht entscheidet der Infrastrukturbetreiber gemäß Art. 4 II in eigener Verantwortung über Geschäftsführung, Verwaltung und interne Kontrolle. Er beschließt einen Geschäftsplan, der Investitions- und Finanzierungsprogramme enthält. Dieser Plan muss eine optimale, effiziente Nutzung, Bereitstellung und Entwicklung der Infrastruktur gewährleisten und gleichzeitig das finanzielle Gleichgewicht und die Bereitstellung der zur Erreichung dieser Ziele erforderlichen Mittel sichern (Art. 8 III). Gleichwohl spielen die jeweiligen Staaten bei der Planung und bei der Finanzierung der Aktivitäten der Infrastrukturbetreiber eine entscheidende Rolle.

18 Die Gesamtheit der zur Eisenbahninfrastruktur gehörenden Anlagen wird in Anhang I der RL aufgezählt.
19 Vgl *Burmeister* (*Anm. 9*), 256 ff; *Idot* (*Anm. 14*), Ziff. 14.
20 RL 2012/34, Erwägungsgründe, Ziff. 71.

In *finanzieller* Hinsicht überträgt Art. 8 IV den Mitgliedstaaten die Verpflichtung, für einen Ausgleich der Gewinn- und Verlustrechnung des Betreibers zu sorgen. Dieser Ausgleich soll unter „normalen geschäftlichen Umständen“ und über einen „angemessenen Zeitraum“ (maximal fünf Jahre) erreicht werden. Er umfasst die Gewinne aus Wegeentgelten, anderen wirtschaftlichen Tätigkeiten, nicht rückzahlbaren Zuschüssen aus privaten und staatlichen Quellen (einschließlich staatlicher Vorauszahlungen) einerseits und Fahrwegausgaben andererseits.[21] Art. 8 II gestattet den Mitgliedstaaten, dem Betreiber Mittel zuzuweisen, die „insbesondere“ für Neuinvestitionen dienen. Die Höhe dieser Zuweisung muss in einem angemessenen Verhältnis zu den Funktionen des Betreibers, der Größe der Infrastruktur und dem Finanzbedarf stehen.[22] Zwar können die Staaten von den Betreibern verlangen, ihre Einnahmen und Ausgaben ohne staatliche Mittel auszugleichen, insbesondere also durch Erhebung entsprechender Wegeentgelte, doch darf dies nicht zu einer Beeinträchtigung der Konkurrenzfähigkeit des Eisenbahntransports gegenüber anderen Verkehrsträgern führen (Art. 8 IV, UA 2).

Zwischen den zuständigen Behörden der Mitgliedstaaten und den Infrastrukturbetreibern muss eine mehrjährige vertragliche Vereinbarung über sämtliche Aspekte des Betriebs, der Instandhaltung und Erneuerung der Infrastruktur geschlossen werden (Art. 30 II iVm Anhang V). Dieser Vertrag muss unter anderem nutzerorientierte Leistungsvorgaben festlegen, die insbesondere die Zugbetriebsleistung, die Netzkapazität, das Sicherheitsniveau und den Umweltschutz betreffen (Anhang V, Ziff. 3). Auch sind darin Anreize zur Senkung der Kosten für die Fahrwegbereitstellung und der Zugangsentgelte zu bestimmen (Art. 30 I und Erwägungsgründe, Ziff. 36).[23] Die vertragliche Vereinbarung muss mit dem Geschäftsplan des Betreibers im Einklang stehen (Art. 30 VI). In diesem Geschäftsplan sind die Investitions- und Finanzierungsprogramme des Betreibers festgelegt. Diese müssen sich in den Rahmen der von dem jeweiligen Mitgliedstaat festgelegten allgemeinen Politik einordnen (Art. 8 III).

17 Eine wesentliche Rolle spielen die Staaten weiterhin bei der Regulierung der Tarifgestaltung und, wenngleich in geringerem Maße, bei der Zuweisung von Fahrwegskapazitäten (dazu *Rn 31* und *Rn 35*).

4. Die Trennung zwischen dem Erbringen von Verkehrsleistungen und dem Betrieb der Infrastruktur

18 Vor Annahme der Richtlinie Nr. 91/440 standen sich zwei Konzepte über die Trennung des Betriebs der Infrastruktur vom Erbringen der Verkehrsleistung gegenüber. Die eine Position empfahl die obligatorische Zuweisung dieser Tätigkeiten an zwei klar voneinander getrennte Rechtsträger. Damit sollten sämtlichen Eisenbahnunter-

21 S. dazu EuGH, Rs. C-557/10 (Kommission/Portugal), (s. *Anm. 15)*, Rn 43 sowie Rs. C-512/10 (Kommission/Polen), Urt. v. 30. Mai 2013 (ECLI:EU:C:2013:338), Rn 28 ff und Schlussanträge GA *Jääskinen* v. 13. Dezember 2012, Rn 47 ff.

22 Soweit die Zuweisungen als Beihilfen zu qualifizieren sind, müssen sie den Anforderungen der Art. 93, 107 und 108 AEUV genügen. Vgl *M. Kekelekis*, Recent Developments in Infrastructure Funding: When does it not Constitute State Aid?, European State Aid Law Quarterly 2011, S. 433–444; *Burmeister* (*Anm.* 9), 86 ff.

23 In den Erwägungsgründen der RL 2012/34 (Ziff. 36) werden als derartige Anreize ausdrücklich „Bonuszahlungen für geschäftsführende Direktoren“ genannt – ein unter dem Aspekt langfristig nachhaltigen Wirtschaftens nicht unproblematisches Instrument.

nehmen die gleichen Bedingungen für den Zugang zur Infrastruktur geboten werden. Diese Haltung wurde ursprünglich von der Kommission vertreten.[24] Die bisherigen Betreiber der Eisenbahnen waren andererseits nur für eine einfache Trennung der Rechnungsführung. Sie begründeten ihren Widerstand gegen eine weiter gehende Trennung vor allem mit Gründen der Technik und der Sicherheit. Die nunmehr in der RL 2012/34 enthaltenen Bestimmungen bilden einen Kompromiss zwischen diesen beiden Positionen.

Grundsätzlich ist nur die Trennung der Gewinn- und Verlustrechnung des Betriebs 19
der Eisenbahninfrastruktur von dem Erbringen von Verkehrsleistungen obligatorisch (Art. 6 I, II).[25]

Diese Art der Trennung soll vor allem angemessene und transparente Wettbewerbsbedingungen zwischen und innerhalb der einzelnen Verkehrsträger fördern und eine wirtschaftliche Nutzung des Eisenbahnsystems gewährleisten.[26] Ihr werden insbesondere folgende Vorteile zugeschrieben:

- Für den Eisenbahnverkehr können Methoden zur Anlastung der Infrastrukturkosten angewandt werden, die denen anderer Verkehrsarten vergleichbar sind. Dies geschieht durch die Unterscheidung und daraus folgend die unterschiedliche Verbuchung der Kosten für die Errichtung und den Betrieb der Infrastrukturen einerseits und die Berechnung der Transportkosten andererseits, die in Form von Nutzungsgebühren den Eisenbahnunternehmen angelastet werden können.
- Die Nutzungsgebühren, die der Betreiber der Infrastrukturen den Eisenbahnunternehmen berechnet, können auf ihre Übereinstimmung mit dem Prinzip der Nicht-Diskriminierung geprüft werden (Art. 29 III).
- Das Verbot der Quersubventionierung (Art. 6 I aE) kann überwacht werden. Dadurch kann vermieden werden, dass die Eisenbahnunternehmen Zahlungen, die sie vom Staat für die Entwicklung und den Betrieb der Infrastruktur erhalten haben, für die Erbringung von Verkehrsleistungen im Rahmen ihres Wettbewerbs mit anderen Verkehrsträgern verwenden.

Daher müssen die „wesentlichen Funktionen, die für einen gerechten und nicht-dis- 20
kriminierenden Zugang zur Infrastruktur ausschlaggebend sind", – also die Verteilung der Kapazitäten und die Festlegung und Erhebung der Wegeentgelte[27] – zwingend auf „Stellen oder Unternehmen übertragen werden, die selbst keine Eisenbahnverkehrsleistungen erbringen" (Art. 7 I). Es ist zwar zulässig, dass die Mitgliedstaaten Eisenbahnunternehmen als Betreiber der Infrastruktur benennen und ihnen insbesondere Aufgaben beim Ausbau der Infrastruktur zuweisen (Art. 7 I, 3), auch setzt die

24 S. Mitteilung der Kommission „Über eine Eisenbahnpolitik der Gemeinschaft", Dok. KOM(1989) 564 v. 25. Januar 1990. Dazu *Burmeister* (*Anm.* 9), 45 ff.

25 EuGH, Rs. C-555/10 (Kommission/Österreich), Urt. v. 28. Februar 2013 (ECLI:EU:C:2013:115), Rn 51 und Rs. C-556/10 (Kommission/Deutschland), Urt. v. 28. Februar 2013 (ECLI:EU:C:2013:116), Rn 55.

26 RL 2012/34, Erwägungsgründe, Ziff. 5, 6.

27 Zur Abgrenzung dieser Funktionen im Verhältnis zum Verkehrsmanagement und zur Entgelterhebung, die gegenwärtig nicht zu den „wesentlichen Funktionen" gehören vgl EuGH, Rs. C-473/10 (Kommission/Ungarn), Urt. v. 28. Februar 2013 (ECLI:EU:C:2013:113), Rn 42 ff und 76 ff. S.a. EuGH, Rs. C-625/10 (Kommission/Frankreich), Urt. v. 18. April 2013 (ECLI:EU:C:2013:243), Rn 46 ff und Schlussanträge GA *Jääskinen* v. 13. Dezember 2012, Rn 31 ff; Rs. C-627/10 (Kommission/Slowenien), Urt. v. 11. Juli 2013 (ECLI:EU:C:2013:511). Ab 2015 gehört auch die Entgelterhebung zu den wesentlichen Funktionen.

Richtlinie Nr. 2012/34 kein bestimmtes Modell für die institutionelle Trennung voraus, doch müssen die Staaten ungeachtet der jeweils gewählten Organisationsstruktur den Nachweis zu erbringen, dass die wesentlichen Funktionen des Infrastrukturbetreibers tatsächlich so wie in der RL vorgesehen einer besonderen Stelle zugewiesen wurden.[28]

Ist der Betreiber der Infrastruktur rechtlich, organisatorisch oder in seinen Entscheidungen nicht von Eisenbahnunternehmen unabhängig, dann müssen jedenfalls die Wegeentgelte und die Fahrwegskapazitäten von einer unabhängigen Stelle erhoben bzw zugewiesen werden (Art. 7 II).[29]

In mehreren Mitgliedstaaten sind die Unternehmen des Eisenbahnbetriebs und des mit den wesentlichen Funktionen des Infrastrukturbetriebs betraute Unternehmen unter dem Dach einer Holding zusammengefasst. Diese Struktur widerspricht nicht von vornherein der RL. Voraussetzung dafür ist allerdings, dass der Infrastrukturbetreiber rechtlich, organisatorisch und hinsichtlich seiner Entscheidungen insoweit unabhängig von der Holding ist, als er über ein Mindestmaß an rechtlicher Eigenständigkeit, eigene Organe und eigene Einnahmen verfügen muss.[30] Neben diesen formellen Voraussetzungen muss die Erfüllung der „wesentlichen Funktionen" im Rahmen einer Holding auch tatsächlich (dem Wortlaut der RL entsprechend: nachweislich) gewährleistet sein. Die Kommission hat 2006 hierzu allgemein und abstrakt formulierte Kriterien entwickelt, zB Unvereinbarkeit von Mandaten in den Leitungsgremien von Holding und Infrastrukturbetreiber, Karenzzeiten bei Stellenwechsel innerhalb der Holding). Der EuGH hat allerdings diesem Dokument der Kommission keine bindende Wirkung zuerkannt.[31]

C. Die Dienstleistungsfreiheit im Eisenbahntransportwesen

1. Allgemeines

21 Die Dienstleistungsfreiheit wird im Bereich des Eisenbahnverkehrs durch den *Zugang zur Infrastruktur* verwirklicht. Traditionell war dieser Zugang dem jeweiligen staatlichen Eisenbahnmonopol zu „seinem" Netz vorbehalten. Durch die Anerkennung eines Zugangsrechts für Unternehmen aus anderen Mitgliedstaaten bewirkt die RL 2012/34 eine tief greifende Neuerung im Vergleich zur zuvor bestehenden Regelung. Diese Rechte wurden schrittweise erweitert. Sie sind nunmehr in Kap. II, Abschnitt 4 der RL 2012/34 kodifiziert.

Die Wahrnehmung des Zugangsrechts zum Netz setzt voraus, dass die erforderliche Streckenkapazität verfügbar ist. Kapitel IV der RL legt die Grundsätze für die Zuteilung der Fahrwegskapazität und der Entgeltberechnung fest. Maßstab ist dabei in

28 Zu dem Zusammenhang zwischen Abs. I und Abs. II von Art. 7 vgl Schlussanträge GA *Jääkinen*, EuGH, Rs. C-625/10 (s. *Anm. 27*), Rn 31 ff.

29 Dazu EuGH Rs. C-412/11 (Kommission/Luxemburg), Urt. v. 11. Juli 2013 (ECLI:EU:C:2013:462), (zur Gewährleistung der Unabhängigkeit bei Störungen der Zugbewegungen, vgl RL 2012/34, Art. 54).

30 Diese Anforderungen sah der EuGH in den Rs. 555/10 (Kommission/Österreich), (s. *Anm. 25*), Rn 52–55 sowie Rs. C-556/10 (Kommission/Deutschland), Urt. v. 28. Februar 2013 (ECLI:EU:C:2013:116) als erfüllt an. Er verneinte sie dagegen in den Rs. C-483/10 (Kommission/Spanien) (ECLI:EU:C:2013:114) und C-473/10 (Kommission/Ungarn), (s. *Anm. 27*), beide Urteile ebenfalls v. 28. Februar 2013.

31 EuGH, Rs. C.555/10 (Kommission/Österreich), (s. *Anm. 25*), Rn 58–66.

erster Linie das Ziel, einen nicht- diskriminierenden und tatsächlichen Zugang zum Netz zu gewährleisten und dabei die Infrastrukturkapazität wirksam und gerecht zu verteilen.

2. Die Zugangsrechte zum Netz

Die Eisenbahnunternehmen, die unter den Anwendungsbereich der RL fallen, erhalten zum Zweck der Erbringung von *Verkehrsleistungen im Güterverkehr* ein Zugangsrecht zur Infrastruktur einschließlich der Bahnhöfe, Wartungseinrichtungen und sonstiger, in Anhang II aufgezählter Installationen aller anderen Mitgliedstaaten. Dieses Recht umfasst grundsätzlich auch das Recht zur Erbringung von Kabotageleistungen (Art. 10 I). 22

Bei der *Beförderung von Passagieren* ist die Liberalisierung weniger weit fortgeschritten. Insoweit bestehen Zugangsrechte nur für internationale Beförderungen. Um die Ausübung dieses Rechts tatsächlich zu gewährleisten begründet die RL weiterhin in Art. 10 II das Recht, Fahrgäste an beliebigen Bahnhöfen auf der grenzüberschreitenden Strecke aufzunehmen und an einem anderen abzusetzen. Dies gilt auch, wenn die beiden Bahnhöfe in demselben Mitgliedstaat gelegen sind. Dagegen ist die „echte" Kabotage bisher nicht liberalisiert. Die gemäß Art. 55 zu errichtende Regulierungsstelle (dazu *Rn 47* ff) prüft bei Anträgen auf Fahrwegskapazität für internationale Personentransporte, ob der geplante Dienst tatsächlich zur Beförderung von Passagieren im internationalen Verkehr dient und welche möglichen wirtschaftlichen Auswirkungen auf bestehende öffentliche Dienstleistungsaufträge zu erwarten sind (Art. 10 III und 38 IV).[32] 23

Diese begrenzte Öffnung der Personenbeförderung für den Wettbewerb wird durch zusätzliche Vorbehalte relativiert. Wegen der großen Bedeutung öffentlicher Dienstleistungsaufträge in diesem Bereich[33] gestattet Art. 11 I den Mitgliedstaaten, auf Strecken, für die derartige Aufträge bestehen, das Zugangsrecht einzuschränken. Die RL übernimmt damit die Rechtsprechung in der Rs. *Corbeau*[34] (s. *Kap. V Rn 54 ff*). Eine derartige Einschränkung darf jedoch nur erfolgen, wenn die Ausübung des grundsätzlich bestehenden Zugangsrechts „das wirtschaftliche Gleichgewicht eines öffentlichen Dienstleistungsauftrags gefährden würde". Die in Art. 55 bezeichnete Regulierungsstelle beurteilt auf Antrag diese Rechtfertigung anhand einer objektiven wirtschaftlichen Analyse und erteilt einen zu begründenden Bescheid. Gegen diesen Bescheid besteht Rechtsschutz gemäß Art. 56 X. 24

Für einen begrenzten Zeitraum gilt gemäß Art. 11 V eine weitere Einschränkungsmöglichkeit: Wenn vor 2007 im Rahmen eines ordnungsgemäß ausgeschriebenen Konzessionsvertrages auf einer bestimmten Strecke ausschließliche Rechte zur Beförderung von Fahrgästen eingeräumt wurden dann kann diese Ausschließlichkeit für

32 Zur Bewertung entsprechender Anträge s. VO Nr. 869/2014, ABl. L 239/2014, 1, sowie die in den Erwägungsgründen der RL 2012/34, Ziff. 18 genannten Kriterien.

33 S. dazu 3. Bericht der Kommission über die Überwachung der Entwicklung des Schienenverkehrsmarkts, Dok. KOM(2012) 459 v. 21. August 2012.

34 EuGH, Rs. C-320/91 (Corbeau), Slg 1993, I-2533, Rn 14–18.

eine Dauer von maximal 15 Jahren[35] aufrecht erhalten werden. Wurde der entsprechende Vertrag für eine kürzere Laufzeit geschlossen, so endet die Ausnahme entsprechend früher.

Die Mitgliedstaaten können auf den Betrieb von Personenverkehrsdiensten auf ihrem Gebiet eine Abgabe für die Streckennutzung erheben. Diese Abgabe soll als Ausgleichsleistung für gemeinwirtschaftliche Verpflichtungen dienen, die in öffentlichen Dienstleistungsaufträgen festgelegt sind. Sie müssen in einem angemessenen Verhältnis zu den tatsächlichen Kosten der Erfüllung der gemeinwirtschaftlichen Verpflichtung stehen und müssen in nicht-diskriminierender Weise erhoben werden (Art. 12).[36]

3. Die Zuweisung von Fahrwegskapazität und die Berechnung des Nutzungsentgelts

a) Allgemeines

aa) Ziele und Grundsätze

25 Der Zugang zur Infrastruktur soll allen Unternehmen unter gleichen und nichtdiskriminierenden Bedingungen ermöglicht werden. Das Entgelt ist nach objektiven Faktoren zu berechnen, um jegliche Diskriminierung zwischen den Eisenbahnunternehmen zu vermeiden (s. Erwägungsgründe, Ziff. 42).

Die RL 2012/34 legt in Kap. IV die materiellen, verfahrensmäßigen und institutionellen Prinzipien für die Zuweisung von Fahrwegkapazität an die Eisenbahnunternehmen fest. Sie präzisiert dabei auch die Rechte auf Zugang zu den Serviceeinrichtungen. Weiterhin regelt die RL Grundsätze und Verfahren für die Festlegung, Berechnung und Erhebung von Wegeentgelten (Art. 1 I, lit. c)).[37]

Diese Bestimmungen verfolgen im Wesentlichen drei Ziele:

- Vermeidung von Wettbewerbsverzerrungen zwischen den Netzen, verursacht durch allzu große Unterschiede zwischen den in den Mitgliedstaaten geltenden Regeln;[38]
- Gewährleistung eines möglichst umfassenden Zugangs zur Infrastruktur für die Eisenbahnunternehmen unter nichtdiskriminierenden, transparenten Bedingungen;
- Optimierung der Infrastrukturnutzung durch deren Betreiber. Darüber hinaus soll der grenzüberschreitende Verkehr, insbesondere der internationale Güterverkehr,[39] gefördert und die Wettbewerbsfähigkeit der Schiene gegenüber anderen Verkehrsträgern gesteigert werden.

---

35 Die RL bezeichnet den Beginn der Frist von 15 Jahren nicht eindeutig. Denkbar sind ein Fristbeginn mit dem in Art. 11 V genannten Zeitpunkt (4. Dezember 2007) oder der Termin des Inkrafttretens der RL (15. Dezember 2012) oder der Zeitpunkt des Ablaufs der Umsetzungsfrist der RL (16. Juni 2015). Aus Gründen der Rechtssicherheit sollte der letztgenannte Termin als Berechnungsgrundlage dienen.

36 Einzelheiten des Verfahrens und Kriterien sind von der Kommission festzulegen (Art. 12 V).

37 Die RL gilt für die Nutzung von Fahrwegen im inländischen und grenzüberschreitenden Eisenbahnverkehr.

38 Allerdings dauern erhebliche Unterschiede zwischen den in den einzelnen Mitgliedstaaten erhobenen Wegeentgelte fort. Vgl 4. Bericht über die Überwachung der Entwicklung des Schienenverkehrsmarktes, COM(2014) 353 v. 13. Juni 2014, 35 ff.

39 Dazu VO Nr. 913/2010 „zur Schaffung eines europäischen Schienennetzes für einen wettbewerbsfähigen Güterverkehr“, ABl. L 276/2010, S. 22, zuletzt geändert durch VO Nr. 1316/2013, ABl. L 348/2013, 150.

bb) Antragsteller

Art. 3 Ziff. 19 bezeichnet die Interessenten an der Nutzung von Fahrwegkapazitäten als „Antragsteller“. Es handelt sich dabei hauptsächlich um zugelassene Eisenbahnunternehmen oder deren internationale Gruppierungen. Antragsberechtigt sind weiterhin andere natürliche oder juristische Personen, die ein gemeinwirtschaftliches oder einzelwirtschaftliches Interesse am Erwerb von Fahrwegkapazität haben.[40] Die von diesen Antragstellern (Verlader, Spediteure, Behörden) erworbenen Infrastruktur-Kapazitäten werden nach Erwerb durch ein Eisenbahnunternehmen ausgeübt, das den Verkehrsdienst auf eigene Rechnung durchführt (Art. 41 I und 38 I, 3). 26

Die Aufteilung und Festlegung von Wegegeldern für die Nutzung der Infrastruktur obliegt grundsätzlich dem Infrastrukturbetreiber. Sofern dieser nicht rechtlich, organisatorisch und in seinen Entscheidungen von den Eisenbahnunternehmen unabhängig ist, muss diese Aufgabe von einer Stelle durchgeführt werden, die diesen Kriterien entspricht („Entgelterhebende Stelle“ bzw „Zuweisungsstelle“, Art. 7 II, s. *Rn 20*). 27

cc) Netzwerkreferenzdokument

Vor der Stellung eines Antrags auf Zuweisung von Fahrwegskapazität müssen potenzielle Antragsteller Zugang zu allen in diesem Zusammenhang wesentlichen Informationen haben. Zu diesen Informationen gehören insbesondere die Merkmale des betreffenden Netzes, die technischen, rechtlichen und administrative Bedingungen für den Zugang, die für die Nutzung geforderten Wegeentgelte und schließlich die Prinzipien, Kriterien und Verfahren für die Aufteilung der Kapazitäten der betreffenden Infrastruktur. Alle diese Informationen müssen von dem Infrastrukturbetreiber in den *Schienennetz-Nutzungsbedingungen* veröffentlicht werden.[41] Dieses Dokument muss in mindestens zwei Amtssprachen der Union abgefasst, zum Selbstkostenpreis erhältlich und über ein Internet-Portal des Betreibers zugänglich sein. Es muss mindestens vier Monate vor Ablauf der Frist zur Einreichung von Anträgen auf Nutzung der Kapazitäten veröffentlicht und fortlaufend auf den neuesten Stand gebracht werden (Art. 27). 28

b) Die Regeln für die Aufteilung und Nutzung der Infrastrukturkapazitäten

aa) Überblick

Die Richtlinie regelt die Zuweisung von *„Zugtrassen“*[42] an die Antragsteller von Infrastrukturkapazitäten. Sie erfolgt jährlich im Rahmen des Verfahrens zur Annahme der Jahresplanung und führt zur Erstellung eines *„Netzfahrplans“*. Dieser bezeichnet die Daten zur Festlegung aller geplanten Zugbewegungen und Bewegungen des rollenden Materials, die auf dem betreffenden Schienennetz während der Gültigkeitsdauer des Plans durchgeführt werden. *Ad hoc*-Anträge auf individuelle Zugtrassen werden nach dem gleichen Verfahren behandelt. 29

---

40 Die obligatorische Einbeziehung dieser Personen in den Kreis potentieller Antragsteller bildet eine Neuerung der RL. Vor dem Zeitpunkt ihrer spätesten Umsetzung (16. Juni 2015) bleibt sie fakultativ.

41 Vgl RL 2012/34, Art. 27. In Anhang IV der RL ist der obligatorische Inhalt der Nutzungsbedingungen aufgeführt.

42 Gemäß Art. 2 Ziff. 27 bezeichnet der Begriff „Zugtrasse" die Fahrwegkapazität, die erforderlich ist, damit ein Zug zu einer bestimmten Zeit zwischen zwei Orten verkehren kann.

bb) Das Verfahren für die Annahme des Netzfahrplans

30 Der Netzfahrplan wird einmal im Kalenderjahr erstellt. Die Frist für die Beantragung von Fahrwegskapazität zur Aufnahme in den Netzfahrplan darf nicht früher als zwölf Monate vor seinem Inkrafttreten ablaufen.[43] Spätestens vier Monate nach Ablauf dieser Frist erstellt der Betreiber einen Entwurf des Netzplans und hört die Beteiligten. Diese können binnen eines Monats zu dem Entwurf Stellung nehmen. Der Netzfahrplan wird einheitlich für die gesamte Union jeweils am zweiten Samstag im Dezember gewechselt (Art. 43 iVm Anhang VII).

Eine besondere Regelung gilt für die Festlegung netzübergreifender Fahrwege und deren Integration in den Netzfahrplan. Um die damit verbundenen besonderen Schwierigkeiten zu lösen gebietet diese eine enge Zusammenarbeit der verschiedenen Betreiber (Art. 40). Diese soll auch der Förderung des internationalen Gütertransports auf der Schiene dienen. Im Rahmen des jährlichen Verfahrens zur Erstellung des Netzfahrplans müssen die Betreiber spätestens elf Monate vor seinem Inkrafttreten vorläufige grenzüberschreitende Zugtrassen bestimmen. Diese werden zwischen den betroffenen Betreibern vereinbart bevor die Konsultationen über den Netzplanentwurf aufgenommen werden. Änderungen dieser vorläufigen Zugtrassen dürfen nur vorgenommen werden, wenn dies unbedingt erforderlich ist (Art. 43 III).[44]

31 Bei der Entscheidung über Anträge auf Fahrwegskapazität muss der Betreiber die in der RL aufgestellten Grundsätze einschließlich der von den Mitgliedstaaten aufzustellenden „spezifischen Regeln“ und der gegebenenfalls von den Staaten erlassenen Rahmenregelung beachten (vgl Art. 39 I).[45]

Die Infrastrukturbetreiber sollen „soweit wie möglich“ allen Anträgen auf Zuweisung von Fahrwegskapazität stattgeben. Die Zuweisung muss gerecht und nichtdiskriminierend erfolgen und sie muss das Recht der Union einhalten (Art. 39 I). Nur ausnahmsweise darf der Betreiber speziellen Verkehrsarten Vorrang einräumen. Bei Unvereinbarkeiten zwischen mehreren Anträgen bemüht sich der Betreiber diese durch Koordinierung der Anträge zu beseitigen (Art. 46 I).[46] Er kann dazu auch Fahrwegskapazität anbieten, die von den beantragten Kapazitäten abweicht.

32 Kann der Betreiber trotz Koordinierung nicht allen Anträgen auf Zuweisung von Fahrwegskapazität stattgeben, so hat er den betreffenden Fahrwegabschnitt für *„überlastet“* zu erklären (Art. 47). Für diesen Fall sieht die RL mehrere Konsequen-

43 Anträge auf Zuweisung netzübergreifender Zugtrassen können bei einer einzigen Anlaufstelle eingereicht werden. Diese Stelle unternimmt dann im Auftrag des Antragstellers die für die Zuweisung erforderlichen Schritte (Art. 44 IV). Besondere Bedingungen bestehen für die Zuweisungen von Trassen, die in den als internationale Eisenbahnkorridore gemäß der VO Nr. 913/2010 (s. *Anm. 39*) ausgewiesenen Strecken beantragt werden.

44 Für die auf der Grundlage der VO Nr. 913/2010 (s. *Anm. 39*) ausgewiesenen Güterverkehrskorridore wurde ein eigenständiges Zuweisungssystem geschaffen (vgl VO Nr. 913/2010, Art. 13, 14).

45 Im Übrigen müssen die Mitgliedstaaten beim Erlass dieser Normen die Unabhängigkeit der Geschäftsführung der Infrastrukturbetreiber beachten, vgl Art. 39, I (s. *Rn 15 ff* und *Rn 35*). So können Mitgliedstaaten zB zwar Kriterien zur Bestimmung des vorrangigen Verkehrs festlegen, doch dürfen sie insoweit keine Befugnisse zur Ermessensausübung beanspruchen, denn die Befugnis zur Entscheidung über den Vorrang ist dem Betreiber der Infrastruktur vorbehalten, vgl EuGH, Rs. C-483/10 (Kommission/Spanien), Urt. v. 28. Februar 2013 (ECLI:EU:C:2013:114), Rn 84–89.

46 Die Grundsätze, nach denen die Koordinierung zu erfolgen hat, sind in den Schienennetz-Nutzungsbedingungen näher zu bezeichnen und zu veröffentlichen (vgl Art. 27 und Anhang IV, Ziff. 3). Das Gleiche gilt für das in Art. 46 VI vorgesehene Streitbeilegungssystem.

zen vor. Zunächst kann ein Zuschlag zum Wegeentgelt erhoben werden (dazu *Rn 37*). Weiterhin kann der Betreiber ausnahmsweise bestimmten Anträgen Vorrang ein räumen (Art. 47 III, IV).[47] Die Vorrangkriterien haben dem gesellschaftlichen Nutzen eines Verkehrsdienstes im Vergleich zu anderen Verkehrsdiensten, die dadurch von der Fahrwegnutzung ausgeschlossen werden, Rechnung zu tragen (Art. 47 IV).[48] Sie sind in die Schienennetz-Nutzungsbedingungen aufzunehmen (Anhang IV Ziff. 3, lit. e). Schließlich muss der Betreiber bei Überlastung eine *Kapazitätsanalyse* gemäß Art. 50 durchführen und binnen sechs Monaten nach deren Abschluss einen Plan zur Erhöhung der Fahrwegkapazität vorlegen (Art. 51). Die Mitgliedstaaten können sich das Recht zur vorherigen Genehmigung des Plans vorbehalten. Wenn der Betreiber keinen derartiger Plan vorgelegt oder trotz des Plans keine Verbesserung der Situation erreicht, dann verliert er das Recht zur Erhebung des Zusatzentgelts für die Überlastung (Art. 51 III).[49]

cc) ad-hoc-Anträge

Die Betreiber sind verpflichtet, jeden potenziellen Antragsteller über die nicht ausge- 33
schöpften Kapazitätsreserven zu informieren. Diese können ad-hoc-Anträge auf Zuweisung einzelner Zugtrassen stellen, die vom Betreiber innerhalb von fünf Arbeitstagen zu bescheiden sind (Art. 48). Zur Erleichterung des Betriebs von Güterzügen, für die ein ad-hoc-Antrag gestellt wurde organisieren die Betreiber gemeinsam soweit erforderlich grenzüberschreitende Zugtrassen (Art. 40 V). Diese sind Antragstellern über einen der beteiligten Betreiber zugänglich zu machen.[50]

dd) Nutzungsbedingungen

Die *Bedingungen für die Nutzung der Infrastruktur* werden vom Betreiber gemäß 34
den Vorgaben der RL in den Schienen-Nutzungsbedingungen festgelegt (Art. 27 und Anhang IV).[51] Die Rechte und Pflichten der Infrastrukturbetreiber und der Antragsteller *im Bezug auf die Zuweisung der Fahrwegskapazität* können im Rahmen der Vorgaben der RL entweder von den Mitgliedstaaten oder durch Vertrag der Parteien festgelegt werden (Art. 38 III). Zu letzteren verbietet die RL die Übertragung zugewiesener Kapazitäten auf ein anderes Unternehmen oder einen anderen Verkehrsdienst (Art. 38 I). Der Betreiber ist verpflichtet, die Aufgabe von Zugtrassen zu verlangen, wenn diese innerhalb eines Monats weniger genutzt wurden als der Schwellenwert der Nutzungsbedingungen vorsah (Art. 52). Außerdem ist das Recht zur In-

---

47 Die Befugnis zur Bevorzugung bestimmter Verkehrsdienste hat der Betreiber außer in dem Fall der Überlastung nur noch dann, wenn Alternativstrecken vorhanden sind und der Betreiber daraufhin spezielle Fahrwege für die Nutzung durch bestimmte Verkehrsdienste ausgewiesen hat (Art. 49). Der Betreiber darf allerdings die Benutzung eines speziellen Fahrwegs nicht generell untersagen. Die VO Nr. 913/2010 erlaubt in Art. 14 IV eine Bevorzugung von Güterzügen im internationalen Verkehr in den als Güterverkehrskorridor ausgewiesenen Strecken und sieht eine Koordinierung von Vorrangregeln für die Kapazitätszuweisung vor (VO Nr. 913/2010, Art. 14 VI).

48 Die Sicherung der Erfüllung gemeinwirtschaftlicher Verpflichtungen oder die Förderung des grenzüberschreitenden Schienengüterverkehrs gehören zu den einen Vorrang rechtfertigenden Kriterien (vgl Art. 47 IV und V).

49 Um diese Konsequenz zu vermeiden muss der Betreiber von der Regulierungsstelle die Zustimmung dafür erhalten, dass eine Ausführung des Plans aus Gründen, die sich seinem Einfluss entziehen, nicht möglich ist oder dass die verfügbaren Optionen wirtschaftlich oder finanziell nicht tragfähig sind (Art. 51 IV).

50 Zur Regelung für die Güterverkehrskorridore vgl VO Nr. 913/2010, Art. 14 V.

51 Dazu *Rn 28*.

anspruchnahme einer spezifischen Fahrwegskapazität grundsätzlich auf die Dauer der Netzfahrplanperiode, dh ein Jahr, begrenzt (Art. 38 II). An der zeitlichen Begrenzung der Trassenzuweisung zeigt sich das Bemühen um eine Steigerung des Wettbewerbs bei der Erbringung von Eisenbahnverkehrsdiensten.

Dennoch können Infrastrukturbetreiber und Antragsteller unter Beachtung des Wettbewerbsrechts der Union *Rahmenverträge* schließen, in denen über einen die Netzfahrplanperiode überschreitenden Zeitraum beantragte und angebotene Fahrwegskapazität definiert wird. Dieser Rahmenvertrag darf keine Zugtrassen im Einzelnen regeln und er darf die Nutzung des betreffenden Schienennetzes durch andere Antragsteller oder Verkehrsdienste nicht ausschließen (Art. 42 I, II). Rahmenverträge haben grundsätzlich eine Laufzeit von fünf Jahren. Ausnahmen davon sind möglich, zB im Hinblick auf besondere Investitionen oder Risiken. Die Kommission kann dazu Kriterien und Verfahren bestimmen.[52]

c) Wegeentgelte

aa) Regelungssystematik und Pflichten des Betreibers

35 Die für die Nutzung der Infrastruktur zu entrichtenden Entgelte werden auf drei Regelungsebenen näher bestimmt (Art. 29): Die RL legt *Grundsätze* fest. Es obliegt den Mitgliedstaaten, zur Durchführung dieser Grundsätze eine *Entgeltrahmenregelung* zu verabschieden. Auf der Grundlage dieser Rahmenregelung ergehen einzelne *Entgeltregeln*, die von den Staaten selbst beschlossen werden oder zu deren Erlass der Infrastrukturbetreiber ermächtigt wurde. Anhand dieser Bestimmungen nimmt der Betreiber die Berechnung und Erhebung des Wegeentgelts vor.

Die RL teilt damit die Zuständigkeiten zwischen den Mitgliedstaaten und dem Betreiber. Zu den Einzelheiten erging zwischen 2011 und 2014 eine umfangreiche Rechtsprechung des EuGH. Diese betraf zwar noch die Vorgängernorm (RL 2001/14), doch besteht insoweit in den wesentlichen Elementen Übereinstimmung des Wortlauts mit der RL 2012/34.[53] Letzterer ist für die Berechnung des Entgelts *allein* zuständig.[54] Daher verstößt die jährliche Festsetzung eines Tarif-Höchstsatzes durch die Regierung eines Mitgliedstaates gegen Art. 29 I.[55] Der EuGH hat klar gestellt, dass der Begriff „Berechnung" in einem weiteren Sinne zu verstehen ist und einen Gestaltungsspielraum einschließen muss.[56] Diese Auslegung wird durch die Verpflichtung zur Wahrung der Unabhängigkeit der Geschäftsführung des Betreibers (Art. 29 I) bestätigt, denn die Entscheidung über die Wegeentgelte gehört gemäß Art. 7 I, lit. b) zu den „wesentlichen" Funktionen des Betreibers. Auch setzen verschiedene Bestimmungen voraus, dass der Betreiber über einen ausreichenden Entscheidungsspielraum verfügt.[57] Dies gilt zB für die Bestimmungen, die die Mitgliedstaaten dazu verpflichten,

52 Die Mitgliedstaaten dürfen diese Regeln nicht dadurch umgehen, dass sie den traditionellen Nutzern Vorrang vor neuen Antragstellern einräumen. S. EuGH, Rs. C-483/10 (Kommission/Spanien), Urt. v. 28. Februar 2013 (s.o. *Anm. 30*), Rn 91 ff.

53 S. die Übereinstimmungstabelle in Anhang X der RL 2012/34.

54 Zur Erhebung s. *Rn 20*.

55 EuGH, Rs. C-545/10 (Kommission/Tschechien), Urt. v. 11. Juli 2013 (ECLI:EU:C:2013: 509), Rn 36.

56 EuGH, Rs. C-483/10 (Kommission/Spanien), Urt. v. 28. Februar 2013 (s.o. *Anm. 30*), Rn 41, 42; Rs. C-473/10 (Kommission/Ungarn), Urt. v. 28. Februar 2013 (s. *Anm. 30*), Rn 79.

57 EuGH, Rs. C-483/10 (Kommission/Spanien), (s., *Anm. 30*), Rn 43 ff; Rs. C-369/11 (Kommission/Italien), Urt. v. 3. Oktober 2013 (ECLI:EU:C:2013:636).

in die Entgeltregelungen Anreize u.a. zur Erhöhung der Leistungsfähigkeit des Schienennetzes[58] und zur Senkung der Zugangsentgelte[59] aufzunehmen.

Die RL bezeichnet in Art. 29 II und III drei allgemeine Verpflichtungen des Betreibers über die Gestaltung und Anwendung der Entgeltregelung, die der Aufzählung der einzelnen Entgeltgrundsätze vorangestellt sind. Danach müssen die Betreiber dafür sorgen, dass die Entgeltregelung für ihr gesamtes Netz auf denselben Grundsätzen beruht. Sie müssen weiterhin dafür sorgen, dass die Anwendung der Regelung zu gleichwertigen und nichtdiskriminierenden Entgelten für unterschiedliche Eisenbahnunternehmen führt. Schließlich obliegt ihnen die Verpflichtung dafür zu sorgen, dass die tatsächlich erhobenen Entgelte den in den Schienennetz-Nutzungsbedingungen vorgesehenen Regeln entsprechen. 36

bb) Entgeltgrundsätze

Das für die Benutzung der Infrastruktur erhobene Entgelt muss in Höhe der Kosten festgelegt werden, die „unmittelbar aufgrund des Zugbetriebs anfallen" (Art. 31 III). Die von der RL vorgegebene Methode zur Berechnung des Nutzungsentgelts folgt damit dem *Grenzkostenprinzip*. Dies sind die Kosten, die dem Betreiber der Infrastruktur *durch die Nutzung* eines bestimmten Teils davon (zB eines Streckenabschnitts) durch einen zusätzlichen Zug entstehen.[60] Nicht zu diesen Kosten gehören die Kosten, die der Betreiber der Infrastruktur unabhängig vom Verkehrsumfang aufwenden muss (zB Gehälter und Sozialbeiträge).[61] Jedoch bestehen insoweit erhebliche Abgrenzungsprobleme.[62] Zwar enthielt der ursprüngliche Richtlinienvorschlag eine Liste von Kosten, die nicht in die Entgeltberechnung einbezogen werden dürfen,[63] doch wurde diese Liste nicht in die RL 2012/34 übernommen. Auch schreibt die RL selbst keine Einzelheiten der Berechnung der Kosten vor sondern verpflichtet die Kommission, vor dem 16. Juni 2015 entsprechende Modalitäten zu verabschieden. Bis zu deren Erlass verfügen die Mitgliedstaaten bei der Zuordnung der Kosten über ein Ermessen.[64] 37

Allerdings nennt die RL ausdrücklich Zuschläge bei Überlastung der Fahrwegskapazität als zulässige Entgeltbestandteile (Art. 31 IV). Auch dürfen umweltbezogene Auswirkungen des Zugbetriebs in das Wegeentgelt einfließen. Dafür bestehen unterschiedliche Voraussetzungen: Wenn im Straßengüterverkehr im Einklang mit dem Unionsrecht eine solche Anlastung erfolgt, dann darf die Anlastung im Eisenbahnverkehr eine Erhöhung der Gesamterlöse des Infrastrukturbetreibers bewirken und damit die sozialen Grenzkosten des Eisenbahntransports widerspiegeln. Fehlt es dage-

58 Vgl Art. 35 und Anhang VI, Ziff. 2. Dazu EuGH, Rs. C-483/10 (Kommission/Spanien) (s. *Anm. 30*), Rn 63 ff und Rs. C-545/10 (Kommission/Tschechien), (s. *Anm. 55*), Rn 57 ff.

59 Art. 30, I. Dazu EuGH, Rs. C–556/10 (Kommission/Deutschland), Urt. v. 28. Februar 2013 (s. *Anm. 30*), Rn 98 ff.

60 S. dazu EuGH, Rs. C-545/10 (Kommission/Tschechien), Urt. v. 11. Juli 2013 (s.*Anm. 55*), Rn 64 ff, insbesondere die Schlussanträge GA *Jääskinen* v. 13. Dezember 2013, Rn 67 ff.

61 S. EuGH, Rs. C-152/12 (Kommission/ Bulgarien), Urt. v. 13. Februar 2014 (ECLI:EU:C:2014:82). S.a. Rs. C-512/10 (Kommission/Polen), Urt. v. 30. Mai 2013 (ECLI:EU:C:2013:338), Rn 81 ff.

62 Dies gilt zB für die Qualifizierung der Kosten im Zusammenhang mit Reparaturen und der Wartung, der Schnee- und Eisräumung der Schienen oder der Nutzung der Signalisierungs- und Sicherheitssysteme. Vgl Schlussanträge GA *Jääskinen* (s. *Anm. 60*), Rn 70.

63 Dok. KOM(2010) 475 v. 17. September 2010, Anhang VIII.

64 So ausdrücklich GA *Jääskinen* in der Rs. C-545/10 (s. *Anm. 60*), Rn 75 und ihm folgend EuGH aaO, Rn 65.

gen an einer Anlastung der umweltbezogenen Kosten im Straßenverkehr, dann darf der Betreiber zwar zB umweltbelastende Eigenschaften des Rollmaterials bei der Berechnung des Wegeentgelts berücksichtigen, darf jedoch aus einer Anlastung keine zusätzlichen Einnahmen erzielen (Art. 31 V UA 4).[65]

Schließlich erlaubt die RL gemäß Art. 32 IV eine Differenzierung der Wegeentgelte, um Anreize dafür zu geben, dass Züge mit dem *Europäischen Zugsicherungs-/ Zugsteuerungssystem (ETCS)*[66] ausgerüstet werden.

38 Im Übrigen gestattet Art. 31 VI, bei der Berechnung der Wegeentgelte einen Durchschnitt der genannten Kosten heranzuziehen. Dadurch sollen „unerwünschte übermäßige Schwankungen" vermieden werden. Als Rahmen des Durchschnitts soll eine angemessene Spanne von Zugverkehrsdiensten und Zeiträumen dienen. Die relative Höhe der Wegeentgelte „muss jedoch zu den von den Verkehrsdiensten verursachten Kosten in Beziehung stehen".

39 Um Anreize zur Minimierung von Störungen und zur Erhöhung der Leistung des Schienennetzes zu bieten, müssen die Entgeltregelungen *leistungsunabhängige Elemente* enthalten (Art. 35 I und Anhang VI). Diese Bestimmungen können sowohl Strafen für Störungen des Netzbetriebs als auch Bonusregelungen für Leistungen, die das geplante Leistungsniveau übersteigen, umfassen.[67]

cc) Ausnahmen von den Entgeltgrundsätzen

40 Die Richtlinie gestattet den Mitgliedstaaten und den Betreibern der Infrastruktur, Ausnahmen von den in Art. 31 bezeichneten Entgeltgrundsätzen zu beschließen. Diese können sowohl zur Erhöhung als auch zur Senkung der Wegeentgelte führen.

Zunächst können die Mitgliedstaaten in den Entgeltregeln Aufschläge genehmigen, um eine volle Deckung der dem Infrastrukturbetreiber entstehenden Kosten zu erzielen. Derartige Aufschläge dürfen nur auf der Grundlage „effizienter, transparenter und nicht diskriminierender Grundsätze erhoben werden" (Art. 32 I).[68] Tatsächlich können nach dem in der RL vorgesehenen System die Entgelte zwischen einem Minimum und einem Maximum variieren, wobei das Minimum nur die Grenzkosten erfasst und das Maximum die Gesamtkosten umschließt.[69] Beide Modelle sind allerdings nicht gleichwertig. Die Anlastung des Maximums erfordert, dass „der Markt dies tragen kann" und setzt weiterhin voraus, dass dadurch die Nutzung der Fahrwege durch Eisenbahnverkehrsdienste nicht ausgeschlossen wird, die mindestens die un-

65 Hinsichtlich der Anlastung der Kosten von Lärmauswirkungen, der wesentliche Quelle externer Folgen des Eisenbahntransports (vgl Dok. KOM(2008) 435, „Über die Internalisierung externer Kosten" v. 8. Juli 2008, Ziff. 4.3.1) hat die Kommission gemäß Art. 31 V UA 2 besondere „Modalitäten" für die Anlastung und Differenzierung der Wegeentgelte zu beschließen.

66 Beschl. Nr. 2012/88, ABl. 51/2012, 1, zuletzt geändert durch B 2012/696, ABl. L 311/2012, 3.

67 Dazu EuGH, Rs. C-625/10 (Kommission/Frankreich), Urt. v. 18. April 2013 (ECLI:EU:C:2013:243), Rn 68 ff.

68 Die Entgeltberechnung allein anhand der Grenzkosten ermöglicht nicht notwendigerweise eine Deckung der gesamten Infrastrukturkosten, s. Mitteilung der Kommission „Über die Internalisierung externer Kosten", (s. *Anm. 65*), 5.

69 S. EuGH, Rs. C-556/10 (Kommission/Deutschland) (s. *Anm. 59*), Rn 85.

mittelbar aufgrund des Zugbetriebs anfallenden Kosten, zuzüglich einer marktfähigen Rendite erbringen können (Art. 32 I, UA 3 ff und Anhang VI, Ziff. 1).[70]

Auch darf der Betreiber zur Finanzierung spezifischer nach 1988 abgeschlossener oder künftiger Investitionsvorhaben höhere Entgelte festlegen. Dies hat auf der Grundlage der langfristigen Kosten zu geschehen und setzt voraus, dass die Vorhaben eine Steigerung der Effizienz oder Kostenwirksamkeit oder beides bewirken und sonst nicht durchgeführt würden oder worden wären.

Entgeltnachlässe können ebenfalls gewährt werden. Die Voraussetzungen bezeichnet 41
Art. 33.

Danach sind Nachlässe grundsätzlich auf die vom Betreiber tatsächlich eingesparten Verwaltungskosten begrenzt. Die Betreiber dürfen darüber hinaus für im Einzelnen angegebene Verkehrsströme zeitlich begrenzte Nachlässe zur Förderung der Entwicklung neuer Eisenbahnverkehrsdienste oder der Benutzung von Strecken mit sehr niedrigem Auslastungsgrad gewähren. Diese Nachlässe müssen allen Fahrwegnutzern zur Verfügung stehen (Art. 33 III).

Generell dürfen Nachlässe nur im Bezug auf das Entgelt für bestimmte Fahrwegabschnitte gewährt werden und sie müssen nicht diskriminierend und in ähnlicher Weise auf ähnliche Verkehrsdienste angewandt werden (Art. 33 IV, V).

Den Mitgliedstaten wird darüber hinaus unter besonderen Bedingungen gestattet, 42
Ausgleichsregelungen für nicht angelastete Umweltkosten, Kosten für Unfälle und Infrastrukturkosten zu treffen. Derartige Regeln und ihre Berechnungsgrundlagen müssen veröffentlicht werden und zeitlich begrenzt sein. Sie setzen weiterhin voraus, dass die entsprechenden Kosten bei konkurrierenden Verkehrsträgern nachweisbar nicht angelastet werden und dass diese Kosten die gleichartigen Kosten der Eisenbahn überschreiten. Derartige Regelungen stehen unter dem Vorbehalt ihrer Vereinbarkeit mit den Beihilfevorschriften des AEUV (Art. 93, 107, 108, dazu *Rn 52 ff*).

d) Zugang zu den Serviceeinrichtungen und Entgeltberechnung

Um Verkehrsleistungen anbieten zu können, bildet der Zugang zur Infrastruktur für 43
Eisenbahnunternehmen eine notwendige, allerdings nicht hinreichende, Bedingung. Verschiedene weitere Leistungen müssen hinzutreten. Die RL unterscheidet dazu vier Kategorien.

Zu den ergänzenden Diensten gehören zunächst die in Anhang II, Ziff. 1 bezeichne- 44
ten Leistungen des sogenannten „Mindestzugangspakets". Sie umfassen u.a. die Nutzung von Versorgungseinrichtungen für Fahrstrom. Dieser ist in nicht-diskriminierender Weise zur Verfügung zu stellen (Art. 13 I), die anfallenden Kosten werden unmittelbar dem Eisenbahnunternehmen angelastet (Art. 31 III). Zu diesen Leistungen gehört auch die Bereitstellung von Informationen über den Zugverkehr anderer Gesellschaften, soweit die Umsteigemöglichkeiten davon betroffen sind.[71]

---

70 Dazu EuGH, Rs. C-556/10 (Kommission/Deutschland) (s. *Anm. 59*), Rn 87. Der EuGH hält vor der Erhebung von Zuschlägen eine Marktuntersuchung für erforderlich.

71 EuGH, Rs. C-136/11 (Westbahn Management), Urt. v. 22. November 2012 (ECLI:EU:C:2012:740), Rn 44 ff.

45 Zu den ergänzenden Diensten gehören weiterhin die Dienste der in Anhang II, Ziff. 2 bezeichneten Einrichtungen (u.a. Bahnhöfe, Terminals, Wartungseinrichtungen). Die dazu in Art. 10 I und II bezeichneten Zugangsrechte (s. *Rn 22*) schließen den Zugang zu diesen Diensten ein. Entsprechend sind die Betreiber dieser Serviceeinrichtungen verpflichtet, allen Eisenbahnunternehmen unter Ausschluss jeglicher Diskriminierung Zugang zu den Einrichtungen und zu den darin erbrachten Leistungen zu gewähren (Art. 13 II).

Um den nicht-diskriminierenden Zugang sicherzustellen, gebietet Art. 13, III, dass der jeweilige Betreiber der Einrichtung unabhängig von (Eisenbahn-)unternehmen organisiert ist, die auch in den nationalen Schienenverkehrsmärkten tätig sind, für die die Serviceeinrichtung genutzt wird. Dies gilt jedenfalls dann, wenn das betreffende Unternehmen eine beherrschende Stellung hat. Die Unabhängigkeit setzt eine organisatorische und faktische Entscheidungsfreiheit und getrennte Rechnungslegung, nicht jedoch eine rechtliche Selbstständigkeit voraus. Wenn der Betreiber der Serviceeinrichtung mit dem Betreiber der Infrastruktur identisch ist, dann wird die Unabhängigkeit vermutet, sofern die institutionelle Trennung gemäß Art. 7 gewährleistet ist (s. *Rn 20*).

Anträge auf Zugang zu den Einrichtungen und Diensten müssen innerhalb angemessener Frist beantwortet werden. Sie dürfen nur abgelehnt werden, wenn tragfähige Alternativen vorhanden sind. Die Regulierungsstelle wacht über die Einhaltung dieser Verpflichtung (Art. 56 I, lit. g), s. *Rn 47* ff). Wurde eine Serviceeinrichtung über einen Zeitraum von zwei Jahren nicht genutzt und haben Eisenbahnunternehmen aufgrund nachgewiesenen Bedarfs Interesse am Zugang zu dieser Einrichtung bekundet, dann muss diese Einrichtung zur Vermietung ausgeschrieben werden (Art. 13 VI).

Die Entgelte für Leistungen der Serviceeinrichtungen dürfen die Kosten für deren Erbringung, zuzüglich eines angemessenen Gewinns, nicht übersteigen (Art. 31 VII).

46 Schließlich sieht die RL die besondere Kategorie der „*Zusatzleistungen*" vor (Anhang II, Ziff. 2). Zu dieser Kategorie gehören sowohl die Lieferung bestimmter Sachen (zB Treibstoffe) als auch die Erbringung bestimmter Dienste (zB Vorheizen von Personenzügen) als auch „*Nebenleistungen*" (Zugang zu Telekommunikationsnetzen, Fahrscheinverkauf auf Personenbahnhöfen). Der Zugang zu beiden Gruppen von Leistungen ist nicht völlig identisch geregelt. Zusatzleistungen müssen gemäß Art. 13 VII auf Antrag in nicht diskriminierender Weise erbracht werden, soweit der Betreiber einer Serviceeinrichtung diese Leistungen bereithält. Für Nebenleistungen gilt diese Verpflichtung nur dann, wenn der Serviceerbringer diese Leistungen Dritten anbietet. Werden Neben- und Zusatzleistungen nur von einem einzigen Dienstleister angeboten, so darf das Entgelt die Kosten für deren Erbringung, zuzüglich eines angemessenen Gewinns, nicht übersteigen (Art. 31 VIII).

4. Überwachung der Einhaltung der Richtlinienvorschriften

47 Die Richtlinie verpflichtet die Mitgliedstaaten zur Errichtung eigenständiger Behörden („Regulierungsstellen"), die mit der Aufsicht über die korrekte Anwendung der Bestimmungen der RL betraut sind und die insbesondere die Beachtung der Rechte neuer Marktteilnehmer gewährleisten sollen.

Bei den in Art. 55 vorgesehenen Aufsichtseinrichtungen muss es sich um eigenständige Behörden handeln, die von jeder anderen öffentlichen und privaten Stelle unabhängig sind.[72] Die Regulierungsstellen müssen insbesondere von Infrastrukturbetreibern, Stellen, die Entgelt erheben und/oder Kapazitäten zuweisen sowie von Antragstellern unabhängig sein. Auch muss ihre Unabhängigkeit von Stellen gewährleistet sein, die an der Vergabe öffentlicher Dienstleistungsaufträge mitwirken. Dagegen können die Regulierungsstellen mit staatlichen Wettbewerbsbehörden, mit der Genehmigungsbehörde gemäß Art. 16 und der Eisenbahn-Sicherheitsbehörde[73] zusammengelegt werden, sofern die gemeinsame Stelle die geforderte Unabhängigkeit besitzt. Die Zusammenarbeit mit diesen Behörden wird durch Art. 56 III ausdrücklich postuliert. 48

Die Mitgliedstaaten sorgen für eine angemessene personelle, materielle und organisatorische Ausstattung der Regulierungsstelle, damit ihre Unabhängigkeit garantiert ist und die der Bedeutung des Eisenbahnsektors in diesem Mitgliedstaat entspricht (Art. 55 III und 56 V).[74]

Die wesentliche Rolle der Regulierungsstelle besteht in ihrer Funktion als *Beschwerdeinstanz*. 49

In dieser Eigenschaft kann sie von jedem Antragsteller befasst werden, der sich im Zusammenhang mit Anträgen auf Zugang zum Netz oder zu Serviceeinrichtungen „ungerecht behandelt, diskriminiert oder auf andere Weise in seinen Rechten verletzt“ fühlt (vgl Art. 56 I, lit. a) – g)). Binnen eines Monats prüft die Regulierungsstelle die Beschwerde. Sie entscheidet innerhalb einer angemessenen Frist, spätestens sechs Wochen nach Erhalt aller sachdienlichen Informationen.[75]

Die Entscheidungen der Regulierungsstelle sind für alle Betroffenen verbindlich. Zur Durchsetzung muss die Regulierungsstelle ermächtigt werden, Sanktionen aufzuerlegen, die auch Geldbußen umfassen können. Gegen die Entscheidungen ist gerichtliche Nachprüfbarkeit zu gewährleisten (Art. 56 X).

Neben der streitschlichtenden Funktion leistet die Regulierungsstelle von Amts wegen zu erfüllende Überwachungsaufgaben. Dazu gehört insbesondere die Überwachung der Wettbewerbssituation auf den Schienenverkehrsmärkten (Art. 56 II), die Aufsicht über die Festsetzung der Wegeentgelte (Art. 56 VI) sowie die Prüfung der Einhaltung der Regeln über die Rechnungsführung (Art. 56 XII).

Zur Erfüllung ihrer Aufgaben verfügt die Regulierungsstelle über Auskunfts- und Nachprüfungsrechte in dem jeweiligen Mitgliedstaat bei Infrastrukturbetreibern, Antragstellern sowie betroffenen Dritten (Art. 56 VIII).[76]

---

72 Die Vorgängernorm (RL 2001/14, Art. 30) gestattete dagegen, dass das jeweilige Verkehrsministerium als Regulierungsstelle fungiert, solange die Unabhängigkeit von den Organismen gewährleistet war, die über die Kapazitätszuweisung und die Entgeltregeln entscheiden. Dazu EuGH, Rs. C-483/10 (Kommission/Spanien) (s. *Anm. 30*), Rn 48.

73 Vgl RL 2004/49, ABl. L 164/2004, 44, dazu *Rn 64 ff.*

74 Zu den Motiven für diese Anforderung vgl den Vorschlag der Kommission, Dok. KOM(2010) 474, S. 7.

75 Die Regulierungsstelle kann u.a. Änderungen an Entscheidungen des Infrastrukturbetreibers über die Zuweisung von Fahrwegskapazität beschließen, s. Art. 56 IX, UA 3).

76 Diese Befugnisse sind weiter als jene der Vorgängernorm. Dazu EuGH, Rs. C-56/10 (Kommission/Deutschland) (s. *Anm. 30*), Rn 118 ff.

50 Die RL fordert einen Informationsaustausch und allgemein eine Zusammenarbeit zwischen den staatlichen Regulierungsstellen. Zu diesem Zweck sieht Art. 57 die Bildung eines *Netzwerks* vor, dem auch die Kommission angehört.

Die Kommission nimmt weiterhin als Beobachter an den gemeinsamen Sitzungen der Netzwerkbetreiber teil (Art. 40 II). Schließlich überwacht die Kommission die Nutzung der Schienennetze und die Entwicklung der Rahmenbedingungen im Eisenbahnsektor (Art. 15 III)[77] und sie prüft geplante oder existierende Vereinbarungen der Mitgliedstaaten mit Drittstaaten im Hinblick auf ihre Vereinbarkeit mit dem Unionsrecht (Art. 14).

Die Kommission prüfen überdies die in Anwendung der RL ergangenen staatlichen Maßnahmen über Zugang zur Infrastruktur, zu Schienenverkehrsdiensten, die Genehmigung von Eisenbahnunternehmen, die Erhebung von Wegeentgelten und die Zuweisung von Kapazitäten. Sie kann die weitere Anwendung einer bestimmten Maßnahme untersagen. Die Kommission wird auf Ersuchen eines Mitgliedstaates, einer Regulierungsstelle oder aus eigener Initiative tätig (Art. 61).

D. Tarifregeln bei Eisenbahnbeförderungen

51 Für die Festlegung von Preisen im Eisenbahnverkehr sind grundsätzlich die betreffenden Unternehmen zuständig (Art. 5 III, lit. b), s. *Rn 10*). Sie haben dabei die von den Mitgliedstaaten aufgestellten gesamtpolitischen Leitlinien und – soweit vorhanden – nationale Pläne, insbesondere Investitionspläne, zu beachten. Ebenso wie die anderen Verkehrsträger sind sie dabei an die Bestimmungen der VO Nr. 11/1960[78] gebunden, wonach im Verkehr innerhalb der Union bei der Festlegung von Frachten und Beförderungsbedingungen, Diskriminierungen verboten sind. Die Eisenbahnunternehmen müssen bei der Preisfestlegung außerdem die Bestimmungen der VO Nr. 1370/2007 beachten (dazu nachfolgend *Rn 52* ff)

E. Anwendung der Wettbewerbsvorschriften auf Eisenbahnbeförderungen

52 Die für die terrestrische Beförderung anwendbaren Wettbewerbsregeln wurden bereits dargestellt (s. *Kap. V Rn 45* ff). Dabei wurde darauf hingewiesen, dass diese Regeln zwar grundsätzlich auch auf den Eisenbahnverkehr Anwendung finden,[79] einige dieser Regeln jedoch davon ausgenommen sind.[80] Dies gilt unter anderem für die Vergabe öffentlicher Dienstleistungsaufträge, die durch VO Nr. 1370/2007 „über öffentliche Personenverkehrsdienste auf Schiene und Straße“ geregelt ist.[81] Nach Art. 5, VI der VO können öffentliche Dienstleistungsaufträge im Eisenbahnverkehr direkt vergeben werden (dazu *Kap. V Rn 13 f* und *56 f*). Dagegen gelten die Bestimmungen

77 Alle zwei Jahre erstattet die Kommission dem EP und dem Rat einen Bericht über die Entwicklung des Schienenverkehrsmarktes. S. Vierter Bericht, Dok. KOM(2014) 353 v. 13. Juni 2014.
78 VO Nr. 11 über die Beseitigung von Diskriminierungen auf dem Gebiet der Frachten und Beförderungsbedingungen, ABl. 52/1960, 1121, zuletzt geändert durch VO Nr. 569/2008, ABl. L 161/2008, 1 dazu *Kap. II Rn 30*.
79 Beispiel für die Anwendung der Regelungen über die Fusionskontrolle (VO Nr. 139/2004, ABl. L 24/2004, 1): Mitteilung der Kommission gemäß Art. 4 dieser VO über den geplanten Zusammenschluss SNCF/SNCB/Thalys, ABl. C 277/2014, 5.
80 Beispiel: VO Nr. 169/2009, ABl. L 61/2009, 1, Art. 3.
81 ABl. L 315/2007, 1.

der VO über Ausgleichsleistungen, die einem Unternehmen für die Übernahme gemeinwirtschaftlicher Leistungen gezahlt werden, auch bei der Vergabe an Eisenbahnunternehmen. Die Berechnung derartiger Leistungen hat nach den im Anhang der VO Nr. 1370/2007 aufgeführten Regeln zu erfolgen. Unter anderem darf eine derartige Leistung nicht den Betrag überschreiten, der dem finanziellen Nettoeffekt der Summe aller Auswirkungen der Verpflichtung auf die Kosten und Einnahmen des Betreibers des öffentlichen Dienstes entspricht (VO Nr. 1370/2007, Anhang, Ziff. 2).

Für *staatliche Beihilfen* im Bereich des Eisenbahnverkehrs besteht eine Vielzahl von 53
Sonderregelungen. Diese orientieren sich an den von der Kommission 2008 in den „Gemeinschaftlichen Leitlinien für staatliche Beihilfen an Eisenbahnunternehmen" formulierten Grundsätzen. Danach sind staatliche Beihilfen im Eisenbahnsektor zulässig, „wenn sie zur Verwirklichung eines integrierten, interoperablen und wettbewerbsorientierten Marktes in Europa beitragen und den Zielen einer dauerhaft umweltverträglichen Mobilität dienen".[82]

Art. 6 III der RL 2012/34 untersagt die Übertragung öffentlicher Zuwendungen für gemeinwirtschaftliche Verkehrsleistungen auf Tätigkeitsbereiche, die andere Verkehrsleistungen oder sonstige Geschäfte betreffen. Die Unternehmen sind verpflichtet, getrennte Bilanzen für die Güter- und Personenverkehr aufzustellen und zu veröffentlichen und die öffentlichen Zuwendungen getrennt auszuweisen.

Weiterhin berücksichtigt die Gesetzgebung der Union bestimmte finanzielle Lasten, die zwar nicht im Zusammenhang mit der normalen Tätigkeit von kommerziellen Beförderungsunternehmen stehen, die aber traditionell den Eisenbahnunternehmen von den Staaten auferlegt wurden.[83]

- Zunächst schafft die Verordnung Nr. 1192/69[84] einen *ex post* Ausgleichsmechanismus („Bereinigung der Konten") für eine Reihe in Art. 3 abschließend bezeichneter Lasten und Vorteile staatlichen Ursprungs. Die Verordnung gilt nur für die namentlich in Art. aufgeführten Eisenbahnunternehmen, dh die ehemaligen Staatsmonopole.
- Weiterhin verpflichtet Art. 9 der RL 2012/34 die Mitgliedstaaten zur Schaffung „geeigneter Mechanismen", um die historische[85] Verschuldung der im Eigentum der öffentlichen Hand stehenden oder von ihr kontrollierten Eisenbahnunternehmen zu verringern. Bei der Entscheidung über die Art und Weise der Erfüllung dieser Verpflichtung verfügen die Staaten über ein weites Ermessen.[86] Allerdings müssen dabei die Bestimmungen des Vertrages über Beihilfen (Art. 93, 107, 108 AEUV) beachtet werden.[87]

Schließlich ist an die Regelung in Art. 34 der RL 2012/34 zu erinnern (s. *Rn 42*), wonach die Staaten den Eisenbahnunternehmen Ausgleichszahlungen für Umweltkosten,

82 ABl. C 184/2008, 13, Ziff. 14.
83 Dazu *Burmeister* (*Anm.* 9), 83 ff.
84 ABl. L 156/1969, 8, zuletzt geändert durch VO Nr. 517/2013, ABl. L 158/2013, 1, 32.
85 D.h. Schulden und Zinsen für Schulden, die vor dem 15. März 2001 bzw vor dem jeweiligen Beitrittsdatum zur Union aufgenommen worden sind (Art. 3 III).
86 Art. 3 II bezeichnet dazu lediglich einen fakultativ einsetzbaren Mechanismus.
87 S. dazu die Leitlinien für staatliche Beihilfen an Eisenbahnunternehmen, (s. *Anm. 82)*.

Kosten für Unfälle und Infrastrukturkosten leisten können, soweit diese bei konkurrierenden Verkehrsträgern nicht angelastet werden.

F. Technische Regelungen, Sicherheitsvorschriften, Forschung

1. Überblick

54 Die Öffnung des Eisenbahntransports für den Wettbewerb kann nur dann den dabei erwarteten Nutzen bringen, wenn gleichzeitig eine grundlegende Änderung der technischen Vorschriften erfolgt. Denn diese waren ursprünglich an geschlossenen staatlichen Märkten ausgerichtet. Während eines halben Jahrhunderts wurden die Standards der Elektrifizierung, der Spurbreite, der Signalsysteme, der Zugsteuerung usw von den ehemaligen Monopolbetreibern für ihr jeweiliges Netz entwickelt und verwaltet. Die daraus folgenden Unterschiede bilden ein erhebliches Hindernis für den grenzüberschreitenden Zugbetrieb.[88]

Auch erfordert die mangelnde Übereinstimmung der technischen Regelungen einen erheblichen zusätzlichen Aufwand an Material und an zusätzlichen Genehmigungsverfahren, wenn ein Unternehmen internationale Transporte und Kabotagebeförderungen durchführen will.[89]

55 Seit der Verabschiedung der ersten Richtlinie zur Interoperabilität des transeuropäischen Hochgeschwindigkeitsbahnsystems im Jahre 1996[90] hat die Union ein umfassendes Reformprogramm in Gang gesetzt. Dieses dient einem dreifachen Zweck: Zum einen sollen durch die Definition gemeinsamer technischer Standards und die wechselseitige Anerkennung nationaler Standards die bestehenden technischen Hindernisse beseitigt werden. Weiterhin soll ein Ordnungssystem errichtet werden, das dem Wettbewerb in einem offenen Markt gerecht werden kann. Schließlich soll damit die Sicherheit des Eisenbahnverkehrs bewahrt und erhöht werden.

Drei zwischen 2004 und 2008 verabschiedete Richtlinien zur *Interoperabilität des Eisenbahnsystems*, zur *Eisenbahnsicherheit* und zur *Zertifizierung von Triebfahrzeugführern* bestimmen gegenwärtig den rechtlichen Rahmen von Technik und Sicherheit des unionsweiten Eisenbahnverkehrs. Dieser wird durch eine Vielzahl technischer Durchführungsbestimmungen ausgefüllt, die von der Kommission erlassen und fortlaufend aktualisiert werden.

56 Im Zentrum dieses Regelungssystems steht die im Jahre 2004 errichtete *Europäische Eisenbahnagentur* (nachfolgend „Agentur“).[91] Als eine spezialisierte Einrichtung der Union unterstützt sie die Kommission bei der Erarbeitung technischer Vorschriften. Sie fördert die Umsetzung und Anwendung dieser Vorschriften durch Maßnahmen der Koordinierung und durch Stellungnahmen. Daneben übernimmt sie Aufgaben der

88 S. dazu den Vorschlag der Kommission für eine Richtlinie über die Interoperabilität des konventionellen transeuropäischen Eisenbahnsystems, Dok. KOM(1999) 617 v. 25. November 1999, Ziff. 1–12.

89 Eine Beschreibung des noch 2012 vorhandenen Zustandes enthält der Bericht der Kommission über die Anwendung der Richtlinie 2005/47, Dok. KOM(2012) 627 v. 26. Oktober 2012, Ziff. 4.1.

90 RL 96/48, ABl. L 235/1996, 6, aufgehoben durch RL 2008/57 (s. *Rn 57 ff*).

91 VO Nr. 881/2004, ABl. L 220/2004, 3, zuletzt geändert durch VO Nr. 1335/2008, ABl. L 354/2008, 51. *Sitz der Agentur* ist Lille-Valenciennes (s. Beschl. 2004/97, ABl. L 29/2004, 15, Art. 1, lit. f)). Allgemein zu den Verkehrsagenturen *Kap III, Rn 25*.

Überwachung und sammelt, verwaltet und verbreitet die einschlägigen Informationen in Zusammenarbeit mit den nationalen Behörden.

2. Interoperabilität der Eisenbahnen

a) Allgemeines

Traditionell bedingt ein grenzüberschreitender Zuglauf innerhalb der Union einen 57
Wechsel der Antriebseinheit und des Zugpersonals an jeder Grenze, soweit nicht in Einzelfällen Material eingesetzt werden kann, das für den Betrieb auf mehreren Netzen geeignet ist. Allerdings steht dies meist nur zu einem deutlich höheren Preis und oft nur mit verminderter Leistung zur Verfügung.[92]

Vor diesem Hintergrund hat der Gesetzgeber der Union auf der Grundlage der Art. 91 und 171 AEUV die RL 2008/57 „über die Interoperabilität des Eisenbahnsystems in der Gemeinschaft" verabschiedet.[93] Sie soll die technischen Voraussetzungen für einen Binnenmarkt der Eisenbahndienste und -ausrüstungen schaffen. Dazu sieht sie eine Harmonisierung der Regeln über die technischen Anforderungen und den Betrieb vor, um dadurch die *Interoperabilität* der Eisenbahnsysteme zu ermöglichen. Als solche wird in der RL die „Eignung eines Eisenbahnsystems für den sicheren und durchgehenden Zugverkehr" bezeichnet. Diese wird erreicht „indem den für diese Strecken erforderlichen Leistungskennwerten entsprochen wird" (Art. 2 lit. b)).

Die RL orientiert sich an dem Rechtsrahmen der „europäischen Normung",[94] passt 58
ihn jedoch den speziellen Erfordernissen des Eisenbahnverkehrs an. In ihrer normativen Struktur sind drei Ebenen zu unterscheiden.

Anhang III bezeichnet „Grundlegende Anforderungen", denen die jeweiligen „Teilsysteme"[95] entsprechen müssen. Als grundlegenden Anforderungen wird die Gesamtheit der in Anhang III bezeichneten Bedingungen bezeichnet, die das Eisenbahnsystem, die Teilsysteme und die Interoperabilitätskomponenten einschließlich der Schnittstellen erfüllen müssen. Sie betreffen die Sicherheit, die Zuverlässigkeit und Betriebsbereitschaft, Gesundheit, Umweltschutz, technische Kompatibilität und Zugänglichkeit.

Für jedes Teilsystem erarbeitet die Agentur im Auftrag der Kommission „*Technische Spezifikationen für die Interoperabilität*" („TSI"). Diese werden von der Kommission nach dem in Art. 6 bezeichneten Verfahren verabschiedet und veröffentlicht. Die Spezifikationen bezeichnen die für jedes Teilsystem oder Teile davon geltenden grundlegenden Anforderungen, mit denen die Interoperabilität gewährleistet wird (Art. 1 I,

92 S. die Erläuterungen der Kommission in dem Richtlinienvorschlag zu Interoperabilität, Dok. KOM(1999) 617 (s. *Anm.* 88), Ziff. 1–12: S. a. die Übersicht Nr. 13 im Sonderbericht des Rechnungshofs Nr. 8/2010 „Verbesserung der Verkehrsleistung auf den transeuropäischen Eisenbahnachsen: Waren die EU-Investitionen in die Eisenbahninfrastruktur wirksam?", ABl. C 326/2010, 16.

93 ABl. L 191/2008, S. 1, zuletzt geändert durch RL 2013/9, ABl. L 68/2013, 55.

94 Dieser wird nunmehr definiert durch die VO Nr. 1025/2012 „zur europäischen Normung", ABl. L 316/2012, 12.

95 Anhang II enthält ein Verzeichnis dieser Teilsysteme (zB „strukturelle Bereiche" wie Infrastruktur, Fahrzeuge, Zugsteuerung usw und „funktionelle Bereiche" wie Verkehrsbetrieb, Instandhaltung).

lit. i) und Art. 5). Sie werden in der Form von Verordnungen oder Beschlüssen gemäß Art. 288 AEUV angenommen und sind verbindlich.[96]

Die Details der technischen Spezifikation werden von europäischen Normungsorganisationen in *technischen Normen* festgelegt (zB der Standard CEN des *Europäischen Komitees für Normung*) oder andere nationale oder internationale Normen. Im Regelfall haben diese Normen keine verpflichtende Wirkung.[97] Ausnahmsweise, können TSI, wenn dies unbedingt erforderlich ist, auf europäische oder internationale Normen oder auf von der Agentur veröffentlichte technische Unterlagen verweisen. In diesem Fall werden die Normen zu Bestandteilen der TSI und erwerben dadurch verbindliche Wirkung (Art. 5 VIII).

59 Mit Ausnahme der in Art. 1 III bezeichneten Bahnsysteme (zB Straßen- und Regionalbahnsysteme) findet die RL auf das gesamte Eisenbahnsystem der Union Anwendung. Die TSI umfassen die Gesamtheit der Teilsysteme, erfassen aber vorläufig nur das „konventionelle transeuropäische Eisenbahnsystem" sowie das „Transeuropäische Hochgeschwindigkeitsbahnsystem" im Sinne von Anhang I der RL. Die schrittweise Ausdehnung des Geltungsbereichs der TSI auf das gesamte Eisenbahnsystem ist in Art. 1 IV und 8 vorgesehen. Sie hat im Jahre 2014 begonnen.[98]

b) Die schrittweise Einführung der Interoperabilität

60 Unabhängig von der Einführung der TSI muss das Eisenbahnsystem der Union in jedem Mitgliedstaat den *grundlegenden Anforderungen* entsprechen.[99]

61 Dagegen erfolgt die Einführung der TSI, die eine Erfüllung der grundlegenden Anforderungen und der Interoperabilität ermöglichen, nur schrittweise.

So müssen die nach Inkrafttreten der TSI neu in Dienst gestellten Teilsysteme, mit diesen konform sein (Art. 5 II). Dagegen verpflichten die TSI nur dann zur Anpassung bestehender Teilsysteme, wenn bei einer Erneuerung oder Umrüstung, wenn durch die geplanten Arbeiten die Gefahr einer Beeinträchtigung des Gesamtsicherheitsniveaus des betreffenden Teilsystems besteht und daher eine neue Genehmigung erforderlich ist. In diesem Fall kann ein Mitgliedstaat die Anwendung der TSI fordern (Art. 20).

Selbst bei der Inbetriebnahme eines neuen Teilsystems ist es möglich, dass die TSI keine oder nur begrenzte Anwendung finden. Dies gilt dann, wenn das Teilsystem außerhalb des in Anhang I der RL bezeichneten räumlichen Anwendungsbereichs liegt (*Rn 59*) oder wenn einzelne technische Aspekte der *grundlegenden Anforderungen* nicht von den TSI behandelt wurden und daher als „offene Punkte" gelten (Art. 5 VI). In diesem Fall wenden die Mitgliedstaaten die nationalen technischen Vorschriften an und unterrichten die Kommission und die anderen Mitgliedstaaten gemäß

96 Beispiel: VO 321/2013 „über die technische Spezifikation für die Interoperabilität des Teilsystems „Fahrzeuge – Güterwagen" des Eisenbahnsystems in der Europäischen Union", ABl. L 104/2013, 1.

97 Für Material, das den technischen Spezifikationen bzw den TSI entspricht, gilt die Vermutung der Vereinbarkeit mit den grundlegenden Anforderungen (Art. 11 III).

98 Die TSI „Verkehrsbetrieb und Verkehrssteuerung" (Beschl. 2012/757, ABl. L 345/2012, 1) und die TSI „Fahrzeuge – Güterwagen" (s. *Anm. 96*) sind die ersten TSI mit Wirkung für das gesamte Eisenbahnsystem. Sie gelten seit dem 1. Januar 2014.

99 EuGH, Rs. C-372/00 (Kommission/Irland), Slg 2001, I-10303, Rn 14, 15.

Art. 17 III. Dies gilt auch, wenn die TSI selbst Ausnahmen für Sonderfälle vorsieht (Art. 5 V) oder wenn eine der in Art. 9 vorgesehenen Ausnahmen vorliegt. In jedem Fall müssen die dann angewandten nationalen Vorschriften die Einhaltung der grundlegenden Anforderungen ermöglichen (Art. 17 III).

Die Übereinstimmung der Teilsysteme mit den *grundlegenden Anforderungen* und, 62
soweit vorhanden, mit den TSI, wird von den staatlichen Sicherheitsbehörden geprüft (*Rn 71*). Sie erteilen nach dem in Art. 15 bezeichneten Verfahren die Genehmigung für die Inbetriebnahme. Zu diesem Zweck fordert der Auftraggeber (Infrastrukturbetreiber oder Eisenbahnunternehmen) die mit der Konformitätsprüfung betraute Stelle[100] dazu auf, das EG-Prüfverfahren durchzuführen. Zweck dieses Verfahrens ist die Feststellung, dass das betreffende Teilsystem die grundlegenden Anforderungen erfüllt und den einschlägigen STI entspricht (Anhang VI).

Zum Abschluss der Prüfung erteilt die Prüfungsbehörde eine *EG-Konformitäts- oder Gebrauchstauglichkeitserklärung* (Art. 11 und Anhang IV).

Liegt die Erklärung vor, dann sind die Mitgliedstaaten verpflichtet, die Konformität mit den grundlegenden Anforderungen und die Interoperabilität anzuerkennen und die Inbetriebnahme zu genehmigen (Art. 17 I). Weiterhin besteht nach Maßgabe des Art. 16 für das mit dieser Erklärung versehene Material Freizügigkeit innerhalb der Union. Die Mitgliedstaaten dürfen danach den Bau, die Inbetriebnahme von den Betrieb entsprechender Teilsysteme nicht verbieten, beschränken oder behindern. Dieses Verbot gilt insbesondere gegenüber einer Berufung auf Gründe der Sicherheit, der Gesundheit oder des Umweltschutzes, denn gerade diese Aspekte werden im Rahmen der Zulassung bereits berücksichtigt. Mitgliedstaaten dürfen auch nicht erneute Prüfungen verlangen, soweit diese bereits nach den in der RL vorgesehenen Verfahren erfolgt sind.

Besondere Regeln gelten für den *Einsatz von Fahrzeugen* (*Kap. V*). Grundsätzlich er- 63
fordert der Einsatz eine *Inbetriebnahmegenehmigung*. Diese wird von der Sicherheitsbehörde des Staates erteilt, die für das betreffende Netz zuständig ist. Das einzuhaltende Verfahren ist unterschiedlich ausgestaltet, je nachdem, ob für das betreffende Fahrzeug eine TSI-Konformitätserklärung vorliegt, nicht vorliegt oder nicht als nicht ausreichend gilt.

Stimmt ein Fahrzeug mit allen einschlägigen TSI, die zum Zeitpunkt der Inbetriebnahme gelten, überein, dann wird die Genehmigung auf der Grundlage der EG-Prüferklärung erteilt. Diese Fahrzeuge können ohne zusätzliche Betriebsgenehmigung in allen STI-konformen Netzen eingesetzt werden. Dies gilt allerdings nur, soweit die STI alle Aspekte des Teilsystems abdecken und keine „offenen Punkte“ oder „Sonderfälle“ bezeichnen (Art. 23). In den letztgenannten Fällen können die staatlichen Behörden in den von Art. 23 II bezeichneten Grenzen zusätzliche Betriebsgenehmigungen verlangen.

100 Dabei handelt es sich Stellen, die von den jeweiligen Mitgliedstaaten aufgrund ihrer technischen Befähigung und ihrer Unabhängigkeit bestimmt wurden. Die Kriterien dafür sind in Anhang VIII der RL festgelegt. Die MS melden der Kommission diese Stellen, im Amtsblatt der EU wird eine – regelmäßig zu aktualisierende – Liste dieser Stellen veröffentlicht.

Sind Fahrzeuge nicht STI-konform, so wird die erste Genehmigung von einer nationalen Sicherheitsbehörde nach den Kriterien des Art. 24 erteilt. Diese Genehmigung gilt dann allerdings nur für das Netz des betreffenden Staates. In diesem Fall kann die Genehmigung für den Betrieb in anderen Staaten gemäß Art. 25 und 27 in einem vereinfachten Verfahren erteilt werden.

Die Agentur ist damit beauftragt, ein *Referenzdokument* zu erstellen, in dem die von den nationalen Behörden für die Inbetriebnahme angewandten Vorschriften zum Zweck der gegenseitigen Anerkennung gegenüber gestellt werden (Art. 27 und Anhang VII sowie Art. 25 IV).[101]

Art. 26 sieht ein Verfahren zur Genehmigung von *Fahrzeugtypen* vor. Entspricht ein Fahrzeug einem in einem Mitgliedstaat bereits genehmigten Typ so wird es ohne weitere Prüfung in diesem Mitgliedstaat genehmigt. Um die Verkehrsfähigkeit des Rollmaterials im Binnenmarkt zu erhöhen sieht die RL in Art. 26 VI die Möglichkeit von Parallelanträgen zur Erlangung von Typgenehmigungen gleichzeitig in mehreren Mitgliedstaaten vor.

3. Eisenbahnsicherheit

a) Überblick

64 Die RL 2012/34 über die Interoperabilität soll langfristig zur Beseitigung der technischen Hindernisse beitragen, die sich aus den Unterschieden zwischen den Bahnausrüstungen ergeben. Jedoch ist sie nicht dazu bestimmt, die technische und rechtliche Fragmentierung des europäischen Eisenbahnraums generell zu beseitigen. Sie lässt derartige Hindernisse in von der RL nicht erfassten Bereichen fortbestehen. So betrifft sie zB nur Sicherheitsfragen von Teilsystemen, gilt aber nicht für die *Sicherheitszertifizierung von Eisenbahnunternehmen* als Ganzes.

65 Dem speziellen Ziel der Koordinierung der Aktivitäten der Mitgliedstaaten im Bereich der *Eisenbahnsicherheit* dient dagegen die RL 2004/49.[102] Sie definiert gemeinsame Sicherheitsziele und -methoden, gemeinsame Sicherheitsindikatoren und Anforderungen für Sicherheitsbescheinigungen. Auch stellt sie gemeinsame Regeln für die Untersuchung von Unfällen auf. Auf lange Sicht soll die RL dazu beitragen, das Sicherheitsniveau der Eisenbahnen in der Union zu erhöhen und daneben den Marktzugang für Dienstleistungen im Schienenverkehr zu verbessern.

Diese RL bezieht sich ausdrücklich auf das Gesamtsystem „Eisenbahn" und umfasst das Management von Infrastruktur und Verkehrsbetrieb sowie das Zusammenwirken von Eisenbahnunternehmen und Fahrwerksbetreibern. Nicht in den obligatorischen Wirkungsbereich der RL einbezogen sind gemäß 2 II u.a. lokale Bahnnetze und Museumsbahnen[103]

---

101 S. dazu die Beschl. Nr. 2009/965, ABl. L 341/2009, 1 und Nr. 2011/155, ABl. L 63/2011, 22.
102 ABl. L 164/2004, 44, letzte Änderung durch RL 2012/34, Anhang IX, Teil A, ABl. L 343/2012, 32.
103 Die in Art. 2 II genannten Möglichkeiten der Ausnahme entsprechen den Ausnahmen, die in der RL 2008/57 genannt sind (s. *Rn 57*).

b) Die Richtlinie „Eisenbahnsicherheit"

Im Zentrum der RL steht eine Aufteilung der Zuständigkeiten im Bereich der Eisenbahnsicherheit zwischen den Mitgliedstaaten und der Union. Dabei werden die insoweit von der Union zu erfüllenden Aufgaben im Wesentlichen der Europäischen Eisenbahnagentur übertragen. 66

Die RL sieht die Definition von *„Sicherheitszielen"* („CST") vor. Diese werden für die einzelnen Bereiche des Eisenbahnsystems auf Vorschlag der Agentur von der Kommission verabschiedet.[104] Die Sicherheitsziele legen jeweils Mindestniveaus der Sicherheit fest, die die einzelnen Bereiche des Eisenbahnsystems und das Gesamtsystem in jedem Mitgliedstaat mindestens erreichen müssen. Sie werden gemäß Art. 7 IV in Form von Kriterien für die Akzeptanz verschiedener individueller und gesellschaftlicher Risiken definiert. Die Verwirklichung der Sicherheitsziele wird anhand von *„Sicherheitsindikatoren"* („CSI") gemessen (Art. 5). Letztere werden in Anhang I der RL aufgeführt. Zu diesen gehört u.a. die Anzahl der Eisenbahnunfälle pro Jahr. Den Mitgliedstaaten obliegt die Sammlung der entsprechenden Daten und deren Weiterleitung an die Agentur. Die RL sieht weiterhin die Erarbeitung *„Gemeinsamer Sicherheitsmethoden"* („CSM") zur Bewertung von Risiken und Sicherheit des Bahnsystems vor (Art. 6). 67

Die Mitgliedstaaten sind verpflichtet, die Eisenbahnsicherheit zu erhalten und kontinuierlich zu verbessern. Sie sind gemäß Art. 4 und 8 weiterhin verpflichtet, die Sicherheitsvorschriften auf offene und nichtdiskriminierende Weise festzulegen, anzuwenden, durchzusetzen und bekannt zu machen. Sie müssen der Kommission alle einschlägigen Sicherheitsvorschriften notifizieren, sofern die betreffenden Vorschriften nicht ausschließlich die Anwendung von TSI betreffen.[105] 68

Vor der Einführung neuer nationaler Sicherheitsvorschriften, die ein höheres Sicherheitsniveau vorschreiben als in den CST gefordert, muss ein Mitgliedstaat die Kommission befassen. Die Kommission kann die Einführung dieser Vorschriften verhindern, wenn sie zu dem Ergebnis gelangt, dass sie mit den CSM nicht vereinbar sind oder dass sie nicht geeignet sind, mindestens die CST zu erreichen. Sie kann die Einführung auch mit der Begründung untersagen, dass sie ein Mittel zur willkürlichen Diskriminierung oder eine verschleierte Beschränkung des Eisenbahnbetriebs zwischen den Mitgliedstaaten darstellen (Art. 8 V–VII).

c) Sicherheitsverpflichtungen der Eisenbahnunternehmen und der Infrastrukturbetreiber

Die Fahrwegbetreiber und die Eisenbahnunternehmen sind für den sicheren Betrieb des Eisenbahnsystems und die Begrenzung der damit verbundenen Risiken verantwortlich. Die RL konkretisiert diese Verantwortung in zweifacher Hinsicht. Zum einen haftet jeder Fahrwegbetreiber und jedes Eisenbahnunternehmen gegenüber Benutzern, Kunden, den betroffenen Arbeitnehmern sowie Dritten für den ihn betreffenden Systembereich und dessen sicheren Betrieb. Dazu gehören auch die Materialbeschaffung und die Vergabe von Dienstleistungsaufträgen. Diese Haftung besteht 69

104 Beschluss der Kommission v. 23. April 2012 „über die zweite Reihe gemeinsamer Sicherheitsziele für das Eisenbahnsystem", ABl. L 115/ 2012, 27.
105 Einzelheiten der Notifizierungspflicht in Anhang II der RL 2004/49.

unbeschadet sonstiger zivilrechtlicher Haftung nach dem Recht des jeweiligen Mitgliedstaats. Des Weiteren müssen Fahrwegbetreiber und Eisenbahnunternehmen ein *Sicherheitsmanagementsystem* einführen, das den in Anhang III bezeichneten Anforderungen genügt (Art. 9). Dieses System soll gewährleisten, dass das Eisenbahnsystem mindestens die CST erreichen kann. Es soll weiterhin sicherstellen, dass die nationalen Sicherheitsvorschriften, die Anforderungen der TSI erfüllt und die CSM angewandt werden.[106]

70 Die Erfüllung der Sicherheitsverpflichtungen wird mithilfe von *Sicherheitsbescheinigungen* und *Sicherheitsgenehmigungen* nachgewiesen. Eisenbahnunternehmen benötigen eine derartige *Bescheinigung* für den Zugang zur Infrastruktur (Art. 10), Fahrwegbetreiber benötigen dagegen ein als *Sicherheitsgenehmigung* bezeichnetes Dokument, um eine Eisenbahninfrastruktur zu verwalten und zu betreiben.

Art. 10–15 bestimmen Inhalt und Verfahren zur Ausstellung dieser Bescheinigungen.[107]

Die Bescheinigung für Eisenbahnunternehmen besteht aus zwei Teilen. Der erste Teil wird von dem Mitgliedstaat ausgestellt, in dem das Unternehmen zuerst seinen Betrieb aufnimmt. Darin wird bescheinigt, dass das Sicherheitssystem des Unternehmens den Anforderungen der RL entspricht. Diese Bescheinigung ist für gleichwertige Eisenbahndienste in der gesamten Union gültig. Der zweite Teil besteht aus einer „zusätzlichen nationalen Bescheinigung“. Darin wird bestätigt, dass das Unternehmen die besonderen Anforderungen für die Erbringung sicherer Verkehrsdienste auf dem betreffenden Netz erfüllt. Für jedes Netz auf dem das Eisenbahnunternehmen Verkehrsleistungen erbringen will, muss die zusätzliche nationale Bescheinigung erworben werden.[108]

Die Sicherheitsgenehmigung für Fahrwegsbetreiber umfasst die Zulassung seines Sicherheitsmanagements gemäß den Anforderungen von Art. 9 und Anhang III. Sie umfasst weiterhin die Zulassung der Vorkehrungen, die der betreffende Betreiber getroffen hat, um die besonderen Anforderungen für eine sichere Auslegung, Instandhaltung und einen sicheren Betrieb (einschließlich Verkehrssteuerung und Signalgebung) zu erfüllen. Diese Genehmigung wird von der Sicherheitsbehörde des Staates erteilt, in dem der Betreiber niedergelassen ist (Art. 11).

71 Jeder Mitgliedstaat ist zur Einrichtung einer *Sicherheitsbehörde* verpflichtet. Diese Behörde kann in das jeweilige staatliche Verkehrsministerium integriert sein, sie muss dagegen organisatorisch und rechtlich von Eisenbahnunternehmen, Fahrwegbetreibern, Antragstellern und Beschaffungsstellen unabhängig sein (Art. 16). Diese Behörde hat zur Aufgabe, die Sicherheitsbescheinigungen und -genehmigungen auszustellen, zu erneuern, zu ändern oder zu widerrufen. Die Modalitäten der Ausstellung der Bescheinigungen werden in den Art. 12 und 17 näher festgelegt.

---

106 S. dazu VO Nr. 402/2013 über die gemeinsame Sicherheitsmethode für die Evaluierung und Bewertung von Risiken, ABl. L 121/2013, 8.

107 Einzelheiten des Formats und der zur Erlangung erforderlichen Antragsunterlagen bezeichnet die VO Nr. 653/2007, ABl. L 122/2007, 9. Letzte Änderung durch VO Nr. 445/2011, ABl. L 122/2011, 22.

108 Gemäß Art. 10 VII soll auf mittlere Frist eine einzige gemeinschaftliche Sicherheitsbescheinigung an die Stelle der nationalen Bescheinigungen treten.

Die Behörde ist außerdem damit betraut, Aufgaben im Rahmen der RL über die Interoperabilität zu erfüllen (s. *Rn* 62).

Die Erfüllung der Anforderungen zur Erlangung der Sicherheitsbescheinigung für den Eisenbahnbetrieb setzt vielfach voraus, dass das betreffende Zugpersonal (Zugführer, Zugbegleiter) bestimmte Kenntnisse nachweisen kann (zB Streckenkenntnisse, Kenntnisse der Signalgebung, Zugsteuerung usw.). Um diese Kenntnisse über den Zugbetrieb in anderen Mitgliedstaaten erwerben zu können, sind in der Regel besondere Schulungen erforderlich. Art. 13 enthält dazu eine spezielle Vorschrift. Sie bestimmt, dass die Mitgliedstaaten einen fairen und nichtdiskriminierenden Zugang zu diesen Schulungen gewährleisten. 72

Das Gleiche gilt für den Zugang von Infrastrukturbetreibern und ihrem Personal zu entsprechenden Schulungen für die Erlangung von Sicherheitsgenehmigungen.

d) Unfalluntersuchungen

Hinsichtlich der Untersuchung von Unfällen im Eisenbahnverkehr stellt die Richtlinie den Grundsatz auf, dass schwere Unfälle grundsätzlich von einer unabhängigen Stelle untersucht werden müssen. Diese Stellen sind von den Mitgliedstaaten nach den Vorgaben des Art. 21 einzurichten. Die Untersuchung anderer Unfälle kann ebenfalls dieser Stelle übertragen werden (Art. 19 II). 73

Ziel dieser Untersuchungen ist nicht die Ermittlung der individuellen Verantwortung sondern die Verbesserung der Eisenbahnsicherheit und die Verhütung von Unfällen. Art. 19–25 bestimmen die Einzelheiten des rechtlichen Status derartiger Untersuchungen, der Rolle der damit betrauten Stellen, die Untersuchungsverfahren und die gegebenenfalls nach Abschluss der Untersuchung zu beschließenden Maßnahmen.

Grundsätzlich ist für die Untersuchung von Unfällen und Störungen die Untersuchungsstelle des Mitgliedstaates zuständig, in dem sie sich ereignen. Die Agentur ist über Untersuchungen und deren Ergebnisse zu unterrichten.

4. Zertifizierung der Fahrzeugführer

Die Zertifizierung von Triebfahrzeugführern, die Lokomotiven, und Züge im Eisenbahnsystem der Union führen, wird durch die Richtlinie 2007/59 geregelt.[109] Damit erfahren die Interoperabilität und die Sicherheit des Eisenbahnverkehrs eine wesentliche Ergänzung. Denn zum einen werden damit die inhaltlichen und verfahrensmäßigen Bedingungen des Zugangs zum Beruf des Lokomotivführers vereinheitlicht. Zum anderen wird es wegen der gegenseitigen Anerkennung der entsprechenden Fahrerlaubnis den Eisenbahnunternehmen erleichtert möglich, die Bedingungen für die Ausstellung von Sicherheitsbescheinigungen zu erfüllen. 74

Die RL gilt für Lokomotivführer, die Lokomotiven und Züge im Eisenbahnsystem der Union für ein Eisenbahnunternehmen oder einen Infrastrukturbetreiber führen, 75

109 ABl. L 315/2007, 51.

die eine Sicherheitsbescheinigung bzw eine Sicherheitsgenehmigung verfügen müssen (Art. 2 I).[110]

Die RL schreibt obligatorisch ein einheitliches Modell für die Zertifizierung vor und legt fest, dass jeder Triebfahrzeugführer die in der RL näher definierte Eignung und Qualifikation besitzen muss und dies durch zwei ihm gehörende Dokumente nachweisen kann, eine *Fahrerlaubnis* und eine *Bescheinigung* über fahrzeugbezogene und infrastrukturbezogene Kenntnisse.

Die *Fahrerlaubnis* wird von der Sicherheitsbehörde eines Mitgliedstaates ausgestellt. Sie gilt für die Dauer von zehn Jahren im gesamten Gebiet der Union (Art. 6 I; 7 I; 14 V). Ihre Ausstellung setzt voraus, dass der Bewerber die in der RL festgelegten Anforderungen im Hinblick auf Mindestalter, physische und psychologische Eignung und Fachkenntnisse erfüllt (Art. 10, 11, 14).

Die *Bescheinigung* wird von Eisenbahnunternehmen und Infrastrukturbetreibern ausgestellt. Sie bezieht sich auf bestimmte, ausdrücklich darin bezeichnete Infrastrukturen und Fahrzeuge (Art. 7 II; s.a. Art. 4 II). Ihr Erwerb setzt das Bestehen einer Prüfung voraus, die sich insbesondere auf berufliche Kenntnisse (zB Kenntnis der Fahrzeuge und Kenntnisse der Infrastruktur) bezieht (Art. 12, 13, 15). Zur Aufrechterhaltung der Gültigkeit muss sich der Inhaber regelmäßigen Kontrollen (u.a. der Gesundheit) unterziehen (Art. 16). Bei Beendigung eines Beschäftigungsverhältnisses bei einem bestimmten Unternehmen bleibt die Bescheinigung unter der Voraussetzung des Art. 16 weiterhin gültig. Dagegen verliert die Bescheinigung ihre Gültigkeit, wenn der Inhaber nicht länger als Triebfahrzeugführer beschäftigt ist (Art. 17).

76 Die Mitgliedstaaten sind verpflichtet, den Bewerbern einen fairen und nichtdiskriminierenden Zugang zu den für den Erwerb von Fahrerlaubnis bzw Bescheinigung erforderlichen Ausbildungen zu ermöglichen. Prüfungen sind so durchzuführen, dass Interessenkonflikte ausgeschlossen sind. Als Maßstäbe dafür gelten Unabhängigkeit, Sachverstand und Unparteilichkeit von Ausbildern und Prüfern (Art. 20).[111]

77 Die RL wird schrittweise durchgeführt. Dafür sieht Art. 37 eine Terminplanung vor, die mit der Festlegung von „Eckdaten" der in Art. 22 vorgesehenen Register der Fahrerlaubnisse und Zusatzbescheinigungen für Triebfahrzeugführer einsetzt (Art. 37 I). Die Kommission hat die entsprechende Entscheidung im Oktober 2009 getroffen.[112] Im Anschluss daran werden seit 2011 Triebfahrzeugführern, die im grenzüberschreitenden Verkehr, im Kabotageverkehr oder im Frachtverkehr in einem anderen Mitgliedstaat eingesetzt werden oder die in mindestens zwei Mitgliedstaaten tätig sind, Bescheinigungen und Fahrerlaubnisse nach Maßgabe der RL ausgestellt.

Seit Oktober 2013 (vgl Art. 37 II lit. b) müssen alle neuen Fahrerlaubnisse und Bescheinigungen nach den Bestimmungen der RL ausgestellt werden.

110 Die RL sieht fakultative Ausnahmen von dem Anwendungsbereich vor, die den Ausnahmen der RL über die Interoperabilität und die Sicherheit entsprechen (s. *Anm. 93* und *103*).

111 S. dazu Beschl. Nr. 2011/765, ABl. L 314/2011, 36, sowie Empfehlung der Kommission Nr. 2011/766, ABl. L 314/2011, 41.

112 Entscheidung Nr. 2010/17, ABl. L 8/2010, 17.

Ab Oktober 2018 müssen alle Triebfahrzeugführer im Besitz von Fahrerlaubnissen und Bescheinigungen sein, die der Richtlinie entsprechen.

Die RL betrifft zwar im Wesentlichen Lokomotivführer, doch enthält sie auch zwei Bestimmungen, die für das *Zugbegleitpersonal* von Bedeutung sind: Art. 2 verbietet den Mitgliedstaaten, Güterzüge aufgrund innerstaatlicher Vorschriften für sonstiges Zugpersonal daran zu hindern, Grenzen zu überqueren oder Inlandsverkehrsdienste zu erbringen. Art. 28 sieht vor, dass die Kommission bis zum Juni 2010 auf der Grundlage eines Berichts der Agentur einen Bericht bzw einen Vorschlag über ein System von Bescheinigungen für das andere mit sicherheitsrelevanten Aufgaben betrauten Zugpersonals vorlegt (vgl dazu die Definition in Art. 3 lit. c)).[113] 78

5. Beförderung von Gefahrgut

Die Beförderung gefährlicher Güter auf dem Schienenweg wird von der RL 2008/68 geregelt. Diese enthält einheitliche Regeln für Beförderungen dieser Art von Gütern auf Straße, Binnengewässern und Eisenbahnen.[114] Sie wurde bereits im Abschnitt über den Straßenverkehr dargestellt (*Kap. V Rn 83 f*). Für den Eisenbahnbereich übernimmt die RL die „Ordnung für die internationale Eisenbahnbeförderung gefährlicher Güter" („RID"), die ihrerseits einen Anhang zu dem *Übereinkommen über den internationalen Eisenbahnverkehr* v. 9. Mai 1980 in der Fassung des Änderungsprotokolls v. 3. Juni 1999 (COTIF) bildet.[115] Die Union ist dem COTIF beigetreten.[116] 79

Die RL gilt für Beförderungen innerhalb der Mitgliedstaaten und zwischen ihnen.

6. Forschungsförderung

Zur Förderung und Koordinierung von Forschungen im Bereich des Schienenverkehrs hat die Union auf der Rechtsgrundlage der Art. 187 und 188 I AEUV das Gemeinsame Unternehmen *Shift2Rail* errichtet.[117] Dieses Unternehmen soll als öffentlich-private Partnerschaft mit eigener Rechtspersönlichkeit zur Verwirklichung des einheitlichen europäischen Eisenbahnraums beitragen. Die Gegenstände seiner Aktivitäten umfassen Schienenfahrzeuge, Infrastruktur und Verkehrsmanagement (VO Nr. 642/2014, Art. 2). 80

Dieses Gemeinsame Unternehmen ordnet sich ein in die Verwirklichung des Forschungsprogramms der Union für den Zeitraum 2014–2020.[118] Als einer der Forschungsbereiche wird in dem Ausführungsbeschluss das Thema „Intelligenter, umweltfreundlicher und integrierter Verkehr" bezeichnet.[119]

113 Der Bericht wurde erst 2013 vorgelegt: Dok. KOM(2013) 33 v. 30. Januar 2013.
114 ABl. L 260/2008, 13, zuletzt geändert durch Beschl. 2013/218, ABl. L 130/2013, 26. Zur Vorgängernorm *Törkel/Rein*, Erläuterungen zu RL 96/49, in: Frohnmeyer/Mückenhausen, Nr. 119.
115 BGBl. 2002 II S. 2140, 2142, 2149.
116 Beschl. v. 16. Juni 2011, ABl. L 51/2013, 1, 8, s. *Rn 89*.
117 VO Nr. 642/2014, ABl. L 177/2014, 9.
118 VO Nr. 1291/2013, ABl. L 347/2013, 104.
119 Beschl. Nr. 2013/743, ABl. L 347/2013, 965.

G. Steuerliche, sozial- und arbeitsrechtliche Vorschriften

1. Steuerliche Vorschriften

81 Für Eisenbahnbeförderungen gelten die Vorschriften des *Mehrwertsteuersystems*, die auch für Straßentransporte anwendbar sind (s. *Kap. V Rn 87*). Entsprechendes gilt für die *Energiebesteuerung*. Insoweit ist auf den Eisenbahnverkehr die bereits dargestellte RL 2003/96 anwendbar (s. *Kap. V Rn 98 ff*). Art. 15 dieser RL gestattet den Mitgliedstaaten, für Energieerzeugnisse und elektrischen Strom, die als Kraftstoff für den Personen oder Gütertransport im Eisenbahnverkehr eingesetzt werden, unter Steueraufsicht Steuerbefreiungen oder Steuerermäßigungen zu gewähren (Art. 15 I, lit. e)).

2. Sozial- und arbeitsrechtliche Bestimmungen

82 Das allgemeine Sozialrecht und das Arbeitsrecht der Union finden auch im Eisenbahnverkehr Anwendung (*Kap. II Rn 16*). Dies gilt auch für die RL 2003/88 über die Arbeitszeitgestaltung. Anders als bei Straßen-, Luftverkehr oder Binnenschifffahrt gelten bei der Tätigkeit im Eisenbahnverkehr keine Unterschiede zwischen „mobilen" und sonstigen Arbeitnehmern.[120]

Daher hat jeder Arbeitnehmer im Eisenbahnbetrieb Anspruch auf elf Stunden *täglicher Ruhezeit* (Art. 3), *Ruhepausen* bei einer Arbeitszeit von mehr als sechs Stunden, wobei die Einzelheiten durch Tarifvertrag oder gesetzlich zu regeln sind (Art. 4), eine *wöchentliche Ruhezeit* von kontinuierlich mindestens 24 Stunden (Art. 5) und einen *Jahresurlaub* von mindestens vier Wochen (Art. 7). Die *wöchentliche Arbeitszeit* muss gesetzlich oder durch Vereinbarung der Tarifpartner geregelt sein und darf 48 Stunden pro Woche nicht überschreiten (Art. 6). Weiterhin enthält die RL im Interesse des Schutzes der Gesundheit und der Sicherheit der Arbeitnehmer besondere Bestimmungen über Nacht- und Schichtarbeit sowie über den Arbeitsrhythmus. So darf unter anderen die nächtliche Arbeitszeit acht Stunden nicht überschreiten und der Gesundheitszustand von Nachtarbeitern muss regelmäßig unentgeltlich überprüft werden. Wenn Arbeitnehmer durch die Nachtarbeit gesundheitliche Schäden erleiden, so sind sie soweit wie möglich auf ein Arbeitsstelle mit Tagarbeit zu versetzen (Art. 8, 9).

Die RL lässt erheblichen Spielraum bei der Anwendung dieser Bestimmungen. So sind die jeweils vorgeschriebenen Höchst- und Mindestzeiten Durchschnittswerte. Auch erlaubt die RL Ausnahmen, die von dem staatlichen Gesetzgeber oder den Tarifparteien beschlossen werden können. Speziell für das Eisenbahnpersonal sind Abweichungen zulässig, soweit Arbeitnehmer bestimmte Gruppen von Tätigkeiten erfüllen (nichtständige Arbeit oder Beschäftigte, die ihre Arbeitszeit in Zügen verbringen oder Tätigkeiten, die an Fahrpläne gebunden sind und die die Kontinuität und Zuverlässigkeit des Verkehrsablaufs sicherstellen). Derartige Abweichungen stehen unter dem Vorbehalt, dass gleichwertige Ausgleichsruhezeiten eingeräumt werden. Sollte dies ausnahmsweise nicht möglich sein, dann muss auf andere Weise für einen „angemessenen Schutz" gesorgt werden (Art. 18).

---

120 RL 2003/88, ABl. L 299/2003, 9, Art. 2, Ziff. 7. S. *Kap. V Rn 114*.

Im Übrigen gelten gemäß Art. 14 die Bestimmungen dieser RL nicht, soweit andere Gemeinschaftsinstrumente spezifischere Vorschriften über die Arbeitszeitgestaltung für bestimmte Beschäftigungen oder berufliche Tätigkeiten enthalten.

Eine derartige vorrangige Norm im Bezug auf die Einsatzbedingungen des fahrenden Personals im grenzüberschreitenden Eisenbahnverkehr bildet die RL 2005/47.[121] Diese RL führt gemäß Art. 155 II AEUV eine Vereinbarung durch, die zwischen der Gemeinschaft der europäischen Bahnen und der europäischen Transportarbeiter-Föderation am 27. Januar 2004 abgeschlossen worden war.[122] Die Vereinbarung gilt für die im interoperablen grenzüberschreitenden Verkehr eingesetzten fahrenden Arbeitnehmer. Sie enthält Sonderbestimmungen zu den Ruhezeiten am Wohnort, zu auswärtigen Ruhezeiten, zu wöchentlicher Ruhezeit, Fahrzeit und zu Pausen.[123] 83

H. Schutz der Eisenbahnnutzer

Einheitlichen Rechtsvorschriften für Verträge über die internationale Eisenbahnbeförderung von Personen und von Gütern enthält das COTIF-Übereinkommen.[124] Sie betreffen insbesondere Rechte der Nutzer und Haftungsfragen. Im Jahre 2004 hatte die Kommission die Übernahme dieser Bestimmungen in das Recht der Union vorgeschlagen.[125] Der Vorschlag bezüglich des Vertrags über den Gütertransport wurde vom Europäischen Parlament abgelehnt und daher zurückgezogen.[126] Dagegen wurde der Vorschlag zur Regelung der Rechte und Pflichten der Fahrgäste im Eisenbahnverkehr in Gestalt der VO Nr. 1371/2007 angenommen.[127] 84

Von wenigen Ausnahmen abgesehen übernimmt die VO die Regelungen des COTIF-Übereinkommens zum Personenverkehr (CIV). Allerdings hat die VO ein umfassenderen Anwendungsbereich. Sie gilt – von einzelnen, in Art. 2 abschließend aufgezählten und zT zeitlich begrenzten Ausnahmen abgesehen – für alle Eisenbahnfahrten und -Dienstleistungen in der Union (also auch rein nationale Transporte), die von einem genehmigten Eisenbahnunternehmen erbracht werden. Hinsichtlich der Rechte von Passagieren orientiert sich die VO an der dazu entwickelten allgemeinen Konzeption der Union (s. *Kap. IV Rn 21 f*) und reicht damit weiter als das CIV. 85

- Kap. II betrifft den Beförderungsvertrag, Informationsrechte und Fahrkarten. Über das CIV hinausreichend begründet die VO Informationspflichten der Eisenbahnunternehmen vor und während der Reise gegenüber den Passagieren (Art. 7, 8).[128] Zur Verfügbarkeit von Fahrkarten bezeichnet die VO bestimmte Arten

121 ABl. L 195/2005, 15.
122 ABl. L 195/2005, 18.
123 Dazu näher die Mitteilung der Kommission über die Anwendung der RL 2005/47, Dok. KOM(2012) 627 v. 26. Oktober 2012.
124 S. *Rn 89*. Anhang A (CIV) des Übereinkommens betrifft den Personentransport, Anhang B (CIM) die Güterbeförderung.
125 Dok. KOM(2004) 143 und 144 v. 3. März 2004.
126 Mitteilung der Kommission über die Qualität von Schienengüterverkehrsdiensten, Dok. KOM(2008) 536 v. 8. September 2008.
127 ABl. L 315/2007,14.
128 Zu den daraus für die Eisenbahnunternehmen und die Infrastrukturbetreiber resultierenden Pflichten EuGH, Rs. C-136/11 (Westbahn Management), Urt. v. 22. November 2012 (ECLI:EU:C:2012:740).

(u.a. Durchgangsfahrkarten) und ein Mindestangebot an Vertriebswegen (Art. 9, 10).

- Kap. III regelt die Haftung für Schäden von Fahrgästen und/oder an deren Gepäck. Ergänzend zum CIV präzisiert es die Mindestversicherungspflicht der Unternehmen (s. *Rn* 6) und die Pflicht zur Leistung von Vorschuss bei körperlichen Schäden eines Passagiers (Art. 12, 13).
- Kap. IV regelt die Rechte von Passagieren bei Verspätungen, verpassten Anschlüssen und Zugausfällen. Dazu gehören insbesondere ein Wahlrecht zwischen Abbruch der Reise unter Erstattung des Fahrpreises oder deren Fortsetzung, ein Anspruch auf Fahrpreisentschädigung sowie auf Information und Hilfeleistung, die auch eine Hotelunterbringung einschließen kann (Art. 16–18). Der Anspruch auf Entschädigung darf nicht unter Berufung auf „höhere Gewalt" ausgeschlossen werden.[129]
- Besondere Regelungen enthält Kap. V für die Beförderung von Personen mit Behinderungen bzw eingeschränkter Mobilität. Sie verpflichten zur Aufstellung nichtdiskriminierenden Zugangsregeln. Behinderungen dürfen für sich genommen kein Grund für eine Verweigerung der Beförderung sein. Weiterhin verpflichtet die VO allgemein zur Gewährleistung der Zugänglichkeit von Bahnhöfen und Fahrzeugen[130] sowie zur kostenlosen Hilfeleistung an Bahnhöfen unter den in Art. 24 genannten Voraussetzungen (u.a. vorherige Anmeldung) und im Zug. Bei Verlust oder Beschädigung von Mobilitätshilfen gilt keine Haftungsobergrenze (Art. 25).
- Kap. VI und VII verpflichten schließlich zur Einrichtung eines Beschwerdeverfahrens (Art. 27), zur Information der Fahrgäste über ihre Rechte und zur Einrichtung einer unabhängigen Durchsetzungsstelle (Art. 29, 30). Außerdem müssen die Unternehmen Dienstqualitätsnormen einführen.

86 Die in der VO enthaltenen Rechte dürfen durch den Beförderungsvertrag nicht eingeschränkt oder ausgeschlossen werden. Dagegen ist es den Eisenbahnunternehmen nicht verwehrt, günstigere Vertragsbedingungen anzubieten (Art. 6).

I. Internationale Beziehungen der Union im Eisenbahntransport

87 Die Ausführungen zu den Außenbeziehungen der Union im Bereich des Straßenverkehrs (*Kap. V Rn 122*) gelten grundsätzlich auch für den Eisenbahnverkehr.

88 Besondere Erwähnung verdienen zwei von der Union geschlossene Abkommen, die speziell den Eisenbahnverkehr betreffen. Dabei handelt es sich zum einen um den *Vertrag über den Europäischen Wirtschaftsraum* (EWR), durch den sich die drei Staaten Island, Norwegen und Liechtenstein verpflichtet haben, das Recht der Union im Bereich der Eisenbahnbeförderung in ihr jeweiliges staatliches Recht zu übernehmen. Die entsprechenden Bestimmungen des Rechts der Union werden im Einzelnen in Anhang XIII des Abkommens bezeichnet.

---

129 EuGH, Rs. C-509/11 (ÖBB-Personenverkehr), Urt. v. 26. September 2013 (ECLI:EU:C:2013:613).
130 S. dazu die TSI „eingeschränkt mobile Personen", Entscheidung der Kommission Nr. 2008/164, ABl. L 64/2008, 72, letzte Änderung durch Beschl. Nr. 2012/464, ABl. L 217/2012, 20.

Das zweite Abkommen von besonderer Bedeutung für den internationalen Schienenverkehr ist das zwischen der Union und der Schweiz am 21. Juni 1999 geschlossene Abkommen *„über den Güter- und Personenverkehr auf Schiene und Straße“* (*Kap. V Rn 124*). Das Abkommen soll eine abgestimmte Verkehrspolitik entwickeln, die den Anliegen von Umweltschutz und Effizienz der Verkehrssysteme insbesondere im Alpenraum Rechnung trägt. Dazu gehört nach Art. 31 die Entwicklung der alpenquerenden Infrastruktur und die Bereitstellung preis- und qualitätsmäßig wettbewerbsfähiger Verkehrsdienste im Eisenbahnverkehr und im kombinierten Verkehr (*Kap. XI Rn 32* f). Bezüglich des grenzüberschreitenden Eisenbahnverkehrs zwischen den Parteien übernehmen die Art. 23–29 im Wesentlichen, zT unter ausdrücklicher Verweisung, die Orientierung des Rechts der Union, (u.a. zur Organisation und Genehmigung der Eisenbahnunternehmen, zur Erteilung der Sicherheitsbescheinigungen, Zuweisung von Zugtrassen). Anhang I, Ziff. 4 bezeichnet das entsprechende, zum Zeitpunkt des Vertragsschlusses geltende Recht der Union. Dieser Anhang berücksichtigt allerdings nicht die seither erfolgten Änderungen, inbesondere durch die RL 2012/34. Daher unterscheiden sich die Regeln über den Zugang zum Eisenbahnverkehrsmarkt von dem inzwischen in der Union erreichten Zustand. Dies gilt insbesondere für den Zugang zur Infrastrukturkapazität und deren Preisgestaltung. Überdies fehlt in Anhang I ein Hinweis auf die Regeln zu Interoperabilität und Eisenbahnsicherheit. Die Parteien verpflichten sich lediglich in Art. 33 II, „den Verbund und die Interoperabilität ihrer Eisenbahnnetze und des kombinierten Verkehrs zu entwickeln“. Von der im Jahre 2012 beschlossenen Reform der Schweizerischen Eisenbahnbestimmungen dürfte ein Anstoß zur Annäherung des nach dem Abkommen bestehenden Systems und dem entsprechenden Recht der Union ausgehen. Das gilt vor allem für die technischen Bestimmungen.[131]

Mit dem Ziel einer Unterstützung für die Modernisierung der Infrastruktur und des rechtlichen Rahmens arbeitet die Union weiterhin mit anderen europäischen Staaten, insbesondere ihrer östlichen und südöstlichen Nachbarschaft, zusammen. Ziel ist dabei auch die Öffnung der Märkte und die Anwendung ihrer Normen.[132] Besonders eng ist die Zusammenarbeit mit den Staaten des westlichen Balkans. Diese Staaten beginnen mit der Übernahme des Eisenbahnrechts der Union im Rahmen eines regionalen Verbunds nationaler Eisenbahnen unter Beteiligung der Union. Zu diesem Zweck wurde 2004 das „South East Europe Transport Observatory“ (SEETO) errichtet.[133]

Weiterhin ist die Union an der multilateralen internationalen Zusammenarbeit auf 89
dem Gebiet des Eisenbahnwesens beteiligt. Sie gehört insbesondere der *Zwischenstaatlichen Organisation für den Internationalen Eisenbahnverkehr* (OTIF) an und ist dem von dieser Organisation erarbeiteten Übereinkommen über den Internationalen Eisenbahnverkehr (COTIF) vom 9. Mai 1980 idF des Protokolls v. 3. Juni 1999

131 S. dazu Botschaft des Schweizerischen Bundesrates v. 20. Oktober 2010 (http://www.admin.ch/opc/de/federal-gazette/2011/911.pdf, zuletzt besucht am 22. August 2014). S. a. Bundesgesetz über den zweiten Teil der Eisenbahnreform (SR 2012 5619).

132 Vgl Mitteilung der Kommission „Die EU und ihre Nachbarregionen: Ein neues Konzept für die Zusammenarbeit im Verkehrsbereich“, Dok. KOM(2011) 415 v. 7. Juli 2011, Ziff. 2.4.

133 http://www.seetoint.org, zuletzt besucht am 30. Juni 2014.

beigetreten.[134] Auf diese Weise ist sie an der Erarbeitung gemeinsamer Regeln für einen Eisenbahnverkehrsraum beteiligt, der sich nach Nordafrika und den vorderen Orient erstreckt und der 48 Staaten umfasst.

Das Betrittsabkommen zwischen der Union und der OTIF sieht in Art. 2 vor, dass die Mitgliedstaaten der Union in ihren Beziehungen untereinander an Stelle des Übereinkommens die Rechtsvorschriften der Union anwenden, es sei denn für den betreffenden Gegenstand bestünde keine Unionsvorschrift.

Gemäß Art. 11 des Beitrittsabkommens können Parteien des Übereinkommens, die keine Mitgliedstaaten der Union sind, aber einschlägige Rechtsvorschriften der Union aufgrund ihrer internationalen Übereinkünfte mit der Union anwenden, individuelle Erklärungen zur Wahrung ihrer Rechte und Pflichten im Rahmen ihrer Übereinkünfte mit der Union, des Übereinkommens und der damit zusammenhängenden Vorschriften abgeben.[135]

J. Bilanz und Ausblick

90 Ein wirklicher Binnenmarkt für Schienenverkehrsdienste, dh ein einheitlicher europäischer Eisenbahnraum, ist noch nicht verwirklicht.[136]

Zwischen 1995 und 2012 hat sich der Anteil der Eisenbahn am Güterverkehrsaufkommen in der Union verringert. Dagegen konnte im Wettbewerb mit anderen Verkehrsträgern zur Personenbeförderung der Anteil der Eisenbahn im Wesentlichen gehalten werden.[137] Der massive Abwärtstrend der vergangenen Jahrzehnte wurde gebremst, doch konnten die im Weißbuch von 2001 beschriebenen Ziele[138] nicht vollständig erreicht werden.

Im Bereich der Marktöffnung für Eisenbahnbeförderungen wurden Verbesserungen hinsichtlich des Güterverkehrs erreicht.[139] Dagegen zeigt der Markt für die Personenbeförderung, auf dem seit 2010 Konkurrenz möglich ist, nur geringe Fortschritte.[140]

Die technische Vereinheitlichung des europäischen Eisenbahnraumes ist noch nicht erreicht worden. Zahlreiche rechtliche, verwaltungsmäßige und technische Hindernisse behindern weiterhin die Erbringung interoperabler grenzüberschreitender Beförderungsdienste.[141]

91 Gleichwohl wäre es verfrüht, eine negative Bilanz der seit 1990 in Gang gesetzten europäischen Eisenbahnpolitik zu ziehen. So steht insbesondere seit 2012 der rechtli-

---

134 S. *Anm. 115, 116.*

135 Eine entsprechende Erklärung wurde von der Schweiz abgegeben, s. http://www.otif.org/fileadmin/user_upload/otif_verlinkte_files/04_recht/02_COTIF/Declaration_suisse__finale__23_06_2011_def.pdf., zuletzt besucht am 30. Juni 2014.

136 S. Bericht der Kommission, Dok. KOM(2012) 627 v. 26. Oktober 2012, Ziff. 4.1.

137 3. Bericht der Kommission über die Überwachung der Entwicklung des Schienenverkehrsmarkts, KOM(2012) 459 v. 21. August 2012; *Kommission* (Hrsg.), EU transport in figures, statistical pocketbook 2014, Luxembourg 2014, Tabellen 2.2.2 und 2.3.2.

138 S. *Anm. 4.*

139 Vgl 3. Bericht der Kommission, (*Anm. 137*), Ziff. 17 ff.

140 3. Bericht der Kommission (*Anm. 137*), Ziff. 21. Vgl dazu auch den Bericht der Kommission über die Durchführung der Bestimmungen der Richtlinie 2007/58/EG zur Öffnung des Marktes für grenzüberschreitende Schienenpersonenverkehrsdienste, Dok. KOM(2013) 34 v. 30. Januar 2013.

141 S. hierzu die Mitteilung der Kommission Dok. KOM(2010) 474 (s. *Anm. 5*), Ziff. 4.1 sowie den Bericht Dok. KOM(2013) 34 (s. *Anm. 140*), Ziff. 4.1.

che Rahmen für den einheitlichen europäischen Eisenbahnraum. Das Gleiche gilt für die Angleichung der technischen Vorschriften. Doch erfordert gerade die technische Vereinheitlichung des Eisenbahnnetzes noch erhebliche Investitionen und damit Zeit. So steht die Schaffung der Güterverkehrskorridore erst am Anfang, obwohl diese das Rückgrat der multimodalen Korridore bilden und damit für eine Wiederbelebung des Eisenbahngüterverkehrs sorgen sollen.[142] Auch stößt die Umsetzung der Regeln über die Organisation des Marktes auf den Widerstand etablierter Strukturen und auch auf den Widerstand einzelner Mitgliedstaaten.[143]

Die Kommission muss daher ihre Aufgabe als „Wächterin der Verträge" mit besonderer Aufmerksamkeit ausüben. Dies gilt umso mehr, als die Maßnahmen zur Liberalisierung von einer strikten Anwendung der vertraglichen Wettbewerbsbestimmungen über Kartelle und Beihilfen begleitet sein müssen, um die gewünschten Wirkungen auf den Märkten zu erzielen.

Im Übrigen ist eine Weiterentwicklung der rechtlichen Rahmenbedingungen vorgesehen. Die Kommission hat dazu im Januar 2013 das „vierte Eisenbahnpaket" vorgelegt.[144] Dabei handelt es sich um verschiedene Vorschriften, mit denen die letzten Hindernisse für den einheitlichen europäischen Eisenbahnraum beseitigt werden sollen. Darin formuliert die Kommission sehr anspruchsvolle Ziele: Vollständige institutionelle Trennung der Eisenbahnunternehmen und der Infrastrukturbetreiber oder alternativ unter strikten Auflagen Beibehaltung von Holding-Strukturen, sofern diese unmittelbarer Kontrolle durch die Kommission unterstellt werden;[145] Öffnung der nationalen Personenverkehrsmärkte für den Wettbewerb („Wettbewerb im Markt");[146] Obligatorischer Wettbewerb für die Erteilung öffentlicher Dienstleistungsaufträge („Wettbewerb um den Markt").[147] Vorgeschlagen wird weiterhin die Umgestaltung der Agentur zu einer „Eisenbahnagentur der Europäischen Union" mit erweiterten Entscheidungsbefugnissen, insbesondere im Bezug auf die Zertifizierung von Eisenbahnunternehmen und die Indienststellung von Teilsystemen.[148]

142 Vgl 3. Bericht der Kommission, Dok. KOM(2012) 459 (s. *Anm. 137*), Ziff. 15; Weißbuch der Kommission, Dok. KOM(2011) 144 (s. *Anm. 4*), Ziff. 25 und S. 10.

143 In zahlreichen Dokumenten hat die Kommission auf Mängel bei der Umsetzung von Richtlinien hingewiesen, vgl zuletzt die Mitteilung über die Entwicklung eines einheitlichen europäischen Eisenbahnraums, Dok. KOM(2010) 474 v. 17. September 2010; sowie den 3. Bericht über die Überwachung der Entwicklung des Schienenverkehrsmarkts, Dok. KOM(2012) 459 v. 21. August 2012, Ziff. 21. In verschiedenen Vertragsverletzungsverfahren stellte der EuGH zahlreiche Verstöße der Mitgliedstaaten fest. S. zB die in den *Anm. zu Rn 10–24* und zu *Rn 31–37* genannten Entscheidungen.

144 Mitteilung „Das vierte Eisenbahnpaket – Vollendung des einheitlichen europäischen Eisenbahnraums zur Steigerung von Wettbewerbsfähigkeit und Wachstum in der EU", Dok. KOM(2013) 25 v. 30. Januar 2013, 4.

145 Vorschlag für eine Richtlinie zur Änderung der Richtlinie 2012/34/EU, Dok.KOM (2013) 29 v. 30. Januar 2013.

146 So wird u.a. vorgeschlagen, Art. 10 der RL 2012/34 um folgenden Text zu ergänzen: „Eisenbahnunternehmen erhalten für alle Arten von Schienenpersonenverkehrsdiensten zu angemessenen, nichtdiskriminierenden und transparenten Bedingungen das Recht auf Zugang zur Eisenbahninfrastruktur in allen Mitgliedstaaten. Eisenbahnunternehmen haben das Recht, Fahrgäste an jedem beliebigen Bahnhof aufzunehmen und an einem anderen Bahnhof abzusetzen".

147 Dok. KOM(2013) 28 v. 30. Januar 2013. Dieser Vorschlag sieht weitere bedeutende Änderungen der VO Nr. 1370/2007 vor, u.a. die Erleichterung für den Markteintritt neuer Bewerber. Auch schlägt die Kommission die Aufhebung der VO Nr. 1192/69 über die Normalisierung der Konten der Eisenbahnunternehmen vor, vgl Dok. KOM(2013) 26.

148 Dok. KOM(2013) 27, 30, 31 v. 30. Januar 2013.

Zur Stärkung des Schienenverkehrs sind neben der Reform der Organisation des Marktes weitere Maßnahmen zur Entwicklung der Infrastruktur und zur finanziellen Förderung der Eisenbahn- und intermodalen Transporte notwendig (dazu *Kap. X* und *XI*).

Kapitel VIII
Seeverkehr

A. Einführung

1. Begriff und Besonderheiten der Seebeförderung

Die Beförderung von Personen und Gütern auf dem Seeweg war schon seit den Anfängen der europäischen Zivilisation bestimmend für die Entwicklung und den Wohlstand der Völker. In der Europäischen Union von 28 Staaten werden mehr als 37 % der internen Transporte und mehr als 75 % des Güterverkehrs mit Drittstaaten auf dem Seeweg durchgeführt. Die Handelsflotte der Mitgliedstaaten der Union hat einen Anteil von 35 % an der Welthandelsflotte.[1] 1

Beim Abschluss des EWG-Vertrages im Jahre 1957 erschien jedoch eine Tätigkeit der Union auf diesem Gebiet nicht als vordringlich. Die maritimen Transporte innerhalb der Gründerstaaten betrafen vor allem den Verkehr zu den Inseln, der als Dienstleistung im öffentlichen Interesse angesehen und daher besonderen Bestimmungen des jeweiligen staatlichen Rechts unterworfen wurde. Der Seeverkehr zwischen den Mitgliedstaaten galt als Teil des allgemeinen internationalen Verkehrs, für den besondere mit dem Konzept des Binnenmarktes nicht vereinbare Grundsätze zu beachten waren. Auch aus diesem Grund hielten manche Autoren die vertraglichen Regeln auf Seebeförderungen nicht für anwendbar.[2] 2

Der hier verwandte Begriff der Seebeförderung bezieht sich auf die Beförderung von Personen und Gütern mithilfe schwimmender Transportmittel auf Meeresstraßen. Eingeschlossen sind die Beförderungen in Küstengewässern („*short sea*").[3] Der Begriff erfasst weder militärische Transporte noch Transporte im Zusammenhang mit der Fischereitätigkeit. Dagegen werden hier auch Aspekte der Beförderungssicherheit (vgl Art. 9 I lit. c) AEUV) und des Umweltschutzes (zB Verschmutzungen durch Schiffe oder Gefährdung der Umwelt durch die Art der beförderten Güter, vgl Art. 11 AEUV) behandelt. 3

Zu den hier dargestellten Rechtsfragen der Beförderungen über See gehören weiterhin die unmittelbar damit verbundenen Hafentätigkeiten. Die allgemeine wirtschaftliche Tätigkeit der Häfen umfasst darüber hinaus jedoch eine Vielzahl von Aktivitäten, die nicht ohne Weiteres der Seebeförderung zugeordnet werden können. Sie gehören vielmehr in den speziellen Rahmen einer „Hafenpolitik".[4] Unter dem Aspekt des Landverkehrs bilden Häfen Knotenpunkte des kombinierten Verkehrs (s. *Kap. X*) und bedeutende Endpunkte der Transeuropäischen Netze (s. *Kap. XI*). 4

Weiterhin ist der von den Regelungen zur *Seebeförderungen* erfasste Bereich von der allgemeinen *Meerespolitik* zu unterscheiden. Letztere, auch häufig in Mitteilungen

---

1 *Kommission* (Hrsg.), EU transport in figures, statistical pocketbook 2014, Luxembourg 2014, Tabellen 2.1.10, 2.2.2 und 2.6.12 b.

2 S. *Kap. II Rn 4–8* und nachfolgend *Rn 5*.

3 Zur Abgrenzung von Meeres- und Binnengewässern der Union s. EuGH Rs. C-391/05 (Jan de Nul), Slg 2007, I-1793, Rn 20–32.

4 S. Grünbuch der Kommission „über Seehäfen und Seeverkehrsinfrastruktur", Dok. KOM(1997) 678 v. 10. Dezember 1997.

der Kommission verwandte Kategorie ist umfassender. Sie bezeichnet unter anderem Themen der Sicherheit der Meere, des Schiffbaus und der Meerestechnologie.[5]

2. Seeschifffahrt im Rahmen des AEUV

5 Ohne dass es dafür einer ausdrücklichen Erwähnung bedürfte, fällt Seeschifffahrt unter allen ihren Aspekten (zB in verkehrswirtschaftlicher, sozialer, umweltpolitischer und technischer Hinsicht) in den Anwendungsbereich von EUV und AEUV.[6] Daher erklärte der EuGH eine Bestimmung des französischen Rechts, die für die Besatzung von Schiffen der französischen Handelsmarine eine Mindestquote von französischen Staatsangehörigen vorschrieb,[7] als unvereinbar mit den Bestimmungen des AEUV über die Freizügigkeit der Arbeitnehmer, insbesondere das Diskriminierungsverbot (Art. 45 II AEUV).

Auch bezieht sich die auf den Verkehr bezogene Verweisung des Art. 58 I AEUV auf Titel VI des AEUV nur auf den Aspekt der Dienstleistungsfreiheit von Beförderungen. Daher gelten die allgemeinen Vertragsvorschriften, zB über die Niederlassungsfreiheit (Art. 49–54 AEUV) und über den Wettbewerb ohne Weiteres auch für Reeder.[8]

Eine ausdrückliche Erwähnung findet die Seeschifffahrt im AEUV nur in Art. 100 II im Rahmen der Regeln über die gemeinsame Verkehrspolitik. Die vorangehenden Bestimmungen zum Inhalt und zur Gestaltung dieser Politik (Art. 90–99 AEUV) gelten in den Grenzen der nach Art. 100 II AEUV getroffenen Beschlüsse auch für die Seeschifffahrt. Die nach Art. 100 II vom Gesetzgeber der Union näher auszuführenden Themen ergeben sich vor allem aus Art. 91 I AEUV, umfassen also neben der Dienstleistungsfreiheit Fragen der Verkehrssicherheit sowie „alle sonstigen zweckdienlichen Vorschriften".

Art. 100 II AEUV sieht zwar ebenso wie für die Luftfahrt eine eigenständige Verfahrensregel zum Erlass „geeigneter Vorschriften" vor („Das Europäische Parlament und der Rat können gemäß dem ordentlichen Gesetzgebungsverfahren geeignete Vorschriften für die Seeschifffahrt (…) erlassen. Sie beschließen nach Anhörung des Wirtschafts- und Sozialausschusses und des Ausschusses der Regionen"), doch ist diese Verfahrensregel identisch mit der für die anderen Verkehrsträger anwendbaren Bestimmung (Art. 91 I AEUV). Der einzige Unterschied besteht in der nur nach Art. 91 I zu beachtenden Handlungspflicht („*werden* … erlassen") gegenüber der im Ermessen des Gesetzgebers liegenden Tätigkeit der Union auf dem Gebiet der Seeschifffahrt („*können* … erlassen").[9]

---

5 Beispiel: Mitteilung der Kommission und des Hohen Vertreters für Außen- und Sicherheitspolitik „For an open and secure global maritime domain: elements for a European Union maritime security strategy", JOIN(2014) 9 v. 6. März 2014.

6 EuGH, Rs. 167/73 (Kommission/Frankreich), Slg 1974, 359, Rn 32. Dazu näher *Erdmenger*, in: G/S, Vorbemerkung zu Art. 70–80 EGV, Rn 11 ff; *Boeing/Maxian Rusche*, in: G/H/N, Art. 100 AEUV, Rn 42 ff; *Farantouris*, European Integration and Maritime Transport, 2003, 87 ff.

7 Art. 3 II Abs. 2, Gesetz v. 13. Dezember 1926 (Code du travail maritime), dazu *Kap. II Rn 4–8*.

8 S. *Kap. II Rn 9–18* und nachfolgend *Rn 13 ff*.

9 Hervorhebungen vom Verfasser.

3. Die Entwicklung des Rechts der Union im Bereich der Seebeförderung

6 Im Vergleich zum Landverkehr entwickelte sich die gemeinsame Politik auf dem Gebiet der Seebeförderung mit Verzögerung.[10] Wie bei den anderen Verkehrsträgern lässt sich auch insoweit ein phasenweiser Ablauf konstatieren Eine erste wesentliche Maßnahme erging am 13. September 1977. Sie betraf die Beziehungen der Mitgliedstaaten zu Drittstaaten und zu internationalen Organisationen und markiert den Beginn der ersten von drei Etappen, in denen sich die europäische Politik der Seebeförderung entfaltete. Dieser Ablauf ist insofern charakteristisch, als Seetransporte vor allem zwischen den Mitgliedstaaten und Drittstaaten durchgeführt wurden. Dafür galten neben einzelnen bilateralen Abkommen vor allem der Grundsatz der Freiheit der Meere. Für die Errichtung des Binnenmarktes mithilfe einer Beseitigung der Hindernisse für die Freizügigkeit von Arbeitnehmern, von Selbstständigen und von Dienstleistungen erschienen die Seetransporte von geringer Bedeutung. Gleichwohl bewirkten einzelne bilaterale Abkommen und Vereinbarungen zwischen Reedern und Beladern Diskriminierungen zulasten anderer Beförderer in der Union. Daher erschien eine Beteiligung der Union an weltweiten Bemühungen um einen Abbau von Wettbewerbsverzerrungen im Rahmen der Welthandelskonferenz[11] geboten. Zu diesem Zweck beschloss der Rat ein Konsultationsverfahren zwischen der Kommission und den Mitgliedstaaten über Fragen des Seeverkehrs, die in internationalen Organisationen behandelt werden. Daneben sollten die Konsultationen dem Funktionieren der bi- und multilateralen Übereinkünfte im Bereich des Seeverkehrs gelten. Die Konsultationen sollten vor allem Fragen von gemeinsamem Interesse identifizieren und feststellen, ob das betreffende staatliche Handeln koordiniert werden sollte.[12] Die Verpflichtung der Mitgliedstaaten zur wechselseitigen Information mithilfe der Kommission bildete die Vorstufe zur Definition einer gemeinsamen Politik.

7 Während dieser bis 1985 andauernden vorbereitenden Phase verabschiedete der Rat verschiedene Maßnahmen zum Informationsaustausch und zur Festlegung eines bindenden Konsultationsverfahrens über die Anwendung bilateraler Abkommen der Mitgliedstaaten mit Drittstaaten und über die Behandlung von Fragen des Seeverkehrs in internationalen Organisationen.[13] Diese Maßnahmen wurden 1986 in den VO Nr. 4057/86 und 4058/86 konsolidiert.[14]

8 Um die Anforderungen des internationalen Seeverkehrs mit dem Ziel der Entwicklung einer gemeinsamen Politik in diesem Bereich zu vereinbaren legte der Rat zwischen 1978 und 1983 zu sieben internationalen Übereinkommen gemeinsame Positionen fest. Dies erfolgte durch Empfehlungen an die Mitgliedstaaten zur Ratifizierung der jeweiligen Übereinkommen:

---

10 Dazu ausführlich *Erdmenger*, in: G/S, Art. 80 EGV, Rn 39 ff.

11 Konferenz der Vereinten Nationen für Handel und Entwicklung (CNUCED).

12 Entscheidung Nr. 77/587 zur Einführung eines Konsultationsverfahrens betreffend die Beziehungen zwischen den Mitgliedstaaten und dritten Ländern auf dem Gebiet des Seeverkehrs sowie die diesbezüglichen Aktionen in internationalen Organisationen ABl. L 239/1977, 23.

13 Entscheidung Nr. 79/4 über die Einholung von Informationen über die Tätigkeiten von Reedereien, die an Frachtliniendiensten in bestimmten Fahrtgebieten teilnehmen, ABl. L 5/1979, 31, ergänzt durch Entscheidung Nr. 80/1181, ABl. L 350/1980, 44; Entscheidung Nr. 83/573 über Gegenmaßnahmen im Bereich der internationalen Handelsschifffahrt ABl. L 332/1983, 37.

14 ABl. L 378/1986, 14 und 21. S. *Rn 10, 38* und *39*.

- drei Übereinkommen über die *Sicherheit im Seeverkehr* (1978);[15]
- Übereinkommen über *Normen für die Ausbildung von Seeleuten* (1978);[16]
- Übereinkommen über die *Containersicherheit* (1979);[17]
- Übereinkommen über die *Sicherheit von Fischereifahrzeugen* (1977);[18] und
- Übereinkommen über den *Such- und Rettungsdienst auf See* (SAR) (1979).[19]

Zu den ersten verbindlichen Rechtsakten der Union gehören die Richtlinie 79/115 über die Tätigkeit von Überseelotsen in der Nordsee und im Englischen Kanal[20] sowie die RL 79/116 über Mindestanforderungen an das Ein- und Auslaufen von bestimmten Tankschiffen in Seehäfen der Union.[21]

9 Die *zweite Etappe* der gemeinsamen Seeverkehrspolitik umfasst die Verabschiedung grundlegender Rechtsakte zur Verwirklichung des Grundsatzes des freien Dienstleistungsverkehrs auf die Seeschifffahrt zwischen den Mitgliedstaaten sowie zwischen den Mitgliedstaaten und Drittländern.[22] Diese verschiedenen gesetzgeberischen Aktivitäten wurden vor allem durch das Urteil des EuGH in der Untätigkeitsklage des Europäischen Parlaments gegen den Rat Rs. 13/83 angestoßen.[23] Einen weiteren Auslöser für das verstärkte Interesse der Union am Seetransport bildete der Beitritt Griechenlands im Jahre 1982. Denn dieser Staat verfügt über den größten Anteil der in der Union registrierten Flotte. Die wirtschaftliche Bedeutung des Seeverkehrs war in der Union schon seit dem Beitritt Großbritanniens (1973) erheblich gewachsen und sie wurde weiter verstärkt durch die Beitritte Spaniens und Portugals (1986). Trotz der Berücksichtigung der Besonderheiten des Seetransports wurde damit die Rechtslage entsprechend den für die anderen Verkehrsträger geltenden Regelungen ausgestaltet. Kurze Zeit später ergingen auch für den Luftverkehr ähnlich gelagerte Regelungen.[24]

Parallel dazu wurde die Flotte der Union von der weltweiten Schifffahrtskrise und damit verbunden einer zeitweiligen Überkapazität erfasst. In der Folge widmete die Kommission im Jahre 1985 dem Seetransport eine erste Mitteilung.[25]

10 Eine Angleichung der in Art. 100 Abs. I AEUV einerseits (Landverkehr) und Abs. II (See- und Luftverkehr) andererseits für die verschiedenen Verkehrsträger vorgesehenen Rechtsetzungsverfahren erfolgte im Rahmen der Vertragsänderung durch die Einheitliche Europäische Akte. Seit 1987 werden Seetransporte als *Elemente des Binnenmarktes* angesehen (s. die umfassende Definition in Art. 26 II AEUV). Entspre-

15 Empfehlung Nr. 78/584, ABl. L 194/1978, 17 (Übereinkommen zum Schutz des menschlichen Lebens auf See (SOLAS); – zur Verhütung der Meeresverschmutzung durch Schiffe (MARPOL); – über Mindestnormen auf Handelsschiffen)).

16 Empfehlung Nr. 79/114, ABl. L 33/1979, 31.

17 Empfehlung Nr. 79/487, ABl. L 125/1979, 18.

18 Empfehlung Nr. 80/907, ABl. L 259/1980, 29.

19 Empfehlung Nr. 83/419, ABl. L 237/1983, 34.

20 ABl. L 33/1979, 32.

21 ABl. L 33/1979, 33, aufgehoben durch die RL 93/75, ABl. L 247/1993, 19.

22 VO Nr. 4055/86 – Nr. 4058/86, ABl. L 378/1986, 1, 4, 14 und 21, dazu*Rn 21*; VO Nr. 3577/92, ABl. L 364/1992, 7, dazu *Rn 26*.

23 EuGH, Rs. 13/83, Slg 1985, 1513; dazu *Kap. II, Rn 20* und *28, Kap. IV Rn 1*.

24 S. *Kap. IX Rn 8–16*.

25 Mitteilung „Fortschritte auf dem Wege zu einer Gemeinsamen Verkehrspolitik – Seeverkehr –", Dok. KOM(85) 90 v. 15. März 1985. S. a. die dazu gehörenden Gesetzgebungsvorschläge, ABl. C 212/1985, 2.

chend werden Rechtsakte in diesem Bereich seither vom Rat mit qualifizierter Mehrheit angenommen. Auch dieser Umstand trug erheblich zur Intensivierung der Gesetzgebungstätigkeit der Union auf dem Gebiet des Seeverkehrs bei.

Die *dritte Etappe* begann mit der Verabschiedung einer Entschließung des Rates „über eine gemeinsame Politik im Bereich der Sicherheit im Seeverkehr" am 8. Juni 1993.[26] Nachfolgend präzisierte die Kommission die Orientierungen des Rates in einer Mitteilung von 1996.[27] In der Folgezeit konzentrierte sich die gesetzgeberische Aktivität im Wesentlichen auf die Sicherheit von Schiffen, den Schutz der Meeresumwelt und die Sicherheit der Transporte. Mit der Errichtung der *Europäischen Agentur für die Sicherheit des Seeverkehrs* fand diese Phase ihren Höhepunkt und Abschluss.[28] 11

Gleichzeitig wurde der Binnenmarkt in diesem Bereich verwirklicht. Dass dies nicht ohne Konflikte möglich war belegen zahlreiche Urteile des EuGH.

Während dieser Zeit erlangte auch der *Kurzstreckenseeverkehr* die Aufmerksamkeit von Kommission und Rat. Gründe dafür waren sein Potential für die Effizienz der intermodalen Transportkette (dazu *Kap. X*) sowie seine (relative) Umweltfreundlichkeit.[29]

Eine *vierte Etappe* begann 2009 mit der Mitteilung der Kommission „Strategische Ziele und Empfehlungen für die Seeverkehrspolitik der EU bis 2018".[30] Seither ordnet die Union ihre Aktivitäten im Bereich des Seetransports in den größeren Zusammenhang der Steigerung der Wettbewerbsfähigkeit, des Schutzes der Umwelt und der regionalen Entwicklung. Besonderes Gewicht wird auf eine Minderung des Energieverbrauchs und der Schadstoffemissionen gelegt. 12

B. Niederlassungsfreiheit und Zugang zum Beruf des Seetransporteurs

Soweit keine spezielle Gesetzgebung der Union auf der Grundlage des Art. 100 II AEUV ergangen ist, wird die Berufstätigkeit des Seetransporteurs durch die Rechtslage für die Niederlassung und die Dienstleistungsfreiheit von natürlichen und juristischen Personen gemäß den allgemeinen Regelungen des AEUV, insbesondere durch Art. 49–54 sowie die Art. 56–62 bestimmt.[31] Diese Artikel sind auf natürliche Personen anwendbar, die Angehörige eines Mitgliedstaates sind. Sie gelten weiterhin für Gesellschaften, die nach den Rechtsvorschriften eines Mitgliedstaates gegründet wurden und die ihren satzungsmäßigen Sitz, ihre Hauptverwaltung oder ihre Hauptniederlassung innerhalb der Union haben (Art. 54 AEUV). Die Niederlassungsfreiheit umfasst gemäß Art. 49 AEUV das Recht zur Aufnahme und Ausübung selbstständi- 13

26 ABl. C 271/1993, 1. Diese Entschließung beruhte auf einer Mitteilung der Kommission „Für eine gemeinsame Politik im Bereich der Sicherheit im Seeverkehr Dok. KOM(1993) 66 v. 24. Februar 1993.

27 Mitteilung der Kommission „Auf dem Wege zu einer neuen Seeverkehrsstrategie", Dok. KOM(1996) 81 v. 19. März 1996.

28 VO Nr. 1406/2002, ABl. L 208/2002,1, zuletzt geändert durch VO Nr. 100/2013, ABl. L 39/2013, 30; s. *Rn 56*.

29 Entschließungen des Rates v. 1. März 1996, ABl. C 99/1996, 1 und v. 14. Februar 2000, ABl. C 56/2000, 3.

30 Dok. KOM(2009) 8 v. 21. Januar 2009. S. auch den Fortschrittsbericht der Kommission „zur integrierten Meerespolitik der EU" KOM(2009) 540, v. 15. Oktober 2009; s. *Kap. IV Rn 15 ff.*

31 Dazu *Kap. II Rn 8*.

ger Erwerbstätigkeiten als Seetransporteur sowie die Gründung und Leitung von Unternehmen nach Maßgabe der für die Angehörigen des betreffenden Staates geltenden Regeln. Daher ist jede Diskriminierung hinsichtlich Niederlassung oder Ausübung der Berufstätigkeit untersagt. Wenn in einem Mitgliedstaat keine Regeln zur Tätigkeit des Seebeförderers existieren, haben Staatsangehörige anderer Mitgliedstaaten ohne Weiteres das Recht, sich in dem betreffenden Staat niederzulassen und diese Tätigkeiten auszuüben.[32]

Wenn der Zugang oder die Ausübung des Berufs in einem Staat dagegen gesetzlich normiert ist, müssen Angehörige der anderen Mitgliedstaaten grundsätzlich diese Regelungen befolgen bzw erfüllen.[33] Entsprechende staatliche Regelungen müssen sich jedoch in jedem Fall in den vom europäischen Recht gezogenen Grenzen halten. Sind sie geeignet, die Ausübung der durch den Vertrag garantierten grundlegenden Freiheiten zu behindern oder weniger attraktiv zu machen, dann müssen sie „in nichtdiskriminierender Weise angewandt werden, sie müssen aus zwingenden Gründen des Allgemeininteresses gerechtfertigt sein, sie müssen geeignet sein, die Verwirklichung des mit ihnen verfolgten Zieles zu gewährleisten, und sie dürfen nicht über das hinausgehen, was zur Erreichung dieses Zieles erforderlich ist".[34]

Der Gesetzgeber der Union ist nach Art. 53 I AEUV befugt, Richtlinien für die gegenseitige Anerkennung der Diplome, Prüfungszeugnisse und sonstigen Befähigungsnachweise sowie zur Koordinierung der Rechts- und Verwaltungsvorschriften über die Ausübung und Aufnahme selbstständiger Tätigkeiten zu erlassen.

14 Über den *Zugang zum Beruf des Seetransporteurs* hat der Gesetzgeber der Union – anders als für die sonstigen Verkehrsträger[35] – bisher keine Regelungen angenommen. Daher steht es den Mitgliedstaaten frei, dazu nähere Vorschriften zu erlassen. Dagegen wird die *Ausübung des Berufs* eines Reeders von der VO Nr. 4055/86 näher geregelt. Diese VO wendet den Grundsatz der Dienstleistungsfreiheit auf internationale Seetransporte an.[36] Nach Art. 8 dieser VO kann der (europäische) Erbringer von Seeverkehrsleistungen seine Geschäftstätigkeit in dem Mitgliedstaat, in dem die Leistung erbracht wird, einstweilig unter denselben Bedingungen ausüben, die dieser Staat seinen eigenen Staatsangehörigen vorschreibt. Eine Niederlassung in diesem Staat kann dazu nicht gefordert werden. Sofern das jeweilige Recht des Staates der Geschäftstätigkeit geeignet ist, die Ausübung des Berufs- – und damit eine der grundlegenden Freiheiten des Binnenmarktes – zu behindern, muss dieses Recht den vom EuGH aufgestellten Anforderungen entsprechen.[37]

15 Die grundlegende Voraussetzung für die Ausübung des Berufs des Seebeförderers, deren Erfüllung von allen Mitgliedstaaten gefordert wird, besteht in der Registrierung des für die Tätigkeit benützten Schiffes in einem amtlichen *Schiffsregister*. Art. 91 des Seerechtsübereinkommens der Vereinten Nationen (Übereinkommen von Montego

---

32 EuGH, Rs. C-55/94 (Gebhard), Slg. 1995, I-4165, Rn 34.
33 AaO, Rn 36.
34 AaO, Rn 37.
35 S. zB *Kap. V Rn 2 ff.*
36 ABl. L 378/1986, 1. S. *Rn 21.*
37 Dazu *Rn 13.*

Bay) v. 10. Dezember 1982, das durch Beschluss des Rates v. 23. März 1998 in das Recht der Union übernommen wurde[38] bestimmt dazu:

„Jeder Staat legt die Bedingungen fest, zu denen er Schiffen seine Staatszugehörigkeit gewährt, sie in seinem Hoheitsgebiet in das Schiffsregister einträgt und ihnen das Recht einräumt, seine Flagge zu führen. Schiffe besitzen die Staatszugehörigkeit des Staates, dessen Flagge zu führen sie berechtigt sind. Zwischen dem Staat und dem Schiff muss eine echte Verbindung bestehen."

Gemäß Art. 94 des Seerechtsabkommens gilt:

„(1) Jeder Staat übt seine Hoheitsgewalt und Kontrolle in verwaltungsmäßigen, technischen und sozialen Angelegenheiten über die seine Flagge führenden Schiffe wirksam aus.

(2) Insbesondere hat jeder Staat

a) ein Schiffsregister zu führen, das die Namen und Einzelheiten der seine Flagge führenden Schiffe enthält (...)".

16 Die Verpflichtung zur Führung eines Schiffsregisters muss mit den Anforderungen des AEUV zur Gewährleistung der Niederlassungsfreiheit in Einklang gebracht werden. Daraus erwuchs eine Anzahl von Rechtsstreitigkeiten zwischen den Behörden der Mitgliedstaaten und Beförderern, die sich in einem Mitgliedstaat registrieren lassen wollten. In dem grundlegenden Urteil in der Rs. *Factortame*[39] führte der EuGH dazu aus:

„Stellt das Schiff (...) ein Mittel zur Ausübung einer wirtschaftlichen Tätigkeit dar, die eine feste Einrichtung in dem betreffenden Staat voraussetzt, so kann seine Registrierung von der Ausübung der Niederlassungsfreiheit nicht losgelöst werden. Folglich dürfen die Voraussetzungen für die Registrierung von Schiffen der Niederlassungsfreiheit im Sinne der Artikel 52 ff EWG-Vertrag nicht entgegenstehen" (Rn 23).

Daher sei es „beim gegenwärtigen Stand des Gemeinschaftsrechts Sache der Mitgliedstaaten (...), im Einklang mit den allgemeinen Bestimmungen des Völkerrechts die Voraussetzungen festzulegen, unter denen ein Schiff in ihre Register eingetragen und diesem Schiff das Recht zur Führung ihrer Flagge eingeräumt wird, dass die Mitgliedstaaten bei der Ausübung dieser Befugnis jedoch das Gemeinschaftsrecht wahren müssen (Rn 17).

Der EuGH stellte weiterhin fest, „dass es einem Mitgliedstaat nach dem Gemeinschaftsrecht nicht untersagt ist, als Voraussetzung für die Eintragung eines Fischereifahrzeugs in sein nationales Register zu verlangen, dass das fragliche Schiff von diesem Mitgliedstaat aus operiert und sein Einsatz von dort aus geleitet und überwacht wird" (Rn 36).

Dagegen darf nach dem EuGH ein Mitgliedstaat als Voraussetzungen für die Eintragung eines Fischereifahrzeugs in sein nationales Register nicht verlangen

38 ABl. L 179/1998, 1. Das Übereinkommen ist dem Beschluss beigefügt. Abgedruckt auch in BGBl. 1994 II, 1798. Dazu auch *Rn 64*.

39 EuGH, Rs. C-221/89 (Factortame), Slg 1991, I-3905.

„a) dass die Eigentümer (legal owners und beneficial owners), Charterer, Manager und Betreiber des Schiffes Staatsangehörige dieses Mitgliedstaats oder in diesem Staat registrierte Gesellschaften sind und dass im letztgenannten Fall das Gesellschaftskapital zu mindestens 75 % Staatsangehörigen dieses Mitgliedstaats oder Gesellschaften, die dieselben Voraussetzungen erfüllen, gehört sowie die Geschäftsführer der Gesellschaft zu 75 % Staatsangehörige dieses Mitgliedstaats sind; b) dass diese Eigentümer (legal owners und beneficial owners), Charterer, Manager, Betreiber, Anteilseigner und Geschäftsführer jeweils ihren Aufenthaltsort und ihr Domizil in diesem Mitgliedstaat haben“ (Rn 33).[40]

17 Im Rahmen mehrerer Vertragsverletzungsverfahren bestätigte der EuGH diese Rechtsprechung. So erklärte er staatliche Regelungen für vertragswidrig, nach denen die Registrierung oder Führung eines Schiffes nur Angehörigen dieses Staates möglich war, bzw die als juristische Personen nach dem Recht dieses Staates errichtet sein mussten und dort den Mittelpunkt ihrer Geschäftstätigkeit haben mussten, so dass die Registrierung oder die Führung eines Schiffes im Falle einer Zweitniederlassung wie einer Agentur, einer Zweigniederlassung oder Tochtergesellschaft ausgeschlossen war. Auch die Registrierung eines Schiffes, das für Sport- und Freizeit-zwecke bestimmt ist, wird von den Bestimmungen des Unionsrechts über die Freizügigkeit erfasst.[41] Unzulässig sind weiterhin staatliche Rechtsvorschriften die das Recht auf Eintragung in das Schiffsregister auf Schiffe beschränken, die zu über 50 % Staatsangehörigen dieses Staates sind oder juristischen Personen gehören, deren Kapital zu über 50 % Angehörigen des betreffenden Staates gehört.[42]

18 2004 prüfte der EuGH eine niederländische Regelung über die Registrierung und den Betrieb von Schiffen durch Eignergesellschaften. Diese Regelung sah insbesondere vor, dass

- ein Teil der Anteilseigner einer Gesellschaft der Union, die Eigentümerin des Schiffes ist, die Unions- oder EWR-Angehörigkeit besitzen müssen;
- die Geschäftsführer einer Gesellschaft der Union, die Eigentümerin des Schiffes ist, die Unions- oder EWR-Angehörigkeit besitzen müssen und/oder
- die natürlichen Personen, die mit der laufenden Geschäftsführung der niederländischen Niederlassung eines EU-Eigentümers des Schiffes betraut seien („örtliche Vertreter“), die Unions- oder EWR-Angehörigkeit besitzen müssen;
- der Geschäftsführer einer Reedereigesellschaft die Unions- oder EWR-Angehörigkeit besitzen muss und
- der Geschäftsführer einer Reedereigesellschaft über einen Wohnsitz in der Union oder im Europäischen Wirtschaftsraum verfügen muss.

Nach Auffassung des EuGH verstößt eine derartige Regelung gegen die durch Art. 43 AEUV gewährleistete Niederlassungsfreiheit.[43] Der EuGH argumentierte wie folgt:

40 S.a. EuGH, Rs. C-509/12 (IPTM), Urt. v. 6. Februar 2014 (ECLI:EU:C:2014:54).
41 EuGH, Rs. C-151/96 (Kommission/Irland), Slg 1997, I-3327, Rn 12 und 15.
42 EuGH, Rs. C-62/96, (Kommission/Griechenland), Slg 1997, I-6725, Rn 23–27.
43 EuGH, Rs. C-299/02, (Kommission/Niederlande), Slg 2004, I-9761, Rn 19–37.

„Im vorliegenden Fall ist festzustellen, dass die streitige Regelung über die Registrierung von Schiffen eine die Niederlassungsfreiheit der Eigentümer dieser Schiffe beschränkende Wirkung hat. Wenn nämlich die Eignergesellschaften, die ihre Schiffe in den Niederlanden registrieren lassen wollen, die streitigen Voraussetzungen nicht erfüllen, können sie die Registrierung nur dann erwirken, wenn sie die Struktur ihres Gesellschaftskapitals oder ihrer Verwaltungsorgane entsprechend ändern; solche Änderungen können tief greifende Umwälzungen innerhalb einer Gesellschaft mit sich bringen und die Erfüllung zahlreicher Formalitäten erfordern, die nicht ohne finanzielle Folgen sind. Die Eigentümer der Schiffe müssen auch ihre Einstellungspolitik so anpassen, dass sich unter den örtlichen Vertretern keine nicht aus der Gemeinschaft oder dem EWR stammenden Staatsangehörigen befinden“ (Rn 19).

„In dieser Hinsicht ist dem Vorbringen der niederländischen Regierung, dass eine Voraussetzung der Gemeinschafts- oder EWR-Angehörigkeit, anders als eine an die Angehörigkeit eines spezifischen Mitgliedstaats geknüpfte Voraussetzung, keine „Beschränkung" im Sinne des Artikels 43 EG darstellen könne, nicht zu folgen. Mangels einer für die gesamte Gemeinschaft geltenden Harmonisierungsvorschrift kann nämlich eine Voraussetzung der Gemeinschafts- oder EWR-Angehörigkeit genau wie eine Voraussetzung der Staatsangehörigkeit eines spezifischen Mitgliedstaats ein Hindernis für die Niederlassungsfreiheit bilden“ (Rn 20).

„Eine Beschränkung wie die hier streitige lässt sich nicht mit der Notwendigkeit der Ausübung einer wirksamen Kontrolle und Hoheitsgewalt über die die Flagge der Niederlande führenden Schiffe rechtfertigen. Die niederländische Regelung über die Registrierung von Schiffen ist nicht dazu geeignet, die Verwirklichung dieser Ziele zu gewährleisten, und geht über das hinaus, was erforderlich ist, um diese zu erreichen. Es ist nämlich nicht ersichtlich, wie die Struktur des Gesellschaftskapitals oder der Verwaltungsorgane der Gesellschaften, die Eigentümer des Schiffes sind, oder auch die Staatsangehörigkeit des örtlichen Vertreters die Ausübung einer wirksamen Kontrolle des Schiffes durch den Flaggenstaat beeinträchtigen könnte. Diese Umstände sind für das Ergreifen von Maßnahmen wie der Besichtigung des Schiffes, des Führens eines Schiffsregisters mit den dieses Schiff betreffenden Einzelheiten, der Überprüfung der Befähigung und der Arbeitsbedingungen der Besatzungen sowie der Einleitung und Durchführung der Untersuchung eines Seeunfalls oder eines anderen mit der Führung eines Schiffes zusammenhängenden Ereignisses auf Hoher See ohne Bedeutung“ (Rn 21).

„Zu dem Argument, das Königreich der Niederlande sei gemäß den Artikeln 91 Absatz 1 und 94 Absatz 1 des Übereinkommens von Montego Bay zum Erlass der fraglichen Regelung verpflichtet, genügt die Feststellung, dass – wie der Generalanwalt in den Nummern 51 bis 59 seiner Schlussanträge dargelegt hat – die genannten Bestimmungen dieses Übereinkommens keine solche Verpflichtung für die Niederlande enthalten.“ (Rn 23).

1989 hatte die Kommission den Vorschlag zur Errichtung eines *Europäischen Schiffsregisters* („EUROS“) unterbreitet.[44] Dieses sollte parallel zu den staatlichen 19

44 ABl. C 263/1989, 11.

Registern bestehen. Die in die staatlichen Register aufgenommenen Schiffe sollten weiterhin darin verzeichnet bleiben, könnten aber zusätzlich in das europäische Register aufgenommen werden, wenn sie zusätzliche Voraussetzungen, insbesondere hinsichtlich der Besatzung, erfüllen. Diese Frage war jedoch außerordentlich umstritten. Während die Reeder den Vorschlag wegen der Verpflichtung kritisierten, eine Mindestquote der Besatzung für Angehörige der EU-Mitgliedstaaten vorzusehen, hielten die Gewerkschaften diesen Anteil für unzureichend.[45]

Die Kommission änderte daraufhin ihren Vorschlag[46] und zog ihn schließlich wegen mangelnder Unterstützung zurück.[47]

Stattdessen wurde zur *Erleichterung der Umregistrierung* von Fracht- und Fahrgastschiffen innerhalb der Union im Jahre 2004 die VO Nr. 789/2004 verabschiedet.[48] Sie sollte einer Vereinfachung des Verwaltungsaufwands dienen und die mit einer Umregistrierung verbundenen Kosten senken. Gleichzeitig wurde ein hohes Niveau der Schiffssicherheit und des Umweltschutzes im Einklang mit den internationalen Übereinkommen angestrebt. Dadurch sollten auch die Betriebsbedingungen im Seeverkehr und die Wettbewerbsfähigkeit der Unionsflotte verbessert werden.

Gemäß Art. 4 der VO dürfen die Mitgliedstaaten die Registrierung eines in einem anderen Mitgliedstaat registrierten Schiffes nicht verweigern, wenn es den Vorschriften des Rechts der Union und den internationalen Abkommen über die Schiffsausrüstung entspricht und über die entsprechenden Zertifikate verfügt.

Die Problematik erfuhr eine Illustration durch einen Konflikt zwischen der finnischen Seeleute-Gewerkschaft, unterstützt durch die International Transport Workers' Federation, und der Reederei Viking Line über die mögliche Umregistrierung von Schiffen der Reederei aus Finnland nach Estland. Die Gewerkschaft widersetzte sich der Umregistrierung mithilfe von Streikdrohung. Nach Auffassung des EuGH waren in diesem Fall der Arbeitnehmerschutz und das Recht auf tatsächliche Ausübung der Niederlassungsfreiheit gegeneinander abzuwägen.[49]

C. Die Dienstleistungsfreiheit im Bereich der Seebeförderung

1. Überblick

20 Der Binnenmarkt erfordert unter anderem die Beseitigung von Hemmnissen des freien Dienstleistungsverkehrs. Im Seeverkehr umfasst dieser grundsätzlich für in der Union ansässige Staatsangehörige eines Mitgliedstaates der Union den freien Zugang zum Markt der Beförderungen von Personen und Gütern von oder nach einem in der Union gelegenen Hafen oder im Transit. Diese Freiheit verbietet jede Benachteiligung aufgrund der Staatsangehörigkeit. Unter besonderen Voraussetzungen erstreckt sich die Dienstleistungsfreiheit auch auf Angehörige der Mitgliedstaaten, die außerhalb

45 Die Diskussion ist im Einzelnen dargestellt bei *Farantouris*, European Integration and Maritime Transport, 2003, 182–194.
46 ABl. C 73/1991, 11.
47 S. Weißbuch „Auf dem Wege zu einer neuen Seeverkehrsstrategie", Dok. KOM(1996) 81 v. 13. März 1996, 4.
48 ABl. L 138/2004, 19, zuletzt geändert durch VO Nr. 219/2009, ABl. L 87/2009, 109.
49 EuGH, Rs. C-438/05 (International Transport Workers' Federation u.a./Viking Line), Slg 2007, I-10779.

der Union ansässig sind und auf Reedereien, die ihren Sitz außerhalb der Union haben und von Staatsangehörigen eines Mitgliedstaats kontrolliert werden.[50] Vor der Annahme der entsprechenden Regelungen durch den Gesetzgeber der Union zur Gewährleistung der Dienstleistungsfreiheit im See- (und Luft-)Verkehr auf der Grundlage von Art. 110 II AEUV stand es den Mitgliedstaaten frei, ihren Staatsangehörigen bevorzugte Rechte einzuräumen, auch wenn dadurch Diskriminierungen beibehalten oder neu eingeführt wurden.[51]

Die Rechtsetzung der Union zur Verwirklichung der Dienstleistungsfreiheit erfolgte in drei Schritten: *Als erstes* (1979) galt das Interesse des Gesetzgebers der Sicherung der Gewährleistung des freien Marktzugangs für Reeder der Union innerhalb von „Linienkonferenzen" gemäß dem Übereinkommen der Vereinten Nationen über einen Verhaltenskodex für Linienkonferenzen.[52]

Als nächstes liberalisierte die Union im Jahre 1986 die nicht von dem UN-Übereinkommen erfassten Transporte, also jene Beförderungen, die von unabhängigen Reedereien ausgeführt werden oder die die Beförderung von Massengut betreffen oder im Trampschifffahrtsverkehr erfolgen.[53] Gleichzeitig wurden zwei weitere Verordnungen beschlossen, mit denen die Wettbewerbsfähigkeit der Flotte der Union gestärkt werden sollte. Sie betrafen die Bekämpfung unlauterer Preisbildungspraktiken[54] sowie die Koordinierung des Vorgehens gegen Behinderungen des freien Ladungszugangs, die von Drittstaaten ausgehen.[55]

Der *dritte Schritt* galt der Liberalisierung der Seebeförderung innerhalb der Mitgliedstaaten (Kabotage). Mit der VO Nr. 3577/92[56] wurde den Reedern der Union ab 1992 ermöglicht, mit in der Union registrierten Schiffen Beförderungen innerhalb sämtlicher Mitgliedstaaten auszuführen.

2. Der Zugang zum Markt für internationale Seetransporte

a) Der Kreis der Begünstigten

Die VO Nr. 4055/86[57] gilt gemäß Art. 1 II für Beförderungen von Personen und Gü- 21
tern zwischen einem Hafen eines Mitgliedstaates und dem Hafen oder einer Offshore-Anlage eines anderen Mitgliedstaates oder eines Drittstaates. Sie gilt dagegen nicht für Kabotagebeförderungen.[58] Darüber hinaus erstreckt sich ihr Anwendungsbereich auch auf den EWR-Raum (Island, Liechtenstein und Norwegen vgl Art. 47 und Anhang XIII (V) des EWR-Vertrags).

Diese VO begründet die Dienstleistungsfreiheit im Rahmen des Seetransports grundsätzlich für denselben Personenkreis, für den auch die allgemeine vom AEUV garan-

50 Dazu *Rn* 22.
51 EuGH, Rs. C-49/89 (Corsica Ferries), Slg 1989, 4441, Rn 10.
52 VO Nr. 954/79, ABl. L 121/1979. Diese VO wurde aufgehoben und ersetzt durch VO Nr. 1490/2007, ABl. L 332/2007, 1. Dazu *Rn* 21.
53 VO Nr. 4055/86, ABl. L 378/1986, 1, zuletzt geändert durch VO Nr. 3573/90, ABl. L 353/1990, 16. Dazu *Hering*, in: Frohnmeyer/Mückenhausen, Nr. 41. S. auch *Rn* 21–25.
54 VO Nr. 4057/86, ABl. L 378/1986, 4, dazu *Rn* 39.
55 VO Nr. 4058/86, ABl. L 378/1986, 14, dazu *Rn* 40.
56 ABl. L 364/1992, 7, zuletzt geändert durch die Beitrittsakte 2012, ABl. L 112/2012, 21, 74. Dazu *Rn* 26–32.
57 ABl. L 378/1986, 1, s. *Anm.* 53.
58 Dazu *Rn* 26 *ff*.

tierte Freiheit der Dienstleistung gilt. Dies sind „Angehörige der Mitgliedstaaten, die in einem anderen Mitgliedstaat als demjenigen des Leistungsempfängers ansässig sind" (Art. 56 AEUV). Für die Anwendbarkeit auf Gesellschaften ist zusätzliche Voraussetzung, dass sie „ihren satzungsgemäßen Sitz, ihre Hauptverwaltung oder ihre Hauptniederlassung innerhalb der Union haben" (Art. 54 AEUV).

Die Formulierung des Kreises der Berechtigten der Dienstleistungsfreiheit in Art. 1 IV der VO Nr. 4055/86 spiegelt noch die ursprüngliche Konzeption dieser Freiheit wider, wonach sie sich nur auf den Erbringer, nicht jedoch auf den Empfänger bezieht („aktive Dienstleistungsfreiheit"). Die moderne Auslegung der Dienstleistungsfreiheit erfasst dagegen auch Dienstleistungen, die ohne Ortswechsel erbracht werden oder bei denen sich der Empfänger zum Dienstleister begibt.[59] Die Formulierung in der VO Nr. 4055/86 erklärt sich aus dem Umstand, dass auf dem Gebiet des Seeverkehrs nur die traditionelle Form der Dienstleistung von praktischer Bedeutung ist.

Darüber hinaus berücksichtigen die VO in Art. 1 II und 7 Besonderheiten des Seetransports der Union, indem sie – in Verbindung mit dem EWR-Vertrag – zwei Gruppen von *aktuell* Begünstigten und eine Gruppe *potenziell* Begünstigter des Art. 1 der VO genannten Grundsatzes des freien Dienstleistungsverkehrs unterscheidet:

- Bürger der EU und Bürger von EWR-Staaten, sowie für Reedereien, die *innerhalb* der EU bzw des EWR ansässig sind,
- Bürger der EU und Bürger von EWR-Staaten, sowie für Reedereien, die *außerhalb* von EU und EWR ansässig sind sowie
- *Angehörige von Drittstaaten*, die in der Union ansässig sind und Seeverkehrsleistungen erbringen. Der Rat *kann* diese letztgenannte Gruppe in den Kreis der von der VO Berechtigten einbeziehen (Art. 7). Dazu ist jedoch bisher kein entsprechender Beschluss ergangen.

22 Soweit die Beförderungsleistung von einem in der Union ansässigen Unternehmen erbracht wird, kommt es für die Anwendung der Dienstleistungsfreiheit *nicht auf die Registrierung oder die Flagge* der von dem Verkehrsunternehmen betriebenen Schiffe an.[60] Weiterhin besteht die Dienstleistungsfreiheit auch dann, wenn ein Leistungserbringer Dienstleistungen in einem anderen Mitgliedstaat als demjenigen anbietet, in dem er niedergelassen ist oder die Leistungen in einer Beförderung nach Drittstaaten bestehen.[61]

Für die Dienstleistungsfreiheit von EU-Bürgern mit Wohnsitz außerhalb der Union bzw des EWR und von außerhalb der EU bzw des EWR ansässigen Reedereien (also die zweite Gruppe von Begünstigten)[62] gelten besondere Voraussetzungen. Insoweit ist erforderlich, dass *die Reedereien von Staatsangehörigen eines Mitgliedstaats kon-*

59 S. *Epiney*, in: Bieber/Epiney/Haag, Die Europäische Union, § 11, Rn 122.

60 Argumentum a contrario zu Art. 1 II VO Nr. 4055/86. S. EuGH, Rs. C-18/93 (Corsica Ferries), Slg 1994, I-1783, Rn 29. S.a. EuGH, Rs. C-83/13 (Fonnship/Svenska Transportarbetareförbundet), Urt. v. 8. Juli 2014 (ECLI:EU:C:2014:2053), Schlussanträge GA *Mengozzi*, Rn 31–34.

61 EuGH, Rs. C-381/93 (Kommission/Frankreich), Slg 1994, I-5145, Rn 14; Rs. C-435/00 (Geha Naftiliaki EPE u.a./NPDD Limeniko Tameio DOD/SOU), Slg 2002, I-10615.

62 In der französischen Version wird der in diesem Zusammenhang unverständliche Begriff „transports maritimes" anstelle „armateur" verwandt. Angesichts der englischen („*shipping undertakings*") bzw deutschen Fassung („*Reedereien*") dürfte es sich um ein Redaktionsversehen halten.

trolliert werden und die Schiffe in diesem Mitgliedstaat registriert sind. Sind Bürger aus mehreren Staaten der Union an dem Unternehmen beteiligt, dann kann die Registrierung der Schiffe in einem dieser Staaten, nicht jedoch in einem dritten EU-Staat erfolgen (Art. 1 II).[63] Die VO enthält keine Definition des Begriffs „kontrolliert". Er muss daher im Lichte der Zielsetzung der VO und sonstiger auf das Unternehmensrecht des Verkehrssektors bezogener Texte ausgelegt werden.[64] Da die VO möglichst weitgehend die bestehende Struktur der Seeschifffahrt in der Union berücksichtigen will,[65] ist die Frage zu bejahen.

Zur Anwendbarkeit der VO auf eine norwegische Reederei, die mit einem in Panama registrierten Massengutfrachter Transporte zwischen EWR-Staaten durchführte, entschied der EuGH in der Rs. C-83/13:

„Art. 1 der Verordnung Nr. 4055/86 (ist) dahin auszulegen, dass sich eine Gesellschaft mit Sitz in einem EWR-Vertragsstaat, die Eigentümerin eines Schiffes ist, das unter der Flagge eines Drittlands fährt und mittels dessen Seeverkehrsdienstleistungen von einem Vertragsstaat dieses Abkommens aus oder in diesen erbracht werden, auf den freien Dienstleistungsverkehr berufen kann, vorausgesetzt, dass diese Gesellschaft wegen ihres Betriebs dieses Schiffes als *Erbringerin dieser Dienstleistungen* angesehen werden kann und dass deren Empfänger in anderen Vertragsstaaten dieses Abkommens als dem ansässig sind, in dem diese Gesellschaft ihren Sitz hat."[66]

b) Gegenstand der Dienstleistungsfreiheit

Die Dienstleistungsfreiheit im Seetransport umfasst für Bürger bzw Gesellschaften 23
der Union das Recht auf gleichen, freien und nicht diskriminierenden Ladungszugang. Entsprechend der allgemeinen Auslegung der Grundfreiheiten im Binnenmarkt sind solche staatlichen Maßnahmen untersagt, „die die Ausübung dieser Freiheit verbieten, behindern oder weniger attraktiv machen".[67] Eine Beschränkung ist nur zulässig, wenn sie durch zwingende Gründe des Allgemeininteresses gerechtfertigt ist, geeignet ist, die Erreichung des verfolgten Ziels zu gewährleisten und nicht über das hinaus geht was erforderlich ist.[68]

Der EuGH hat sich bisher im Wesentlichen zu zwei Gruppen derartiger Beschränkungen des freien Dienstleistungsverkehrs im Seetransport geäußert. Sie betreffen die Erhebung von *Hafenabgaben* und *Ladungsaufteilungsvereinbarungen.*

---

63 Dazu *Greaves,* The Provision of Maritime Transport Services in the European Community, Lloyds Maritime and Commercial Law Quarterly (2004), Part I, 104–121 (107).

64 Dazu zB die Definition des Begriffs „Kontrolle" in der Auslegung der Kommission zur VO Nr. 3577/92, Dok. COM(2014) 232 v. 22. April 2014 sowie in Art. 4 lit. f) der VO Nr. 1008/2008, ABl. L 293/2008, 3 (Tätigkeit eines Luftverkehrsunternehmens). Dazu *Kap. IX Rn 20.*

65 Vgl 12. Erwägungsgrund der VO Nr. 4055/86.

66 EuGH, Rs. C-83/13 (Fonnship/Svenska Transportarbetareförbundet), Urt. v. 8. Juli 2014 (s. *Anm. 60*), Rn 44. Hervorhebung vom Verfasser. Ob die betreffende Gesellschaft als Leistungserbringerin angesehen werden kann und daher in den Genuss der Dienstleistungsfreiheit gelangt ist anhand einer Würdigung der tatsächlichen Umstände zu ermitteln.

67 St. Rspr, s. EuGH, Rs. C-83/13 (Fonnship/Svenska Transportarbetareförbundet) (s. *Anm. 60*), Rn 41; Rs. C-287/10 (Tankreederei I SA), Slg 2010, I-14233, Rn 15.

68 EuGH, Rs. C-55/94, (Gebhard) (s. *Anm. 32*), Rn 37; EuGH, Rs. C-287/10 (Tankreederei I SA) (s. *Anm. 67*), Rn 19; Rs. C-266/96 (Corsica Ferries), Slg 1998, I-3949, Rn 56; Rs. C-430/99 und C-431/99 (Sea-Land Service), Slg 2002, I-5232, Rn 32.

24 Zur Behinderung der Dienstleistungsfreiheit durch die Erhebung Hafengebühren, die je nach Bestimmungsland unterschiedlich hoch waren, allerdings nicht aufgrund der Staatsangehörigkeit des Reeders diskriminierten, entschied der EuGH:

„Eine nationale Regelung, die zwar unterschiedslos für alle Schiffe gilt, gleich ob sie von inländischen Dienstleistungserbringern oder solchen aus anderen Mitgliedstaaten eingesetzt werden, die aber danach unterscheidet, ob diese Schiffe im Inlandsverkehr oder im Verkehr mit anderen Mitgliedstaaten eingesetzt werden, und die damit dem Inlandsmarkt und dem Inlandsverkehr des betreffenden Mitgliedstaats einen besonderen Vorteil sichert, (ist) als eine nach der Verordnung Nr. 4055/86 verbotene Beschränkung des freien Dienstleistungsverkehrs in der Seeschifffahrt anzusehen“.[69]

Der EuGH bestätigte diese Rechtsprechung in der Rs. C-295/00 (Kommission/Italien).[70] Danach verstieß das in den Häfen Genua, Neapel und Triest praktizierte System von Hafenabgaben gegen die VO Nr. 4055/86, da dieses zwischen italienischen Ausgangs- bzw Zielhäfen einerseits und Häfen anderer Mitgliedstaaten der Union unterschied.

25 Hinsichtlich von *Ladungsaufteilungsvereinbarungen* unterscheidet die VO Nr. 4055/86 zwischen

- Vereinbarungen, die zum Zeitpunkt des Inkrafttretens der VO (1. Januar 1987) in bilateralen Abkommen zwischen Mitgliedstaaten und Drittstaaten enthalten waren (Art. 4) und
- Vereinbarungen, in nach dem 1. Januar 1987 geplanten Abkommen (Art. 5).

Die VO erfasst auch Vereinbarungen, die vorsehen, dass die beteiligten Reeder die Aufteilung selbst vornehmen.[71]

Vereinbarungen der ersten Gruppe sind gemäß Art. 4 anzupassen, Vereinbarungen der zweiten Gruppe sind in der Regel untersagt, können aber unter besonderen Umständen genehmigt werden.

Nach Auffassung des EuGH bildet das Datum des Inkrafttretens der betreffenden Vereinbarung das für die Unterscheidung der beiden Gruppen maßgebliche Kriterium.[72] Die erste Gruppe musste spätestens am 31. Dezember 1992 entweder beendet oder angepasst worden sein. Insoweit schreibt die VO die Erreichung eines Ergebnisses vor. Daher bildete die fehlende Anpassung einer Ladungsaufteilungsvereinbarung zwischen Belgien, Luxemburg und Portugal einerseits und mehreren afrikanischen Staaten andererseits nach dem 31. Dezember 1992 eine Vertragsverletzung im Sinne von Art. 258 AEUV.[73]

---

69 EuGH, Rs. C-381/93 (Kommission/Frankreich) (s. *Anm. 61*), Rn 21.

70 EuGH, Rs. C-295/00 (Kommission/Italien), Slg 2002, I-1737.

71 EuGH, Rs. 355/87 (Kommission/Rat), Slg 1989, 1517, Rn 16, 32.

72 EuGH, verb. Rs. C-171/98, C-201/98, C-202/98 (Kommission/Belgien und Luxemburg), Slg 1999, I-5517, Rn 32.

73 EuGH, verb. Rs. C-176/97 und 177/97 (Kommission/Belgien und Luxemburg), Slg 1998, I-3557; Rs. C-170/98 (Kommission/Belgien), Slg 1999, I-5493, Rn 39, 40; verb. Rs. C-171/98, C-201/98 und C-202/98 (Kommission/Belgien und Luxemburg), Slg 1999, I-5517; Rs. C-62/98 (Kommission/Portugal), Slg 2000, I-5215.

Geplante Vereinbarungen können unter außergewöhnlichen Umständen genehmigt werden, sofern das in Art. 6 dafür vorgesehene Verfahren eingehalten wird.[74] Das Verfahren wird durch den betroffenen Mitgliedstaat eingeleitet. Binnen sechs Monaten nach Erhalt einer entsprechenden Mitteilung kann der Rat auf Vorschlag der Kommission die Aushandlung und den Abschluss von Ladungsteilungsvereinbarungen genehmigen oder andere Maßnahmen beschließen. Trifft der Rat innerhalb dieser Frist keine Entscheidung, dann kann der Mitgliedstaat die ihm erforderlich scheinenden Maßnahmen ergreifen. Diese Maßnahmen müssen den Staatsangehörigen oder den Reedereien der Union angemessenen, freien und nichtdiskriminierenden Zugang zu den betreffenden Ladungsanteilen ermöglichen.[75] Die VO enthält keine Angaben zur Zuständigkeit für den Abschluss von derartigen Aufteilungsvereinbarungen. In Anwendung der allgemeinen Grundsätze zur Zuständigkeitsverteilung (Art. 3 III AEUV) besteht unter den Voraussetzungen des Art. 3 III AEUV insoweit eine ausschließliche Zuständigkeit der Union.[76]

3. Der Marktzugang für Kabotage-Beförderungen

Die Dienstleistungsfreiheit für die Seebeförderung innerhalb der Mitgliedstaaten wurde durch die VO 3577/92[77] ab dem 1. Januar 1993 eingeführt. Begünstigte sind „Gemeinschaftsreeder“. Als solche definiert die VO in Art. 2 II: 26

- Angehörige eines Mitgliedstaates, die in einem Mitgliedstaat nach dem Recht dieses Staates niedergelassen sind und im Schiffsverkehr tätig sind;
- Schifffahrtsgesellschaften (Reedereien), die nach dem Recht eines Mitgliedstaates gegründet worden sind, die ihre Hauptniederlassung in einem Mitgliedstaat haben und über die die tatsächliche Aufsicht in einem Mitgliedstaat ausgeübt wird oder
- außerhalb der Union niedergelassene Angehörige eines Mitgliedstaates oder Reedereien, die ihren Sitz außerhalb der Union haben und von Angehörigen eines Mitgliedstaates kontrolliert werden. Dies gilt allerdings nur, wenn die zur Beförderung eingesetzten Schiffe in einem Mitgliedstaat registriert sind und unter der Flagge eines Mitgliedstaates[78] fahren. Nach Auslegung der Kommission bedeutet der in Art. 2 benutzte Begriff der „Kontrolle“ über eine Reederei, dass sich der größte Teil des Eigenkapitals des Unternehmens in den Händen von Staatsangehörigen eines Mitgliedstaates befindet.

---

74 Eine derartige außergewöhnliche Lage besteht zB in dem Risiko für die Reederei eines Mitgliedstaates, von den Transporten von oder nach einem bestimmten Drittstaat ausgeschlossen zu werden.

75 Dazu *Le Bihan/Lebullenger*, Common Maritime Transport Policy, Bilateral Agreements and the Freedom to Provide Services, CMLR (1990), 209–223.

76 S.a. Schlussanträge GA *Lenz*, Rs. 355/87 (Kommission/Rat), (*Anm. 71*), Rn 14–23. AA *Hering*, in: Frohnmeyer/Mückenhausen, Nr. 41, Rn 76–79. S. auch *Kap. III Rn 8 ff.*

77 ABl. L 364/1992, 7, zuletzt geändert durch die Beitrittsakte 2012, ABl. L 112/2012, 21, 74. Zu dieser VO hat die Kommission eine „Auslegung“ veröffentlicht: Mitteilung Dok. COM(2014) 232 v. 22. April 2014. S. a. die Erläuterungen von *Hering*, in: Frohnmeyer/Mückenhausen, Nr. 42 und bei *Farantouris*, European Integration and Maritime Transport, 2003, 264–307.

78 VO Nr. 3577/92 (*Anm. 77*), Art. 2 II, lit. c). Diese letzte Bedingung ist in der VO Nr. 4055/86 (*Anm. 53*) nicht enthalten.

Im Gegensatz zur Kabotage im Luftverkehr ist eine Genehmigung für die Ausübung von Seekabotagebeförderungen nicht erforderlich.[79]

27 Der Anwendungsbereich der Kabotagefreiheit erstreckt sich auf die Beförderungen von Personen und Gütern im Seeverkehr. Beispielhaft („insbesondere") bezeichnet die VO in Art. 2 I drei Arten von Kabotagebeförderungen:

- „Festlandskabotage", dh Beförderungen zwischen Häfen auf dem Festland oder auf dem Hauptstaatsgebiet ein und desselben Mitgliedstaates;
- „Offshore"-Versorgungsdienste, dh Beförderungen zwischen Häfen eines Mitgliedstaates und Anlagen oder Konstruktionen auf dem Festlandssockel dieses Mitgliedstaates;
- „Inselkabotage", dh Beförderungen zwischen Häfen auf dem Festland und einer oder mehreren Inseln ein und desselben Mitgliedstaates oder Beförderungen zwischen Häfen auf Inseln innerhalb eines Mitgliedstaates.

Zur Festlandskabotage gehört eine Seebeförderung auch dann, wenn sie in einer Kreuzfahrt besteht, deren Ausgangs- und Zielort der gleiche Hafen ist.[80]

28 Grundsätzlich sind Gemeinschaftsreeder berechtigt, Beförderungsleistungen in einem Mitgliedstaat zu denselben Bedingungen ausüben, die dieser Staat seinen eigenen Angehörigen auferlegt (Art. 8).

Nationale Regelungen, die die Erbringung von Seekabotagediensten von einer vorherigen behördlichen Genehmigung abhängig machen, sind allerdings geeignet, die Erbringung dieser Dienste zu behindern oder weniger attraktiv zu machen, und damit den freien Dienstleistungsverkehrs zu behindern. Sie müssen daher den europarechtlichen Voraussetzungen für derartige Behinderungen genügen (*Rn 23*). So kann eine solche Beschränkung aus zwingenden Gründen des Allgemeininteresses gerechtfertigt sein. Die Gewährleistung der Sicherheit in den Hafengewässern bildet einen solchen zwingenden Grund.[81] Allerdings ist eine Maßnahme, die mit dem Hinweis auf die Sicherheit in den Hafengewässern begründet wird nur dann gerechtfertigt, wenn sie nichtdiskriminierend angewandt wird und wenn sie ein verhältnismäßiges Mittel bildet.

So darf zB ein Staat ein System der vorherigen Genehmigung für Seekabotagedienste einführen, das die Einhaltung bestimmter Fahrplanzeiten aus Gründen vorsieht, die mit der Sicherheit der Schiffe und der Ordnung in den Häfen sowie mit Gemeinwohlverpflichtungen zusammenhängen. Ein solches System muss allerdings – insbesondere, wenn mehrere Reeder zum selben Zeitpunkt in denselben Hafen einlaufen möchten – auf objektiven, nicht diskriminierenden und im Voraus bekannten Kriterien beruhen. Bei Verwaltungsentscheidungen, durch die Gemeinwohlverpflichtungen auferlegt werden, ist darüber hinaus erforderlich, dass ein tatsächlicher Bedarf für eine Ge-

79 VO Nr. 1008/2008 (*Anm. 64*), Art. 3; s. *Kap. IX Nr. 26 ff.*
80 EuGH, Rs, C 17/13 (Alpina River Cruises, Nicko Tours), Urt. v. 27. März 2014 (ECLI:EU:C:2014:191).
81 EuGH, Rs. C-266/96 (Corsica Ferries), Slg 1998, I-3949, Rn 60; verb. Rs. C-128/10 und C-129/10 (Naftiliaki Etaireia Thasou, Amalthaia I Naftiki Etairaia), Slg 2011, I-1885, Rn 43–49.

meinwohldienstleistung feststellbar ist, weil die Linienverkehrsdienste bei freiem Wettbewerb nicht ausreichend wären.[82]

Als Ausnahme von der Anwendbarkeit des Rechts des Staates der Leistungserbringung enthält Art. 3, VO Nr. 3577/92 Sonderbestimmungen hinsichtlich der die Besatzung betreffenden Regelungen: Danach kommt bei Schiffen, die zur Festlandkabotage eingesetzt werden und bei Kreuzfahrtschiffen insoweit das Recht des Flaggenstaates zur Anwendung.[83] Dies gilt auch bei Frachtschiffen einer Größe über 650 BRZ, die zur Inselkabotage eingesetzt werden, wenn die betreffende Fahrt auf eine Fahrt aus einem anderen Staat folgt oder einer Fahrt in einen anderen Staat vorausgeht (Art. 3 III).

Als Rückausnahme von der Regelung für die Festlandskabotage und als Normalfall der Inselkabotage kann bei Schiffen von weniger als 650 BRZ das Recht des Aufnahmestaats angewandt werden.[84] Das Gleiche gilt auch wenn ein größeres Schiff Transporte der Inselkabotage ausführt, die nicht in unmittelbarem Zusammenhang mit einer grenzüberschreitenden Fahrt stehen.[85] Die VO präzisiert nicht, ob es sich bei einer derartigen „Fahrt" um eine Beförderung handeln muss oder ob zB auch Fahrten unter Ballast als grenzüberschreitende Fahrt iS von Art. 3 III anzusehen sind. Angesichts der Ziele der VO, die freie Dienstleistung zu gewährleisten, hat der EuGH diese Frage bejaht. Er betont dabei gleichzeitig das Verbot einer missbräuchlichen Nutzung dieser Auslegung, die zB dann bestünde, wenn ein Reeder die Voraussetzungen für eine internationale Ballastfahrt künstlich herbeiführt, um die Anwendung der Rechtsvorschriften des Aufnahmestaates zu vermeiden.[86]

Ein Aufnahmestaat kann im Fall der Anwendbarkeit seines Rechts zB verlangen, dass die Besatzung des Schiffes ausschließlich aus EU-Bürgern besteht. Auch dürfen Mitgliedstaaten die Einhaltung ihrer Sozialvorschriften und Arbeitsbedingungen fordern. In Fragen der Sicherheit und der Ausbildung dürfen die staatlichen Regelungen nicht über die Anforderungen des Rechts der Union oder internationale Vereinbarungen hinausgehen.[87]

Art. 4 I der VO gestattet den Mitgliedstaaten, das Recht zur Erbringung von Inselkabotagebeförderungen im Liniendienst davon abhängig zu machen, dass mit den betreffenden Schifffahrtsgesellschaften Verträge aufgrund von Verpflichtungen des öffentlichen Dienstes geschlossen werden oder entsprechende Verpflichtungen erfüllt werden. 29

Derartige Verpflichtungen dürfen sich nur auf die anzulaufenden Häfen, die Regelmäßigkeit, Häufigkeit und Beständigkeit des Verkehrs, die Dienstleistungskapazität, die Gebühren und die Besatzung beziehen (Art. 4 II). Auch dürfen die entsprechenden Verträge oder Verpflichtungen keine Diskriminierung von Reedern der Union bewir-

82 EuGH, verb. Rs. C-128/10 und C-129/10 (Naftiliaki Etaireia Thasou, Amalthaia I Naftiki Etairaia), Slg 2011, I-1885, Rn 63.
83 EuGH, Rs. C-288/02 (Kommission/Griechenland), Slg 2004, I-10071.
84 Diese Regelung entspricht Art. 94 I, lit. b) des UN-Seerechtsübereinkommens.
85 VO 3577/92, Art. 3 III.
86 EuGH, Rs. C-456/04 (Agip Petroli), Slg 2006, I-3395, Rn 16, 22, 23.
87 S. *Rn* 57–59 und Mitteilung der Kommission zur Auslegung der VO Nr. 3577/92, Dok. COM(2014) 232, Ziff. 4.1.

ken. Nur ausnahmsweise darf ein Mitgliedstaat eine Verpflichtung zur Erfüllung eines öffentlichen Dienstes auf einer bestimmten Verbindung als ausschließliches Recht für eine Reederei ausgestalten.

30 Bei eine schweren Störung des innerstaatlichen Verkehrsmarktes, die auf die Liberalisierung der Kabotage zurückzuführen ist, kann die Kommission *Schutzmaßnahmen* beschließen (Art. 5). Diese können zB im Ausschluss des betreffenden Gebietes von der Anwendbarkeit der VO Nr. 3577/92 für die Dauer von maximal zwölf Monaten bestehen.[88]

An den Regelungen zur Erbringung öffentlicher Dienstleistungen und zu Schutzmaßnahmen wird die wirtschaftliche, soziale und regionalpolitische Sensibilität des Themas deutlich. Um rasch auf veränderte Umstände reagieren zu können, verpflichtet die VO in Art. 10 die Kommission, alle zwei Jahre Berichte über die Durchführung der VO vorzulegen und gegebenenfalls die erforderlichen Vorschläge zu unterbreiten.[89]

31 In mehreren Entscheidungen hat der EuGH die aus der VO Nr. 3577/92 resultierenden Pflichten der Mitgliedstaaten präzisiert. Diese betreffen insbesondere die Pflicht zur Anpassung des nationalen Rechts, den Anwendungsbereich der VO sowie die gemeinwirtschaftlichen Verpflichtungen im Bezug auf Kabotagebeförderungen.

In der Rs. C-251/04, entschied der EuGH, dass Schleppdienste auf hoher See nicht in den Anwendungsbereich der VO fallen.[90] Zwar sei die in Art. 2 der VO enthaltene Aufzählung der Kabotageleistungen nicht abschließend (s. *Rn* 27), doch sei Kabotage regelmäßig auf die Beförderung von Gütern oder Personen bezogen, nicht aber für Hilfe bei der Fortbewegung eines Schiffes konzipiert. In der Rs. C-323/03 entschied der EuGH, dass die VO Nr. 3577/92 nicht nur auf das Küstenmeer anzuwenden sei sondern auch in Flussmündungsbuchten gilt, in die das Meer eingedrungen ist.[91]

In der Rs. C-160/99 prüfte der EuGH eine Regelung des französischen Zollkodex, die ausländische Reeder von Beförderungen zwischen den überseeischen Departements ausschloss und die es ermöglichte, Beförderungen zwischen dem französischen Mutterland und den überseeischen Departements französischen Beförderern vorzubehalten. Diese Regelung qualifizierte der EuGH als Verstoß gegen die VO Nr. 3577/92.[92]

In der Rs. C-288/02, erklärte der EuGH entgegen dem Vorbringen der griechischen Regierung die Bestimmungen über die Inselkabotage auf Beförderungen zum Peleponnes nicht für anwendbar, da der Peleponnes nur eine Halbinsel sei.[93] Weiterhin stellte der EuGH in dieser Entscheidung fest, dass bei Kreuzfahrtschiffen mit einer Gesamttonnage von mehr als 650 BRZ, die zur Inselkabotage eingesetzt werden, für alle Fragen im Zusammenhang mit der Besatzung der Flaggenstaat zuständig ist

88 Diese Bestimmung wurde erst ein einziges Mal (gegenüber Spanien) angewandt (Entscheidung der Kommission v. 13. Juli 1993, ABl. L 173/1993, 33).

89 Zuletzt 5. Bericht, Dok. COM(2014) 231 v. 22. April 2014. Die Kommission äußert darin die Ansicht, dass die VO für ihre Zwecke geeignet sei und nicht überarbeitet werden müsse (Ziff. 5. 2).

90 EuGH, Rs. C-251/04 (Kommission/Griechenland), Slg 2007, I-67.

91 EuGH, Rs. 323/03 (Kommission/Spanien), Slg 2006, I-2161, Rn 24–26.

92 EuGH, Rs. C-160/99 (Kommission/Frankreich), Slg 2000, I-6137, 24.

93 EuGH, Rs. C-288/02 (Kommission/Griechenland), Slg 2004, I-10071, Rn 38–43. Zur Inselkabotage s.a. Rs. C-323/03 (Kommission/Spanien), Slg 2006, I-2161, Rn 58.

(Art. 3 I). Die Sonderregelung des Art. 3 II für die Inselkabotage findet auf Kreuzfahrtschiffe keine Anwendung.[94]

In derselben Rechtssache erklärte der EuGH eine Regelung für zulässig, wonach von einem Beförderer, der Schiffe einsetzt, die in einem Zweitregister oder in einem internationalen Register geführt werden, als Voraussetzung für die Kabotage in griechischen Gewässern der Nachweis verlangt wird, dass das fragliche Schiff im Flaggenstaat für Beförderungen eingesetzt werden darf.[95]

In der Rs. C-205/99 (*Analir*) prüfte der EuGH die Voraussetzungen, unter denen ein Mitgliedstaat die Erfüllung gemeinwirtschaftliche Verpflichtungen als Bedingung für die Ausführung von Kabotagebeförderungen auferlegen darf. Der Gerichtshof stellte zunächst fest, dass ein System der vorherigen Genehmigung grundsätzlich geeignet sei, die Anforderungen der gemeinwirtschaftlichen Verpflichtung zu präzisieren und gleichzeitig zu prüfen, ob ein Reeder diese Anforderungen erfüllen kann. Allerdings müsse ein derartiges System auf nichtdiskriminierenden Kriterien aufbauen und dürfe nicht diskriminierend oder willkürlich angewandt werden.[96] Weiterhin dürfe ein Mitgliedstaat die Zahlungsfähigkeit eines Reeders prüfen, um auf diese Weise die Verlässlichkeit des Dienstes prognostizieren zu können.[97] Schließlich entschied der EuGH in diesem Verfahren, dass ein Mitgliedstaat auf ein und derselben Seeverkehrslinie oder -verbindung zur Durchführung desselben Liniendienstes von, zwischen oder nach Inseln einigen Schifffahrtsunternehmen gemeinwirtschaftliche Verpflichtungen auferlegen und gleichzeitig mit anderen Unternehmen Verträge über gemeinwirtschaftliche Verkehrsdienste im Sinne von Art. 2 Ziff. 3 der VO schließen darf, sofern ein wirklicher Bedarf an gemeinwirtschaftlichen Dienstleistungen nachweisbar ist und sofern diese gleichzeitige Anwendung beider Formen in nicht diskriminierender Weise erfolgt und im Hinblick auf das im öffentlichen Interesse verfolgte Ziel gerechtfertigt ist. Zur Begründung verweist der EuGH darauf, dass beide Modalitäten unterschiedliche Ziele verfolgten.[98] 32

Die Mitgliedstaaten verfügen bei der Bewertung einer Beförderungsleistung als einer Dienstleistung von allgemeinem wirtschaftlichem Interesse über ein weites Ermessen, unterliegen bei dessen Ausübung allerdings einer Kontrolle durch die Kommission.[99] Die VO Nr. 1370/2007 über öffentliche Personenverkehrsdienste auf Schiene und Straße (dazu *Kap.V Rn 54 ff*) kann gemäß Art. 1 II von den Mitgliedstaaten auch auf das Meer innerhalb ihrer Hoheitsgewässer angewandt werden. Zwischen einzelnen Bestimmungen dieser VO und der VO Nr. 3577/92 können Widersprüche auftreten (zB bei der Direktvergabe von Aufträgen und bei der Gewährung ausschließlicher

94 Rs. C-288/02 (s. *Anm.* 93), Rn 54–56.
95 Rs. C-288/02 (s. *Anm.* 93), Rn 33–35.
96 EuGH, Rs. C-205/99 (Analir), Slg 2001, I-1271, Rn 37–39.
97 Rs. C–205/99 (s. *Anm.* 96), Rn 49–51.
98 Rs. C-205/99 (s. *Anm.* 96), Rn 62–71.
99 Dazu EuGH, Rs. C-323/03 (Kommission/Spanien), Slg 2006, I-2161; EuG, Rs. T-17/02 (Fred Olsen), Slg 2005, II-2031, Rn 216. Zum Verfahren für die Auferlegung gemeinwirtschaftlicher Verpflichtungen und den Abschluss von Verträgen über öffentliche Verkehrsdienste s. Auslegung der Kommission, Mitteilung COM(2014) 232 v. 22. April 2014, Ziff. 5.4.

Rechte). Derartige Widersprüche sollten nach dem Grundsatz der Spezialität zugunsten des Vorrangs der VO Nr. 3577/92 gelöst werden.[100]

4. Marktzugang für Hafendienste

33 Verschiedene mit dem Seetransport verbundene Dienstleistungen werden vielfach in Küstennähe, in Häfen oder im näheren Umland von Häfen erbracht. Dies gilt zB für Schlepp- und Lotsendienste, Baggerarbeiten, sowie Anker- und Löschdienste. Für diese Tätigkeiten gelten unterschiedliche Rechtsnormen. Wird eine nautisch-technische Dienstleistung im Rahmen einer Beförderung auf hoher See erbracht (zB Lotsen- oder Schleppdienste) dann werden diese von den Verordnungen Nr. 4055/86 et 3577/92 erfasst (*Rn 21 ff. und 26 ff.*). Dagegen findet auf die nicht unmittelbar mit einer Beförderung verbundenen und in Küstennähe ausgeübten Dienste die allgemeine Regelung der Dienstleistungsfreiheit und der Arbeitnehmerfreizügigkeit der Art. 56 und 45 AEUV Anwendung.[101] Eine gesetzgeberischen Maßnahme gemäß Art. 100 II AEUV ist insoweit nicht erforderlich.

Die untrennbar mit Seetransporten verbundenen Hafendienste[102] gehören dagegen zum Anwendungsbereich des Art. 100 II AEUV. Insoweit ist die Dienstleistungsfreiheit daher der auf diese Bestimmung gestützten Rechtsetzung der Union unterworfen. Fällt die Dienstleistung in den Anwendungsbereich der VO Nr. 4055/86 und Nr. 3577/92, dann kann ein Staat gleichwohl zB einer Vereinigung von Hafenlotsen Ausschließlichkeitsrechte verleihen. Derartige Konzessionen können aus Gründen der öffentlichen Sicherheit (Art. 52 AEUV) gerechtfertigt sein.[103] Soweit keine Gesetzgebung der Union besteht, können die Mitgliedstaaten die betreffende Materie autonom regeln. Im Jahre 2001 hatte die Kommission vorgeschlagen, die Dienstleistungsfreiheit für die Erbringer von Hafendiensten einzuführen.[104] Die Kommission hatte darin auch eine Genehmigung der „Selbstabfertigung" vorgeschlagen. Nach heftigen Protesten der Hafenarbeitergewerkschaften wurde dieser Vorschlag vom Europäischen Parlament im Jahre 2003 abgelehnt.[105] Auch ein neuer, 2004 unterbreiteter Vorschlag der Kommission[106] hatte bisher keinen Erfolg.

D. Die Anwendung der Wettbewerbsregeln auf die Seebeförderung

1. Allgemeines

34 Die Wettbewerbsbestimmungen der Art. 101–109 AEUV gehören zu den allgemeinen Bestimmungen des Vertrages und sind daher auch auf die Seebeförderung anwend-

---

100 S. dazu Mitteilung der Kommission zur Auslegung der VO Nr. 3577/92 (COM(2014) 232 v. 22. April 2014), Ziff. 8.

101 Zum (unzulässigen) Vorbehalt für eigene Staatsbürger der Tätigkeit des Leiters einer Hafenbehörde: EuGH, Rs C-270/13 (Haralimbidis), Urt. v. 10. September 2014 (ECLI:EU:C:2014:2185).

102 Nach Ansicht der Kommission gehören dazu folgende Dienste: aufgeführt: Lotsen; Schleppen; Festmachen; Ladungsumschlag (Löschen und Laden, Stauen, Umladen und andere Transporttätigkeiten am Terminal); Lagerung, Depot und Einlagerung, je nach Ladungskategorien; Zusammenstellung von Sammelladungen. Fahrgastdienste (s. Vorschlag einer RL über den Marktzugang für Hafendienste, nachfolgend *Anm. 104*).

103 EuGH, Rs. C-266/96 (Corsica Ferries) (*Anm. 68*), Rn 56. S.a. Rs. C-430/99 und C-431/99, Sea-Land Service (*Anm. 68*), Rn 41 und 42 (Beteiligung an den Kosten der Überwachung der zum Meer führenden Wasserstraßen).

104 Dok. KOM(2001) 35 v. 13. Februar 2001, ABl. C 154E/2001, 290–296.

105 Gesamtbericht über die Tätigkeit der Union 2003, Ziff. 691.

106 Dok. KOM(2004) 654 v. 13. Oktober 2004.

bar.[107] Daher sind auch in diesem Wirtschaftsbereich mit dem Binnenmarkt unvereinbar und verboten „alle Vereinbarungen zwischen Unternehmen (des Seeverkehrs),[108] Beschlüsse von Unternehmensvereinigungen und aufeinander abgestimmte Verhaltensweisen, welche den Handel zwischen Mitgliedstaaten zu beeinträchtigen geeignet sind und eine Verhinderung, Einschränkung oder Verfälschung des Wettbewerbs innerhalb des Binnenmarkts bezwecken oder bewirken" (Art. 101 I AEUV). Unter den Voraussetzungen des Art. 101 III AEUV kann dieses Verbot für nicht anwendbar erklärt werden. Verboten ist weiterhin „die missbräuchliche Ausnutzung einer beherrschenden Stellung auf dem Binnenmarkt oder auf einem wesentlichen Teil desselben durch ein oder mehrere Unternehmen, soweit dies dazu führen kann, den Handel zwischen den Mitgliedstaaten zu beeinträchtigen" (Art. 102 AEUV). Fusionen zwischen Unternehmen der Seeverkehrswirtschaft von unionsweiter Bedeutung unterliegen einer Kontrolle durch die Kommission nach den Regeln der VO Nr. 139/2004.[109]

2. Schifffahrtskonferenzen und Konsortien

Bis 2005 hatte der Rat von der in Art. 101 III AEUV gebotenen Möglichkeit Ge- 35
brauch gemacht, von dem Kartellverbot zwei in der Seeschifffahrt gebräuchliche Arten von Absprachen zwischen Unternehmen freizustellen: Diese betreffen zum einen Vereinbarungen zwischen Transporteuren im Linienverkehr über Preise und Ladungsaufteilung („Konferenzen")[110] und zum anderen Absprachen über eine technische Zusammenarbeit („Konsortien").[111]

Für *Schifffahrtkonferenzen* erteilte die VO Nr. 4056/86[112] eine Freistellung für Vereinbarungen über Beförderungspreise und -bedingungen, Abstimmung der Fahrpläne für die Schiffe oder von deren Abfahrt- oder Anlaufzeiten, Festsetzung der Häufigkeit der Abfahrten oder des Anlaufens, Abstimmung oder Aufteilung der Fahrten oder des Anlaufens unter den Mitgliedern der Konferenz, Regulierung der von den einzelnen Mitgliedern angebotenen Transportkapazität, Aufteilung der Lademenge oder der Einnahmen unter den Mitgliedern. Freigestellt waren weiterhin Absprachen zwischen Verkehrsnutzern und Konferenzen (Art. 6). Schließlich hob die VO in Art. 8 das Verbot des Missbrauchs einer beherrschenden Stellung (Art. 101 AEUV) hervor.[113]

107 EuGH, verb. Rs. 209–213/84 (Asjes), Slg 1986, 1425, Rn 42, 44, 45.
108 Einfügung vom Verfasser.
109 ABl. L 24/2004, 1.
110 Zum Begriff der „Schifffahrtskonferenz" s. Art. 1 III, lit. b) der (inzwischen aufgehobenen) VO Nr. 4056/86, ABl. 378/1986, 4. Dazu EuG, Rs. T-395/94 (Atlantic Container), Slg 2002, II-875, Rn 142–167 sowie verb. Rs. T-191/98 und T-212/98, 213/98 und 214/98 (Atlantic Container u.a.), Slg 2003, II-3298. S. a. *Hering*, in: Frohnmeyer/Mückenhausen, Nr. 44, Rn 20 ff und *Jacobs*, Zur Vereinbarkeit von Kartellabsprachen der internationalen Linienschifffahrt mit Artikel 85 EWG-Vertrag, 1991.
111 Zum Begriff des „Konsortiums" s. die Definition in Art. 2 der VO Nr. 906/2009, ABl. L 256/2009, 31.
112 ABl. L 378/1986, 4, aufgehoben durch VO Nr. 1419/2006 (ABl. L 269/2006, 1).
113 Ein Beispiel für einen Missbrauch einer beherrschenden Stellung durch eine Schifffahrtskonferenz bildet der Gegenstand der Entscheidung des EuGH, verb. Rs. C-395/96P und C-396/96P (Compagnie maritime belge de transport u.a./Kommission), Slg 2000, I-1365.

Die VO Nr. 4056/86 wurde 2003 teilweise[114] und 2006 vollständig aufgehoben.[115] Nunmehr finden die allgemeinen wettbewerbsrechtlichen Vorschriften, insbesondere die VO Nr. 1/2003,[116] auf Schifffahrtskonferenzen Anwendung. Daher sind Schifffahrtskonferenzen, die die Voraussetzungen des Art. 101 III AEUV erfüllen, nicht verboten. Einer besonderen vorherigen Freistellung bedarf es dazu nicht. Andererseits ist gemäß Art. 102 AEUV der Missbrauch einer marktbeherrschenden Stellung verboten ohne dass es dazu einer besonderen Entscheidung bedürfte (vgl Art. 1, VO Nr. 1/2003).

Bei allen Verfahren zur Anwendung der Art. 101 und 102 AEUV liegt die Beweispflicht für die Verletzung eines Verbots bei der Partei oder der Institution, die die Verletzung geltend macht. Soweit sich Mitglieder einer Konferenz auf die in Art. 101 III AEUV bezeichneten Befreiungsgründe berufen, obliegt ihnen der Beweis für deren Vorliegen (Art. 2, VO Nr. 1/2003).

36 Zu *Konsortien* hat der Rat in der VO Nr. 246/2009[117] die Kommission dazu ermächtigt, Verhaltensweisen von Linienreedereien in der Güterbeförderung von dem Verbot des Art. 101 I AEUV auszunehmen, wenn diese die Förderung oder Einführung einer Zusammenarbeit bei der gemeinsamen Erbringung von Seetransportleistungen bezwecken, um dadurch ihre Tätigkeit mithilfe technischer, betrieblicher oder kommerzieller Vereinbarungen – mit Ausnahme der Preisfestsetzung – zu rationalisieren (Art. 1). Nach der Begründung der VO (Ziff. 5) können derartige Vereinbarungen dazu beitragen, die nötigen Mittel zur Verbesserung der Produktivität von Linienschifffahrtsdiensten bereitzustellen und den technischen und wirtschaftlichen Fortschritt zu fördern. Die Legalisierung der Konsortien soll der Verbesserung der Wettbewerbsfähigkeit des Seeverkehrs der Union dienen.

Mit Erlass der VO Nr. 906/2009 hat die Kommission von dieser Ermächtigung Gebrauch gemacht.[118] Art. 3 dieser VO enthält eine Liste der freigestellten Tätigkeiten. Sie umfasst u.a. die Koordinierung von Fahrplänen, den Austausch, den Verkauf oder das gegenseitige Chartern von Schiffsraum, die gemeinsame Nutzung von Schiffen und/oder Hafenanlagen (Ziff. 1). Sie darf auch die Verpflichtung der Mitglieder eines Konsortiums umfassen, auf bestimmten Märkten dem Konsortium zugeschlagene Schiffe einzusetzen und keinen Schiffsraum von Dritten zu chartern (Ziff. 4, b)). Damit ein Konsortium in den Genuss dieser Freistellungen kommen kann, darf der gemeinsame Marktanteil seiner Mitglieder auf dem relevanten Markt nicht mehr als 30 % der insgesamt beförderten Gütermenge betragen (Art. 5 I). Auch müssen weitere, in Art. 6 bezeichnete Bedingungen erfüllt sein. So müssen die Mitglieder berechtigt sein, aus dem Konsortium auszuscheiden ohne sich dadurch finanziellen oder sonstigen Sanktionen auszusetzen.

114 VO Nr. 1/2003, ABl. L 1/2003, 1, Art. 38.
115 S. *Anm. 112.*
116 S. *Anm. 114.*
117 ABl. L 79/2009, 1.
118 ABl. L 256/2009, 31.

Dieses System verlängert die bereits durch die VO Nr. 479/92 et 823/2000 geschaffenen Rechtslage.[119] Die VO Nr. 906/2009 hat eine Geltungsdauer bis zum 25. April 2015.

In Anwendung dieser Regelung hat die Kommission verschiedene bedeutende Konsortien genehmigt.[120]

Seit der grundsätzlichen Neuordnung des Wettbewerbsverfahrens durch die VO Nr. 1/2003[121] sind Genehmigungen oder Verbote im Bereich der Seebeförderungen nach den in dieser VO vorgesehenen Regeln abzuwickeln.[122] 37

3. Abwehr unlauterer Wettbewerbspraktiken

Zur Abwehr *unlauterer Preisbildungspraktiken* einzelner Linienreeder aus Drittstaaten und zur *Bekämpfung von einseitiger Maßnahmen* von Drittstaaten, die den freien Wettbewerb behindern, verabschiedete der Rat im Jahre 1986 die VO Nr. 4057/86[123] und Nr. 4058/86.[124] 38

Die VO Nr. 4057/86 zielt auf die Bekämpfung von Dumping-Frachtraten, die von Reedereien, die in Drittstaaten niedergelassen sind, für die gleichen Güter berechnet werden und die damit die Frachtstruktur auf bestimmten Schifffahrtsrouten nach, von oder innerhalb der Union ernsthaft stören und von denen eine erhebliche Schädigung der auf dieser Route tätigen Reedereien der Union sowie der Interessen der Union insgesamt verursacht wird oder droht (Art. 1). Die Union kann eine Ausgleichsabgabe erheben, um derartigen unlauteren Praktiken zu begegnen. Zu diesem Zweck führt die Kommission auf Antrag von natürlichen oder juristischen Personen oder von betroffenen Fachverbänden entsprechende Untersuchungen durch (Art. 6). Gelangt sie zu dem Ergebnis, dass eine unlautere Preisbildungspraxis vorliegt, die Schädigungen verursacht und dass die Interessen der Union ein Handeln der Union erforderlich machen, so schlägt sie dem Rat die Einführung einer *Ausgleichsabgabe* vor. Der Rat setzt die Abgabe durch Verordnung fest. Bei seiner Entscheidung hat der Rat „in gebührender Weise auch außenhandelspolitische Erwägungen sowie die Interessen der Häfen und seeverkehrspolitische Erwägungen der betroffenen Mitgliedstaaten" zu berücksichtigen (Art. 12).

Protektionistische Maßnahmen dritter Staaten, denen auf der Grundlage der VO Nr. 4058/86 entgegengetreten werden soll, bestehen in der Beschränkung oder der drohenden Beschränkung des freien Zugangs von Reedereien der Mitgliedstaaten zu Beförderungen von Gütern im Linienverkehr, im Trampverkehr, zu Beförderungen von Personen und zur Beförderung von Personen und Gütern zu oder zwischen Offshore-Anlagen (Art. 1). Auf Antrag eines Mitgliedstaates kann der Rat auf Vorschlag der Kommission ein „koordiniertes Vorgehen" beschließen (Art. 3). Dieses kann sich 39

119 S. dazu die Erläuterungen von *Hering* (s. *Anm. 110*).
120 S. „Baltic Liner Conference Agreement" (ABl. C 44/1996, 3); „Vessel Sharing Agreements" (VSA), ABl. C 154/1997, 4; „POLFIN", ABl. C 396/1998, 10.
121 S. *Anm. 114*.
122 Die ursprünglich in Art. 32 der VO Nr. 1/2003 enthaltene Ausnahme für Kabotagebeförderungen und für die Trampschifffahrt wurde 2006 durch die VO Nr. 1419/2006 aufgehoben (s. *Anm. 112*).
123 ABl. L 378/1986, 14.
124 ABl. L 378/1986, 21.

auf diplomatische Schritte gegenüber den betreffenden Drittländern beschränken oder zusätzlich „Gegenmaßnahmen“ gegen Reedereien aus diesen Staaten umfassen. Zu den Gegenmaßnahmen gehören u.a. die Auferlegung von Kontingenten oder die Erhebung von Abgaben (Art. 4).[125]

40 Beschließt der Rat innerhalb eines Zeitraums von zwei Monaten nach Befassung durch die Kommission kein koordiniertes Vorgehen, dann können die Mitgliedstaaten einzeln oder als Gruppe einseitige Maßnahmen ergreifen (Art. 6). Daneben kann der Rat auf der Grundlage der Entscheidung Nr. 167/2006[126] staatliche Gegenmaßnahmen genehmigen, wenn diese gegen Drittländer gerichtet sind, deren Praktiken den Schifffahrtsinteressen der Mitgliedstaaten schaden.[127]

4. Die Anwendung der Beihilfevorschriften im Bereich der Seebeförderung

41 Die geringe Wettbewerbsfähigkeit der unter der Flagge eines der EU-Mitgliedstaaten durchgeführten Seetransporte hat vielfache staatliche Interventionen zugunsten der Schifffahrtsindustrie ausgelöst. Doch widersprechen staatliche Interventionen in Form von Beihilfen, die einzelne Unternehmen begünstigen und damit den Wettbewerb verfälschen oder zu verfälschen drohen, dem Vertragsgrundsatz des freien Wettbewerbs (Art. 119 I AEUV). Gleichzeitig erweisen sich Beihilfen als erforderlich, um die Erbringung von Dienstleistungen von allgemeinem wirtschaftlichen Interesse iS von Art. 106 II AEUV zu gewährleisten, um Anpassungen aufgrund der technischen Entwicklung zu ermöglichen oder um besonderen Bedingungen des internationalen Wettbewerbs Rechnung zu tragen. Insbesondere die Erhaltung gemeinwirtschaftlicher Dienste kann die Leistung staatlicher Beihilfen rechtfertigen. Die Mitgliedstaaten verfügen über ein weites Ermessen bei der Definition dessen, was sie als Dienstleistungen von allgemeinem wirtschaftlichem Interesse erachten.[128] Sie unterliegen bei der Ausübung des Ermessens allerdings der Kontrolle durch die Kommission anhand der Maßstäbe des Unionsrechts.

42 Dazu begründen die Art. 107–109 AEUV ein Verfahren zur Überprüfung der staatlichen Beihilfen im Lichte des Funktionierens des Binnenmarktes. Dieses Verfahren gehört zu ebenfalls zu den allgemeinen Vertragsbestimmungen und ist daher ohne Weiteres auf die Dienstleistungen des Seetransports anwendbar. Eines besonderen Beschlusses auf der Grundlage des Art. 100 II bedarf es dazu nicht.[129]

Die Beihilferegelung betrifft alle finanziellen Vorteile, gleich in welcher Form sie gewährt werden, die von einem Mitgliedstaat oder aus staatlichen Mitteln gewährt werden und die das begünstigte Unternehmen unter normalen Marktbedingungen

125 Ein seltenes Beispiel der Anwendung der VO Nr. 4058/86 erwähnen *Aussant/Fornasier*, in: Commentaire Mégret, Bd. 3 (libre circulation des travailleurs, établissement et services, capitaux, transports), 2. Aufl. 1990, 191–328, (283).

126 ABl. L 33/2006,18.

127 Besondere Maßnahmen können im Rahmen der Union auch zum Schutz gegen *schädigende Preisgestaltung im Schiffbau* getroffen werden. S. VO Nr. 385/96, ABl. L 56/1996, 21, zuletzt geändert durch VO Nr. 37/2014, ABl. L 18/2014, 1.

128 EuG, Rs. T-565/08 (Corsica Ferries France/Kommission), Urt. v. 11. September 2012 (ECLI:EU:T:2012:415), Rn 56, bestätigt durch EuGH, verb. Rs. C-533/12P und C-536/12P, Urt. v. 4. September 2014 (ECLI:EU:C:2014:2142). S.a. EuGH, Rs. C-140/09 (Fallimento Traghetti del Mediterraneo SpA in liquidazione/Presidenza del Consiglio dei Ministri), Slg 2010, I-5243.

129 EuGH, Rs. 156/77 (Kommission/Belgien), Slg 1978, 1881, Rn 9–13. S. *Kap. II Rn 9*.

nicht erhalten hätte.[130] Zu diesen Mitteln gehören auch Leistungen öffentlicher Unternehmen und von staatlich kontrollierten Banken. Als ein derartiger finanzieller Vorteil gilt allerdings nicht, wenn ein Mitgliedstaat ein Zweitregister für Schiffe einführt und genehmigt, dass Seeleute aus Drittstaaten auf diesen Schiffen zu weniger günstigen Bedingungen arbeiten.[131]

In Ausübung ihrer Aufsichtbefugnisse gemäß Art. 108 I AEUV veröffentlichte die Kommission „Leitlinien für staatliche Beihilfen im Seeverkehr".[132] An diesen Leitlinien orientiert sich die Kommission im Rahmen des jeweiligen Prüfungsverfahrens.[133] Gemäß den Leitlinien sind Beihilfen im Bereich des Seetransports[134] vertragskonform, wenn sie bestimmten Bedingungen genügen und bestimmte Grenzen beachten. So können Beihilfen grundsätzlich nur für Schiffe gewährt werden, die in den Registern der Mitgliedstaaten eingetragen sind. Kriterien zur Beurteilung staatlicher Beihilfen sind insbesondere die mit ihnen verbundene Förderung der Seeverkehrsinteressen der Union und das Ziel,

- einen sichereren, effizienteren, zuverlässigeren und umweltfreundlicheren Seeverkehr sicherzustellen;
- die Eintragung in die Register der Mitgliedstaaten oder die Rückführung unter deren Flagge zu fördern;
- einen Beitrag zur Konsolidierung des in den Mitgliedstaaten bestehenden maritimen Sektors zu leisten und dabei weiterhin für eine insgesamt wettbewerbsfähige Flotte auf den Weltmärkten zu sorgen;
- das maritime Know-how zu erhalten und zu verbessern sowie die Beschäftigung europäischer Seeleute zu schützen und zu fördern oder
- neue Dienstleistungen im Bereich der Kurzstreckenseeverkehrs zu fördern.

Als Höchstgrenze der genehmigungsfähigen Beihilfen bezeichnet die Leitlinie den völligen Verzicht auf Lohnsteuern und Sozialabgaben für Seeleute und eine Senkung der Körperschaftsteuer für Reedereien. Um Wettbewerbsverzerrungen zu vermeiden, dürfen andere Beihilferegelungen keinen größeren Nutzen mit sich bringen.[135]

---

130 St. Rspr, speziell für den Seeverkehr: EuGH, Rs. C-140/09 (FallimentoTraghetti del Mediterraneo SpA in liquidazione), Slg 2010, I-5243, Rn 34.

131 EuGH, verb. Rs. C-72 und 73/91 (Sloman Neptun), Slg 1993, I-887, Rn 21 und 22.

132 ABl. C 13/2004, 3. S.a. Entschließung des Rates v. 24. März 1997 (ABl. C 109/1997, 1). Die zuvor geltenden Leitlinien von 1997 sind erläutert von *Nemitz*, in: Frohnmeyer/Mückenhausen, Nr. 46.

133 Dazu im Einzelnen *Haag*, in: Bieber/Epiney/Haag, Die Europäische Union, § 13 (Staatliche Beihilfen), Rn 24 ff.

134 Für Beihilfen an Schiffswerften enthält die VO Nr. 3094/95 besondere Vorschriften, ABl L 332/1995, 1, zuletzt geändert durch VO Nr. 2600/97, ABl. L 351/1997,18. S. a. die von der Kommission verabschiedeten „Rahmenbestimmungen über Beihilfen für den Schiffbau", ABl. C 364/2011, 9, zuletzt geändert durch Mitteilung v. 18. April 2012, ABl. C 111/2012, 9. S.a. EuGH, Rs. C-246/12 P (Ellinika Nafpigeia/Kommission), Urt. v. 28. Februar 2013 (ECLI:EU:C:2013:133).

135 Beispiel eines Beihilfeverfahrens gemäß Art. 108 II AEUV: Beschluss der Kommission zur Einleitung eines Verfahrens betreffend die Tonnagesteuerregelung und andere staatliche Maßnahmen zugunsten von Seeverkehrsunternehmen in Malta, ABl. C 289/2012, 49.

Genehmigung von Beihilfen durch die Kommission betreffen insbesondere Steuererleichterungen, die Reduzierung der Sozialbeiträge und der Lohnsteuer für Seeleute aus der Union.[136]

E. Passagierrechte

43 Der Gesetzgeber der Union verfolgt das Ziel, für die Nutzer aller Verkehrsträger ein vergleichbares und hohes Schutzniveau herzustellen.[137] Zwei Rechtsakte stellen für Passagiere der Seebeförderung eine Entsprechung zu anderen Verkehrsträgern[138] her: Die VO Nr. 392/2009 regelt die Haftung der Beförderer gegenüber Passagieren bei Unfällen[139] und die VO Nr. 1177/2010 betrifft die Fahrgastrechte. Die letztgenannte VO ist gleichermaßen auf den See- wie auf den Binnenschiffsverkehr anwendbar.[140]

Mit der VO Nr. 392/2009 sollen gemeinsame Regeln für die Haftung und Versicherung bei der Beförderung von Reisenden auf See eingeführt werden, die dem Athener Übereinkommen über die Beförderung von Reisenden und ihrem Gepäck auf See von 1974 entsprechen.[141] Die VO begründet für Passagiere Ansprüche auf Entschädigung (Art. 3, 6) sowie Auskunftsansprüche vor Reiseantritt über ihre Rechte (Art. 7) und eine obligatorische Haftpflichtversicherung für Beförderer.

Im Vergleich zu dem Abkommen von Athen wird der Anwendungsbereich dieser Rechte erweitert: Während das Abkommen nur auf internationale Beförderungen Anwendung findet, erstreckt sich die Wirkung der VO auch auf Seebeförderungen innerhalb der einzelnen Mitgliedstaaten (Art. 2).

Die VO Nr. 1177/2010 enthält Mindestvorschriften zum Verbot der Diskriminierung von Fahrgästen hinsichtlich der Beförderungsbedingungen und Tarife (Art. 4), bezeichnet Rechte von behinderten Personen (Art. 7–15), legt Ansprüche auf Information, Hilfeleistung und Entschädigung bei Annullierung oder Verspätung von Abfahrten fest (Art. 16–21) und regelt das Beschwerderecht der Passagiere (Art. 24).

Die VO gilt für Beförderungen zwischen Häfen der Mitgliedstaaten. Sie gilt weiterhin für Beförderungen zwischen diesen Häfen und den Häfen dritter Staaten, wenn der Beförderer in der Union niedergelassen ist (Art. 2, 3 lit. e)).[142]

---

136 Beispiele aus der Rspr: EuGH, Rs. C-613/11 (Kommission/Italien), Urt. v. 21. März 2013 (ECLI:EU:C:2013:192); Rs. C-319/07P (3F/Kommission), Slg 2009, I-5963; Rs. C-400/99 (Italien/Kommission), Slg 2005, I-3657; verb. Rs. C-15/98 und C-105/99 (Italien und Sardegna Lines/Kommission), Slg 2000, I-8855; EuG, Rs. T-17/02 (Fred Olsen/Kommission), Slg 2005, II-2031 (bestätigt durch EuGH, Rs. C-320/05P, Slg 2007, I-131); T-14/96 (BAI/Kommission), Slg 1999, II-887, Rn 21, 22.

137 Weißbuch der Kommission, Dok. KOM(2001) 370.

138 S. *Kap. IV Rn 21*.

139 ABl. L 131/2009, 24.

140 ABl. L 334/2010, 1. Zur Anwendung im Binnenschiffsverkehr s. *Kap. VI Rn 65*.

141 Das Abkommen ist in Anhang I der VO Nr. 392/2009 abgedruckt.

142 Zur gerichtlichen Zuständigkeit s. VO Nr. 1215/2012 über die gerichtliche Zuständigkeit in Zivil- und Handelssachen, ABl. L 351/2012, 1, s. o. *Kap. II Rn 13*. Zu der Vorgängernorm VO Nr. 44/2001 s. EuGH, verb. Rs. C-585/08 (Pammer) und 144/09 (Schlüter), Slg 2010, I-12527 (Vertrag über eine Frachtschiffsreise als „Reisevertrag").

F. Technische Vorschriften, Regelungen über Sicherheit und Umweltschutz

1. Überblick

Im Rahmen der Regelungen zur Angleichung des staatlichen Seeverkehrsrechts umfasst eine erste Gruppe Bestimmungen zur Sicherheit der Schiffe, der Hafeneinrichtungen und der Transporte sowie die Registrierung von Schiffen, von Passagieren, der Schiffskontrolle und des Umweltschutzes.[143] Da Rechtsangleichung zwischen den Mitgliedstaaten dem internationalen Zusammenhang des Seeverkehrs Rechnung tragen muss, liegt es nahe, dass die Regelungen der Union insoweit weitgehend auf internationalen Vereinbarungen beruhen. 44

Grundsätzlich gehört die Förderung der Verkehrssicherheit zu den in Art. 91 I lit. c) AEUV genannten Aufgaben der gemeinsamen Verkehrspolitik. Doch setzte eine rechtsetzende Tätigkeit der Union in größerem Umfang erst nach einigen schweren Unfällen von Tankern und Passagierschiffen ein. Inzwischen umfasst der Normenbestand dieses Bereichs mehr als 10 Richtlinien. Die große Zahl internationaler Vereinbarungen zu denselben Materien beschränkt allerdings den autonomen Spielraum für die Rechtsetzung der Union. Diese Grenzen ergeben sich in zweifacher Hinsicht. Zum einen bestätigt das Seerechtsübereinkommen der Vereinten Nationen (*Übereinkommen von Montego Bay*)[144] das Recht auf freie Durchfahrt und die ausschließliche Verantwortlichkeit des Flaggenstaates für unter der jeweiligen Flagge fahrende Schiffe. Zum anderen legen mehrere internationale Abkommen Mindestnormen für die Ausrüstung und die Kontrolle von Schiffen fest. Unter diesen Umständen gilt die Rechtsetzung der Union vor allem einer Verstärkung von Mindesterfordernissen über die Schiffssicherheit und deren Kontrolle, um auf diese Weise die internationalen Regelungen zu ergänzen. Dabei wird in der Rechtsetzung der Union eine Tendenz deutlich, im Verhältnis zur traditionellen Alleinverantwortung des Flaggenstaates die Verantwortung des jeweiligen Hafenstaates und der jeweiligen Uferstaaten zu stärken.

Die Maßnahmen der Union lassen sich in sechs Gruppen zusammenfassen:

- Sicherheit der Seebeförderungen und der Hafenanlagen (*Rn 45, 46*);
- Informationsaustausch über Schiffsbewegungen, bestimmte Gütertransporte und Personenbeförderungen (*Rn 47, 48*);
- technische Standards und Kontrolle der Einhaltung (*Rn 49–51*);
- spezielle technische Standards für Tanker (*Rn 52*);
- umweltschützende Bestimmungen, Untersuchungen von Unfällen (*Rn 53–56*);
- institutionelle Vorschriften (*Rn 57*).

2. Sicherheit der Seebeförderung und der Hafenanlagen

Mit der VO Nr. 725/2004 „zur Erhöhung der Gefahrenabwehr auf Schiffen und in Hafenanlagen"[145] sollen zwei im Rahmen der Internationalen Seeschifffahrtsorganisation (IMO) beschlossene Abkommen in das Recht der Union übernommen werden. 45

---

143 Zu den Sozialvorschriften, den Arbeitsbedingungen, den Berufsbildungsregeln und steuerlichen Vorschriften s. *Rn 57–59*.

144 S. *Rn 15*.

145 ABl. L 129/2004, 6, zuletzt geändert durch VO Nr. 219/2009, ABl. L 87, 1209, 148.

Es handelt sich dabei zum einen um das Übereinkommen zum Schutz des menschlichen Lebens auf See von 1974 in seiner 2002 geänderten Fassung („SOLAS Übereinkommen") und zum anderen um den internationalen Code für die Gefahrenabwehr auf Schiffen und in Hafenanlagen („ISPS-Code"). Beide Vereinbarungen sind als Anhänge der VO beigefügt. Die VO bezeichnet vorbeugende Maßnahmen zum Schutz des Seeverkehrs und von Hafenanlagen gegen Bedrohungen durch vorsätzliche rechtswidrige Handlungen.[146] Sie verpflichtet die Mitgliedstaaten, dafür zu sorgen, dass diese Maßnahmen von Schiffen, die ihre Häfen anlaufen, eingehalten werden (Art. 8, 9). Diese Ausführungsbefugnis überträgt den Mitgliedstaaten keine Zuständigkeit, um einseitig Maßnahmen gegenüber Drittstaaten anzunehmen.

46 Zunächst aufgrund der Rechtsprechung des EuGH und ausdrücklich seit Inkrafttreten von Art. 3 II AEUV verfügt die Union über eine ausschließliche Zuständigkeit für den Abschluss internationaler Übereinkünfte insoweit, als sie bereits gemeinsame Regeln zu einer Materie erlassen hat. Dies betrifft auch die Maßnahmen zur Durchführung des SOLAS-Übereinkommens und des ISPS-Code und gilt auch, obwohl die Union nicht selbst Mitglied der IMO ist. Gegebenenfalls muss die entsprechende Außenzuständigkeit der Union durch die gemeinsam handelnden Mitgliedstaaten im Interesse der Union ausgeübt werden. Daher verstößt ein Mitgliedstaat gegen die ihm aus Art. 4 III EUV und Art. 91 und 100 AEUV erwachsenden Verpflichtungen, wenn er einseitige Verpflichtungen gegenüber der IMO eingeht, um die in der VO Nr. 725/2004 bezeichneten Pflichten durchzuführen.[147]

3. Informationsaustausch über Schiffsbewegungen, bestimmte Gütertransporte und Personenbeförderungen

47 Die zahlreichen Facetten der Sicherheit des Seeverkehrs wurden zunächst im Rahmen spezifischer Rechtsakte behandelt. In neuerer Zeit entwickelt sich unter dem Begriff der „maritimen Sicherheitsstrategie" eine umfassende Betrachtungsweise.[148]

Mit der RL 2002/59 wird ein gemeinsames Überwachungs- und Informationssystem für den Schiffsverkehr errichtet.[149] Ziel dieses Systems ist die Erhöhung der Sicherheit und der Effizienz des Seeverkehrs durch Steigerung der Reaktionsfähigkeit der zuständigen Behörden auf Unfälle oder potenziell gefährliche Situationen auf See einschließlich von Such- und Rettungsaktionen. Auch soll damit die Verhütung und Aufdeckung von Meeresverschmutzung verbessert werden. Die RL schreibt vor, dass jedes Schiff, das einen Hafen eines Mitgliedstaates anläuft, mit einem automatischen Identifizierungssystem (Art. 6) und mit einem Schiffsdatenschreiber (Art. 10) ausgerüstet sind. Außerdem werden besondere Meldepflichten bei einer Beförderung von gefährlichen oder umweltschädigenden Gütern begründet (Art. 12–15). Schließlich wird ein Informationsaustausch über besonders gefährliche Schiffe eingerichtet. Im

146 Diese Maßnahmen werden im Einzelnen in Anhang I der VO aufgeführt.
147 EuGH, Rs. C-45/07 (Kommission/Griechenland), Slg 2009, I-701. S. dazu den Kommentar von *Neframi*, RTDE (2009), 601–621.
148 S. hierzu die gemeinsame Mitteilung der Kommission und des Hohen Beauftragten für die Außen- und Sicherheitspolitik „For an open and secure global maritime domain: elements for a European Union maritime security strategy", Dok. JOIN(2014) 9 v. 6. März 2014.
149 ABl. L 208/2002, zuletzt geändert durch RL 2014/100, ABl. L 308/2014, 82. Zur Vorgängernorm (RL 93/75) s. *Werbke*, in: Frohnmeyer/Mückenhausen, Nr. 101.

Sinne von Art. 16 der RL sind dies Schiffe, die eine Bedrohung für die Seeverkehrssicherheit oder als ein Risiko für die Seeschifffahrt gelten. Darüber hinaus wird zu den Fragen der Sicherheit des Seeverkehrs, zur Gefahrenabwehr und zum Schutz der Meeresumwelt ein Netz für den elektronischen Datenaustausch zwischen den Mitgliedstaaten aufgebaut („SafeSeaNet").[150] Die RL wird ergänzt durch die RL 2010/65 über Meldeformalitäten für Schiffe beim Ein- bzw Auslaufen aus Häfen der Mitgliedstaaten.[151]

Zur Erhöhung der Sicherheit von Passagieren bei notwendigen Rettungsmaßnahmen begründet die RL 98/41[152] eine Verpflichtung zur Registrierung der Namen und der Anzahl der Passagiere an Bord eines Fahrgastschiffes vor dessen Auslaufen und zur Übermittlung dieser Daten an die Reederei oder einem an Land befindlichen Datenspeicherungssystem der Reederei, wenn ein Schiff aus einem in der Union gelegenen Hafen eine Fahrt von mehr als 20 Seemeilen unternimmt (Art. 5). Jeder Mitgliedstaat wird verpflichtet, die Bereitstellung dieser Daten von der Reederei eines Schiffes zu verlangen, das seine Flagge führt, wenn dieses von dem Hafen eines Drittstaates aus einen Hafen der Union anläuft. Er muss dies auch von Schiffen dritter Staaten verlangen, wenn diese einen Hafen auf seinem Territorium anlaufen (Art. 6). 48

Die RL verpflichtet den Kapitän eines Schiffes, vor Auslaufen sicherzustellen, dass die Zahl der Personen an Bord die zulässige Höchstzahl nicht überschreitet (Art. 7).

4. Technische Standards und Kontrolle der Einhaltung

Die RL 2014/90 über *Schiffsausrüstung*[153] enthält gemeinsame Bestimmungen über die Konformität von Schiffsausrüstungen mit internationalen Prüfnormen. Diese betreffen insbesondere die Sicherheit an Bord der Schiffe. Die RL soll zum einen die verschiedenen im Rahmen der IMO abgeschlossenen internationalen Übereinkommen zu dieser Materie und die Regelungen internationaler Normungsinstitutionen in das Recht der Union überführen (Art. lit. e) und n)). Sie soll aber vor allem auch gewährleisten, dass möglichst keine Unterschiede zwischen den einzelnen Mitgliedstaaten bei der Durchführung dieser Normen entstehen.[154] Zur Bewertung der Konformität von Ausrüstungsgegenständen schreibt die RL in Art. 15 die Durchführung der der EU-Baumusterprüfung vor (Einzelheiten in Anhang II der RL). 49

Für hochseetüchtige *Fischereifahrzeuge* mit einer Länge von mehr als 24 m gilt eine Sonderregelung in Gestalt der RL 97/70.[155] Sie hat ihre Grundlage in dem „Torremolinos-Protokoll" von 1993[156] und findet Anwendung auf Schiffe, die die Flagge eines Mitgliedstaates führen und in der Union registriert sind sowie auf Schiffe, die in den

150 Art. 14 und 22 a der RL 2002/59. Die Einzelheiten der Funktionsweise von SafeSeaNet sind in Anhang III der RL festgelegt. S. dazu auch den Beschluss der Kommission Nr. 584/2009 über die Einsetzung einer Lenkungsgruppe für das SafeSeaNet, ABl. L 201/2009, 63.
151 ABl. L 283/2010, 1. S. dazu Bericht der Kommission über das Funktionieren dieser RL, Dok. COM(2014) 320 v. 25. Juni 2014.
152 ABl. L 188/1998, 35, zuletzt geändert durch VO Nr. 1137/2008, ABl. 311/2008, 1. Dazu *Werbke*, in: Frohnmeyer/Mückenhausen, Nr. 107.
153 ABl. L 257/2014, 146. Zur Vorgängernorm (RL 96/98) *Werbke*, in: Frohnmeyer/Mückenhausen, Nr. 105.
154 Erwägungsgrund Nr. 6 der RL 2014/90.
155 ABl. L 34/1998, 1, zuletzt geändert durch VO 219/2009, ABl. L 87/2009, 109, 143.
156 S. Anhänge I und II der RL.

Gewässern der Mitgliedstaaten oder deren Küstenmeer im Einsatz sind und auf Schiffe, die ihren Fang in einem Mitgliedstaat der Union anlanden.

Das Be- und Entladen von *Massengutschiffen* ist ebenfalls Gegenstand einer RL (2001/96),[157] mit der die Sicherheit der Massengutschiffe dadurch verbessert werden soll, dass harmonisierte Vorschriften für die Eignung von Schiffen zum Laden, Löschen und zur Beförderung fester Massengüter festgelegt werden. Diesem Ziel sollen weiterhin harmonisierte Verfahrensregeln für die Zusammenarbeit und Kommunikation zwischen diesen Schiffen und Umschlagsanlagen dienen. Die RL übernimmt insoweit den Verhaltenscode für das sichere Be- und Entladen von Massengutschiffen der IMO.

50 Besondere Vorschriften gelten den *Sicherheitsmaßnahmen an Bord von Schiffen.* Auch insoweit steht die Übernahme in das Recht der Union von internationalen technischen Standards und der Kontrolle ihrer Einhaltung im Vordergrund: Die VO Nr. 336/2006[158] übernimmt den Internationalen Code für Maßnahmen zur Organisation eines sicheren Schiffsbetriebs und zur Verhütung der Meeresverschmutzung („ISM-Code"), der 1993 von der IMO verabschiedet worden war.[159] Der Code regelt die Einrichtung und Anwendung von Sicherheitsmaßnahmen an Bord und an Land sowie die Kontrolle dieser Systeme durch den Flaggen- oder Hafenstaat. Er gilt für Fahrgast- und Frachtschiffe, die unter der Flagge eines Mitgliedstaates fahren sowie unabhängig von der Flagge für Schiffe im Linienverkehr von oder nach Häfen der Mitgliedstaaten und für Schiffe, die ausschließlich zur Inlandfahrt eingesetzt werden. Über die Erfüllung der Sicherheitsverpflichtungen werden der betreffenden Reederei von den Mitgliedstaaten oder von anerkannten Schiffsüberprüfungsorganisationen *Schiffssicherheitszeugnisse* ausgestellt, die von den Mitgliedstaaten gegenseitig anerkannt werden (Art. 8 III).

Besondere Sicherheitsvorschriften und -normen für *Passagierschiffe* enthält die RL 2009/45.[160] Sie ist dazu bestimmt, einheitliche Sicherheitsanforderungen für Bau und Ausrüstung der innerhalb der Union eingesetzten Passagierschiffe festzulegen. Diese Anforderungen müssen unabhängig von der Flagge des betreffenden Schiffes erfüllt werden. Eine besondere Berücksichtigung erfahren dabei Fahrgast-Hochgeschwindigkeitsfahrzeuge. Als Maßstäbe der Bau- und Ausrüstungsanforderungen bezieht sich die RL auf das SOLAS-Übereinkommen von 1974 in seiner geänderten Fassung und auf die im Rahmen der IMO angenommenen Codes für Hochgeschwindigkeitsfahrzeuge.[161] Die RL enthält obligatorische Kontrollvorschriften (u.a. jährliche Besichtigung durch die Behörden des Flaggenstaates, Art. 12) und die Verpflichtung für die Reeder, für alle Fahrgastschiffe ein nach dem Muster der RL ausgestelltes Sicherheitszeugnis an Bord mit zu führen (Art. 13 I). Weiterhin legt Art. 14 ein Verfahren fest, um im Rahmen der IMO die Vereinbarung von Regelungen zu erreichen, die

157 ABl. L 13/2002, 9, zuletzt geändert durch VO Nr. 1137/2008, ABl. L 311/2008, 1.
158 ABl. L 64/2006, 1, zuletzt geändert durch VO Nr. 1137/2008, ABl. L 311/2008, 1.
159 Der Code ist in Anhang I der VO Nr. 336/2006 abgedruckt.
160 ABl. L 163/2009, 1, zuletzt geändert durch RL 2010/36, ABl. L 162/2010, 1. Zur Vorgängernorm (RL 98/18) s. *Werbke*, in: Frohnmeyer/Mückenhausen, Nr. 106.
161 RL 2009/45, Art. 6 sowie Art. 2, lit. a), b) und c).

für die in Auslandsfahrt eingesetzten Fahrzeuge eine Angleichung an die Normen der RL bewirken.

Unter dem Eindruck schwerer Schiffsunfälle legte die RL 2003/25 besondere *technische Anforderungen an die Stabilität von Ro-Ro-Fahrgastschiffen fest.*[162] Sie ist unabhängig von der Flagge des Schiffes auf Schiffe, die in der Auslandsfahrt im Linienverkehr von oder nach einem Hafen eines Mitgliedstaates eingesetzt werden. Alle Ro-Ro-Passagierschiffe, die unter der Flagge eines Mitgliedstaates fahren, müssen einen Nachweis für die Erfüllung der in Art. 6 und in Anhang I näher bezeichneten technischen Anforderungen mit sich führen.

Ein System obligatorischer Kontrollen der Sicherheit von Ro-Ro-Fahrgastschiffen[163] und Hochgeschwindigkeitsfahrzeugen im Linienverkehr begründet die RL 1999/35.[164] Die RL gilt für alle Ro-Ro-Fahrgastschiffe und Fahrgast-Hochgeschwindigkeitsfahrzeuge im Linienverkehr, unabhängig von deren Flagge, die in Auslandfahrten oder in Inlandfahrten von oder nach einem Hafen eines Mitgliedstaats eingesetzt werden. Die RL sieht vor, dass ein Staat zu dessen Hafen das betreffende Schiff verkehrt, verpflichtet ist, ein Betriebsverbot zu verhängen, u.a. wenn seine Behörden bei der Besichtigung bestimmte gefährliche Mängel feststellen (Art. 10).

Zur Kontrolle der Einhaltung der internationalen und unionsrechtlichen Vorschriften 51
sind grundsätzlich die jeweiligen *Flaggenstaaten* zuständig. Die RL 2009/21[165] bestätigt diesen Grundsatz und legt Regeln zur Gewährleistung einheitlicher Qualität dieser Kontrollen durch die Mitgliedstaaten fest (u.a. Zertifizierung eines Qualitätsmanagementsystems, Art. 8).

Ergänzend hat die Union mit der RL 2009/16 gemeinsame Kriterien und Methoden für die *Kontrolle von Schiffen durch den Hafenstaat* beschlossen.[166] In der Praxis sollen damit durch Kontrollen in Häfen der Mitgliedstaaten Risiken vermindert werden, die von unzureichenden Kontrollen dritter Flaggenstaaten ausgehen.

In der Praxis beauftragen die Mitgliedstaaten regelmäßig *Schiffsüberprüfungs-* und *-besichtigungsorganisationen* mit der Kontrolle der Einhaltung der technischen- und Sicherheitsvorschriften. Mit der Verabschiedung der VO Nr. 391/2009[167] über gemeinsame Vorschriften und Normen für diese Organisationen verfolgte der Gesetzgeber der Union das zweifache Ziel der Qualitätssicherung von deren Tätigkeit und die Ermöglichung der Dienstleistungsfreiheit für die von ihnen angebotenen Leistungen. Die VO bezeichnet die Aufgaben (Besichtigung, Überprüfung und Zertifizierung von Schiffen hinsichtlich ihrer Konformität mit den internationalen Regelungen), legt die Voraussetzung zur Anerkennung dieser Organisationen (u.a. Rechtsform, Unabhän-

162 ABl. L 123/2003, 22, zuletzt geändert durch VO Nr. 1137/2008, ABl. L 311/2008, 1, 46.

163 Gemäß der Definition in Art. 2 lit. a) der RL 1999/35 (s. *Anm. 164*) ist ein „Ro-Ro-Fahrgastschiff" ein im Seeverkehr eingesetztes Fahrgastfährschiff, das so gestaltet ist, dass Straßen- oder Eisenbahnfahrzeuge unmittelbar an und von Bord fahren können, und das mehr als zwölf Fahrgäste befördert.

164 ABl. L 138/1999, 1, zuletzt geändert durch RL 2009/18, ABl. L 131/2009, 114. S. dazu *Werbke*, in: Frohnmeyer/Mückenhausen, Nr. 108.

165 RL 2009/21 „Über die Erfüllung der Flaggenstaatpflichten", ABl. L 131/2009, 132. S. dazu den Bericht der Kommission über die Anwendung dieser RL, Dok. COM (2013) 916 v. 18. Dezember 2013.

166 ABl. L 131/2009, 57, zuletzt geändert durch VO Nr. 1257/2013, ABl. L 330/2013, 1, 16. Zur Vorgängernorm (RL 95/21) s. *Werbke*, in: Frohnmeyer/Mückenhausen, Nr. 104.

167 ABl. L 131/2009, 11. Zur Vorgängernorm (RL 94/57) s. *Werbke*, in: Frohnmeyer/Mückenhausen, Nr. 103.

gigkeit, Kenntnisse der Mitarbeiter, Transparenz der Tätigkeit)[168] fest und bestimmt, dass bei Leistungsmängeln oder Nichterfüllung der Anerkennungsvoraussetzungen Geldbußen verhängt oder die Anerkennung entzogen werden können (Art. 7).[169] Die Kommission veröffentlicht eine Liste der anerkannten Organisationen im Amtsblatt.[170]

Die VO wird ergänzt durch die RL 2009/15.[171] Diese regelt die Beziehungen zwischen den Mitgliedstaaten und den Schiffsüberprüfungsorganisationen. Sie verpflichtet die Mitgliedstaaten, mit den ihnen obliegenden Überprüfungsaufgaben nur Organisationen zu betrauen, die nach den Regeln der VO Nr. 391/2009 anerkannt wurden.

5. Technische Standards für Tankschiffe

52 Die Havarien der Tankschiffe *Erika* im Jahre 2000 und *Prestige* im Jahre 2002 und die dadurch verursachten katastrophalen Folgen für die Umwelt lenkten die Aufmerksamkeit des Gesetzgebers auf die mit der Verwendung veralteter Tankschiffe verbundenen Gefahren (beide Schiffe standen jeweils bereits 26 Jahre im Dienst).

Eine erste Verordnung (Nr. 417/2002) sah vor, Einhüllen-Tankschiffe beschleunigt aus dem Verkehr zu ziehen, um stattdessen Doppelhüllen- Tankschiffe zu verwenden.[172] Diese VO wurde 2012 aufgehoben und durch die VO Nr. 530/2012 ersetzt.[173] Die VO verfolgt das Ziel, das MARPOL-Abkommen 73/78[174] (soweit es Öltanker betrifft) beschleunigt anzuwenden und den Transport von Schweröl von und nach Häfen der Union mit Einhüllen-Tankschiffen zu verbieten. Dazu verbietet die VO (Art. 4) den Betrieb von Einhüllen-Tankschiffen unter der Flagge eines Mitgliedstaates und das Einlaufen von derartigen Tankschiffen, die unter der Flagge eines Drittstaates fahren, in Häfen oder Vorhäfen der Mitgliedstaaten.

6. Umweltschutz, Untersuchung von Unfällen

53 Art. 11 AEUV bestimmt, dass die Erfordernisse des Umweltschutzes bei der Festlegung und Durchführung der Unionspolitiken und -maßnahmen einbezogen werden. Entsprechend sollen Aktivitäten zur Förderung der Schiffssicherheit regelmäßig auch dem Umweltschutz dienen. So wird in den oben genannten Rechtsakten, zB RL 96/98 (*Rn 49*); VO 336/2006 (*Rn 50*); RL 2009/16 und RL 2009/21 (*Rn 51*) und auch in der VO Nr. 1406/2002 zur Errichtung der Europäischen Agentur für die Sicherheit des Seeverkehrs (*Rn 57*) jeweils als Ziel die Verhütung und Bekämpfung der Meeresverschmutzung genannt.

---

168 Art. 4 und Anhang I der VO 391/2009.
169 Dazu VO Nr. 788/2014, ABl. L 214/2014, 12.
170 Beispiel: Anerkennung der kroatischen Schiffsüberprüfungsorganisation durch Beschluss der Kommission Nr. 2014/281, ABl. L 145/2014, 43.
171 ABl. L 131/2009, 47, zuletzt geändert durch RL 2014/111, ABl. L 366/2014, 83. Zur Vorgängernorm (RL 94/57) s. *Werbke* (*Anm. 167*).
172 ABl. L 64/2002, 1.
173 ABl. L 172/2012, 3.
174 S. RL 2005/35, ABl. L 255/2005, 11, zuletzt geändert durch RL 2009/123, ABl. L 280/2009, 52. Die wesentlichen Bestimmungen des MARPOL-Übereinkommens sind im Anhang dieser RL abgedruckt. Dazu näher *Rn 55*.

Darüber hinaus hat der Gesetzgeber der Union zahlreiche speziell dem Umweltschutz dienende Rechtsakte angenommen. Zu erwähnen sind unter anderem

- RL 2000/59 über Hafenauffangeinrichtungen für Schiffsabfälle und Ladungsrückstände;[175]
- VO Nr. 782/2003 über das Verbot zinnorganischer Verbindungen auf Schiffen;[176]
- Protokoll zur Verhütung der Verschmutzung des Mittelmeers durch das Einbringen durch Schiffe und Luftfahrzeuge.[177]

Die Verordnung und die Richtlinien wurden auf die Rechtsgrundlage der verkehrsrechtlichen Ermächtigung des Art. 100 II AEUV gestützt. Das Protokoll wurde dagegen auf der Grundlage der umweltrechtlichen Ermächtigung des Art. 192 II AEUV und der Vertragsschlusszuständigkeit des Art. 218 AEUV durch die Union angenommen.

Die *RL 2000/59* verpflichtet die Kapitäne von Schiffen, die Häfen der Mitgliedstaa- 54
ten anlaufen, Abfälle und Ladungsrückstände in einer Hafenauffangeinrichtung zu entladen (Art. 7, 10). Sie verpflichtet gleichzeitig die Mitgliedstaaten zur Bereitstellung entsprechender Einrichtungen (Art. 4), zur Aufstellung von Abfallbewirtschaftungsplänen (Art. 5) und zur Durchsetzung der aus der RL erwachsenden Pflichten gegenüber Schiffsführern (Art. 11).

Die *Verordnung Nr. 782/2003* übernimmt in das Recht der Union das Internationale Übereinkommen über Verbots- und Beschränkungsmaßnahmen für schädliche Bewuchssysteme von Schiffen, das 2001 im Rahmen der IMO geschlossen wurde. Danach gilt ein Verbot der Aufbringung zinnorganischer Verbindungen, die als Biozide in Bewuchsschutzsystemen wirken. Das Verbot gilt für Schiffe, die die Flagge eines Mitgliedstaates führen sowie für Schiffe, die ohne die Flagge dieses Staates zu führen unter der Hoheitsgewalt eines Mitgliedstaates betrieben werden und für sonstige Schiffe, die Häfen oder eine Offshore-Plattform eines Mitgliedstaats anlaufen.

Das *Protokoll zum Übereinkommen von Barcelona* verbietet in Art. 4 die Einbringung von Abfällen durch Schiffe in das Mittelmeer und verpflichtet die Vertragsparteien zur Überwachung dieses Verbots (Art. 12).

Eine Reihe von Maßnahmen dient indirekt dem Schutz vor Umweltschäden, die 55
durch den Seeverkehr verursacht werden. Dies gilt zB für das „*Bunkeröl-Übereinkommen*“ von 2001.[178] Es begründet eine Haftung des Schiffseigentümers für Verschmutzungsschäden, die durch Bunkeröl seines Schiffes verursacht wurden und die Verpflichtung zum Abschluss entsprechender Versicherungen (Art. 3, 7). Eine entsprechende Haftung und Versicherungspflicht des Schiffseigners begründet das *Über-*

175 ABl. L 332/2000, 81, zuletzt geändert durch VO Nr. 1137/2008, ABl. L 311/2008, 1, 43.

176 ABl. L 115/2003, 1, zuletzt geändert durch VO Nr. 219/2009, ABl. L 87, 109, 146.

177 ABl. L 240/1977, 44. Dieses Protokoll bildet einen Anhang zu dem Übereinkommen zum Schutz des Mittelmeers vor Verschmutzung v. 16. Februar 1976 („*Abkommen von Barcelona*“), ABl. L 240/1977, 35.

178 „Internationales Übereinkommen über die zivilrechtliche Haftung für Schäden durch Bunkerölverschmutzung“, vgl Entscheidung des Rates Nr. 2002/762, ABl. L 256/2002, 7. Das Übereinkommen bildet eine Anlage zu der Entscheidung.

einkommen über Haftung und Entschädigung für Schäden bei der Beförderung gefährlicher und schädlicher Stoffe auf See.[179]

Die RL 2005/35 übernimmt das im Rahmen der IMO geschlossene *Übereinkommen zum Schutz der Meeresverschmutzung durch Schiffe* („MARPOL 73/78") in das Recht der Union.[180] Sie soll vor allem eine einheitliche Auslegung und Anwendung des Übereinkommens bewirken. Außerdem soll der Schutz der Meeresumwelt vor Verschmutzung durch Schiffe dadurch verstärkt werden, dass gegen Personen, die für die Einleitung von Schadstoffen verantwortlich sind, angemessene Sanktionen verhängt werden. Nach der Klärung der entsprechenden Zuständigkeit der Union durch den EuGH[181] sieht die RL strafrechtliche Sanktionen vor (Art. 5 a). Sie findet Anwendung bei der Einleitung von Schadstoffen durch Schiffe ungeachtet ihrer Flagge, wenn diese Einleitung in den Gewässern und Häfen eines Mitgliedstaates, das Küstenmeer, Meerengen, ausschließliche Wirtschaftszonen oder auf hoher See erfolgt.[182]

Einzelne Maßnahmen gelten allgemein dem Schutz der Umwelt, betreffen aber auch den Seetransport. Dies ist zB bei der RL 1999/32 der Fall.[183] Sie betrifft die Verringerung des Schwefelgehalts bestimmter flüssiger Kraft- oder Brennstoffe und legt u.a. *Grenzwerte des Schwefelgehalts von Schiffskraftstoffen* fest (Art. 3 a) – 4 f)).[184] Grundsätze für das Recycling von Schiffen enthält die VO Nr. 1257/2013.[185]

56 Gemeinsame Grundsätze für die *Untersuchung von Schiffsunfällen auf See* enthält die RL 2009/18.[186] Sie ist anwendbar, wenn an Unfällen Schiffe beteiligt sind, die unter der Flagge eines Mitgliedstaats fahren oder die sich im Küstenmeer ereignen oder wenn begründete Interessen der Mitgliedstaaten berührt sind. Die Mitgliedstaaten müssen danach unparteiische ständige Untersuchungsstellen einrichten (Art. 8) und sie sind verpflichtet, bei sehr schweren Unfällen auf See anhand einer gemeinsamen Methodik von dieser Stelle Untersuchungen durchführen zu lassen (Art. 5). Die RL regelt weiterhin die Zusammenarbeit, wenn mehrere Staaten zu einer Untersuchung veranlasst sind (Art. 7).

7. Institutionelle Bestimmungen

57 Zur Unterstützung der Mitgliedstaaten und der Kommission bei der ordnungsgemäßen Anwendung der Rechtsakte der Union wurde die *Europäische Agentur für die Sicherheit des Seeverkehrs* errichtet.[187] Die Agentur besitzt Rechtspersönlichkeit, ihr Sitz ist in Lissabon.[188]

---

179 Vgl Beschluss des Rates Nr. 2002/971, ABl. L 337/2002, 55. Das Übereinkommen bildet einen Anhang zu diesem Beschluss.

180 ABl. L 255/2005, 11, zuletzt geändert durch RL 2009/123, ABl. L 280/2009, 52.

181 EuGH, Rs. C-440/05 (Kommission/Rat), Slg 2007, I-9097.

182 Der EuGH bestätigte die Gültigkeit der RL in der Rs. C-308/06 (Intertanko), Slg 2008, I-4057. S. *Rn 70*.

183 ABl. L 121/1999, 13, zuletzt geändert durch RL 2012/33, ABl. L 327/2012, 1.

184 S. dazu EuGH, Rs. C-537/11 (Mattia Manzi, Compagnia Naviera Orchestra), Urt. v. 23. Januar 2014 (ECLI:EU:C:2014:19).

185 ABl. L 330/2013, 1.

186 ABl. L 131/2009, 114.

187 VO Nr. 1406/2002, ABl. L 208/2002, 1, zuletzt geändert durch VO Nr. 100/2013, ABl. 39/2013, 30. Allgemein zu den Agenturen *Kap. II Rn 25*.

188 S. „Einvernehmlicher Beschluss der auf Ebene der Staats- und Regierungschefs vereinigten Vertreter der Mitgliedstaaten" v. 13. Dezember 2003, ABl. L 29/2004, 15.

Zu den zahlreichen in der GründungsVO bezeichneten „Haupt- und „Nebenaufgaben“ der Agentur (Art. 2, 2 a) gehört u.a. die Förderung der Zusammenarbeit der Mitgliedstaaten bei der Seeverkehrsüberwachung gemäß der RL 2002/59 (*Rn* 47), die Leistung von operativer Unterstützung in Fällen akuter Meeresverschmutzung und bei der Untersuchung von Seeunfällen gemäß der RL 2009/18 (*Rn* 56), sie erleichtert die elektronische Datenübermittlung über SafeSeaNet gemäß der RL 2010/65 (*Rn* 47).

Mit der VO Nr. 2099/2002 wurde ein *Ausschuss für die Sicherheit im Seeverkehr und die Vermeidung von Umweltverschmutzung durch Schiffe* (COSS) eingesetzt.[189] Er soll die Kommission in Fragen der Sicherheit im Seeverkehr und der Vermeidung oder Verringerung von Umweltverschmutzung durch die Schifffahrt unterstützen und beraten. Dieser Ausschuss tritt lediglich an die Stelle der in verschiedenen Rechtsakten zuvor vorgesehenen Ausschüsse (vgl Art. 8–11 der VO), bildet also insoweit keine Neuerung und seine Aufgaben überschneiden sich nicht mit jenen der Agentur.

G. Steuerliche, arbeits- und sozialrechtliche Vorschriften

1. Steuerliche Vorschriften

In steuerlicher Hinsicht ist für den Seeverkehr die *Mehrwertsteuerrichtlinie* von Be- 58
deutung.[190] Sie ist grundsätzlich auf Dienstleistungen anwendbar (Art. 2) und betrifft daher auch Seebeförderungen. Art. 148 der RL sieht vor, dass die Mitgliedstaaten Umsätze von der Steuer befreien, die aus der Lieferung, dem Umbau, der Reparatur, der Wartung, Vercharterung und Vermietung von Schiffen[191] und deren Einbauten erwachsen, die bei der Güter- und Personenbeförderung auf hoher See eingesetzt sind (lit. c). Steuerbefreit sind weiterhin Dienstleistungen, die unmittelbar für den Bedarf dieser Schiffe und ihrer Ladung erbracht werden (lit. d). Befreit ist schließlich die Lieferung von Gegenständen zur Versorgung dieser Schiffe (lit. a).

Daneben sieht die RL 2003/96[192] eine obligatorische Steuerbefreiung für Kraftstoffe vor, die in der Schifffahrt in den Meeresgewässern der Union verwandt werden (Art. 14 I, lit. c). Diese Befreiung kann fakultativ auf internationale oder innerhalb der Union ausgeführte Transporte beschränkt werden (Art. 14 II).[193]

2. Arbeits- und Sozialrechtliche Vorschriften

Für Seeleute gelten grundsätzlich die allgemeinen Bestimmungen über die Freizügig- 59
keit der Arbeitnehmer der Art. 45 AEUV ff.[194] Das gleiche gilt in der Regel für die Tätigkeit als Kapitän. Nur in Ausnahmesituationen kann diese Tätigkeit als „öffentliche Verwaltung“ im Sinne von Art. 45 IV AEUV angesehen und den Bürgern eines Mitgliedstaates vorbehalten werden. In diesen Sonderfällen kann für die betreffende

189 ABl. L 324/2002, 1, zuletzt geändert durch VO Nr. 596/2009, ABl. L 188/2009, 14, 83.
190 RL 2006/112, ABl. L 347/2006, 1.
191 Dazu EuGH, verb. Rs. C-181/04 bis C-183/04 (Elmeka NE), Slg 2006, I-8167.
192 ABl. L 283/2003, 51, zuletzt geändert durch RL 2004/75, ABl L 157/2004, 100.
193 Zu den Entsprechungen dieser Steuerbefreiung im Straßenverkehr *Kap. V Rn 98*; im Luftverkehr: *Kap. IX Rn 89*.
194 EuGH, Rs. 167/73 (Kommission/Frankreich), Slg 1974, 359, Rn 32.

Tätigkeit vorrangig das Recht dieses Staates zur Anwendung kommen.[195] Hinsichtlich auf Seeleute anwendbare Bestimmungen zur sozialen Sicherheit bestimmt die VO Nr. 883/2004 „über die Koordinierung der Systeme der sozialen Sicherheit“ [196] in Art. 11 IV:

„Für die Zwecke dieses Titels gilt eine Beschäftigung oder selbstständige Erwerbstätigkeit, die gewöhnlich an Bord eines unter der Flagge eines Mitgliedstaats fahrenden Schiffes auf See ausgeübt wird, als in diesem Mitgliedstaat ausgeübt. Eine Person, die einer Beschäftigung an Bord eines unter der Flagge eines Mitgliedstaats fahrenden Schiffes nachgeht und ihr Entgelt für diese Tätigkeit von einem Unternehmen oder einer Person mit Sitz oder Wohnsitz in einem anderen Mitgliedstaat erhält, unterliegt jedoch den Rechtsvorschriften des letzteren Mitgliedstaats, sofern sie in diesem Staat wohnt. Das Unternehmen oder die Person, das bzw die das Entgelt zahlt, gilt für die Zwecke dieser Rechtsvorschriften als Arbeitgeber“.

60 Regelungen zur Arbeitszeit der Seeleute hat die Union in Gestalt der RL 1999/63[197] und 1999/95[198] angenommen. Diese Gesetzgebung soll die im Rahmen der *Internationalen Arbeitsorganisation* geschlossen Übereinkommen übernehmen und gleichzeitig deren Anwendungsbereich erweitern. Es handelt sich dabei um das Übereinkommen Nr. 180 und das Protokoll zum Übereinkommen Nr. 147, beide von 1996. Beide RL gelten als spezielle Normen vorrangig gegenüber den allgemeinen Arbeitszeitregelungen.[199]

Die RL 1999/63 führt nach dem besonderen Verfahren des Art. 155 II AEUV eine Vereinbarung der Sozialpartner durch. Diese wurde vom Verband der Reeder in der Europäischen Gemeinschaft (European Community Shipowners‘ Association ECSA) und dem Verband der Verkehrsgewerkschaften in der Europäischen Union (Federation of Transport Workers‘ Unions in the European Union FST) geschlossen. Die Vereinbarung wurde als Anhang in die RL aufgenommen. Sie schreibt für Seeleute Höchstarbeitszeiten und Mindestruhezeiten vor (Art. 5). Sie verbietet Personen unter 16 Jahren eine Tätigkeit an Bord (Art. 11) und Personen unter 18 Jahren die Nachtarbeit (Art. 6). Sie garantiert einen Anspruch auf bezahlten Jahresurlaub in Höhe von mindestens 2,5 Tagen pro Beschäftigungsmonat und verbietet, den Mindestzeitraum für bezahlten Jahresurlaub durch finanzielle Vergütung zu ersetzen (Art. 16). Die RL wurde durch die RL 2009/13 geändert, um das Seearbeitsübereinkommen der Internationalen Arbeitsorganisation v. 23. Februar 2006 und die entsprechend angepasste Vereinbarung der Sozialpartner zu übernehmen.[200]

Die auf Art. 100 II AEUV gestützte RL 1999/95 schafft ein System zur Kontrolle der Einhaltung der in der RL 1999/63 enthaltenen Arbeitszeitregelung.[201] Sie gilt unabhängig von der Flagge für alle Schiffe, die Häfen der Mitgliedstaaten anlaufen. Stellt

195 EuGH, Rs. C-405/01 (Colegio de Oficiales de la Marina Mercante Espanola), Slg 2003, I-10391, Rn 44–50; Rs. C-47/02 (Anker), Slg 2003, I-10447.
196 ABl. L 166/2004, 1, zuletzt geändert durch VO Nr. 1224/2012, ABl. L 349/2012, 45.
197 ABl. L 167/1999, 33, zuletzt geändert durch RL 2009/13, ABl. L 124/2009, 30.
198 ABl L 14/2000, 29.
199 Vgl Art. 1 III der RL 2003/88, ABl. L 299/2003, 9.
200 ABl. L 124/2009, 30.
201 Zur Umsetzung in staatliches Recht s. EuGH, Rs. C-410/03 (Kommission/Italien), Slg 2005, I-3507.

sich bei einer Überprüfung heraus, dass die Anforderungen der RL 1999/63 auf einem Schiff nicht erfüllt werden, dann muss der Hafenstaat die notwendigen Maßnahmen ergreifen, um für Abhilfe zu sorgen. Diese Maßnahmen können das Verbot beinhalten, den Hafen zu verlassen, solange die Mängel nicht beseitigt sind oder die Seeleute keine ausreichende Ruhezeit hatten (Art. 5).[202] Rechtsgrundlage der RL ist Art. 100 II AEUV.

Zur *Ausbildung der Seeleute* hat die Union in der RL 2008/106[203] Mindestanforderungen festgelegt. Diese beruhen auf dem IMO-Übereinkommen von 1978 über Normen für die Ausbildung, die Erteilung von Befähigungszeugnissen und den Wachdienst von Seeleuten („STCW-Abkommen"), das 1995 und 2010 geändert wurde. Die RL findet Anwendung auf Seeleute auf Seeschiffen, die unter der Flagge eines Mitgliedstaates fahren. Die RL verpflichtet in Art. 3 die Mitgliedstaaten für eine Mindestausbildung von Seeleuten zu sorgen, die den Anforderungen des STCW-Übereinkommens entspricht. Die RL legt auch die Voraussetzungen fest, unter denen Befähigungszeugnisse für Kapitäne, Offiziere und Funker zu erteilen sind. Diese Zeugnisse werden gemäß der RL 2005/45[204] von allen Mitgliedstaaten gegenseitig anerkannt. Zeugnisse, die in Drittstaaten ausgestellt wurden, können gemäß Art. 19 der RL 2008/106 anerkannt werden. Dazu prüft die Kommission die Umstände, unter denen einzelne Drittländer Zeugnisse erteilen.[205] 61

H. Die Außenbeziehungen der Union im Bereich der Seebeförderung

1. Praxis

Die Union ist gemäß Art. 216 AEUV befugt, mit dritten Staaten und internationalen Organisationen Verträge abzuschließen.[206] Im Seeverkehrsrecht besteht eine besonders enge Beziehung zwischen Völkerrecht und Europarecht. Es liegt daher nahe, dass die Union über die Zuständigkeit zum vertraglichen und außervertraglichen Handeln in Fragen des Seeverkehrs verfügt. In der Praxis hat die Union zahlreiche Verträge abgeschlossen, die seerechtliche Fragen im Allgemeinen und speziell Themen des Seeverkehrs betreffen. Auch nimmt die Union aktiv an den Arbeiten internationaler Organisationen teil, die sich mit Themen des Seeverkehrs befassen. Zwar ist die Union nur in wenigen Fällen Mitglied derartiger Organisationen, doch verfügt sie in der Regel über einen Beobachterstatus, der ihr eine intensive Mitwirkung an den jeweiligen Arbeiten ermöglicht. 62

Bei den vertraglichen Beziehungen der Union ist zu unterscheiden zwischen der Beteiligung an multilateralen Übereinkommen und den bilateralen Beziehungen mit einzelnen dritten Staaten. Bilaterale Abkommen der Union, die sich speziell auf Seeverkehrsfragen beziehen, bilden noch eine große Seltenheit (*Rn 67*). Dagegen enthalten 63

---

202 Zu Arbeitsverträgen auf Fähren s. EuGH, verb. Rs. C-362/13, C-363/13 und C-407/13 (Fiamingo, Zappalà, Rotondo u.a.), Urt. v. 3. Juli 2014 (ECLI:EU:C:2014:2044).

203 ABl. L 323/2008, 33, zuletzt geändert durch RL 2012/35, ABl. L 343/2012, 78.

204 ABl. L 255/2005, 160, zuletzt geändert durch RL 2008/106, ABl. L 323/2008, 33.

205 S. dazu Mitteilung der Kommission zur Unterrichtung der Mitgliedstaaten über bestimmte Mängel des Systems der Philippinen für die Ausbildung von Seeleuten und die Verfahren der Zeugniserteilung, ABl. C 367/2012, 1.

206 Zu der allgemeinen Verteilung der Zuständigkeiten auf dem Gebiet des Verkehrs s. *Kap. III Rn 8–16*.

umfassendere Assoziierungs- oder Partnerschaftsabkommen vielfach einen Abschnitt zu Seeverkehrsthemen, in denen Aspekte der Dienstleistungs- und Niederlassungsfreiheit behandelt werden (*Rn 69*). Eine entsprechende Zweiteilung besteht auch bei den (wesentlich zahlreicheren) multilateralen Abkommen. Einzelne dieser Abkommen sind weit gefasst und enthalten nur einzelne, die Beförderung über See betreffende Regelungen, während bei anderen Abkommen diese Materie im Mittelpunkt steht.

64 Das wichtigste multilaterale Instrument auf dem Gebiet des Seerechts bildet das im Rahmen der Vereinten Nationen abgeschlossene Seerechtsübereinkommen („Montego-Bay-Übereinkommen"). Es wurde am 10. Dezember 1982 unterzeichnet.[207] Die Union ist ihr am 23. März 1998 beigetreten.[208]

Neben zahlreichen Bestimmungen, die keinen direkten Bezug zum Seeverkehr haben, kodifiziert das Übereinkommen einige gewohnheitsrechtlichen Regeln zur freien Durchfahrt und zu den Verbindungen zwischen Staaten und den ihre Flagge führenden Schiffen.[209]

65 Die Union ist weiterhin auch Abkommen mit einer nur geographisch begrenzten Zielsetzung beigetreten.[210]

66 Die Mehrzahl der Aktivitäten mit multilateraler Zielsetzung besteht aus Empfehlungen des Rates zur Ratifizierung bestimmter internationaler Übereinkommen (*Rn 15*). Im Rahmen ihrer Beteiligung an Sanktionen der Vereinten Nationen beschließt die Union auch Maßnahmen auf dem Gebiet des Seeverkehrs, zB ein Verbot von Dienstleistungen für Öltank- und Frachtschiffe sowie ein Verbot der Ausstellung von Zeugnissen über Schiffsüberprüfungen.[211] In institutioneller Hinsicht verfügt die Union in zahlreichen Sonderorganisationen der Vereinten Nationen über einen Beobachterstatus. Besonders bedeutsam ist insoweit die *Internationale Meeresorganisation* (IMO), eine Sonderorganisation der Vereinten Nationen, die sich vor allem mit Fragen der Sicherheit des Seeverkehrs befasst.[212]

67 Auf bilateraler Ebene hat die Union im Jahre 2002 ein bedeutendes Abkommen mit *China* über den Seeverkehr abgeschlossen.[213] Dabei handelt es sich um ein gemischtes Abkommen, an dem auch alle Mitgliedstaaten beteiligt sind. Das Abkommen postuliert den Grundsatz der Nichtdiskriminierung und gewährt wechselseitige Zugangs- und Niederlassungsrechte für Schiffe und Reedereien der Vertragsparteien. Dazu bestimmen Art. 4 I, II und 5:

„1. Jede Vertragspartei gewährt auch künftig Schiffen unter der Flagge der anderen Partei oder solchen, die durch Staatsangehörige oder Unternehmen der anderen Partei betrieben werden, gemessen an der Behandlung ihrer eigenen Schiffe diskriminierungsfreie Behandlung im Hinblick auf den Zugang zu Häfen, die Nutzung der Infra-

207 BGBl. 1994 II S. 1798.
208 ABl. L 179/1998, 1.
209 S. *Rn 15*.
210 Übereinkommen zum Schutz des Mittelmeers vor Verschmutzung v. 16. Februar 1976 („Abkommen von Barcelona"), ABl. L 240/1977, 35. S. *Rn 53*.
211 VO 267/2012, ABl. L 88/2012, 1 idF der VO 397/2014, ABl. L 119/2014, 1 (Iran), Art. 37 a.
212 EuGH, Rs. C-308/06 (Intertanko), Slg 2008, I-4057, Schlussanträge GA *Kokott*, Rn 44; EuGH, Rs. C-45/07 (Kommission/Griechenland), Slg 2009, I-701, dazu *Rn 46*.
213 ABl L 46/2008, 25.

struktur und der maritimen Hilfsdienste dieser Häfen sowie die damit verbundenen Abgaben und Gebühren, Zollformalitäten und die Zuweisung von Liegeplätzen und Lösch- und Ladefazilitäten.

(2) Die Vertragsparteien verpflichten sich, den Grundsatz des unbeschränkten Zugangs zum internationalen Seeschifffahrtsmarkt und -verkehr in diskriminierungsfreier und geschäftsmäßiger Weise anzuwenden."

Gemäß Art. 5 gestattet jede Vertragspartei

„Im Hinblick auf Tätigkeiten zur Erbringung internationaler Seeverkehrsdienstleistungen und logistischer Dienstleistungen, einschließlich multimodaler Abläufe im Haus-zu-Haus-Verkehr (...) den Schifffahrtsgesellschaften der anderen Partei die Gründung von hundertprozentigen Tochtergesellschaften oder Gemeinschaftsunternehmen, Zweigstellen oder Vertretungen und, im Hinblick auf Tochtergesellschaften und Zweigstellen, deren Wirtschaftstätigkeit gemäß ihren Rechts- und Verwaltungsvorschriften".

Das Abkommen sieht außerdem in Art. 10 eine Zusammenarbeit, unter anderem zu 68
folgenden Zwecken vor: Förderung effizienter Transportdienstleistungen für den internationalen Seehandel durch effektive Nutzung von Häfen und Handelsflotten der Vertragsparteien; Gewährleistung der Sicherheit im Seeverkehr und Verhütung von Meeresverschmutzung; Förderung der maritimen Bildung und Ausbildung, besonders der Schulung von Seeleuten.

Das *Assoziierungsabkommen mit Chile* von 2002[214] bildet ein Beispiel für die Einbet- 69
tung einzelner seeverkehrsrechtlicher Bestimmungen in den Rahmen eines umfassenden Abkommens der Union. Das Abkommen enthält in seinen Art. 106–108 Vereinbarungen über den Seetransport. Art. 108 bestimmt:

„(1) Angesichts des zwischen den Vertragsparteien erreichten Niveaus der Liberalisierung im internationalen Seeverkehr

a) wenden die Vertragsparteien den Grundsatz des ungehinderten Zugangs zum Internationalen Seeverkehrsmarkt und -verkehr auf kommerzieller und diskriminierungsfreier Basis auch weiterhin wirksam an;

b) gewähren die Vertragsparteien den unter der Flagge der anderen Vertragspartei fahrenden oder von Dienstleistungserbringern der anderen Vertragspartei betriebenen Schiffen unter anderem für den Zugang zu den Häfen, die Benutzung ihrer Infrastruktur und die Inanspruchnahme der dort angebotenen Hilfsdienstleistungen sowie die diesbezüglichen Gebühren und sonstigen Abgaben, die Zollerleichterungen, die Zuweisung von Liegeplätzen sowie von Be- und Entladeeinrichtungen auch weiterhin eine Behandlung, die nicht weniger günstig ist als die ihren eigenen Schiffen gewährte Behandlung.

(2) Gemäß den Grundsätzen des Absatzes 1

a) nehmen die Vertragsparteien in künftige bilaterale Abkommen mit Drittländern keine Ladungsanteilvereinbarungen auf, wenn nicht der Ausnahmefall vorliegt,

214 Abkommen v. 18. November 2002, ABl. L 352/2002, 3.

dass Linienreedereien der betreffenden Vertragspartei sonst keinen tatsächlichen Zugang zum Verkehr von und nach dem betreffenden Drittland hätten;

b) untersagen die Vertragsparteien Ladungsanteilvereinbarungen in künftigen bilateralen Abkommen über den Verkehr mit trockenen und flüssigen Massengütern;

c) heben die Vertragsparteien bei Inkrafttreten dieses Abkommens alle einseitigen Maßnahmen sowie alle administrativen, technischen und sonstigen Hemmnisse auf, die Beschränkungen oder Diskriminierungen hinsichtlich der Dienstleistungsfreiheit im internationalen Seeverkehr bewirken könnten.

(3) Die Vertragsparteien gestatten den Erbringern internationaler Seeverkehrsdienstleistungen der anderen Vertragspartei im Einklang mit den in ihrer Liste festgelegten Bedingungen, in ihrem Gebiet eine gewerbliche Niederlassung unter Bedingungen für die Niederlassung und die Geschäftstätigkeit zu betreiben, die nicht weniger günstig sind als die Bedingungen, die ihren eigenen Dienstleistungserbringern oder den Dienstleistungserbringern einem Drittland gewährt werden, je nachdem, welche Bedingungen günstiger sind."

Ähnliche Bestimmungen enthalten das AKP-Partnerschaftsabkommen v. 23. Juni 2000 (Art. 42)[215] sowie das Abkommen EU/Philippinen (Art. 38).[216]

2. Einzelfragen der Vertragsschlusskompetenz im Bereich der Seebeförderung

70 Die Union verfügt über eine ausschließliche Zuständigkeit zum Abschluss internationaler Abkommen, sofern eine der in Art. 3, II AEUV bezeichneten Situationen gegeben ist. Dies bedeutet zum Beispiel, dass ein Rechtsakt zur Übernahme eines internationalen Abkommens in das Recht der Union die entsprechende zuvor bestehende Zuständigkeit der Mitgliedstaaten für dessen Durchführung ausschließt. Dies gilt unabhängig davon, ob die Union selbst dem Abkommen beigetreten ist. Besonders im Seerecht entsteht diese Situation häufig, da zahlreiche Übereinkünfte im Rahmen der IMO vereinbart wurden, bei der die Union nicht Mitglied ist. Doch erfordert die Durchführung von Abkommen vielfach Aktivitäten im Rahmen der betreffenden Organisation, die nur von ihren Mitgliedern wahrgenommen werden können. In derartigen Fällen muss die Union unter Vermittlung durch ihre Mitgliedstaaten handeln.[217] Diese sind verpflichtet, die Aufgabe solidarisch und im Interesse der Union zu erfüllen. Dagegen hat ein Mitgliedstaat nicht länger die Befugnis, in einem von dem betreffenden Rechtsakt der Union zur Übernahme des Inhalts eines internationalen Abkommens abgedeckten Bereich autonome Maßnahmen zu ergreifen.[218] Im Übrigen sind die Mitgliedstaaten gemäß der Entscheidung des Rates 77/587 zu gegenseitigen Konsultationen über die Fragen des Seeverkehrs verpflichtet, die in internatio-

215 ABl. L 317/2000, 3, geändert durch Abkommen v. 14. Juni 2010, ABl. L 287/2010, 3.

216 Dazu EuGH, Rs. C-377/12 (Kommission/Rat), Urt. v. 11. Juni 2014. S. dazu *Kap. III Rn 34*.

217 Beispiel: BRat v. 10. November 2014 über den Standpunkt der Union im Rahmen des IMO-Schiffssicherheitsausschusses, Art. 1 II: „Der in Absatz 1 festgelegte Standpunkt der Union wird von den Mitgliedstaaten vertreten, die Mitglieder der IMO sind und im Interesse der Union gemeinsam handeln", ABl. L 335/2014, 17.

218 EuGH, Rs. C-45/07 (Kommission/Griechenland), Slg 2009, I-701 (s. *Anm. 146*), Rn 30, 31.

nalen Organisationen behandelt werden oder die die Beziehungen zu dritten Staaten betreffen.[219]

Die von der Union geschlossenen Übereinkünfte „binden die Organe der Union und die Mitgliedstaaten“ (Art. 216 II AEUV). Diese Übereinkünfte bilden somit einen Rahmen für die Gesetzgebung der Union. Im Konfliktfall kommt ihnen Vorrang gegenüber Akten des abgeleiteten Rechts zu. Der EuGH hat diesen Vorrang eines völkerrechtlichen Vertrages allerdings unter den Vorbehalt gestellt, dass „dessen Art und Struktur dem nicht entgegensteht und seine Bestimmungen außerdem inhaltlich unbedingt und hinreichend genau erscheinen“.[220] 71

Nach Auffassung des EuGH erfüllen weder das Seerechtsabkommen der Vereinten Nationen[221] noch die MARPOL 73/78-Konvention[222] diese Kriterien.[223] Für das erstgenannte Abkommen, dem die Union beigetreten ist, folgt dies aus dem Umstand, dass es keine Bestimmungen enthält, für die eine direkte und unmittelbare Anwendung auf Einzelne vorgesehen ist. Die MARPOL-Konvention gehört als solche nicht zum Recht der Union, da die Union ihr nicht beigetreten ist. Doch muss das Recht der Union, insbesondere die RL 2005/35,[224] deswegen im Lichte der Konvention ausgelegt werden, weil ihr alle Mitgliedstaaten beigetreten sind.[225] 72

I. Bilanz und Ausblick

35 Jahre gesetzgeberischer Aktivitäten der Europäischen Union im Bereich der Seebeförderung haben noch kein in sich vollständiges System europäischen Seerechts hervorgebracht. 73

Die bisher verabschiedeten Rechtsakte sind von den Grundprinzipien des EU-Rechts geprägt, insbesondere dem Grundsatz der offenen Marktwirtschaft mit freiem Wettbewerb. Dazu treten in jüngerer Zeit die Ziele des Umweltschutzes und der Meeressicherheit. Im Ergebnis sind damit für die Schifffahrtsunternehmen der Mitgliedstaaten die Dienstleistungs- und Niederlassungsfreiheit im Inneren der Union verwirklicht. Doch ist die Verflechtung mit dem internationalen Seetransport so eng, dass der Gesetzgeber der Union und die Mitgliedstaaten der Schaffung eines in sich geschlossenen Regelungssystemen zurückhaltend begegnen. Denn ein derartiges System könnte sich nachteilig auf die internationale Wettbewerbsfähigkeit der jeweiligen nationalen Schifffahrtsindustrie auswirken.

Das Scheitern des Projekts eines europäischen Schiffsregisters (*Rn 19*) zur Bekämpfung von Gefälligkeitsflaggen belegt die Zwänge und Grenzen gemeinsamen Handelns in diesem Wirtschaftsbereich.

219 S. *Anm. 12*.
220 EuGH, Rs. C-308/06 (Intertanko) (*Anm. 212*), Rn 45.
221 S. *Rn 44, 53*.
222 S. *Rn 47, 55*.
223 EuGH, Rs. C-308/06 (Intertanko) (*Anm. 212*), Rn 64, 65.
224 S. *Anm. 180*, dazu *Rn 47*.
225 EuGH, Rs. C-308/06 (Intertanko) (*Anm. 212*), Rn 52.

Die vom Europäischen Parlament und der Kommission in jüngerer Zeit ausgehenden Anstöße lassen ein Handeln der Union in folgenden Bereichen erwarten:[226]

- Verstärkung und Modernisierung der Bestimmungen über die Sicherheit der Beförderung von Personen und deren Gepäck;
- Verbesserung der Qualität und der Zuverlässigkeit der Seebeförderungen;
- Verstärkung der Effizienz der Hafendienste durch Ermöglichung diskriminierungsfreier Dienstleistungen und durch Hilfen beim Ausbau der Hafeninfrastrukturen;
- Verstärkung von Normgebung und Durchsetzung der Bestimmungen des maritimen Umweltschutzes;
- Ausbildung von Seeleuten und Überwachung der Einhaltung der für die Besatzungen geltenden Regeln, um dadurch eine „maritime Sozialagenda" durchzusetzen und die Unterbietung von Mindeststandards zu verhindern;
- Schaffung der Voraussetzung für einen Beitritt der Union zu den internationalen Organisationen, insbesondere zur IMO, um dadurch eine kohärente Wahrnehmung der Interessen der Mitgliedstaaten zu ermöglichen;
- Förderung der Verlagerung terrestrischer Gütertransporte auf den Kurzstrecken-Seeverkehr;
- Harmonisierung der Regeln über die zivilrechtliche Haftung für die Güterbeförderung über See.

Es zeichnet sich damit auch für die Zukunft eine Politik punktueller Maßnahmen ab, die um die Lösung einzelner Probleme des Seeverkehrs bemüht ist, gleichzeitig aber diesen Verkehrsträger in ein Gesamtkonzepts des Verkehrs in der Union einordnet. In diesem Zusammenhang erlangt eine umfassende Sicht auf den Seeverkehr unter den Aspekten des Umweltschutzes und der Sicherheit wachsende Bedeutung.

226 S. insbesondere das Weißbuch der Kommission „Fahrplan zu einem einheitlichen europäischen Verkehrsraum – Hin zu einem wettbewerbsorientierten und ressourcenschonenden Verkehrssystem", Dok. KOM(2011) 144 v. 28. März 2011.

Kapitel IX
Luftverkehr

A. Einführung

1. Die Besonderheiten des Lufttransports

Flugzeuge bilden die jüngste Kategorie der Verkehrsträger. Erst mit Ende des zweiten Weltkriegs konsolidierte sich der Lufttransport sowohl für die Beförderung von Personen als auch von Gütern. Seither wuchs die praktische und ökonomische Bedeutung dieses Verkehrsträgers rasant.[1] 1

Die Luftbeförderung weist einige Besonderheiten auf, die sie von anderen Verkehrsarten unterscheidet.[2]

Zunächst steht der Luftraum – ähnlich wie das Meer – nach Völkergewohnheitsrecht grundsätzlich der freien Nutzung offen. Doch bedingt der Luftverkehr vielfach den Überflug des Territoriums von Staaten, zu denen das betreffende Flugzeug keine Rechtsbeziehung besitzt. Daher erfordert die Nutzung dieses Verkehrsmittels in besonderem Maß einen völkerrechtlichen Rahmen.

Auch sind die technischen Voraussetzungen des Flugbetriebs besonders anspruchsvoll und entwickeln sich rasch. Dies erfordert eine kontinuierliche Anpassung des entsprechenden rechtlichen Rahmens.

Schließlich bestehen keine Alternativen zu dem mit Flugzeugen möglichen schnellen Transport von Personen über große Entfernungen. Gleiches gilt für die Beförderung leicht verderblicher Güter. Für Beförderungen über mittlere und kurze Entfernungen bietet dagegen zumindest in Europa der terrestrische Transport eine effiziente Alternative. Insbesondere der Ausbau der Hochgeschwindigkeitsnetze für den Eisenbahnverkehr hat dazu beigetragen.

In den Jahren 2001/2002 und 2008/2010 durchlief der Luftverkehr Krisenphasen, die mit einem erheblichen Rückgang des Passagieraufkommens im Jahre 2009 ihren Höhepunkt erreichten. Neben externen Faktoren hatten zu den Krisen vor allem strukturelle Schwächen dieses Wirtschaftszweigs beigetragen. So bestanden zT ein Missverhältnis zwischen Leistungsfähigkeit und Kosten, Mängel der Unternehmensführung, staatliche Eingriffe in den gesamten Luftfahrtsektor sowie ein Anstieg der Treibstoffpreise. Zahlreiche Fluggesellschaften wurden von Konkurrenten aufgekauft und/oder mussten erheblich umstrukturiert werden.

In diesem Zusammenhang prägte das Wettbewerbsrecht die weitere Entwicklung des Luftverkehrs in der Union. Von Bedeutung waren gleichermaßen das Beihilferecht, die Fusionsvorschriften und die Regeln über den unlauteren Wettbewerb.

Ein weiteres Problem des Luftverkehrs besteht in dem Überangebot an Beförderungskapazität einerseits und der Überlastung der großen Flughäfen andererseits. Schließ-

1 Mit Ausnahme der Jahre 2001/2002 war die Anzahl der Flugpassagiere bis 2008 kontinuierlich angestiegen. Zwischen 2008 und 2010 ging sie zurück, ehe sie im Jahre 2011 wieder den Stand von 2007 erreichte. S. *Kommission* (Hrsg.), EU transport in figures, statistical pocketbook 2014, Luxembourg 2014, Tabelle 2.3.2.

2 Zu den Besonderheiten des Luftverkehrs s. *Hobe/v. Ruckteschell* (Hrsg.), Kölner Kompendium Luftrecht, Bd. I, 2008.

lich spiegeln die Tarife im Flugverkehr nicht die tatsächlichen Kosten der Schäden, die mittel- und langfristig durch die Emissionen der Flugzeuge in der Atmosphäre entstehen.

Zwar hat seit dem Höhepunkt der letzten Krise die Flugbeförderung wieder zugenommen, doch dauern die erheblichen Probleme fort, die aus den gegensätzlichen Interessen an niedrigen Beförderungspreisen und damit an billigem Treibstoff einerseits und an der Eindämmung der massiven Umweltschäden andererseits erwachsen. Diese Probleme werden noch verstärkt durch die zunehmende Ungewissheit über die zukünftige Versorgung mit Treibstoff zu niedrigem Preis. Die wirtschaftliche Lage der Fluggesellschaften wird daher auch in Zukunft prekär bleiben.

Schließlich stellt die Luftfahrt stärker als andere Verkehrsträger das Selbstverständnis von Staaten in Frage, die aus dem symbolischen Begriff der Souveränität die Vorstellung ableiten, sie wären in der Lage, ihr Territorium und den darüber liegenden Raum zu beherrschen. Denn einfacher als alle anderen Verkehrsträger kann ein Flugzeug ein Staatsgebiet unkontrolliert überqueren oder jeden Punkt dieses Gebiets erreichen. Auch weckt ein Flugzeug Ängste bei Benutzern und Dritten wegen der besonders großen Gefahren, die von technischen Problemen oder von „menschlichem Versagen“ bei seinem Betrieb drohen. Daher erlangen Fragen der Haftpflichtversicherung sowie die internationale Überwachung der Einhaltung grundlegender Regeln des Flugverkehrs besondere Bedeutung.

2. Der internationale Rahmen des europäischen Luftverkehrsrechts

2 Das europäische Luftverkehrsrecht ist eingebettet in den Rahmen internationaler Normen. Illustriert wird dieser Umstand von einer Äußerung des Europäischen Gerichtshofs zu dem Übereinkommen über Haftungsregeln im internationalen Lufttransport („Abkommen von Montreal“, *Rn 3*), wonach „die Artikel 19, 22 und 29 des Übereinkommens von Montreal zu den Vorschriften gehören, *an denen der Gerichtshof die Rechtmäßigkeit von Handlungen der Gemeinschaftsorgane misst*“.[3]

Der rechtliche Rahmen für das von der Europäischen Union zu beschließende Luftverkehrsrecht bilden daher zum einen die Grundlagenverträge der Union sowie das damit verbundene Recht und zum anderen die einschlägigen internationalen Luftverkehrsabkommen, darunter insbesondere das Übereinkommen von Chicago (*Rn 3*) sowie das vom EuGH genannte Übereinkommen von Montreal (*Rn 95 ff.*).

Diese Doppelgleisigkeit führt zu einem besonders komplexen Normengefüge, da beide Regelungssysteme unterschiedliche Konzepte verfolgen. Das Abkommen von Chicago soll durch Orientierung und Flexibilität einen möglichst schonenden Umgang mit der staatlichen Souveränität bewirken. Seinen Bestimmungen kommt daher keine unmittelbare Wirkung zu. Dagegen sind EUV und AEUV in Verbindung mit dem Recht der Mitgliedstaaten auf die Verwirklichung eines von den sonstigen internationalen Verträgen gesonderten in sich vollständigen Normensystems angelegt, wobei

---

3 EuGH, Rs. C-344/04 (IATA, ELFAA), Slg 2006, I-403, Rn 39 (Hervorhebung vom Verfasser).

die Gesetzgebung im Rahmen des AEUV das staatliche Recht entweder verdrängt oder jedenfalls beeinflusst.[4]

Das internationale Regelungssystem für die Luftfahrt wird bestimmt von multilateralen und bilateralen *Verträgen* sowie von spezialisierten *Organisationen.* 3

Unter den multilateralen Verträgen sind von besonderer Bedeutung

- das *Übereinkommen über die internationale Zivilluftfahrt* v. 7. Dezember 1944 („*Übereinkommen* von Chicago")[5] *(Rn 4)* mit den Bestimmungen über die Errichtung der *Internationale Zivilluftfahrtorganisation* (*ICAO*) (*Rn 5, 6*) und das
- „*Übereinkommen zur Vereinheitlichung bestimmter Vorschriften über die Beförderung im Internationalen Luftverkehr*" („Übereinkommen von Montreal") v. 28. Mai 1999.[6] Letzteres betrifft die Haftung des Luftbeförderers für Sach- und Personenschäden bei Unfällen.

Das Übereinkommen von Chicago wurde von bisher 190 Staaten angenommen. Es betont in Art. 1 den Grundsatz, dass jeder Staat „die volle und ausschließliche Lufthoheit" über seinem Territorium besitzt und bezeichnet Rechte und Pflichten der Staaten im Zusammenhang mit dem Flugverkehr. Dabei kodifiziert es im wesentlichen das Völkergewohnheitsrecht (Art. 1–42). Weiterhin enthält es die Bestimmungen zur Errichtung und den Aufgaben der Internationalen Zivilluftfahrtorganisation (ICAO) (Art. 43–66). 4

In einer parallel dazu abgeschlossenen Vereinbarung über den „Transit internationaler Luftverkehrslinien" bezeichnen die Vertragsstaaten zwei für den kommerziellen Flugverkehr grundlegende Freiheiten. Sie betreffen das Recht regelmäßig verkehrender internationaler Luftverkehrslinien zum Überflug des Territoriums der Vertragsparteien ohne Zwischenlandung und zu nichtkommerziellen Landungen (Art. 1, Transitabkommen).[7] Ein weiteres Abkommen betrifft kommerzielle Rechte zur Beförderung von Passagieren und von Fracht in verschiedenen Konstellationen von Ausgangs- und Zielland des Fluges („Freiheiten 3–5"). Dieses Abkommen trat zwar in Kraft, bindet aber nur sehr wenige Staaten.[8]

Art. 6 des Abkommens von Chicago bestimmt: „Planmäßiger internationaler Fluglinienverkehr über oder in das Hoheitsgebiet eines Vertragsstaats darf nur mit der besonderen Erlaubnis oder einer sonstigen Ermächtigung dieses Staates und nur in Übereinstimmung mit den Bedingungen dieser Erlaubnis oder Ermächtigung betrieben werden." 5

Die für die Praxis des Lufttransports wesentlichen Fragen des Zugangs zum Markt der Personen- und Güterbeförderung, der Verkehrsrechte, der Festlegung von Flug-

4 Dazu eingehend *Hobe/v. Ruckteschell* (*Anm. 1*).
5 Übereinkommen v. 7. Dezember 1944, in Kraft seit dem 4. April 1947, BGBl. II 1956 S. 411. Letzte Ergänzung durch Protokoll v. 4. April 2014. S. http://www.icao.int/Secretariat/Legal/Pages/TreatyCollection.aspx, zuletzt besucht am 31. Juli 2014.
6 ABl. L 194/2001, 39. Dazu *Rn 26* und *89*.
7 http://www.icao.int/secretariat/legal/List%20of%20Parties/Transit_FR.pdf., zuletzt besucht am 9. August 2014. Deutsche Fassung in der amtlichen Sammlung des schweizerischen Rechts unter SR 0.748.111.2.
8 Ausführlich zu dem Abkommen von Chicago *Reuschle*, Montrealer Übereinkommen, 2. Aufl., 2011, und *Löwenstein*, European Air Law: Towards a New System of International Air Transport Regulation, 1991, 21–37.

routen mussten daher durch *bilaterale Abkommen* zwischen den Staaten geregelt werden. Das Modell für die große Zahl der in der Folge getroffenen Vereinbarungen bildet das 1977 zwischen den Vereinigten Staaten und Großbritannien geschlossene Abkommen („Bermuda II Abkommen"). Darin bezeichnete jeder Vertragsstaat die Fluggesellschaften, die die im Übereinkommen eingeräumten Rechte ausüben können. Auf der Grundlage dieser bilateralen Abkommen vereinbarten die Fluggesellschaften der betreffenden Staaten Tarife und schlossen Verträge über die Verteilung des Transportaufkommens ab.

Vor diesem Hintergrund bereitete die Ersetzung der bilateralen Abkommen der einzelnen EU-Mitgliedstaaten mit Drittstaaten durch für alle geltenden Verträge der Union erhebliche Schwierigkeiten (dazu *Rn 100*).

6 Die für die Erarbeitung verpflichtender Regeln im *Rahmen internationaler Organisationen* wichtigste Funktion erfüllt die ICAO. Sie gehört zu den Sonderorganisationen der Vereinten Nationen. Gemäß Art. 44 des Übereinkommens von Chicago besteht ihre Aufgabe in der Ausarbeitung der Grundsätze und technischen Methoden für die internationale Luftfahrt sowie der Förderung der Planung und Entwicklung des internationalen Luftverkehrs. In der Praxis bedeutsam sind vor allem die in ihrem Rahmen erarbeiteten technischen Regelungen.

Beratende Aufgaben im europäischen Rahmen erfüllt die *Europäische Zivilluftfahrt-Konferenz* (*CEAC*).[9] Sie wurde 1955 im Rahmen des Europarats gegründet und bildet eine Regionalorganisation der ICAO.

Neben diesen beiden Regierungsorganisationen steht der Internationale Verband der Fluggesellschaften (*International Air Transport Association* (*IATA*)). In seinem Rahmen werden u.a. Empfehlungen für die Tätigkeit der Luftverkehrswirtschaft erarbeitet und Flugtarife koordiniert. Die IATA ist keine internationale Organisation sondern ein nach kanadischem Recht gegründeter Verband.[10]

3. Die Entwicklung der gemeinsamen Luftverkehrspolitik

7 Eine gemeinsame Luftverkehrspolitik entwickelte sich in der Europäischen Union erst mit großer Verzögerung. So vergingen beinahe dreißig Jahre zwischen dem Inkrafttreten des EWG-Vertrages im Jahre 1958 und der Verabschiedung erster Legislativakte auf diesem Gebiet (1987). Der Luftverkehr innerhalb der Union und mit dritten Staaten war daher noch lange Zeit durch staatliches Recht und durch die Bestimmungen des Völkerrechts determiniert.[11]

Die Untätigkeit des Gesetzgebers der Union auf dem Gebiet des Flugverkehrs spiegelt sein allgemeines Zögern bei der Gestaltung der vertraglich vorgesehenen gemeinsamen Verkehrspolitik (s. *Kap. IV Rn 4*). Zusätzlich verstärkt wurde sie durch zwei Faktoren: Zum einen ist die Regelung des Luftverkehrs eng mit dem traditionellen Verständnis von Souveränität verknüpft. Die Staaten wollten ihre Zuständigkeiten

9 https://www.ecac-ceac.org//publications/documents_ceac/docs_ceac., zuletzt besucht am 9. August 2014.

10 Gründungsakt der International Air Transport Association (zuletzt geändert 2012): http://www.iata.org/about/Documents/chapter-1-english-%20aol.pdf., zuletzt besucht am 9. August 2014.

11 S. *Rn 4, 5* und *Kap. I Rn 19*.

behalten, da sie den Luftverkehr für einen Bereich von wesentlichem nationalen Interesse betrachteten. Daneben erweckte die ursprüngliche, bis 2009 geltende, Fassung von Art. 100 II AEUV den Eindruck, als stünden die Vertragsbestimmungen dem Luft-(und See-)verkehr besonders fern, da man (wie sich heraus stellte: unzutreffend)[12] vermuten konnte, für ihre Anwendbarkeit auf diesen Sektor sei Voraussetzung, dass der Rat dazu einen besonderen Beschluss annimmt.

Ab der Mitte der achtziger Jahre des 20. Jahrhunderts wurde die Rechtsetzungstätigkeit auf dem Gebiet des Luftverkehrs gleichzeitig durch mehrere Entwicklungen angestoßen: Die Logik der geplanten Vollendung des Binnenmarktes erfasste auch den Flugverkehrsmarkt, des weiteren konnte der EuGH in mehreren Urteilen die ursprünglichen Zweifel an der Anwendbarkeit der allgemeinen Vertragsvorschriften auf den Flugverkehr ausräumen und bestätigen, dass dafür kein besonderer Beschluss des Rates gemäß Art. 100 II AEUV erforderlich sei. Schließlich ergriff die Kommission die Initiative und empfahl in zwei Memoranden die vollständige Liberalisierung des Luftverkehrsmarktes. 8

Wegen der vertraglichen Gleichbehandlung von Luft- und Seeverkehr hatte das Urteil des EuGH zur Anwendbarkeit der Freizügigkeitsbestimmungen des Vertrages auf den Seeverkehr gleichzeitig einen ersten Schritt zur Klärung der Verhältnisse auch für den Luftverkehr bewirkt.[13] 9

Verbliebene Zweifel räumte der EuGH 1986 in der Leitentscheidung „*Nouvelles frontières*“ aus. Er bestätigte darin ausdrücklich die Anwendbarkeit der allgemeinen Regeln des Vertrages auf den Luftverkehr.[14]

Da nunmehr deutlich geworden war, dass die Mitgliedstaaten bei ihrer Gesetzgebung und bei ihren Vereinbarungen mit Drittstaaten zum Luftverkehr die vertraglichen Regelungen, insbesondere auf dem Gebiet des Wettbewerbsrechts beachten mussten, wurde eine Gesetzgebung auf der Ebene der Union erforderlich, um den Besonderheiten des Wettbewerbs im Luftverkehr in vertragskonformer Weise Rechnung tragen zu können.

Durch ihre 1979 und 1984 vorgelegten *Memoranden* hatte die Kommission den Weg für diesen Schritt geebnet. In ihrem *ersten Memorandum* von 1979 „Luftverkehr: ein Vorgehen der Gemeinschaft“[15] skizzierte sie bereits die Umrisse der späteren Regelungen, insbesondere die Liberalisierung der Dienstleistungen und die Anwendung der vertraglichen Wettbewerbsregeln auf die Dienstleistungen des Luftverkehrs. 10

Umfassende und bis in die Gegenwart weisende Überlegungen stellte die Kommission 1984 in ihrem grundlegenden „*Memorandum Nr. 2*“ über „Fortschritte auf dem Weg zu einer gemeinschaftlichen Luftverkehrspolitik“ an.[16] Die Kommission legte darin konkrete Gesetzgebungsvorschläge vor, die dazu dienen sollten zunächst den Verkehr im Inneren der Union schrittweise zu liberalisieren und zu diesem Zweck die 11

12 S. *Kap. II Rn 4*.
13 EuGH, Rs. 167/73 (Kommission/Frankreich), Slg 1974, 359, Rn 29–33. Dazu *Kap. VIII Rn. 5*.
14 EuGH, verb. Rs. 209-213/84 (Asjes), Slg 1986, 1425, Rn 45.
15 Bull. EG Beil. Nr. 5/79.
16 Dok. KOM(84) 72, v. 15. März 1984. Die dazu gehörenden Gesetzgebungsvorschläge sind in ABl. C 182/1984, 1–6 veröffentlicht.

staatlichen Interventionen zu reduzieren, damit sich die Fluggesellschaften der Mitgliedstaaten einem Mindestmaß an Wettbewerb stellen müssten. Auf der anderen Seite erkannte die Kommission, die Notwendigkeit bestimmter Schutzmechanismen an, um zB die Erbringung von Dienstleistungen im gemeinwirtschaftlichen Interesse zu gewährleisten. Auch grenzte die Kommission ihre Vorschläge deutlich gegenüber der parallel in den USA verfolgten Praxis der Deregulierung ab.[17] Letztere ziele auf einen wesentlich weiter reichenden Abbau staatlicher Eingriffe und sei schon wegen der anderen Wettbewerbs- und Verkehrsverhältnisse nicht mit Europa vergleichbar.

Ein weiterer Impuls zur Gesetzgebung im Bereich des Luftverkehrs ging schließlich 1986 von der Vertragsreform in Gestalt der Einheitlichen Europäischen Akte aus. Denn darin wurden für die Verwirklichung des Binnenmarktes ein verpflichtender Termin festgelegt (Art. 8 a EWGV: bis zum 31. Dezember 1992) und gleichzeitig vereinfachte Verfahren zum Erlass der zur Erreichung dieses Ziel nötigen Gesetzgebung beschlossen. Dass diese sich auch auf den Luftverkehrsmarkt beziehen musste, hatte die Kommission in ihrem Weißbuch zur Vollendung des Binnenmarktes vom 14. Juni 1985 ausdrücklich betont.[18]

12 In der Folgezeit verabschiedete der Gesetzgeber eine erste Gruppe von Maßnahmen, die im Wesentlichen den Vorschlägen der Kommission entsprachen. Sie betrafen den *Zugang zum Markt*, die *Freigabe der Flugtarife* und die *Anwendung der vertraglichen Wettbewerbsbestimmungen*. Diese Gesetzgebung erfolgte zwischen 1987 und 1992 in drei Etappen nach einer besonderen Methode der *schrittweisen Zielverwirklichung*, wobei in späteren Phasen vielfach die jeweils ersten Rechtsakte geändert oder ersetzt wurden. Ein erstes Paket an Maßnahmen erging 1987, das zweite Paket wurde 1990 beschlossen,[19] das dritte folgte im Jahre 1992.[20]

13 Die Maßnahmen zur Liberalisierung der wirtschaftlichen Tätigkeit der Luftverkehrsunternehmen wurde 2004 durch eine vierte Serie von Rechtsakten ergänzt, die durch entsprechende Empfehlungen der Kommission bereits 1996 eingeleitet worden waren.[21] Sie betrafen die Schaffung des „*einheitlichen europäischen Luftraums*" und enthielten Regelungen zur effizienten Verwaltung, Nutzung und Gewährleistung der Sicherheit des europäischen Luftraums sowie zur Errichtung einer europäischen Agentur für die Flugsicherheit (s. *Rn 74*). Schon zuvor waren im Jahre 1993 Regelungen über die Zuweisung von Zeitnischen auf Flughäfen der Union beschlossen worden (s. *Rn 43 ff*).

14 Im Jahre 2008 wurden die wesentlichen der zwischen 1987 und 1992 erlassenen Rechtsakte zur Liberalisierung des Luftverkehrs aufgehoben und durch eine einzige

17 Zu einem Vergleich der beiden Konzepte s. *Beyen/Herbert*, Deregulierung des amerikanisches und EG-europäischen Luftverkehrs, 1991, 29.

18 Weißbuch der Kommission „Vollendung des Binnenmarktes", Dok. KOM(85) 310 v. 14. Juni 1985, Ziff. 109: „Hinsichtlich des Luftverkehrs muss bis 1987 für größere Einheit im innergemeinschaftlichen Zivilluftverkehr gesorgt werden. Dazu wird es insbesondere nötig sein, das System der Preisgestaltungen und -genehmigungen zu ändern und das Recht der Regierungen, Kapazitäten und Marktzugang zu beschränken, einzuschränken".

19 ABl. L 217/1990, 1.

20 ABl. L 240/1992, 1.

21 S. Mitteilung der Kommission „Auswirkungen des dritten Pakets von Maßnahmen zur Liberalisierung des Luftverkehrs", Dok. KOM(96) 514 v. 22. Oktober 1996.

Verordnung ersetzt. Seither enthält die VO Nr. 1008/2008 „über gemeinsame Vorschriften für die Durchführung von Luftverkehrsdiensten in der Gemeinschaft" die wesentlichen Rahmenbedingungen für die Genehmigung von Luftfahrtunternehmen der Union, deren Recht, Flugdienste innerhalb der Union durchzuführen sowie zur Freiheit der Tarifgestaltung.[22]

Die 2004 beschlossenen Maßnahmen zur Verwirklichung des einheitlichen europäischen Luftraums legten zahlreiche Ziele fest, die durch ein Handeln der Mitgliedstaaten erreicht werden sollten. Dabei traten allerdings Verzögerungen auf.[23] Zu deren Behebung unterbreitete die Kommission im Jahre 2013 neue Rechtsetzungsvorschläge, die u.a. eine Neufassung der entsprechenden RahmenVO zum Gegenstand hatten.[24]

B. Zulassung zum Beruf des Lufttransporteurs in der Europäischen Union

1. Überblick

Anders als für die Beförderung über See (*Kap. VIII Rn 13*) musste der Gesetzgeber 15
der Union umfassend tätig werden, um den Luftbeförderer der Union den Gebrauch der Freizügigkeitsregeln des europäischen Binnenmarktes zu ermöglichen. Für den Zugang zum Luftverkehrsmarkt war erforderlich, Regelungen über die Niederlassungsfreiheit und die Dienstleistungsfreiheit zu erlassen. Zwar folgte das Niederlassungsrecht für Luftfahrtgesellschaften bereits aus der allgemeinen Bestimmung des Art. 54 über die Niederlassungsfreiheit, doch unterlag das spezielle Recht zur Erbringung von Beförderungsleistungen weiterhin der besonderen Regelung der Art. 91 und 100 II AEUV mit der Folge, dass die Mitgliedstaaten solange staatliche Maßstäbe an die Erteilung von Beförderungsgenehmigungen anlegen durften, als keine spezielle Gesetzgebung durch die Union erfolgt war.

Die Niederlassungsfreiheit wurde zunächst durch die VO Nr. 2407/92 über die Ertei- 16
lung von Betriebsgenehmigungen an Luftfahrtunternehmen verwirklicht.[25] Die VO vereinheitlichte die Voraussetzungen für die Niederlassung als Luftfahrtunternehmen, indem sie insbesondere die Bedingungen für Aufnahme und Betrieb von Beförderungsleistungen festlegte. Sie wurde gleichzeitig mit den Verordnungen Nr. 2408/92 und 2409/92 erlassen. Diese betrafen den Zugang zum Beförderungsmarkt innerhalb der Union[26] sowie Flugpreise und Luftfrachtraten.[27]

Die drei Verordnungen wurden im Jahre 2008 aufgehoben und durch die VO 17
Nr. 1008/2008 ersetzt. Dadurch sollte es vor allem leichter möglich werden, die wirtschaftliche Lage von Luftfahrtunternehmen genauer zu verfolgen. Dies geschah im Hinblick auf einen möglichen Zusammenhang zwischen finanzieller Gesundheit eines

22 ABl. L 293/2008, 3.
23 S. Mitteilung der Kommission „Beschleunigte Verwirklichung des einheitlichen europäischen Luftraums", Dok. COM(2013) 408 v. 11. Juni 2013.
24 Vorschläge Dok. COM(2013) 409 und 410 v. 11. Juni 2013.
25 ABl. L 240/1992 L 240/1, dazu *Niejahr*, in: Frohnmeyer/Mückenhausen, Nr. 51. Die VO wurde aufgehoben und ersetzt durch die VO Nr. 1008/2008, ABl. L 293/2008, 3 (dazu *Rn 17 ff*).
26 VO Nr. 2408/92, ABl. L 240/1992, 8.
27 VO Nr. 2409/92, ABl. L 240/1992, 15.

Unternehmens und der Sicherheit des Flugbetriebs. In einem einzigen Rechtsakt werden nunmehr geregelt:

- die Voraussetzung der *Erteilung von Betriebsgenehmigungen* (Art. 3–14);
- der Zugang zur *Erbringung von Flugdiensten* innerhalb der Union (Art. 15–21) sowie
- die *Preisfestsetzung* (Art. 22–24).

Kein in der Union niedergelassenes Unternehmen darf Fluggäste, Post und/oder Fracht im gewerblichen Luftverkehr befördern, wenn ihm keine Betriebsgenehmigung im Sinne der VO erteilt wurde (Art. 3 I). Betriebsgenehmigungen werden von dem zuständigen Mitgliedstaat erteilt. Dieser Staat ist auch für die Überwachung der Einhaltung der von der VO aufgestellten Anforderungen zuständig (Art. 8). Von einem Mitgliedstaat erteilte Betriebsgenehmigungen werden ohne weitere Prüfung in jedem Mitgliedstaat anerkannt.

18 Die VO Nr. 1008/2008 gilt nicht für Beförderungen mit Segelflugzeugen oder ultraleichten Flugzeugen und auch nicht für Rundflüge[28] (Art. 3 III). Sie gilt auch nicht für die Beförderung mit Heißluftballons. Allerdings fällt diese Tätigkeit in den allgemeinen Anwendungsbereich des AEUV und damit insbesondere unter das Diskriminierungsverbot des Art. 18 AEUV.[29]

19 Gemäß Art. 4 der VO muss ein Luftfahrtunternehmen zur Erlangung einer Betriebsgenehmigung neun Voraussetzungen erfüllen (*Rn 20ff.*). Diese lassen sich zu drei Gruppen bündeln: Das Unternehmen muss seinen *Hauptsitz innerhalb der Union* haben, es muss die *technischen Voraussetzungen für den Flugbetrieb* gewährleisten können und es muss die erforderlichen *finanziellen und persönlichen Voraussetzungen* erfüllen. Die Betriebsgenehmigung bleibt solange gültig, wie das Unternehmen diese Voraussetzungen erfüllt.

2. Die Bedingungen für die Erteilung der Betriebsgenehmigung

a) Das Nationalitäts- und Niederlassungserfordernis

20 Zur Erlangung einer Betriebsgenehmigung muss das Luftfahrtunternehmen seinen Hauptgeschäftssitz[30] in einem Mitgliedstaat haben (Art. 4 lit. a)). Weiterhin muss die Haupttätigkeit des Unternehmens in der Durchführung von Flugdiensten bestehen. Diese kann allein ausgeübt werden oder in Verbindung mit sonstigen Formen des gewerblichen Betriebs von Luftfahrzeugen oder deren Instandsetzung und Wartung erfolgen (Art. 4 lit. d)). Das Unternehmen muss zu mehr als 50 % im Eigentum von Mitgliedstaaten oder von Bürgern der Union stehen und von ihnen tatsächlich kontrolliert werden.[31] Diese Kontrolle kann unmittelbar oder mittelbar über ein oder mehrere zwischengeschaltete Unternehmen erfolgen. Ausnahmen von diesem Erfordernis sind möglich, wenn sie in einem Abkommen mit einem Drittstaat vorgesehen sind, dem die Union als Vertragspartei angehört (Art. 4 lit. f)).

---

28 Vgl die Definition von Rundflügen in Art. 2, Ziff. 6 der VO Nr. 1008/2008.
29 EuGH, Rs. C-382/08 (Neukirchinger), Slg 2011, I-139, Rn 28, 29.
30 Zur Definition dieses Begriffs vgl Art. 2, Ziff. 26.
31 Zum Begriff der „tatsächlichen Kontrolle“ s. Art. 2, Ziff. 9.

b) Die technische Leistungsfähigkeit

Voraussetzung für die Erteilung und Gültigkeit einer Betriebsgenehmigung ist weiterhin der Besitz eines gültigen *Luftverkehrsbetreiberzeugnisses* (AOC). In diesem Dokument wird einem Unternehmen bescheinigt, dass es über die fachliche Eignung und Organisation verfügt, um die Sicherheit des Betriebs entsprechend den Vorschriften der Union oder der Mitgliedstaaten zu erfüllen (Art. 2 Ziff. 8; 4 lit. d); 6 II). 21

Die Einzelheiten der Erteilung dieses Zeugnisses, insbesondere die geforderten technischen Voraussetzungen und das Verfahren zur Feststellung der Lufttüchtigkeit sind in der VO Nr. 216/2008 bezeichnet.[32] Der Beförderer muss weiterhin den Nachweis erbringen, dass sich eines oder mehrere Luftfahrzeuge in seinem Eigentum befinden oder dass er darüber entsprechende Mietverträge ohne Besatzung („dry-leasing")[33] abgeschlossen hat (Art. 4, lit. c), VO Nr. 1008/2008).

Die von einem Luftbeförderer der Union eingesetzten Flugzeuge müssen in das Register des Staates eingetragen werden, der die Betriebsgenehmigung erteilt hat. Doch kann die betreffende Behörde auch die Eintragung in das Register eines anderen Mitgliedstaates oder in ein auf Unionsebene geführtes Register gestatten (Art. 12 I). In der Union registrierte Luftfahrzeuge dürfen von Unternehmen der Union ohne Umregistrierung angemietet und eingesetzt werden (Art. 13 I).

c) Finanzielle und persönliche Bedingungen

Wenn ein Unternehmen erstmalig eine Betriebsgenehmigung beantragt, muss es nachweisen, dass es seinen Verpflichtungen während eines Zeitraumes von 24 Monaten nach Betriebsbeginn jederzeit nachkommen kann (Art. 5 I). Es muss weiterhin in der Lage sein, die (unter realistischen Annahmen zu ermittelnden) fixen und variablen Kosten während der ersten drei Monate der Tätigkeit zu tragen, ohne dafür auf Betriebseinnahmen zurückgreifen zu müssen. Gleichzeitig mit einem Antrag auf Betriebsgenehmigung muss ein Wirtschaftsplan für mindestens die ersten drei Jahre der Tätigkeit vorgelegt werden. Darin sind unter anderem die finanziellen Verflechtungen zwischen dem Antragsteller und sonstigen gewerblichen Tätigkeiten offen zu legen, an denen der Antragsteller entweder direkt oder über verbundene Unternehmen beteiligt ist. Die Einzelheiten der geforderten Angaben zur finanziellen Situation des Antragstellers sind in Anhang I der VO aufgeführt. 22

Luftfahrtunternehmen, die bereits über eine Betriebsgenehmigung verfügen, melden im Voraus der Genehmigungsbehörde Pläne, die erhebliche Auswirkungen auf ihre finanzielle Lage haben können. Dazu gehören Änderungen des Umfangs der ausgeübten Tätigkeit, (zB neue Flugdienste nach einem Kontinent oder einem Gebiet der Welt die zuvor nicht angeflogen wurden, Änderungen der Art oder Anzahl der eingesetzten Flugzeuge), geplante Zusammenschlüsse oder Übernahmen sowie Änderungen des Eigentums an Einzelbeteiligungen, die 10 % oder mehr des gesamten Beteiligungskapitals des Unternehmens oder seiner Mutter- oder der letztlichen Dachgesellschaft aus- 23

---

32 VO Nr. 216/2008, ABl. L 79/2008, 1, zuletzt geändert durch VO Nr. 6/2013, ABl. L 4/2013, 34. Dazu *Rn* 77 und 83.

33 Zur Möglichkeit von Ausnahmen zugunsten einer Anmietung mit Besatzung („wet leasing") s. Art. 13 der VO Nr. 1008/2008. Zur Definition beider Leasing-Formen s. Art. 2, Ziff. 24, 25 dieser VO.

machen (Art. 8 V). Die Genehmigungsbehörde kann nach Prüfung dieser Angaben verlangen, dass ein überarbeiteter Wirtschaftsplan vorgelegt wird. Anhand dieses Plans entscheidet die Genehmigungsbehörde, ob das Unternehmen seinen bestehenden und möglichen Verpflichtungen während eines Zeitraums von zwölf Monaten nachkommen kann (Art. 8 VI). Ist die Genehmigungsbehörde nicht davon überzeugt, dass die finanzielle Leistungsfähigkeit eines Unternehmens ausreicht, um den tatsächlichen und möglichen Verpflichtungen nachzukommen, kann sie die Betriebsgenehmigung aussetzen oder widerrufen (Art. 9 I).

24 Schließlich müssen die mit der Leitung der Geschäfte des Unternehmens betrauten Personen *Nachweise ihrer Zuverlässigkeit* beibringen. Dies erfolgt in der Regel durch Vorlage eines Führungszeugnisses. Auch kann die Genehmigungsbehörde einen Nachweis darüber verlangen, dass der Betreffende nicht in Konkurs geraten ist.

25 Weiterhin muss ein Luftfahrtunternehmen den Nachweis des *Bestehens einer Haftpflichtversicherung* im Bezug auf Schäden von Fluggästen, Dritten, Reisegepäck und Güter sowie Post erbringen (Art. 4, lit. h)). Die Einzelheiten dieser Versicherungspflicht sind in der VO Nr. 785/2004 sowie in Art. 11 der VO Nr. 1008/2008 festgelegt (*Rn 26*).

26 Die VO Nr. 785/2004[34] hat für Luftfahrtunternehmen und für Betreiber von Luftfahrzeugen eine *Mindestversicherungspflicht* festgelegt. Damit sollen die Anforderungen des Übereinkommens zur Vereinheitlichung bestimmter Vorschriften über die Beförderung im internationalen Flugverkehr („Übereinkommen von Montreal") v. 28. Mai 1999[35] erfüllt werden. Darüber hinaus erweitert die VO den in dem Übereinkommen vorgesehenen Mindestschutz. Das Übereinkommen gilt für Beförderungen zwischen Orten, die in verschiedenen Staaten liegen. Auf rein innerstaatliche Beförderungen ist sie dagegen nicht anwendbar. Die VO verpflichtet Luftfahrtunternehmer und Betreiber von Flugzeugen zum Abschluss von Versicherungen, die auch Kriegshandlungen, Terrorakte, Entführungen, Sabotage, die unrechtmäßige Inbesitznahme von Flugzeugen und Aufruhr einschließen (Art. 4 I).

Hinsichtlich der Haftung für Fluggäste beträgt die Mindestversicherungssumme 250 000 SZR[36] je Fluggast (Art. 6 I). Für Reisegepäck beträgt sie 1131 SZR (Art. 6 II), für Fracht 19 SZR pro Kilogramm (Art. 6 III). Diese Beträge gelten jeweils bei gewerblichen Flügen.[37] Für die Haftung gegenüber Dritten legt die VO in Art. 7 Mindestversicherungssummen fest, die pro Schadensfall für jedes einzelne Luftfahrzeug gelten.

Den Mitgliedstaaten obliegt die Überwachung der Einhaltung der in der VO genannten Verpflichtungen der Luftfahrtunternehmen. Dazu bestimmt Art. 8, dass Sanktionen für Verstöße für Luftfahrtunternehmen der Union den Entzug der Betriebsgeneh-

34 ABl. L 138/2004, 1, zuletzt geändert durch VO Nr. 285/2010, ABl. L 87/2010, 19.

35 ABl. L 194/2001, 39. Die Union ist dem Abkommen beigetreten, vgl BRat Nr. 2001/539, ABl. L 194/2001, 38.

36 „SZR" ist die Abkürzung für eine als „Sonderziehungsrecht" bezeichnete Rechnungseinheit gemäß der Definition des Internationalen Währungsfonds (vgl Art. 3 lit. e) der VO Nr. 785/2004). Zur Umrechnung in Euro s. *Anm. 171*.

37 Zu den Einzelheiten *Rn 95 f.*

migung einschließen können. Für Luftfahrtunternehmen und für Luftfahrzeugbetreiber, die in Drittländern eingetragene Luftfahrzeuge einsetzen, können die Sanktionen die Verweigerung der Landeerlaubnis im Hoheitsgebiet eines Mitgliedstaats einschließen.

C. Die Dienstleistungsfreiheit der Luftbeförderung

1. Zugang zu Strecken innerhalb der Union

a) Überblick

Neben der Genehmigung von Luftfahrtunternehmen (dazu *Rn 15 ff*) regelt die VO Nr. 1008/2008 das Recht von Luftfahrtunternehmen der Union zur Durchführung von Flugdiensten innerhalb der Union. Sie gewährleistet damit für den Bereich der Luftbeförderung die Dienstleistungsfreiheit, die bereits durch die Vorgänger-VO Nr. 2408/92[38] zum 1. Januar 1993 eingeführt worden war. Diese VO wurde durch die VO Nr. 1008/2008 aufgehoben und ersetzt. 27

Sie gilt für die *innereuropäische Flugbeförderung.* Wegen der Meinungsverschiedenheiten zwischen Großbritannien und Spanien über den Rechtsstatus des Flughafens von Gibraltar gilt für diesen Flughafen eine Sonderregelung (Art. 1 II).

Traditionelle bilaterale Abkommen zwischen mehreren Staaten bezeichnen Strecken, die im Rahmen einer gegenseitigen Anerkennung der 3. und 4. Freiheit des Luftverkehrs beflogen werden dürfen.[39] Diese Abkommen bezeichnen üblicherweise die berechtigten Luftfahrtunternehmen. Mit Zustimmung eines Drittstaates kann auch ein Recht zur „fünften Freiheit" eingeräumt werden. Die in dem Übereinkommen von Chicago vorgesehene Multidesignation wurde nur selten eingeräumt. Die Staaten geben für eine einzige Bestimmung der jeweiligen nationalen Gesellschaft den Vorzug. Hinsichtlich der Kapazitäten kommt das dem Übereinkommen von Chicago zugrunde liegende Prinzip der gleichen und gerechten Chancen zur Geltung. 28

Der erste wesentliche Schritt zur Öffnung des Marktzugangs erfolgte in Gestalt der Entscheidung Nr. 87/602, die den Luftfahrtgesellschaften begrenzte Kapazitätserhöhungen ermöglichte und damit den Wettbewerb förderte.[40] Die nächste bedeutende Maßnahme zur Marktöffnung bildete die VO Nr. 2343/90 über den Zugang der Luftfahrtunternehmen zu den Linienbeförderungen in der Union.[41] Sie trat an die Stelle der Entscheidung Nr. 87/602. Diese VO schuf für Fluggesellschaften der Union die Voraussetzungen für die Erbringung von „Flugdiensten der dritten und vierten Freiheit" zwischen den Mitgliedstaaten (Art. 4). Die Gesellschaften waren damit befugt, Personen, Fracht und Post, die sie in einem Staat aufgenommen hatten, in einem anderen Staat abzusetzen und Personen, Fracht und Post in einem anderen Staat aufzunehmen, um sie in dem Staat abzusetzen, in dem sie zugelassen sind. 29

38 ABl. L 240/1992, 8. S. dazu *Niejahr*, in: Frohnmeyer/Mückenhausen, Nr. 51.
39 Dazu *Rn 5*.
40 ABl. L 374/1987, 19, teilweise aufgehoben durch VO Nr. 2343/90, ABl. L 217/1990, 8.
41 ABl. L 217/1990, 8, teilweise aufgehoben durch VO Nr. 2408/92 (*Anm. 38*).

b) Freiheit der Luftbeförderung innerhalb der Union

30 Gemäß Art. 15 I II der VO Nr. 1008/2008 sind Luftfahrtunternehmen der Union berechtigt, ohne besondere Zulassung oder Genehmigung Flugdienstleistungen innerhalb der Union zu erbringen. Die einzige Voraussetzung für diese Leistung bildet der Besitz einer Betriebsgenehmigung iSd Art. 4. Damit ist die Luftbeförderung innerhalb der Union vollständig liberalisiert. Die durch Art. 15 I gewährleistete Dienstleistungsfreiheit schließt auch die Kabotage ein. Diese war bereits seit dem 1. Januar 1997 durch Art. 3, II der VO Nr. 2408/92 liberalisiert worden.

31 Im Einzelnen bestimmt die VO dazu Folgendes: Die Unternehmen sind zur Beförderung von Personen, Fracht und/oder Post befugt. Vor Inkrafttreten der VO bestehende Einschränkungen zur Erbringung von Flugdiensten, die sich aus bilateralen Abkommen zwischen Mitgliedstaaten ergaben, wurden mit Wirkung vom 1. November 2008 aufgehoben (Art. 15 IV). Dagegen können Mitgliedstaaten in bilateralen Abkommen mit Drittstaaten Code-Sharing Vereinbarungen zwischen Luftfahrtunternehmen der Union und Unternehmen aus Drittstaaten einschränken. Dadurch darf allerdings der Wettbewerb zwischen Luftfahrtunternehmen der Union nicht eingeschränkt werden, die Vereinbarungen dürfen nicht diskriminieren und sie dürfen nicht über das Erforderliche hinausgehen (Art. 15 V).

c) Gemeinwirtschaftliche Verpflichtungen

32 Art. 16 I der VO Nr. 1008/2008 gestattet den Mitgliedstaaten, im Linienverkehr auf bestimmten Strecken seines Hoheitsgebiets *gemeinwirtschaftliche Verpflichtungen* aufzuerlegen. Dabei handelt es sich um „wirtschaftliche Tätigkeiten, die dem Allgemeinwohl dienen und ohne staatliche Eingriffe am Markt überhaupt nicht oder in Bezug auf Qualität, Sicherheit, Bezahlbarkeit, Gleichbehandlung oder universaler Zugang nur zu anderen Standards durchgeführt würden. Die Gemeinwohlverpflichtung wird dem Leistungserbringer im Wege eines Auftrags auferlegt, der eine Gemeinwohlkomponente enthält, so dass sichergestellt ist, dass die Dienstleistung unter Bedingungen erbracht wird, die es dem Leistungserbringer ermöglichen, seinen Auftrag zu erfüllen".[42]

Derartige Verpflichtungen können auferlegt werden auf Verbindungen mit einem Flughafen, der ein Rand- oder ein Entwicklungsgebiet des betreffenden Staates bedient oder auf wenig frequentierten Strecken, sofern die betreffende Strecke für die wirtschaftliche und soziale Entwicklung des Gebiets, das der betreffende Flughafen bedient, als unabdingbar gilt. Zur Bestimmung der Notwendigkeit und Angemessenheit derartiger Verpflichtungen legt Art. 16 III vier Kriterien fest:

- die Verhältnismäßigkeit der Verpflichtung im Hinblick auf die Bedürfnisse der wirtschaftlichen Entwicklung des betreffenden Gebiets;
- einen Vergleich mit der Verfügbarkeit alternativer Verkehrsträger zur Deckung des Beförderungsbedarfs, insbesondere mit Eisenbahnen, die innerhalb von drei Stunden und in ausreichender Frequenz die betreffende Strecke bedienen;

42 So die von der Kommission vorgeschlagene Definition. S. Mitteilung „Ein Qualitätsrahmen für Dienstleistungen von allgemeinem Interesse in Europa", KOM(2011) 900 v. 20. Dezember 2011.

- die den Benutzern angebotenen Flugpreise und -bedingungen;
- das Gesamtangebot an Flugleistungen aller Unternehmen, die diese Strecke bedienen.

Beabsichtigt ein Mitgliedstaat im Rahmen der Auferlegung einer gemeinwirtschaftlichen Verpflichtung, den Linienflugverkehr auf einer bestimmten Strecke einem einzigen Luftfahrtunternehmen zu übertragen (Art. 16 IX), dann muss dies im Wege einer öffentlichen Ausschreibung geschehen (Art. 16 X). Das dabei einzuhaltende Verfahren ist in Art. 17 festgelegt. Danach ist die Ausschreibung von dem betreffenden Mitgliedstaat der Kommission zu übermitteln. Diese sorgt für die Veröffentlichung im EU-Amtsblatt. Die Frist für Angebote darf nicht kürzer als zwei Monate nach der Veröffentlichung sein. Der Zuschlag erfolgt auf der Grundlage der Angemessenheit des Angebots einschließlich der geforderten Preise und Bedingungen (Art. 17 VII). 33

Der betroffene Mitgliedstaat darf dem Unternehmen, das den Zuschlag erhalten hat, einen Ausgleich für die Einhaltung der gemeinwirtschaftlichen Verpflichtung leisten. Solange dieser Ausgleich nicht höher ist, als die dem Unternehmen aus der Verpflichtung erwachsenen Kosten, handelt es sich nicht um eine vertragswidrige Beihilfe (dazu *Rn 70 ff*). 34

Auf Antrag eines Mitgliedstaates oder aus eigener Initiative kann die Kommission die Vereinbarkeit der im Zusammenhang mit der Auferlegung gemeinwirtschaftlicher Verpflichtungen getroffenen Maßnahmen mit dem Recht der Union überprüfen. Sie kann gemäß Art. 18 II entscheiden, dass die Maßnahmen aufgehoben werden müssen. 35

2. Beförderungen von und nach Drittstaaten

Eine der VO Nr. 1008/2008 entsprechende Gesetzgebung zur Dienstleistungsfreiheit für Lufttransporte von Personen und Fracht zwischen Flughäfen der Union von und nach Drittstaaten besteht bisher nicht. Es gelten insoweit lediglich die Bestimmungen einzelner von der Union abgeschlossener Abkommen (dazu *Rn 101*). Soweit die Vertragsschließungskompetenz der Union nicht berührt wird, können die Mitgliedstaaten daher weiterhin Abkommen schließen[43] und staatliches Recht setzen. Allerdings sind sie dabei zur Einhaltung der allgemeinen Vertragsgrundsätze, insbesondere des in Art. 18 AEUV hervorgehobenen Diskriminierungsverbots verpflichtet. Dies kann insbesondere dann bedeutsam werden, wenn ein Luftfahrtunternehmen, das über eine EU-konforme Betriebsgenehmigung verfügt, am Flug aus einem Drittstaat in einen Mitgliedstaat deswegen gehindert wird, weil seine Betriebsgenehmigung nicht in dem Einflugstaat erteilt wurde und es nicht noch zusätzlich über eine besondere Einflugerlaubnis verfügt, obwohl derartige Erlaubnisse von Inhabern einer Betriebsgenehmigung, die in diesem Mitgliedstaat ausgestellt wurden, nicht verlangt werden. Der EuGH erklärte eine derartige staatliche Regelung für einen Verstoß gegen das in diesem Fall anwendbare Diskriminierungsverbot des Art. 18 AEUV.[44] 36

43 Zum dabei einzuhaltenden Verfahren s. VO Nr. 847/2004, ABl. L 157/2004, 7 und EuGH, Rs. C-90/12 (Kommission/Polen), Urt. v. 7. November 2013 (ECLI:EU:C:2013:724).

44 EuGH, Rs. C-628/11 (International Jet Management), Urt. v. 18. März 2014 (ECLI:EU:C:2014:171), Rn 62, 65, 67.

3. Einschränkung, Verweigerung und Ausübungsbedingungen von Verkehrsrechten

37 Unter besonderen Umständen können die Mitgliedstaaten die Ausübung von Verkehrsrechten einschränken oder verweigern. Dies gilt zum einen bei „schwerwiegenden Umweltproblemen" (Art. 20 I) und zum anderen „im Fall plötzlich auftretender kurzfristiger Probleme, die sich aus unvorhersehbaren und unvermeidbaren Umständen ergeben" (Art. 21 I). Einschränkungen aus Umweltgründen dürfen keine Diskriminierung beinhalten, den Wettbewerb zwischen Luftfahrtunternehmen nicht verzerren, nicht einschränkender sein als zur Lösung der Probleme erforderlich und müssen eine begrenzte Geltungsdauer von maximal drei Jahren haben.

Aus Gründen kurzfristiger Probleme getroffene Einschränkungen müssen den Grundsätzen der Verhältnismäßigkeit und Transparenz genügen und auf objektiven und nichtdiskriminierenden Kriterien beruhen (Art. 21 I). Derartige Maßnahmen dürfen nicht länger als 14 Tage dauern und sie dürfen nur mit Zustimmung der Kommission über diesen Zeitraum hinaus verlängert werden.

38 In beiden Fällen kann die Kommission die betreffenden staatlichen Maßnahmen aussetzen, wenn diese die jeweiligen Kriterien nicht erfüllen oder mit anderen Vorschriften des Rechts der Union nicht vereinbar sind.

39 Die *Ausübung der Verkehrsrechte* durch Luftfahrtunternehmen unterliegt im Übrigen gemäß Art. 19 I der VO Nr. 1008/2008 den jeweiligen Vorschriften des Rechts der Union und der Mitgliedstaaten sowie den örtlichen Bestimmungen zur Flugsicherheit, Luftsicherheit, Umweltschutz. Daraus können ebenfalls Beschränkungen erwachsen. Spezielle Regelungen enthält das Recht der Union für die Verkehrsaufteilung zwischen benachbarten Flughäfen (dazu *Rn 40–43*) und für die Zuweisung von Start- und Landezeiten („slots", dazu *Rn 43–50*).

Auch wenn keine spezielle Regelung im Recht der Union besteht, müssen derartige Beschränkungen stets das *Diskriminierungsverbot* des Art. 18 AEUV beachten.

4. Verkehrsaufteilung zwischen Flughäfen

40 Die Mitgliedstaaten sind befugt, den Flugverkehr innerhalb eines „Flughafensystems" aufzuteilen und damit die Unternehmen zur Benutzung eines bestimmten Flughafens innerhalb dieses Systems zu verpflichten (Art. 19).[45] Voraussetzung dafür ist u.a., dass die Flughäfen dieselbe Stadt bzw denselben Ballungsraum bedienen, untereinander und mit dem betreffenden Ballungsgebiet durch häufige und effiziente Verkehrsverbindungen verbunden sind und die erforderlichen Dienstleistungen bereithalten. Weiterhin müssen Entscheidungen zur Regelung der Verkehrsaufteilung zwischen den verschiedenen Flughäfen auf objektiven Kriterien beruhen und den Grundsätzen der Verhältnismäßigkeit und der Transparenz entsprechen (Art. 19 II).

41 Die Grenzen der staatlichen Befugnisse zur Verkehrsaufteilung innerhalb derartiger Flughafensysteme wurden im Rahmen von zwei Verfahren zum Flughafen Orly (Paris) und Malpensa (Mailand) geklärt.

---

45 Dazu *Rother*, Die Aufteilung von Luftverkehr in Flughafensystemen im Spannungsfeld von deutschem und europäischen Recht, 2011.

Im Fall des Flughafens Orly ging es um die Weigerung der französischen Behörden, der Fluggesellschaft TAT (einer Tochtergesellschaft von British Airways), zu gestatten, für Flüge zwischen London und Paris sowie zwischen Paris und Marseille bzw Toulouse den Flughafen Orly (an Stelle des Flughafens Charles de Gaulle) anzufliegen. Die Kommission entschied, dass die Maßnahme eine Diskriminierung aus Gründen der Staatsangehörigkeit bilden würde und dass sie unverhältnismäßige Hindernisse für den freien Dienstleistungsverkehr errichte.[46]

Zur Aufteilung des Flugverkehrs zwischen den beiden Mailänder Flughäfen entschied 42
die Kommission, dass die italienische Regelung diskriminierend sei, denn sie verpflichte alle ausländischen Fluggesellschaften zur Benutzung des Flughafens Malpensa, während die italienische Fluggesellschaft Alitalia als einziger Transporteur Flüge von beiden Mailänder Flughäfen nach Rom ausführen könne. Die Maßnahme sei im übrigen auch unverhältnismäßig.[47] Der EuGH hat die Bewertung dieser Verkehrsaufteilung durch die Kommission bestätigt.[48]

5. Zuweisung von Zeitnischen auf den Flughäfen der Union

Angesichts wachsenden Flugaufkommens auf den großen Flughäfen der Union hat 43
die Zuweisung von Zeitnischen für Start und Landung eine erhebliche Bedeutung für die praktische Nutzbarkeit von Flugrechten. Mit dem Ziel, eine Zuweisung zu gewährleisten, die nach neutralen, transparenten und nichtdiskriminierenden Regeln erfolgt, hat die Union die VO Nr. 95/93 erlassen.[49] Die VO legt verpflichtende Verfahren für die Zuteilung von Zeitnischen fest, bezeichnet Institutionen, die für deren Ermittlung und Verteilung zuständig sind und sieht ein Schlichtungsverfahren für Beschwerden vor.

Nach der VO sind die Flughäfen der Union in drei Kategorien eingeteilt, *koordinier-* 44
te, flugplanvermittelte und *nicht-koordinierten* Flughäfen. Ein „koordinierter Flughafen" ist ein Flughafen, auf dem zum Starten oder Landen eine von einem Koordinator zugewiesene Zeitnische benötigt wird (Art. 2 lit. g)). „Flugplanvermittelt" ist ein Flughafen, wenn er zu bestimmten Zeitpunkten zu Überlastungen neigt, die durch freiwillige Zusammenarbeit der Fluggesellschaften bewältigt werden können und auf dem ein Flugplanvermittler eingesetzt worden ist, um die Betriebsvorgänge der betreffenden Fluggesellschaften miteinander zu vereinbaren (Art. 2 lit. i)). Für die Klassifizierung der Flugplätze ist eine Kapazitätsanalyse gemäß Art. 3 III maßgeblich. Wird danach eine Unterkapazität ermittelt, dann ist ein Staat verpflichtet, den Flughafen für koordiniert zu erklären. Andernfalls obliegt den Mitgliedstaaten die Entscheidung über die Einordnung. Wenn sie Flughäfen für flugplanvermittelt erklären, dann müssen die Grundsätze der Transparenz, der Unparteilichkeit und Nichtdiskriminierung gewahrt werden (Art. 3 II).

---

46 Entscheidungen Nr. 94/290 und 94/291, ABl. L 127/1994, 22 und 32. Zur Verkehrsaufteilung auf das Pariser Flughafensystem s. auch die Entscheidung Nr. 95/259, ABl. L 162/1995, 25.

47 Entscheidung Nr. 98/710, ABl. L 337/1998, 42.

48 EuGH, Rs. C-361/98 (Italien/Kommission), Slg 2001, I-385.

49 ABl. L 14/1993, 1, zuletzt geändert durch VO Nr. 545/2009, ABl. L 167/2009, 24. Dazu *Weiner*, Die Vergabe von Slots, 2009.

45 Der für einen koordinierten Flughafen zuständige Staat ist verpflichtet, einen qualifizierten *Koordinator* bzw einen *Flugplanvermittler* zu bestellen. Diese müssen unabhängig sein und es muss gewährleistet sein, dass sie unparteiisch, diskriminierungsfrei und transparent handeln (Art. 4). Der jeweilige Koordinator ist als Einziger für die Zuweisung von Zeitnischen zuständig. Der Flugplanvermittler berät Luftfahrtunternehmen und empfiehlt alternative Ankunfts- und/oder Abflugzeiten, wenn eine Überlastung wahrscheinlich ist. Für koordinierte Flughäfen muss weiterhin ein *Koordinierungsausschuss* eingesetzt werden. In diesem Ausschuss sind die Luftfahrtunternehmen vertreten, die den betreffenden Flughafen regelmäßig nutzen (Art. 5 I). Der Ausschuss berät den Koordinator und die Mitgliedstaaten u.a. zu Fragen der Kapazitätssteigerung, der Koordinierungsparameter und der Leitlinien für die Zuweisung von Zeitnischen. Ihm obliegt weiterhin die Vermittlung bei Beschwerden über die Zuweisung von Zeitnischen.

46 Art. 8 und 10 der VO definieren ein Verfahren für die Zuweisung von Zeitnischen. Diese erfolgt jeweils für eine *Flugplanperiode*.[50] Eine bevorrechtigte Stellung erhält ein Luftfahrtunternehmen, das im Linienverkehr oder im programmierten Gelegenheitsverkehr tätig ist und das während der vergangenen Flugplanperiode die gleichen zugewiesenen Zeitnischen zu mindestens 80 % genutzt hat („Altbewerber"). In diesem Fall kann es die Zuweisung der entsprechenden Nischen in der nächsten entsprechenden Flugplanperiode beanspruchen (Art. 8 II). Kann nicht allen Anträgen stattgegeben werden, dann wird dem gewerblichen Flugverkehr und innerhalb dieser Kategorie dem Unternehmen mit ganzjährigem Flugbetrieb Vorrang eingeräumt (Art. 8 III).

47 Ein Mitgliedstaat kann auf einem koordinierten Flughafen Zeitnischen reservieren, soweit diese erforderlich sind, um die für eine bestimmte Strecke auferlegten gemeinwirtschaftlichen Verpflichtungen iSv Art. 16 der VO Nr. 1008/2008 (dazu *Rn 32*) zu erfüllen (Art. 9).

48 Aus den auf einem Flughafen für den Flugbetrieb vorhandenen Kapazitäten wird ein *Zeitnischenpool* gebildet, aus dem Anträge von Fluggesellschaften auf Start bzw Landungszeiten erfüllt werden. In dem Pool sind alle nicht bevorrechtigt zugewiesenen, zurückgegebenen und neuen Kapazitäten enthalten (Art. 10 I). Aus dem Pool werden die jeweiligen Anträge von Luftfahrtunternehmen bedient. Die Hälfte der dabei verfügbaren Zeitnischen wird an *Neubewerber*[51] vergeben, sofern sich die Anträge von Neubewerbern nicht auf weniger als 50 % belaufen (Art. 10 VI). Die bevorrechtigte Stellung hinsichtlich der Zuweisung von Nischen von Unternehmen, denen bereits in der vorangegangenen Flugplanperiode Zeitnischen zugewiesen worden waren („erworbene Rechte") gilt nur, wenn diese zu mindestens 80 % genutzt wurden (Art. 10 II; *Rn 46*). Die nicht genutzten Zeitnischen werden in den Pool eingestellt.

49 Zeitnischen können von einem Luftfahrtunternehmen von einer Strecke auf eine andere von ihm bediente Strecke übertragen werden. Sie können weiterhin zwischen

---

50 Gemäß Art. 2 lit. d) ist dies entweder die Sommer- oder die Wintersaison in den Flugplänen der Luftfahrtunternehmen.

51 Der Status des „Neubewerbers" iSd VO Nr. 95/93 ist in Art. 2 lit. b) definiert.

Mutter- und Tochtergesellschaften sowie zwischen Tochtergesellschaften desselben Unternehmens übertragen werden. Auch können Zeitnischen zwischen Unternehmen getauscht werden (Art. 8 a I). Übertragungs- und Tauschvorgänge werden erst nach Meldung an den Koordinator und nach dessen ausdrücklicher Bestätigung wirksam.[52]

Will ein Luftfahrtunternehmen auf einem koordinierten Flughafen starten oder landen, ohne dass ihm vom Koordinator eine Zeitnische zugewiesen wurde, kann der betreffende Flugplan von der zuständigen Flugsicherung abgelehnt werden (Art. 14 I). 50

Wenn ein Unternehmen Flugdienste regelmäßig und vorsätzlich zu Zeiten durchführt, die erheblich von den zugewiesenen Zeitnischen abweichen oder wenn es Zeitnischen in einer erheblich anderen Weise nutzt als bei Antragstellung angegeben, dann verliert es den Status des bevorrechtigten Altbewerbers iSv Art. 8 II (zu Einzelheiten und Sanktionen: Art. 14 II–V).

6. Zugang zum Markt der Bodenabfertigungsdienste

Für den reibungslosen Betrieb des Flugverkehrs erfüllen Bodenabfertigungsdienste eine wesentliche Hilfsfunktion. Die Union hat den Zugang zum Markt dieser Dienste durch die RL 96/67 geöffnet.[53] Damit soll zur Senkung der Betriebskosten der Flugverkehrsgesellschaften und zur Steigerung der den Nutzern gebotenen Qualität beigetragen werden.[54] Allerdings erschweren zahlreiche technische, Sicherheits- oder Umweltgründe die völlige Freigabe des Marktzugangs. Auch erbringen Flughäfen häufig selbst derartige Dienste und beeinflussen damit den Wettbewerb. Schließlich sind Luftverkehrsunternehmen häufig an einer Selbstabfertigung interessiert. Zur Berücksichtigung dieser Besonderheiten ermöglicht die RL Einschränkungen der für bestimmte Tätigkeiten zugelassenen Dienstleister sowie zahlreiche Ausnahmen. Diese müssen allerdings verhältnismäßig und nichtdiskriminierend angewandt werden (Art. 9 II). 51

Als Grundsatz postuliert Art. 6 I eine Verpflichtung der Mitgliedstaaten, den Dienstleistern für Bodenabfertigung einen freien Zugang zum Markt der Drittabfertigungsdienste zu gewährleisten. Die Mitgliedstaaten können allerdings die Befugnis zur Erbringung von Bodendienstleistungen auf einem Flughafen von der Erteilung einer Zulassung abhängig machen. Als Kriterien für deren Erteilung können u.a. eine ausreichende Versicherungsdeckung, die Sicherheit der Ausrüstung, Umweltschutz und die Einhaltung der Sozialgesetzgebung herangezogen werden (Art. 14). 52

Die Mitgliedstaaten sind auch befugt, die Zahl der Dienstleister für bestimmte Dienste auf nicht weniger als zwei zu begrenzen (Gepäckabfertigung, Vorfelddienste, Betankungsdienste, Fracht- und Postabfertigung, Art. 6 II). Weiterhin können die Mit-

52 Zur wettbewerbsrechtlichen Beurteilung von Konsultationen zwischen Unternehmen über die Zuweisung von Zeitnischen s. VO Nr. 1459/2006, ABl. L 272/2006, 3. Dazu *Rn 65*.

53 RL 96/67, ABl. L 272/1996, 36, zuletzt geändert durch VO Nr. 1882/2003, ABl. L 284/2003, 1, 6. Dazu *Rau/Mengelkoch*, in: Frohnmeyer/Mückenhausen, Nr. 58.

54 S. Erwägungsgründe Ziff. 4 und 5 der RL 96/67. S. a. Mitteilung der Kommission „Der Luftverkehr in der Gemeinschaft: vom Binnenmarkt zur Weltweiten Herausforderung", Dok. KOM(99) 182, v. 20. Mai 1999, S. 22.

gliedstaaten Maßnahmen zum Schutz der Rechte der Arbeitnehmer und der Umwelt ergreifen (Art. 18). Allerdings darf dadurch der Zugang neuer Dienstleister zum Markt nicht übermäßig erschwert werden. Dies ist zB der Fall, wenn ein Mitgliedstaat die Übernahme der vom vorherigen Dienstleister beschäftigten Personen verlangt. Eine derartige Bedingung verstößt gegen Art. 18.[55]

53 Die Mitgliedstaaten sind weiterhin verpflichtet, die freie Ausübung der *Selbstabfertigung* zu gewährleisten (Art. 7 I). Allerdings ist es auch insoweit den Mitgliedstaaten gestattet, die Selbstabfertigung bei den Diensten Gepäckabfertigung, Vorfelddienste, Betankung, Fracht- und Postabfertigung mindestens zwei Luftfahrtunternehmen vorzubehalten. Die Unternehmen müssen nach sachgerechten, objektiven, transparenten und nichtdiskriminierenden Kriterien ausgewählt werden. Den Selbstabfertigern muss der erforderliche Zugang zu den Flughafeneinrichtungen gewährt werden. Gegebenenfalls dafür bestehende Bedingungen müssen sachgerecht, objektiv, transparent und nichtdiskriminierend sein. Ist der Zugang mit einem Entgelt verbunden, so muss dies ebenfalls nach diesen Kriterien festgelegt werden. Das Entgelt darf daher nicht allein für den Marktzugang erhoben werden.[56]

54 Gemäß Art. 9 I kann ein Mitgliedstaat von den vorgenannten Grundsätzen abweichen, wenn auf einem Flugplatz aus Gründen des verfügbaren Platzes oder der Kapazität eine Marktöffnung und/oder Selbstabfertigung entsprechend den Vorgaben der RL nicht möglich ist. Dazu gestattet die RL vier Ausnahmen: Begrenzung der Zahl der Dienstleister, Betrauung eines einzigen Dienstleisters mit einem oder mehreren Diensten, Begrenzung der Zahl der Selbstabfertiger oder vollständige Untersagung der Selbstabfertigung (Art. 9). Jede entsprechende Entscheidung muss begründet und vor ihrem Inkrafttreten der Kommission mitgeteilt werden. Die Kommission prüft die Maßnahmen und kann sie genehmigen oder ablehnen. (Art. 9 V). [57]

55 Wenn ein Mitgliedstaat von der Möglichkeit der Begrenzung der Anzahl der Dienstleister gemäß Art. 6, II oder 9 Gebrauch macht, dann muss der betreffende Mitgliedstaat ein Auswahlverfahren nach den in Art. 11 bezeichneten Grundsätzen durchführen. [58]

7. Flughafenabgaben

56 Eine Quelle möglicher Diskriminierungen und Behinderungen bei der Wahrnehmung der Dienstleistungsfreiheit im Luftverkehr bilden *Flughafenabgaben*. Dabei handelt es sich in der Regel um Abgaben, die dazu bestimmt sind und erhoben werden, um die Kosten für die Bereitstellung von Einrichtungen und Dienstleistungen für die Zivilluftfahrt zu decken. Derartige Abgaben sind also keine Steuern, denn sie dienen nicht zur allgemeinen Finanzierung der öffentlichen Haushalte. Die RL 2009/12 legt ge-

55 EuGH, Rs. C-460/02 (Kommission/Italien), Slg 2004, I-11547, Rn 30 ff sowie Rs. C-386/03 (Kommission/Deutschland), Slg 2005, I-6947.

56 S. dazu EuGH, Rs. C-181 (Deutsche Lufthansa/ANA), Slg 2007, I-5903. S. a. Rs. C-363/01 (Flughafen Hannover/Deutsche Lufthansa), Slg 2003, I-11893, Rn 34 ff.

57 Beispiel für die Genehmigung einer Ausnahme für den Flughafen Zagreb, Beschluss der Kommission 2014/C360/02, ABl. C 360/2014, 2.

58 EuGH, Rs. C-277/13 (Kommission/Portugal), Urt. v. 11. September 2014 (ECLI:EU:C:2014:2208).

meinsame Grundsätze für die Erhebung auf den Flughäfen der Union fest.[59] Diese ordnen sich ein in internationale Bemühungen im Rahmen der ICAO um eine faire und angemessene Berechnung dieser Entgelte.[60]

Die RL findet nur auf Flughäfen Anwendung, die ein besonders hohes Verkehrsaufkommen haben (jährlich mehr als fünf Mio. Fluggastbewegungen) und, auch wenn diese Zahl nicht erreicht wird, auf den Flughafen mit den jeweils höchsten Fluggastbewegungen in jedem Mitgliedstaat.[61] Die RL verbietet bei der Festsetzung von Flughafenentgelten eine Diskriminierung zwischen den Flughafennutzern, gestattet jedoch Differenzierungen, die aus öffentlichem Interesse oder aus Gründen des Umweltschutzes vorgenommen werden. Die Kriterien für derartige Differenzierungen müssen geeignet, objektiv und transparent sein (Art. 3).[62]

Die RL verpflichtet die Mitgliedstaaten, u.a. eine Offenlegung der für die Entgeltfestsetzung verwandten Methode, der Kostenstruktur, der Erträge durch den Betreiber des Flughafens zu gewährleisten (Art. 7, I), eine *unabhängige Aufsichtsbehörde* zu errichten (Art. 11) sowie ein verbindliches Verfahren für Konsultationen zwischen Flughafenbetreiber und -nutzern einzurichten (Art. 6).

D. Das System der Flugpreise und Frachtraten

1. Überblick

Die VO Nr. 1008/2008 (s. *Rn 14*) bekräftigt den Grundsatz der *Preisfreiheit*. Danach 57
legen die Luftfahrtunternehmen der Union – und auf der Grundlage der Reziprozität – die Unternehmen von Drittländern ihre Flugpreise und Frachtraten für Beförderungen innerhalb der Union frei fest (Art. 22 I). Dieser Grundsatz gilt in der Union seit Verabschiedung des dritten Liberalisierungspakets im Jahre 1992.[63] Zunächst waren einheitliche Verfahren zur Genehmigung von Tarifen eingeführt worden.[64] Während der zweiten Phase galt bereits ein System der freien Preisbildung, doch konnten die Mitgliedstaaten gegen als überhöht erscheinende Preise oder gegen schädliche Tarifsenkungen einschreiten.

Als „Flugpreis" definiert die VO in Art. 2 Ziff. 18 „Preise, die von Beförderung von Fluggästen im Flugverkehr an Luftfahrtunternehmen oder deren Bevollmächtigte oder an andere Flugscheinverkäufer zu zahlen sind, sowie etwaige Bedingungen, unter denen diese Preise gelten, einschließlich des Entgelts und der Bedingungen, die Agenturen und anderen Hilfsdiensten geboten werden". Eine entsprechende Defini-

59 ABl. L 70/2009, 11. Beispiel für eine – unzulässige – Abgabe (regionale Steuer): EuGH, Rs. C-169/08 (Presidente del Consiglio dei Ministri), Slg 2009, I-10821.

60 S. RL 2009/12, Erwägungsgründe, Ziff. 9 und 10; s.a. ICAO Dokument Nr. 9082/7, „ICAO'S Policies on charges for Airports and air navigation services", 7. Aufl. 2004, http://www.icao.int/publications/Documents/9082_7ed_en.pdf., zuletzt besucht am 2. August 2014.

61 Eine gegen diese Regelung der RL gerichtete Klage Luxemburgs, die gestützt wurde auf Verletzung des Gleichheitsprinzips, der Verhältnismäßigkeit und der Subsidiarität hat der EuGH abgewiesen, EuGH, Rs. C-176/09 (Luxemburg/Europäisches Parlament und Rat), Slg 2011, I-3727.

62 Zu Diskriminierungen vor Inkrafttreten der RL 2009/12: EuGH, Rs. C-70/99 (Kommission/Portugal), Slg 2001, I-4845; Rs. C-163/99 (Portugal/Kommission), Slg 2001, I-2613; Rs. C-447/99 (Kommission/Italien), Slg 2001, I-5203 sowie Rs. C-92/01 (Stylianakis/Elliniko Dimosio), Slg 2003, I-1291.

63 VO Nr. 2409/92 über Flugpreise und Luftfrachtraten, ABl. L 240/1992,15, aufgehoben und ersetzt durch die VO Nr. 1008/2008.

64 S. RL 87/601, ABl. C 374/1987,12, aufgehoben durch VO Nr. 2342/90, ABl. L 217/ 1990,1.

tion gilt für Luftfrachtraten (Art. 2, Ziff. 19). Nicht zum Flugpreis gehören Steuern und Gebühren (u.a. Flughafengebühren, *Rn 56*), Zuschläge und Entgelte, die unvermeidbar sind (vgl Art. 23 I).[65] Auch Kosten des Gepäcktransports können gesondert berechnet werden.[66]

Die Mitgliedstaaten sind verpflichtet, die Einhaltung der entsprechenden Bestimmungen zu gewährleisten und Sanktionen gegen Verstöße festzulegen (Art. 24).[67]

2. Das Prinzip der Preisfreiheit

58 Neben der Festlegung des *Grundsatzes der Preisfreiheit* bestimmt die VO Nr. 1008/2008 in Art. 23 Pflichten der Luftfahrtunternehmen zur Offenlegung der Tarife und Tarifbedingungen sowie möglicher Zusatzkosten.[68] So müssen die Unternehmen stets den zu zahlenden Endpreis bekannt geben. Dieser muss den Flugpreis bzw die Luftfrachtrate sowie alle anwendbaren Steuern und Gebühren, Zuschläge und unvermeidbare und vorhersehbaren Entgelte einschließen. Stets müssen neben dem Flugpreis/der Luftfrachtrate mindestens die Steuern, die Flughafengebühren und sonstige Gebühren, Zuschläge und Entgelte (zB für Sicherheitskontrollen oder Kraftstoffzuschläge) ausgewiesen werden, soweit sie nicht bereits im Flugpreis enthalten sind. Fakultative Zusatzkosten müssen getrennt mitgeteilt werden (Art. 23 I). Letztere betreffen Dienste, „die den Luftverkehrsdienst als solchen ergänzen, aber für die Beförderung des Fluggastes oder der Luftfracht weder obligatorisch noch unerlässlich sind, so dass der Kunde die Wahl hat, sie anzunehmen oder abzulehnen".[69] Eine nationale Regelung, die den Luftfahrtunternehmen die Erhebung fakultativer Zusatzkosten für die Gepäckaufgabe untersagt, ist mit dem Grundsatz der Preisfreiheit nicht vereinbar.[70]

In *Computerreservierungssystemen* müssen diese Angaben „neutral, umfassend und ohne Diskriminierung oder Bevorzugung" eingestellt werden.[71]

59 Die anwendbaren Tarifbedingungen müssen ebenfalls veröffentlicht werden. Die Informationspflicht gilt für alle Flugdienste, die von einem Flughafen im Hoheitsgebiet der Mitgliedstaaten in jedweder Form, auch im Internet, angeboten werden (Art. 23 I).

60 Soweit die Mitgliedstaaten Luftfahrtunternehmen der Union für Flugdienste zwischen ihrem Hoheitsgebiet und einem Drittland die Festsetzung von Flugpreisen und Frachtraten gestatten, dürfen sie nicht aus Gründen der Staatsangehörigkeit oder der Identität der Luftfahrtunternehmen diskriminieren.

---

65 Zur Auslegung dieser Definition EuGH, Rs. C-487/12 (Vueling Airlines), Urt. v. 18. September 2014 (ECLI:EU:C:2014:2232), Rn 29 ff.

66 Dazu EuGH, Rs. C-487/12, aaO (*Anm. 65*), Rn 38 ff.

67 Zur wettbewerbsrechtlichen Beurteilung von Konsultationen zwischen Luftfahrtunternehmen über Tarife für Personenbeförderungen s. VO Nr. 1459/2006, ABl. L 272/2006, 3. Dazu *Rn 66*.

68 Dazu EuGH, Rs. C-112/11 (ebookers.com Deutschland), Urt. v. 19. Juli 2012 (ECLI:EU:C:2012:487); Rs. C-573/13 (Air Berlin), Urt. v. 15. Januar 2015 (ECLI:EU:C:2015:11).

69 EuGH, Rs. C-112/11 (ebookers.com Deutschland), aaO (*Anm. 68*), Rn 14.

70 EuGH, Rs. C-487/12 (Vueling Airlines), a.a.O. (*Anm. 65*), Rn 43 ff.

71 VO Nr. 80/2009 (Verhaltenskodex im Bezug auf Computerreservierungssysteme), ABl. L 35/2009, 47, Art. 5 und Anhang I, Ziff. 1.

E. Die Anwendung der vertraglichen Wettbewerbsvorschriften auf den Luftverkehr

1. Überblick

Wie bereits in *Kap. II* und *V* dargestellt, finden die Wettbewerbsbestimmungen der Art. 101–109 AEUV auf den Verkehr Anwendung.[72] Dabei ist den „Besonderheiten des Verkehrs" Rechnung zu tragen (Art. 91 I AEUV). In der Praxis werden jedoch zunehmend die allgemeinen Wettbewerbsvorschriften auch auf den Verkehrsbereich angewandt. 61

Der Grundsatz der Geltung der wettbewerblichen Bestimmungen des Vertrages für den Luftverkehr wurde vom EuGH 1984 in der Leitentscheidung „*Nouvelles frontières*" hervorgehoben.[73]

Daher sind auch im Luftverkehr „alle Vereinbarungen, zwischen Unternehmen, Beschlüsse von Unternehmensvereinigungen und aufeinander abgestimmte Verhaltensweisen" verboten, „welche den Handel zwischen Mitgliedstaaten zu beeinträchtigen geeignet sind und eine Verhinderung, Einschränkung oder Verfälschung des Wettbewerbs innerhalb des Binnenmarktes bezwecken oder bewirken" (Art. 101 I AEUV). Unter den Voraussetzungen des Art. 101 III AEUV kann dieses Verbot für nicht anwendbar erklärt werden (dazu *Rn 65*). Verboten ist weiterhin „die missbräuchliche Ausnutzung einer beherrschenden Stellung auf dem Binnenmarkt oder auf einem wesentlichen Teil desselben durch ein oder mehrere Unternehmen, soweit dies dazu führen kann, den Handel zwischen Mitgliedstaaten zu beeinträchtigen" (Art. 102 AEUV), (dazu *Rn 66–68*). 62

Bei geplanten Zusammenschlüssen von Luftfahrtunternehmen findet ebenfalls die allgemeine Regelung der VO Nr. 139/2004[74] zur Anwendung (dazu *Rn 69*). 63

2. Die Anwendung der wettbewerblichen Verfahrensregeln im Bereich des Luftverkehrs

Mit dem Inkrafttreten der VO Nr. 1/2003,[75] entfiel die verfahrensmäßige Sonderstellung, die dem Verkehrssektor ursprünglich eingeräumt worden war.[76] Für den Luftverkehr enthielt die VO Nr. 3975/87 derartige besondere Verfahrensbestimmungen. Die VO ist zwar noch in Kraft, doch wurden die darin enthaltenen Verfahrensregeln zunächst teilweise durch die VO Nr. 1/2003, danach vollständig durch die VO Nr. 411/2004[77] aufgehoben. Damit wurde gleichzeitig der Wirkungsbereich der VO Nr. 1/2003 auf Luftbeförderungen zwischen Mitgliedstaaten der Union und Drittstaaten ausgedehnt. 64

---

72 S. *Kap. II Rn 4–7* und 9; *Kap. V Rn 45 ff.* Zum Seeverkehr s. *Kap. VIII Rn 34 ff.*
73 EuGH, verb. Rs. 209–213/84 (Ministère public/Asjes u.a.), Slg 1986, 1425. Dazu *Rn 9*.
74 ABl. L 24/2004,1.
75 VO Nr. 1/2003 über die Durchführung der Wettbewerbsregeln des Vertrages, ABl. L 1/2003, 1, zuletzt geändert durch VO Nr. 487/2009, ABl. L 148/2009, 1.
76 VO Nr. 141/62, ABl. 1962, 2751.
77 ABl. L 68/2004,1, zuletzt geändert durch VO Nr. 487/2009, ABl. L 148/2009, 1.

3. Das Kartellverbot

65 In Anwendung von Art. 101 III AEUV können einzelne Vereinbarungen genehmigt aber auch Gruppen von Vereinbarungen und aufeinander abgestimmte Verhaltensweisen von dem vertraglichen Kartellverbot freigestellt werden. Für den Luftverkehr ermächtigte der Rat durch die VO Nr. 487/2009[78] die Kommission zu entsprechenden Freistellungen.

Art. 2 I der VO enthält eine (nicht abschließende) Aufzählung der Gegenstände, zu denen die Kommission Freistellungsverordnungen erlassen kann:

- gemeinsame Planung und Koordinierung der Flugpläne;
- Konsultationen über Tarife für die Beförderung von Fluggästen, Gepäck und Fracht im Linienflugverkehr;
- Vereinbarungen über den gemeinsamen Betrieb neuer Linienflugdienste mit geringem Verkehrsaufkommen;
- Zuweisung von Zeitnischen auf Flugplätzen und Planung der Flugzeiten;
- den gemeinsamen Erwerb, die gemeinsame Entwicklung und den gemeinsamen Betrieb von computergestützten Buchungssystemen, welche die Flugzeiten, Buchungen und Flugscheinausstellung umfassen, durch Luftfahrtunternehmen.

Die Kommission legt im Einzelnen die Vereinbarungen, Beschlüsse und Verhaltensweisen fest, auf die Freistellungsverordnungen anwendbar sind. Darin werden insbesondere die zulässigen Beschränkungen oder Klauseln sowie die gegebenenfalls zu erfüllenden Bedingungen bezeichnet (Art. 2, II).

In der Anfangsphase der Geltungsdauer der zuvor anwendbaren VO Nr. 3976/87 hatte die Kommission mehrere Freistellungsverordnungen von begrenzter Laufzeit erlassen.[79] Davon ist keine mehr in Kraft. Seit der Annahme der VO Nr. 487/2009 hat die Kommission von der Ermächtigung dieser VO keinen Gebrauch gemacht. Dagegen ergingen Einzelfreistellungen zu Kooperationsvereinbarungen zwischen Luftfahrtgesellschaften. Ein Beispiel bildet die Entscheidung Nr. 2004/841, mit der eine Vereinbarung zwischen Air France und Alitalia genehmigt wurde, die u.a. eine Koordinierung der Fluggastdienste (Code-sharing) sowie eine Kooperation bei Wartung, Catering usw zum Gegenstand hatte. Die Genehmigung erfolgte unter der Auflage, dass die Parteien Zeitnischen auf den betroffenen Flughäfen zugunsten von Konkurrenten abtreten.[80]

4. Das Verbot des Missbrauchs einer beherrschenden Stellung

66 Die missbräuchliche Ausnützung einer marktbeherrschenden Stellung ist gemäß Art. 102 AEUV untersagt.[81] Der Tatbestand dieser Vorschrift wird erfüllt, wenn kumulativ drei Bedingungen gegeben sind: Die beherrschende Stellung eines oder mehrerer Unternehmen auf dem Binnenmarkt oder eines wesentlichen Teils desselben, die

78 ABl. L 148/2009, 1. Diese VO kodifizierte und änderte die Vorgänger-VO Nr. 3976/87, ABl. L 374/1987, 9. S. dazu *Schüßlburner*, in: Frohnmeyer/Mückenhausen, Nr. 54.
79 Nachweise bei *Schüßlburner* (s. *Anm. 78*), Rn 37–53.
80 ABl. L 362/2004, 17.
81 Dieses Verbot gilt auch für den Luftverkehr, EuGH, Rs. 66/86 (Ahmed Saeed Flugreisen u.a.), Slg 1989, 803, Rn 33.

missbräuchliche Ausnutzung dieser Stellung und die Möglichkeit einer Beeinträchtigung des Handels zwischen den Mitgliedstaaten.[82]

Für die Feststellung einer beherrschenden Stellung kommt es auf die Abgrenzung des relevanten Marktes an.

Hinsichtlich des Linienflugverkehrs ist dafür entscheidend, ob die besonderen Merkmale des Linienflugs auf einer bestimmten Linie im Vergleich zu den alternativen Transportmöglichkeiten so kennzeichnend sind, dass er mit ihnen nur in geringem Maß austauschbar und ihrem Wettbewerb nur in wenig spürbarer Form ausgesetzt ist.[83] Eine derartige Situation war zB zeitweilig im Flugverkehr zwischen London und Dublin gegeben, bei dem Aer Lingus einen Marktanteil von 75 % des Passagieraufkommens besaß. Die Merkmale des Land- und Seeverkehrs auf dieser Strecke (Geschwindigkeit, Bequemlichkeit, mehrfacher Wechsel der Beförderungsmittel) unterschieden sich von denen des Luftverkehrs so deutlich, dass nach Auffassung der Kommission eine Substitution der Nachfrage bei den meisten Reisenden ausgeschlossen werden konnte. 67

Eine marktbeherrschende Stellung kann auch ein Flughafenbetreiber innehaben und gegebenenfalls missbräuchlich ausnutzen (zB durch die Erhebung diskriminierender Abgaben).[84]

Der Missbrauch einer beherrschenden Stellung kann auch darin bestehen, dass Tarife überhöht sind oder dass sie übermäßig niedrig festgesetzt worden sind, um andere Unternehmen vom Markt auszuschließen.[85] Eine andere Form des Missbrauchs ist in der Verweigerung des Verkaufs von Flugscheinen für andere Gesellschaften („Interlining“) zu sehen.[86] 68

5. Fusionskontrolle

Die Kontrolle von Zusammenschlüssen im Bereich der Luftverkehrswirtschaft erfolgt nach den allgemeinen Regeln der FusionskontrollVO Nr. 139/2004.[87] Danach sind Zusammenschlüsse von unionsweiter Bedeutung von der Kommission auf ihre Vereinbarkeit mit dem Binnenmarkt zu prüfen. Maßgebliches Kriterium ist dabei gemäß Art. 2 II und III, ob ein Zusammenschluss einen wirksamen Wettbewerb im Binnenmarkt oder in einem wesentlichen Teil desselben erheblich behindern würde. [88] 69

82 Dazu im Einzelnen *Haag*, in Bieber/Epiney/Haag, Die Europäische Union, 2014, § 12, Rn 26 ff.

83 EuGH, Rs. 66/86 (Ahmeed Saed Flugreisen u.a.), Slg 1989, 838. S. a. EuG Rs. T-2/93 (Air France/Kommission), Slg 1994, II-323.

84 EuGH, Rs. C-82/01P (Aéroports de Paris /Kommission), Slg 2002, I-9297.

85 EuGH, Rs. 66/86 (s. *Anm. 81*), Rn 42, 43.

86 S. Entscheidung der Kommission Nr. 92/213 v. 26. Februar 1992 (British Midland/Aer Lingus), ABl. L 96/1992, 34. S.a. Entscheidung Nr. 2000/74 v. 14. Juli 1999 (Virgin/British Airways), ABl. L 30/2000, 1, dazu EuG, Rs. T-219/99 (British Airways/Kommission), Slg 2003, II-5917, bestätigt durch EuGH, Rs. C-95/04P, Slg 2007, I-2331.

87 ABl. L 24/2004, 1.

88 Dazu näher *Haag*, in Bieber/Epiney/Haag, Die Europäische Union, 2014, § 12, Rn 42–46.

Ein Beispiel einer genehmigten Fusion bildet der Zusammenschluss von Air France und KLM im Jahre 2004.[89] Eine gegen diese Genehmigung gerichtete Klage des Konkurrenten easyJet wurde vom EuG abgewiesen.[90]

Beispiele für *nicht* genehmigte Zusammenschlüsse bilden u.a. folgende geplante Fusionen:

- Ryanair/Aer Lingus (2007).[91] Die Untersagung wurde vom EuG bestätigt;[92]
- Olympic/Aegean Airlines (2010);[93]
- Ryanair/Aer Lingus III (2012).[94]

6. Die Anwendung der Beihilfebestimmungen auf den Luftverkehrssektor

70 Die Grundsätze der Anwendung der Vertragsbestimmungen über das Beihilfeverbot (Art. 107 AEUV) im Bereich des Verkehrs wurden in *Kap. V Rn 51 ff* dargestellt. Hier werden lediglich die insoweit für den Luftverkehr bestehenden Besonderheiten erörtert.

Die Problematik der Unterstützung des Flugverkehrs aus öffentlichen Mitteln zeigt sich in der Praxis zum einen an dem Bemühen um die Erhaltung von Fluglinien, die traditionell mit der Symbolik von Staaten verbunden werden. Zum anderen unterstützen Staaten, Regionen oder/und Kommunen vielfach den Bau und auch den Betrieb von Flughäfen, um damit regionalpolitische Ziele zu verfolgen. Marktwirtschaftliche Gesichtspunkte treten dabei häufig zurück. Dabei entsteht ein erhebliches Risiko von Wettbewerbsverfälschungen und damit von Verstößen gegen das Beihilfeverbot. So hat die Kommission im Jahre 2014 wegen Beihilfen an 23 Regionalflughäfen in acht Mitgliedstaaten Beihilfe-Prüfungsverfahren eingeleitet.[95] Zur Erleichterten der Identifizierung von unzulässigen Beihilfen im Bereich des Luftverkehrs veröffentlichte die Kommission im Jahre 2014 „Leitlinien für staatliche Beihilfe für Flughäfen und Luftverkehrsgesellschaften".[96] Diese Leitlinien treten an die Stelle von zwei in den Jahren 1994[97] und 2005[98] veröffentlichten Leitlinien.

71 Die Kommission vertritt in der Leitlinie von 2014 die Auffassung, dass allein die Tatsache, dass ein Flughafenbetreiber staatliche Beihilfen erhält oder erhalten hat, nicht automatisch bedeutet, dass auch die Luftverkehrsgesellschaften, die seine Kunden sind, als Beihilfeempfänger einzustufen sind („Wenn die einer Luftverkehrsgesellschaft an einem bestimmten Flughafen gebotenen Bedingungen auch von einem gewinnorientierten Flughafenbetreiber geboten worden wären, kann nicht davon ausgegangen werden, dass der Luftverkehrsgesellschaft ein Vorteil für die Zwecke der Beihilfevorschriften gewährt wird") *(Ziff. 11)*.

89 Entscheidung Comp/M.3280, ABl. C 60/2004, 5.
90 EuG, Rs. T-177/04 (easyJet Airline/Kommission), Slg 2006, I-1931.
91 Entscheidung COMP/M.4439, ABl. C 47/2008, 9.
92 EuG, Rs. T-342/07 (Ryanair/Kommission), Slg 2010, II-3457.
93 Beschluss der Kommission v. 26. Januar 2011, COMP/M.5830, ABl. C 195/2012, 11.
94 Beschluss der Kommission v. 27. Februar 2013, COMP/M.6663, ABl. C 216/2013, 22.
95 S. „Aufforderung zur Stellungnahme nach Artikel 108 Absatz 2 AEUV" der Kommission, ABl C 113/2014, 30.
96 Mitteilung der Kommission v. 4. April 2014, ABl. C 99/2014, 3.
97 ABl. C 350/1994, 7. S. dazu *Schüßlburner*, in: Frohnmeyer/Mückenhausen, Nr. 55.
98 ABl. C 312/2005, 5.

Die Kommission will bei der Prüfung von Beihilfen „einen ausgewogenen Ansatz anwenden, der in Bezug auf die verschiedenen Geschäftsmodelle von Flughäfen und Luftverkehrsgesellschaften neutral ist und der den Wachstumsperspektiven des Luftverkehrs, dem Bedarf an regionaler Entwicklung und Anbindung sowie den positiven Auswirkungen des Geschäftsmodells der Billigfluganbieter auf die Entwicklung mancher Regionalflughäfen Rechnung trägt". Gleichzeitig hält sie einen allmählichen Übergang zu einem marktorientierten Ansatz für gerechtfertigt. „Abgesehen von begründeten Ausnahmefällen sollten Flughäfen in der Lage sein, ihre Betriebskosten zu decken, und sollten öffentliche Investitionen für den Bau rentabler Flughäfen, die der Nachfrage von Luftverkehrsgesellschaften und Passagieren entsprechen, eingesetzt werden. Verfälschungen des Wettbewerbs zwischen Flughäfen und zwischen Luftverkehrsgesellschaften sowie der Betrieb mehrerer unrentabler Flughäfen im selben Einzugsgebiet sollten vermieden werden" (Ziff. 19).

Auf der Grundlage der Art. 107 und 108 AEUV hat die Kommission zahlreiche Entscheidungen zu Beihilfen an Fluggesellschaften oder an Flughäfen erlassen, die, soweit dagegen geklagt wurde, im allgemeinen vom EuG und/oder vom EuGH bestätigt wurden.[99] In seltenen Fällen wurden derartige Entscheidungen von EuG oder EuGH als rechtswidrig aufgehoben bzw das Nichteintreten auf Beschwerden von Konkurrenten als rechtswidrig qualifiziert.[100] 72

Als charakteristisches Beispiel für den Konflikt zwischen Markt und regionalem Interesse können die Vereinbarungen der Region Wallonien und dem Flughafenbetreiber „Brussels South Charleroi Airport" einerseits und dem Luftverkehrsunternehmen Ryanair andererseits dienen. Die Region ist Eigentümerin des Flughafens. Sie gewährte u.a. einen Rabatt von 50 % auf die vorgeschriebenen Landegebühren und verpflichtete sich, Ryanair für jeden Gewinnausfall zu entschädigen, der sich direkt oder indirekt aus einer gesetzlich verfügten Änderung der Flughafensteuern oder der Öffnungszeiten des Flughafens ergibt. Die Kommission qualifizierte diese Vereinbarung im Jahre 2004 als unzulässige Beihilfe und verlangte die Rückzahlung.[101] Das EuG erklärte die Entscheidung der Kommission für nichtig.[102] Die Kommission hätte berücksichtigen müssen, dass die Region auch in ihrer Eigenschaft als Eigentümer des Flughafens zur Regelung der Flughafengebühren befugt ist und sie hätte daher das Rabattsystem nach dem Grundsatz des marktwirtschaftlich handelnden privaten Kapitalgebers bewerten müssen. Das Gericht hat also nicht schlechthin das Bestehen einer Beihilfe verneint oder deren Rechtmäßigkeit bejaht sondern hat die Entscheidung wegen fehlerhafter Maßstäbe aufgehoben.[103]

99 Beispiele: EuG, Rs. T-358/94 (Air France/Kommission), Slg 1996, I-2109; EuG, verb. Rs. T-443/08, T-455/08 (Freistaat Sachsen u.a./Kommission), Slg 2011, II-1311; EuGH, Rs. C-288/11P (Mitteldeutsche Flughafen AG u.a/Kommission), Urt. v. 19. Dezember 2012 (ECLI:EU:C:2012:821).

100 Beispiel für die Aufhebung einer Beihilfegenehmigung: EuG, Rs. T-371/94 (British Airways u.a./Kommission), Slg 1998, II-2405; für eine rechtswidrige Untätigkeit: EuG, Rs. T-442/07 (Ryanair/Kommission), Slg 2011, II-333 (Weigerung der Kommission, wegen bestimmter öffentlicher Leistungen an die Fluggesellschaft Alitalia ein Beihilfeverfahren einzuleiten). Beispiel für die Aufhebung eines Beschlusses zur Einleitung eines Prüfverfahrens nach Art. 108 II AEUV: EuG, Rs. T-461/12 (Hansestadt Lübeck/Kommission), Urt. v. 9. September 2014 (ECLI:EU:T:2014:758), (noch nicht rechtskräftig, s. EuGH, Rs. C-524/14P).

101 Entscheidung Nr. 2004/393, ABl. L 137/2004, 1. S. dazu die Anmerkung von *Köster*, EuR 2005, 554 ff.

102 EuG, Rs. T-196/04 (Ryanair/Kommission), Slg 2008, II-3643.

103 EuG, Rs. T-196/04 (Ryanair/Kommission), Slg 2008, II-3643, Rn 57 ff.

7. Schutz vor unlauterem Wettbewerb

73 Als Beteiligte am internationalen Wettbewerb können Fluggesellschaften der Union durch unlautere Praktiken der Fluggesellschaften und durch Subventionen öffentlicher Stellen dritter Staaten benachteiligt werden. Die VO Nr. 868/2004[104] legt Verfahren fest, mit deren Hilfe Schäden der Luftfahrtindustrie der Union durch derartige Praktiken und Subventionen vermieden werden sollen.

Die VO enthält eine Definition der „Subventionierung" (Art. 4) und der „unlauteren Preisbildungspraktiken" (Art. 5). Die Feststellung einer von Subventionen und unlauteren Praktiken ausgehenden Schädigung erfordert eine objektive Prüfung des Flugpreisniveaus der betreffenden Verkehrsdienste und der Auswirkung dieses Niveaus auf die Flugpreise von Unternehmen der Union sowie die Prüfung möglicher Folgewirkungen auf die Gesamtheit der Luftfahrtunternehmen der Union, die gleichartige Dienste durchführen (Art. 3, 6).

Entsprechende Prüfungsverfahren werden entweder auf Antrag der Gesamtheit der betroffenen Luftfahrtunternehmen der Union oder von Amts wegen durch die Kommission eingeleitet (Art. 7, 8). Wird im Anschluss an diese Prüfung eine Schädigung festgestellt, dann ermöglicht die VO die Erhebung von Abgaben bei den betreffenden Fluggesellschaften von Drittstaaten (Art. 9).

Derartige Abgaben werden in der Form von Verordnungen beschlossen und von den Mitgliedstaaten durchgeführt (Art. 17).

F. Der einheitliche europäische Luftraum (Flugsicherung, Flugverkehrsmanagement, Sicherheit, Umweltschutz)

1. Der „einheitliche europäische Luftraum"

74 Neben der Verfügbarkeit der Infrastrukturen für Start, Landung und Abfertigung erfordert der Luftverkehr die Bereitstellung verschiedener Hilfsdienste. Diese betreffen insbesondere die Überwachung des Luftraums, Flugdienste (u.a. Wetterberichte) und Maßnahmen zur Sicherheit von Flughäfen und Flugbewegungen. Traditionell werden diese Leistungen im staatlichen Rahmen organisiert.

Eine erste Minderung der auf diese Weise entstandenen Fragmentierung des europäischen Luftraums gelang ab 1960 durch den Abschluss des *Internationalen Übereinkommens über die Zusammenarbeit in der Flugsicherung* (EUROCONTROL).[105] Im Jahre 2014 umfasst diese Organisation 40 Mitgliedstaaten. Die Europäische Union ist im Jahre 2004 beigetreten.[106] Zwischen EUROCONTROL und der Europäischen Union wurde eine Vereinbarung über Zusammenarbeit geschlossen, die eine gegenseitige Unterstützung bei der Erfüllung der jeweiligen Aufgaben vorsieht.[107]

Unter dem Eindruck wachsender Schwierigkeiten bei der grenzüberschreitenden Organisation des Flugverkehrs empfahl die Kommission im Jahre 1999 die Schaffung ei-

---

104 VO Nr. 868/2004, ABl. L 162/2004, 1, zuletzt geändert durch VO Nr. 596/2009, ABl. L 188/2009, 14.
105 International Convention relating to Co-operation for the Safety of Air Navigation (EUROCONTROL) v. 13. Dezember 1960, revidiert am 27. Juni 1997.
106 Beschluss Nr. 2004/636, ABl. L 304/2004, 209.
107 ABl. L 16/2013, 2.

nes *einheitlichen europäischen Luftraums.*[108] In diesem sollte ein gemeinsames Luftraummanagement ausgeübt werden. Dieses sollte vor allem die Sicherheit und Effizienz des Luftverkehrs erhöhen und die Kapazität des Luftraums vergrößern. In der Folge wurde ein Paket von Maßnahmen verabschiedet. Es umfasst eine „Rahmenverordnung“[109] sowie drei Einzelverordnungen: die „Flugsicherungsdienste-Verordnung“,[110] die „Luftraum-Verordnung“[111] und die „Interoperabilitäts-Verordnung“.[112] Die *RahmenVO* schafft einen harmonisierten Rechtsrahmen für die Schaffung des einheitlichen europäischen Luftraums. Dieser besteht aus einem zusammenhängenden europaweiten Netz von Strecken, Streckenmanagement- und Flugverkehrsmanagementsystemen, denen ausschließlich Sicherheits-, Effizienz- und technische Erwägungen zugrunde liegen (Art. 1 I und 3). Die Schaffung „funktionaler Luftraumblöcke“ soll dazu dienen, die Fragmentierung des Luftraums zu überwinden, indem Flugsicherungsorganisationen zusammenarbeiten, die Organisation und Nutzung des Luftraums durch die Gestaltung optimaler Kontrollsektoren und Strecken über größere Gebiete hinweg optimiert und damit insgesamt Synergien durch Größenvorteile geschaffen werden (Art. 2 Ziff. 25 und Art. 11 I lit. b).[113] Die VO sieht weiterhin vor, dass staatliche und unionsweite Leistungsziele im Hinblick auf Sicherheit, Umwelt, Kapazität und Kosteneffizienz aufgestellt werden (Art. 11). Die Kommission soll für die Kohärenz dieser Ziele sorgen.

Die VO über die *Flugsicherungsdienste* (VO Nr. 550/2004) soll die Aufsicht über Flugsicherungsdienstleistungen von deren Erbringung trennen. Sie enthält Grundsätze für die Zertifizierung von Flugsicherungsorganisationen und für deren Gebührenregelungen (Art. 7, 14 ff).

Die *Luftraum-VO* (VO Nr. 551/2004) soll zu einer stärkeren Integrierung des europäischen Luftraums führen. Sie beschreibt eine „Luftraumarchitektur“, in dem unter anderem ein einziges europäisches Fluginformationsgebiet für den oberen Luftraum eingerichtet und durch die ICAO anerkannt wird. Die Mitgliedstaaten werden verpflichtet, die einheitliche Anwendung des Konzepts der „flexiblen Luftraumnutzung“ sicherzustellen (Art. 7). Zur Durchführung dieser VO hat die Kommission gemeinsame Regeln für die Verkehrsflussregelung im Flugverkehr aufgestellt.[114]

Die *Interoperabilitäts-VO* (VO Nr. 552/2004) betrifft die verschiedenen staatlichen Flugverkehrsmanagementnetze und ihre Komponenten. Diese müssen grundlegenden gemeinsamen Anforderungen entsprechen, die in Anhang II der VO im Einzelnen bezeichnet sind. Die VO sieht dazu ein besonderes Prüfverfahren vor (Art. 5 ff).

---

108 Mitteilungen Dok. KOM(1999) 614 v. 1. Dezember 1999 und Dok. KOM(2001) 123 v. 10. Oktober 2001.

109 VO Nr. 549/2004, ABl. L 96/2004, 1, zuletzt geändert durch VO Nr. 1070/2009, ABl. L 300/2009, 34.

110 VO Nr. 550/2004, ABl. L 96/2004, 10, zuletzt geändert durch VO Nr. 1070/2009, ABl. L 300/2009, 34.

111 VO Nr. 551/2004, ABl. L 96/2004, 20, zuletzt geändert durch VO Nr. 1070/2009, ABl. L 300/2009, 34.

112 VO Nr. 552/2004, ABl. L 96/2004, 26, zuletzt geändert durch VO Nr. 1070/2009, ABl. L 300/2009, 34.

113 Beispiel eines derartigen Luftraumblocks: Vertrag vom 2. Dezember 2010 über die Errichtung des Funktionalen Luftraumblocks „Europe Central“ zwischen der Bundesrepublik Deutschland, dem Königreich Belgien, der Französischen Republik, dem Großherzogtum Luxemburg, dem Königreich der Niederlande und der Schweizerischen Eidgenossenschaft, SR 0.748.06.

114 VO Nr. 255/2010, ABl. L 80/2010, 10, zuletzt geändert durch VO Nr. 923/2012, ABl. L 281/2012, 1.

Zu der auf den einheitlichen europäischen Luftraum bezogenen Gesetzgebung gehört auch die Errichtung der *Europäischen Agentur für Flugsicherheit*[115] (s.*Rn 77)*. Sie übernimmt allgemeine Aufgaben der Überwachung und Begutachtung von Flugverkehrsmanagementsystemen (Art. 17 II iVm Art. 1 I). Zu ihren spezifischen Aufgaben im Zusammenhang mit dem Flugverkehrsmanagement gehört u.a. die Erteilung der erforderlichen Zeugnisse für Organisationen, die Flugverkehrsmanagement-Dienste anbieten (Art. 22 a) sowie für Einrichtungen, die Fluglotsen ausbilden, sofern sie außerhalb der Union ansässig sind (Art. 22 b).

75 Im Jahre 2008 veröffentlichte die Kommission eine kritische Bilanz der Verwirklichung des einheitlichen Luftraums.[116] Sie stellte fest, dass die Integration in funktionalen Luftraumblöcken, die unabhängig von Staatsgrenzen zu definieren wären, auf politische und wirtschaftliche Hindernisse gestoßen sei. Die Fragmentierung im europäischen System sei historisch bedingt, da die Flugsicherung seit jeher eng mit der Ausübung der Hoheitsgewalt verknüpft und daher auf das jeweilige Hoheitsgebiet beschränkt gewesen sei.

Die Fragmentierung zeige mehrere Konsequenzen: Viele der rund 60 Bereichskontrollzentren in Europa erreichten nicht die optimale wirtschaftliche Größe; die Systemduplizierung hielte an, da neue Technologien zu unterschiedlichen Zeitpunkten eingeführt und Ausrüstungen unkoordiniert beschafft würden, was zu hohen Wartungs- und Kontingenzkosten für Ausrüstungen führe, die nicht interoperabel sind; die Kosten für Forschung, Ausbildung und Verwaltung wären unverhältnismäßig hoch.

In der Folge wurden die vier maßgeblichen Verordnungen geändert.[117] Die Änderungen betrafen insbesondere eine Frist zur Einrichtung funktionaler Luftraumblöcke[118] einschließlich einer Reihe präziser und verbindlicher Kriterien für die verbesserte Erbringung von Diensten und die Verwaltung der Netzfunktionen. Gleichwohl blieb auch weiterhin das Ergebnis hinter den Erwartungen zurück. In einer Mitteilung über die „beschleunigte Verwirklichung des einheitlichen europäischen Luftraums“[119] beurteilte die Kommission im Jahre 2013 die Fortschritte bei der Einrichtung der funktionalen Luftraumblöcke als „enttäuschend“. Keiner der angekündigten neun funktionalen Luftraumblöcke sei voll funktionsfähig und die meisten schienen mehr auf die Erfüllung formaler Voraussetzungen als auf die Entwicklung von Synergien und Größenvorteilen ausgerichtet zu sein.

Voraussichtlich werden im Jahre 2015 die ursprünglichen vier den einheitlichen europäischen Luftraum konstituierenden Rechtsakte in einer einzigen Verordnung zusammengefasst und die VO über die Europäische Agentur für Flugsicherheit angepasst.[120] Damit soll die Reform des Flugverkehrsmanagements in Europa konsoli-

115 VO Nr. 216/2008, ABl. L 79/2008, 1, zuletzt geändert durch VO Nr. 6/2013, ABl. L 4/2013, 34. Diese VO ersetzte die ursprüngliche GründungsVO der Agentur, Nr. 1592/2002, ABl. Nr. L 240/2002, 1.

116 Dok. KOM(2008) 389 „Einheitlicher europäischer Luftraum II: Kurs auf einen nachhaltigeren und leistungsfähigeren Luftverkehr“ v. 25. Juni 2008.

117 S. die Nachweise in *Anm. 110–113*.

118 Art. 9 a I, VO Nr. 550/2004, ABl. L 96/2004, 10 idF der VO Nr. 1070/2009, ABl. L 300, 34.

119 Dok. COM(2013) 408 v. 11. Juni 2013.

120 S. Ratsdokument Nr. 16430/14 v. 4. Dezember 2014.

diert und beschleunigt werden. Insbesondere sollen dadurch die Ineffizienz bei der Erbringung von Flugsicherungsdiensten abgebaut und Anstrengungen zur Vereinheitlichung des europäischen ATM-Systems fortgesetzt werden.[121]

Auf der Rechtsgrundlage der Vertragsbestimmungen über Forschung und technologische Entwicklung (Art. 187 AEUV) wurde ein „Gemeinsames Unternehmen" errichtet, das die Flugsicherungsforschung für den einheitlichen europäischen Luftraum koordinieren und verwalten soll (Projekt SESAR).[122][123] Dieses Projekt bildet den Technologie-Pfeiler des einheitlichen europäischen Luftraums. Sein Kernstück ist der europäische ATM-Masterplan, der den Rahmen für die Zusammenarbeit aller einschlägigen Interessenträger bildet. [124] Gründungsmitglieder sind neben der Union die EUROCONTROL-Organisation. Auch öffentliche oder private Einrichtungen können dem Unternehmen beitreten. Das Unternehmen steht auch Einrichtungen aus Drittstaaten offen.[125] 76

2. Die Sicherheit des Luftverkehrs

a) Überblick

Die Gewährleistung der Sicherheit im Flugverkehr bildet die zentrale Aufgabe des Luftrechts. Bereits das Übereinkommen von Chicago sieht hierzu in Art. 37 Mindestnormen vor. Auch die Europäische Zivilluftfahrtkonferenz (ECAC)[126] und EUROCONTROL räumen dieser Aufgabe vorrangige Bedeutung ein. Die Union muss den in diesen Gremien ergangenen internationalen Regelungen Rechnung tragen. Mit der VO Nr. 216/2008 soll sichergestellt werden, dass die Mitgliedstaaten die aus dem Übereinkommen von Chicago resultierenden Verpflichtungen erfüllen. Dazu ist eine gemeinsame Auslegung und Durchführung der einschlägigen Bestimmungen des Abkommens vorgesehen. Damit soll ein einheitliches hohes Niveau der zivilen Flugsicherheit in Europa erreicht werden.[127] 77

Zur Durchführung der VO wurde die *Europäische Agentur für Flugsicherheit* errichtet (Art. 17–64). Ihre Aufgabe besteht darin, die ordnungsgemäße Aufrechterhaltung und Weiterentwicklung der zivilen Flugsicherheit zu gewährleisten (Art. 17 II). Zu diesem Zweck nimmt die Agentur u.a. Inspektionen bei den Behörden der Mitgliedstaaten vor.[128] Auch erfüllt sie im Namen der Mitgliedstaaten Funktionen und Aufgaben, die ihnen durch internationale Übereinkünfte, insbesondere durch das Abkommen von Chicago zugewiesen werden (Art. 17 II, lit. e)). An der Agentur können sich auch europäische Drittstaaten beteiligen, sofern sie Vertragsparteien des Abkommens von Chicago sind (Art. 66). *Sitz* der Agentur ist Köln.[129]

121 Dok. COM(2013) 408 v. 11. Juni 2013, Ziff. 6.
122 „Single European Sky ATM Research".
123 VO Nr. 219/2007, ABl. L 64/2007, 1, zuletzt geändert durch VO Nr. 721/2014, ABl. L 192/2014, 1.
124 http://ec.europa.eu/transport/modes/air/sesar/doc/2012_10_23_atm_master_plan_ed2oct2012.pdf., zuletzt besucht am 4. August 2014.
125 Vgl Art. 1 der Satzung des Gemeinsamen Unternehmens, die der VO Nr. 219/2007 als Anhang beigefügt ist.
126 Dazu *Rn* 6.
127 ABl. L 79/2008, 1, zuletzt geändert durch VO Nr. 6/2013, ABl. L 4/2013, 34.
128 Einzelheiten wurden in der DVO Nr. 628/2013 festgelegt. ABl. L 179/2013, 46.
129 Allgemein zu den Agenturen *Kap. III Rn 25*.

Eine Änderung dieser VO tritt voraussichtlich 2015 in Kraft. Dadurch sollen Überschneidungen mit den Verordnungen über das gemeinsame Luftraummanagement[130] beseitigt und die Abgrenzung zwischen den beiden Rechtsrahmen vereinfacht und geklärt werden.[131] In Zukunft wird die Agentur die Bezeichnung *„Agentur der Europäischen Union für Luftfahrt“* (EAA) tragen.

b) Technische Vorschriften

78 Die VO Nr. 3922/91[132] harmonisiert die technischen Vorschriften und die Verwaltungsverfahren auf allen Gebieten, die mit der Sicherheit und dem sicheren Betrieb von Luftfahrzeugen zusammenhängen. Sie gilt für Entwicklung, Herstellung, Betrieb und Instandhaltung von Luftfahrzeugen sowie für Personen und Stellen, die diese Tätigkeiten ausführen (Art. 1 I). Derartige Vorschriften (Joint Aviation Requirements (JAR)) wurden von den „Joint Aviation Authorities“ (JAA), einer der Europäischen Zivilluftfahrtkonferenz (ECAC) angeschlossenen Organisation, für alle Bereiche der Sicherheit und des sicheren Betriebs von Luftfahrzeugen vereinbart.[133] Die VO nimmt für die Harmonisierung die JAR-Vorschriften zur Grundlage.

Die Mitgliedstaaten erkennen die Erzeugnisse, die gemäß den gemeinsamen technischen Vorschriften und Verwaltungsverfahren entwickelt, hergestellt, betrieben und instandgehalten werden, ohne weitere technische Vorschriften oder Bewertungen an, wenn die Erzeugnisse von einem anderen Mitgliedstaat zugelassen worden sind (Art. 6).

79 Hinsichtlich der Kontrolle der Sicherheit von Flugzeugen dritter Staaten, die im Luftraum der Union verkehren, bestand ursprünglich eine Sonderregelung in Gestalt der RL 2004/36.[134] Diese wurde aufgehoben.[135] Die entsprechenden Aufsichtsbefugnisse werden nunmehr gemäß Art. 23 der VO Nr. 216/2008 von der Europäischen Agentur für Flugsicherheit wahrgenommen.

c) Untersuchungen von Unfällen

80 Die Untersuchung und Verhütung von Unfällen und Störungen in der Zivilluftfahrt ist Gegenstand der VO Nr. 996/2010.[136] Die darin vorgesehenen Verfahren betreffen die Zuständigkeiten und die Einzelheiten der Untersuchungen. Die VO sieht die Errichtung eines europäischen Netzes der Untersuchungsstellen für die Sicherheit der Zivilluftfahrt vor (Art. 7), die Beteiligung der Europäischen Agentur für Flugsicherheit an den Untersuchungen und enthält Vorschriften über die Koordinierung mit Untersuchungen, die von den jeweiligen staatlichen Justizbehörden getrennt durchgeführt werden (Art. 11–14). Sie verpflichtet Luftfahrtunternehmen die rasche Verfügbarkeit von Informationen über alle Personen und gefährlichen Güter an Bord von

130 S. *Anm. 110–113.*
131 Dok. COM(2013) 409 v. 11. Juni 2013. S.a. das Ratsdokument v. 4. Dezember 2014 (*Anm. 120*).
132 ABl. L 373/1991, 4, zuletzt geändert durch VO Nr. 965/2012, ABl. L 296/2012, 1. S. dazu *Stiehl*, in: Frohnmeyer/Mückenhausen, Nr. 111.
133 Vereinbarungen über die Ausarbeitung, Anerkennung und Durchführung gemeinsamer Lufttüchtigkeitsvorschriften (JAR) v. 11. September 1990, s. Anhang I der VO Nr. 3922/91.
134 ABl. L 143/2004, 76, zuletzt geändert durch VO Nr. 596/2009, ABl. L 188/2009, 14.
135 VO Nr. 216/2008, Art. 69.
136 VO Nr. 996/2010, ABl. L 295/2010, 35.

Luftfahrzeugen, die von einem Unfall betroffen sind zu gewährleisten (Art. 20). Die Mitgliedstaaten werden verpflichtet, Pläne für die Unterstützung von Opfern von Flugunfällen und ihren Angehörigen aufzustellen (Art. 21 II). Die nach der VO durchzuführenden Untersuchungen sollen der Verhütung künftiger Unfälle und Störungen dienen, nicht dagegen Schuld- oder Haftungsfragen klären.

Die VO Nr. 376/2014 über die Meldung, Analyse und Weiterverfolgung von Ereig- 81
nissen in der Zivilluftfahrt[137] soll einen Informationsaustausch über Risiken für die Sicherheit des Flugverkehrs ermöglichen. Sie definiert in Art. 4 I vier Gruppen von meldepflichtigen Ereignissen: Diese betreffen den *Betrieb* eines Flugzeugs (a), seinen *technischen Zustand* und seine Wartung (b), die *Flugnavigation* (c) und die *Bodenabfertigung.*

Zur Meldung dieser Ereignisse werden verschiedene in Art. 4 VI einzeln aufgeführte Personen verpflichtet, die bestimmte Funktionen im Flugverkehr ausüben (Piloten, Servicedienstleistende, Kontrolleure, Fluglotsen u.a.). Die Mitgliedstaaten sind verpflichtet, Behörden mit der Aufgabe der unabhängigen Erfassung, Auswertung, Verarbeitung, Analyse und Speicherung von Angaben zu Ereignissen einzurichten. Die gesammelten Informationen sind von den Mitgliedstaaten an den von der Kommission verwalteten *Europäischen Zentralspeicher* zu übermitteln (Art. 8 I). Alle für die Sicherheitsaufsicht in der Zivilluftfahrt zuständigen Einrichtungen oder Sicherheitsuntersuchungsstellen innerhalb der Union erhalten sicheren, uneingeschränkten Online-Zugang zu den im Europäischen Zentralspeicher enthaltenen Informationen über Ereignisse (Art. 9 I).

Spezielle Vorschriften für die Sicherheit in der Zivilluftfahrt enthält die VO 82
Nr. 300/2008.[138] Sie betrifft den Schutz vor unrechtmäßigen Eingriffen in den Luftverkehr und soll eine gemeinsame Auslegung von Anhang 17 zum Abkommen von Chicago gewährleisten.

Sie gilt für Flughäfen, für die Erbringer von Dienstleistungen an Flughäfen (einschließlich der Fluggesellschaften) und für Stellen, die von außerhalb Güter an Flughäfen liefern und/oder Dienstleistungen für diese erbringen. (Art. 2). Die VO legt Grundstandards für Kontrollen von Personal, Passagieren, Fluggerät und Fracht fest, und bezeichnet u.a. ein Verfahren zur Bezeichnung von Gegenständen, deren Mitführen in Flugzeugen verboten ist (Art. 4 III).[139]

Die Mitgliedstaaten können strengere als die in Art. 4 bezeichneten Maßnahmen anwenden. Diese Maßnahmen müssen „relevant, objektiv, nichtdiskriminierend und dem jeweiligen Risiko angemessen sein“ (Art. 6 I).

Die VO verpflichtet die Mitgliedstaaten zur Aufstellung eines nationalen Sicherheitsprogramms für die Zivilluftfahrt (Art. 10). In dem Sicherheitsprogramm sind die Zuständigkeiten für die Gewährleistung der Einhaltung der gemeinsamen Grundstandards festzulegen. Mithilfe eines ebenfalls verpflichtend gebotenen nationalen Quali-

---

137 ABl. L 122/2014, 18. Diese VO ersetzt die zuvor geltende RL 2003/42.

138 ABl. L 97/ 2008, 72, zuletzt geändert durch VO Nr. 18/2010, ABl. L 7/2010, 3.

139 Soweit die entsprechenden Listen nicht veröffentlicht werden, entfalten sie keine verpflichtende Wirkung gegenüber Einzelnen, vgl EuGH, Rs.C-345/06 (Heinrich), Slg 2009, I-1659.

tätskontrollprogramms soll die Einhaltung der VO und des nationalen Sicherheitsprogramms überprüft werden.

Daneben sind Flughafenbetreiber und Luftfahrtunternehmen jeweils zur Aufstellung eigener Sicherheitsprogramme verpflichtet (Art. 12, 13). Die Kommission überwacht die Anwendung der VO in Zusammenarbeit mit den zuständigen Behörden der Mitgliedstaaten.

d) Ausbildung, Berufszeugnisse

83 Die beruflichen Fähigkeiten von Piloten und Fluglotsen sind von wesentlicher Bedeutung für die Sicherheit des Flugverkehrs. Das Recht der Union enthält detaillierte Regelungen über die Ausbildung, Erteilung und Anerkennung von Lizenzen für *Piloten* und *Fluglotsen* sowie Vorschriften zur Gewährleistung einheitlicher Ausbildungsstandards. Den Rahmen dieser Vorschriften bildet die Verordnung Nr. 216/2008.[140] Sie schreibt in Art. 7 I und 8 c I insbesondere vor, dass *Piloten* und *Fluglotsen* sowie *Ausbilder* „grundlegenden Anforderungen" genügen müssen, die in den Anhängen III und Vb der VO näher bezeichnet sind. Nur bei Erfüllung dieser Anforderungen wird ihnen eine Lizenz erteilt.[141] Nur die Lizenz sowie ein spezielles ärztliches Zeugnis über die medizinische Tauglichkeit berechtigt zur Ausübung des jeweiligen Berufs (Art. 7 II; 8 c, II).[142] Auch *Flugbegleiter* müssen besonderen Anforderungen genügen (vgl Art. 8 IV und Anhang IV). Sie müssen zB regelmäßig geschult und geprüft werden, damit sie eine angemessene Befähigung zur Ausführung der ihnen zugewiesenen Sicherheitsaufgaben erlangen und aufrechterhalten.[143]

Die Europäische Agentur für Flugsicherheit überwacht die Tätigkeit der entsprechenden Ausbildungseinrichtungen (VO Nr. 216/2008, Art. 21, 22 b).

Ergänzende Bestimmungen sind von der Kommission zu verabschieden (Art. 7 VI; 8 V; 8 c X). Auf der Grundlage dieser Ermächtigungen hat die Kommission zwei Verordnungen erlassen: VO Nr. 805/2011[144] (Fluglotsen) und VO Nr. 1178/2011 (Piloten und Flugbegleiter).[145]

e) Flugplätze

84 Die VO Nr. 216/2008[146] gilt auch für die Gestaltung, die *Instandhaltung und den Betrieb von Flugplätzen* (Art. 8 a). Sie schreibt u.a. vor, dass der Betrieb eines Flugplatzes eine Zulassung erfordert und Flugplätze und Flugplatzausrüstungen sowie ihr Betrieb den „grundlegenden Anforderungen" entsprechen müssen, die in Anhang Va näher bezeichnet sind (zB zur technischen Beschaffenheit von Start- und Landebereich, zu Tankmöglichkeiten, Feuerlöschdiensten, Flächennutzung im Umfeld des

140 ABl. L 79/2008, 1, zuletzt geändert durch VO Nr. 6/2013, ABl. L 4/2013, 34.

141 Zur Anerkennung der Diplome und der Ausbildung von Fluglotsen s. EuGH, Rs. C-136/07 (Kommission/Spanien), Slg 2008, I-7793.

142 S. *Rn 20 ff.*

143 Zu den Anforderung an die Qualifikation des mit der Wartung der Flugzeuge betrauten Personals s. VO Nr. 1321/2014, ABl. L 362/2014, 1. S.a. EuGH, Rs. C-271/11 (Techniko Epimelitirio Elladas – TEE), Urt. v. 8. November 2012 (ECLI:EU:C:2012:696).

144 ABl. L 206/2011, 21.

145 ABl. L 311/2011, 1, zuletzt geändert durch VO Nr. 290/2012, ABl. L 100/2012, 1.

146 S. *Anm. 141.*

Flugplatzes usw.). Ergänzende Einzelheiten sind von der Kommission festzulegen (Art. 8 a V).[147]

3. Umweltschutz

Für *Bau und Erweiterung von Flughäfen* gelangen die allgemeinen umweltrechtlichen Bestimmungen zur Anwendung, insbesondere die RL 2011/92 über die *Umweltverträglichkeitsprüfung*.[148] 85

Der Schutz der Umwelt vor den spezifischen schädigenden Auswirkungen des *Flugverkehrs* gehört zu den wiederholt bekräftigten Zielen der Gesetzgebung der Union.[149] Auf den Luftverkehr bezogene Maßnahmen der Union betreffen zum einen die von Flugzeugen ausgehenden *Schallemissionen* (*Rn 85*) und zum anderen die Emissionen von *Schadstoffen* (*Rn 86*).

Die grundlegende Bestimmung zu den spezifischen Umweltschutzmaßnahmen im Bereich des Luftverkehrs enthält auch insoweit die VO Nr. 216/2008.[150] Sie bestimmt in Art. 6, dass Flugzeuge und Flugzeugteile (insbesondere Motoren) den Umweltschutzanforderungen entsprechen müssen, die im Übereinkommen von Chicago festgelegt sind. Die Übereinstimmung wird jeweils durch ein „Umweltzeugnis" bestätigt (Art. 20). Einzelheiten für die Erteilung dieser Zeugnisse sind in der VO Nr. 748/2012 festgelegt.[151]

Zur *Begrenzung der Schallemissionen* wurde bereits im Jahre 1989 die RL 89/629 verabschiedet.[152] Sie verpflichtet die Mitgliedstaaten bestimmte Kategorien von Flugzeuge nur dann zum Betrieb zuzulassen, wenn sie Lärmbescheinigungen nach den international gültigen Normen besitzen. 86

Die VO Nr. 598/2014 legt Verfahrensregeln fest, die bei lärmbedingten Beschränkungen des Betriebs von Flughäfen zu beachten sind.[153] Sie verpflichtet die Mitgliedstaaten dazu, die Lärmsituation an Flughäfen gemäß der (aufgrund der umweltrechtlichen Vertragsbestimmungen erlassenen) RL 2002/49[154] einer Bewertung zu unterziehen und gegebenenfalls Lärmminderungsziele festzulegen (Art. 5, 6). Der Erlass von Betriebsbeschränkungen[155] soll dabei nicht als erstes Mittel sondern nur nach Abwä-

147 S. dazu VO Nr. 139/2014, ABl. L 44/2014, 1.

148 ABl. L 26/2012, 1, zuletzt geändert durch RL 2014/52, ABl. L 124/2014, 1. Zur Vorgängernorm (RL 85/337) EuGH, Rs. C-2/07 (Abraham), Slg 2008, 1197; Rs. C-275/09 (Brussels Hoofdstedelijk Gewest u.a.), Slg 2011, I-1753.

149 Vgl Erwägungsgrund Nr. 1 der VO Nr. 598/2014, ABl. L 173/2014, 65: „Ein Hauptziel der gemeinsamen Verkehrspolitik ist eine nachhaltige Entwicklung. Voraussetzung dafür ist ein integriertes Konzept, das sowohl das wirksame Funktionieren der Verkehrssysteme in der Union als auch den Schutz der Umwelt sicherstellt".

150 S. *Anm. 141*.

151 ABl. L 224/2012, 1, zuletzt geändert durch VO Nr. 7/2013, ABl. L 4/2013, 36.

152 RL 89/629, ABl. L 363/1989, 27.

153 ABl. L 173/2014, 65. Durch diese VO wird die inhaltlich entsprechende RL 2002/30 (ABl. L 85/2002, 40) mit Wirkung vom 13. Juni 2016 aufgehoben.

154 RL 2002/49 „über die Bewertung und Bekämpfung von Umgebungslärm", ABl. L 189/2002, 12, zuletzt geändert durch VO Nr. 1137/2008, ABl. L 311/ 2008, 1. Diese RL definiert u.a. „Umgebungslärm" als „unerwünschte und gesundheitsschädliche Geräusche im Freien, die durch Aktivitäten von Menschen verursacht werden und nennt dabei ausdrücklich unter anderen Verkehrsmitteln den Flugverkehr (Art. 3 lit. a).

155 Zu dem Verhältnis zwischen Betriebsbeschränkungen und aus Umweltschutzgründen staatlich definierten Grenzwerten für den Lärmpegel am Boden stellte der EuGH fest: „eine nationale Umweltschutzregelung,

gung anderer möglicher Maßnahmen in Betracht gezogen werden. In der Praxis betrifft dies insbesondere vollständige oder auf bestimmte Flugzeugtypen beschränkte Nachtflugverbote.[156] Die VO verpflichtet weiterhin u.a. zur Bereitstellung von Rechtsbehelfen gegen entsprechende Entscheidungen (Art. 4).

87 Die *Verminderung schädlicher Emissionen*, die von Flugzeugen verursacht werden, soll zum einen durch die Kontrolle der Erfüllung der technischen Anforderungen an Flugzeuge und Flugzeugbauteile gemäß den VO Nr. 216/2008 und Nr. 748/2012 (s. *Rn 84*) gewährleistet werden. Zum anderen sieht die RL 2003/87[157] vor, dass für alle Flüge, die auf Flugplätzen von Mitgliedstaaten enden oder abgehen, das in der RL vorgesehene System zur Minderung von Treibhausgasemissionen Anwendung findet (Art. 3 a) – 3 g)). Luftfahrzeugbetreiber müssen danach Zertifikate erwerben, die während eines bestimmten Zeitraums zur Emission einer festgelegten Menge von Kohlendioxydäquivalent berechtigen.

Der EuGH hat die Gültigkeit der RL im Hinblick auf ihre Vereinbarkeit mit völkerrechtlichem Gewohnheitsrecht und bestehenden Vertragsverpflichtungen der Union mit Drittstaaten geprüft und bestätigt.[158]

88 Zur Förderung der Erforschung umweltfreundlicher Luftverkehrstechnologien, die sowohl die Lärmemissionen als auch die Emissionen von CO^2 und NOx betreffen, wurde in Fortführung eines bereits 2008 begonnen Projekts[159] das *Gemeinsame Unternehmen Clean Sky* 2 errichtet.[160] Seine Rechtsgrundlage ist Art. 187 AEUV (Forschung und technologische Entwicklung). Das Unternehmen soll Forschungen mit dem Ziel betreiben, die *Kraftstoffeffizienz* von Luftfahrzeugen zu erhöhen (Senkung der CO^2 -Emissionen um 20 bis 30 % gegenüber einem dem Stand der Technik entsprechenden Luftfahrzeug, das ab 2014 in Dienst gestellt wird); sowie eine Minderung der NOx- und Lärmemissionen von Luftfahrzeugen um 20 bis 30 % gegenüber einem dem Stand der Technik entsprechenden Luftfahrzeug, das ab 2014 in Dienst gestellt wird.

G. Steuerliche, sozial- und arbeitsrechtliche Bestimmungen

1. Steuerliche Vorschriften, sonstige Abgaben

a) Umsatzsteuern

89 Dienstleistungen im Luftverkehr sind gemäß Art. 2 I lit. c) der RL 2006/112 grundsätzlich mehrwertsteuerpflichtig. Das Gleiche gilt für den Erwerb von Luftfahrzeugen

die Grenzwerte für den Lärmpegel am Boden vorschreibt, die beim Überfliegen von Gebieten in der Umgebung eines Flughafens einzuhalten sind, (stellt) als solche keine „Betriebsbeschränkung" im Sinne dieser Vorschrift dar, sofern sie nicht aufgrund des maßgeblichen wirtschaftlichen, technischen und rechtlichen Zusammenhangs die gleiche Wirkung wie ein Zugangsverbot zu dem genannten Flughafen hat", EuGH, Rs. C-120/10 (European Air Transport SA), Slg 2011, I-7865.

156 S. dazu EuGH, Rs. C-422/05 (Kommission/Belgien), Slg 2007, I-4749.

157 ABl. L 275/2003, 32, zuletzt geändert durch VO Nr. 421/2014, ABl. L 129/2014, 1. Diese Änderung fügt einen neuen Art. 28 a in die VO ein, der u.a. zeitlich begrenzte Ausnahmeregelungen für Flüge von und nach Staaten außerhalb des EWR sowie für Flüge innerhalb der Union von und nach Gebieten in äußerster Randlage iSv Art. 349 AEUV vorsieht.

158 EuGH, Rs. C-366/10 (Air Transport Association of America), Slg 2011, I-13755. Dazu *Bartlik*, Einbeziehung des Luftverkehrs in das EU-Emissionshandelssystem, EuR 2011, 196--225.

159 VO Nr. 71/2008, ABl. L 30/2008, 1.

160 VO Nr. 558/2014, ABl. L 169/2014, 77.

(Art. 2 I lit. b. ii)), (s. *Kap. V Rn 87*). Allerdings sieht Art. 148 lit. e) – g) Ausnahmen von der Steuerpflicht zugunsten von Luftfahrtgesellschaften vor, die vorwiegend im internationalen Verkehr tätig sind. Diese betreffen die Lieferung von Gegenständen zur Versorgung von Flugzeugen, zu deren Reparatur, Wartung und Vermietung sowie Dienstleistungen, die unmittelbar für den Bedarf dieser Flugzeuge und ihrer Ladung erbracht werden.[161]

b) Treibstoffbesteuerung

Die Treibstoffbesteuerung ist durch die RL 2003/96[162] geregelt (s. *Kap. V Rn 99 ff*). 90
Danach unterliegen zum Verbrauch bestimmte oder zum Verkauf angebotene Energieerzeugnisse einer besonderen Steuer. Ausgenommen von dieser Steuerpflicht ist nach Art. 14 I lit. b) die Lieferung von Treibstoff für die gewerbliche Luftfahrt.

c) Sonstige Abgaben

Die Regelungen zur Erhebung von *Flughafenabgaben* sind in *Rn 56 ff* dargestellt. 91

2. Sozial- und arbeitsrechtliche Vorschriften

Für Berufstätigkeiten in der Luftfahrt gelten grundsätzlich die allgemeinen Bestim- 92
mungen über die Freizügigkeit der Arbeitnehmer der Art. 45 AEUV ff. Hinsichtlich der Arbeitszeit und des bezahlten Urlaubs enthält die RL 2003/88[163] besondere Bestimmungen für das fliegende Personal von Luftfahrtunternehmen (Art. 2 Ziff. 7). Darin sind insbesondere Mindestruhezeiten und Höchstarbeitszeiten, ein jährlicher Mindesturlaub[164] sowie besondere Bedingungen für Nachtarbeit vorgeschrieben (Art. 3–13). Diese entsprechen den Regelungen für das fahrende Personal bei Transporten in der Straßen- und Binnenschifffahrt.[165] Für das Bodenpersonal an Flughäfen sind Abweichungen zulässig (Art. 17 III lit. c ii).

Darüberhinaus führt die RL 2000/79[166] nach dem besonderen Verfahren des 93
Art. 155 II AEUV eine Vereinbarung der Sozialpartner durch. Diese betrifft die Arbeitszeitorganisation für das fliegende Personal in der Zivilluftfahrt. Als Partner der Vereinbarung sind beteiligt: die Vereinigung Europäischer Fluggesellschaften, die Europäische Transportarbeiter-Föderation, die European Cockpit Association, die European Regions Airline Association und die International Air Carrier Association.

Die Vereinbarung wurde als Anhang in die RL aufgenommen. Sie schreibt für das fliegende Personal eine maximale jährliche Arbeitszeit einschließlich der Bereitschaftszeit von 2000 Stunden vor (Klausel 8) und begrenzt die eigentliche Flugzeit („Blockzeit“) auf 900 Stunden pro Jahr. Sie legt eine Mindestdauer von bezahltem Jahresurlaub (Klausel 3 I) sowie von flugdienstfreien Tagen pro Monat und pro Jahr fest (Klausel 9). Auch verbietet sie, den Mindestzeitraum für bezahlten Jahresurlaub durch finanzielle Vergütung zu ersetzen (Klausel 3 II).

161 ABl. L 347/2006, 1, zuletzt geändert durch RL 2013/43, ABl. L 201/2013, 4.
162 ABl. L 283/2003, 51, zuletzt geändert durch RL 2004/75, ABl. L 157/2004, 100.
163 ABl. L 299/2003, 9.
164 Dazu EuGH, Rs. C-155/10 (Williams u.a.), Slg 2011, I-8409.
165 S. *Kap. V Rn 113 ff*; *Kap. VI Rn 64 f*; s.a. *Kap. VII Rn 82, 83*.
166 ABl. L 302/2000, 57.

94 Von Bedeutung für die arbeitsrechtliche Stellung des fliegenden Personals ist schließlich die RL 2000/78 „zur Festlegung eines allgemeinen Rahmens für die Verwirklichung der Gleichbehandlung in Beschäftigung in Beruf".[167] Sie verbietet in Art. 2 Diskriminierungen, die unter anderem aus Altersgründen erfolgen. Die in einem Tarifvertrag enthaltene Verpflichtung von Piloten, mit Erreichen des 60. Lebensjahres aus dem Beruf auszuscheiden bildet eine Diskriminierung im Verhältnis zu jüngeren Kollegen. Zwar gestattet Art. 6 der RL Ungleichbehandlungen, sofern diese objektiv und angemessen sind und im Rahmen des staatlichen Rechts ein legitimes Ziel verfolgen, doch wird unter den beispielhaft genannten Zielen (Beschäftigungspolitik, Arbeitsmarkt, berufliche Bildung) die Sicherheit der Luftfahrt nicht erwähnt. Es ist daher nicht zulässig in einem Tarifvertrag das Ende von Arbeitsverträgen mit Piloten zwingend bei Erreichen des 60. Lebensjahrs festzulegen, obwohl im staatlichen Recht und im Völkerrecht die Grenze der physischen Fähigkeit zur Ausübung dieses Berufs bei 65 Jahren angesetzt ist.[168]

Dagegen steht das Verbot der Diskriminierung aus Altersgründen der Bestimmung eines Kollektivvertrags nicht entgegen, worin für die Festlegung der Höhe des Entgelts nur die als Flugbegleiter bei einer bestimmten Luftlinie erworbene Berufserfahrung berücksichtigt wird, nicht aber die inhaltlich identische Erfahrung, die bei einer anderen konzerninternen Luftlinie erworben wurde. Denn diese Bestimmung beruht auf einem Kriterium, das weder untrennbar mit dem Alter der Arbeitnehmer verbunden ist noch mittelbar daran anknüpft.[169]

H. Passagierrechte

95 Das Übereinkommen von Montreal zur Vereinheitlichung bestimmter Vorschriften über die Beförderung im internationalen Luftverkehr[170] enthält Bestimmungen über Schadenersatz bei Tod und Körperverletzungen von Flugreisenden (Art. 17 I) und bei Zerstörung, Verlust oder Beschädigung von Reisegepäck (Art. 17 II). Es enthält weiterhin Vorschriften über den Schadenersatz, der durch Zerstörung, Verlust oder Beschädigung von Gütern während der Luftbeförderung entsteht (Art. 18). Das Übereinkommen regelt auch den Ersatz von Schäden, die durch Verspätung bei der Luftbeförderung von Reisenden, Reisegepäck oder Gütern entstehen (Art. 19). Für den jeweiligen Schaden werden Höchstbeträge festgelegt, für die eine Haftung des Beförderers nicht ausgeschlossen werden kann (Art. 21, 22). Bei Tod und Körperverletzung des Reisenden bestehen keine Grenzen der Ersatzpflicht. Allerdings kann das Luftfahrtunternehmen bei Schäden, die über 100.000 SZR[171] hinausgehen, Forderungen

167 ABl. L 303/2000, 16.
168 EuGH, Rs. C-447/09 (Prigge, Fromm, Lambach), Slg 2011, 8003.
169 EuGH, Rs. C-132/11 (Tyrolean Airways Tiroler Luftfahrt GmbH), Urt. v. 7. Juni 2012 (ECLI:EU:C:2012:329).
170 ABl. L 194/2001, 39.
171 Sonderziehungsrechte gemäß der Definition in Art. 23 des Übereinkommens. Der Betrag entspricht ca. 145 000 Euro. Vgl International Monetary Fund, Currency Units per SDR http://www.imf.org/external/np/fin/data/rms_mth.aspx?SelectDate=2014-08-31&reportType=CVSDR, zuletzt besucht am 7. August 2014.

durch den Nachweis abwenden, dass es weder fahrlässig noch sonst schuldhaft gehandelt habe.

Die Union ist diesem Abkommen 2001 beigetreten.[172]

Die VO Nr. 2027/97 setzt die Bestimmungen des Übereinkommens von Montreal in das Recht der Union um und erweitert gleichzeitig dessen Anwendungsbereich auf Beförderungen innerhalb der Mitgliedstaaten. Außerdem präzisiert sie die Versicherungspflicht von Luftfahrtunternehmen der Union (Art. 3 II).[173] Die Kommission hat im Jahre 2013 eine Änderung und Ergänzung dieser VO vorgeschlagen.[174] Diese betreffen u.a. die Informationen über Freimengen für Handgepäck. Fluggesellschaften werden verpflichtet, bei der Buchung und an den Abfertigungsschaltern (einschließlich Check-in-Automaten) eindeutig die zulässigen Freimengen für Handgepäck und aufgegebenes Gepäck anzugeben, die die Fluggäste in der Kabine und im Frachtraum des Luftfahrzeugs auf den einzelnen Flügen einer Buchung befördern dürfen, einschließlich etwaiger, innerhalb einer bestimmten Freimenge geltender Beschränkungen der Zahl der Gepäckstücke. Werden für die Gepäckbeförderung zusätzliche Gebühren erhoben, so geben die Luftfahrtunternehmen bei der Buchung und auf Anfrage am Flughafen genaue Einzelheiten zu diesen Gebühren an.[175] Weiterhin sollen besondere Bestimmungen für die Beförderung von Mobilitätshilfen und Musikinstrumenten aufgenommen werden. 96

Als Teil ihrer umfassend angelegten Politik zur Stärkung der Rechte von Passagieren der verschiedenen Verkehrsträger[176] verabschiedete die Union die VO Nr. 261/2004[177] über Ausgleichs- und Unterstützungsleistungen für Fluggäste im Fall der *Nichtbeförderung* und bei *Annullierung* oder *großer Verspätung* von Flügen. Die VO findet Anwendung auf Fluggäste, die auf Flughäfen eines Mitgliedstaates der Union einen Flug antreten. Sie findet auch Anwendung auf Passagiere von Fluggesellschaften der Mitgliedstaaten, die von Flughäfen dritter Staaten einen Flug in die Union beginnen (Art. 3 I). Die Rechte der Passagiere im Fall von Nichtbeförderung (Art. 4), Annullierung (Art. 5) oder Verspätung (Art. 6) werden in der VO im Einzelnen bezeichnet. Sie umfassen je nach den konkreten Umständen u.a. Ansprüche auf Leistung von *Ausgleichszahlungen* (Art. 7), auf *Erstattung oder anderweitige Beförderung* (Art. 8) sowie auf *Betreuungsleistungen* (Art. 9). Weiterhin sind *Informationspflichten* der Luftfahrtgesellschaften gegenüber den Passagieren (Art. 14) und die Einrichtung einer Beschwerdestelle (Art. 16) vorgesehen. 97

Der EuGH bestätigte die Rechtmäßigkeit der VO am Maßstab des Abkommens von Montreal und des Rechts der Union[178] und klärte in mehreren Urteilen die Tragweite der verschiedenen im Abkommen von Montreal und in der VO enthaltenen Rechte der Passagiere: 98

172 Beschluss Nr. 2001/539, ABl. L 194/2001, 38.
173 Dazu *Rn 23*.
174 Dok. COM(2013) 130 v. 13. März 2013. Zu den ebenfalls vorgeschlagenen Änderungen der VO Nr. 216/2004 s. nachfolgend *Rn 96*.
175 Dazu EuGH, Rs. C-487/12 (Vueling), Urt. v. 18. September 2014 (ECLI:EU:C:2014:2232).
176 S. *Kap. IV Rn 21 f; Kap. V Rn 118* ff; *Kap. VI Rn 66; Kap. VII Rn 84 ff; Kap. VIII Rn 43.*
177 ABl. L 46/2004, 1. S. dazu *Staudinger/Keller* (Hrsg.), Fluggastrechte-Verordnung, Handkommentar, iE.
178 EuGH, Rs. C-344/04 (IATA und ELFAA), Slg 2006, I-403, Rn 46 und 56 ff.

- Der im Abkommen von Montreal (Art. 17) verwandte Begriff des „*Schadens*“, zu dessen Ersatz Fluggesellschaften gegebenenfalls verpflichtet sind, umfasst nach Auslegung des EuGH sowohl materielle als auch immaterielle Schäden.[179]
- Zu dem in Art. 3 I lit. a) der VO Nr. 261/2004 verwandten Begriff „*Flug*“, mit dem der Geltungsbereich der VO bezeichnet wird, stellt der EuGH fest, dass er nicht die Hin- und Rückreise umfasst, auch wenn diese gemeinsam gebucht wurden.[180]
- Die Ersatzpflicht für den Verlust von *Reisegepäck* während eine Flugreise besteht auch gegenüber einem Passagier, der ihm gehörende Gegenstände in einem verloren gegangenen Gepäckstück untergebracht hatte, das auf den Namen eines anderen Passagiers registriert worden war.[181]
- In Ermangelung von speziellen Regelungen im Recht der Union über *Fristen*, innerhalb deren Klagen auf Ersatz von Schäden im Zusammenhang mit Flugreisen zu erheben sind, gelangt das jeweilige staatliche Recht bzw die Fristenregelung des Abkommens von Montreal (Klagefrist zwei Jahre nach dem Termin der geplanten Ankunft des Flugzeugs, Art. 35) zur Anwendung.[182]
- Die Ersatzpflicht im Fall der *Nichtbeförderung* (Art. 4 der VO Nr. 261/2004) entsteht auch, wenn die Beförderung aus organisatorischen Gründen oder deswegen verweigert wird, weil der Beförderer irrtümlich annimmt, ein Zubringerflug sei verspätet und die gebuchten Passagiere würden deswegen den Anschlussflug nicht mehr erreichen.[183]
- Zu den Ersatzpflichten im Falle der *Annullierung von Flügen* (Art. 5 der VO Nr. 261/2004) stellte der EuGH fest, dass ein Luftfahrtunternehmen im Falle der Annullierung aus unvermeidbaren außergewöhnlichen Umständen (Sperrung des Luftraums wegen eines Vulkanausbruchs) zwar von der Pflicht zur Zahlung eines Ausgleichsbetrags gemäß Art. 7 befreit ist, es aber gegenüber einem Passagier die in Art. 9 vorgesehenen Unterstützungsleistungen erbringen muss.[184]
- Der Begriff der „*Annullierung*“ eines Fluges umfasst auch den Fall, dass ein Flugzeug nach dem Start zum Ausgangspunkt zurückkehrt und die Passagiere mit anderen Flugzeugen ihre Reise durchführen müssen.[185]

Zur *Vermeidbarkeit außergewöhnlicher* Umstände, die zur Annullierung eines Fluges führen, „muss ein vernünftig handelndes Luftfahrtunternehmen seine Mittel rechtzeitig planen, um über eine gewisse Zeitreserve zu verfügen und den Flug möglichst bald nach dem Wegfall der außergewöhnlichen Umstände durchführen zu können. Verfügt ein Luftfahrtunternehmen in einer solchen Situation dagegen nicht über eine Zeitreserve, kann nicht angenommen werden, dass es alle zumutbaren Maßnahmen

179 EuGH, Rs.C-63/09 (Walz), Slg 2010, I-4239, Rn 27 ff.
180 EuGH, Rs. C-173/07 (Emirates Airlines), Slg 2008, I-5237, Rn 40, 53.
181 EuGH, Rs. C-410/11(Sanchez), Urt. v. 22. November 2012 (ECLI:EU:C:2012:747).
182 EuGH, Rs. C-301/08 (Bogiatzi), Slg 2009, I-10185 (diese Entscheidung erging noch zu dem wortgleichen Art. 29 des insoweit durch das Abkommen von Montreal überholten Warschauer Abkommens v. 1929); EuGH, Rs. C-139/11 (Moré), Urt. v. 22. November 2012 (ECLI:EU:C:2012:741).
183 EuGH, Rs. C-22/11(Finnair Oyj), Urt. v. 4. Oktober 2012 (ECLI:EU:C:2012:604); Rs. C-321/11 (Germán Rodriguez Cachafeiro), Urt. v. 4. Oktober 2012 (ECLI:EU:C:2012:609).
184 EuGH, Rs. C-12/11 (McDonagh), Urt. v. 31. Januar 2013 (ECLI:EU:C:2013:43), Rn 66.
185 EuGH, Rs. C-83/10 (Rodriguez u.a.), Slg 2011, I-9469.

im Sinne von Art. 5 Abs. 3 der Verordnung Nr. 261/2004 ergriffen hat".[186] Annullierungen aus technischen Gründen (zB technische Probleme des Flugzeugs) können nur dann als „außergewöhnliche Umstände" im Sinne von Art. 5 III der VO Nr. 261/2004 angesehen werden, wenn sie auf „Vorkommnisse zurückzuführen sind, die nicht Teil der normalen Ausübung der Tätigkeit des betroffenen Luftfahrtunternehmens sind und von ihm tatsächlich nicht zu beherrschen sind".[187] Wenn ein Flugzeug bei einem vorhergehenden Flug mit einem Treppenfahrzeug kollidiert und deswegen die nachfolgend von diesem Flugzeug auszuführenden Flüge verspätet sind, dann ist dieses Vorkommnis als Teil der normalen Ausübung der Tätigkeit eines Luftfahrtunternehmens anzusehen und fällt daher nicht unter den Begriff der „außergewöhnlichen Umstände".[188]

- Den Begriff „gegenüber der planmäßigen Abflugzeit verzögert" (= *Verspätung*) (Art. 6) präzisierte der EuGH dahin gehend, dass es für die Berechnung der Dauer der Verspätung nicht auf die Verspätung des Abflugs sondern darauf ankomme, mit wie viel Verspätung der Passagier am Zielort eintrifft. Entsprechend müsse die dann fällige Ausgleichszahlung berechnet werden. Danach stehe dem Passagier eines Fluges mit Anschlussflügen, dessen Verspätung zum Zeitpunkt des Abflugs unterhalb der in Art. 6 der VO festgelegten Grenzen liegt, der aber sein Endziel mit einer Verspätung von drei Stunden oder mehr gegenüber der planmäßigen Ankunftszeit erreicht, eine Ausgleichszahlung zu.[189]

  Den Begriff der „Ankunftszeit" zum Zwecke der Ermittlung der Dauer einer Verspätung hat der EuGH anhand des Zeitpunkts bestimmt, an dem mindestens eine der Flugzeugtüren geöffnet wird, sofern den Fluggästen in diesem Moment das Verlassen des Flugzeugs gestattet ist.[190]

- Zum *Gerichtsstand für Klagen auf Schadenersatz gemäß der VO Nr. 261/2004* entschied der EuGH, dass dies nach Wahl des Klägers der Ort des Abflugs oder der Ankunft des gebuchten Fluges sei.[191]

Die von der Kommission 2013 vorgeschlagene Änderung der VO Nr. 2027/97 (und der VO Nr. 261/2004)[192] soll u.a. eine Präzisierung und Ergänzung einzelner Vorschriften im Lichte der vorgenannten Rechtsprechung und der Praxis bewirken. Zum Beispiel soll Art. 6 (neu) der VO Nr. 261/2004 besondere Regelungen im Fall großer Verspätungen treffen. Dazu zählen zB Verpflichtungen der Fluggesellschaften, bei Verspätungen auf der Rollbahn von mehr als einer Stunde besondere Leistungen für die Passagiere bereitzustellen und spätestens nach fünf Stunden Wartezeit den Ausstieg zu ermöglichen.[193]

---

186 EuGH, Rs. C-294/10, (Eglitis, Ratnieks), Slg 2011, I-3983, Rn 28.
187 EuGH, Rs. C-549/07 (Wallentin/Hermann), Slg 2008, I-11061, Rn 26. S. dazu auch die Rs. C-396/06 (Eivind F. Kramme), Schlussanträge GA *Sharpston* v. 27. September 2007.
188 EuGH, Rs. C-394/14 (Siewert), Beschl. v. 14. November 2014 (ECLI:EU:C:2014:2377).
189 EuGH, Rs. C-11/11 (Folkerts), Urt. v. 26. Februar 2013 (ECLI:EU:C:2013:106); Rs. C-402/07 und C-432/07 (Sturgeon u.a.), Slg 2009, I-10923, Rn 61; Rs. C-581/10, C-629/10 (Nelson u.a.), Urt. v. 23. Oktober 2012 (ECLI:EU:C:2012:657), Rn 40.
190 EuGH, Rs. C-452/13 (Germanwings), Urt. v. 4. September 2014 (ECLI:EU:C:2014:2141).
191 EuGH, Rs. C-204/08 (Rehder), Slg 2009, I-6073.
192 Dazu *Rn 23* und *96*.
193 Dok. COM(2013) 130 v. 13. März 2012.

I. Die Außenbeziehungen der Union im Bereich des Luftverkehrs

99 Die Ordnung des Luftverkehrs wurde lange Zeit durch internationale und bilaterale Abkommen der Mitgliedstaaten bestimmt.[194] Auf der anderen Seite gelten auch im Bereich des Luftverkehrs die allgemeinen vertraglichen Grundsätze über die Verteilung der Zuständigkeiten zwischen Mitgliedstaaten und Union.[195] Danach ist die Union für den Abschluss internationaler Abkommen zum Luftverkehr zuständig, wenn sie für den betreffenden Bereich eine interne Gesetzgebung beschlossen hat. Doch besteht daneben die Zuständigkeit der Mitgliedstaaten fort, solange und sofern die Union keine *ausschließliche* Zuständigkeit unter den Voraussetzungen des Art. 3 II AEUV erworben hat. Unter diesen Bedingungen verlief der Prozess zur – teilweisen oder vollständigen – Übernahme der entsprechenden Rechte und Pflichten durch die Union besonders langsam. Inzwischen bestehen jedoch im Bereich des Luftverkehrs zahlreiche eigenständige internationale Beziehungen der Union. Diese wurden mit einzelnen Staaten bzw Staatengruppen angeknüpft (*Rn 102 ff*) oder manifestieren sich im Rahmen internationaler Organisationen (*Rn 107*). Sie existieren zum Teil neben fortdauernden, zum Teil überschneidenden bilateralen Verpflichtungen der Mitgliedstaaten. Die fort geltenden oder neu ausgehandelten Abkommen der Mitgliedstaaten werden allerdings weitgehend durch die Rahmenbedingungen des Rechts der Union bestimmt.

100 Grundsätzliche Klärung erfuhr die Problematik möglicher Zuständigkeitskonflikte durch eine Serie von Klagen der Kommission gegen insgesamt acht Mitgliedstaaten, über die der EuGH am 5. November 2002 entschied.[196] Sie betrafen bilaterale Abkommen, die von den beklagten Staaten mit den USA abgeschlossen worden waren (sog. „open skies"-Abkommen). In diesen Abkommen waren unter anderen jeweils völkerrechtliche Verpflichtungen in Bezug auf die Flugpreise eingegangen worden, die von den Luftfahrtunternehmen der USA auf Strecken in der Union erhoben werden. Gleiches galt für die in dem jeweiligen Staat angebotenen oder benutzten Computerreservierungssysteme. Da die Union zu diesen beiden Gegenständen bereits gesetzliche Regelungen erlassen hatte, war ihr insoweit eine ausschließliche Außenzuständigkeit zugewachsen, die durch den Abschluss der betreffenden bilateralen Abkommen verletzt wurde. Ein weiterer Vertragsverstoß lag nach dem Urteil des EuGH darin, dass Luftfahrtunternehmen der anderen Mitgliedstaaten jederzeit von der Anwendung des jeweiligen bilateralen Luftverkehrsabkommens mit den USA ausgeschlossen werden könnten, während für die Luftfahrtunternehmen des Vertragsstaats dessen Anwendung gesichert sei. Infolgedessen erführen die Luftfahrtunternehmen der anderen EU-Staaten eine Diskriminierung, die sie daran hindert, im Aufnahme-

194 Dazu näher *Rn 2–5*.

195 Dazu *Kap. III Rn 6 ff*.

196 EuGH, Rs. C-466/98 (Kommission/Großbritannien), Slg 2002, I-9427; Rs. C-467/98 (Kommission/Dänemark), Slg 2002, I-9519; Rs. C-468/98 (Kommission/Schweden), Slg 2002, I-9575; Rs. C-469/98 (Kommission/Finnland), Slg 2002, I-9627; Rs. C-471/98 (Kommission/Belgien), Slg 2002, I-9681; Rs. C-472/98 (Kommission/Luxembourg), Slg 2002, I-9741; Rs. C-475/98 (Kommission/Österreich), Slg 2002, I-9797; Rs. C-476/98 (Kommission/Deutschland), Slg 2002, I-9855. In die Reihe dieser Urteile gehört auch das Urt. v. 24. April 2007, Rs. C-523/04 (Kommission/Niederlande), Slg 2007, I-3267.

mitgliedstaat, wie Inländer behandelt zu werden. Dies sei ein Verstoß gegen die vertraglich gewährleistete Niederlassungsfreiheit. [197]

Da auf anderen von den Abkommen erfassten Bereichen keine Gesetzgebung der Union bestand, gab der EuGH den Klagen der Kommission nur teilweise statt. [198]

In der Folge wurde eine große Zahl von Abkommen entsprechend den Urteilen des 101
EuGH umgestaltet. Dazu schlossen entweder die Union oder die Mitgliedstaaten entsprechende Anpassungsabkommen. In der Folge erließ der Rat die VO Nr. 847/2004 über die Aushandlung und Durchführung von Luftverkehrsabkommen zwischen Mitgliedstaaten und Drittstaaten. Diese schafft einen Rahmen und legt Verfahren fest, wenn die Mitgliedstaaten Abkommen mit Drittstaaten über Gegenstände schließen wollen, die teilweise in die Zuständigkeit der Union fallen.[199] Die VO legt ein System der wechselseitigen Information fest, das es der Kommission ermöglichen soll, rechtzeitig gegen den Abschluss eines Abkommens Einspruch zu erheben, wenn dieses nicht mit dem Recht der Union vereinbar ist oder wenn es den Zielen von Verhandlungen zuwiderläuft, die gleichzeitig auf der Ebene der Union mit dem betreffenden Drittstaat geführt werden (Art. 1). Mitgliedstaaten sind zum Abschluss entsprechender Abkommen befugt, wenn diese Abkommen bestimmte gemeinsam ausgearbeitete Standardklauseln enthalten und das interne Notifizierungsverfahren eingehalten worden ist (Art. 1 I und 4).

Parallel zu dieser Strukturierung des weiteren Vorgehens der Mitgliedstaaten entwi- 102
ckelte die Union eigene vertragliche Beziehungen zu dritten Staaten in ihrer näheren Umgebung (*Rn 103–105*) und zu Staaten von besonderer Bedeutung für die Luftverkehrswirtschaft der Union, wie zB zu den Vereinigten Staaten (*Rn 106*). Nach der Präzisierung der Zuständigkeiten der Union durch die „open skies"-Urteile (s. *Rn 98*) verabschiedete der Rat in einer umfassenderen geographischen Perspektive im Jahre 2005 eine allgemeine Orientierung „zur Weiterentwicklung der Luftfahrtaußenpolitik".[200] Als Priorität für vertragliche Beziehungen der Union wird an erster Stelle der Abschluss eines Abkommens mit den USA genannt. Besonders hervorgehoben wird die Schaffung eines *„erweiterten gemeinsamen europäischen Luftverkehrsraums"* (ECAA) unter Einbeziehung von Nachbarstaaten der EU. Ausdrücklich erwähnt werden dabei die westlichen Balkanstaaten und Marokko. Als andere für mögliche Vertragsverhandlungen wichtige Drittstaaten, werden Australien, Neuseeland, Indien, Chile und Südafrika genannt. Auch erwähnt der Rat die Überflugrechte über Sibirien und die dafür erhobenen Gebühren als mögliche Verhandlungsgegenstände.

Das Abkommen über den *Europäischen Wirtschaftsraum* (EWR) v. 2. Mai 1992[201] 103
bewirkt eine pauschale Übernahme des Bestands an luftverkehrsrechtlichen Normen

197 In der Rs. C-466/98 (Kommission/Großbritannien) wurde aus anderen Gründen eine Vertragsverletzung festgestellt.

198 Zu den Urteilen s. *Thym*, Anmerkung, EuR 2003 Nr. 2, 277–290; *Grard*, La Cour de Justice des Communautés Européennes et la dimension externe du marché unique des transports aériens, Cahiers de Droit européen 2002, Nr. 5/6, 695–733.

199 VO Nr. 847/2004, ABl. L 157/2004, 7.

200 ABl. C 173/2005, 1.

201 Abkommen über den Europäischen Wirtschaftsraum, ABl. L 1/1994, 1.

der Union durch die noch von diesem Abkommen erfassten Staaten Norwegen, Island und Liechtenstein (s. *Kap. IV Rn 27*).

104 Mit der *Schweiz* wurde 1999 ein Abkommen geschlossen, das entsprechende Bestimmungen enthält, also das Luftverkehrsrecht der Union übernimmt.[202] Im Anhang werden die von der Schweiz zu übernehmen Rechtsakte in 8 Kategorien geordnet: Liberalisierung des Luftverkehrs, Wettbewerbsregeln, Flugsicherheit, Luftsicherheit, Flugverkehrsmanagement, Umwelt und Lärmschutz, Verbraucherschutz, steuerliche Vorschriften. Der Beschluss Nr. 2/2014 des von dem Abkommen geschaffenen „Gemischten Luftverkehrsausschusses“ aktualisiert die Liste der übernommenen Rechtsakte.[203] Er ändert darüber hinaus einzelne der Rechtsakte (insbesondere die VO Nr. 216/2008), um damit u.a. die Beteiligung der Schweiz (ohne Stimmrecht) an der Tätigkeit der Europäischen Agentur für Flugsicherheit (s. *Rn 77*) zu ermöglichen.[204]

Besondere Probleme stellen sich im Bezug auf die Benutzung des deutschen Luftraums durch Flugzeuge, die den Flughafen Zürich anfliegen oder von ihm starten. Das dazu zwischen Deutschland und der Schweiz im Jahre 1984 geschlossene bilaterale Abkommen wurde von Deutschland im Jahre 2000 gekündigt. Deutschland beschloss stattdessen eine Regelung zur Begrenzung der Überflüge in niedriger Höhe. Die Schweiz erhob dagegen Beschwerde bei der Kommission und forderte diese auf, in einer an Deutschland zu richtenden Entscheidung die Anwendung der deutschen Regelung zu untersagen. Sie stützte sich dabei auf eine behauptete Verletzung der VO Nr. 2408/97, des Art. 17 des Luftverkehrsabkommens EU/Schweiz sowie auf eine Verletzung des Verhältnismäßigkeitsprinzips und des Diskriminierungsverbots. Die Kommission lehnte den Erlass der beantragten Maßnahme ab. Das von der Schweiz daraufhin angerufene Gericht[205] und der gegen dessen Urteil angerufene Gerichtshof[206] wiesen jeweils die Klage der Schweiz ab.

105 Ein Abkommen zur Errichtung eines *„gemeinsamen europäischen Luftverkehrsraums“* wurde 2006 zwischen der Union und ihren Mitgliedstaaten einerseits und mehreren Staaten des westlichen Balkans und Island geschlossen.[207] Dieser Raum umfasst freien Marktzugang, die Niederlassungsfreiheit, gleiche Wettbewerbsbedingungen und gemeinsame Regeln in den Bereichen Flug- und Luftsicherheit, Flugverkehrsmanagement, Sozialvorschriften und Umweltschutz. Derartige Abkommen wurden auch mit Moldawien[208] und Georgien[209] geschlossen.

202 ABl. L 114/2002, 73. S. dazu *Auer, Haldimann* und *Hirsbrunner*, in: Felder/Kaddous (Hrsg.), Bilaterale Abkommen Schweiz – EU (Erste Analysen), 2001, 435–477; *Haldimann*, Das Luftverkehrsabkommen zwischen der Schweiz und der Europäischen Gemeinschaft, in: Frohnmeyer/Mückenhausen, Nr. 152.

203 Beschl. v. 5. Dezember 2014, ABl. L 373/2014, 24.

204 Zu den Einzelheiten s. Schweizerisches Bundesamt für Zivilluftfahrt, Das Verhältnis zwischen der Schweiz und der EASA, www.bazl.admin.ch/easa/index.html?lang=de&download, zuletzt besucht am 7. August 2014.

205 EuG, Rs. T-319/05 (Schweiz/Kommission), Slg 2010, II-4265.

206 EuGH, Rs. C-547/10P, Urt. v. 7. März 2013 (ECLI:EU:C:2013:139).

207 ABl. L 285/2006, 3.

208 ABl. L 292/2012, 3.

209 ABl. L 321/2012, 3.

Mit ähnlichem Gehalt wurden *„Europa-Mittelmeer-Luftverkehrsabkommen"* mit Marokko,[210] Jordanien[211] und Israel[212] vereinbart.

Das *Luftverkehrsabkommen mit den Vereinigten Staaten* wurde am 25./30. April 106
2007 ebenfalls als „gemischtes Abkommen" von der Union und den Mitgliedstaaten abgeschlossen.[213] Es trat am 30. März 2008 in Kraft.

Das Abkommen begründet für alle Luftfahrtunternehmen der Union einheitliche Marktzugangsbedingungen. Keine Vertragspartei begrenzt einseitig das Verkehrsvolumen, die Frequenz oder Regelmäßigkeit des Dienstes (Art. 3 IV). Auch können zB europäische Fluggesellschaften unabhängig von ihrer Nationalität von jedem in der Union gelegenen Flughafen die USA anfliegen (Art. I lit. c). Die Preise für Flugdienstleistungen, die im Rahmen dieses Abkommens erbracht werden, können frei festgesetzt werden (Art. 13).

Weiterhin soll das Abkommen die Zusammenarbeit der Vertragsparteien in Fragen des Umwelt- und Verbraucherschutzes, des Wettbewerbs und staatlicher Beihilfen fördern. Hinsichtlich der Eigentumsverhältnisse an US-Luftfahrtunternehmen bestimmt Anhang 4 des Abkommens, dass eine Beteiligung von Staatsangehörigen eines oder mehrerer Mitgliedstaaten der Union am Kapital eines US-Luftfahrtunternehmens nur bis zu einer Grenze von 25 % am stimmberechtigten Kapital gestattet ist. Die tatsächliche Kontrolle eines US-Luftfahrtunternehmens durch ausländische Staatsangehörige ist untersagt.

Das Abkommen über den Luftverkehr wurde ergänzt durch ein Abkommen vom 30. Juni 2008 über die Zusammenarbeit bei der Regelung der Sicherheit der Zivilluftfahrt.[214] Ein weiteres Abkommen über die Verwendung und Übermittlung von Fluggastdatensätzen war in erster Fassung[215] zunächst vom EuGH für vertragswidrig erklärt worden.[216] Es wurde mit geändertem Wortlaut am 14. Dezember 2011 abgeschlossen.[217]

Auch mit Kanada hat die Union umfassende Luftverkehrsabkommen vereinbart.[218] Weitere Abkommen bestehen mit Brasilien[219] und Neuseeland.[220]

Gleichzeitig konnte die Union ihre *Beziehungen zu internationalen Organisationen* 107
festigen. Dies geschah durch Abkommen über eine Zusammenarbeit, zB mit der ICAO[221] und durch Beitritt zum EUROCONTROL-Abkommen.[222] Sie ist an den Arbeiten der Europäischen Zivilluftfahrtkonferenz (ECAC) beteiligt.

210 ABl. L 386/2006, 57.
211 ABl. L 334/2012, 3.
212 ABl. L 208/2013, 3.
213 ABl. L 134/2007, 1, geändert und ergänzt durch das Protokoll v. 24. Juni 2010, ABl. L 223/2010, 3.
214 ABl. L 291/2011, 3.
215 ABl. L 183/2005, 84.
216 EuGH, verb. Rs. C-317/04 und C-318/04 (Europäisches Parlament/Rat), Slg 2006, I-4721.
217 ABl. L 215/2012, 5.
218 ABl. L 207/2010, 32.
219 ABl. L 273/2011, 3. Dieses Abkommen beschränkt sich auf Fragen der Sicherheit.
220 ABl. L 184/2006, 26.
221 Kooperationsvereinbarung v. 4. Mai 2011, ABl. L 121/2012, 16.
222 ABl. L 304/2004, 210.

J. Bilanz und Ausblick

108 Während der letzten Jahre hat sich die Ordnung des Luftverkehrs in Europa grundlegend verändert. Der Aufbau eines einheitlichen europäischen Luftraums durch Normsetzung und Verträge der Union macht erhebliche Fortschritte. Dies betrifft nicht nur die traditionellen Bereiche der Erbringung von Beförderungsleistungen nach nicht diskriminierenden gemeinsamen Regeln sondern auch für sämtliche rechtlichen Funktionsbedingungen der Luftverkehrswirtschaft, insbesondere Flugsicherheit, Luftsicherheit, Flugverkehrsmanagement, Umwelt, Rechte der Passagiere. Doch harren weitere Bereiche einer gemeinsamen Regelung. Dies gilt zB für die Besteuerung von Treibstoff innerhalb der Union. Auch erfordert die Gewährleistung des freien Zugangs der Fluggesellschaften der Union zum internationalen Markt weitere von der Union zu schließende Vereinbarungen. Sonstige Aufgaben betreffen das Luftraummanagement sowie die technologische und industrielle Zusammenarbeit im Rahmen des Projekts zur Verwirklichung des „Einheitlichen Europäischen Luftraums (SES2+)“[223] und des Gemeinsamen Unternehmens „SESAR“.[224] Schließlich erfordert die Stellung der Union in internationalen Fachorganisationen parallel zur Mitgliedschaft der Mitgliedstaaten eine verstärkte Koordinierung bzw Neuordnung.

223 Vgl die Mitteilung der Kommission „Beschleunigte Verwirklichung des einheitlichen europäischen Luftraums“, Dok. COM(2013) 408 v. 11. Juni 2013.
224 S. *Rn* 76.

Kapitel X
Kombinierter Güterverkehr und Intermodalität

A. Einleitung

Die Intensivierung des Verkehrs seit der Errichtung der EWG verlief nicht harmonisch: während der Straßentransport massiv angewachsen ist, haben die Transporte mit konkurrierenden Verkehrsträgern – mit Ausnahme des Kurzstrecken-Seeverkehrs – nur wenig zugenommen und stagnieren zum Teil. Inzwischen haben sich die Anteile der einzelnen Verkehrsträger am Gesamtvolumen der Beförderungen in der Union im Großen und Ganzen stabilisiert. Die dominierende Rolle des Straßenverkehrs sowohl für den Gütertransport als auch für die Personenbeförderung (einschließlich des privaten Verkehrs) hat sich verfestigt.[1] 1

Doch brachte das Wachstum des Straßenverkehrs erhebliche wirtschaftliche und soziale Nachteile mit sich. Zu nennen sind unter anderem die Überlastung der Straßen und die Umweltschäden, die insbesondere in Gebieten mit empfindlichen Ökosystemen (zB Bergregionen) spürbar werden. Hinzu kommen die Abhängigkeiten von fossilen Brennstoffen und die Verschlechterung der Voraussetzungen für zuverlässige und sichere Transporte.

Eine nachhaltige Mobilität kann daher nicht nur durch Optimierung der Leistungsfähigkeit jedes Verkehrsträgers erreicht werden, sondern erfordert eine Intensivierung der Suche nach Alternativen zum Straßentransport. Bei dem Bemühen um eine neue Gewichtung der Verkehrsträger nimmt die Förderung der Transporte, bei denen mehrere Verkehrsträger zusammenwirken, eine zentrale Stellung ein. Dies gilt zwar in erster Linie für den Gütertransport, hat aber auch erhebliche Bedeutung für die Personenbeförderung. Entsprechende Ziele formulierte die Kommission in einem Weißbuch aus dem Jahre 2011.[2] 2

Dieser Ansatz erscheint aus mehreren Gründen zweckmäßig. Unter dem Gesichtspunkt der ökonomischen Effizienz verstärkt die Verbindung der verschiedenen Verkehrsmittel – jedenfalls potenziell – die wesentlichen Vorteile des Straßenverkehrs (zB seine Flexibilität) mit jenen der alternativen Verkehrsmittel (zB die wirtschaftliche Energienutzung). Im Hinblick auf eine Wiederherstellung eines Gleichgewichts zwischen den verschiedenen Verkehrsmitteln erlaubt sie die Füllung von Lücken in den Eisenbahn-, Binnenschifffahrts- und Seeverkehrsnetzen und eine bessere Eingliederung dieser Verkehrsmittel in die Logistikkette. Auf diese Weise werden ihre Kapazitäten besser genutzt und es wird gleichzeitig zur Verminderung des Straßentransports beigetragen. Hinsichtlich der Personenbeförderung soll die *Intermodalität* die Effizienz und die Attraktivität des öffentlichen Verkehrs fördern.[3]

1 *Kommission* (Hrsg.), EU transport in figures, statistical pocketbook 2014, Luxembourg 2014, Tabellen 2.2.2–2.2.3 und 2.3.2–2.3.3.

2 Weißbuch „Fahrplan zu einem einheitlichen europäischen Verkehrsraum – Hin zu einem wettbewerbsorientierten und ressourcenschonenden Verkehrssystem", Dok. KOM(2011) 144, insbes. Ziff. 21, 25–30, 39 ff und Anhang, Ziff. 7.

3 S. Mitteilung der Kommission „Eine europäische Perspektive für Reisende: Mitteilung über die Rechte der Benutzer aller Verkehrsträger", Dok. KOM(2011) 898 v. 28. März 2011, 2 und 16.

3 Das Zusammenwirken mehrerer Verkehrsträger bei der Durchführung eines Transports kann verschiedene Formen annehmen und wird mit verschiedenen Begriffen beschrieben:

- Der Begriff des *„multimodalen Transports“* bezeichnet die Beförderung von Personen oder Gütern durch zwei oder mehrere Verkehrsträger.[4]
- Der *„intermodale Transport“* bildet davon eine Sonderform. Dabei wird die Ware in derselben Ladungseinheit oder in demselben Fahrzeug ohne Umladung transportiert.
- Als *„kombinierter Transport“* wird ein intermodaler Transport bezeichnet, dessen wesentliche Beförderung innerhalb Europas durch Eisenbahn, Binnen- oder Seeschifffahrt erfolgt und dessen Ablauf oder Zulauf auf der Straße so kurz wie möglich sind.[5]

4 Die Union fördert den multimodalen, intermodalen und kombinierten Verkehr durch Verabschiedung gemeinsamer Regeln (*Rn 4 ff*) sowie durch die Gewährung von Subventionen (*Rn 8 ff*).

B. Gesetzgebung zur Förderung der multimodalen Transporte

1. Kombinierter Verkehr zwischen den Mitgliedstaaten

5 Mit der RL 92/106[6] sollen bestehende rechtliche Hindernisse abgebaut und steuerliche Anreize zur Entwicklung des kombinierten Verkehrs eingeführt werden. Als Kriterien für das Vorliegen eines „kombinierten Verkehrs“, auf den die RL Anwendung findet, bezeichnet Art. 1 vier Maßstäbe:

- Die Güterbeförderungen erfolgt zwischen Mitgliedstaaten mittels Lastkraftwagen, Anhänger, Sattelanhänger mit oder ohne Zugmaschine, Wechselaufbau oder Container von mindestens 20 Fuß Länge.
- Ein Abschnitt des Transport erfolgt über die Straße, der übrige Teil der Strecke auf der Schiene oder auf einer Binnenwasserstraße oder auf See.
- Die auf Schiene, Binnenwasserstraße oder See zurückgelegte Entfernung erstreckt sich über mehr als 100 km Luftlinie.
- Der Straßenabschnitt muss zwischen dem Ort, an dem die Güter be- bzw entladen werden und dem nächstgelegenen Umschlagbahnhof liegen und muss so kurz wie möglich sein.[7] Handelt es sich um einen kombinierten Transport Straße/Binnenschifffahrt oder Straße/See, dann darf die Distanz zwischen Be- bzw Entladeort und dem Binnen- oder Seehafen nicht mehr als 150 km Luftlinie betragen.

6 Für die in Art. 1 bezeichneten Transporte gewährleistet die RL freien Zugang zum Markt. Alle in einem Mitgliedstaat niedergelassenen Verkehrsunternehmen, die die Voraussetzungen des Zugangs zum Beruf und zum Markt erfüllen (s. *Kap. V Rn 2*

---

4 So die Definition in der VO Nr. 1315/2013 (Leitlinien für den Aufbau eines transeuropäischen Verkehrsnetzes), ABl. L 348/2013, 1, Art. 3 lit. n).

5 Vgl Wirtschaftskommission der Vereinten Nationen für Europa, Terminologie en transports combinés, Genf/New York 2001.

6 ABl. L 368/1992, 38, zuletzt geändert durch RL 2006/103, ABl. L 363/2006, 344.

7 Zu dem Begriff des „nächstgelegenen Umschlagbahnhofs“ s. den Parteienvortrag in EuGH, Rs. C-305/06 (Kommission/Griechenland), Slg 2008, I-123, Rn 22 ff.

ff), dürfen innerstaatliche oder grenzüberschreitende Straßentransporte durchführen, wenn diese im Zu- oder Ablaufverkehr eines kombinierten Transports erfolgen (Art. 4). Entsprechend beseitigt die RL alle mengenmäßigen Beschränkungen und alle Genehmigungspflichten (Art. 2, 3).

Die Vorschrift ergänzt sinnvoll die Bestimmungen der VO Nr. 1072/2009,[8] denn letztere gestattet die Straßenkabotage nur im Zusammenhang mit der Durchführung internationaler Transporte (*Kap. V Rn 17*).

Eine Besonderheit des kombinierten Verkehrs besteht darin, dass das Eigentum oder der Besitz an Zugmaschine bzw Anhänger häufig zwischen Versender und Empfänger geteilt ist. Bei Anwendung der Definition des Begriffs „Fahrzeug" in der RL 2006/1[9] (Art. 2 I) käme in diesen Fällen auch bei Vorliegen der sonstigen Voraussetzungen[10] eine Qualifizierung als Werkverkehr nicht in Betracht. Gemäß Art. 9 der RL 92/106 können jedoch auch derartige Transporte im Werksverkehr durchgeführt werden und können somit die dafür vorgesehenen Vergünstigungen in Anspruch nehmen.[11]

Auch hinsichtlich der Tarifbildung begünstigt die RL den kombinierten Verkehr. 7
Art. 8 nimmt Beförderungen auf der Straße im Zu- und Ablauf des kombinierten Verkehrs von der Tarifpflicht aus (vgl *Kap. V Rn 41 ff*).[12] Diese Befreiung gilt sowohl für nationale Transporte auf der Straße, dh solche, deren Ausgangs- und Zielort in demselben Mitgliedstaat liegen, als auch für Transporte über eine Staatsgrenze hinweg.[13] Für die erstgenannte Gruppe von Beförderungen ist die Bestimmung deswegen von besonderer Bedeutung, weil für nationale Transporte häufig Tarife gelten, die in dem jeweiligen Staat gesetzlich festgelegt wurden (s. *Kap. V Rn 43*) Für die internationalen Transporte bildet Art. 8 eine zweckmäßige Ergänzung zu Art. 2 der VO Nr. 4058/89 (dazu *Kap. V Rn 42*).

Hinsichtlich der *Besteuerung* enthält Art. 6 eine Regelung zur Ermäßigung bzw Er- 8
stattung der in Abs. 3 näher bezeichneten Abgaben. Es sind dies im Wesentlichen die in Art. 3 der RL 1999/62 („Eurovignette")[14] aufgeführten Fahrzeugsteuern (für Deutschland: „Kraftfahrzeugsteuer", für Österreich: „Straßenverkehrsbeitrag"), die sich auf das für die Beförderung im kombinierten Verkehr eingesetzte Fahrzeug beziehen (LKW, Zugmaschinen, Anhänger, Sattelaufleger). Bei der Anwendung dieser Bestimmung verfügen die Mitgliedstaaten insoweit über ein Ermessen, als sie selbst die Bedingungen, Grenzen und Modalitäten der Erstattung festlegen. Sie müssen dazu

8 ABl. L 300/2009, 72, zuletzt geändert durch VO Nr. 612/2012, ABl. L 178/2012, 5, Erwägungsgründe, Ziff. 16.

9 RL 2006/1 über die Verwendung von ohne Fahrer gemieteten Fahrzeugen im Güterkraftverkehr, ABl. L 33/2006, 82.

10 VO Nr. 1072/2009, ABl. L 300/2009, 72, Art. 2 V lit. d).

11 Nach Aufhebung der in Art. 9 genannten RL 84/647 bezieht sich die Verweisung in Art. 9 der RL 92/106 auf die RL 2006/1 (s. *Anm.* 9), (Art. 6 dieser RL).

12 Der Begriff „Tarifpflicht" bezieht sich nur auf Beförderungspreise, nicht jedoch, wie die französische Version interpretiert werden könnte, auch auf die Kosten für die Nutzung der Infrastruktur. Die englische Fassung ist insoweit eindeutig (*„compulsory tariff regulations"*).

13 Dies folgt insbesondere aus zwei Urteilen des EuGH zur Auslegung der (inzwischen aufgehobenen und durch die RL 92/106 ersetzten) RL 75/130 (s. *Anm.* 6). EuGH, Rs. 2/84 (Kommission/Italien), Slg 1985, 1127, Rn 16 und Rs. C-45/89 (Kommission/Italien), Slg 1991, I-2053, Rn 7, 8.

14 ABl. L 187/1999, 42, zuletzt geändert durch RL 2011/76, ABl. L 269/2011, 1 (dazu*Kap. V Rn 89 ff*). Art. 6 IV der RL „Eurovignette" enthält einen ausdrücklichen Vorbehalt zugunsten von Art. 6 der RL 92/106.

allerdings zuvor die Kommission anhören. Die RL schränkt das staatliche Ermessen lediglich insoweit ein, als der Maßstab der Ermäßigung bzw Erstattung obligatorisch die in dem Staat der Zulassung des Fahrzeugs zurückgelegte Eisenbahnstrecke sein muss (Art. 6 I UA 2). Dagegen steht es dem Staat, in dem das Fahrzeug zugelassen ist frei, bei der Erstattung auch Eisenbahnstrecken zu berücksichtigen, die ganz oder teilweise außerhalb seines Territoriums gelegen sind. Auch können die ausschließlich als Zugmaschinen im Zu- und Ablauftransport des kombinierten Verkehrs eingesetzten Fahrzeuge von der Kraftfahrzeugsteuer (bzw dem Straßenverkehrsbeitrag in Österreich) befreit werden, wenn sie einzeln besteuert werden.

2. Beseitigung technischer Hemmnisse des multimodalen Transports

9 Die Gesetzgebung zu den verschiedenen Verkehrsträgern enthält verstreute Regelungen, die dazu bestimmt sind, technische Hemmnisse des kombinierten Verkehrs auszuräumen.

10 Eine erste Reihe von Bestimmungen soll den Einsatz von Material fördern – oder zumindest nicht behindern – das speziell für den kombinierten Verkehr entwickelt wurde.

So sieht die RL 96/53 über Maße und Gewichte im grenzüberschreitenden Verkehr[15] in Anhang I Ziff. 2.2.2 für Straßenfahrzeuge höhere zulässige Gewichte vor, wenn sie ISO-Container[16] von 40 Fuß befördern. Dagegen enthalten die technischen Spezifikationen für die Interoperabilität von Eisenbahn-Güterwagen (TSI) keine Sonderbestimmungen für zulässige Maße im kombinierten Verkehr.[17]

11 Eine weitere Kategorie von Maßnahmen zur Förderung des kombinierten Verkehrs betrifft die Verknüpfung der für die einzelnen Verkehrsträger entwickelten Informationssysteme.[18] So erwähnen die einschlägigen Rechtsakte zur Einführung und Koordinierung derartiger Systeme jeweils auch das Ziel der Gewährleistung des Informationsaustauschs mit anderen Verkehrsträgern. Als Beispiele sind zu nennen: RL 2005/44 über Binnenschifffahrts-Informationsdienste (RIS),[19] die TSI für die Interoperabilität von Telematikanwendungen im Güterverkehr[20] und die RL 2010/40 über die Einführung intelligenter Verkehrssysteme im Straßenverkehr.[21]

12 Einen eigenen Abschnitt „Infrastruktur für den multimodalen Verkehr" enthält die VO Nr. 1315/2013 über die Leitlinien für den Aufbau eines transeuropäischen Verkehrsnetzes (Art. 27–29).[22] Darin werden Anforderungen an die Infrastruktur dieser Netze und Prioritäten für den Aufbau definiert.

---

15 ABl. L 235/1996, 59, zuletzt geändert durch RL 2002/7, ABl. L 67/2002, 47. Zu dieser RL im Einzelnen *Kap. V Rn 81*.

16 Zur Definition dieser Containergröße s. International Organization for Standardization, ISO Standard 830 (Frachtcontainer), https://www.iso.org/obp/ui/#iso:std:iso:830:ed-2:v 1:en, zuletzt besucht am 13. August 2014.

17 VO Nr. 321/2013, ABl. 104/2013, 1. Zu den STI s. *Kap. VII Rn 58*.

18 S. dazu das Weißbuch 2011 (s. *Anm. 3*), insbesondere §§ 23 und 48.

19 ABl. L 255/2005, 152, zuletzt geändert durch VO Nr. 219/2009, ABl. L 87/2009, 109), Anhang II, Ziff. 3 a.

20 VO Nr. 62/2006, ABl. L 13/2006, 1, zuletzt geändert durch VO Nr. 280/2013, ABl. L 84/2013, 17, Anhang I Ziff. 1.1.

21 ABl. L 207/2010, 1. S. dazu Anhang I (Vorrangiger Bereich II) sowie Anhang II lit. k).

22 S. *Anm. 5*.

Unter den Anforderungen wird generell verlangt, dass die Mitgliedstaaten eine Verknüpfung der Verkehrsträger in Personenbahnhöfen, Güterterminals, Flughäfen und Häfen gewährleisten. Weiterhin ist der Informationsfluss u.a. hinsichtlich der Kapazitäten, der Verkehrsflüsse und der Ortung zwischen Güterterminals, Logistikplattformen und Häfen zwischen den Verkehrsträgern entlang der Logistikkette zu sichern (Art. 28). Als Prioritäten bezeichnet Art. 29 u.a. die Beseitigung der technischen und administrativen Hindernisse, die einem multimodalen Verkehr entgegenstehen. Zu den Prioritäten gehört auch der Aufbau eines reibungslosen Informationsflusses zwischen allen Verkehrsträgern über multimodale (und unimodale) Dienste im gesamten europäischen Verkehrssystem.

C. Subventionierung und sonstige Unterstützungsmaßnahmen der Union

Gemäß der liberalen Konzeption der Gemeinsamen Verkehrspolitik gilt auf dem Verkehrsmarkt das Wettbewerbsprinzip. Es bleibt danach grundsätzlich den Marktkräften überlassen, welche alternative Beförderungsart zum Straßenverkehr sich durchsetzt. Da jedoch der intermodale Verkehr in wirtschaftlicher und organisatorischer Hinsicht einige Nachteile aufweist (zB Notwendigkeit besonderer Investitionen, Zwang zu Zusammenarbeit mit anderen Transporteuren, höhere kommerzielle Risiken), hielt es die Union für gerechtfertigt, durch Subventionen die Entwicklung des intermodalen Verkehrs zu fördern. Dazu forderte der Rat in einer Entschließung v. 14. Februar 2000 die Kommission auf, Forschungs- und Entwicklungsprojekte zum intermodalen Verkehr in den Rahmenprogrammen für Forschung und Entwicklung zu unterstützen.[23] Er betonte daneben die Entwicklung des Kurzstreckenseeverkehrs als eines dynamischen Bestandteils und einer realen Option innerhalb der intermodalen Haus-zu-Haus-Transportkette zwischen allen Regionen der Union.[24] 13

Auf der Grundlage der verkehrsrechtlichen Handlungsermächtigungen schuf die VO 1692/2006 dazu ein besonderes Finanzierungsinstrument („Programm Marco Polo II") von begrenzter Dauer (2007–2013), mit dem ein bereits 2003 begonnenes Projekt fortgeführt wurde. Damit sollten Aktionen in den Sektoren Güterverkehr und Logistik sowie auf anderen relevanten Märkten unterstützt werden, um zur Verringerung der Überlastung im Straßenverkehr, zur Steigerung der Umweltfreundlichkeit des Verkehrssystems und zur Stärkung seiner Intermodalität beizutragen.[25] 14

Gemäß Art. 1 der VO sollte das Programm eine Verlagerung des Straßengüterverkehrs, auf den Kurzstreckenseeverkehr, die Schiene, die Binnenschifffahrt oder eine Kombination von Verkehrsträgern, bei der die Straßenabschnitte möglichst kurz sind, erreichen.

Das Programm ist im Jahre 2014 ausgelaufen. In ihrem 2011 vorgelegten Weißbuch „Fahrplan zu einem einheitlichen europäischen Verkehrsraum – Hin zu einem wett-

23 ABl. C 56/2000, 1, Ziff. 11 lit. j).
24 Entschließung v. 14. Februar 2000 zur Förderung des Kurzstreckenseeverkehrs, ABl. C 56/2000, 3.
25 ABl. L 328/2006, 1, zuletzt geändert durch VO Nr. 932/2009, ABl. L 266/2009, 1. Beispiele der unterstützten Projekte in dem Sonderbericht des Rechnungshofs „Waren die Marco-Polo-Programme im Hinblick auf die Verkehrsverlagerung von der Straße auf andere Verkehrsträger wirksam?", Nr. 3/2013, 28, 29.

bewerbsorientierten und ressourcenschonenden Verkehrssystem“[26] sprach sich die Kommission für eine weitere Subventionierung von Projekten zur Förderung multimodaler Transporte aus.[27]

15 In einer nicht mehr vorrangig verkehrspolitischen Perspektive sondern als Teil ihres neuen Rahmenprogramms für Forschung und Innovation „Horizont 2020“ beschloss die Union unter anderem eine Förderung der Verkehrsforschung, die insbesondere ein *intermodales und multimodales Verkehrssystem* zum Gegenstand haben sollte.[28]

16 Parallel dazu sieht die Union die Möglichkeit finanzieller Unterstützung multimodaler Projekte im Verkehrsbereich im Rahmen ihrer Maßnahmen zur Förderung der Entwicklung transeuropäischer Netze vor (VO Nr. 1316/2013, Fazilität „Connecting Europe“).[29] Die Förderungsbestimmungen dieser VO sind in *Kap. XI Rn 17* genannt. Speziell im Hinblick auf multimodale Beförderungen bezeichnet diese VO in Art. 4 II lit. c) als förderungswürdige Ziele die Steigerung der Zahl der multimodalen logistischen Plattformen und der verbesserten Schienen-Straßen-Terminals.

17 Staatliche Maßnahmen zur Unterstützung des intermodalen Verkehrs fallen grundsätzlich unter die Wettbewerbsvorschriften des AEUV. So kann die Unterstützung zum Ausbau eines Umschlagterminals den Tatbestand einer unzulässigen Beihilfe erfüllen und ist entsprechend von der Kommission zu prüfen. Die Kommission hat aber in diesem Zusammenhang hervorgehoben, dass die Errichtung intermodaler Terminals, die allen Nutzern gleichen Zugang gewähren, den kombinierten Verkehr stärkt und eine Verkehrsverlagerung von der Straße auf die Schiene und den Binnenschiffsverkehr fördert. Sie läge daher im gemeinsamen Interesse. Bei Erfüllung bestimmter Voraussetzungen erklärt die Kommission daher in der Regel derartige Beihilfen für vertragsgemäß.[30]

D. Bilanz und Ausblick

18 Die von der Union vorgesehenen administrativen und steuerlichen Erleichterungen scheinen bisher nur eine begrenzte Wirkung zu entfalten. Auch die Bestimmungen der RL 92/106 über den Marktzugang des kombinierten Verkehrs sind zwar nötig, bringen aber gegenüber dem gewöhnlichen Straßentransport nur geringe Vorteile. Die möglichen steuerlichen Vorteile hängen von der Nutzung des den Mitgliedstaaten eingeräumten Ermessens ab. Initiativen zur Schaffung der für multimodale Transporte erforderlichen technischen Voraussetzungen bleiben bisher punktuell oder befinden sich noch – zum Beispiel im Bereich der Informationstechnologie – in der Aufbauphase. Die Schwierigkeiten zur Erreichung wesentlicher Fortschritte in diesem Bereich zeigen sich auch daran, dass mehrere Initiativen der Kommission, zB zur Ver-

---

26 KOM(2011) 144 v. 28. März 2011.
27 Anhang I, Ziff. 35.
28 VO Nr. 1291/2013, ABl. L 347/2013, 104, Anhang I, Teil III „Gesellschaftliche Herausforderungen“, Abschnitt 4 „Intelligenter, umweltfreundlicher und integrierter Verkehr“, Ziff. 4.2.
29 ABl. L 348/2013, 129.
30 S. dazu die ausführliche Begründung des Beschlusses der Kommission v. 17. Juli 2013 zur Genehmigung der geplanten Beihilfen für Errichtung und Betrieb intermodaler Umschlagterminals in der Slowakei, ABl. L 238/2014, 11.

besserung der Wettbewerbsposition des multimodalen Verkehrs,[31] oder zur Definition europäischer Standard für Ladeeinheiten[32] gescheitert sind.

Der Europäische Rechnungshof hat im Jahre 2013 einen Sonderbericht über die Wirksamkeit des „Marco-Polo II"-Programms veröffentlicht. Er kommt darin zu dem Ergebnis, dass die Programmziele nicht erreicht wurden und die Subventionierung zur Verlagerung des Güterverkehrs von der Straße auf andere Verkehrsträger nur wenig bewirkte.[33] 19

Trotz dieser Probleme hat das Weißbuch von 2011 über den „Fahrplan zu einem einheitlichen europäischen Verkehrsraum" die Bedeutung der multimodalen Beförderung von Personen und Gütern ausdrücklich hervorgehoben und zu ihrer Entwicklung verschiedene Empfehlungen abgegeben: Schaffung eines auf den multimodalen Transport ausgerichteten rechtlichen Rahmens, insbesondere im Hinblick auf technische Vorschriften, Bestimmungen über Beförderungsverträge und das Verbraucherrecht.[34] Vorgeschlagen wird weiterhin die Unterstützung der Entwicklung technischer Lösungen für die spezifischen Probleme dieser Transportform, insbesondere im Bereich der Informationstechnologien,[35] sowie der Ausbau der Infrastruktur, unter anderem durch die Einrichtung multimodaler Frachtkorridore (dazu *Kap. VII Rn 30, 33* sowie *Kap. XI Rn 21)*.[36] 20

Die Verwirklichung dieser Ziele bis zum Jahre 2020 erfordert beachtliche Anstrengungen. Noch ist ungewiss, ob der erforderliche politische Wille und die notwendigen finanziellen Mittel mobilisiert werden können. Die in den VO Nr. 1315/2013 und 1316/2013 gesetzten Anreize (*Rn 12, 14*) zeigen jedenfalls eine verstärkte Bereitschaft des Gesetzgebers, das Potential der multimodalen Transporte besser auszuschöpfen.

31 Vorschlag zur Änderung der RL 92/106, ABl. C 261/1998, 10, im Jahre 2001 zurückgezogen, Dok. KOM(2002) 215, Ziff. 1.3.

32 Geänderter Vorschlag einer RL über intermodale Ladeeinheiten, Dok. KOM(2004) 361, im Jahre 2009 zurückgezogen, ABl. C 71/2009, 17.

33 Sonderbericht des Rechnungshofs Nr. 3/2013, (s. *Anm. 24*), 14–18.

34 Weißbuch 2011 (s. *Anm. 3*), Ziff. 48 ff und S. 21 und 25; s. auch Mitteilung über die Passagierrechte (*Anm. 4*), S. 8 und 17.

35 Weißbuch 2011 (s. *Anm. 3*), Ziff. 23, 46, 48 und 52, sowie S. 11, 22, 26–28; s. auch die Mitteilung der Kommission „Forschung und Innovation für die künftige Mobilität Europas – Entwicklung einer europäischen Strategie für Verkehrstechnologie", Dok. COM(2012) 501 v. 13. September 2012.

36 Weißbuch (s. *Anm. 3*), Ziff. 66.

Kapitel XI
Infrastruktur des Verkehrs

A. Vorbemerkung

1. Der Begriff der Infrastruktur im Europarecht

Mit dem Begriff der Verkehrsinfrastruktur wird üblicherweise die Gesamtheit der festen Einrichtungen bezeichnet, die erforderlich sind, um die Beförderung durch ein Fahrzeug zu ermöglichen oder zu erleichtern. Zur Infrastruktur gehören daher Häfen und Flughafeninstallationen ebenso wie Schienen, Straßen und Wasserstraßen, und Signaleinrichtungen. Nicht zur Infrastruktur gehört dagegen die Transportkapazität, die anhand der Verfügbarkeit von Fahrzeugen bestimmt wird.[1] 1

2. Die Verbindung zwischen Binnenmarkt, Verkehr und Verkehrsinfrastruktur

Für die meisten Beförderungsformen bildet die Verfügbarkeit einer geeigneten Infrastruktur die grundlegende Voraussetzung. Zu einem Binnenmarkt mit einer gemeinsamen Verkehrspolitik gehört notwendigerweise auch eine gemeinsame Konzeption von der Verfügbarkeit, der Nutzungsmöglichkeit und den Prioritäten beim Ausbau und Unterhalt der Verkehrsinfrastruktur.[2] Gleichzeitig berühren Entscheidungen zur Infrastruktur in erheblichem Maße und unmittelbar lokale und regionale Interessen, zB unter den Aspekten der wirtschaftlichen und sozialen Entwicklung und des Umweltschutzes.[3] 2

Für den grenzüberschreitenden Verkehr erfordern der Bau, die Verbindung und Interoperabilität sowie die Festlegung von Standards für die Ausrüstung eine enge Koordinierung zwischen den betroffenen Staaten. Darüberhinaus wird der wirtschaftliche, soziale und territoriale Zusammenhalt der Union[4] auch davon bestimmt, ob den Staaten gelingt, jenseits territorial bestimmter Denkmuster in Fragen der Infrastruktur zusammenzuarbeiten. Dies gilt insbesondere für die Verbindung der weit entfernter Regionen, zB Inseln und Bergregionen, mit den jeweiligen Zentren.[5] Die Entwicklung dieser Dimension der gemeinsamen Verkehrspolitik ist insofern besonders schwierig, weil die Verkehrsinfrastruktur traditionell zu dem für die Funktionsfähigkeit und den Zusammenhalt der Staatswesen unerlässlichen Grundbestand gehört und in der Regel im Eigentum der Staaten steht oder jedenfalls von ihnen kontrolliert wird. Daher gelten für die Infrastruktur zumeist besondere gesetzliche Regelungen. Damit soll ihre Verfügbarkeit, Erhaltung und Sicherheit gewährleistet werden. Gleichzeitig werden damit vielfältige wirtschaftliche, soziale und strategische Ziele verfolgt. So erklärt sich das große Zögern der Mitgliedstaaten, im Rahmen der Union erlassene verbindliche Normen der Union zu akzeptieren.

---

1 S. die Definition der verschiedenen Verkehrsnetze in Art. 11–27 der VO Nr. 1315/2013 „über Leitlinien der Union für den Aufbau eines transeuropäischen Verkehrsnetzes", ABl. L 348/2013, 1.
2 S. *Kap. II Rn 35–37*.
3 S. zB die RL 2011/92 über die Umweltverträglichkeitsprüfung bei bestimmten öffentlichen und privaten Projekten, ABl. L 26/2012, 1, insbesondere Art. 4 I und Anhang I Nr. 7 und 8.
4 Art. 3 III EUV; 174–178 AEUV.
5 S. Erklärung Nr. 30 zum Vertrag von Amsterdam, ABl. C 340/1997, 340.

3 Bereits in der Vorbereitungsphase des EWG-Vertrages unterstrich der „Spaak-Bericht“ die Bedeutung gemeinsamer Maßnahmen bei der Entwicklung der Infrastruktur.[6] Zwar findet sich in der ursprünglichen Fassung des EWG-Vertrags von 1958 keine ausdrückliche Erwähnung der Verkehrsinfrastruktur, doch bestand nach allgemeiner Auffassung ein notwendiger Zusammenhang zwischen der gemeinsamen Verkehrspolitik und einem gemeinsamen Verkehrsnetz.[7]

4 Erst durch den Vertrag von Maastricht (1992) wurden spezielle Bestimmungen über „Transeuropäische Netze“ in das Vertragsrecht der Union aufgenommen. Gemäß Art. 170 I AEUV „trägt die Union zum Auf- und Ausbau transeuropäischer Netze in den Bereichen der Verkehrs-, (...) infrastruktur bei“. Doch lässt die Formulierung dieser Bestimmung (die Union „*trägt ... bei*“) noch die Zurückhaltung der Mitgliedstaaten gegenüber einer vollständig gemeinsamen Politik in diesem Bereich erkennen. Denn die Hauptverantwortung für die Infrastruktur verbleibt auch nach der Übertragung dieser Zuständigkeit auf die Union bei den Mitgliedstaaten und geht nicht auf die Union über (vgl Art. 2 V AEUV).

3. Die vertraglichen Bestimmungen zur Infrastruktur

5 Der den transeuropäischen Netzen gewidmete Titel XVI des AEUV ermächtigt zu Maßnahmen der Union in den Bereichen der Verkehrs-, Telekommunikations- und Energieinfrastruktur (Art. 170 I AEUV). Da die Ziele von Art. 90 und 170 einander ergänzen, sind die *Rechtsgrundlagen* des Handelns der Union zum einen die speziellen Ermächtigungen der Art. 170–172 AEUV und zum anderen die allgemeinen verkehrspolitischen Ermächtigungen der Art. 91 I lit. c)[8] und d)[9] AEUV. Doch bilden die Art. 170–172 die spezielleren Ermächtigungen, wenn es um den Erlass von Maßnahmen mit hauptsächlich Infrastruktur-bezogenem Inhalt geht. Art. 91 I lit. c) und d) sind insoweit nur subsidiär anwendbar. Infrastrukturmaßnahmen, die primär den See- oder Luftverkehr betreffen (zB Hafenanlagen oder Zeitnischen für Start oder Landung im Flugverkehr), müssen auf der Grundlage des Art. 100 II AEUV beschlossen werden.

6 Art. 170 AEUV bezeichnet *Ziele*, Art. 171 beschreibt die zur Erreichung dieser Ziele möglichen *Maßnahmen* und in Art. 172 ist das bei ihrem Erlass einzuhaltende *Verfahren* festgelegt. Aus diesen Bestimmungen folgt auch, dass die Mitgliedstaaten verpflichtet sind, untereinander ihre jeweiligen Infrastrukturpolitiken zu koordinieren (Art. 171 II) und dass Maßnahmen der Union, die das Hoheitsgebiet eines Mitgliedstaats betreffen, der Zustimmung dieses Staats bedürfen (Art. 172 II AEUV).

Das Handeln der Union auf dem Gebiet der Infrastruktur dient keinem Selbstzweck. Gemäß Art. 170 I AEUV soll es zur Verwirklichung der Ziele des Binnenmarktes (Art. 26 AEUV) beitragen und dadurch den wirtschaftlichen, sozialen und territorialen Zusammenhalt der Union fördern. Die Tätigkeit der Union soll insoweit die Mo-

6 Bericht der Delegationsleiter an die Außenminister v. 21. April 1956 „Spaak-Bericht“, (MAE 120/56), Brüssel 1956, 71–74 (74).
7 S. die Entschließung des Europäischen Parlaments „zum Problem der europäischen Verkehrswege“ v. 18. November 1960, ABl. 1960, 1493.
8 „Maßnahmen zur Verbesserung der Verkehrssicherheit“.
9 „Alle sonstigen zweckdienlichen Vorschriften“.

bilität von Personen und Gütern im Inneren der Union erleichtern. Als Adressaten der Vorteile der Infrastrukturmaßnahmen der Union bezeichnet Art. 170 I AEUV die Bürger der Union, die Wirtschaftsbeteiligten sowie die regionalen und lokalen Gebietskörperschaften.

Als spezielle Ziele der Infrastrukturmaßnahmen der Union nennt Art. 170 II die *Förderung des Verbunds*, die *Interoperabilität* und den *Zugang* zu den einzelstaatlichen Netzen. Besondere Aufmerksamkeit soll die Union dabei der Verbindung von insularen, eingeschlossenen und am Rande gelegenen Gebieten mit den zentralen Gebieten der Union widmen. Im Einklang mit ihren allgemeinen wirtschaftspolitischen Vorgaben (Art. 119 I AEUV) soll die Union diese Zielsetzungen „im Rahmen eines Systems offener und wettbewerbsorientierter Märkte" verfolgen (Art. 170 I AEUV).

Drei Arten von Maßnahmen sind in Art. 171 II AEUV vorgesehen: 7

- die Aufstellung von *Leitlinien*, in denen Ziele, Prioritäten und Grundzüge der beabsichtigen Aktionen definiert und Vorhaben von gemeinsamem Interesse ausgewiesen werden;
- *Aktionen zur Gewährleistung der Interoperabilität*, insbesondere im Bereich der Harmonisierung technischer Normen;
- die *Subventionierung* von Projekten, die im gemeinsamen Interesse liegen.

Daneben kann die Kommission Initiativen zur *Koordinierung des Handelns der Mitgliedstaaten* ergreifen (Art. 171 II AEUV).

Schließlich kann die Union mit dritten Staaten zusammenarbeiten, um die Interoperabilität der Netze zu sichern und um Vorhaben von gemeinsamem Interesse durchzuführen. (Art. 171 III AEUV).

Die Leitlinien und die übrigen in Art. 171 I vorgesehenen Maßnahmen werden nach 8 dem in Art. 294 AEUV bezeichneten Verfahren der ordentlichen Gesetzgebung angenommen (Art. 172 AEUV). Dabei sind der Wirtschafts- und Sozialausschuss und der Ausschuss der Regionen anzuhören. Zunächst wurden die Leitlinien jeweils in der Form eines an die Mitgliedstaaten gerichteten Beschlusses iSv Art. 288 AEUV angenommen.[10] Seit 2013 werden sie in der Form einer Verordnung verabschiedet.[11]

4. Die Entwicklung der Infrastrukturpolitik der Union

Eine bereits frühzeitig beschlossene aber vereinzelt gebliebene Maßnahme bildet die 9 Entscheidung des Rates zur Einführung eines Beratungsverfahrens auf dem Gebiet der Infrastruktur-Investitionen für den Verkehr aus dem Jahre 1966.[12] Die Konzeption einer Politik der Infrastrukturen begann erst 1979 mit der Vorlage eines Memorandums durch die Kommission.[13] Die Kommission betonte darin, dass es nicht

---

10 Zuletzt der (inzwischen aufgehobene) Beschluss Nr. 661/2010, ABl. L 204/2010, 1.

11 S. VO Nr. 1315/2013 (s. *Anm. 1*).

12 Entscheidung Nr. 66/161, ABl. 1966, 583, nacheinander ersetzt durch die Entscheidungen Nr. 78/174, ABl. L 54/1978, 16; Nr. 1692/96, ABl. L 228/1996, 1 und durch den Beschluss Nr. 661/2010 (*Anm. 10*). Die ersten beiden Entscheidungen ergingen auf der verkehrsrechtlichen Grundlage des (jetzigen) Art. 90 AEUV. Die beiden letztgenannten Rechtsakte wurden auf der Grundlage von Art. 172 AEUV beschlossen.

13 „Die Rolle der Gemeinschaft beim Ausbau der Verkehrsinfrastruktur", Bull. EG, Beil. 8/79. S. dazu auch die Entschließung des Europäische Parlaments v. 11. Juli 1980, ABl. C 197/1980, 84.

darum gehe, durch ein Handeln der Union die Tätigkeit der Staaten zu ersetzen. Vielmehr müssten die Staaten auch weiterhin für die Unterhaltung und den Ausbau der Verkehrswege sorgen. Das Ziel eines gemeinschaftlichen Vorgehens bestünde darin, die staatlichen Programme so zu koordinieren, dass sie den zukünftigen Anforderungen des Verkehrs in der Union entsprechen. Soweit damit auf die Gestaltung der staatlichen Programme eingewirkt werde, müsse dies unter dem Aspekt der Bedeutung der Verkehrswege für die Union geschehen. Das Vorgehen der Union sollte sich daher auf Verbindungen von unionsweiter Bedeutung beschränken. Als solche wären vor allem Verkehrswege einzustufen, deren Neu- oder Ausbau die Entwicklung der Union fördern kann. Dies sollten vor allem die Verkehrswege des Straßen-, Schienen- und Binnenschiffsverkehrs sein. Wegen der wechselseitigen Ergänzung aller Verkehrsträger dürften allerdings Häfen und Flughäfen nicht gänzlich von den geplanten Maßnahmen ausgeschlossen sein.

10 Ohne auf den konzeptionellen Rahmen und die rechtlichen Grundlagen derartiger Maßnahmen einzugehen verabschiedete der Rat im Jahre 1982 eine erste „begrenzte Aktion auf dem Gebiet der Verkehrsinfrastruktur".[14] Darin bewilligte die Union Subventionen für einen Verschiebebahnhof in Italien, ein Straßenbauprojekt in Griechenland und Untersuchungen zum Bau des Ärmelkanaltunnels. In einer weiteren Mitteilung stellte die Kommission im Jahre 1983 die Maßnahmen zur Infrastruktur in den größeren Rahmen der Verkehrspolitik.[15] Die Kommission schlug die finanzielle Unterstützung von Projekten vor, die im gemeinsamen Interesse liegen. Außerdem empfahl sie die Aufstellung eines Leitplans, in dem Verkehrsverbindungen und Projekte von gemeinsamem Interesse zu bezeichnen wären. In diesem Zusammenhang unterstrich die Kommission auch die Notwendigkeit einer grösseren Transparenz bei der Anlastung von Infrastrukturkosten.[16]

Im Hinblick auf die Verwirklichung des Binnenmarktes und nach einer entsprechenden Aufforderung durch den Rat[17] legte die Kommission im Jahre 1990 eine weitere Mitteilung zur Klärung der Rolle der Union bei Infrastrukturmaßnahmen vor.[18]

11 In der Folgezeit erfuhren die konzeptionellen Überlegungen der Institutionen eine Konsolidierung in drei besonderen Bestimmungen, die durch den Vertrag von Maastricht in den EG-Vertrag eingeführt wurden und die sich seit dem Vertrag von Lissabon in Art. 170–172 AEUV befinden.

12 Parallel dazu verabschiedete der Rat 1993 ein erstes Aktionsprogramm. Darin legte er erstmals Kriterien für die Ermittlung von Verkehrsinfrastrukturvorhaben von gemeinschaftlichem Interesse fest.[19] Spezielle Maßnahmen zur Identifizierung von Verkehrsverbindungen, die im gemeinsamen Interesse für die einzelnen Verkehrsträger liegen, hatte er zwischen 1990 und 1993 noch auf der Grundlage der allgemeinen

14 VO Nr. 3600/82, ABl. L 376/1982, 10.
15 „Fortschritte auf dem Wege zu einer gemeinsamen Verkehrspolitik – Binnenverkehr", ABl. C 154/1983, 1.
16 Mitteilung v. 11. Februar 1983, Ziff. 5.5.
17 Entschließung des Rates v. 22. Januar 1990 zu einer europäischen Infrastruktur, ABl. C 27/1990, 8.
18 Mitteilung der Kommission „Auf dem Weg zu einer europäischen Infrastruktur: Ein gemeinschaftliches Aktionsprogramm", Dok. KOM(90) 585 v. 10. Dezember 1990.
19 VO Nr. 1738/93, ABl. L 161/1993, 4, Art. 2. Diese VO wurde inzwischen aufgehoben.

verkehrspolitischen Ermächtigung (Art. 91 AEUV) für die Eisenbahnbeförderung,[20] sowie die Binnenschifffahrt,[21] den Straßenverkehr[22] und den kombinierten Transport angenommen.[23] Diese Maßnahmen wurden im Jahre 1996 in einem Rechtsakt, der Entscheidung Nr. 1692/96[24] zusammengeführt. Parallel dazu wurde die VO Nr. 2236/95 „über die Grundregeln für die Gewährung von Gemeinschaftszuschüssen für transeuropäische Netze" verabschiedet.[25]

Die Leitlinien wurden im Jahre 2010 aufgehoben und durch den Beschluss Nr. 661/2010 ersetzt. An dessen Stelle trat ab dem 1. Januar 2014 die VO Nr. 1315/2013. [26] 13

Die VO Nr. 2236/95 wurde ebenfalls aufgehoben und zunächst durch die VO Nr. 680/2007 über die Gewährung von Zuschüssen zu Infrastrukturprojekten abgelöst.[27] Auch diese VO wurde aufgehoben. An ihre Stelle trat die VO Nr. 1316/2013 „zur Schaffung der Fazilität ‚Connecting Europe'".[28]

Seit dem 1. Januar 2014 wurden damit die Rechtsgrundlagen, die *Ziele, Verfahren, Instrumente und Prioritäten des auf die Verkehrsinfrastruktur bezogenen Handelns der Union neu geordnet. Sie sind nunmehr in den Verordnungen Nr. 1315/2013 und 1316/2013 enthalten.*

An der Schnittstelle zwischen Förderungsmaßnahmen zugunsten der Infrastruktur und zur Gestaltung der gemeinsamen Verkehrspolitik steht die *Anlastung der Infrastrukturkosten.* Die Kommission veröffentlichte hierzu grundlegende Überlegungen in denen sie ein an den „sozialen Grenzkosten" orientiertes Entgeltkonzept vorschlug, für das auf der Ebene der Union ein Rahmen beschlossen werden sollte. Danach sollten die Gebührensysteme auf das Verursacherprinzip gestützt werden und alle Nutzer von Verkehrsinfrastruktur für die von ihnen verursachten Kosten (unter Berücksichtigung ökologischer und anderer externer Auswirkungen) so nahe wie möglich am Ort der Nutzung bezahlen zu lassen.[29] 14

20 Entschließung des Rates v. 17. Dezember 1990 über die Entwicklung eines europäischen Hochgeschwindigkeitsbahnnetzes, ABl. C 33/1991, 1.

21 Entscheidung Nr. 93/630, ABl. L 305/1993, 39.

22 Entscheidung Nr. 93/629, ABl. L 305/1993, 11.

23 Entscheidung Nr. 93/628, ABl. L 305/1993, 1.

24 Entscheidung Nr. 1692/96 „über gemeinschaftliche Leitlinien für den Aufbau eines transeuropäischen Verkehrsnetzes", ABl. L 228/1996, 1, zuletzt geändert durch Entscheidung Nr. 1346/2001, ABl. L 185/2001, 1. S. dazu *Frohnmeyer*, in: Frohnmeyer/Mückenhausen, Nr. 131. Diese Entscheidung wurde inzwischen aufgehoben.

25 ABl. L 228/1995, 1. S. dazu und zu den nachfolgenden Änderungen *Frohnmeyer*, in: Frohnmeyer/Mückenhausen, Nr. 132.

26 S. *Anm. 1.*

27 ABl. L 162/2007, 1, zuletzt geändert durch VO Nr. 670/2012, ABl. L 204/2012, 1.

28 ABl. L 348/2013, 129.

29 Weißbuch „Faire Preise für die Infrastrukturbenutzung", Dok. KOM(1998) 466 v. 22. Juli 1998 = Bull. EU, Beil. 3/98. S. dazu auch das Arbeitsdokument der Generaldirektion Wissenschaft des Europäischen Parlaments „Die Finanzierung der transeuropäischen Verkehrsnetze", Reihe Verkehr, E-4, Luxembourg 1997.

B. Stand des Rechts der Verkehrsinfrastrukturen in der Union

1. Das transeuropäische Verkehrsnetz

a) Überblick

15 Die zentralen Rechtsakte zur Festlegung der Prioritäten für den Aufbau des transeuropäischen Verkehrsnetzes und für Maßnahmen zu deren Verwirklichung bilden die im Dezember 2013 verabschiedeten Verordnungen Nr. 1315/2013[30] „über Leitlinien der Union für den Aufbau eines transeuropäischen Verkehrsnetzes" und Nr. 1316/2013[31] zur Schaffung der Fazilität „Connecting Europe". Darin werden Vorhaben von gemeinsamem Interesse bezeichnet und Anforderungen für den Betrieb der Infrastruktur definiert. Sie wurden vorbereitet durch ein Grünbuch der Kommission „TEN-V: Überprüfung der Politik – Ein besser integriertes transeuropäisches Verkehrsnetz im Dienst der gemeinsamen Verkehrspolitik"[32] sowie den Bericht der Kommission „Evaluierung der Finanzen der Union auf der Grundlage der erzielten Ergebnisse".[33]

b) Leitlinien für den Aufbau

16 Die VO Nr. 1315/2013 findet Anwendung auf die Infrastruktur für den Schienenverkehr, die Binnenschifffahrt, den Straßen-, See- und Luftverkehr sowie den multimodalen Verkehr. Sie beschreibt ein „Gesamtnetz" transeuropäischer terrestrischer Verkehrsverbindungen.

Dieses Netz wird unterteilt in ein „Gesamtnetz" und ein „Kernnetz" (Art. 6). Während das Gesamtnetz alle vorhandenen und geplanten Verkehrsinfrastrukturen des transeuropäischen Netzes umfasst, ist das „Kernnetz" auf jene Teile beschränkt, die von größter strategischer Bedeutung für die Verwirklichung der in Art. 4 bezeichneten Ziele sind.

Die VO beschreibt für jeden Verkehrsträger[34] die jeweils erfasste Infrastruktur,[35] bezeichnet spezielle Anforderungen, die zB die Interoperabilität (Verbindung zwischen Güterterminals und Straßen) und die Ausstattung (zB Ausrüstung mit dem europäischen Eisenbahnverkehrsleitsystem ERTMS) betreffen (Art. 12) und bezeichnet jeweils Prioritäten für den Aufbau der Infrastruktur (zB Umrüstung auf die Regelspurweite, Minderung der Auswirkung von Lärm und Erschütterungen).

Das Kernnetz ist in Anhang I der VO ausgewiesen. Dieses muss besonderen, in Art. 39 aufgeführten Anforderungen entsprechen (zB vollständige Elektrifizierung der Bahnstrecken). Das Kernnetz ist über Knoten miteinander verknüpft und bietet Verbindungen zu den Netzen der Nachbarstaaten. Unter der Bezeichnung „Kernnetzkorridor" soll innerhalb bestimmter Abschnitte des Kernnetzes eine Integration der verschiedenen Verkehrsträger, Interoperabilität sowie eine koordinierte grenzüberschrei-

30 ABl. L 348/2013, 1.
31 ABl. L 348/2013, 129.
32 Dok. KOM(2009) 44 v. 4. Februar 2009.
33 Dok. KOM(2012) 675 v. 21. November 2012.
34 Schienenverkehr: Art. 11–13; Binnenschifffahrt: Art. 14–16; Straßenverkehr: Art. 17–19; Seeverkehr und Meeresautobahnen: Art. 20–23; Luftverkehr: Art. 24–26 und multimodaler Verkehr: Art. 27–29.
35 Z.B. für die Schieneninfrastruktur: Bahnstrecken einschließlich Neben- und Abstellgleisen, Tunneln und Brücken; Güterterminals, Bahnhöfe (Art. 11).

tende Entwicklung der Infrastrukturen ermöglicht werden (Art. 42). Zu diesem Zweck enthält die VO Nr. 1316/2013 („Connecting Europe")[36] in Anhang I eine Liste der Kernnetzkorridore. Ein von der Kommission im Einvernehmen mit den beteiligten Mitgliedstaaten zu ernennender „Europäischer Koordinator" soll die Verwirklichung dieser Korridore erleichtern (Art. 45–48).

c) Finanzierung

Die VO Nr. 1316/2013 regelt die Voraussetzungen, unter denen Projekte zur Schaffung neuer Verkehrsinfrastrukturen, zu Sanierung und Ausbau vorhandener Strukturen sowie die Förderung der ressourcenschonenden Nutzung des Netzes eine finanzielle Unterstützung durch die Union erhalten können. Grundsätzlich liegen derartige Projekte im „gemeinsamen Interesse" iSv Art. 171 I AEUV. Derartige Vorhaben sind für eine Subventionierung durch die Union qualifiziert, wenn sie zusätzlich die in Art. 7 II der VO Nr. 1315/2013 genannten Kriterien erfüllen. Sie müssen daher zu mindestens zwei der in Art. 4 genannten Ziele beitragen (Kohäsion, Effizienz, Nachhaltigkeit, mehr Vorteile für die Nutzer). Sie müssen außerdem den Vorgaben der VO für den Aufbau des Gesamtnetzes bzw des Kernnetzes (*Rn 15*) entsprechen, sie müssen wirtschaftlich tragfähig sein und sie müssen einen europäischen „Mehrwert" aufweisen. 17

Die finanzielle Förderung durch die Union kann in der Form von Finanzhilfen erfolgen (Art. 8–12), sie kann aber auch in der Erleichterung des Zugangs zu Finanzierungsinstrumenten bestehen (Art. 14–16) oder durch öffentliche Aufträge erfolgen, die von der Kommision vergeben werden (Art. 13). Für den Zeitraum 2014–2020 sind für den Verkehrssektor insgesamt ca. 26 Mrd. Euro vorgesehen (Art. 5).

Mit der Durchführung der Programme wurde eine neu errichtete „*Exekutivagentur für Innovation und Netze*" betraut.[37]

2. Sonstige infrastrukturbezogene Bestimmungen

a) Überblick

Auf der Grundlage der verkehrsrechtlichen Ermächtigungen (Art. 91–100 AEUV) wurden zahlreiche Maßnahmen zu den einzelnen Verkehrsträgern beschlossen, die vielfach einen Bezug zur jeweiligen Infrastruktur aufweisen oder auch zur Regelung wesentlicher Elemente der für den betreffenden Verkehrsträger notwendigen Infrastruktur bestimmt sind (zB zur Eisenbahninfrastruktur oder zum einheitlichen europäischen Luftraum). Diese Regelungen wurden bereits in die Darstellung des jeweiligen Verkehrsträgers aufgenommen. Darauf kann verwiesen werden. 18

Nachfolgend wird nur aus systematischen Gründen ein Überblick über die wesentlichen dieser infrastrukturbezogenen Bestimmungen gegeben.

b) Organisation der Infrastruktur

Zur Organisation der *Eisenbahninfrastruktur* schreibt die RL 2012/34 die Trennung zwischen der Rechnungsführung für die Infrastruktur und der Erbringung der Ver- 19

36 S. *Anm. 31*.
37 Beschluss Nr. 2013/801, ABl. L 352/2013, 65.

kehrsdienstleistungen vor (Art. 6) und verpflichtet die Mitgliedstaaten zur Gewährleistung der Unabhängigkeit der mit den wesentlichen Funktionen für die Verwaltung des Zugangs zur Infrastruktur betrauten Unternehmen (Art. 7).[38]

20 Ein System zur Ordnung und Nutzung des *einheitlichen europäischen Luftraums* wurde durch die VO Nr. 551/2004[39] geschaffen (*Kap. IX Rn 77 ff*).

c) Interoperabilität der Netze und modale Verknüpfung

21 Zur Interoperabilität der Netze erging und ergeht weiterhin eine besonders intensive gesetzgeberische Tätigkeit. Diese umfasst unter anderen die RahmenRL 2008/57 über die *Interoperabilität des Eisenbahnsystems* der Gemeinschaft.[40] Diese RL legt allgemeine technische Spezifikationen für die Interoperabilität (TSI) fest und ermächtigt die Kommission zum Erlass von Spezifikationen für Teilsysteme (Art. 5). Auf dieser Grundlage hat die Kommission zahlreiche TSI erlassen.[41] Rechtsgrundlage sind gleichzeitig die Art. 91 und 172 AEUV.

Die VO Nr. 913/2010[42] weist besondere „*Güterverkehrskorridore*" aus und enthält Vorschriften für die Auswahl, die Organisation, das Management und die indikative Investitionsplanung dieser Korridore (*Kap. VII Rn 30, 33*).

22 Für den Straßenverkehr enthält die RL 2004/52 Bestimmungen zur Gewährleistung der *Interoperabilität elektronischer Mautsysteme*.[43] Sie definiert in Art. 2 drei Arten von Mautsystemen, unter denen die Staaten auswählen müssen.

23 Zum Luftverkehr legt die VO Nr. 552/2004 Bestimmungen fest, um die Interoperabilität der technischen Systeme, die zur *Kontrolle der Luftraumsicherheit* eingesetzt werden, zu gewährleisten (*Kap. IX Rn 74*).[44]

24 Verpflichtungen zur Durchführung konkreter Infrastrukturprojekte bezeichnete das erste Verkehrsabkommen zwischen der Union und der Schweiz aus dem Jahre 1992. Das Abkommen ist zwar seit 2005 nicht mehr in Kraft (*Rn 32*), doch bestehen die wechselseitigen Pflichten zur Durchführung der vereinbarten Infrastrukturen fort. Diese betreffen den Ausbau der *Eisenbahn- und der Umschlagsinfrastruktur* in dem Korridor zwischen dem Hafen Rotterdam und Norditalien.[45]

Spezielle Bestimmungen zur Unterstützung *multimodaler Transporte* enthält die RL 92/106.[46]

38 ABl. L 343/2012, 32. Dazu näher *Kap. VII Rn 18, 19* und *21 ff.*
39 ABl. L 96/2004, 20, zuletzt geändert durch VO Nr. 1070/2009, ABl. L 300/2009, 34.
40 ABl. L 191/2008, 1, zuletzt geändert durch RL 2013/9, ABl. L 68/2013, 55. Dazu näher *Kap. VII Rn 57 ff.*
41 Beispiele aus dem Bereich Infrastruktur: VO Nr. 454/2011 (Telematikanwendungen), ABl. L 123/2011, 11, zuletzt geändert durch VO Nr. 1273/2013, ABl. L 328/2013, 72; Beschl. 2012/757, ABl. L 345/2012, 1 (Verkehrsbetrieb und Verkehrssteuerung), zuletzt geändert durch Beschl. 2013/710, ABl. L 323/2013, 35.
42 ABl. L 276/2010, 22, zuletzt geändert durch VO Nr. 1316/2013, ABl. L 348/2013, 129, 150.
43 ABl. L 166/2004, 124, zuletzt geändert durch VO Nr. 219/2009, ABl. L 87/2009,109.
44 ABl. L 96/2004, 26, zuletzt geändert durch VO Nr. 1070/2009 (s. dazu auch Art. 24 der VO Nr. 1315/2013, *Rn 16*).
45 ABl. L 373/1992, 26. Dazu *Rn 32*.
46 ABl. L 368/1992, 38, zuletzt geändert durch RL 2006/103, ABl. L 363/2006, 344, dazu *Kap. X Rn 6–10*.

d) Regelungen zu Technik, Sicherheit und Umweltschutz

Technische Anforderungen und Sicherheitsbestimmungen zur Verkehrsinfrastruktur wurden nicht nur auf der Grundlage der Ermächtigungen des Art. 171 AEUV beschlossen sondern auch auf die umweltpolitischen Bestimmungen oder unmittelbar auf Vertragsbestimmungen der gemeinsamen Verkehrspolitik (insbesondere Art. 100 AEUV) gestützt. 25

Um ein Mindestmaß an Sicherheit in den zum transeuropäischen Straßennetz gehörenden *Tunneln* zu gewährleisten, schreibt die RL 2004/54 Mindeststandards[47] und ein System regelmäßiger Sicherheitskontrollen vor.[48] 26

Detaillierte Regelungen zur *Eisenbahnsicherheit* enthält die RL 2004/49.[49] Im Bezug auf die Infrastruktur[50] (einschließlich Verkehrssteuerungs- und Signalgebungssysteme) legt sie besondere Anforderungen für eine sichere Auslegung, Instandhaltung und Betrieb fest. Sie verpflichtet den Fahrwegsbetreiber, die Kriterien einer „Sicherheitsgenehmigung" zu erfüllen (Art. 11). 27

Die Verfügbarkeit von *Hafenauffangeinrichtungen* zur Aufnahme von Schiffsabfällen und Ladungsrückständen ist von den Mitgliedstaaten gemäß Art. 4 der RL 2000/59 zu gewährleisten.[51] 28

Besondere Bestimmungen zur standardisierten Beschaffenheit von *Umschlagsanlagen in Häfen für Massengutschiffe* enthält die RL 2001/96.[52]

Standardisierte Infrastrukturen für *Schiffsmeldesysteme*, Systeme der Schiffswegführung und der Schiffsverkehrsdienste sind innerhalb eines vorgegebenen Zeitplans nach der RL 2002/59 von den Mitgliedstaaten einzurichten.[53]

Die RL 2011/92 über die *Umweltverträglichkeitsprüfung* findet auch auf verkehrsbezogene Infrastrukturprojekte, zB die *Erweiterung eines Flughafens*, Anwendung.[54] 29

Zur infrastrukturbedingten *Sicherheit von Flughäfen* enthält die VO Nr. 300/2008[55] in Art. 4, 12 u.a. nähere Bestimmungen (u.a. Zugang, Sicherheitsbereiche).

Zu den Anforderungen, die in Art. 39 II der VO Nr. 1315/2013 für die Beschaffenheit der Infrastruktur des Kernnetzes aufgestellt werden, gehört auch die Verfügbarkeit alternativer Kraftstoffe für Straßenverkehr, Binnenschifffahrt und Luftverkehr. Zur Konkretisierung dieses Ziels legt die RL 2014/94[56] einen gemeinsamen Rahmen mit Mindestanforderungen und technischen Spezifikationen zum Aufbau einer *Infrastruktur für alternative Kraftstoffe* fest.[57] 30

---

47 Diese sind im Einzelnen in Anhang I der RL aufgeführt.
48 ABl. L 167/2009, 39, zuletzt geändert durch VO Nr. 596/2009, ABl. L 188/2009, 14.
49 ABl. L 164/2009, 44, zuletzt geändert durch RL 34/2012, ABl. L 343/2012, 32. Dazu näher *Kap. VII Rn 65 ff*.
50 Die RL enthält daneben auch Bestimmungen zum Eisenbahn*betrieb*.
51 ABl. L 332/2000, 81, zuletzt geändert durch VO Nr. 1137/2008, ABl. L 311/2008, 1.
52 ABl. L 13/2002, 9, zuletzt geändert durch VO Nr. 1137/2008 (*Anm. 52*).
53 ABl. L 208/2002, 10, zuletzt geändert durch RL 2011/15, ABl. L 49/2011, 33.
54 EuGH Rs. C-244/12 (Salzburger Flughafen), Urt. v. 21. März 2013 (ECLI:EU:C:2013:203).
55 ABl. L 97/2008, 72, zuletzt geändert durch VO Nr. 18/2010, ABl. L 7/2010,3.
56 ABl. L 307/2014, 1.
57 U.a. Bereitstellung von Ladepunkten und Tankstellen für Fahrzeuge mit Strom-, Wasserstoff- und Erdgasantrieb.

3. Internationale Zusammenarbeit

31 Zur Ausführung der in Art. 171 III AEUV ausdrücklich vorgesehenen Zusammenarbeit mit dritten Staaten, um dadurch Vorhaben von gemeinsamem Interesse zu fördern und die Interoperabilität der Netze zu sichern, hatte die Kommission 1997 eine „gesamteuropäische Verkehrsnetzpolitik" vorgeschlagen.[58] Diese sollte vor allem in Folgendem bestehen:

- Schaffung gesamteuropäischer Korridore und Gebiete als Rahmen zur Sicherstellung effizienter Verkehrsdienste;
- einem gemeinsamen europäischen Konzept im Bereich der Verkehrstechnologie, insbesondere zur Gewährleistung der Interoperabilität;
- der Förderung von intelligenten Verkehrstechnologien im gesamteuropäischen Netz;
- der Zusammenarbeit bei Forschung und Technologie.

Die VO Nr. 1315/2013 (*Rn 15*) greift diese Orientierung auf. Art. 8 dieser VO bezeichnet dazu allgemeine Themen einer Zusammenarbeit mit *Drittländern* (Abs. II) sowie spezielle Gegenstände, die im gemeinsamen Interesse liegen. Letztere betreffen die Verbindung mit Infrastrukturnetzen von *Nachbarländern* und können auch eine finanzielle Unterstützung erhalten. Themen der Zusammenarbeit mit nicht benachbarten Drittländern können neben der Förderung der Interoperabilität und der Ausdehnung des Konzepts des transeuropäischen Verkehrsnetzes auch die Ausdehnung des „einheitlichen europäischen Luftraums" sowie die „Meeresautobahnverbindungen" gemäß der Definition des Art. 21 betreffen.

32 Eine besonders enge bilaterale Form der internationalen Zusammenarbeit zu Fragen der Infrastruktur hat sich zwischen der Union und der *Schweiz* entwickelt. Sie umfasst insbesondere die Eisenbahninfrastruktur, erfasst aber auch Straße und Luftraum. Das Abkommen von 1992 über den Güterverkehr auf Straße und Schiene[59] und das nachfolgende Abkommen über den Güter- und Personenverkehr auf Schiene und Straße von 2002[60] enthalten Vereinbarungen zur Infrastruktur.

33 In dem ersten Abkommen wurde eine Verbesserung der Eisenbahn-Infrastruktur und der intermodalen Strukturen beschlossen. Die Schweiz verpflichtete sich zum Bau von zwei neuen Tunneln unter dem Lötschberg und unter dem Gotthard (Art. 5). Im Gegenzug verpflichteten sich Deutschland, Italien und die Niederlande zum Ausbau der Eisenbahn- und Hafeninfrastruktur in einem Korridor zwischen Rotterdam und Norditalien (Art. 6). Daneben verpflichteten sich die Parteien, den kombinierten

58 Mitteilungen der Kommission „Anbindung des Verkehrsinfrastrukturnetzes der Europäischen Union an die Nachbarstaaten – Entwicklung einer kooperativen gesamteuropäischen Verkehrsnetzpolitik", Dok. KOM(97) 172 v. 23. April 1997 und „Ausdehnung der wichtigsten transeuropäischen Verkehrsachsen auf die Nachbarländer – Leitlinien für den Verkehr in Europa und den Nachbarregionen", Dok. KOM(2007) 32 v. 31. Januar 2007.

59 Abkommen zwischen der Europäischen Gemeinschaft und der Schweizerischen Eidgenossenschaft über den Güterverkehr auf Straße und Schiene, ABl. L 373/1992, 26, in Kraft getreten am 22. Januar 1993. Das Abkommen war für eine Laufzeit von 12 Jahren geschlossen worden (Art. 20). Seine Laufzeit endete daher am 21. Januar 2005.

60 ABl. L 114/2002, 91. Dazu *Mückenhausen*, in: Frohnmeyer/Mückenhausen, Nr. 151 und *Schneuwly*, Principales caractéristiques de l'Accord sur les transports terrestres, in: Felder/Kaddous (Hrsg.), Accords bilatéraux Suisse – UE, 2001, 492–508.

Transport (Straße/Schiene) zu fördern und ihre Politik hinsichtlich des Straßengütertransports und der Straßenverkehrsabgaben zu koordinieren (Art. 12).

Die Vereinbarungen zur Infrastruktur wurden in dem Nachfolgeabkommen von 2002 bestätigt (Art. 34). Generell verpflichten sich die Vertragsparteien darin, den Verbund und die Interoperabilität ihrer Eisenbahnnetze und des kombinierten Verkehrs zu entwickeln (Art. 33 II).

C. Bilanz und Perspektiven

Während der ersten 30 Jahre der Anwendung des EWG-Vertrages war wenig von einer „gemeinsamen Verkehrspolitik" im Sinne des Art. 90 AEUV zu erkennen. Diese Feststellung gilt erst recht für Aktivitäten der Union im Bereich der Verkehrsinfrastruktur. Erst nachdem sich im Vorfeld der Vollendung des Binnenmarktes die Blockade der gemeinsamen Verkehrspolitik zu lösen begann und parallel dazu drei Artikel zu den transeuropäischen Netzen in die Verträge aufgenommen wurden, fanden zunehmend Aspekte der Infrastruktur Eingang in die verkehrspolitische Gesetzgebung. Daneben entwickelten sich allmählich die Grundlagen für ein Regelungssystem der Union, das die wesentlichen Elemente von Bau, Betrieb und Unterhalt der Verkehrsinfrastruktur erfasste. Zunächst war ein derartiger umfassender Ansatz zu den Teilbereichen des Eisenbahn- und Flugverkehrs in Angriff genommen worden. 34

Mit der Verabschiedung der Verordnungen Nr. 1315/2013 und 1316/2013 im Dezember 2013 entstand ein Regelungssystem, das nach einem einheitlichen Muster vorgeht und die Infrastruktur aller Verkehrsträger erfasst. Darin wird deutlich, worin der (Mehr-)Wert einer Tätigkeit der Union in diesem Bereich bestehen kann: Die Union beschließt gemeinsame Standards und legt Verfahren und Maßstäbe für die Gewährleistung von deren Einhaltung fest. Diese Standards beziehen sich auf Interkonnexion, Interoperabilität, Sicherheit, Umweltschutz, und Effizienz bei Bau und Betrieb der Verkehrsinfrastrukturen.

Allerdings sind die entsprechenden Rechtsakte zu den transeuropäischen Netzen auf eine Verwirklichung in einer zT weit vorausliegenden Zukunft gerichtet. Sie erfordern vor allem ein Handeln der Mitgliedstaaten. Insofern handelt es sich vorwiegend um planende Rechtsetzung. Zwar wurden gleichzeitig beachtliche Finanzmittel der Union zur Verwirklichung von Projekten im Rahmen des transeuropäischen Netzes vorgesehen, doch setzt deren Einsatz voraus, dass die betreffenden Mitgliedstaaten ihrerseits Mittel für die sie betreffenden Projekte bereitstellen.

Von den Maßnahmen der Union in diesem Bereich sind unmittelbar nur die ausgewiesenen jeweiligen transeuropäischen Verkehrsachsen betroffen, doch wirken Infrastrukturmaßnahmen auf die nur innerstaatlich bedeutsamen Netze zurück (zB wegen der Standardisierung der Signalsysteme).

Zu den weiterhin offenen Fragen gehört die Erfassung der Infrastrukturkosten in ihrem tatsächlichen Umfang und die Umlage auf die Nutzer entsprechend dem Verursacherprinzip.

Literaturhinweise

A. Allgemeine europarechtliche Werke

R. Bieber/R. Dehousse/J. Pinder/J.H.H. Weiler (Hg.), 1992: One European Market?, Baden-Baden 1988.

R. Bieber/A. Epiney/M. Haag, Die Europäische Union, 11. Aufl., Baden Baden 2014.

D. Felder/C. Kaddous (Hg.), Accords bilatéraux Suisse-UE, Basel u.a. 2001.

W.J. Ganshof van der Meersch (Hg.), Les Novelles, Droit des Communautés européennes, Bruxelles 1969.

E. Grabitz/M. Hilf/M. Nettesheim (Hg.), Das Recht der Europäischen Union, Kommentar, Loseblatt, München 2014 (zitiert: G/H/N und Bearbeiter).

H. v.d. Groeben/J. Schwarze (Hg.), Kommentar zum Vertrag über die Europäische Union und zur Gründung der Europäischen Gemeinschaft, 6. Aufl, Baden-Baden 2003; 7. Aufl. (mitherausgegeben von A. Hatje) 2015 (zitiert (G/S bzw. G/S/H (7. Aufl.) und Bearbeiter).

W. Hallstein, Der unvollendete Bundesstaat, Düsseldorf 1969.

H.P. Ipsen, Europäisches Gemeinschaftsrecht, Tübingen 1972.

J. Mégret/J.-V. Louis/D. Vignes/M. Waelbroeck (Hg.), Le Droit de la Communauté économique européenne – Bd.3: libre circulation des travailleurs, établissement et services, capitaux, transports, 1. Aufl., Bruxelles 1971, 2. Aufl. 1990 (zitiert „Commentaire Mégret", 2. Aufl. und Bearbeiter).

R. Quadri/R. Monaco/R. Trabucchi (Hg.), Trattato istitutivo della CEE – Commentario, Milano 1965.

I. Pingel, (Hg.) Commentaire article par article des Traités UE et CE, 2. Aufl., Basel u.a. 2010.

B. Verkehrsrecht, bereichsübergreifende Titel

1. Bücher

J. Basedow, (Hg.), Europäische Verkehrspolitik, Tübingen 1987.

P. Bauchet, Les transports de l'Europe, Paris 1996.

F. Decoster/F. Versini, UE: La politique des transports, Paris 2009.

C. Degli Abbati, Transport and European integration, Bruxelles 1986.

A. Epiney, Verkehrsrecht in der EU, Baden-Baden 2001.

A. Epiney/R. Gruber, Verkehrspolitik und Umweltschutz in der Europäischen Union, Freiburg (Schweiz) 1997.

A. Epiney/K. Sollberger, Verkehrspolitische Gestaltungsspielräume der Schweiz auf der Grundlage des Landverkehrsabkommens, Bern/Zürich 2001.

J. Erdmenger, EG unterwegs – Wege zur Gemeinsamen Verkehrspolitik, Baden-Baden 1981.

Europäische Kommission, EU transport in figures, Statistical pocketbook 2014, Luxembourg 2014.

dies., Energy, transport and environmental indicators (2013 edition), Luxembourg 2013.

European Lawyers' Union (Hg.), European Transport, Bruxelles 1999.

O. *Ferron*, Le problème des transports et le marché commun, Genève 1965.

J. Frerich/G. Müller, Europäische Verkehrspolitik, München 2004.

A. Frohnmeyer/P. Mückenhausen (Hg.), EG-Verkehrsrecht, Loseblatt, München 2000–2003 (zitiert Frohnmeyer/Mückenhausen und Bearbeiter).

L. Grard (Hg.), L'Europe des transports, Paris 2005.

R. Greaves, EC-Transport Law, Harlow 2000.

M. Humphreys, Sustainability in European Transport Policy, Abingdon Oxon 2011.

H.-J. Koch, Rechtliche Instrumente einer dauerhaft nachhaltigen Verkehrspolitik, Baden-Baden 2000.

F. Maiani,/R. Bieber, Droit européen des transports, 2. Aufl., Basel u.a. 2013.

Mehl, Matthias, Die Anwendung des Subsidiaritätsprinzips auf dem Gebiet der Europäischen Verkehrspolitik, Frankfurt/M./u.a. 2004.

L. Ortiz Blanco/B. van Houtte, EC Competition Law in the Transport Sector, Oxford 1996.

L. Peru-Pirotte/B. Dupont-Legrand/C. Landsweerdt (Hg.), Le droit du transport dans tous ses états, Bruxelles 2012.

H. Reinermann (Hg.), Mobilität mit Intelligenz, Baden-Baden 2011.

S. Scherler, Strukturunterschiede der schweizerischen und der europäischen Verkehrsrechtsordnung, Zürich/Bern 1995.

H. Stevens, Transport Policy in the European Union, Houndmills 2004.

2. Aufsätze, Beiträge zu Sammelwerken

C. H. Bovis, The Application of State Aid Rules to the European Union Transport Sector, The Columbia Journal of European Law, Vol. 11 Nr. 3 (2005), 557604.

A. Epiney, Der „Grundsatz der freien Wahl des Verkehrsträgers" in der EU: rechtliches Prinzip oder politische Maxime?, ZUR (2000), 239–245.

A. Epiney/J. Heuck/Y. Schleiss, Verkehrsrecht, in: M. Dauses (Hg.) Handbuch des EU-Wirtschaftsrechts, Loseblatt, München 2013.

L. Grard, Étude d'impact du droit communautaire sur les réglementations étatiques des transports, CDE (2008), 255–277.

ders., Chroniques: Droit européen des transports, RTDE (2012), 531–545, (2011), 216–238, (2010), 195–221, (2009), 137–160.

M. Humphreys, The polluter pays principle in transport policy, ELR (2001), 451–467.

M. Kekelekis, Recent Developments in Infrastructure Funding: When does it not Constitute State Aid?, European State Aid Law Quarterly (2011), 433–444.

C. Kelbel, Droit européen de l'environnement et politique des transports: le principe du pollueur-payeur à la croisée des chemins, RDUE (2011), 59–79.

H.A. Linde, Transportation and State laws under the United States Constitution: The Evolution of Judicial Doctrine, in: T. Sandalow/E. Stein (Hg.), Courts and Free Markets, Perspectives from the United States and Europe, Oxford 1982, Bd.I, 139–173.

W. Riphagen, The Transport Legislation of the European Communities, Its Relationship to International Treaties and Its Effect in Member States, CMLR (1965), 291–325.

J. Roberts, Doubts on a common transport policy, CMLR (1967/68), 193–207.

S. Sendmeyer, Transport- und Verkehrsrecht, in: Schulze/Zuleeg/Kadelbach (Hg.), Europarecht, Handbuch, 3. Aufl. Baden-Baden 2015, 2060–2152.

C. Eisenbahn, Straßenverkehr, Binnenschifffahrt, Transeuropäische Netze

1. Bücher

P. Baumgarten/T. Huld/K.-H. Hartwig, Mautsysteme für Fernstraßen in Europa, Baden-Baden 2013.

E. Bogs, Die Planung transeuropäischer Verkehrsnetze, Berlin 2002.

C. Burmeister, Der Wettbewerb der Eisenbahnen im europäischen Binnenmarkt, Baden-Baden 2001.

S. Calme, L'évolution du droit des transports ferroviaires en Europe, Aix-Marseille 2008.

A. Epiney, Die Trennung der Erbringung von Verkehrsdienstleistungen und des Betriebs der Infrastruktur in Bezug auf die Zuteilung von Fahrwegkapazität in der EU. Eine Analyse der unionsrechtlichen Vorgaben und ihrer Relevanz für die Schweiz, Zürich, 2011.

A. Epiney/J. Heuck, Der alpenquerende Gütertransport. Rechtliche Vorgaben und Perspektiven/Le transport de marchandises au travers des Alpes. Conditions juridiques et perspectives, Zürich 2012.

F. Helmstädter, Die Trennung von Netz und Betrieb im Eisenbahnsektor, Baden-Baden 2011.

P. Herrmann, Güterfernverkehr im Binnenmarkt und Umweltschutz, Baden-Baden 2000.

C. Hof, Straßenverkehrsabgaben und Europarecht, Heidelberg 1998.

W. Hummer (Hg.), Alpenquerender Transitverkehr aus regionaler und überregionaler Sicht, Wien 1993.

S. Klein, Die Kompetenzen der Europäischen Union in Anbetracht der Schifffahrt auf Rhein und Donau, Duisburg 2004.

L. Kuhlen, Rechtliche Fragen der Passagierschifffahrt auf Binnenwasserstraßen, Baden-Baden 2010.

F. Meissner, Das Recht der EWG im Verhältnis zur Rheinschiffahrtsakte von Mannheim, Berlin 1973.

G. Muzak, Österreichisches, Europäisches und Internationales Binnenschifffahrtrecht, Wien 2004.

C. Portmann, Gefahrguttransporte auf Schiene und Straße, Zürich 2010.

K. Ramming, Hamburger Handbuch multimodaler Transport, München 2011.

R. Regner, Das Binnenschiffsverkehrsrecht der EG, Wien 2008.

D. Reinhold, Der Schutz der Umwelt in der Binnenschifffahrt unter besonderer Berücksichtigung ausgewählter zukünftiger Handlungsansätze auf dem Weg zu einer ökologischen Binnenschifffahrtspolitik, Frankfurt/M. u.a. 2009.

H. Rittstieg, Rheinschiffahrt im Gemeinsamen Markt, Baden-Baden 1971.

M. L. Tufano, I trasporti terrestri nella CEE, Milano 1990.

B. Vitanyi, The international regime of river navigation, Alphen aan den Rijn 1979.

2. Aufsätze, Beiträge zu Sammelwerken

A. Bour, Les relations entre la Communauté economique européenne et la Commission Centrale pour la navigation du Rhin, in: A. Ziegler/T. Burckhardt (Hg.), Internationales Recht auf See und Binnengewässern – FS für Walter Müller, Zürich, 1993, 61–74.

E. Brandt/P. Schäfer, Trans-alpine transit traffic: towards sustainable mobility, CMLR (1996), 931-972.

A. Epiney/J. Heuck, Zur Revision der RL 99/62 („Wegekostenrichtlinie“), Naturrecht (2012), 169–179.

R. Garnon, La Convention de Mannheim et les transports fluviaux en Europe, NPI (1996), 232–237 und 278–280.

N. Gronemeyer, Die neue EU-Kabotage-Verordnung und ihre Auswirkungen auf das deutsche Güterkraftverkehrsrecht, EuZW (1994), 523–528.

L. Idot, L'ouverture des transports ferroviaires à la concurrence, CDE (1995), 263–319.

S. Korte/M. Gurreck, Die europarechtliche Zulässigkeit der sog. PKW-Maut, EuR (2014), Nr. 4, 420–440.

C. M. Krafft, Quelques réflexions sur les aspects institutionnels de la navigation intérieure en Europe, in: A. Epiney/M. Haag/A. Heinemann (Hg.), Die Herausforderung von Grenzen, FS Roland Bieber, Baden-Baden 2007, 356–371.

C. London, Transports terrestres et mobilité durable: un démarrage très progressif, RTDE (2004), 721–734.

D. Marteau, Directives ferroviaires et ouverture du marché européen du fret ferroviaire. L'expérience d'Eurotunnel et de sa filiale Europorte 2, RMCUE (2007), 570–576

W. Müller, Die Geltung der Verkehrsrechtlichen Verordnungen der EWG in der Rheinschiffahrt, Strom und See (1963), 119–121.

ders., Die Kompetenzen der EWG auf dem Rhein, Strom und See (1960), 252–255.

ders., Les principes fondamentaux de la politique suisse dans le domaine de la navigation fluviale, NPI (1979), 464–467.

P. Pinay, L'exercice du pouvoir réglementaire dans la CEE. À propos de l'élimination des discriminations en matière de transport, AFDI (1960), 828–858.

L. Quessette, L'Europe des rails, ou les influences de la construction européenne sur les chemins de fer en France, CDE (2006), 629–656.

I. Seidl-Hohenveldern, L'Union européenne et le transit de marchandises par rail et par route à travers l'Autriche, RMCUE (1995), 380–387.

O. Stehmann/G. Zellhofer, Dominant Rail Undertakings under European Competition Law, ELJ (2004), 327–353.

P. Vieu, A propos de l'intégration de l'Europe des transports. Observations sur l'interprétation et l'application de la norme européenne: le cas du règlement OSP, RTDE (2010), 297–331.

B. Vitanyi, Le statut juridique de la nouvelle voie navigable Rhin – Main – Danube, in: Société française de droit international, Aspects actuels du droit international des transports, Paris (Pédone), 1981, 183–221.

H. Walther, A propos des considérations juridiques du Mémorandum de la Commission de la C.E.E. relatif à l'application du Traité de Rome à la navigation du Rhin, RNR (1964), 545–547.

M. Zalewski, EU road transport policies and the distribution of freight, International Trade Law and Regulation (1996), 133–139.

A.F. Zeilinger, Danube River, in: R. Wolfrum (Hg.), The Max Planck Encyclopedia of Public International Law, Bd. II, Oxford 2012, 1012–1017.

D. Seeverkehr

1. Bücher

R. Asariotis/H. Benamara (Hg.), Maritime Transport and the Climate Change Challenge, Abingdon 2012.

G. Athanassiou, Aspects juridiques de la concurrence maritime, Paris 1996.

S. Baughen, Shipping Law, 5. Aufl., Abingdon 2012.

P. Bonassies/C. Scapel, Droit maritime, 2. Aufl., Paris 2010.

P. Ehlers/R. Lagoni (Hg.), Maritime Policy of the European Union and the Law of the Sea, Hamburg 2008.

J. Erdmenger, Die Anwendung des EWG-Vertrages auf Seeschiffahrt und Luftfahrt, Hamburg 1962.

N. Farantouris, European Integration and maritime transport, Athen/Bruxelles 2003.

E. van Hooydonk (Hg.), European Seaports Law, Antwerpen 2003.

A. Jacobs, Zur Vereinbarkeit von Kartellabsprachen der internationalen Linienschifffahrt mit Artikel 85 EWG-Vertrag, Baden-Baden 1991.

J. Lebullenger/D. Le Moran (Hg.), La Commmunauté européenne et la mer, Paris 1989.

B. Parameswaran, The Liberalization of Maritime Transport Services, Berlin/Heidelberg 2004.

A. Pozdnakova, Liner Shipping and EU Competition Law, Alphen aan den Rijn 2008.

V. Power, EC Shipping Law, 2. Aufl., London 1998.

S. Tostmann, ContainerKonsortien im Seelinienverkehr – Komplexe Kooperationen als Herausforderungen an die Flexibilität des EG- und US-Kartellrechts, Hamburg, 1997.

W. Vitzthum (Hg.), Handbuch des Seerechts, München 2006.

2. Aufsätze, Beiträge zu Sammelwerken

D. Charles–Le Bihan/J. Lebullenger, Common Maritime Transport Policy, Bilateral Agreements and the Freedom to provide Services, CMLR (1990), 209–223.

N. Farantouris, Port Infrastructure and State Aids: In Search of a Coherent EU Policy, European State Aid Law Quarterly (2012), 85–92.

R. Greaves, The provision of maritime transport services in the European Community, Lloyds Maritime and Commercial Law Quarterly (2004) Part I, 104-121.

H. Quaritsch, Das Schiff als Gleichnis, in H. P. Ipsen/K. H. Necker (Hg.), Recht über See – FS für Rolf Stödter, Hamburg 1979, 251–286.

E. Luftverkehr

1. Bücher

R. Abeyratne, Strategic Issues in Air Transport, Berlin 2012.

J. Balfour, European Community Air Law, London 1995.

B. Beck, Die Regelung von Slots (Zeitnischen) im Luftverkehrsrecht, Bern, 2008.

R. K. Beyen/J. Herbert, Deregulierung des amerikanisches und EG-europäischen Luftverkehrs, Hamburg 1991.

D. P. Bourqui, L'accès au Marché unique du transport aérien dans l'Union européenne, Basel 2006.

D. Calleja Crespo/P. Mendes de Leon, Achieving the Single European Sky, Alphen aan den Rijn 2011.

R. Dettling-Ott, Internationales und schweizerisches Lufttransportrecht, Zürich 1993.

E. Estienne-Henrotte, L'application des règles générales du Traité de Rome au transport aérien, Bruxelles 1988.

E. Giemulla/D. Schwenk (Hg.), Handbuch des Luftverkehrsrechts, 4. Aufl., Köln 2013.

J. Goh, European Air Transport Law and Competition, Chichester 1997.

S. Hobe/N. v. Ruckteschell (Hg.), Kölner Kompendium Luftrecht, Köln 2008–2010.

M. Hüttel, Rechtsfragen des einheitlichen europäischen Luftraums, Baden-Baden 2014.

B. Larsen/J. Gillick/J. Sweeney, Aviation Law: Cases, Laws and Related Sources, 2. Aufl., Leiden 2012.

A. Loewenstein, European Air Law: Towards a new system of International Air Transport Regulation, Baden-Baden 1991.

N. Mateesco Matte, Traité de Droit aérien-aéronautique, 3. Aufl., Paris 1980.

F. Reuschle, Montrealer Übereinkommen, 2. Aufl., Berlin 2011.

D. Rogalla/K. Schweren, Der Luftverkehr in der Europäischen Union, Baden-Baden 1994.

M. Rother, Die Aufteilung von Luftverkehr in Flughafensystemen im Spannungsfeld zwischen deutschem und europäischem Recht, Baden-Baden 2011.

M. Schmauch, EU Law on State Aid to Airlines, Berlin 2012.

A. Staudinger/S. Keller (Hg.), Fluggastrechte-Verordnung, Kommentar, Baden-Baden 2014.

P. Weiner, Die Vergabe von Slots, Frankfurt/M. u.a. 2009.

2. Aufsätze, Beiträge zu Sammelwerken

J. Balfour, EC External Aviation Relations: the Community's Increasing Role, and the New EC/US Agreement, CMLR (2008), 443–463.

D. P. Bourqui, Vers une politique aérienne extérieure de l'Union européenne, RMCUE (2007), 254–266.

dies., Vers un espace aérien ouvert entre l'Europe et les Etats-Unis, RDUE (2007), 661–687.

S. Breitenmoser/C. Seitz, Das Beihilferecht im Luftverkehrsbereich, in: Annuaire suisse de droit européen 2003, Bern/Zürich 2004, 197–214.

J. E. de Groot, Cabotage liberalization in the European Economic Community and article 7 of the Chicago Convention, AASL (1989), 139–155.

L. Grard, „Ciel ouvert entre l'Union européenne et les Etats-Unis enfin! Déjà? Bientôt ...", RMCUE (2009), 145–153.

P. P. C. Haanappel, Bilateral air transport agreements, The International Trade Law Journal (1980), 241–267.

M. Schladebach, Europäisches Luftverkehrsrecht: Entwicklungsstand und Perspektiven, EuR 2006, 773–793.

D. Thym, Der Binnenmarkt und die „Freiheit der Lüfte", EuR 2003, 277–290.

G. Vandersanden, L'application des règles de la concurrence aux transports aériens, Droit européen des transports (1989), 419–435.

Urteilsregister

Verzeichnis der zitierten Entscheidungen (**A**) und Gutachten des EuGH (**B**) und des EuG (**C**) (in chronologischer Reihenfolge nach der Nr. der Rechtssache)

A. Entscheidungen des EuGH

Nr. der Rs.	Parteien	Slg. der Rspr./ECLI	Kap./Rn.
24 + 34/58	Chambre syndicale de la sidérurgie	1960, 573	II/33
10/61	Kommission/Italien	1962, 3	III/18
1/69	Italien/Kommission	1969, 277	II/33
9/70	Grad	1970, 825	V/86
22/70	Rat/Kommission (AETR)	1971, 263	III/2, 10, 11; V/105
21–24/72	International Fruit	1972, 1219	VI/25
157/72	Sotgiu	1974, 152	II/8
167/73	Kommission/Frankreich	1974, 359	II/5, 8, 24; VIII/5, 59; IX/9
C-69/74	Cagnon	1975, 171	V/107
106/77	Simmenthal	1978, 629	III/1
156/77	Kommission/Belgien	1978, 1881	II/6, 9, 25; VIII/42; V/51
97/78	Schumalla	1978, 2311	II/ 27; III/34
98/78	Racke	1979, 69	V/39
812/79	Burgoa	1980, 2787	VI/26
C–13/83	EP/Rat	1985, 1513	III/23, 30; IV/2; V/35; VIII/9
209–213/84	Asjes	1986, 1425	II/6, 9
45/85	Verband der Sachversicherer	1987, 405	V/49
66/86	Ahmeed Saed Flugreisen	1989, 838	IX/67
C-355/87	Kommission/Rat	1989, 1517	VIII/25

Nr. der Rs.	Parteien	Slg. der Rspr./ECLI	Kap./Rn.
C-202/88	Frankreich/Kommission	1991, I-1223	IV/13
C-326/88	Hansen	1990, I-2911	V/111
C-49/89	Corsica Ferries	1989, 4441	VIII/20
C –17/90	Pinaud Wieger	1991, I-5253	V/11
C-65/90	EP/Rat	1992, I-4593	III/29
C-195/90	Kommission/Deutschland	1992, I-3141	II/23
C-72/91+ C-73/91	Sloman Neptun	1993, I-887	VIII/42
C-158/91	Levy	1993, I-4287	III/18; VI/5
C-116/91	British Gas	1992, I-4071	V/105
C-320/91	Corbeau	1993, I-2533	VII/24
C-116/92	Charlton	1993, I-6755	V/106
C-18/93	Corsica Ferries	1994, I-1783	VIII/22
C-153/93	Delta Schifffahrts – und Speditionsgesellschaft	1994, I-2517	VI/37
C-381/93	Kommission/Frankreich	1994, I-5145	VIII/22, 24
C-55/94	Gebhard	1995, I-4165	II/8; VIII/23
C-61/94	Kommission/Deutschland	1996, I-3989	VI/26
C-96/94	Spediporto	1995, I-2883	V/43
C-235/94	Bird	1995, I-3933	V/108
C-335/94	Mrozek	1996, I-1573	V/105
C-29/95	Pastoors	1997, I-285	V/111
C-264/95P	Kommission/UIC	1997, I-1287	V/48
C-248/95 + C-249/95	SAM Schifffahrt und Stapf	1997, I-4475	II/25; III/22
C-62/96	Kommission/Griechenland	1997, I-6725	VIII/17
C-151/96	Kommission/Irland	1997, I-3327	VIII/17

Nr. der Rs.	Parteien	Slg. der Rspr./ECLI	Kap./Rn.
C-266/96	Corsica Ferries	1998, I-3949	VIII/23, 28, 33
C-368/96	Generics	1998, I-7967	VII/5
C-395/96P+ C-396/96P	Compagnie maritime belge	2000, I-1365	VIII/35
C-412/96	Oy	1998, I-5141	V/54
C-38/97	Autotrasporti Librandi	1998, I-5955	V/43
C-47/97	Clarke & sons	1998, I-2147	V/20
C-372/97	Italien/Kommission	2004, I-3679	V/52
C-15/98 + C-105/99	Italien + Sardegna Lines/Kommission	2000, I-8855	VIII/42
C-62/98	Kommission/Portugal	2000, I-5215	VIII/25
C-84/98	Kommission/Portugal	2000, I-5215	III/18
C-171/98 + C-201/98 + C-202/98	Kommission/Belgien, Luxemburg	1999, I-3557	VIII/25
C-205/98	Kommission/Österreich	2000, I-7367	V/94
C-281/98	Angonese	2000, I–4161	II/8
C-361/98	Italien/Kommission	2001, I-385	IX/42
C-466/98	Kommission/UK	2002, I-9427 ff.	III/10, 13; IX/100
C-467/98	Kommission/Dänemark	2002, I-9519	III/13; IX/100
C-468/98,	Kommission/Schweden	2002, I-9575	IX/100
C-469/98	Kommission/Finnland	2002, I-9627	IX/100
C-471/98	Kommission/Belgien	2002, I-9681	IX/100
C-472/98	Kommission/Luxemburg	2002, I-4805	IX/100
C-475/98	Kommission/Österreich	2002, I-9797	III/13; IX/100
C-476/98	Kommission/Deutschland	2002, I-9855	III/13; VI/25; IX/100
C-79/99	Kommission/Portugal	2001, I-4845	IX/56
C-160/99	Kommission/Frankreich	2000, I-6137	VIII/31

Nr. der Rs.	Parteien	Slg. der Rspr./ECLI	Kap./Rn.
C-163/99	Portugal/Kommission	2001, I-2613	IX/56
C-205/99	Analir	2001, I-9855	VIII/32
C-297/99	Skill Coaches	2001, I-573	V/106
C-400/99	Italien/Kommission	2005, I-3657	VIII/42
C-430/99+ C-431/99	Sea – Land Service	2002, I-5232	VIII/23, 33
C-447/99	Kommission/Italien	2001, I-5203	IX/56
C-451/99	Cura Anlagen	2002, I-3193	V/80
C-27/00; C-122/00	Omega Air u.a.	2002, I-2569	II/25; III/22
C-115/00	Hoves	2002, I-6077	V/35, 90; VI/60
C-185/00	Kommission/Finnland	2003, I-14189	V/100
C-280/00	Altmark	2003, I-7747	V/59 f.
C-295/00	Kommission/Italien	2002, I-1737	VIII/24
C-372/00	Kommission/Irland	2001, I-10303	VII/60
C-435/00	Geha Naftiliaki EPE	2002, I-10615	VIII/22
C-82/01P	Aéroports de Paris/ Kommission	2002, I-9297	IX/67
C-92/01	Stylianakis	2003, I-1291	IX/56
C-211/01	Kommission/Rat	2003, I-8013	III/34
C-216/01	Budijoviky Budvar	2003, I-13617	III/18; VI,5
C-363/01	Flughafen Hannover	2003, I-11893	IX/53
C-405/01	Colegio de Oficiales de la Marina	2003, I–10391	II/8
C-439/01	Cipra	2003, I-745	V/105; VI/25
C-476/01	Kapper	2004, I-5205	V/70 f.
C-47/02	Anker	2003, I-10447	VIII/59
C-152/02	Rieser	2004, I-1477	V/94
C-184/02 + C-223/02	Spanien, Finnland/EP, Rat	2004, I-7789	III/34; V/104, 114
C-288/02	Kommission/Griechen-land	2004, I-10071	VIII/28, 31

Nr. der Rs.	Parteien	Slg. der Rspr./ECLI	Kap./Rn.
C-299/02	Kommission/Niederlande	2004, I-9761	VIII/18
C-365/02	Lindfors	2004, I-7183	V/90
C-460/02	Kommission/Italien	2004, I-11547	IX/52
C-464/02	Kommission/Dänemark	2005, I-7929	V/90
C-266/03	Kommission/Luxemburg	2005, I-4805	III/11, 13; VI/67
C-323/03	Kommission/Spanien	2006, I-2161	VIII/31 f.
C-410/03	Kommission/Italien	2005, I-3507	VIII/60
C-433/03	Kommission/Deutschland	2005, I-6985	VI/67
C-151/04 + C-152/04	Nadin, Nadin – Lux	2005, I-11203	V/90
C-181/04, C-182/04, C-183/04	Elmeka	2006, I-8167	VIII/58
C-251/04	Kommission/Griechenland	2007, I-67	VIII/31
C-317/04 + C-318/04	Europäisches Parlament/Rat	2006, I-4721	IX/106
C-344/04	IATA, ELFAA	2006, I-403	II/25; III/16, 22; IX/2, 98
C-456/04	Agip Petroli	2006, I-3395	VIII/28
C-93/05	Teemu Hakala	2006, I-87	V/107
C-320/05P	Fred Olsen/Kommission	2007, I-131	VIII/42
C-391/05	Jan de Nul NV	2007, I-1793	V/1
C-422/05	Kommission/Belgien	2007, I-4749	IX/86
C-438/05	International Transport Workers' Fed.	2007 I-10779	VIII/19
C-440/05	Kommission/Rat	2007, I-9097	VIII/55
C-181/06	Deutsche Lufthansa	2007, I-5903	IX/53
C-308/06	Intertanko	2008, I-4057	III/15 f.; VIII/55, 66, 70 ff.

Nr. der Rs.	Parteien	Slg. der Rspr./ECLI	Kap./Rn.
C-329/06 + C-343/06	Wiedemann, Funk	2008, I-4635	V/70
C-345/06	Heinrich	2009, I-1659	IX/82
C-2/07	Abraham	2008, I-1197	IX/85
C-45/07	Kommission/Griechenland	2009, I-701	III/17; VIII/46, 66, 69
C-136/07	Kommission/Spanien	2008, I-7793	IX/83
C-173/07	Emirates Airlines	2008, I-5237	IX/98
C-225/07	Möginger	2008, I-103	V/71
C-319/07	3 F/Kommission	2009, I-5963	VIII/43
C-321/07	Schwarz	2009, I-1113	V/69
C-402/07 + 432/07	Sturgeon u.a.	2009, I-10923	IX/98
C-517/07	Afton	2008, I-10427	V/99
C-549/07	Wallentin – Hermann	2008, I-11061	IX/98
C-169/08	Presidente del Consiglio de Ministri	2009, I-10821	IX/56
C-204/08	Rehder	2009, I-6073	IX/98
C-301/08	Bogiatzi	2009, I-10185	IX/98
C-382/08	Neukirchinger	2011, I-139	IX/18
C-533/08	TNT	2010, I-4107	V/126
C-585/08 + C-144/09	Pammer, Schlüter	2010, I-12527	VIII/43
C-28/09	Kommission/Österreich	2011, I-13525	IV/19
C-63/09	Walz	2010, I-4239	IX/98
C-140/09	Fallimento Traghetti Mediterraneo	2010, I-5243	VIII/41 f.
C-176/09	Luxemburg/EP, Rat	2011, I-3727	IX/56
C-275/09	Brussels Hoofdstedelijk Gewest	2011, I-1753	IX/85
C-334/09	Scheffler	2010, I-12379	V/70
C-338/09	Yellow Cab	2010, I-13927	V/24
C-402/09	Tatu	2011, I-2711	V/90
C-447/09	Prigge u.a.	2011, I-8003	IX/94

Nr. der Rs.	Parteien	Slg. der Rspr./ECLI	Kap./Rn.
C-554/09	Seeger	2011, I-7131	V/108
C-83/10	Rodriguez u.a.	2011, I-9469	IX/98
C-120/10	European Air Transport	2011, I-7865	IX/86
C-128/10+ C-129/10	Naftiliaki Etaireia	2011, I-1885	VIII/28
C-130/10	EP/Rat	2012, I-472	III/34
C-155/10	Williams	2011, I-8409	IX/92
C-210/10	Urban	Urt. v. 9. Februar 2012 ECLI:EU:C:2012:64	V/104, 107, 11
C-294/10	Eglitis, Ratnieks	2011, I-3983	IX/98
C-287/10	Tankreederei I	2010, I-14233	VIII/23
C-346/10	Kommission/Griechenland	ABl. C 346/2010, 31	II/33
C-366/10	Air Transport Association of America	2011, I-13755	IX/87
C-419/10	Hofmann	Urt. v. 26. April 2012 ECLI:EU:C:2012:240	V/69 ff.
C-443/10	Bonnarde	2011, I-9327	V/78
C-467/10	Akyüz	Urt. v. 1. März 2012 ECLI:EU:C:2012:112	V/71
C-473/10	Kommission/Ungarn	Urt. v. 28. Februar 2013 ECLI:EU:C:2013:113	VII/20, 34
C-483/10	Kommission/Spanien	Urt. v. 28. Februar 2013 ECLI:EU:C:2013:114	VII/31, 34 f., 48
C-512/10	Kommission/Polen	Urt. v. 30. Mai 2013 ECLI:EU:C:2013:338	VII 16, 37
C-545/10	Kommission/Tschechien	Urt. v. 11. Juli 2013 ECLI:EU:C:2013:509	VI/35, 37
C-547/10P	Schweiz/Kommission	Urt. v. 7. März 2013 ECLI:EU:C:2013:139	IX/104
C-555/10	Kommission/Österreich	Urt. v. 28. Februar 2013 ECLI:EU:C:2013:115	VII/19 f.
C-556/10	Kommission/Deutschland	Urt. v. 28. Februar 2013 ECLI:EU:C:2013:116	VII/19 f., 35, 40, 49

Nr. der Rs.	Parteien	Slg. der Rspr./ECLI	Kap./Rn.
C-557/10	Kommission/Portugal	Urt. 25. Oktober 2012 ECLI:EU:C:2012:662	VII/8, 10, 16
C-578/10	Van Putten	Urt. v. 26. April 2012 ECLI:EU:C:2012:246	V/90
C-581/10+ C-629/10	Nelson u.a.	Urt. v. 23. Oktober 2012 ECLI:EU:C:2012:657	IX/98
C-625/10	Kommission/Frankreich	Urt. v. 18. April 2013 ECLI:EU:C:2013:243	VII/20, 39
C-627/10	Kommission/Slowenien	Urt. v. 11. Juli 2013 ECLI:EU:C:2013:511	VII/20
C-11/11	Folkerts	Urt. v. 26. Februar 2013 ECLI:EU:C:2013:106	IX/98
C-12/11	McDonagh	Urt. v. 31. Januar 2013 ECLI:EU:C:2013:43	IX/98
C-22/11	Finnair Oyj	Urt. v. 4. Oktober 2012 ECLI:EU:C:2012:604	IX/98
C-112/11	ebookers.com	Urt. v. 19. Juli 2012 ECLI:EU:C:2012:487	IX/57
C-132/11	Tyrolean Airways	Urt. v. 7. Juni 2012 ECLI:EU:C:2012:329	IX/94
C-136/11	Westbahn Management	Urt. v. 22. November 2012 ECLI:EU:C:2012:740	VII/44, 85
C-139/11	Moré	Urt. v. 22. November 2012 ECLI:EU:C:2012:741	IX/98
C-150/11	Kommission/Belgien	Urt. v. 6. September 2012 ECLI:EU:C:2012:539	V/78, 80
C-271/11	Techniko Epimelitirio	Urt. v. 8. November 2012 ECLI:EU:C:2012:696	IX/83
C-288/11P	Mitteldeutsche Flughafen AG/Kommission	Urt. v. 19. Dezember 2012 ECLI:EU:C:2012:821	IX/72
C-321/11	Germán Rodriguez	Urt. v. 4. Oktober 2012 ECLI:EU:C:2012:609	IX/98

Nr. der Rs.	Parteien	Slg. der Rspr./ECLI	Kap./Rn.
C-369/11	Kommission/Italien	Urt. v. 3. Oktober 2013 ECLI:EU:C:2013:636	VII/35
C-410/11	Sanchez	Urt. v. 22. November 2012 ECLI:EU:C:2012:747	IX/98
C-412/11	Kommission/Luxemburg	Urt. v. 11. Juli 2013 ECLI:EU:C:2013:462	VII/20
C-509/11	ÖBB Personenverkehr	Urt. v. 26. September 2013 ECLI:EU:C:2013:613	VII/85
C-537/11	Matti Manzi	Urt. v. 23. Januar 2014 ECLI:EU:C:2014:19	VIII/55
C-613/11	Kommission/Italien	Urt. v. 21. März 2013 ECLI:EU:C:2013:192	VIII/42
C-628/11	International Jet Management	Urt. v. 18. März 2014 ECLI:EU:C:2014:171	IX/36
C-639/11	Kommission/Polen	Urt. v. 20. März 2014 ECLI:EU:C:2014:173	V/78
C-43/12	Kommission/EP, Rat	Urt. v. 6. Mai 2014 ECLI:EU:C:2014:298	III/34
C-90/12	Kommission/Polen	Urt. v. 7. November 2013 ECLI:EU:C:2013:724	IX/31
C-114/12	Kommission/Rat	Urt. v. 4. September 2014 ECLI:EU:C:2014:2151	III/12
C-152/12	Kommission/Bulgarien	Urt. v. 13. Februar 2014 ECLI:EU:C:2014:82	VII/37
C-222/12	Karuse SA	Urt. v. 3. März 2014 ECLI:EU:C:2014:142	V/84, 108
C-244/12	Salzburger Flughafen	Urt. v. 21. März 2013 ECLI:EU:C:2013:203	XI/29
C-246/12P	Ellinika Nafpigeia	U. v. 28. Februar 2013 ECLI:EU:C:2013:133	VIII/42
C-293/12	Digital Rights Ireland u. Seitlinger	U. v. 8. April 2014 ECLI:EU:C:2014:238	III/20

Nr. der Rs.	Parteien	Slg. der Rspr./ECLI	Kap./Rn.
C-356/12	Glatzel	Urt. v. 22. Mai 2014 ECLI:EU:C:2014:350	V/68
C-377/12	Kommission/Rat	Urt. v. 11. Juni 2014 ECLI:EU:C:2014:1903	III/34; VIII/68
C-487/12	Vueling Airlines	Urt. v. 18. September 2014 ECLI:EU:C:2014:2232	IX/57 f.
C-509/12	IPTM	Urt. v. 6. Februar 2014 ECLI:EU:C:2014:54	VIII/16
C-516 – 518/12	CTP	Urt. v. 3. April 2014 ECLI:EU:C:2014:220	V/54
C-533/12P	Corsica Ferries	Urt. v. 4. September 2014 ECLI:EU:C:2014:2142	VIII/39
C-594/12	Kärntner Landesregierung u.a.	Urt. v. 8. April 2014 ECLI:EU:C:2014:238	III/20
C-17/13	Alpina River Cruises	Urt. v. 27. März 2014 ECLI:EU:C:2014:191	VIII/27
C-66/13	Green Network	Urt. v. 26. November 2014 ECLI:EU:C:2014:2399	III/11
C-83/13	Fonnship	Urt. v. 8. Juli 2014 ECLI:EU:C:2014:2053	VIII/22 f.
Verb. Rs C-184/13–187/13; C-194/13; C-195/13; C-208/13	API	Urt. v. 4. September 2014 ECLI:EU:2014:2147	V/44
C-260/13	Aykul	Noch nicht entschieden	V/71
C-270/13	Haralambidis	Urt. v. 10. September 2014 ECLI:EU:C:2014:2185	VIII/33
C-277/13	Kommission/Portugal	Urt. v. 11. September 2014 ECLI:EU:C:2014:2208	IX/55

Nr. der Rs.	Parteien	Slg. der Rspr./ECLI	Kap./Rn.
C-362/13+ C-363/13+ C-407/13	Fiamingo, Zappala, Rotondo u.a.	Urt. v. 3. Juli 2014 ECLI:EU:C:2014:2044	VIII/60
C-452/13	Germanwings	Urt. v. 4. September 2014 ECLI:EU:C:2014:2141	IX/98
C-573/13	Air Berlin	Urt. v. 15. Januar 2015 ECLI:EU:C:2015:11	
C-394/14	Siewert u.a.	Beschl. v. 14. November 2014 ECLI:EU:C:2014:2377	IX/98

B. Gutachten des EuGH

Nr.	Gegenstand	Slg. der Rspr./ECLI	Kap./Rn.
1/76	Stilllegungsfonds Binnenschifffahrt	1977, 741	III/10, 11, 17; IV/24; VI/30
1/78	Naturkautschuk-Übereinkommen	1979, 2871	III/14
2/91	ILO	1993, I-1061	III/9; VI/25
1/94	WTO	1994, I-5267	III/10
1/03	Lugano-Übereinkommen	2006, I-1145	III/12
1/13	Übereinkommen Kindesentführung	ECLI:EU:C:2014:2303	III/11

C. Entscheidungen des EuG

Nr. der Rs.	Parteien	Slg. der Rspr./ECLI	Kap./Rn.
T-2/93	Air France/Kommission	1994, II-323	IX/67
T-229/94	Deutsche Bahn	1997, II-1689	V/49
T-358/94	Air France/Kommission	1996, II-2109	IX/72
T-371/94	British Airways/ Kommission	1998, II-2405	IX/72

Nr. der Rs.	Parteien	Slg. der Rspr./ECLI	Kap./Rn.
T-374/94 + T-375/94+ T-388/94	ENS	1998, II-3146	VII/5
T-395/94	Atlantic Container	2002, II-875	VIII/35
T-86/95	Compagnie Générale Maritime	2002, II-1011	V/48
T-14/96	BAI/Kommission	1999, II-887	VIII/42
T-63/98	Transpo Maastricht, Marco Ooms/ Kommission	2000, II-135	VI/31
T-191/98+T-212 /98+T-214/98	Atlantic Container	2003, II-3298	VIII/35
T-219/99	British Airways/ Kommission	2003, II-5917	IX/68
T-82/01	VOF Josanne u.a./ Kommission)	2003, II-2013	VI/31, 33
T-17/02	Fred Olsen	2005, II-2031	VIII/32, 42
T-177/04	easyJet Airline/ Kommission	2006, II-1931	IX/69
T-196/04	Ryanair/Kommission	2008, II-3643	IX/72
T-319/05	Schweiz/Kommission	2010, II-4265	IX/104
T-131/07	Mohr/Kommission)	2010, II-190	VI/31
T-342/07	Ryanair/Kommission	2010, II-3457	IX/65
T-442/07	Ryanair/Kommission	2011, II-333	IX/72
T-443/08+ T-455/08	Freistaat Sachsen/ Kommission	2011, II-1311	IX/72
T-565/08	Corsica Ferries/ Kommission	Urt. v. 11. September 2012 ECLI:EU:T:2012:415	VIII/41
T-461/12	Hansestadt Lübeck	Urt. v. 9. September 2014 ECLI:EU:T:2014:758	IX/72

Stichwortverzeichnis

Die erste Zahl (**Fettdruck**) bezieht sich auf das jeweilige Kapitel, die zweite Zahl (mager) auf die Randnummer.

Kolibri 360 GmbH
Ferdinand-Jühlke-Straße 7
99095 Erfurt, Deutschland
produktsicherheit@kolibri360.de